中国教育统计年鉴

EDUCATIONAL STATISTICS YEARBOOK OF CHINA

2009

中华人民共和国
教育部发展规划司

DEPARTMENT OF DEVELOPMENT & PLANNING
MINISTRY OF EDUCATION
THE PEOPLE'S REPUBLIC OF CHINA

图书在版编目（CIP）数据

中国教育统计年鉴.2009/中华人民共和国教育部编.—北京：人民教育出版社，2010
ISBN 978-7-107-23211-4

Ⅰ.①中…
Ⅱ.①中…
Ⅲ.①教育统计—统计资料—中国—2009—年鉴
Ⅳ.①G526.6-54

中国版本图书馆 CIP 数据核字（2010）第 215281 号

人民教育出版社 出版发行
（北京市海淀区中关村南大街 17 号院 1 号楼　邮编：100081）
网址：http：//www.pep.com.cn
河北新华第一印刷有限责任公司印装　全国新华书店经销
2010 年 10 月第 1 版　2010 年 11 月第 1 次印刷
开本：787 毫米×1 092 毫米　1/16　印张：43.5
字数：918 千字　　印数：00 001～1 200 册
ISBN 978-7-107-23211-4　定价：90.00 元

《中国教育统计年鉴》
编辑委员会名单

说　明

《中国教育统计年鉴》（2009）是一本全面反映中华人民共和国教育事业发展情况的资料性年鉴，是由教育部发展规划司根据全国各省、自治区、直辖市教育委员会、教育厅填报的学校基层报表数字整理汇编而成的。教育部教育管理信息中心承担了数据的计算机处理汇总工作。

本年鉴包括以下部分：综合部分、高等教育、中等教育、初等教育、幼儿教育、特殊教育、全国各级各类学校的分布情况、办学条件、科学研究等。

本年鉴是各有关部门研究教育改革和发展的必备资料工具书，是教育界各机关、学校指导部门制定教育计划、指导教育改革必不可少的依据。

本年鉴所列资料，暂缺台湾省、香港特别行政区和澳门特别行政区的数字；凡未注明年份的均为2009年的数字。

Notes from the Compiler

The Educational Statistics Yearbook of China for 2009 is an informational yearbook com- prehensively reflecting the development of the educational undertaking of the People's Republic of China, and it was compiled by the Department of Development and Planning of Ministry of Education, based on the synthetic statistical returns relating to schools of various types and levels completed by the Educational Commissions (or the Bureaus of Education) of the provincial governments and the goverments of various autonomous regions and municipalities directly under the State Council All data were processed and calculated using Computers by the Educational Management Information Center of Ministry of Education.

The yearbook is composed of the following parts: summary tables, higher education, secondary education, primary education, pre-primary education, special education, geographical distribution of schools by type and level, Physical Facilities, Scientific Research Activities.

The yearbook is a requisite reference for all departments concerned with the study of educational reform and development, and provides indispensable factual information to the educational community (circles), the state organs, and all supervisory bodies of education (schools) engaged in curricular development and the guidance of educational reform.

The yearbook lacks the data of Taiwan Province. Hong Kong Special Administrative Region and Macao Special Administrative Region. Data in tables are for 2009, unless otherwise notified.

目　　录

第一部分　教育事业发展

一、综合部分

二、高等教育

三、中等教育

(一)高中阶段教育

(二)初中阶段教育

四、初等教育(小学)

五、工读学校

六、特殊教育

七、幼儿教育

八、各级各类学校分布情况

第二部分　办学条件

一、教育经费

二、教育基本建设投资

第三部分　科学研究活动及其他

一、自然科学与技术

二、社会科学

附表：

CONTENTS

Part Ⅰ

THE DEVELOPMENT OF THE EDUCTIONAL UNDERTAKING

Summary Tables

Higher Education

Secondary Education

Senior Secondary Education

Junior Secondary Education

Primary Education (Primary Schools)

Correctional Work-study Schools

Special Education

Pre-primary Education

Geographical Distribution of Schools by Type and Level

Part Ⅱ

PHYSICAL FACILITIES

Public Expenditure on Education

Capital Construction Investment in the Educational Sector

Part Ⅲ

SCIENTIFIC RESEARCH ACTIVITES & OTHER

Natural Science and Technology

Social Science

Appendixes

第一部分
Part I

教育事业发展
THE DEVELOPMENT of THE EDUCATIONAL UNDERTAKING

一、综合部分
Summary Tables

各级各类学校校数、教职工、专任教师情况
Number of Schools of All Types and Levels of Staff and Fulltime Teachers

	学校数(所) Schools	教职工数(人) Staff & Workers	专任教师(人) Fulltime Teachers
一、高等教育 Higher Education			
(一)研究生培养机构(不计校数) Institutions Providing Postgraduate Programs	(796)		
1. 普通高校 Regular HEIs	(481)		
2. 科研机构 Research Institutes	(315)		
(二)普通高等学校 Regular HEIs	2305	2111451	1295248
1. 本科院校 HEIs Offering Degree Programs	1090	1512099	896013
其中:独立学院	322	162571	116218
2. 高职(专科)院校 Short - cycle HEIs	1215	592918	395016
3. 其他机构(点)(不计校数) Other Institutions	(74)	6434	4219
(三)成人高等学校 Adult HEIs	384	84196	50402
(四)民办的其他高等教育机构 Non - state/private HEIs	(812)	38075	17881
二、中等教育 Secondary Education	87639	7093557	5888521
(一)高中阶段教育 Senior Secondary Education	29761	7080743	2366270
1. 高中 Senior Secondary Schools	15360	5851542	1497687
普通高中 Regular Schools	14607	5845444	1493313
成人高中 Adult Schools	753	6098	4374
2. 中等职业教育 Secondary Vocational Schools	14401	1229201	868583
普通中专 Regular Specialized Sec. Schools	3789	411303	272270
成人中专 Adult SSSs	1883	94181	62587
职业高中 Vocational High Schools	5652	425577	321511
技工学校 Skilled Workers Schools	3077	259724	186432
其他机构(教学点)(不计校数) Other Institutions	(2390)	38416	25783
(二)初中阶段教育 Junior Secondary Education	57878	12814	3522251
1. 普通初中 Regular Junior Secondary Schools	56167		3513438
2. 职业初中 Vocational JSSs	153	5198	4571
3. 成人初中 Adult JSSs	1558	7616	4242
三、初等教育 Primary Education	322094	6218272	5667481
(一)普通小学 Regular Primary Schools	280184	6135536	5633447
(二)成人小学 Adult Primary Schools	41910	82736	34034
其中:扫盲班 of Which: Literacy Classes	27850	61621	21602
四、工读学校 Correctional Work - Study Schools	72	2669	1745
五、特殊教育 Special Education Schools	1672	47466	37945
六、学前教育 Pre - primary Education Institutions	138209	1570756	985889

注:1. 普通高中的教职工数中包含普通初中的教职工数。
2. "( )"内数据为不计校数。

Note:1. Data on Staff and Workers in Regular Junior Secondary Schools are included in the data of Regular Schools.
2. The number in the "( )" is not considered as the number of schools.

各级各类学历教育学生情况

Number of Graduates, Entrants, Enrolment of Schools of All Types and Levels Providing Formal Programs

	毕业生数(人) Graduates	招生数(人) Entrants	在校生数(人) Enrolment
一、高等教育 Higher Education			
(一)研究生 Postgraduates	371273	510953	1404942
博士 Doctor's Degrees	48658	61911	246319
硕士 Master's Degrees	322615	449042	1158623
(二)普通本专科 Undergraduates in Regular HEIs	5311023	6394932	21446570
本科 Normal Courses	2455359	3261081	11798511
专科 Short-cycle Courses	2855664	3133851	9648059
(三)成人本专科 Undergraduates in Adult HEIs	1943893	2014776	5413513
本科 Normal Courses	865421	815795	2256662
专科 Short-cycle Courses	1078472	1198981	3156851
(四)其他各类高等学历教育 Students Enrolled in Other Formal Programs			
1. 在职人员攻读博士、硕士学位 Employed People Enrolled in Doctoral and Master's Degree Programs		115985	394331
2. 网络本专科生 Web-based Undergraduates	983521	1625687	4172721
本科 Normal Courses	405549	551287	1572642
专科 Short-cycle Courses	577972	1074400	2600079
3. 其他 Other	1113		
二、中等教育 Secondary Education	33115503	34873148	101306413
(一)高中阶段教育 Senior Secondary Education	14587074	16988625	46409122
1. 高中 Senior Secondary Schools	8335170	8303384	24457459
普通高中 Regular Schools	8237220	8303384	24342783
成人高中 Adult Schools	97950		114676
2. 中等职业教育 Secondary Vocational Schools	6251904	8685241	21951663
普通中专 Regular Specialized Sec. Schools	2415223	3117118	8404291
成人中专 Adult SSSs	389905	868917	1609942
职业高中 Vocational High Schools	2291526	3131735	7784240
技工学校 Skilled Workers Schools	1155250	1567471	4153190
(二)初中阶段教育 Junior Secondary Education	18528429	17884523	54897291
1. 普通初中 Regular Junior Secondary Schools	17947254	17863912	54336420
2. 职业初中 Vocational JSSs	29754	20611	72995
3. 成人初中 Adult JSSs	551421		487876
三、初等教育 Primary Education	20084844	16377978	102822860
(一)普通小学 Regular Primary Schools	18051997	16377978	100714661
(二)成人小学 Adult Primary Schools	2032847		2108199
其中:扫盲班 of Which: Literacy Classes	957408		1148550
四、工读学校 Correctional Work-Study Schools	4511	3919	9213
五、特殊教育 Special Education Schools	57423	64018	428125
六、学前教育 Pre-primary Education Institutions	10406353	15468596	26578141

注:特殊教育学生数中包括普通中小学随班就读的学生。

Note: Number of the Students Followed in the Regular Primary and Middle School in the Special Education.

各级各类非学历教育学生情况

Data on Students Enrollment in Non-formal Programmes of All Types and Levels

	结业生数(人) Corupleters	注册生数(人) Enrolment
总　　计 Total	66444523	57006717
一、高等教育 Higher Education	5317020	2894578
(一)研究生课程进修班 Postgraduate Courses	46803	68646
(二)自考助学班 Classes runby Non-state/private HEIs for Students Preparing for State-administered Examinatims for Self-directed Learners	196768	696503
(三)普通预科生 College-preparatory Classes		30649
(四)进修及培训 In-service Training	5073449	2098780
其中:资格证书培训 for Certificates of Vocational Qualifications	1094037	409090
岗位证书培训 for Certificates of Job-related Qualifications	1184880	698173
二、中等职业教育 Secondary Vocational Education	61127503	54112139
其中:资格证书培训 for Certificates of Vocational Qualifications	6014710	4779729
岗位证书培训 for Certificates of Job-related Qualifications	7002076	5368904
(一)中等职业学校 Secondary Vocational Schools	6822378	3981864
其中:资格证书培训 for Certificates of Vocational Qualifications	1982254	1107193
岗位证书培训 for Certificates of Job-related Qualifications	1693276	869602
(二)职业技术培训机构 Other Vocational-technical Training Institutions	54305125	50130275
其中:资格证书培训 for Certificates of Vocational Qualifications	4032456	3672536
岗位证书培训 for Certificates of Job-related Qualifications	5308800	4499302

各级各类民办教育基本情况

Data on Non-state/Private Schools

	学校数(所) Schools	毕业生数(人) Graduates	招生数(人) Entrants	在校生数(人) Enrollment	教职工数(人) Staff & Workers	专任教师(人) Fulltime Teachers	另有其他学生数(人) Other
一、民办高等教育 Higher Education							
(一)民办高校 Regular HEIs	658	932878	1401477	4461395	330377	222008	193942
本科学生 Normal Courses		428704	728428	2524755			
专科学生 Short-cycle Courses		504174	673049	1936640			
其中:独立学院	322	449462	691231	2413707	162571	116218	15962
本科学生 Normal Courses		380560	617548	2190096			
专科学生 Short-cycle Courses		68902	73683	223611			
(二)民办其他高等教育机构 Non-state/private HEIs	(812)				38075	17881	852219
二、民办中等教育 Secondary Education							
(一)高中阶段教育 Senior Secondary Education	5868	1602361	2094075	5482256	630193	447067	
1. 民办普通高中 Regular Schools	2670	784872	813687	2301299	458837	339712	
2. 民办中等职业教育 Secondary Vocational Schools	3198	817489	1280388	3180957	171356	107355	400763
(二)初中阶段教育 Junior Secondary Education	4335	1285198	1484946	4339810	158	113	
1. 民办普通初中 Regular Junior Secondary Schools	4331	1284559	1484681	4338852			
2. 民办职业初中 Vocational JSSs	4	639	265	958	158	113	
三、民办普通小学 Regular Primary Schools	5496	820993	840220	5028766	300532	219684	
四、民办幼儿园 Pre-primary Education	89304	3500720	5746897	11341694	932783	552348	
另有:民办培训机构(不计校数) Other Vocational-technical Training Institutions	(19395)				220596	114934	8449263

注： 1."另有其他学生数"包括:自考助学班学生、预科生、进修及培训学生数。
2. 民办普通高中的教职工数和专任教师数包含民办普通初中的教职工数和专任教师数。
3."( )"内数据为不计校数。

Note:1. Number of the other students Followed in the Classes runby Non-state/Private HEIs for Students Preparing for State-administered Examinatims for Self-directed Learners, College-preparatory Classes, In-service Training.
2. Data on Staff and Workers in Junior Secondary Schools are included in the data of Regular Schools.
3. The number in the "( )" is not considered as the number of schools.

各级各类学校女学生数

Number of Female Students of Schools of All Levels & Types

单位：人

unit：person

	总计 Total	男 Male	女学生 Female Students 人数 Number	女学生 Female Students 占学生总数的比重（%） Percentage
一、高等教育 Higher Education				
（一）研究生 Postgraduates	1404942	744069	660873	47.04
博　士 Doctor's Degrees	246319	160461	85858	34.86
硕　士 Master's Degrees	1158623	583608	575015	49.63
（二）普通本专科 Undergraduates in Regular HEIs	21446570	10621069	10825501	50.48
本　科 Normal Courses	11798511	6030642	5767869	48.89
专　科 Short-cycle Courses	9648059	4590427	5057632	52.42
（三）成人本专科 Undergraduates in Adult HEIs	5413513	2580502	2833011	52.33
本　科 Normal Courses	2256662	1039638	1217024	53.93
专　科 Short-cycle Courses	3156851	1540864	1615987	51.19
（四）其他各类高等学历教育 Students Enrolled in Other Formal Programs				
1. 在职人员攻读博士、硕士学位 Employed People Enrolled in Doctoral and Master's Degree Programs	394331	248314	146017	37.03
2. 网络本专科生 Web-based Undergraduates	4172721	2138489	2034232	48.75
本　科 Normal Courses	1572642	764659	807983	51.38
专　科 Short-cycle Courses	2600079	1373830	1226249	47.16
二、中等教育 Secondary Education				
（一）高中阶段教育 Senior Secondary Education				
1. 高中 Senior Secondary Schools				
普通高中 Regular Schools	24342783	12608655	11734128	48.20
成人高中 Adult Schools	114676	62527	52149	45.48
2. 中等职业教育 Secondary Vocational Schools				
普通中专 Regular Specialized Sec. Schools	8404291	3973989	4430302	52.71
成人中专 Adult SSSs	1609942	899940	710002	44.10
职业高中 Vocational High Schools	7784240	4129592	3654648	46.95
技工学校 Skilled Workers Schools	4153190	2949220	1203970	28.99
（二）初中阶段教育 Junior Secondary Education				
1. 普通初中 Regular Junior Secondary Schools	54336420	28624676	25711744	47.32
2. 职业初中 Vocational JSSs	72995	38429	34566	47.35
3. 成人初中 Adult JSSs	487876	265517	222359	45.58
三、初等教育 Primary Education				
（一）普通小学 Regular Primary Schools	100714661	54109787	46604874	46.27
（二）成人小学 Adult Primary Schools	2108199	971779	1136420	53.90
其中：扫盲班 of Which：Eliminate IlLiteracy Classes	1148550	515915	632635	55.08
四、工读学校 Correctional Work-Study Schools	9213	7974	1239	13.45
五、特殊教育 Special Education Schools	428125	280489	147636	34.48
六、学前教育 Pre-primary Education Institutions	26578141	14596872	11981269	45.08

各级各类学校女教师、教职工数
Number of Female Teachers, Staff & Workers of Schools of All Levels & Types

单位：人

unit: person

	教职工计 Teachers, Staff & Workers	其中:女教职工 Female Teachers, Staff & Workers		专任教师计 Full-time Teachers	其中:女专任教师 Female Full-time Teachers	
		人数 Number	占教职工总数的比重(%) Percentage		人数 Number	占专任教师总数的比重(%) Percentage
一、高等教育 Higher Education						
(一)研究生培养机构(不计校数) Institutions Providing Postgraduate Programs						
1. 普通高校 Regular HEIs						
2. 科研机构 Research Institutes						
(二)普通高等学校 Regular HEIs	2111451	954037	45.18	1295248	595310	45.96
1. 本科院校 HEIs Offering Degree Programs	1512099	671227	44.39	896013	399843	44.62
其中:独立学院	162571	77610	47.74	116218	55153	47.46
2. 高职(专科)院校 Short-cycle HEIs	592918	279478	47.14	395016	193170	48.90
3. 其他机构(点)(不计校数) Other Institutions	6434	3332	51.79	4219	2297	54.44
(三)成人高等学校 Adult HEIs	84196	39541	46.96	50402	25288	50.17
(四)民办的其他高等教育机构 Non-state/private HEIs	38075	18901	49.64	17881	8691	48.60
二、中等教育 Secondary Education						
(一)高中阶段教育 Senior Secondary Education						
1. 高中 Senior Secondary Schools						
普通高中 Regular Schools	5845444	2699333	46.18	1493313	699960	46.87
成人高中 Adult Schools						
2. 中等职业教育 Secondary Vocational Schools	1229201	552723	44.97	682151	334693	49.06
普通中专 Regular Specialized Sec. Schools	411303	189959	46.18	272270	133723	49.11
成人中专 Adult SSSs	94181	42823	45.47	62587	30591	48.88
职业高中 Vocational High Schools	425577	195359	45.90	321511	157874	49.10
技工学校 Skilled Workers Schools	259724	107365	41.34			
其他机构(教学点)(不计校数) Other Institutions	38416	17217	44.82	25783	12505	48.50
(二)初中阶段教育 Junior Secondary Education						
1. 普通初中 Regular Junior Secondary Schools				3513438	1714963	48.81
2. 职业初中 Vocational JSSs	5198	2025	38.96	4571	1873	40.98
3. 成人初中 Adult JSSs						
三、初等教育 Primary Education						
(一)普通小学 Regular Primary Schools	6135536	3397461	55.37	5633447	3217059	57.11
(二)成人小学 Adult Primary Schools						
其中:扫盲班 of Which: Eliminate IlLiteracy Classes						
四、工读学校 Correctional Work-Study Schools	2669	883	33.08	1745	624	35.76
五、特殊教育 Special Education Schools	47466	32101	67.63	37945	27437	72.31
六、学前教育 Pre-primary Education Institutions	1570756	1455808	92.68	985889	967353	98.12

注:普通高中的教职工数中包含普通初中的教职工数。

Note: Data on Staff and Workers in Regular Junior Secondary Schools are included in the data of Regular Schools.

各级各类学校少数民族学生数

Number of Minority Students of Schools of All Levels & Types

单位：人

unit：person

	总计 Total	少数民族学生 Minority Students	
		人数 Number	占学生总数的比重(%) Percentage
一、高等教育 Higher Education			
(一)研究生 Postgraduates	1404942	69925	4.98
博　士 Doctor's Degrees	246319	10765	4.37
硕　士 Master's Degrees	1158623	59160	5.11
(二)普通本专科 Undergraduates in Regular HEIs	21446570	1410507	6.58
本　科 Normal Courses	11798511	853222	7.23
专　科 Short-cycle Courses	9648059	557285	5.78
(三)成人本专科 Undergraduates in Adult HEIs	5413513	312996	5.78
本　科 Normal Courses	2256662	139840	6.20
专　科 Short-cycle Courses	3156851	173156	5.49
(四)其他各类高等学历教育 Students Enrolled in Other Formal Programs			
1. 在职人员攻读博士、硕士学位 Employed People Enrolled in Doctoral and Master's Degree Programs	394331		
2. 网络本专科生 Web-based Undergraduates	4172721	178033	4.27
本　科 Normal Courses	1572642	69523	4.42
专　科 Short-cycle Courses	2600079	108510	4.17
3. 其他 Others			
二、中等教育 Secondary Education			
(一)高中阶段教育 Senior Secondary Education			
1. 高中 Senior Secondary Schools			
普通高中 Regular Schools	24342783	1787144	7.34
成人高中 Adult Schools	602552	8652	1.44
2. 中等职业教育 Secondary Vocational Schools			
普通中专 Regular Specialized Sec. Schools	8404291	638772	7.60
成人中专 Adult SSSs	1609942	82592	5.13
职业高中 Vocational High Schools	7784240	350667	4.50
技工学校 Skilled Workers Schools			
(二)初中阶段教育 Junior Secondary Education			
1. 普通初中 Regular Junior Secondary Schools	54336420	5012241	9.22
2. 职业初中 Vocational JSSs	72995	16116	22.08
3. 成人初中 Adult JSSs			
三、初等教育 Primary Education			
(一)普通小学 Regular Primary Schools	100714661	10591233	10.52
(二)成人小学 Adult Primary Schools	2108199	414324	19.65
其中：扫盲班 of Which：Eliminate IlLiteracy Classes			
四、工读学校 Correctional Work-Study Schools			
五、特殊教育 Special Education Schools	428125	32815	7.66
六、学前教育 Pre-primary Education Institutions	26578141	1894185	7.13

注：成人高中数据包括成人初中数据。

Note：Number of minority Students of Adult JSSs are included in the data of the Adult Senior Secondary Schools.

各级各类学校少数民族教师、教职工数
Number of Minority Teachers, Staff & Workers of Schools of All Levels & Types

单位：人
unit: person

	教职工计 Teachers, Staff & Workers	少数民族教职工 Minority Teachers, Staff & Workers		专任教师计 Full-time Teachers	少数民族专任教师 Minority Full-time Teachers	
		人数 Number	占教职工总数的比重(%) Percentage		人数 Number	占专任教师总数的比重(%) Percentage
一、高等教育 Higher Education						
(一)研究生培养机构(不计校数) Institutions Providing Postgraduate Programs						
1. 普通高校 Regular HEIs						
2. 科研机构 Research Institutes						
(二)普通高等学校 Regular HEIs	2111451	103764	4.91	1295248	62016	4.79
1. 本科院校 HEIs Offering Degree Programs	1512099	77583	5.13	896013	45437	5.07
其中:独立学院	162571	5598	3.44	116218	3633	3.13
2. 高职(专科)院校 Short-cycle HEIs	592918	25967	4.38	395016	16472	4.17
3. 其他机构(点)(不计校数) Other Institutions	6434	214	3.33	4219	107	2.54
(三)成人高等学校 Adult HEIs	84196	4906	5.83	50402	2861	5.68
(四)民办的其他高等教育机构 Non-state/private HEIs	38075	491	1.29	17881	234	1.31
二、中等教育 Secondary Education						
(一)高中阶段教育 Senior Secondary Education						
1. 高中 Senior Secondary Schools						
普通高中 Regular Schools	5845444	459572	7.86	1493313	100090	6.70
成人高中 Adult Schools	13714	476	3.47	8616	233	2.70
2. 中等职业教育 Secondary Vocational Schools	969477	46210	4.77	682151	32078	4.70
普通中专 Regular Specialized Sec. Schools	411303	25563	6.22	272270	17245	6.33
成人中专 Adult SSSs	94181	4631	4.92	62587	3276	5.23
职业高中 Vocational High Schools	425577	15146	3.56	321511	10993	3.42
技工学校 Skilled Workers Schools						
其他机构(教学点)(不计校数) Other Institutions	38416	870	2.26	25783	564	2.19
(二)初中阶段教育 Junior Secondary Education						
1. 普通初中 Regular Junior Secondary Schools				3513438	298932	8.51
2. 职业初中 Vocational JSSs	5198	536	10.31	4571	498	10.89
3. 成人初中 Adult JSSs						
三、初等教育 Primary Education						
(一)普通小学 Regular Primary Schools	6135536	633473	10.32	5633447	585165	10.39
(二)成人小学 Adult Primary Schools	82736	15092	18.24	34034	3962	11.64
其中:扫盲班 of Which: Eliminate IlLiteracy Classes						
四、工读学校 Correctional Work-Study Schools						
五、特殊教育 Special Education Schools	47466	2713	5.72	37945	2243	5.91
六、学前教育 Pre-primary Education Institutions	1570756	70317	4.48	985889	47142	4.78

注： 1. 普通高中少数民族教职工数包括普通初中少数民族教职工数。
2. 成人高中少数民族教职工数包括成人初中少数民族教职工数。

Note: 1. The number of minority Teacher/Staff and Workers employed by Regular Junior Secondary Schools is included in that employed by Regular Senior Secondary Schools.
2. The number of minority Teacher/Staff and Workers empoloyed by Adult JSSs is included in that employed by Adults Senior Secoudary Schools.

各级各类学校校数

Number of Schools of All Levels & Types

单位：所

unit：number of schools

	1949	1965	1978	1980	1985	2000	2005	2006	2007	2008	2009
一、高等教育 Higher Education											
（一）研究生培养机构（不计校数） Institutions Providing Postgraduate Programs						738	766	767	795	796	796
1. 普通高校 Regular HEIs						415	450	450	479	479	481
2. 科研机构 Research Institutes						323	316	317	316	317	315
（二）普通高等学校 Regular HEIs	205	434	598	675	1016	1041	1792	1867	1908	2263	2305
1. 本科院校 HEIs Offering Degree Programs						599	701	720	740	1079	1090
2. 高职（专科）院校 Short-cycle HEIs						442	1091	1147	1168	1184	1215
3. 分校、大专班（点）（不计校数） Branch Schools & SCHE Classes							428	428	425	77	74
（三）成人高等学校 Adult HEIs	1	964	10395	2775	1216	772	481	444	413	400	384
（四）民办的其他高等教育机构 Non-state/private HEIs							1077	994	906	866	812
1. 学历文凭考试机构 Institutions Adm. Exams for Formal											
2. 非学历文凭考试机构 Institutions Adm. Exams for Non-formal											
二、中等教育 Secondary Education							96082	94116	92267	90121	87639
（一）高中阶段教育 Senior Secondary Education							31532	31685	31255	30806	29761
1. 高中 Senior Secondary Schools							17066	16992	16423	15959	15360
普通高中 Regular Schools	1597	4112	49215	31300	17318	14564	16092	16153	15681	15206	14607
成人高中 Adult Schools						1939	974	839	742	753	753
2. 中等职业教育 Secondary Vocational Schools							14466	14693	14832	14847	14401
普通中专 Regular Specialized Sec. Schools	1171	1265	2760	3069	3557	3646	3207	3698	3801	3846	3789
成人中专 Adult SSSs						4634	2582	2350	2120	1983	1883
职业高中 Vocational High Schools						7655	5822	5765	5916	5915	5652
技工学校 Skilled Workers Schools	3	281	2013	3305	3548	3792	2855	2880	2995	3103	3077
其他机构（教学点）（不计校数） Other Institutions							2386	（2502）	（2868）	2483	（2390）
（二）初中阶段教育 Junior Secondary Education							64550	62431	61012	59315	57878
1. 普通初中 Regular Junior Secondary Schools	2448	13990	113130	87077	75903	62704	61885	60550	59109	57701	56167
2. 职业初中 Vocational JSSs						1194	601	335	275	213	153
3. 成人初中 Adult JSSs						2001	2064	1546	1628	1401	1558
三、初等教育 Primary Education							427697	396567	369063	349126	322094
（一）普通小学 Regular Primary Schools	346769	1681939	949323	917316	832309	553622	366213	341639	320061	300854	280184
（二）成人小学 Adult Primary Schools					100337	156839	61484	54928	49002	48272	41910
其中：扫盲班 of Which：Eliminate Illiteracy Classes					176076	104863	43572	40397	33024	34213	27850
四、工读学校 Correctional Work-Study Schools	–	–	–	–	98	74	77	74	76	74	72
五、特殊教育 Special Education Schools	–	266	292	292	375	1539	1593	1605	1618	1640	1672
六、学前教育 Pre-primary Education Institutions	–	19226	163952	170419	172262	175836	124402	130495	129086	133722	138209

各级各类学历教育学生数

Number of Enrolment of Schools of All Types and Levels Providing Formal Programs

单位：万人

unit：10 thousand

	1949	1965	1978	1980	1985	2000	2005	2007	2008	2009
一、高等教育 Higher Education										
(一)研究生(人) Postgraduates	629	4546	10934	21604	87331	301239	978610	1195047	1283046	1404942
(二)普通本专科 Undergraduates in Regular HEIs	11.65	67.44	85.63	114.37	170.31	556.09	1561.78	1884.90	2021.02	2144.66
(三)成人本专科 Undergraduates in Adult HEIs	0.01	41.30	140.80	155.40	172.50	353.64	436.07	524.16	548.29	541.35
(四)其他各类高等学历教育 Students Enrolled in Other Formal Programs										
1. 在职人员攻读博士、硕士学位 Employed People Enrolled in Doctoral and Master's Degree Programs							25.47	34.61	39.38	39.43
2. 网络本专科生 Web-based Undergraduates							265.27	310.48	355.90	417.27
3. 学历文凭考试 Students Preparing for Exams Awarding Formal Qualifications							20.35	1.97		
二、中等教育 Secondary Education							10297.15	10321.60	10204.36	10130.64
(一)高中阶段教育 Senior Secondary Education							4030.94	4527.49	4576.07	4640.91
1. 高中 Senior Secondary Schools							2430.90	2540.48	2488.99	2445.75
普通高中 Regular Schools	20.72	130.82	1553.08	969.79	741.13	1201.26	2409.09	2522.40	2476.28	2434.28
成人高中 Adult Schools				75.12	138.98	32.40	21.81	18.08	12.70	11.47
2. 中等职业教育 Secondary Vocational Schools							1600.04	1987.01	2087.09	2195.17
普通中专 Regular Specialized Sec. Schools	22.88	54.74	88.92	124.34	157.11	489.52	629.77	781.63	817.28	840.43
成人中专 Adult SSSs	0.01	351.80	123.90	449.40		169.26	112.55	112.98	120.65	160.99
职业高中 Vocational High Schools	–	77.50	–	31.92	184.34	414.56	582.43	725.25	750.32	778.42
技工学校 Skilled Workers Schools	0.27	10.10	38.20	70.04	74.17	140.10	275.30	367.15	398.85	415.32
(二)初中阶段教育 Junior Secondary Education							6266.21	5794.11	5628.29	5489.73
1. 普通初中 Regular Junior Secondary Schools	83.18	802.97	4995.17	4538.29	3964.83	6167.65	6171.81	5720.90	5574.15	5433.64
2. 职业初中 Vocational JSSs	–	365.84	–	13.45	45.23	88.64	43.14	15.30	10.82	7.30
3. 成人初中 Adult JSSs				302.57	273.30	18.77	51.27	57.92	43.32	48.79
三、初等教育 Primary Education							11171.83	10789.87	10566.59	10282.29
(一)普通小学 Regular Primary Schools	2439.10	11620.90	14624.00	14627.00	13370.20	13013.25	10864.07	10564.00	10331.51	10071.47
(二)成人小学 Adult Primary Schools	1326.80	823.70	6467.20	1646.10	303.23	480.88	307.76	225.87	235.08	210.82
其中：扫盲班 of Which：Eliminate Illiteracy Classes	1326.80		1806.70	1220.90	518.98	249.32	192.44	103.76	124.96	114.86
四、工读学校 Correctional Work-Study Schools	–	–	–	–	0.65	0.77	0.84	0.91	0.96	0.92
五、特殊教育 Special Education Schools	–	2.29	3.09	3.31	4.17	37.76	36.44	41.93	41.74	42.81
六、学前教育 Pre-primary Education Institutions	–	171.30	787.70	1150.80	1479.70	2244.18	2179.03	2348.83	2474.96	2657.81

各级各类学历教育招生数

Number of New Entrants of Schools of All Types and Levels Providing Formal Programs

单位：万人

unit：10 thousand

	1949	1965	1978	1980	1985	2000	2005	2007	2008	2009
一、高等教育 Higher Education										
（一）研究生（人） Postgraduates	242	1456	10708	3616	46871	128484	364831	418612	446422	510953
（二）普通本专科 Undergraduates in Regular HEIs	3.06	16.42	40.15	28.12	61.92	220.61	504.46	565.92	607.66	639.49
（三）成人本专科 Undergraduates in Adult HEIs					78.78	156.15	193.03	191.11	202.56	201.48
（四）其他各类高等学历教育 Students Enrolled in Other Formal Programs										
1. 在职人员攻读博士、硕士学位 Employed People Enrolled in Doctoral and Master's Degree Programs							10.17	12.69	13.34	11.60
2. 网络本专科生 Web-based Undergraduates							89.10	123.44	147.22	162.57
3. 学历文凭考试 Students Preparing for Exams Awarding Formal Qualifications										
二、中等教育 Secondary Education							3520.98	3518.69	3508.71	3487.31
（一）高中阶段教育 Senior Secondary Education							1533.39	1650.19	1649.12	1698.86
1. 高中 Senior Secondary Schools							877.73	840.16	837.01	830.34
普通高中 Regular Schools	7.11	45.89	692.91	383.40	257.51	472.69	877.73	840.16	837.01	830.34
成人高中 Adult Schools				50.05	107.61	30.47				
2. 中等职业教育 Secondary Vocational Schools							655.66	810.02	812.11	868.52
普通中专 Regular Specialized Sec. Schools	9.74	20.85	44.70	46.76	66.83	132.59	241.13	297.29	303.78	311.71
成人中专 Adult SSSs				152.22		53.39	47.95	52.00	55.83	86.89
职业高中 Vocational High Schools	–	55.67	–	24.06	98.49	150.39	248.21	302.18	290.66	313.17
技工学校 Skilled Workers Schools	–	–	25.70	33.13	35.54	50.38	118.37	158.55	161.84	156.75
（二）初中阶段教育 Junior Secondary Education							1987.58	1868.50	1859.60	1788.45
1. 普通初中 Regular Junior Secondary Schools	34.12	299.89	2005.98	1550.91	1349.40	2263.3	1976.52	1863.75	1856.17	1786.39
2. 职业初中 Vocational JSSs	–	250.81	–	6.66	17.61	32.27	11.06	4.75	3.43	2.06
3. 成人初中 Adult JSSs				194.81	237.02	14.67				
三、初等教育 Primary Education							1671.74	1736.07	1695.72	1637.80
（一）普通小学 Regular Primary Schools	680.00	3296.02	3315.36	2942.34	2298.17	1946.47	1671.74	1736.07	1695.72	1637.80
（二）成人小学 Adult Primary Schools				248.29	194.95	452.52				
其中：扫盲班 of Which：Eliminate Illiteracy Classes				720.48	326.14	210.61				
四、工读学校 Correctional Work-Study Schools	–	–	–	–	0.32	0.44	0.35	0.44	0.48	0.39
五、特殊教育 Special Education Schools	–	–	0.59	0.59	0.92	5.29	4.93	6.34	6.24	6.40
六、学前教育 Pre-primary Education Institutions	–					1531.11	1356.24	1433.61	1482.71	1546.86

各级各类学校教职工数

Number of Staff and Workers of Schools of All Levels & Types

单位：万人

unit：10 thousand

	1949	1965	1978	1980	1985	2000	2005	2007	2008	2009
一、高等教育 Higher Education										
（一）研究生培养机构（不计校数） Institutions Providing Postgraduate Programs										
1. 普通高校 Regular HEIs										
2. 科研机构 Research Institutes										
（二）普通高等学校 Regular HEIs	4.60	33.30	51.80	63.20	87.06	111.28	174.21	197.45	205.10	211.15
1. 本科院校 HEIs Offering Degree Programs						92.69	119.78	129.29	147.39	151.21
2. 高职（专科）院校 Short-cycle HEIs						17.50	44.00	54.24	57.07	59.29
3. 分校、大专班（点）（不计校数） Branch Schools & SCHE Classes						1.08	10.43	13.93	0.65	0.64
（三）成人高等学校 Adult HEIs				6.45	14.34	18.70	14.89	13.63	8.99	8.42
（四）民办的其他高等教育机构 Non-state/private HEIs							4.81	4.33	4.03	3.81
1. 学历文凭考试机构 Institutions Adm. Exams for Formal										
2. 非学历文凭考试机构 Institutions Adm. Exams for Non-formal										
二、中等教育 Secondary Education							685.77	703.09	705.99	709.36
（一）高中阶段教育 Senior Secondary Education							682.48	701.29	704.45	708.07
1. 高中 Senior Secondary Schools							573.16	581.68	582.23	585.15
普通高中 Regular Schools	10.40	67.70	391.70	389.70	355.69	491.1	572.02	580.97	581.57	584.54
成人高中 Adult Schools					5.65	2.17	1.13	0.71	0.65	0.61
2. 中等职业教育 Secondary Vocational Schools							109.32	119.61	122.22	122.92
普通中专 Regular Specialized Sec. Schools	2.40	12.20	23.70	29.80	40.32	48.81	33.48	38.85	40.28	41.13
成人中专 Adult SSSs				3.19		20.84	12.13	10.62	10.33	9.42
职业高中 Vocational High Schools	–	30.60	–	4.10	21.59	44.69	38.93	41.73	42.78	42.56
技工学校 Skilled Workers Schools	–	–	6.66	13.61	21.53	23.96	20.40	24.00	24.88	25.97
其他机构（教学点）（不计校数） Other Institutions							4.38	4.41	3.96	3.84
（二）初中阶段教育 Junior Secondary Education							3.29	1.80	1.54	1.28
1. 普通初中 Regular Junior Secondary Schools										
2. 职业初中 Vocational JSSs							2.40	1.04	0.76	0.52
3. 成人初中 Adult JSSs					7.29	0.79	0.89	0.76	0.78	0.76
三、初等教育 Primary Education							624.82	622.90	623.93	621.83
（一）普通小学 Regular Primary Schools	84.90	407.50	562.00	605.40	602.10	645.49	613.22	613.38	613.29	613.55
（二）成人小学 Adult Primary Schools				2.02		16.24	11.61	9.52	10.64	8.27
其中：扫盲班 of Which: Eliminate Illiteracy Classes				7.40		11.01	8.94	7.23	8.62	6.16
四、工读学校 Correctional Work-Study Schools	–	–	–	–	0.32	0.27	0.26	0.25	0.27	0.27
五、特殊教育 Special Education Schools	–	0.37	0.69	0.80	1.15	4.37	4.23	4.49	4.60	4.75
六、学前教育 Pre-primary Education Institutions	–	16.20	46.90	61.00	79.80	114.43	115.20	131.72	143.42	157.08

各级各类学校专任教师数

Number of Fulltime Teachers of Schools of All Levels & Types

单位：万人

unit：10 thousand

	1949	1965	1978	1980	1985	2000	2005	2007	2008	2009
一、高等教育 Higher Education										
（一）研究生培养机构（不计校数） Institutions Providing Postgraduate Programs										
1. 普通高校 Regular HEIs										
2. 科研机构 Research Institutes										
（二）普通高等学校 Regular HEIs	1.61	13.81	20.63	24.69	34.43	46.28	96.58	116.83	123.75	129.52
1. 本科院校 HEIs Offering Degree Programs						37.08	63.00	71.72	85.60	89.60
2. 高职（专科）院校 Short-cycle HEIs						8.66	26.79	35.48	37.71	39.50
3. 分校、大专班（点）（不计校数） Branch Schools & SCHE Classes						0.53	6.80	9.63	0.43	0.42
（三）成人高等学校 Adult HEIs				3.32	6.93	9.34	8.43	8.02	5.32	5.04
（四）民办的其他高等教育机构 Non-state/private HEIs							2.25	2.06	1.91	1.79
1. 学历文凭考试机构 Institutions Adm. Exams for Formal										
2. 非学历文凭考试机构 Institutions Adm. Exams for Non-formal										
二、中等教育 Secondary Education							555.36	578.40	585.54	588.85
（一）高中阶段教育 Senior Secondary Education							205.64	230.68	237.49	236.63
1. 高中 Senior Secondary Schools							130.66	144.79	148.01	149.77
普通高中 Regular Schools	1.40	7.79	74.13	57.07	49.17	75.69	129.95	144.31	147.55	149.33
成人高中 Adult Schools					3.23	1.35	0.71	0.48	0.45	0.44
2. 中等职业教育 Secondary Vocational Schools							74.98	85.89	89.49	86.86
普通中专 Regular Specialized Sec. Schools	1.56	5.51	9.96	12.87	17.40	25.64	20.30	24.90	26.14	27.23
成人中专 Adult 333s				1.78		11.83	7.50	6.76	6.66	6.26
职业高中 Vocational High Schools	–	5.29	–	1.65	11.58	28.18	28.25	30.87	31.97	32.15
技工学校 Skilled Workers Schools	–	–	2.80	6.14	8.89	14	16.11	20.43	22.07	18.64
其他机构（教学点）（不计校数） Other Institutions							2.82	2.94	2.65	2.58
（二）初中阶段教育 Junior Secondary Education							349.72	347.72	348.05	352.23
1. 普通初中 Regular Junior Secondary Schools	5.26	37.92	244.07	244.90	215.99	324.86	347.18	346.43	346.90	351.34
2. 职业初中 Vocational JSSs	–	14.42	–	0.67	2.49	3.83	2.02	0.87	0.66	0.46
3. 成人初中 Adult JSSs					5.00	0.43	0.51	0.42	0.50	0.42
三、初等教育 Primary Education							563.71	565.22	566.87	566.75
（一）普通小学 Regular Primary Schools	83.60	385.71	522.55	549.94	537.68	586.03	559.25	561.26	562.19	563.34
（二）成人小学 Adult Primary Schools				1.65	2.87	4.76	4.47	3.96	4.67	3.40
其中：扫盲班 of Which： Eliminate Illiteracy Classes				4.83	4.26	2.93	3.17	2.79	3.70	2.16
四、工读学校 Correctional Work-Study Schools	–	–	–	–	0.13	0.15	0.17	0.17	0.17	0.17
五、特殊教育 Special Education Schools	–	0.26	0.42	0.48	0.73	3.2	3.19	3.50	3.63	3.79
六、学前教育 Pre-primary Education Institutions	–	6.18	27.75	41.07	54.99	85.65	72.16	82.68	89.86	98.59

高中阶段教育学生数的构成
Composition of Students in Senior Sec. Schools

	合计 Total	普通高中 Senior General Secondary Schools	成人高中 Adult Secondary Schools	中等职业教育 Secondary Vocational Schools				
				小计 Subtotal	中等专业学校 Specialized Sec. Schools	成人中专 Adult SSSs	职业高中 Vocational High Schools	技工学校 Skilled Worker Schools
学生数(万人) No. of Students (10 thousand)								
1965	622.9	130.8		492.1	52.7	351.8	77.5	10.1
1980	1720.5	969.8	75.1	675.6	124.3	449.4	31.9	70.0
1985	1295.7	741.1	139.0	415.6	157.1		184.3	74.2
1990	1528.6	717.3	47.8	763.5	224.4	158.8	247.1	133.2
2000	2463.2	1201.3	32.4	1229.5	489.5	169.3	414.6	156.1
2001	2606.3	1405.0	31.0	1170.3	457.9	189.2	383.1	140.1
2002	2889.8	1683.8	33.5	1172.5	456.4	153.3	428.1	134.7
2003	3240.9	1964.8	21.5	1254.6	502.4	105.5	455.7	191.1
2004	3649.0	2220.4	19.4	1409.2	554.5	103.3	516.9	234.5
2005	4030.9	2409.1	21.8	1600.0	629.8	112.5	582.4	275.3
2006	4341.9	2514.5	17.5	1809.9	725.8	107.6	655.6	320.8
2007	4527.5	2522.4	18.1	1987.0	781.6	113.0	725.2	367.1
2008	4545.7	2476.3	12.7	2056.7	817.3	120.6	750.3	368.5
2009	4640.9	2434.3	11.5	2195.2	840.4	161.0	778.4	415.3
比重(%)Percentage								
1965	100	21.0		79.0	8.5	56.5	12.4	1.6
1980	100	56.4	4.4	39.3	7.2	26.1	1.9	4.1
1985	100	57.2	10.7	32.1	12.1		14.2	5.7
1990	100	46.9	3.1	49.9	14.7	10.4	16.2	8.7
2000	100	48.8	1.3	49.9	19.9	6.9	16.8	6.3
2001	100	53.9	1.2	44.9	17.6	7.3	14.7	5.4
2002	100	58.3	1.2	40.6	15.8	5.3	14.8	4.7
2003	100	60.6	0.7	38.7	15.5	3.3	14.1	5.9
2004	100	60.8	0.5	38.6	15.2	2.8	14.2	6.4
2005	100	59.8	0.5	39.7	15.6	2.8	14.4	6.8
2006	100	57.9	0.4	41.7	16.7	2.5	15.1	7.4
2007	100	55.7	0.4	43.9	17.3	2.5	16.0	8.1
2008	100	54.5	0.3	45.2	18.0	2.7	16.5	8.1
2009	100	52.5	0.2	47.3	18.1	3.5	16.8	8.9

教育规模
Size of Education

单位：万人
unit：10 thousand person

年份 Year	学校数(万所) Schools (in 10 Thousand)	学生数 Enrolment	教职工数 Teachers Staff & Workers	教育人口 Educational Population	教育人口比重(%) Proportion of Education Population
1985	144	21753	1261	23014	22.0
1990	136	23654	1432	25086	22.2
1996	155	30401	1549	31950	26.2
1997	157	31076	1577	32653	26.7
1998	155	31809	1580	33389	27.0
1999	159	32672	1596	34268	27.5
2000	149	32093	1592	33685	26.8
2001	135	32135	1574	33709	26.6
2002	117	31873	1579	33452	26.2
2003	96	31989	1610	33599	26.2
2004	68	32558	1597	34155	26.4
2005	65	36904	1624	38528	29.6
2006	63	31860	1652	33512	25.6
2007	66	32187	1675	33862	25.8
2008	58	32099	1692	33791	25.6
2009	55	32098	1716	33814	25.5

小学学龄儿童入学率

Net Enrolment Ratio of School-age Children in Primary Schools

单位：万人

unit：10 thousand

年　份 Year	学龄儿童入学率 Net Enrolment Ratio of School-age Children in various regions		
	全国学龄儿童数 Total No. of School-age Children	已入学学龄儿童数 No. of School-age Children Enrolled	入学率(%) Net Enrolment Ratio
1965	11603.2	9829.1	84.7
1980	12219.6	11478.2	93.0
1985	10362.3	9942.8	95.9
1990	9740.7	9529.7	97.8
1999	12991.4	12872.8	99.1
2000	12445.3	12333.9	99.1
2001	11766.4	11561.2	99.1
2002	11310.4	11150.0	98.6
2003	10908.3	10761.6	98.7
2004	10548.1	10437.1	98.9
2005	10207.0	10120.3	99.2
2006	10075.5	10001.5	99.3
2007	9947.9	9896.8	99.5
2008	9772.0	9727.1	99.5
2009	9606.6	9548.6	99.4

* 1991 年以前的入学率是按 7 - 11 周岁统一计算的。从 1991 年起入学率是按各地不同入学年龄和学制分别计算的。

Enrolment Ratio of school-age children before 1991 was calculated on the basis of primary school pupils aged 7 - 11 enroled. From 1991 onwards its calculation has taken account of the age of entry and the lenth of schooling prevailing.

各级教育毛入学率

Gross Enrolment Rate of Schools by Level

单位：%

unit：%

年　份 Year	小学 Primary 按各地相应学龄计算 According to provincial primary entrant age	初中阶段 Junior 12 - 14 周岁 the age of 12 - 14	高中阶段 Senior 15 - 17 周岁 the age of 15 - 17		高等教育 IHEs 18 - 22 周岁 the age of 18 - 22
			职前	全口径	
1991	109.5	69.7	23.9		3.5
1992	109.4	71.8	22.6	26.0	3.9
1993	107.3	73.1	24.1	28.4	5.0
1994	108.7	73.8	26.2	30.7	6.0
1995	106.6	78.4	28.8	33.6	7.2
1996	105.7	82.4	31.4	38.0	8.3
1997	104.9	87.1	33.8	40.6	9.1
1998	104.3	87.3	34.4	40.7	9.8
1999	104.3	88.6	35.8	41.0	10.5
2000	104.6	88.6	38.2	42.8	12.5
2001	104.5	88.7	38.6	42.8	13.3
2002	107.5	90.0	38.4	42.8	15.0
2003	107.2	92.7	42.1	43.8	17.0
2004	106.6	94.1	46.5	48.1	19.0
2005	106.4	95.0	50.9	52.7	21.0
2006	106.3	97.0	57.7	59.8	22.0
2007	106.2	98.0		66.0	23.0
2008	105.7	98.5		74.0	23.3
2009	104.8	99.0		79.2	24.2

各级普通学校毕业生升学率
Promotion Rate of Graduates of Regular School of All Levels & Types

年　份 Year	小学升初中(%) Promotion Rate of Primary School Graduates	初中升高级中学(%) Promotion Rate of Junior Sec. School Graduates	高中升高等教育(%) Promotion Rate of Senior School Graduates
1990	74.6	40.6	27.3
1991	77.7	42.6	28.7
1992	79.7	43.6	34.9
1993	81.8	44.1	43.3
1994	86.6	47.8	46.7
1995	90.8	50.3	49.9
1996	92.6	49.8	51.0
1997	93.7	51.5	48.6
1998	94.3	50.7	46.1
1999	94.4	50.0	63.8
2000	94.9	51.2	73.2
2001	95.5	52.9	78.8
2002	97.0	58.3	83.5
2003	97.9	59.6	83.4
2004	98.1	63.8	82.5
2005	98.4	69.7	76.3
2006	100.0	75.7	75.1
2007	99.9	80.5	70.3
2008	99.7	82.1	72.7
2009	99.1	85.3	77.6

注:高中升学率为普通高校招生数(含电大普通班)与普通高中毕业生数之比。

Note: Promotion rate of senior secondary school graduates is the ratio of total number of new entrants admitted to HEIs to the total number of graduates of regular senior secondary schools of the current year.

每十万人口各级学校平均在校生数
Number of Students of Per 100,000 Inhabitants of All Levels

单位：人

unit: person

年　份 Year	高等学校 Higher Education	高中阶段 Senior	初中阶段 Junior	小　学 Primary	幼儿园 Kindergarten
1991	304	1355	3465	10502	1907
1992	313	1365	3518	10413	2072
1993	376	1448	3599	10656	2190
1994	433	1293	3681	10819	2219
1995	457	1610	3945	11010	2262
1996	470	1780	4180	11273	2208
1997	482	1905	4289	11435	2058
1998	519	1978	4408	11287	1944
1999	594	2032	4656	10855	1864
2000	723	2000	4969	10335	1782
2001	931	2021	5161	9937	1602
2002	1146	2283	5240	9525	1595
2003	1298	2523	5209	9100	1560
2004	1420	2824	5058	8725	1617
2005	1613	3070	4781	8358	1676
2006	1816	3321	4557	8192	1731
2007	1924	3409	4364	8037	1787
2008	2042	3463	4227	7819	1873
2009	2128	3495	4097	7584	2001

各级普通学校生师比

Pupil-Teacher Ratio of Regular Schools of All levels

单位：%

unit：%

年　份 Year	小　学 Primary	初　中 Junior	普通高中 Senior	职业高中 Vocational Secondary Schools	普通中专 Regular Secondary Schools	普通高校 Regular Inst. of Higher Educations		
						全　国 Total	本科院校 University	高职(专科)院校 Short-cycle HEIs
1993	22.37	15.65	14.96	13.86	14.55	8.00	7.82	8.61
1994	22.85	16.07	12.16	14.66	15.07	9.25	9.00	10.10
1995	23.30	16.73	12.95	15.35	15.95	9.83	9.71	10.16
1996	23.73	17.18	13.45	15.38	16.43	10.36	10.32	10.20
1997	24.16	17.33	14.05	15.88	16.71	10.87	10.80	10.85
1998	23.98	17.56	14.60	16.13	17.82	11.62	11.63	11.09
1999	23.12	18.17	15.16	15.91	17.88	13.37	13.67	12.23
2000	22.21	19.03	15.87	14.71	19.09	16.30	16.04	17.65
2001	21.64	19.24	16.73	14.26	19.91	18.22	18.47	17.15
2002	21.04	19.25	17.80	16.50	21.96	19.00	20.60	14.20
2003	20.50	19.13	18.35	17.67	25.30	17.00	21.07	14.75
2004	19.98	18.65	18.65	19.10	28.13	16.22	17.44	13.15
2005	19.43	17.80	18.54	20.62	31.02	16.85	17.75	14.78
2006	19.17	17.15	18.13	22.16	31.67	17.93	17.77	18.26
2007	18.82	16.52	17.48	23.50	31.39	17.28	17.31	17.20
2008	18.38	16.07	16.78	23.47	31.27	17.23	17.21	17.27
2009	17.88	15.47	16.30	23.65	27.82	17.27	17.23	17.35

普通高等学校校均规模

Average Size of Regular Inst. of Higher Education

单位:人

unit：person

	1994	1995	1996	1997	1998	1999	2000	2001	2002	2003	2004	2005	2006	2007	2008	2009
全国 Total	2591	2758	2927	3112	3335	3815	5289	5870	6471	7143	7704	7666	8148	8571	8679	9086
本科院校 University	3418	3632	3857	4062	4418	5275	6916	8730	10454	11662	13561	13514	13937	14057	12097	12634
专科院校 Non-university Tertiary	1338	1405	1466	1594	1701	1975	2282	2337	2523	2893	3209	3909	4515	5095	5564	5903

全国各级自学考试基本情况

Basic Statistics of Applicants for State-administered Examination for Self-learners by Level

	2005		2006		2007		2008		2009	
	上半年 First half year	下半年 Second half year	上半年 First half year	下半年 Second half year	上半年 First half year	下半年 Second half year	上半年 First half year	下半年 Second half year	上半年 First half year	下半年 Second half year
毕业生人数 Gradutes										
本科Nonmal course	209776	216714	221993	190127	205688	168292	274449	277422	309921	310476
专科Short-Cycle course	185951	193014	136837	133870	107613	100503	187677	185223	203559	199526
中专Specialized Secondary	6						86772	92199	106362	110950
单科合格科次数 Passed Main-courses										
本科Nonmal course	2937035	2659670	2606941	2394294	2661123	2610244	4884112	4441008	5244892	4946679
专科Short-Cycle course	1757200	1678367	1494558	1370857	1447016	1451639	3202166	2960187	3499720	3416760
中专Specialized Secondary	221						1681946	1480821	1745172	1529919
报考人数Applicants										
计Total										
本科Nonmal course	3138275	2945107	2909852	2725281	2924483	2744651	5208544	4679628	5517385	4907514
专科Short-Cycle course	2321427	2175559	2025218	1832040	2042676	1850936	3121358	2900792	3426273	3144203
中专Specialized Secondary	72						2087186	1778836	2091112	1763311
首次报考人数 First Time										
本科Nonmal course	593057	446711	676983	485594	619337	440522	1150218	674658	1268590	640676
专科Short-Cycle course	357479	356310	441624	323873	419969	289170	690709	424949	798761	432287
中专Specialized Secondary	71						459509	249709	469829	208389
报考科次 Main-courses to be Examined										
本科Nonmal course	7143224	6676374	6632280	6144754	6668721	6408847	12249001	11179996	12870134	11842415
专科Short-Cycle course	5307267	4874460	4655264	4216073	4791753	4403519	7222194	6921569	7584122	7605841
中专Specialized Secondary	283						5026807	4258427	5286012	4236574
实考人数Actural Examined										
本科Nonmal course	2486592	2282892	2270615	2085304	2240129	2099652	3896856	3599817	4318889	3754772
专科Short-Cycle course	1770809	1624519	1542095	1356061	1540491	1368913	2385104	2269639	2737622	2452057
中专Specialized Secondary	71						1511752	1330178	1581267	1302715
实考科次 Actural Main-courses Examined										
本科Nonmal course	5276079	4842548	4790371	4337753	4705393	4534034	8840627	8028150	9781330	8761276
专科Short-Cycle course	3723745	3359148	3236011	2830369	3295921	3003818	5278441	5068821	6188572	5725407
中专Specialized Secondary	279						3562186	2959329	3592758	3035869
在档考生人数 Exmainees on File										
累计数Sum。										
本科Nonmal course	8747082	8977079	9440282	9750810	10164459	10436689	30390935	30788171	31746840	32077040
专科Short-Cycle course	17758541	17921837	18238037	18439325	18751681	18940348	10939721	11179447	11774649	12007410
中专Specialized Secondary	138129	138129	138129	138129	138129	138129	19313085	19470595	19834062	19931501
其中：新生数							138129	138129	138129	138129
of Which: Curent session							1150218	674658	1268590	640676
本科Nonmal course	593057	446711	676983	485594	619337	440522	690709	424949	798761	432287
专科Short-Cycle course	357479	356310	441624	323873	419969	289170	459509	249709	469829	208389
中专Specialized Secondary	71									

二、高等教育
Higher Education

高等教育学校(机构)数

Number of Higher Education Institutions

单位：所

unit：institutions

	计 Total	中央部委 HEIs under Central Ministries & Agencies			地方部门 HEIs under Local Auth.			民办 Non-state/ Private
		计 Total	教育部 HEIs under MOE	其他部委 HEIs under Other Central Agencies	计 Total	教育部门 HEIs under MOE	非教育部门 Run by Non-ed. Dept.	
1. 研究生培养机构 Institutions Providing Postgraduate Programs	796	373	73	300	423	360	63	
普通高校 Regular HEIs	481	98	73	25	383	359	24	
科研机构 Research Institutes	315	275		275	40	1	39	
2. 普通高校 Regular HEIs	2305	111	73	38	1538	877	661	656
本科院校 HEIs Providing Degree-level Programs	1090	106	73	33	614	543	71	370
其中:独立学院	322							322
高职(专科)院校 Short-cycle HEIs	1215	5		5	924	334	590	286
3. 成人高等学校 HEIs for Adults	384	14	1	13	368	154	214	2
4. 民办的其他高等教育机构 Non-state/Private HEIs	812							812

普通高等学校校数

Number of Regular Higher Educational Institutions

单位:所
unit: institutions

	合　计 Total	大学、专门学院 Universities & Colleges	高职(专科)院校 Short-cycle HEIs
总计 Total	**2305**	**1090**	**1215**
综合大学 Comprehensive University	547	250	297
理工院校 Natural Sciences & Technology	821	322	499
农业院校 Agriculture	81	41	40
林业院校 Forestry	18	7	11
医药院校 Medicine & Pharmacy	163	103	60
师范院校 Teacher Training	189	145	44
语文院校 Language & Literature	48	21	27
财经院校 Finance & Economics	242	110	132
政法院校 Political Science & Law	69	23	46
体育院校 Physical Culture	30	16	14
艺术院校 Art	79	38	41
民族院校 Ethnic Nationality	18	14	4
合计中民办高校 of Which: Non-state/Private Colleges	656	370	286

普通高等学校规模

Breakdown of Regular Higher Educational Institutions by Size of Enrolments

单位:所
unit: institutions

	学校数 Institutions	300人及以下 300 and under	301－500人 301 to 500	501－1000人 501 to 1000	1001－1500人 1001 to 1500	1501－2000人 1501 to 2000	2001－3000人 2001 to 3000	3001－4000人 3001 to 4000	4001－5000人 4001 to 5000	5001－10000人 5001 to 10000	10001－20000人 10001 to 20000	20001－30000人 20001 to 30000	30001人及以上 30001 and over
总计 Total	**2305**	**16**	**11**	**47**	**47**	**60**	**132**	**177**	**203**	**839**	**615**	**127**	**31**
综合大学 Comprehensive University	547	6	2	6	14	11	35	33	48	198	133	43	18
理工院校 Natural Sciences & Technology	821	4	5	17	9	16	35	69	54	319	239	46	8
农业院校 Agriculture	81			1		1	5	5	7	24	29	8	1
林业院校 Forestry	18					1		1	4	6	5	1	
医药院校 Medicine & Pharmacy	163		1	3	1	2	10	19	20	67	38	2	
师范院校 Teacher Training	189			1	1	2	5	7	10	54	85	20	4
语文院校 Language & Literature	48			2	1	2	3	7	8	17	7	1	
财经院校 Finance & Economics	242	2	1	5	1	5	15	12	30	104	62	5	
政法院校 Political Science & Law	69		1	3	3	6	11	11	10	19	5		
体育院校 Physical Culture	30	3		3	3	4	4	1	3	9			
艺术院校 Art	79	1	1	6	13	9	8	11	8	18	4		
民族院校 Ethnic Nationality	18				1	1	1	1	1	4	8	1	

普通高等学校设置专业数

Number of Specialities and Number of Educational Programmes Established by Field of Study in Regular Higher Educational Institutions

	合计 Total	哲学 Philo-sophy	经济 Econo-mics	法学 Law	教育 Educa-tion	文学 Litera-ture	历史 History	理学 Science	工学 Engineer-ing	农学 Agricul-ture	医学 Medi-cine	管理学 Adminis-tration	其他 other
研究生													
种数 No. of Sp.	623	10	21	42	23	37	11	72	176	40	70	9	25
点数 No. of Ed. Prog.	30959	673	1612	2517	1055	2272	700	4383	9198	1318	3196	18	1981
普通高等教育													
种数 No. of Sp.	646	5	19	36	46	100	8	83	206	35	51	57	
点数 No. of Ed. Prog.	67804	81	3386	2219	2800	11376	289	5261	23472	1730	3139	14051	
成人高等教育													
种数 No. of Sp.	490	3	14	24	41	63	6	53	158	30	45	53	
点数 No. of Ed. Prog.	39032	15	2113	1696	2548	5618	173	1844	10715	849	2751	10710	

高等教育(机构)学生数

Data on Students in Higher Education

单位：人

unit: person

	毕(结)业生数 Graduates	授予学位数 Degree Awarded	招生数 Entrants			在校学生数 Enrolment	预计毕业生数 Anticipated Graduates for Next Year
			计 Total	其中 of Which			
				应届生 Autumn Session	春季招生 Spring Session		
研究生 Postgraduates	371273	367871	510953	332641		1404942	470660
博　士 Doctor's Degrees	48658	46616	61911	23227		246319	117978
硕　士 Master's Degrees	322615	321255	449042	309414		1158623	352682
普通本科、专科生 Students Enrolled in Normal and Short-cycle Courses	5311023	2298200	6394932	5764069	13178	21446570	5874139
本　科 Normal Courses	2455359	2298200	3261081	2822680	1237	11798511	2662960
专　科 Short-cycle Courses	2855664		3133851	2941389	11941	9648059	3211179
成人本科、专科生 Students Enrolled in Normal and Short-cycle Courses Provided by Adult HEIs	1943893	108750	2014776	316809		5413513	1900885
本　科 Normal Courses	865421	108750	815795	91616		2256662	760090
专　科 Short-cycle Courses	1078472		1198981	225193		3156851	1140795
网络本科、专科生 Students Enrolled in Normal and Short-cycle Courses Provided by Web-based Programs	983521	24404	1625687		809098	4172721	
本　科 Normal Courses	405549	24404	551287		278422	1572642	
专　科 Short-cycle Courses	577972		1074400		530676	2600079	
研究生课程进修班 Postgraduates Courses	46803					68646	
在职人员攻读博士硕士学位 Advanced degree Programs for persons in Employment		101956	115985			394331	
电大注册视听生 Registered Viewers/auditors of Programs Provided by RTVUs	1113						
自考助学班 Classes run by Non-state/private HEIs for Students Preparing for State-administered Examinations for Self-directed Learners	196768		221279			696503	
普通预科生 College-preparatory Classes						30649	
进修及培训 In-service Training	5073449					2098780	
留学生 Foreign Students	55251	9013	73266		18361	117548	

分部门、分计划
Number of Postgraduate Students

	学校(机构)数(所) No. of Inst.	毕业生数 Graduates			招生数 Entrants		
		计 Total	博 士 Doctor's Degree	硕 士 Master's Degree	计 Total	博 士 Doctor's Degree	硕 士 Master's Degree
总 计 Total	**796**	**371273**	**48658**	**322615**	**510953**	**61911**	**449042**
国家任务 State-planned Programs		222033	34689	187344	360870	49039	311831
委托培养 Contractual Programs		23007	8940	14067	23410	10235	13175
自筹经费 Self-financed Programs		126233	5029	121204	126673	2637	124036
一、中央部委所属 Under Central Ministries& Agencies	**373**	**212897**	**40555**	**172342**	**279371**	**49929**	**229442**
1. 教育部 Under MOE	73	172715	29990	142725	225844	37696	188148
2. 其他部委 Under Other Central Agencies	300	40182	10565	29617	53527	12233	41294
二、地方所属 Under Local Auth.	**423**	**158376**	**8103**	**150273**	**231582**	**11982**	**219600**
1. 教育部门 Edu. Dept.	360	152447	7900	144547	222501	11685	210816
2. 其他部门 Run by Non-ed. Dept.	63	5929	203	5726	9081	297	8784

分部门、分计划
Number of Postgraduate Students

	学校(机构)数(所) No. of Inst.	毕业生数 Graduates			招生数 Entrants		
		计 Total	博 士 Doctor's Degree	硕 士 Master's Degree	计 Total	博 士 Doctor's Degree	硕 士 Master's Degree
总 计 Total	**481**	**357345**	**42903**	**314442**	**492800**	**55472**	**437328**
国家任务 State-planned Programs		208503	29080	179423	343577	42827	300750
委托培养 Contractual Programs		22762	8807	13955	23118	10022	13096
自筹经费 Self-financed Programs		126080	5016	121064	126105	2623	123482
一、中央部委所属 Under Central Ministries& Agencies	**98**	**199813**	**34850**	**164963**	**262109**	**43541**	**218568**
1. 教育部 Under MOE	73	172715	29990	142725	225844	37696	188148
2. 其他部委 Under Other Central Agencies	25	27098	4860	22238	36265	5845	30420
二、地方所属 Under Local Auth.	**383**	**157532**	**8053**	**149479**	**230691**	**11931**	**218760**
1. 教育部门 Edu. Dept.	359	152435	7900	144535	222491	11685	210806
2. 其他部门 Run by Non-ed. Dept.	24	5097	153	4944	8200	246	7954

研究生数（总计）
by Sector and Program（Total）

单位：人
unit：person

在校学生数 Enrolment			预计毕业生数 Graduates for Next Year		
计 Total	博士 Doctor's Degree	硕士 Master's Degree	计 Total	博士 Doctor's Degree	硕士 Master's Degree
1404942	**246319**	**1158623**	**470660**	**117978**	**352682**
956073	176539	779534	294376	76370	218006
95928	53029	42899	47639	30808	16831
352941	16751	336190	128645	10800	117845
790107	**202550**	**587557**	**280809**	**98240**	**182569**
636386	155726	480660	226054	76448	149606
153721	46824	106897	54755	21792	32963
614835	**43769**	**571066**	**189851**	**19738**	**170113**
591433	42817	548616	182735	19368	163367
23402	952	22450	7116	370	6746

研究生数（普通高校）
by Sector and Program（Regular HEIs）

单位：人
unit：person

在校学生数 Enrolment			预计毕业生数 Graduates for Next Year		
计 Total	博士 Doctor's Degree	硕士 Master's Degree	计 Total	博士 Doctor's Degree	硕士 Master's Degree
1351404	**224119**	**1127285**	**452437**	**108495**	**343942**
904606	155226	749380	276811	67265	209546
94823	52190	42633	47178	30451	16727
351975	16703	335272	128448	10779	117669
739221	**180534**	**558687**	**263473**	**88843**	**174630**
636386	155726	480660	226054	76448	149606
102835	24808	78027	37419	12395	25024
612183	**43585**	**568598**	**188964**	**19652**	**169312**
591401	42817	548584	182721	19368	163353
20782	768	20014	6243	284	5959

分部门、分计划

Number of Postgraduate Students

	学校(机构)数(所) No. of Inst.	毕业生数 Graduates			招生数 Entrants		
		计 Total	博士 Doctor's Degree	硕士 Master's Degree	计 Total	博士 Doctor's Degree	硕士 Master's Degree
总　计 Total	**315**	**13928**	**5755**	**8173**	**18153**	**6439**	**11714**
国家任务 State-planned Programs		13530	5609	7921	17293	6212	11081
委托培养 Contractual Programs		245	133	112	292	213	79
自筹经费 Self-financed Programs		153	13	140	568	14	554
一、中央部委所属 Under Central Ministries& Agencies	**275**	**13084**	**5705**	**7379**	**17262**	**6388**	**10874**
1. 教育部 Under MOE							
2. 其他部委 Under Other Central Agencies	275	13084	5705	7379	17262	6388	10874
二、地方所属 Under Local Auth.	**40**	**844**	**50**	**794**	**891**	**51**	**840**
1. 教育部门 Edu. Dept.	1	12		12	10		10
2. 其他部门 Run by Non-ed. Dept.	39	832	50	782	881	51	830

分学科研

Number of Postgraduate

	毕业生数 Graduates			招生数 Entrants		
	计 Total	博士 Doctor's Degree	硕士 Master's Degree	计 Total	博士 Doctor's Degree	硕士 Master's Degree
总计 Total	**371273**	**48658**	**322615**	**510953**	**61911**	**449042**
其中:女 of Which: Female	169618	17480	152138	251003	22936	228067
学术型学位						
哲学 Philosophy	4518	698	3820	5254	833	4421
经济学 Economics	18327	2461	15866	21576	2773	18803
法学 Law	21681	2208	19473	31085	3355	27730
教育学 Education	13406	919	12487	16683	1108	15575
文学 Literature	31634	2102	29532	41845	2799	39046
历史学 History	5082	824	4258	5842	909	4933
理学 Science	41822	9570	32252	59279	11638	47641
工学 Engineering	130514	17386	113128	158703	23259	135444
农学 Agriculture	13425	2006	11419	14800	2733	12067
医学 Medicine	34629	5586	29043	44713	6832	37881
军事学 Military Science	191	21	170	233	31	202
管理学 Administrators	31636	3770	27866	38701	4790	33911
专业学位	24408	1107	23301	72239	851	71388

研究生数(科研机构)
by Sector and Program (Research Institutes)

单位：人
unit：person

在校学生数 Enrolment			预计毕业生数 Graduates for Next Year		
计 Total	博士 Doctor's Degree	硕士 Master's Degree	计 Total	博士 Doctor's Degree	硕士 Master's Degree
53538	**22200**	**31338**	**18223**	**9483**	**8740**
51467	21313	30154	17565	9105	8460
1105	839	266	461	357	104
966	48	918	197	21	176
50886	**22016**	**28870**	**17336**	**9397**	**7939**
50886	22016	28870	17336	9397	7939
2652	**184**	**2468**	**887**	**86**	**801**
32		32	14		14
2620	184	2436	873	86	787

究生数(总计)
Students by Academic Field (Total)

单位：人
unit：person

在校学生数 Enrolment			预计毕业生数 Graduates for Next Year		
计 Total	博士 Doctor's Degree	硕士 Master's Degree	计 Total	博士 Doctor's Degree	硕士 Master's Degree
1404942	**246319**	**1158623**	**470660**	**117978**	**352682**
660873	85858	575015	209948	39596	170352
15911	3414	12497	5739	1697	4042
61692	11415	50277	22251	5719	16532
87389	12116	75273	29166	5273	23893
47368	3991	43377	15174	1780	13394
114445	10121	104324	36978	4594	32384
17447	3820	13627	6313	1974	4339
168908	41952	126956	56645	18801	37844
474170	101820	372350	168015	51612	116403
45325	9673	35652	17370	4382	12988
128205	22646	105559	41932	9196	32736
763	151	612	312	88	224
114994	22028	92966	41402	11588	29814
128325	3172	125153	29363	1274	28089

分学科研

Number of Postgraduate Students

	毕业生数 Graduates			招生数 Entrants		
	计 Total	博士 Doctor's Degree	硕士 Master's Degree	计 Total	博士 Doctor's Degree	硕士 Master's Degree
总计 Total	**357345**	**42903**	**314442**	**492800**	**55472**	**437328**
其中:女 of Which: Female	164880	15659	149221	244510	20855	223655
学术型学位						
哲学 Philosophy	4340	645	3695	5073	769	4304
经济学 Economics	17812	2280	15532	21060	2557	18503
法学 Law	21269	2112	19157	30560	3219	27341
教育学 Education	13356	894	12462	16594	1069	15525
文学 Literature	31400	2042	29358	41551	2703	38848
历史学 History	5008	807	4201	5758	887	4871
理学 Science	36813	6632	30181	52278	8513	43765
工学 Engineering	124847	15524	109323	151925	21104	130821
农学 Agriculture	12859	1806	11053	14073	2489	11584
医学 Medicine	33995	5390	28605	44001	6667	37334
军事学 Military Science	188	21	167	232	31	201
管理学 Administrators	31110	3645	27465	38067	4614	33453
专业学位	24348	1105	23243	71628	850	70778

分学科研

Number of Postgraduate Students

	毕业生数 Graduates			招生数 Entrants		
	计 Total	博士 Doctor's Degree	硕士 Master's Degree	计 Total	博士 Doctor's Degree	硕士 Master's Degree
总计 Total	**13928**	**5755**	**8173**	**18153**	**6439**	**11714**
其中:女 of Which: Female	4738	1821	2917	6493	2081	4412
学术型学位						
哲学 Philosophy	178	53	125	181	64	117
经济学 Economics	515	181	334	516	216	300
法学 Law	412	96	316	525	136	389
教育学 Education	50	25	25	89	39	50
文学 Literature	234	60	174	294	96	198
历史学 History	74	17	57	84	22	62
理学 Science	5009	2938	2071	7001	3125	3876
工学 Engineering	5667	1862	3805	6778	2155	4623
农学 Agriculture	566	200	366	727	244	483
医学 Medicine	634	196	438	712	165	547
军事学 Military Science	3		3	1		1
管理学 Administrators	526	125	401	634	176	458
专业学位	60	2	58	611	1	610

究生数(普通高校)
by Academic Field (Regular HEIs)

单位：人
unit：person

在校学生数 Enrolment			预计毕业生数 Graduates for Next Year		
计 Total	博士 Doctor's Degree	硕士 Master's Degree	计 Total	博士 Doctor's Degree	硕士 Master's Degree
1351404	**224119**	**1127285**	**452437**	**108495**	**343942**
642387	78856	563531	203931	36701	167230
15324	3185	12139	5535	1608	3927
59989	10664	49325	21654	5441	16213
85843	11695	74148	28628	5104	23524
47105	3864	43241	15078	1724	13354
113646	9865	103781	36720	4503	32217
17200	3742	13458	6233	1942	4291
148023	31089	116934	49435	14036	35399
453571	94350	359221	160936	48379	112557
43124	8917	34207	16615	4092	12523
125967	21949	104018	41211	8939	32272
758	151	607	310	88	222
113278	21485	91793	40795	11370	29425
127576	3163	124413	29287	1269	28018

究生数(科研机构)
by Academic Field (Research Institutes)

单位：人
unit：person

在校学生数 Enrolment			预计毕业生数 Graduates for Next Year		
计 Total	博士 Doctor's Degree	硕士 Master's Degree	计 Total	博士 Doctor's Degree	硕士 Master's Degree
53538	**22200**	**31338**	**18223**	**9483**	**8740**
18486	7002	11484	6017	2895	3122
587	229	358	204	89	115
1703	751	952	597	278	319
1546	421	1125	538	169	369
263	127	136	96	56	40
799	256	543	258	91	167
247	78	169	80	32	48
20885	10863	10022	7210	4765	2445
20599	7470	13129	7079	3233	3846
2201	756	1445	755	290	465
2238	697	1541	721	257	464
5		5	2		2
1716	543	1173	607	218	389
749	9	740	76	5	71

在职人员攻读博士、硕士学位分学科学生数

Number of Postgraduate Students Studying for Advanced Degrees Without Leaving Their Jobs

单位：人
unit：person

	授予学位数 Degree			招生数 Entrants			在校学生数 Enrolment		
	计 Total	博士 Doctor's Degree	硕士 Master's Degree	计 Total	博士 Doctor's Degree	硕士 Master's Degree	计 Total	博士 Doctor's Degree	硕士 Master's Degree
总计 Total	**101956**	**1063**	**100893**	**115985**	**741**	**115244**	**394331**	**3075**	**391256**
其中:女 of Which: Female	40164	313	39851	45276	282	44994	146017	1192	144825
学术型学位									
哲学 Philosophy	280	3	277	59	2	57	392	10	382
经济学 Economics	2191	46	2145	351	4	347	1927	13	1914
法学 Law	1984	14	1970	1093	15	1078	4765	41	4724
教育学 Education	2622	74	2548	1190	59	1131	6142	163	5979
文学 Literature	3372	71	3301	1388	79	1309	6074	334	5740
历史学 History	249	7	242	67	5	62	503	25	478
理学 Science	1253	70	1183	466	53	413	2765	264	2501
工学 Engineering	3703	197	3506	1511	161	1350	9570	854	8716
农学 Agriculture	113	30	83	89	20	69	435	123	312
医学 Medicine	3258	162	3096	1557	108	1449	7457	293	7164
军事学 Military Science	16	3	13	22	9	13	98	65	33
管理学 Administrators	3226	221	3005	1147	28	1119	5342	71	5271
专业学位	79689	165	79524	107045	198	106847	348861	819	348042

普通高等教育工科分大类学生数

Breakdown of Engineering Students by Subfield of Study in Regular Higher Education

单位：人

unit：person

	毕业生数 Graduates	招 生 数 Entrants	在校学生数 Enrolment
总计 Total	**1918428**	**2339887**	**7741552**
地矿类 Applied Geology	34063	51876	162912
材料类 Materials Science	41057	59789	204248
机械类 Mechanical Engineering	342354	410173	1380919
仪器仪表类 Instrument & Meter	15221	18415	69531
能源动力类 Thermal & Nuclear Energy	19921	27489	93590
电气信息类 Electronics & Information	881509	983636	3297872
土建类 Civil Engineering & Architcture	198586	279889	894490
水利类 Hydraulics	18193	22675	72343
测绘类 Sruvey & Measure	13340	21205	64334
环境与安全类 Environment and Safety	34790	41668	146284
化工与制药类 Chemical Engineering & Pharmaceutics	81059	103557	340271
交通运输类 Transportation	109229	150503	455911
海洋工程类 Oceanic	1819	3053	11298
轻工纺织食品类 Light Industry，Textile and Food	79274	109314	350115
航空航天类 Aeronautics & Astronautics	3433	5728	18339
武器类 Weaponry	2801	3128	12327
工程力学类 Engineering Mechanics	2808	3636	13068
生物工程类 Biotechnology	29096	32547	109461
农业工程类 Agriculture Engineering	4849	5710	21811
林业工程类 Forestry Engineering	1996	3090	11125
公安技术类 Public Security Technology	3030	2806	11303

普通、成人本、专科

Number of Undergraduate Students

	毕业生数 Graduates			招生数 Entrants	
	合计 Total	本科 Normal Courses	专科 Short-cycle Courses	合计 Total	本科 Normal Courses
普通本、专科总计 Total	**5311023**	**2455359**	**2855664**	**6394932**	**3261081**
中央部委所属院校 Inst. Under SEDC	407355	385357	21998	444086	424017
其中:教育部所属院校 of Which: Inst. Under MOE	313264	305808	7456	336055	331131
地方所属学校 Inst. Under Local Auth.	3990509	1642601	2347908	4586710	2110327
民办 Non-State/Private	913159	427401	485758	1364136	726737
成人本、专科总计 Total	**1943893**	**865421**	**1078472**	**2014776**	**815795**
中央部委所属院校 Inst. Under SEDC	303168	194273	108895	288002	162560
其中:教育部所属院校 of Which: Inst. Under MOE	243902	159111	84791	235547	135147
地方所属学校 Inst. Under Local Auth.	1621006	669845	951161	1689433	651544
民办 Non-State/Private	19719	1303	18416	37341	1691

普通本、专科分

Number of Undergraduate Students

	毕业生数 Graduates			招生数 Entrants	
	合计 Total	本科 Normal Courses	专科 Short-cycle Courses	合计 Total	本科 Normal Courses
总计 Total	**5311023**	**2455359**	**2855664**	**6394932**	**3261081**
其中:女 of Which: Female	2659767	1178904	1480863	3406091	1619605
一、普通高等学校 Reg. Inst. of High Education	5181857	2450874	2730983	6312722	3260103
本科院校 University	3183244	2419182	764062	3865176	3236046
其中:独立学院	439078	372038	67040	687417	615357
高职(专科)院校 Non-university Tertiary	1935418	729	1934689	2407203	651
其他 Other	63195	30963	32232	40343	23406
综合大学 Comprehensive Universities	1318109	632060	686049	1642860	861489
理工院校 Natural Sciences & Tech.	1943910	805266	1138644	2354698	1051538
农业院校 Agriculture	219150	126433	92717	261731	153937
林业院校 Forestry	38784	22802	15982	48041	27372
医药院校 Medicine & Pharmacy	285917	136214	149703	336947	186998
师范院校 Teacher Training	586212	376781	209431	687515	496081
语文院校 Language & Literature	81357	32607	48750	100064	43692
财经院校 Finance & Economics	478737	194937	283800	610928	281176
政法院校 Political Science & Law	92634	30559	62075	93708	36265
体育院校 Physical Culture	24866	19598	5268	30023	22587
艺术院校 Art	70565	39294	31271	93079	52539
民族院校 Ethnic Minorities	41616	34323	7293	53128	46429
二、成人高等学校 Higher Educational Institutions for Adults	**129166**	**4485**	**124681**	**82210**	**978**

分举办者学生数
by Type of Courses in Higher Education

单位：人
unit：person

专科 Short-cycle Courses	在校学生数 Enrolment			毕业班学生数 Graduates for Next Year		
	合计 Total	本科 Normal Courses	专科 Short-cycle Courses	合计 Total	本科 Normal Courses	专科 Short-cycle Courses
3133851	**21446570**	**11798511**	**9648059**	**5874139**	**2662960**	**3211179**
20069	1727135	1664965	62170	427702	405627	22075
4924	1334517	1316403	18114	328875	321760	7115
2476383	15359627	7613167	7746460	4361350	1739180	2622170
637399	4359808	2520379	1839429	1085087	518153	566934
1198981	**5413513**	**2256662**	**3156851**	**1900885**	**760090**	**1140795**
125442	757878	457122	300756	266325	158964	107361
100400	630779	385332	245447	223246	135550	87696
1037889	4554048	1795164	2758884	1601276	600314	1000962
35650	101587	4376	97211	33284	812	32472

性质类别学生数
by Type of Courses in Regular Higher Education

单位：人
unit：person

专科 Short-cycle Courses	在校学生数 Enrolment			毕业班学生数 Graduates for Next Year		
	合计 Total	本科 Normal Courses	专科 Short-cycle Courses	合计 Total	本科 Normal Courses	专科 Short-cycle Courses
3133851	**21446570**	**11798511**	**9648059**	**5874139**	**2662960**	**3211179**
1786486	10825501	5767869	5057632	2888336	1240824	1647512
3052619	21132684	11790848	9341836	5757359	2660151	3097208
629130	13771208	11687008	2084200	3393183	2633307	759876
72060	2379596	2161267	218329	521753	451183	70570
2406552	7172254	2714	7169540	2300001	870	2299131
2134181	6314723		6314723	2013614		2013614
16937	189222	101126	88096	64175	25974	38201
781371	5506140	3137977	2368163	1486023	711832	774191
1303160	7753418	3804214	3949204	2160498	866748	1293750
107794	886929	569247	317682	236003	132370	103633
20669	161672	101747	59925	41843	22566	19277
149949	1249169	740249	508920	329915	149089	180826
191434	2384314	1738510	645804	635052	398732	236320
56372	322242	155359	166883	90292	34925	55367
329752	1954473	977155	977318	531896	215174	316722
57443	317057	133483	183574	97343	32076	65267
7436	103671	84337	19334	25019	19333	5686
40540	306551	186545	120006	78316	41187	37129
6699	187048	162025	25023	45159	36119	9040
81232	**313886**	**7663**	**306223**	**116780**	**2809**	**113971**

成人本、专科分

Number of Students by type of Schools in

	毕业生数 Graduates			招生数 Entrants	
	合计 Total	本科 Normal Courses	专科 Short-cycle Courses	合计 Total	本科 Normal Courses
总计 Total	**1943893**	**865421**	**1078472**	**2014776**	**815795**
其中:女 of Which:Female	1018152	448350	569802	1072130	450067
一、成人高等学校 Adult Higher Educational Institutions	**218398**	**40266**	**178132**	**210784**	**25412**
其中:全脱产 of Which:Full-time	101972	6948	95024	109233	5874
职工高等学校 Workers' Colleges	75769	1767	74002	74628	1821
农民高等学校 Peasants' Colleges	1134		1134	714	
管理干部学院 Institutes for Administration	26066	5606	20460	29194	5050
教育学院 Educational Colleges	50901	31500	19401	38712	17402
独立函授学院 Independent Correspondence Colleges					
广播电视大学 Radio/TV Universities	63000	1393	61607	67024	1139
其他机构 Other Institutions	1528		1528	512	
二、普通高等学校办 Run by Regular HEIs	**1725495**	**825155**	**900340**	**1803992**	**790383**
函授 Divisions of Correspondence	945920	512676	433244	1031821	459331
业余 Sparetime Schools	505627	211504	294123	771675	330647
脱产 Shrot-cycle Courses for Adults	273948	100975	172973	496	405

普通本、专科分

Number of Students in Regular

	毕业生数 Graduates			招生数 Entrants	
	合计 Total	本科 Normal Courses	专科 Short-cycle Courses	合计 Total	本科 Normal Courses
总计 Total	**5311023**	**2455359**	**2855664**	**6394932**	**3261081**
其中: 女 of Which: Female	2659767	1178904	1480863	3406091	1619605
哲学 Philosophy	1652	1652		2563	2563
经济学 Economics	258264	150666	107598	309119	191665
法学 Law	200921	117182	83739	196144	126335
教育学 Education	328396	86705	241691	290625	116457
文学 Literature	788745	458761	329984	961419	627375
其中:外语 of Which:Foreign Language	324724	161021	163703	345297	203437
其中:艺术 of Which:Art	302460	172719	129741	421803	268475
历史学 History	13544	13544		17007	17007
理学 Science	266037	264494	1543	335354	332874
工学 Engineering	1918428	763635	1154793	2339887	1023678
农学 Agriculture	97392	46847	50545	118911	58940
医学 Medicine	390535	152392	238143	453312	202892
管理学 Administrators	1047109	399481	647628	1370591	561295
总计中:师范生 of Total:Students Enrolled in Teacher Training Institutions	521059	295630	225429	499737	335868

性质类别学生数
all Adult Higher Education

单位：人
unit：person

	在校学生数 Enrolment			毕业班学生数 Anticipated Graduatstes for Next Year		
专　科 Short-cycle Courses	合　计 Total	本　科 Normal Courses	专　科 Short-cycle Courses	合　计 Total	本　科 Normal Courses	专　科 Short-cycle Courses
1198981	**5413513**	**2256662**	**3156851**	**1900885**	**760090**	**1140795**
622063	2833011	1217024	1615987	956833	392142	564691
185372	541949	80224	461725	219687	33548	186139
103359	235547	12497	223050	101992	5973	96019
72807	198427	5038	193389	84976	2422	82554
714	1726		1726	976		976
24144	65668	11628	54040	22096	4068	18028
21310	109249	59975	49274	44196	25019	19177
65885	164292	3583	160709	66590	2039	64551
512	2587		2587	853		853
1013609	**4871564**	**2176438**	**2695126**	**1681198**	**726542**	**954656**
572490	2751859	1280952	1470907	952566	446794	505772
441028	1869105	769331	1099774	564607	214449	350158
91	250600	126155	124445	164025	65299	98726

学科学生数
HEIs by Field of Study

单位：人
unit：person

	在校学生数 Enrolment			预计毕业生数 Anticipated Graduates for Next Year		
专　科 Short-cycle Courses	合　计 Total	本　科 Normal Courses	专　科 Short-cycle Courses	合　计 Total	本　科 Normal Courses	专　科 Short-cycle Courses
3133851	**21446570**	**11798511**	**9648059**	**5874139**	**2662960**	**3211179**
1786486	10825501	5767869	5057632	2888336	1240824	1647512
	8930	8930		2006	2006	
117454	1080187	710993	369194	284611	161831	122780
69809	694100	465406	228694	197125	115445	81680
174168	1051122	407479	643643	339550	91974	247576
334044	3270300	2220049	1050251	851337	495440	355897
141860	1236460	749122	487338	349589	174397	175192
153328	1364870	914529	450341	335177	191226	143951
	60634	60634		13873	13873	
2480	1206825	1201046	5779	279641	278182	1459
1316209	7741552	3718959	4022593	2171188	847120	1324068
59971	385395	213986	171409	103687	49562	54125
250420	1652513	830050	822463	450943	167034	283909
809296	4295012	1960979	2334033	1180178	440493	739685
163869	1833353	1227870	605483	529322	296614	232708

成人本、专科

Number of Students by Field of

	毕业生数 Graduates			招生数 Entrants	
	合计 Total	本科 Normal Courses	专科 Short-cycle Courses	合计 Total	本科 Normal Courses
总计 Total	**1943893**	**865421**	**1078472**	**2014776**	**815795**
其中:女 of Which: Female	1018152	448350	569802	1072130	450067
成人高等学校办 Adult Higher Educations	**218398**	**40266**	**178132**	**210784**	**25412**
哲学 Philosophy	22		22		
经济学 Economics	11099	539	10560	11144	732
法学 Law	9181	3065	6116	6590	2063
教育学 Education	22065	9576	12489	18841	5657
文学 Literature	38070	16272	21798	28343	9369
其中:外语 of Which:Foreign Language	10036	5183	4853	8377	2813
其中:艺术 of Which:Art	8869	1443	7426	7554	615
历史学 History	548	521	27	249	201
理学 Science	5313	4027	1286	3153	1653
工学 Engineering	40899	1483	39416	56032	1165
农学 Agriculture	1108	24	1084	620	62
医学 Medicine	15541	1129	14412	14587	1102
管理学 Administrators	74552	3630	70922	71225	3408
总计中:师范 of the Total: Teacher Training	41734	27819	13915	28394	15400
普通高等学校办 Run by Regular HEIs	**1725495**	**825155**	**900340**	**1803992**	**790383**
哲学 Philosophy	338	94	244	392	136
经济学 Economics	91748	27403	64345	83416	29586
法学 Law	96513	72187	24326	61381	46113
教育学 Education	109602	50736	58866	100999	41000
文学 Literature	266587	179251	87336	212452	136754
其中:外语 of Which:Foreign Language	84876	57228	27648	66255	39228
其中:艺术 of Which:Art	52232	27338	24894	45499	19557
历史学 History	4393	3973	420	2532	2367
理学 Science	55547	47622	7925	39449	28890
工学 Engineering	365806	162967	202839	505911	173121
农学 Agriculture	29048	14482	14566	24955	10357
医学 Medicine	223917	99734	124183	247461	135317
管理学 Administrators	481996	166706	315290	525044	186742
总计中:师范 of Total:Students Enrolled in Teacher Training Institutions	267108	194961	72147	199492	137137
独立学院	1609	436	1173	2221	598

分学科学生数
Study in Adult Higher Education

单位：人
unit：person

专　科 Short-cycle Courses	在校学生数 Enrolment 合　计 Total	在校学生数 Enrolment 本　科 Normal Courses	在校学生数 Enrolment 专　科 Short-cycle Courses	预计毕业生数 Anticipated Graduates for Next Year 合　计 Total	预计毕业生数 Anticipated Graduates for Next Year 本　科 Normal Courses	预计毕业生数 Anticipated Graduates for Next Year 专　科 Short-cycle Courses
1198981	**5413513**	**2256662**	**3156851**	**1900885**	**760090**	**1140795**
622063	2833011	1217024	1615987	956833	392142	564691
185372	**541949**	**80224**	**461725**	**219687**	**33548**	**186139**
10412	27643	1873	25770	12428	484	11944
4527	16020	5701	10319	7638	2770	4868
13184	50109	19723	30386	18922	7725	11197
18974	75899	32691	43208	33471	14476	18995
5564	21746	9715	12031	9945	4659	5286
6939	17371	2211	15160	7389	1110	6279
48	812	761	51	325	323	2
1500	10937	5759	5178	4062	2636	1426
54867	144576	3096	141480	54632	1096	53536
558	1714	137	1577	866	35	831
13485	48225	3296	44929	21337	1695	19642
67817	166014	7187	158827	66006	2308	63698
12994	83961	53069	30892	33774	22014	11760
1013609	**4871564**	**2176438**	**2695126**	**1681198**	**726542**	**954656**
256	1108	239	869	570	79	491
53830	227634	84691	142943	82228	27202	55026
15268	184334	138395	45939	72867	53302	19565
59999	268560	119294	149266	97633	41894	55739
75698	603405	406894	196511	227375	151608	75767
27027	190763	122752	68011	70549	45460	25089
25942	117948	58811	59137	43067	21461	21606
165	8180	7283	897	3283	2895	388
10559	117413	90858	26555	47038	37811	9227
332790	1372035	480391	891644	450341	150578	299763
14598	71218	34379	36839	29047	14379	14668
112144	697199	322033	375166	226093	95931	130162
338302	1320478	491981	828497	444723	150863	293860
62355	566550	407429	159121	218063	158175	59888
1623	6064	1600	4464	1684	393	1291

网络本、专科

Number of Students in Web-based

	毕业生数 Graduates		
	合 计 Total	本 科 Normal Courses	专 科 Short-cycle Courses
总计 Total	**983521**	**405549**	**577972**
其中：女 of Which：Female	476157	204918	271239
哲学 Philosophy	23	23	
经济学 Economics	39408	22103	17305
法学 Law	125351	62419	62932
教育学 Education	38624	13630	24994
文学 Literature	103485	70315	33170
其中：外语 of Which：Foreign Language	22938	14094	8844
历史学 History	753	753	
理学 Science	12453	11761	692
工学 Engineering	139857	49465	90392
农学 Agriculture	9766	1542	8224
医学 Medicine	42427	17794	24633
管理学 Administrators	471374	155744	315630
总计中：师范生 of Total：Students Enrolled in Teacher Training Institutions	69656	53167	16489

高等教育学生

Changes in Enrolment of

	上学年初报表在校学生数 Total enrolment at beginning of previous academic year	增加学生数 Factors of Increase					
		计 Total	招生 No. of Students Admitted	复学 Students Resuming Studies	转入 Transfers from Other Inst.	其他 Others	计 Total
博士生 Doctor's Degrees	236639	64387	61911	819	134	1523	54707
硕士生 Master's Degrees	1046540	460240	449042	2083	3644	5471	348157
普通本科生 Students Enrolled in Normal Courses	11042207	3334344	3261081	20506	20278	32479	2578040
普通专科生 Students Enrolled in short-cycle Courses	9168042	3497842	3432576	9712	20710	34844	3017825
成人本科生 Students Enrolled in Normal Courses Provided by Adult HEIs	2352832	854257	815795	9985	6864	21613	950427
成人专科生 Students Enrolled in short-cycle Courses Provided by Adult HEIs	3130117	1267679	1198981	10446	14611	43641	1240945
网络本科生 Students Enrolled in Normal Courses Provided by Web-based Programs	1444912	608810	551287	13975	4692	38856	481080
网络专科生 Students Enrolled in short-cycle Courses Provided by Web-based Programs	2111040	1177514	1074400	46186	7262	49666	688475

分学科学生数
Programs HEIs by Field of Study

单位：人
unit：person

招生数 Entrants			在校学生数 Enrolment		
合计 Total	本科 Normal Courses	专科 Short-cycle Courses	合计 Total	本科 Normal Courses	专科 Short-cycle Courses
1625687	**551287**	**1074400**	**4172721**	**1572642**	**2600079**
781135	282882	498253	2034232	807983	1226249
			28	28	
65851	31918	33933	180928	100408	80520
151227	65638	85589	445151	212764	232387
61882	16233	45649	155257	42831	112426
115623	68459	47164	353964	223232	130732
26940	15433	11507	94603	55492	39111
633	633		1630	1630	
10846	9193	1653	29212	26633	2579
283573	86677	196896	647738	217228	430510
26294	3371	22923	56167	7472	48695
79786	36054	43732	187388	82084	105304
829972	233111	596861	2115258	658332	1456926
79076	52760	26316	188142	132297	55845

数变动情况
Higher Education

单位：人
unit：person

减少学生数 Factors of Decrease								本学年初报表在校学生数 Total enrolment at beginning of current academic year
毕业 Graduates	结业 Completers of Courses without formal awards	休学 Suspended	退学 Quitting	开除 Expelled	死亡 Death	转出 Transfers to Other Inst.	其他 Others	
48658	256	933	1391	10	35	174	3250	246319
322615	812	1987	3577	61	83	1528	17494	1158623
2455359	23917	31435	31968	1895	993	8296	24177	11798511
2856311	16632	22688	44684	2553	486	22579	51892	9648059
865421	6611	8863	27237	451	35	3316	38493	2256662
1078472	11511	15830	46795	822	96	14377	73042	3156851
405549	6943	9692	27189	34	45	2333	29295	1572642
577972	11870	22925	31924	60	39	5795	37890	2600079

高等教育非学历教育学生情况

Data on Students Enrolled in Non-formal Programmes of HEIS

单位：人

unit：person

	结业生数 Completers		注册学生数 Total Enrolment	
	计 Total	其中:女 of Which：Female	计 Total	其中:女 of Which：Female
研究生课程进修班 Postgraduate Courses	46803	21446	68646	34625
自考助学班 Classes run by Non-state/Private HEIs for Students Preparing for State-administered Examinations for Self-directed Learners	196768	93866	696503	347359
普通预科生 College-preparatory Classes			30649	16967
进修及培训：总 计 In-service Training：Total	5073449	2342151	2098780	1028197
一周至一个月以内 one week to a months under	2565712	1095465	737781	300454
一个月至半年以内 one months to half year under	1972747	995107	974268	536695
半年至一年以内 half year to one year under	387857	192555	254109	130498
一年及以上 one year and over	147133	59024	132622	60550
总计中：资格证书培训 Total：for Certificates of Vocational Qualifications	1094037	484293	409090	171170
岗位证书培训 for Gertilicates of Job-related Qualifications	1184880	523069	698173	375185
总计中：外语 Total：Foreign lauguage	327576	201931	287514	167430
会计 Accountant	283744	195031	127842	91030
计算机 Computer	385081	181038	172519	79932

高等教育学生中其他情况

Data on Other Students Enrolled of HEIs

单位：人

unit：person

	共产党员 Member of C. P. A	共青团员 Member of C. Y. L	民主党派 Non-Communist Party	华侨 Overseas Chinese	港澳台 From H. K., Macao and Taiwan	少数民族 Minorities
总计	**2798314**	**22005869**	**15732**	**4135**	**25693**	**1971461**
博士生 Doctor's Degree	107990	47925	2799	15	2881	10765
硕士生 Master's Degree	449767	514874	2151	88	3758	59160
研究生班学生 Postgraduate Courses						
普通本科生 Students Enrolled in Normal Courses	1048814	9886901	790	1742	15677	853222
普通专科生 Students Enrolled in short-cycle Courses	265184	8151007	156	354	155	557285
成人本科生 Students Enrolled in Normal Courses Provided by Adult HEIs	244976	764421	2991	1081	2746	139840
成人专科生 Students Enrolled in short-cycle Courses Provided by Adult HEIs	172677	1352691	2219	542	329	173156
网络本科生 Students Enrolled in Normal and Short-cycle Courses Provided by Web-based Programs	252489	474483	2417	132	44	69523
网络专科生 Students Enrolled in short-cycle Courses Provided by Web-based Programs	256417	813567	2209	181	103	108510

	毕(结)业生数 Graduates	授予学位数 Degree Awarded	招生数 Entrants	
			计 Total	其中:春季招生 of Which: Spring term
总计 Total	**55251**	**9013**	**73266**	**18361**
其中:女 of Which:Female	26152	3667	32646	8589
分层次 By level of training				
博士 Doctor's Degree	554	508	1378	105
硕士 Master's Degree	2019	1944	5690	417
本科 Normal Courses	7697	6561	15769	1554
专科 Short-cycle Courses	597		793	132
培训 In-service Training	44384		49636	16153
分大洲 By continent				
亚洲 Asia	35233	7543	46538	12793
非洲 Africa	2098	557	4942	707
欧洲 Europe	10446	493	13083	2727
北美洲 North America	6065	284	6720	1776
南美洲 South America	771	73	1209	223
大洋洲 Oceania	638	63	774	135
分经费来源 By Sources of Support				
国际组织资助 Aided by IGOs	51	13	104	17
中国政府资助 Aided by Chinese government	5054	1266	11988	857
本国政府资助 Aided by home government	538	82	1029	336
学校间交换 Aided by inter-institutional exchanges	5356	324	6609	2124
自费 Self-supporting	44252	7328	53536	15027

生 情 况
International Students

单位：人、人次

unit：person

在校学生数 Enrolment					
计 Total	第一年 1st year	第二年 2nd year	第三年 3rd year	第四年 4th year	第五年 5th year
117548	**62583**	**21483**	**15503**	**11445**	**6534**
48946	27709	8691	5862	4448	2236
4003	1340	1054	876	428	305
11000	5382	3473	1621	365	159
55690	13994	12965	12247	10486	5998
980	719	169	71	21	
45875	41148	3822	688	145	72
84336	39202	16139	12771	10149	6075
8688	4669	1994	1283	583	159
14471	11337	1946	747	326	115
7276	5564	873	471	233	135
1689	1125	334	130	83	17
1088	686	197	101	71	33
144	90	27	20	5	2
18967	10893	4383	2284	1115	292
1869	818	520	288	223	20
6784	5797	757	161	66	3
89784	44985	15796	12750	10036	6217

高等教育学校(机构)

Data on Staff

	计 Total	校本部 Teacher, Staff & Workers			
		计 Total	专任教师		
			计 Total	正高级 Senior	副高级 Sub-senior
总 计 Total	**2233722**	**2086669**	**1363531**	**141999**	**379095**
其中:女 of Which: Female	1012479	949809	629289	36714	160358
普通高校 Regular HEIs	2111451	1966500	1295248	138161	360675
成人高校 Adult HEIs	84196	83007	50402	1969	14436
民办的其他高等教育机构 Non-state/Private HEIs	38075	37162	17881	1869	3984

高等教育学校(机构)

Data on Staff

	计 Total	校本部 Teacher, Staff & Workers			
		计 Total	专任教师		
			计 Total	正高级 Senior	副高级 Sub-senior
总 计 Total	**2111451**	**1966500**	**1295248**	**138161**	**360675**
其中:女 of Which: Female	954037	892373	595310	35480	151840
分类型:本科院校 HEIs Offering Degree Programs	1512099	1384473	896013	124732	260894
其中:独立学院	162571	161495	116218	12444	29712
高职(专科)院校 Short-cycle HEIs	592918	575631	395016	13165	98743
其他机构 Other	6434	6396	4219	264	1038
分举办者:1. 中央部委所属 By Providers: Central Ministries & Agencies	366722	303975	171236	38989	57145
教育部 MOE	291258	243060	137078	32179	46244
其他部委 Other Coutral Agencies	75464	60915	34158	6810	10901
2. 地方所属 Local Authorities	1414530	1335933	902104	79010	252798
教育部门 Ed. Dept.	1050852	984053	658915	69323	187270
其他部门 Non-Ed. Dept.	363678	351880	243189	9687	65528
3. 民办 Non-state/Private	330199	326592	221908	20162	50732

教职工情况(总计)
and Workers in HEIs

单位：人
unit: person

教职工数 Teacher, Staff & Workers								
教职工 in College or Uni. Proper						科研机构人员 Personnel in Affiliated Research Org.	校办企业职工 Employees in School-run Factories & Farms	其他附设机构人员 Personnel in Others Subsidiary Units
Full-time Teachers			行政人员 Adm. Personnel	教辅人员 Supporting Staff	工勤人员 Workers			
中级 Middle	初级 Junior	无职称 No Rank						
504421	**262264**	**75752**	**316784**	**214558**	**191796**	**31845**	**42755**	**72453**
248077	144518	39622	143310	114893	62317	11706	13793	37171
477541	247962	70909	292046	199692	179514	31565	41864	71522
20757	11015	2225	15238	9497	7870	265	422	502
6123	3287	2618	9500	5369	4412	15	469	429

教职工情况(普通高校)
and Workers in Regular HEIs

单位：人
unit: person

教职工数 Teacher, Staff & Workers								
教职工 in College or Uni. Proper						科研机构人员 Personnel in Affiliated Research Org.	校办企业职工 Employees in School-run Factories & Farms	其他附设机构人员 Personnel in Others Subsidiary Units
Full-time Teachers			行政人员 Adm. Personnel	教辅人员 Supporting Staff	工勤人员 Workers			
中级 Middle	初级 Junior	无职称 No Rank						
477541	**247962**	**70909**	**292046**	**199692**	**179514**	**31565**	**41864**	**71522**
234425	136683	36882	132017	107258	57788	11578	13332	36754
337174	138292	34921	209609	150634	128217	30030	35178	62418
39309	25775	8978	21098	11050	13129	50	460	566
138773	108738	35597	81306	48547	50762	1521	6668	9098
1594	932	391	1131	511	535	14	18	6
61253	10727	3122	53495	44870	34374	19838	15134	27775
48714	7584	2357	42769	34465	28748	15659	13227	19312
12539	3143	765	10726	10405	5626	4179	1907	8463
345790	180781	43725	191092	127959	114778	11194	25020	42383
256521	118235	27566	141982	97004	86152	10187	21506	35106
89269	62546	16159	49110	30955	28626	1007	3514	7277
70498	56454	24062	47459	26863	30362	533	1710	1364

高等教育学校(机构)

Data on Staff and

	合计 Total	校本部 Teachers, Staff & Workers			
		计 Subtotal	专任教师		
			小计 Subtotal	正高级 Senior	副高级 Sub-senior
总计 Total	**84196**	**83007**	**50402**	**1969**	**14436**
其中:女 of Which: Female	39541	39063	25288	670	6853
分类型:职工高等学校 By type:Workers' Colleges	27293	26867	16427	413	4898
农民高等学校 Peasants' College	179	179	129		25
管理干部学院 Institutes for Administration	14626	14458	8950	635	2663
教育学院 Educational College	15809	15506	10426	580	3260
独立函授学院 Independent Correspondence Colleges					
广播电视大学 Radio/Tv Universities	25578	25286	14108	338	3506
其他机构 Other Institutions	711	711	362	3	84
分举办者:By Provider:1. 中央部委所属 Under Central Ministries & Agencies	1164	1147	561	49	186
教育部 MOE	464	457	153	17	68
其他部委 Other Central Agencies	700	690	408	32	118
2. 地方所属 Local Auth.	82854	81682	49741	1918	14217
教育部门 Ed. Dept.	48858	48161	29185	1039	7985
其他部门 Non-ed. Dept.	33996	33521	20556	879	6232
3. 民办 Non-state/Private	178	178	100	2	33

教职工情况（成人高校）
Workers in Adult HEIs

单位：人
unit：person

教职工数 Teachers, Staff & Workers								
教职工 in College or Uni. Proper						科研机构人员 Personnel in Affiliated Research Org.	校办企业职工 Employees in School-run	其他附设机构人员 Personnel in Others Subsidiary Units
Full-time Teachers			行政人员 Adm. Personnel	教辅人员 Supporting Staff	工勤人员 Workers			
中级 Middle	初级 Junior	无职称 No Rank						
20757	**11015**	**2225**	**15238**	**9497**	**7870**	**265**	**422**	**502**
10608	5960	1197	6576	4780	2419	122	165	191
7285	3214	617	4815	2935	2690	10	272	144
57	47		26	14	10			
3231	1940	481	2482	1474	1552	67	44	57
3755	2381	450	2475	1268	1337	149	1	153
6272	3316	676	5260	3697	2221	39	105	148
157	117	1	180	109	60			
277	46	3	208	264	114	12	2	3
61	7		96	170	38	7		
216	39	3	112	94	76	5	2	3
20436	10952	2218	14985	9217	7739	253	420	499
12249	6665	1247	9300	5509	4167	169	215	313
8187	4287	971	5685	3708	3572	84	205	186
44	17	4	45	16	17			

研究生指导

Data on Supervisors

	计 Total	30岁及以下 30 and under	31—35岁 31 to 35	36—40岁 36 to 40
总 计 Total	**239857**	**2064**	**17806**	**41874**
其中:女 of Which: Female	61420	643	5355	13192
分职称: By Rank:				
正高级 Senior	122816	84	1622	9140
副高级 Sub-senior	111673	1052	13603	31516
中　级 Middle	5368	928	2581	1218
分指导关系: By Level of Programs Supervised:				
博士导师 Supervisors of doctoral Programs	14136	5	133	848
其中:女 of Which: Female	1784	1	13	127
硕士导师 Supervisors of Master's Degree Programs	185134	2024	16944	37397
其中:女 of Which: Female	53968	638	5208	12417
博士、硕士导师 Supervisors of Doc. & Mas. Degree Programs	40587	35	729	3629
其中:女 of Which: Female	5668	4	134	648

研究生指导教

Data on Supervisors of Postgraduate

	计 Total	30岁及以下 30 and under	31—35岁 31 to 35	36—40岁 36 to 40
总 计 Total	**220227**	**1967**	**16340**	**37999**
其中:女 of Which: Female	58250	626	5050	12413
分职称: By Rank:				
正高级 Senior	109529	71	1339	7536
副高级 Sub-senior	105385	1002	12431	29251
中　级 Middle	5313	894	2570	1212
分指导关系: By Level of Programs Supervised:				
博士导师 Supervisors of doctoral Programs	11275	5	100	609
其中:女 of Which: Female	1450	1	10	91
硕士导师 Supervisors of Master's Degree Programs	172670	1930	15643	34381
其中:女 of Which: Female	51597	622	4927	11757
博士、硕士导师 Supervisors of Doc. & Mas. Degree Programs	36282	32	597	3009
其中:女 of Which: Female	5203	3	113	565

教师情况(总计)
of Postgraduate Programs

单位：人
unit：person

41—45 岁 41 to 45	46—50 岁 46 to 50	51—55 岁 51 to 55	56—60 岁 56 to 60	61—65 岁 61 to 65	66 岁及以上 66 and over
65094	**51142**	**33181**	**15386**	**7184**	**6126**
17703	12414	7592	2914	991	616
31364	32439	24456	11774	6365	5572
33381	18504	8665	3587	814	551
349	199	60	25	5	3
2779	2851	2476	1475	1495	2074
383	358	364	204	174	160
51870	37931	23527	10388	3302	1751
15824	10618	6230	2215	544	274
10445	10360	7178	3523	2387	2301
1496	1438	998	495	273	182

师情况(普通高校)
Programs (Regular HEIs)

单位：人
unit：person

41—45 岁 41 to 45	46—50 岁 46 to 50	51—55 岁 51 to 55	56—60 岁 56 to 60	61—65 岁 61 to 65	66 岁及以上 66 and over
59372	**47289**	**31036**	**14306**	**6628**	**5290**
16785	11876	7230	2754	945	571
27260	29322	22609	10815	5828	4749
31765	17768	8368	3467	795	538
347	199	59	24	5	3
2142	2235	2027	1218	1252	1687
297	291	302	163	155	140
48115	35645	22369	9815	3168	1604
15133	10239	5996	2126	530	267
9115	9409	6640	3273	2208	1999
1355	1346	932	465	260	164

分学科专任教师数(总计)

Number of Full-time Teachers by Field of Study (Total)

单位：人
unit: person

	计 Total	正高级 Senior	副高级 Sub-Senior	中级 Middle	初级 Junior	无职称 No Rank
总计 Total	**1363531**	**141999**	**379095**	**504421**	**262264**	**75752**
其中:女 of Which: Female	629289	36714	160358	248077	144518	39622
哲学 Philosophy	42339	4931	13389	15314	6795	1910
经济学 Economics	84558	8582	23720	32364	15057	4835
法学 Law	61042	5809	16418	24118	11663	3034
教育学 Education	114768	7605	31574	42630	26107	6852
其中:体育 of Which:Sport	57398	3305	16831	21754	12658	2850
文学 Literature	290869	19948	68198	112142	70815	19766
其中:外语 of Which:Foreign Language	129449	6161	28631	52607	33435	8615
其中:艺术 of Which:Art	81631	5577	15619	30582	23622	6231
历史学 History	16072	2654	4799	5613	2286	720
理学 Science	162355	21675	51363	57542	24905	6870
工学 Engineering	366998	40940	105324	137176	64699	18859
其中:计算机 of Which:Computer	93737	5651	21257	38876	22767	5186
农学 Agriculture	34293	5218	10699	11748	5042	1586
其中:林学 of Which:Forestry	5700	755	1774	2013	932	226
医学 Medicine	91687	15290	27632	29116	15660	3989
管理学 Administrators	98550	9347	25979	36658	19235	7331

分学科专任教师数(普通高校)

Number of Full-time Teachers by Field of Study in Regular Higher Educational Institutions

单位：人
unit：person

	计 Total	正高级 Senior	副高级 Sub-Senior	中 级 Middle	初 级 Junior	无职称 No Rank
总 计 Total	**1295248**	**138161**	**360675**	**477541**	**247962**	**70909**
其中:女 of Which: Female	595310	35480	151840	234425	136683	36882
哲学 Philosophy	39318	4647	12404	14134	6355	1778
经济学 Economics	77724	8050	21746	29569	13806	4553
法学 Law	56939	5545	15278	22421	10872	2823
教育学 Education	109004	7301	30034	40428	24765	6476
其中:体育 of Which:Sport	55403	3246	16405	20982	12059	2711
文学 Literature	274611	19083	64383	105858	67035	18252
其中:外语 of Which:Foreign Language	122646	5892	27206	49977	31749	7822
其中:艺术 of Which:Art	77754	5333	14917	29028	22566	5910
历史学 History	14971	2577	4418	5216	2084	676
理学 Science	155041	21316	49040	54659	23566	6460
工学 Engineering	352163	40431	101643	131043	61415	17631
其中:计算机 of Which:Computer	87077	5410	19799	36073	21054	4741
农学 Agriculture	33690	5200	10546	11509	4878	1557
其中:林学 of Which:Forestry	5625	752	1753	1985	912	223
医学 Medicine	88971	15035	26641	28211	15197	3887
管理学 Administrators	92816	8976	24542	34493	17989	6816

分学科专任教师数(成人高校)
Number of Full-time Teachers by Field of Study in Adult Higher Educational Institutions

单位：人
unit：person

	计 Total	正高级 Senior	副高级 Sub-Senior	中 级 Middle	初 级 Junior	无职称 No Rank
总 计 Total	**50402**	**1969**	**14436**	**20757**	**11015**	**2225**
其中:女 of Which: Female	25288	670	6853	10608	5960	1197
哲学 Philosophy	2276	150	772	933	362	59
经济学 Economics	4897	240	1390	2119	985	163
法学 Law	3469	192	962	1453	700	162
教育学 Education	4514	186	1301	1784	1060	183
其中:体育 of Which:Sport	1617	43	393	658	468	55
文学 Literature	10768	377	2806	4398	2670	517
其中:外语 of Which:Foreign Language	4178	94	954	1781	1138	211
其中:艺术 of Which:Art	2152	61	399	898	683	111
历史学 History	965	57	343	358	179	28
理学 Science	5895	206	2011	2385	1073	220
工学 Engineering	11073	207	2955	4800	2512	599
其中:计算机 of Which:Computer	4643	93	1054	2060	1265	171
农学 Agriculture	549	13	131	218	161	26
其中:林学 of Which:Forestry	66	2	17	25	20	2
医学 Medicine	2031	148	719	736	385	43
管理学 Administrators	3965	193	1046	1573	928	225

分学科专任教师数(民办的其他高等教育机构)
Number of Full-time Teachers by Field of Study in Non-state/Private HEIs

单位：人
unit：person

	计 Total	正高级 Senior	副高级 Sub-Senior	中 级 Middle	初 级 Junior	无职称 No Rank
总 计 Total	**17881**	**1869**	**3984**	**6123**	**3287**	**2618**
其中：女 of Which：Female	8691	564	1665	3044	1875	1543
哲学 Philosophy	745	134	213	247	78	73
经济学 Economics	1937	292	584	676	266	119
法学 Law	634	72	178	244	91	49
教育学 Education	1250	118	239	418	282	193
其中：体育 of Which：Sport	378	16	33	114	131	84
文学 Literature	5490	488	1009	1886	1110	997
其中：外语 of Which：Foreign Language	2625	175	471	849	548	582
其中：艺术 of Which：Art	1725	183	303	656	373	210
历史学 History	136	20	38	39	23	16
理学 Science	1419	153	312	498	266	190
工学 Engineering	3762	302	726	1333	772	629
其中：计算机 of Which：Computer	2017	148	404	743	448	274
农学 Agriculture	54	5	22	21	3	3
其中：林学 of Which：Forestry	9	1	4	3		1
医学 Medicine	685	107	272	169	78	59
管理学 Administrators	1769	178	391	592	318	290

专任教师、聘请校外教师学历情况(总计)
Data on Academic Qualifications of Full-time and Part-time Teachers in HEIs

单位:人
unit: person

	计 Total	博士 Doctor's Degree	硕士 Master's Degree	本科 Normal Courses	专科及以下 Short-cycle Courses and Under
1. 专任教师 Full-time Teachers	1363531	177284	446547	710765	28935
其中:女 of Which: Female	629289	53664	224721	340033	10871
正高级 Senior	141999	55715	32159	52182	1943
副高级 Sub-senior	379095	64795	90134	217143	7023
中 级 Middle	504421	51516	196666	245607	10632
初 级 Junior	262264	2091	95789	158440	5944
无职称 No Rank	75752	3167	31799	37393	3393
2. 聘请校外教师 Part-time Teachers	401173	42342	120093	216331	22407
其中:女 of Which: Female	151787	9699	49190	85289	7609
正高级 Senior	68019	21943	20356	24640	1080
副高级 Sub-senior	128388	12482	38522	73040	4344
中 级 Middle	130194	6066	40437	75623	8068
初 级 Junior	42320	540	12524	25905	3351
无职称 No Rank	32252	1311	8254	17123	5564
聘请校外教师中:外教 Foreign Teachers Among Part-time Teachers	11131	2547	3143	5324	117

专任教师、聘请校外教师学历情况(普通高校)
Data on Academic Qualifications of Full-time and Part-time Teachers in Regular HEIs

单位:人
unit: person

	计 Total	博士 Doctor's Degree	硕士 Master's Degree	本科 Normal Courses	专科及以下 Short-cycle Courses and Under
1. 专任教师 Full-time Teachers	1295248	175872	434162	660715	24499
其中:女 of Which: Female	595310	53199	218418	314771	8922
正高级 Senior	138161	55263	31146	49895	1857
副高级 Sub-senior	360675	64270	86811	203087	6507
中 级 Middle	477541	51127	191880	225725	8809
初 级 Junior	247962	2068	93364	147924	4606
无职称 No Rank	70909	3144	30961	34084	2720
2. 聘请校外教师 Part-time Teachers	329528	39821	106116	164504	19087
其中:女 of Which: Female	121062	8967	43079	62626	6390
正高级 Senior	62157	20962	18501	21700	994
副高级 Sub-senior	106255	11516	33440	57272	4027
中 级 Middle	100146	5603	35226	52592	6725
初 级 Junior	32324	493	11345	18020	2466
无职称 No Rank	28646	1247	7604	14920	4875
聘请校外教师中:外教 Foreign Teachers Among Part-time Teachers	10648	2525	3034	5001	88

专任教师、聘请校外教师学历情况(成人高校)

Data on Academic Qualifications of Full-time and Part-time Teachers in Higher Educational Institutions for Adults

单位:人

unit: person

	计 Total	博士 Doctor's Degree	硕士 Master's Degree	本科 Normal Courses	专科及以下 Short-cycle Courses and Under
1. 专任教师 Full-time Teachers	50402	833	9259	37677	2633
其中:女 of Which:Female	25288	295	4857	19079	1057
正高级 Senior	1969	228	495	1223	23
副高级 Sub-senior	14436	309	2445	11370	312
中　级 Middle	20757	274	3590	15585	1308
初　级 Junior	11015	10	2166	8029	810
无职称 No Rank	2225	12	563	1470	180
2. 聘请校外教师 Part-time Teachers	51519	856	8330	40014	2319
其中:女 of Which:Female	22124	232	3636	17480	776
正高级 Senior	2447	268	807	1342	30
副高级 Sub-senior	15055	349	3004	11524	178
中　级 Middle	23565	186	3382	19099	898
初　级 Junior	8433	29	812	6880	712
无职称 No Rank	2019	24	325	1169	501
聘请校外教师中外教 Foreign Teachers Among Part-time Teachers	166	11	47	98	10

专任教师、聘请校外教师学历情况(民办的其他高等教育机构)

Data on Academic Qualifications of Full-time and Part-time Teachers in Non-state/Private HEIs

单位:人

unit: person

	计 Total	博士 Doctor's Degree	硕士 Master's Degree	本科 Normal Courses	专科及以下 Short-cycle Courses and Under
1. 专任教师 Full-time Teachers	17881	579	3126	12373	1803
其中:女 of Which: Female	8691	170	1446	6183	892
正高级 Senior	1869	224	518	1064	63
副高级 Sub-senior	3984	216	878	2686	204
中　级 Middle	6123	115	1196	4297	515
初　级 Junior	3287	13	259	2487	528
无职称 No Rank	2618	11	275	1839	493
2. 聘请校外教师 Part-time Teachers	20126	1665	5647	11813	1001
其中:女 of Which: Female	8601	500	2475	5183	443
正高级 Senior	3415	713	1048	1598	56
副高级 Sub-senior	7078	617	2078	4244	139
中　级 Middle	6483	277	1829	3932	445
初　级 Junior	1563	18	367	1005	173
无职称 No Rank	1587	40	325	1034	188
聘请校外教师中:外教 Foreign Teachers Among Part-time Teachers	317	11	62	225	19

专任教师年龄情况(总计)
Breakdown of Full-time Teachers by Age (Total)

单位:人
unit: person

	计 Total	30岁及以下 30 and under	31—35岁 31 to 35	36—40岁 36 to 40	41—45岁 41 to 45	46—50岁 46 to 50	51—55岁 51 to 55	56—60岁 56 to 60	61—65岁 61 to 65	66岁及以上 66 and over
总　计 Total	**1363531**	**371236**	**267622**	**224766**	**209250**	**138563**	**87533**	**43099**	**14527**	**6935**
其中:女 of Which: Female	629289	213960	132198	102478	86212	51185	29511	9859	2980	906
正高级 Senior	141999	42	1053	8262	35342	37777	30672	16058	8361	4432
副高级 Sub-senior	379095	1484	27925	90559	114608	73176	42809	21011	5274	2249
中级 Middle	504421	112208	183534	111236	53737	24862	12513	5294	824	213
初级 Junior	262264	195680	46281	12102	4464	2143	1092	475	19	8
无职称 No Rank	75752	61822	8829	2607	1099	605	447	261	49	33

专任教师年龄情况(普通高校)
Breakdown of Full-time Teachers by Age (Regular HEIs)

单位:人
unit: person

	计 Total	30岁及以下 30 and under	31—35岁 31 to 35	36—40岁 36 to 40	41—45岁 41 to 45	46—50岁 46 to 50	51—55岁 51 to 55	56—60岁 56 to 60	61—65岁 61 to 65	66岁及以上 66 and over
总　计 Total	**1295248**	**353441**	**255487**	**213245**	**198847**	**131092**	**82386**	**40399**	**13720**	**6631**
其中:女 of Which: Female	595310	203351	125808	96690	81261	47893	27492	9205	2769	841
正高级 Senior	138161	41	1038	8076	34634	36960	29745	15405	7993	4269
副高级 Sub-senior	360675	1448	27070	86913	109468	69140	40022	19564	4916	2134
中级 Middle	477541	107890	175779	104673	49698	22532	11242	4769	760	198
初级 Junior	247962	186095	43328	11151	4055	1927	962	418	18	8
无职称 No Rank	70909	57967	8272	2432	992	533	415	243	33	22

专任教师年龄情况(成人高校)

Breakdown of Full-time Teachers by Age (Adult HEIs)

单位：人
unit: person

	计 Total	30岁及以下 30 and under	31—35岁 31 to 35	36—40岁 36 to 40	41—45岁 41 to 45	46—50岁 46 to 50	51—55岁 51 to 55	56—60岁 56 to 60	61—65岁 61 to 65	66岁及以上 66 and over
总　计 Total	**50402**	**12138**	**9056**	**9163**	**8367**	**5942**	**3871**	**1704**	**141**	**20**
其中:女 of Which: Female	25288	7283	4866	4651	4011	2647	1500	312	17	1
正高级 Senior	1969		11	73	465	501	557	297	56	9
副高级 Sub-senior	14436	27	604	2970	4270	3361	2169	961	63	11
中级 Middle	20757	2957	5969	5267	3249	1883	1022	388	22	
初级 Junior	11015	7325	2266	766	331	170	106	51		
无职称 No Rank	2225	1829	206	87	52	27	17	7		

专任教师年龄情况(民办的其他高等教育机构)

Breakdown of Full-time Teachers by Age (Non-state/Private HEIs)

单位：人
unit: person

	计 Total	30岁及以下 30 and under	31—35岁 31 to 35	36—40岁 36 to 40	41—45岁 41 to 45	46—50岁 46 to 50	51—55岁 51 to 55	56—60岁 56 to 60	61—65岁 61 to 65	66岁及以上 66 and over
总　计 Total	**17881**	**5657**	**3079**	**2358**	**2036**	**1529**	**1276**	**996**	**666**	**284**
其中:女 of Which: Female	8691	3326	1524	1137	940	645	519	342	194	64
正高级 Senior	1869	1	4	113	243	316	370	356	312	154
副高级 Sub-senior	3984	9	251	676	870	675	618	486	295	104
中级 Middle	6123	1361	1786	1296	790	447	249	137	42	15
初级 Junior	3287	2260	687	185	78	46	24	6	1	
无职称 No Rank	2618	2026	351	88	55	45	15	11	16	11

专任教师、聘请校外教
Data on Academic Qualification of Full-time and Invited from Other Institutions

	专任教师中按授课内容分 Full-time Teachers classified by Teaching Content			
	计 Total	公共课 基础课 Common Required Course	专业课 Special Subjects	
			计 Total	其中：双师型 Double-teacher Type
总　计 Total	**1328617**	**372750**	**955867**	**163537**
其中:女 of Which: Female	614372	189824	424548	69874
正高级 Senior	138871	25706	113165	11979
副高级 Sub-senior	370461	99355	271106	67110
中级 Middle	489692	141011	348681	84448
初级 Junior	255228	83659	171569	
无职称 No Rank	74365	23019	51346	
普通高校 Regular HEIs	**1261086**	**351197**	**909889**	**154245**
其中:女 of Which: Female	580763	178649	402114	65849
正高级 Senior	135067	24688	110379	11180
副高级 Sub-senior	352275	93661	258614	63421
中级 Middle	463055	132449	330606	79644
初级 Junior	241111	78883	162228	
无职称 No Rank	69578	21516	48062	
成人高校 Adult HEIs	**49787**	**15405**	**34382**	**7478**
其中:女 of Which: Female	24967	8065	16902	3352
正高级 Senior	1943	430	1513	470
副高级 Sub-senior	14218	4221	9997	3100
中级 Middle	20549	6399	14150	3908
初级 Junior	10862	3632	7230	
无职称 No Rank	2215	723	1492	
民办的其他高等教育机构 Non-state/Private HEIs	**17744**	**6148**	**11596**	**1814**
其中:女 of Which: Female	8642	3110	5532	673
正高级 Senior	1861	588	1273	329
副高级 Sub-senior	3968	1473	2495	589
中级 Middle	6088	2163	3925	896
初级 Junior	3255	1144	2111	
无职称 No Rank	2572	780	1792	

师岗位分类情况

Invited Teachers Classified by Teaching Content

单位：人

unit：person

聘请校外教师按授课内容分 Invited Teachers Classified by Teaching Content				专任教师中不任课人数 Full-time Teacher by Nonteaching				
计 Total	公共课 基础课 Common Required Course	专业课 Special Subjects		计 Total	进修 In-service training	科研 Research	病休 Sick Leave	其他 Others
		计 Total	其中：双师型 Double-teacher Type					
401173	**93093**	**308080**	**54389**	**34914**	**19903**	**4440**	**1230**	**9341**
151787	41031	110756	17434	14917	8847	1420	726	3924
68019	11547	56472	7458	3128	1273	948	72	835
128388	28391	99997	23403	8634	5039	1487	290	1818
130194	33091	97103	23528	14729	9244	1508	601	3376
42320	12628	29692		7036	3954	397	237	2448
32252	7436	24816		1387	393	100	30	864
329528	**71788**	**257740**	**47521**	**34162**	**19747**	**4141**	**1210**	**9064**
121062	31192	89870	14857	14547	8757	1262	717	3811
62157	10005	52152	6622	3094	1268	926	72	828
106255	22013	84242	20400	8400	5006	1348	286	1760
100146	24160	75986	20499	14486	9191	1432	592	3271
32324	9121	23203		6851	3913	338	230	2370
28646	6489	22157		1331	369	97	30	835
51519	**15708**	**35811**	**5096**	**615**	**127**	**288**	**16**	**184**
22124	7214	14910	1897	321	76	155	9	81
2447	543	1904	435	26	2	20		4
15055	4330	10725	2135	218	31	136	4	47
23565	7090	16475	2526	208	51	72	7	78
8433	3023	5410		153	37	58	5	53
2019	722	1297		10	6	2		2
20126	**5597**	**14529**	**1772**	**137**	**29**	**11**	**4**	**93**
8601	2625	5976	680	49	14	3		32
3415	999	2416	401	8	3	2		3
7078	2048	5030	868	16	2	3		11
6483	1841	4642	503	35	2	4	2	27
1563	484	1079		32	4	1	2	25
1587	225	1362		46	18	1		27

高等学校专任
Changes of Full-time Teachers in

	上学年初报表专任教师数 Total number of full-time teachers at beginning of previous academic year	增加专任 Factors of			
		合计 Total	录用毕业生 New recruits from current year graduates		
			计 Total	其中:of Which:	
				研究生 completing doc. & mas. deg. Prog.	本 科 completing 1st degree courses
总计 Total	**1308591**	**108658**	**62226**	**49810**	**5520**
其中:女 of Which: Female	599445	52431	31582	23831	2232
普通高校 Regular HEIs	**1238871**	**102209**	**60026**	**48454**	**5477**
其中:女 of Which: Female	565241	49127	30324	23097	2211
成人高校 Adult HEIs	**51794**	**3345**	**1505**	**996**	**12**
其中:女 of Which: Female	25603	1739	864	541	8
民办的其他高等教育机构 Non-state/Private HEIs	**17926**	**3104**	**695**	**360**	**31**
其中:女 of Which: Female	8601	1565	394	193	13

资产
Condition of Fixed Assets

	学校占地面积(平方米) Area of School Sites (m^2)			图书音像资料 Audio-visual ed.	
				一般图书(万册) Books & Magazines in Libraries(10,000 Volume)	
	计 Total	其中:绿化用地面积 of Which: Green Areas	其中:运动场地面积 of Which: Sports Areas	计 Total	当年新增 Added in Current Year
总计 Total					
学校产权 Owned by HEIs	**1520390226**	**449285316**	**114221010**	**182241.04**	**13452.70**
非学校产权中独立使用 Not Owned by HEIs	228021430	57452778	17422336	6734.18	285.56
普通高校 Regular HEIs					
学校产权 Owned by HEIs	**1473238678**	**437916499**	**109405563**	**175044.16**	**12929.19**
非学校产权中独立使用 Not Owned by HEIs	191753250	49805764	13347732	2488.08	105.19
成人高校 Adult HEIs					
学校产权 Owned by HEIs	**38338368**	**9113004**	**3715687**	**5516.61**	**324.72**
非学校产权中独立使用 Not Owned by HEIs	23931085	4876976	2823389	3895.45	162.06
民办的其他高等教育机构 Non-state/private HEIs					
学校产权 Owned by HEIs	**8813180**	**2255813**	**1099760**	**1680.27**	**198.79**
非学校产权中独立使用 Not Owned by HEIs	12337095	2770038	1251215	350.65	18.31

教师变动情况
Regular Higher Educational Institutions

单位：人
unit：person

教师数 Increase				减少专任教师数 Factors of Decrease				本学年初报表专任教师数 Total number of full-time teachers at beginning of current academic year
外单位教师调入 Teachers recruited from other units		校内、外非教师调入 Non-teaching personnel changed into teachers		合计 Total	自然减员 Retired from their posts during previous academic year	调离教师岗位 Transferred from teaching to non-teaching posts	其他 Others	
计 Total	其中：高校调入 of Which：from reg. HEIs	计 Total	其中：本校调整 of Which：with change of status in their own institutions					
27282	**15181**	**19150**	**11107**	**53718**	**18064**	**11574**	**24080**	**1363531**
12524	6390	8325	4881	22587	7245	4926	10416	629289
24531	**14247**	**17652**	**10380**	**45832**	**16530**	**10595**	**18707**	**1295248**
11183	5976	7620	4498	19058	6545	4555	7958	595310
1145	**589**	**695**	**514**	**4737**	**733**	**372**	**3632**	**50402**
546	270	329	271	2054	322	117	1615	25288
1606	**345**	**803**	**213**	**3149**	**801**	**607**	**1741**	**17881**
795	144	376	112	1475	378	254	843	8691

情况
and Teaching Resources

情况 Resources	拥有教学用计算机（台）No. of Computers Used for Instruction	语音实验室座位数（个）No. of Seats in Audio-Labs	多媒体教室座位数（个）No. of Seats in Multi-media Class rooms	上网课程数（门）No. of Web-Based Courses	固定资产值（万元）Fixed Assets（10,000 yuan）		
电子图书（GB）Electronic Books & Magazines in Libraries					合计 Total	其中：教学、科研仪器设备资产 of Which：Teaching Equipment & Instruments	
						计 Total	当年新增 Added in Current Year
8191992.40	**5468908**	**1444689**	**16868478**	**147389**	**104305426.81**	**20856810.66**	**2459722.26**
	208959	69164	459966		3497345.12	537257.08	42305.83
7826095.82	**5204879**	**1358105**	**16288137**	**128972**	**101527251.81**	**20257228.81**	**2403222.33**
	52776	16065	146821		2163269.73	205320.63	14290.64
228089.29	**175848**	**54848**	**438169**	**15896**	**2123321.55**	**465560.35**	**42233.75**
	150247	48533	296852		1248677.57	321380.17	27235.27
137807.29	**88181**	**31736**	**142172**	**2521**	**654853.45**	**134021.50**	**14266.18**
	5936	4566	16293		85397.82	10556.28	779.92

校舍情况(总计)

Conditions of School Buildings (Total)

单位：平方米

unit：m^2

	学校产权建筑面积 Floor Area of School Building Owned by HEIs				正在施工面积 Floor Area Under Construction	独立使用非学校产权建筑面积 Floor Area of School Building Not Owned by HEIs
	计 Subtotal	其中:危房 of Which: Dilapidated Buildings	其中:当年新增 of Which: Added in Current Year	其中:被外单位借用 of Which: Floor Space Hired by Other Schools or Units		
总计 Total	**656113242**	**1492126**	**34810103**	**599076**	**39420895**	**103747489**
一、教学及辅助用房 Buildings for Instraction and Ancillary Uses	**285663503**	**608278**	**17325429**	**133426**	**20726156**	**46261385**
教室 Classroom	117068094	224001	7285580	82868	7250577	24232351
图书馆 Library	35082295	34914	2071176	6676	4057654	5429266
实验室、实习场所 Lab. And Practice Facilities	110262115	321072	6460703	37931	7084278	12802468
体育馆 Gymnasium	16737339	7190	1233800	4382	1796855	2428424
会堂 Hall	6513660	21101	274170	1569	536792	1368876
二、行政办公用房 Administritive	**38737375**	**109046**	**1910486**	**27792**	**1825369**	**5788254**
三、生活用房 Residential Buildings	**243577529**	**383307**	**12739485**	**401400**	**12324219**	**51697850**
学生宿舍(公寓) Students' Dormitories	176873347	165916	9993690	285240	8636477	40718570
学生食堂 Students' Dining Halls	26451372	20110	1379833	34056	1669160	5250464
教工单身宿舍 Apartments for Single	7746559	41078	356665	1081	381421	2221945
教工食堂 Dining Halls for Staff and Workers	1464943	4606	49288	300	50028	308728
生活福利及其他用房 Residential, Welfare and Anxiliary Buildings	31041308	151597	960009	80723	1587133	3198143
四、教工住宅 Residential Quarters for Staff and Workers	**88134835**	**391495**	**2834703**	**36458**	**4545151**	

校舍情况(普通高校)
Conditions of School Buildings (Regular HEIs)

单位：平方米
unit：m^2

	学校产权建筑面积 Floor Area of School Building Owned by HEIs				正在施工面积 Floor Area Under Construction	独立使用非学校产权建筑面积 Floor Area of School Building Not Owned by HEIs
	计 Subtotal	其中:危房 of Which: Dilapidated Buildings	其中:当年新增 of Which: Added in Current Year	其中:被外单位借用 of Which: Floor Space Hired by Other Schools or Units		
总计 Total	**632468356**	**1466867**	**33588461**	**543471**	**38541668**	**86252798**
一、教学及辅助用房 Buildings for Instraction and Ancillary Uses	**275102493**	**601900**	**16718826**	**110178**	**20329881**	**37419054**
教室 Classroom	111252797	224001	7034813	67230	6995270	18469932
图书馆 Library	33954892	34514	1991283	6256	4035427	4616005
实验室、实习场所 Lab. And Practice Facilities	107773399	315094	6250155	35041	7009253	11201194
体育馆 Gymnasium	16048754	7190	1183065	882	1760534	2101400
会堂 Hall	6072651	21101	259510	769	529397	1030523
二、行政办公用房 Administritive	**36549710**	**109046**	**1807339**	**25735**	**1740199**	**4038208**
三、生活用房 Residential Buildings	**235379399**	**367868**	**12228093**	**371100**	**12005453**	**44795536**
学生宿舍(公寓) Students' Dormitories	171220112	158965	9620587	267100	8423666	35737200
学生食堂 Students' Dining Halls	25343003	19057	1284352	31556	1613386	4406797
教工单身宿舍 Apartments for Single	7464870	39912	345941	1081	372105	1940678
教工食堂 Dining Halls for Staff and Workers	1355992	4354	41611		48578	188787
生活福利及其他用房 Residential, Welfare and Anxiliary Buildings	29995422	145580	935602	71363	1547718	2522074
四、教工住宅 Residential Quarters for Staff and Workers	**85436754**	**388053**	**2834203**	**36458**	**4466135**	

校舍情况(成人高校)

Conditions of School Buildings(HEIs for Adult)

单位：平方米

unit：m²

	学校产权建筑面积 Floor Area of School Building Owned by HEIs				正在施工面积 Floor Area Under Construction	独立使用非学校产权建筑面积 Floor Area of School Building Not Owned by HEIs
	计 Subtotal	其中:危房 of Which: Dilapidated Buildings	其中:当年新增 of Which: Added in Current Year	其中:被外单位借用 of Which: Floor Space Hired by Other Schools or Units		
总计 Total	**19973893**	**25259**	**981368**	**33555**	**592137**	**12228077**
一、教学及辅助用房 Buildings for Instraction and Ancillary Uses	**8955823**	**6378**	**506856**	**13198**	**262344**	**6475502**
教室 Classroom	4769074		193866	7838	172322	4086068
图书馆 Library	1008556	400	69193	420	13793	645975
实验室、实习场所 Lab. And Practice Facilities	2253561	5978	194082	640	57401	1260732
体育馆 Gymnasium	576265		37735	3500	17221	241917
会堂 Hall	348367		11980	800	1607	240810
二、行政办公用房 Administritive	**1898182**		**93900**	**2057**	**59471**	**1383755**
三、生活用房 Residential Buildings	**6605461**	**15439**	**380612**	**18300**	**235322**	**4368820**
学生宿舍(公寓) Students' Dormitories	4483609	6951	259773	7140	160779	2978058
学生食堂 Students' Dining Halls	891747	1053	84047	1500	45256	590781
教工单身宿舍 Apartments for Single	182544	1166	7404			162019
教工食堂 Dining Halls for Staff and Workers	83595	252	5927	300		96162
生活福利及其他用房 Residential, Welfare and Anxiliary Buildings	963966	6017	23461	9360	29287	541800
四、教工住宅 Residential Quarters for Staff and Workers	**2514427**	**3442**			**35000**	

校舍情况(民办的其他高等教育机构)
Conditions of School Buildings (Non-State/Private HEIs)

单位：平方米
unit：m^2

	学校产权建筑面积 Floor Area of School Building Owned by HEIs				正在施工面积 Floor Area Under Construction	独立使用非学校产权建筑面积 Floor Area of School Building Not Owned by HEIs
	计 Subtotal	其中：危房 of Which：Dilapidated Buildings	其中：当年新增 of Which：Added in Current Year	其中：被外单位借用 of Which：Floor Space Hired by Other Schools or Units		
总计 Total	**3670993**		**240274**	**22050**	**287090**	**5266614**
一、教学及辅助用房 Buildings for Instraction and Ancillary Uses	**1605187**		**99747**	**10050**	**133931**	**2366829**
教室 Classroom	1046223		56901	7800	82985	1676351
图书馆 Library	118847		10700		8434	167286
实验室、实习场所 Lab. And Practice Facilities	235155		16466	2250	17624	340542
体育馆 Gymnasium	112320		13000		19100	85107
会堂 Hall	92642		2680		5788	97543
二、行政办公用房 Administritive	**289483**		**9247**		**25699**	**366291**
二、生活用房 Residential Buildings	**1592669**		**130780**	**12000**	**83444**	**2533494**
学生宿舍(公寓) Students' Dormitories	1169626		113330	11000	52032	2003312
学生食堂 Students' Dining Halls	216622		11434	1000	10518	252886
教工单身宿舍 Apartments for Single	99145		3320		9316	119248
教工食堂 Dining Halls for Staff and Workers	25356		1750		1450	23779
生活福利及其他用房 Residential, Welfare and Anxiliary Buildings	81920		946		10128	134269
四、教工住宅 Residential Quarters for Staff and Workers	**183654**		**500**		**44016**	

三、中等教育
Secondary Education

(一)高中阶段教育
Senior Secondary Education

普通高中校数、班数
Number of Senior Secondary Schools and Classes

	学校数(所) Schools			班数(个) Classes
	合 计 Total	高级中学 Senior Sec. Schools	完全中学 Complete Sec. Schools	
总计 Total	**14607**	**6476**	**8131**	**428577**
教育部门和集体办 Run by Ed. Dept. & Communities	11695	5550	6145	380374
民办 Non-state/private	2670	856	1814	43714
其他部门办 Run by Non-ed. Dept.	242	70	172	4489
城市 Urban	5675	2367	3308	161664
教育部门和集体办 Run by Ed. Dept. & Communities	4187	1877	2310	139248
民办 Non-state/private	1374	462	912	20186
其他部门办 Run by Non-ed. Dept.	114	28	86	2230
县镇 Counties & Towns	7314	3489	3825	235881
教育部门和集体办 Run by Ed. Dept. & Communities	6202	3131	3071	214883
民办 Non-state/private	1050	336	714	19872
其他部门办 Run by Non-ed. Dept.	62	22	40	1126
农村 Rural	1618	620	998	31032
教育部门和集体办 Run by Ed. Dept. & Communities	1306	542	764	26243
民办 Non-state/private	246	58	188	3656
其他部门办 Run by Non-ed. Dept.	66	20	46	1133
总计中:其他学校附设初中班 Junior Sec. Classes Attached to Others Schools				4405
独立设置少数民族学校 Inde. Sec. Schools for Minorities	1963			8639

普通高中班额情况
Size of Senior Secondary Schools Classes

单位：个
unit：classes

	计 Subtotal	一年级 Grade 1	二年级 Grade 2	三年级 Grade 3
合 计 Total	**428577**	**143535**	**140727**	**144315**
城市:25 人及以下 Umban:under 25 persons	2456	537	824	1095
26－35 人 between 26－35	8478	2290	2884	3304
36－45 人 between 26－35	23150	6853	7779	8518
46－55 人 between 26－35	59099	20180	19815	19104
56－65 人 between 26－35	47687	16978	15580	15129
66 人及以上 over 66 years	20794	7264	6587	6943
县镇:25 人及以下 Countries & Town:under 25 persons	1644	262	508	874
26－35 人 between 26－35	4768	961	1590	2217
36－45 人 between 26－35	19324	5079	6531	7714
46－55 人 between 26－35	69829	23185	22683	23961
56－65 人 between 26－35	77755	26904	26090	24761
66 人及以上 over 66 years	62561	22768	19863	19930
农村:25 人及以下 Rural:under 25 persons	568	95	176	297
26－35 人 between 26－35	1204	261	372	571
36－45 人 between 26－35	4007	1043	1344	1620
46－55 人 between 26－35	9871	3171	3259	3441
56－65 人 between 26－35	8793	3220	2790	2783
66 人及以上 over 66 years	6589	2484	2052	2053

普通高中学生数

Number of Students in Senior Secondary Schools

单位：人

unit：person

	毕业生数 Graduates	招生数 Students Admitted	在校学生数 Enrolment 合计 Total	其中:女 of Which: Female	一年级 Grade 1	二年级 Grade 2	三年级 Grade 3
总 计 Total	**8237220**	**8303384**	**24342783**	**11734128**	**8316126**	**7982345**	**8044312**
其中:女 of Which: Female	3918609	4019438	11734128		4023907	3861258	3848963
教育部门和集体办 Run by Ed. Dept. & Communities	7371464	7413947	21817187	10596417	7425491	7178945	7212751
民办 Non-state/private	784872	813687	2301299	1023279	814873	730128	756298
其他部门办 Run by Non-ed. Dept.	80884	75750	224297	114432	75762	73272	75263
城市 Urban	2903867	2935470	8656221	4282133	2939122	2857602	2859497
教育部门和集体办 Run by Ed. Dept. & Communities	2532366	2547952	7556930	3774973	2551080	2507303	2498547
民办 Non-state/private	329843	349512	984101	449094	350036	312056	322009
其他部门办 Run by Non-ed. Dept.	41658	38006	115190	58066	38006	38243	38941
县镇 Counties & Towns	4706203	4772596	13945001	6621329	4781231	4562193	4601577
教育部门和集体办 Run by Ed. Dept. & Communities	4296866	4358525	12768853	6103997	4366538	4185489	4216826
民办 Non-state/private	388787	394300	1120143	488782	394910	359069	366164
其他部门办 Run by Non-ed. Dept.	20550	19771	56005	28550	19783	17635	18587
农村 Rural	627150	595318	1741561	830666	595773	562550	583238
教育部门和集体办 Run by Ed. Dept. & Communities	542232	507470	1491404	717447	507873	486153	497378
民办 Non-state/private	66242	69875	197055	85403	69927	59003	68125
其他部门办 Run by Non-ed. Dept.	18676	17973	53102	27816	17973	17394	17735
总计中:其他学校附设初中班 Classes Attached to Others Schools	158771	68274	221880	108842	68299	69949	83632
重读生 Repeaters			96897	38982	12742	6683	77472
重读中女 of Which: Female			38982		4469	2388	32125
少数民族学生 Minority Students	560628	639262	1787144	860093	641039	577421	568684
独立设置少数民族学校 Inde. Sec. Schools for Minorities	141727	160346	443418	233403	161220	141779	140419
残疾人			28681	11376	12280	8182	8219

普通中学教职工数

Number of Teachers, Staff & Workers in General Secondary Schools

单位：人
unit：person

	教职工数 Teachers, Staff & Workers						代课教师 Substitute Teachers	兼任教师 Part-time Teachers
	合　计 Total	专任教师 Full-time Teachers	行政人员 Adm. Personnel	教辅人员 Supporting Staff	工勤人员 Workers	校办工厂、农(林)场职工 Employees in School-run Factories & Farms		
总　计 Total	**5845444**	**5006751**	**264795**	**264759**	**304044**	**5095**	**100671**	**19103**
其中:女 of Which：Female	2699333	2414923	59049	120511	103228	1622	53685	7681
少数民族 Minority	459572	399022	19608	18279	22463	200	6207	1374
教育部门和集体办 Run by Ed. Dept. & Communities	5327181	4620699	233094	238275	230936	4177	78270	11892
民办 Non-state/private	458837	339712	27537	23334	67431	823	20565	6927
其他部门办 Run by Non-ed. Dept	59426	46340	4164	3150	5677	95	1836	284
城市 Urban	1521725	1251485	95268	86522	86373	2077	33517	8141
教育部门和集体办 Run by Ed. Dept. & Communities	1296069	1083625	79250	73640	57878	1676	25578	4092
民办 Non-state/private	205444	151804	14427	11615	27223	375	7169	3803
其他部门办 Run by Non-ed. Dept.	20212	16056	1591	1267	1272	26	770	246
县镇 Counties & Towns	2701504	2322524	99427	128543	148572	2438	39006	7065
教育部门和集体办 Run by Ed. Dept. & Communities	2493898	2166525	89053	118688	117523	2109	29134	4428
民办 Non-state/private	194580	145461	9669	9236	29888	326	9313	2623
其他部门办	13026	10538	705	619	1161	3	559	14
农村 Rural	1622215	1432742	70100	49694	69099	580	28148	3897
教育部门和集体办 Run by Ed. Dept. & Communities	1537214	1370549	64791	45947	55535	392	23558	3372
民办 Non-state/private	58813	42447	3441	2483	10320	122	4083	501
其他部门办 Run by Non-ed. Dept.	26188	19746	1868	1264	3244	66	507	24

普通高中分课程专

Number of Full-time Senior Secondary School Teachers

	总计 Total	其中:女 of Which: Female	思想品德（政治） Politics	语文 Chinese	数学 Mathematics	外语 Foreign Languages				科学 Scoemce	物理 Physics
						计 Total	英语 English	日语 Japanese	俄语 Russian		
合计 Total	**1493313**	**699960**	**95024**	**239101**	**235402**	**228205**	**225471**	**455**	**536**	**17**	**134441**
研究生毕业 Graduate	42015	22402	3181	7842	6345	5949	5868	21	11		3492
本科毕业 Under-graduate	1355809	643903	86621	219832	217571	208561	206115	359	486	13	123429
专科毕业 Associate Bachelor	93476	33126	5150	11278	11380	13574	13370	72	39	4	7447
高中阶段毕业 High School Graduate	1897	497	70	140	101	117	114	3			70
高中阶段毕业以下 Below High School Graduate	116	32	2	9	5	4	4				3
合计中:女 of Total:Female	699960		44636	129281	91302	157822	154895	323	367	7	40534
少数民族 Minorities	100090	46974	6872	16622	15081	13208	12822	161	30		8837
城市 Urban	557734	296483	33960	87727	87057	85706	84552	255	180	11	50292
县镇 County & Towns	824397	357071	52204	133568	130980	126036	124564	185	338	3	74591
农村 Rural	111182	46406	8860	17806	17365	16463	16355	15	18	3	9558

普通高中专任教师专业技术

Full-time Teachers in Senior Secondary

	合计 Total	其中:女 of the Total: Female	25岁及以下 25 Years and Under	26－30	31－35
总计 Total	**1493313**	**699960**	**138730**	**374940**	**307003**
中学高级 Senior	349546	125220		470	9622
中学一级 1st Grade	516381	231408	1227	49352	178986
中学二级 2nd Grade	506473	273291	66564	284249	112733
中学三级 3rd Grade	19820	9740	7118	9032	2328
未评职称 Rank Undecided	101093	60301	63821	31837	3334
总计中:女 of Which: Female	699960		85582	212429	151829
少数民族 Minorities	100090	46974	7849	23093	21170
城市 Urban	557734	296483	40207	136508	108885
县镇 County & Towns	824397	357071	86980	209395	170820
农村 Rural	111182	46406	11543	29037	27298

任教师学历情况

by Subject Taught & Educational Attainment

单位：人
unit：person

化学 Cherni-stry	生物 Biology	历史与社会 History and Soliety	地理 Geogr-aphy	历史 History	信息技术 Infor Techn-iqice	通用技术 Common Techno-logy	体育与健康 Physical	艺术 Art	音乐 Music	美术 Arts	综合实践活动 计 Total	信息技术 Information Technique	劳动与技术 Skills Teaching	其他 Others	当年不任课 No Teaching Load in Current Year
128829	**80757**	**9**	**74187**	**82968**	**37830**	**8368**	**72049**	**1789**	**23650**	**25630**	**1992**	**28**	**2**	**10026**	**13039**
3891	3413		1942	3497	680	117	645	5	193	307	17			257	242
118038	72838	8	66798	74772	33621	7307	63230	1510	20422	22373	1614	20	2	7461	9790
6834	4461	1	5390	4655	3481	902	7763	259	2961	2885	325	8		2028	2698
62	43		54	44	47	41	392	14	70	63	36			238	295
4	2		3		1	1	19	1	4	2				42	14
56047	39626	8	32220	38479	15247	2210	13516	921	15647	10871	612	12		5149	5825
8593	5038		4948	5730	2535	267	5014	60	1680	1495	97			2665	1348
48542	29983	6	27499	30772	14241	3572	28255	624	9290	10007	665	7		3917	5608
71154	44840	2	41134	45839	20785	4096	38747	1012	12826	13738	1127	18	2	5336	6379
9133	5934	1	5554	6357	2804	700	5047	153	1534	1885	200	3		773	1052

职称、年龄结构情况

Schools Broken Down by Rank and Age

单位：人
unit．person

36 – 40	41 – 45	46 – 50	51 – 55	56 – 60	61 岁及以上 61 Years and Over
272470	**229469**	**98892**	**49362**	**19701**	**2746**
74168	137323	72588	37630	15329	2416
165953	83040	23432	10001	4161	229
30542	8199	2520	1506	117	43
769	322	147	94	8	2
1038	585	205	131	86	56
119777	85764	30459	13476	376	268
20292	17031	6789	2882	909	75
102782	93943	43781	21910	8138	1580
150312	122085	49466	24395	10004	940
19376	13441	5645	3057	1559	226

普通高中专任
Changes of Full-time Teachers in

	上学年初报表专任教师数 Total Number of Full-time Teachers at Beginning of Previous Academic Year	增加教师 Factors of Increase				
		计 Total	录用毕业生 New Recruits from Current Year Graduates	调入 Teachers Recruited from Other Units	校内调整 of Which With Change of Status in Their Own Institutions	其他 Others
合计 Total	**1475607**	**148133**	**46299**	**65283**	**25001**	**11550**
其中:女 of Which: Female	680005	75072	29102	29279	11167	5524
城市 Urban	549516	52426	14588	22039	9933	5866
其中:女 of Which: Female	288873	28718	9578	11231	4927	2982
县镇 Counties & Towns	808355	83070	28179	36827	13198	4866
其中:女 of Which: Female	342722	40474	17304	15524	5465	2181
农村 Rural	117736	12637	3532	6417	1870	818
其中:女 of Which: Female	48410	5880	2220	2524	775	361

普通高中学生、教职工
Supplementary Information on Students and Full-time

	在校学生中 of Total Students		
	共产党员 Member of C. P. C.	共青团员 Member of C. Y. L.	华侨 Overseas Chinese
合计 Total	**12609**	**17185153**	**1797**
其中:女 of Which: Female	5465	8461171	880
城市 Urban	4325	6203227	621
其中:女 of Which: Female	2063	3152257	317
县镇 Counties & Towns	7611	9779549	1147
其中:女 of Which: Female	3168	4727669	551
农村 Rural	673	1202377	29
其中:女 of Which: Female	234	581245	12

教师变动情况
General Secondary Schools

单位：人
unit：person

减少教师 Factors of Decrease					本学年初报表专任教师数 Total Number of Full-time Teachers at Beginning of Current Academic Year
计 Total	自然减员 Retired from their posts during previous academic Year	调出 Transferred from Teaching to Non-Teaching Posts	校内调整 of Which with Change of Status in their own Institutions	其他 Others	
130427	**13605**	**63237**	**37029**	**16556**	**1493313**
55117	5399	27460	15383	6875	699960
44208	5610	18132	13164	7302	557734
21108	2394	8853	6590	3271	296483
67028	5486	34123	19929	7490	824397
26125	1671	14102	7472	2880	357071
19191	2509	10982	3936	1764	111182
7884	1334	4505	1321	724	46406

政治面貌及其他
Teachers of Senior Secondary Schools

单位：人
unit：person

专任教师中 of Total Full-time Teachers			
共产党员 Member of C. P. C.	共青团员 Member of C. Y. L.	民主党派 Member of Non-Communist Part	华侨 Overseas Chinese
432929	**195704**	**23978**	**146**
163143	109147	10174	67
184922	71319	17642	107
85426	43267	8243	52
220771	108244	5732	37
69981	57532	1732	15
27236	16141	604	2
7736	8348	199	

普通高中

Condition of School Buildings in

	学校占地面积 Areas Occupied	校舍建筑面积 Floor Space	教学及辅 Teaching & Assistant			
			计 Total	其中		
				普通教室 Classroom	实验室 Laboratory	图书室 Library
合计 Total	**904760611**	**390576875**	**150608579**	**92737755**	**22914256**	**11241322**
城市 Urban	319243017	161220611	65115142	36840944	10441787	5588498
县镇 County Seats & Towns	498285522	199441882	74924835	48742786	11021065	5054592
农村 Rural	87232072	29914382	10568602	7154025	1451404	598232

普通高中

Condition of School Buildings in

	体育运动场(馆)面积(平方米) Sports Areas (m^2)	计算机(台) PC (Set)	图书藏量(册) Books & Magazines in Libraries (Volume)	电子图书藏量(片) Electronic Books & Magazines in Libraries (Disk)
合 计 Total	**198334615**	**2534418**	**616254109**	**11467595.83**
城市 Urban	74687760	1220827	267105464	5089846.44
县镇 County Seats & Towns	104900688	1141815	304017866	5730167.32
农村 Rural	18746167	171776	45130779	647582.07

办学条件(一)

Senior Secondary Schools (1)

单位：平方米

unit：m²

助用房 Buildings of Which 微机室 PC-room	语音室 Linguistic	行政办公用房 Administrative 计 Total	其中：教师办公室 of Which：for Teachers	生活用房 Residential and Welfare	其他用房 Rooms for Other Purposes	校舍面积中 of the Floor Space 危房面积 Floor Space of Dilapidated Buildings	当年新增 Added in Current Year
5829702	**2551869**	**33872389**	**21431455**	**174100025**	**31995882**	**26193521**	**10551286**
2613410	1103105	15879296	9599388	61940014	18286159	7244495	3254625
2828623	1274262	15644229	10299000	97138982	11733836	16709311	6320962
387669	174502	2348864	1533067	15021029	1975887	2239715	975699

办学条件(二)

Senior Secondary Schools (2)

固定资产总值(万元) Total Value of Fixed Asset (10 thousand yuan) 计 Total	其中：仪器设备总值(万元) of Which：Total Value of Equip & Instru. (10,000 yuan) 计 Subtotal	专业实验设备 for Profession	专业实习设备 for Practice
40946470.52	**3660341.13**	**2161034.88**	**348038.94**
19508213.08	1902911.50	1093205.51	138614.24
19059901.03	1554242.50	948084.72	184463.82
2378356.41	203187.13	119744.65	24960.88

普通高中办学条件(三)

Condition of School Buildings in Senior Secondary Schools (3)

单位：所

unit：school

	体育运动场(馆)面积达标校数 Schools No：Sports Areas Reached Standard	体育器械配备达标校数 Schools No：Sports Equip. Reached Standard	音乐器械配备达标校数 Schools No：Musical Instru. Reached Standard	美术器械配备达标校数 Schools No：Fine Arts Instru. Reached Standard	理科实验仪器达标校数 Schools No：Equip. of Natural Sci. Reached Standard	建立校园网校数 Schools No：Campus Networks Set
合　计 Total	**11577**	**11603**	**10936**	**11093**	**12232**	**10812**
城市 Urban	4553	4808	4654	4711	5000	4756
县镇 County Seats & Towns	5818	5676	5290	5352	6009	5096
农村 Rural	1206	1119	992	1030	1223	960

成人高中

Basic Statistics of

	学校数(所) Schools	教学班(点)(个) External Teaching Sites	毕(结)业生数 Graduates 计 Total	毕(结)业生数 Graduates 其中:女 of Which:Female
合　计 Total	**753**	**2168**	**97950**	**42317**
职工高中 Senior Sec. Schools for Staff & workers	202	1048	42431	19128
农民高中 Senior Sec. Shools for Peasants	551	1120	55519	23189

中等职业学校(机构)数
Number of Secondary Vocational Schools

单位：人
unit: person

	计 Total	中央部门 HEIs under Central Ministries & Agencies	地方部门 HEIs under Local Auth.			民办 Non-state/private
			计 Total	教育部门 Run by Ed. Dept.	非教育部门 Run by Non-ed. Dept.	
中等职业学校 Secondary Vocational Schools	11324	55	8071	5974	2097	3198
其中:普通中等专业学校 of Which: Reg. Specialized Sec. Schools	3789	34	2744	1505	1239	1011
成人中等专业学校 Specialized Sec. Schools for Adults	1883	14	1674	1263	411	195
职业高中学校 Vocational High Schools	5652	7	3653	3206	447	1992
其他机构(教学点)(不计校数) Other Institutions	2390	5	1972	1328	644	413

注:未含技工学校数据(以后中等职业学校有关表均同)。
Note: Data on Skilled Workers are not included. (Same as the Foallowings).

基本情况
Adult Schools

单位：人(人次)
unit: person

注册学生数 Enrolment		教职工数 Teachers, Staff & Workers		聘请校外教师 Part-time Teachers
计 Total	其中:女 of Which: Female	计 Total	其中:专任教师 of Which: Full-time Teacher	
114676	**52149**	**6098**	**4374**	**4314**
73289	32466	2990	1958	1242
41387	19683	3108	2416	3072

中等职业学校分办学类型及
Data on Students and Staff and Workers

	计 Total			中职全日制学生 Fulltime Students of SVSs		
	毕业生数 Graduates	招生数 Entrants	在校学生数 Enrolment	毕业生数 Graduates	招生数 Entrants	在校学生数 Enrolment
总　计 Total	**5096654**	**7117770**	**17798473**	**4973849**	**6642300**	**17097558**
其中:女 of Which: Female	2529152	3447995	8794952	2471839	3245407	8502565
分办学类型:By Types						
普通中专学校 Reg. Specialized Sec. Schools	2020988	2940334	7573886	1994406	2701013	7259100
成人中专学校 Specialized Sec. Schools for Adults	304941	434278	1020664	232273	323948	805777
职业高中学校 Vocational High Schools	2142320	3146181	7602526	2138945	3075064	7526431
其他机构 Other Institutions	628405	596977	1601397	608225	542275	1506250
分举办者By Providers						
1. 中央部门 Under Central Ministries & Agencies	23376	24444	72856	20660	22603	66263
2. 地方部门 Under Local Authorities	4255789	5812938	14544660	4142369	5403127	13955740
教育部门 Under Ed. Dept	3020387	4301986	10489404	2969622	4042172	10162299
非教育部门 Run by Non-ed. Dept	1235402	1510952	4055256	1172747	1360955	3793441
3. 民办 Non-state/private	817489	1280388	3180957	810820	1216570	3075555

注:SVSs = 中等职业学校。下同。

Note: SVSs = Secondary Vocational School. (Same as the Following.)

举办者的中职学生及教职工情况

of Secondary Vocational Schools by Types and Providers of Schools

单位：人

unit：person

中职非全日制学生 Parttime Students of SVSs			教职工数 Teachers, Staff & Workers							聘请校外教师 Part-time Teachers
				其中：专任教师 of Which：Full-time Teachers						
毕业生数 Graduates	招生数 Entrants	在校学生数 Enrolment	计 Total	计 Total	正高级 Senior	副高级 Sub-senior	中级 Middle	初级 Junior	无职称 No Rank	
122805	**475470**	**700915**	**969477**	**682151**	**5034**	**133860**	**274104**	**207375**	**61778**	**100335**
57313	202588	292387	445358	334693	1714	57795	134568	108488	32128	41526
26582	239321	314786	411303	272270	2052	61371	104484	77160	27203	42362
72668	110330	214887	94181	62587	543	14819	29466	14684	3075	25372
3375	71117	76095	425577	321511	2130	52080	129601	108272	29428	27566
20180	54702	95147	38416	25783	309	5590	10553	7259	2072	5035
2716	1841	6593	5802	3367	18	721	1346	1070	212	1645
113420	409811	588920	792319	571429	1503	120368	233755	178108	37695	79785
50765	259814	327105	574778	438257	751	87537	181078	141658	27233	38228
62655	149997	261815	217541	133172	752	32831	52677	36450	10462	41557
6669	63818	105402	171356	107355	3513	12771	39003	28197	23871	18905

中等职业学校
Number of students in Secondary

	毕业生数 Graduates		招生数 Entrants		
	计 Total	其中:获得职业资格证书 of Which: Recipients of Vocational qualifications	计 Total	其中:初中毕业 of Which: Junior Sec. School Graduates	
				计 Total	应届毕业生 Autumn Session
合　计 Total	**5096654**	**3131260**	**7117770**	**6279411**	**5467998**
其中:中职全日制学生 of Which: Fulltime students	4973849	3091409	6642300	5988912	5375637
中职非全日制学生 Part-time students	122805	39851	475470	290499	92361
1. 普通中专学生 Students of Regular SSSs	2415223	1390290	3117118	2787655	2542858
2. 成人中专学生 Students of Adult SSSs	389905	155751	868917	614634	315683
3. 职业高中学生 Students of Vocational High Schools	2291526	1585219	3131735	2877122	2609457
二、培训学生 Traning students	6822378				
三、外国留学生 Foreign Students	369				

注:SSSs = 中等专业学校

Note: SSSs = Specialized Secondary Schools

中等职业学校
Number of Female students in Secondary

	毕业生数 Graduates		招生数 Entrants		
	计 Total	其中:获得职业资格证书 of Which: Recipients of Vocational qualifications	计 Total	其中:初中毕业 of Which: Junior Sec. School Graduates	
				计 Total	应届毕业生 Autumn Session
合　计 Total	**2529152**	**1503364**	**3447995**	**3085390**	**2723957**
其中:中职全日制学生 of Which: Fulltime students	2471839	1484694	3245407	2955075	2680975
中职非全日制学生 Part-time students	57313	18670	202588	130315	42982
1. 普通中专学生 Students of Regular SSSs	1258111	682496	1628639	1479526	1367434
2. 成人中专学生 Students of Adult SSSs	171812	70041	379691	276300	150185
3. 职业高中学生 Students of Vocational High Schools	1099229	750827	1439665	1329564	1206338
二、培训学生 Traning students	3264228				
三、外国留学生 Foreign Students	214				

注:SSSs = 中等专业学校

Note: SSSs = Specialized Secondary Schools

(机构)各类学生数
Vocational Schools (Institutions)

单位：人
unit: person

在校学生数 Enrolment					
计 Total	一年级 Grade 1	二年级 Grade 2	三年级 Grade 3	四年级及以上 Over Grade 4	预计毕业生数 Graduates for Next Year
17798473	**7125781**	**5734129**	**4814678**	**123885**	**5610027**
17097558	6650273	5562945	4760460	123880	5404768
700915	475508	171184	54218	5	205259
8404291	3122648	2734420	2435933	111290	2622141
1609942	869182	499095	241263	402	523067
7784240	3133951	2500614	2137482	12193	2464819
3981864					
1032					

(机构)各类女学生数
Vocational Schools (Institutions)

单位：人
unit: person

在校学生数 Enrolment					
计 Total	一年级 Grade 1	二年级 Grade 2	三年级 Grade 3	四年级及以上 Over Grade 4	预计毕业生数 Graduates for Next Year
8794952	**3457178**	**2831356**	**2428662**	**77756**	**2732165**
8502565	3254562	2761236	2409012	77755	2653260
292387	202616	70120	19650	1	78905
4430302	1634194	1433925	1290848	71335	1349574
710002	380043	218311	111417	231	223240
3654648	1442941	1179120	1026397	6190	1159351
1872849					
520					

中等职业学校(机构)学生分科类情况(总计)

Data on Secondary Vocational Schools by Field of Study (Total)

单位：人

unit: person

	毕业生数 Graduates		招生数 Entrants			在校学生数 Enrolment	预计毕业生数 Graduates for Next Year
	计 Total	其中:获得职业资格证书 of Which: Recipients of Vocational Qualifications	计 Total	其中:初中毕业 of Which: Junior Sec. School Graduates			
				计 Total	应届毕业生 Autumn Session		
总　　计 Total	**5096654**	**3131260**	**7117770**	**6279411**	**5467998**	**17798473**	**5610027**
其中:女 of Which: Female	2529152	1503364	3447995	3085390	2723957	8794952	2732165
农林类 Agri. & Forestry	200041	106403	749386	561274	317822	1180724	251784
资源与环境类 Resources & Environment	48155	25775	52809	31991	26673	130934	56529
能源类 Energy	41784	22673	45003	35343	32378	124682	44052
土木水利工程类 Civil & Hydraulic Engineering	130617	79173	198719	168496	145850	467433	147776
加工制造类 Manufacturing	1286268	883092	1381558	1260612	1140970	4069468	1429516
交通运输类 Commu. & Transpor.	172925	113096	332871	288413	261964	743517	211633
信息技术类 Infor. Technologies	1273440	842686	1584466	1434971	1272915	4141793	1375626
医药卫生类 Medicine & Health	420776	142534	628765	555233	513979	1597102	440304
商贸与旅游类 Trade & Tourism	430773	274602	652545	600256	517054	1581830	467505
财经类 Finance & Economics	312306	194731	398187	359079	323823	1047009	340191
文化艺术与体育类 Culture, Arts & Physical Edu.	266475	155541	369146	335486	313088	987885	298437
社会公共事物类 Public Affairs	132710	69885	167794	146340	129041	407789	138169
师范类 Teacher Training	209207	128033	336256	305926	290013	786355	237551
其他 Other	171177	93036	220265	195991	182428	531952	170954

中等职业学校(机构)学生分科类情况(全日制学生)

Data on Secondary Vocational Schools by Field of Study (full-time students)

单位：人
unit: person

	毕业生数 Graduates		招生数 Entrants			在校学生数 Enrolment	预计毕业生数 Graduates for Next Year
	计 Total	其中:获得职业资格证书 of Which: Recipients of Vocational Qualifications	计 Total	其中:初中毕业 of Which: Junior Sec. School Graduates 计 Total	应届毕业生 Autumn Session		
总　计 Total	**4973849**	**3091409**	**6642300**	**5988912**	**5375637**	**17097558**	**5404768**
其中:女 of Which: Female	2471839	1484694	3245407	2955075	2680975	8502565	2653260
农林类 Agri. & Forestry	172664	102645	640536	501426	309653	995765	201596
资源与环境类 Resources & Environment	46906	25708	40702	30983	26673	113570	43507
能源类 Energy	40674	22644	43114	35070	32147	113856	39210
土木水利工程类 Civil & Hydraulic Engineering	128307	78333	185712	161798	144132	451890	140905
加工制造类 Manufacturing	1275867	878253	1320097	1215143	1126929	3992546	1410999
交通运输类 Commu. & Transpor.	169962	111442	318718	280048	259380	726518	208606
信息技术类 Infor. Technologies	1252246	830978	1477560	1361588	1242626	3995328	1340379
医药卫生类 Medicine & Health	415030	141171	610659	551861	512988	1566964	430541
商贸与旅游类 Trade & Tourism	427575	273962	613085	566544	511973	1534708	460649
财经类 Finance & Economics	290204	188254	360685	335051	312996	989009	320473
文化艺术与体育类 Culture, Arts & Physical Edu.	264535	155060	355604	326627	309071	969283	292189
社会公共事物类 Public Affairs	123739	68919	147735	133801	120620	373561	125057
师范类 Teacher Training	199309	121955	316535	297300	286018	758592	227044
其他 Other	166831	92085	211558	191672	180431	515968	163613

中等职业学校(机构)学生分科类情况(普通中专)

Data on Secondary Vocational Schools by Field of Study (Specialized Secondary Schools)

单位:人
unit: person

	毕业生数 Graduates		招生数 Entrants			在校学生数 Enrolment	预计毕业生数 Graduates for Next Year
	计 Total	其中:获得职业资格证书 of Which: Recipients of Vocational Qualifications	计 Total	其中:初中毕业 of Which: Junior Sec. School Graduates			
				计 Total	应届毕业生 Autumn Session		
总　计 Total	**2415223**	**1390290**	**3117118**	**2787655**	**2542858**	**8404291**	**2622141**
其中:女 of Which: Female	1258111	682496	1628639	1479526	1367434	4430302	1349574
农林类 Agri. & Forestry	37552	23803	205653	145890	92007	310511	51872
资源与环境类 Resources & Environment	29063	14398	25068	18397	15890	67683	25260
能源类 Energy	27834	15103	28168	22591	21402	77521	27541
土木水利工程类 Civil & Hydraulic Engineering	85408	48641	108699	94282	83698	282502	92274
加工制造类 Manufacturing	603282	401173	553209	501377	467032	1826784	666546
交通运输类 Commu. & Transpor.	89523	55858	162716	144911	135195	381306	105958
信息技术类 Infor. Technologies	474287	305645	548732	501150	459347	1540411	508047
医药卫生类 Medicine & Health	350150	111254	517450	467304	435602	1333197	357656
商贸与旅游类 Trade & Tourism	210127	129201	287928	266997	241821	751560	224245
财经类 Finance & Economics	162340	99966	201184	185085	175516	568526	184993
文化艺术与体育类 Culture, Arts & Physical Edu.	113862	57909	160136	143912	135745	460474	134223
社会公共事物类 Public Affairs	52854	26866	63265	55487	49083	159029	52846
师范类 Teacher Training	130417	76110	188450	180223	175061	480709	141471
其他 Other	48524	24363	66460	60049	55459	164078	49209

中等职业学校(机构)学生分科类情况(成人中专)

Data on Secondary Vocational Schools by Field of Study (Adult Specialized Secondary Schools)

单位：人
unit：person

	毕业生数 Graduates		招生数 Entrants			在校学生数 Enrolment	预计毕业生数 Graduates for Next Year
	计 Total	其中：获得职业资格证书 of Which：Recipients of Vocational Qualifications	计 Total	其中：初中毕业 of Which：Junior Sec. School Graduates 计 Total	其中：初中毕业 应届毕业生 Autumn Session		
总　计 Total	**389905**	**155751**	**868917**	**614634**	**315683**	**1609942**	**523067**
其中：女 of Which：Female	171812	70041	379691	276300	150185	710002	223240
农林类 Agri. & Forestry	50343	7308	209881	138434	31477	318699	77992
资源与环境类 Resources & Environment	6498	2620	14898	2727	352	26510	18045
能源类 Energy	3915	1112	4005	2083	1732	17605	7605
土木水利工程类 Civil & Hydraulic Engineering	9099	3851	24000	15947	8997	38900	13851
加工制造类 Manufacturing	80444	43382	125760	101105	58479	278145	97799
交通运输类 Commu. & Transpor.	11507	6215	27746	19537	12419	48032	11862
信息技术类 Infor. Technologies	100683	43493	199935	149123	89010	397750	135002
医药卫生类 Medicine & Health	18311	6013	35549	18966	14523	73011	23934
商贸与旅游类 Trade & Tourism	17733	7739	65282	55568	22414	106339	25966
财经类 Finance & Economics	33038	11024	51348	35145	20276	94470	33966
文化艺术与体育类 Culture, Arts & Physical Edu.	11691	5335	25017	17832	12285	48386	15839
社会公共事物类 Public Affairs	17403	4482	32191	23049	17711	61472	24086
师范类 Teacher Training	20071	10989	34879	22155	16054	64788	23493
其他 Other	9169	2188	18426	12963	9954	35835	13627

中等职业学校(机构)学生分科类情况(职业高中)
Data on Secondary Vocational Schools by Field of Study (Vocational High Schools)

单位：人
unit：person

	毕业生数 Graduates		招生数 Entrants			在校学生数 Enrolment	预计毕业生数 Graduates for Next Year
	计 Total	其中：获得职业资格证书 of Which：Recipients of Vocational Qualifications	计 Total	其中：初中毕业 of Which：Junior Sec. School Graduates			
				计 Total	应届毕业生 Autumn Session		
总　计 Total	**2291526**	**1585219**	**3131735**	**2877122**	**2609457**	**7784240**	**2464819**
其中：女 of Which：Female	1099229	750827	1439665	1329564	1206338	3654648	1159351
农林类 Agri. & Forestry	112146	75292	333852	276950	194338	551514	121920
资源与环境类 Resources & Environment	12594	8757	12843	10867	10431	36741	13224
能源类 Energy	10035	6458	12830	10669	9244	29556	8906
土木水利工程类 Civil & Hydraulic Engineering	36110	26681	66020	58267	53155	146031	41651
加工制造类 Manufacturing	602542	438537	702589	658130	615459	1964539	665171
交通运输类 Commu. & Transpor.	71895	51023	142409	123965	114350	314179	93813
信息技术类 Infor. Technologies	698470	493548	835799	784698	724558	2203632	732577
医药卫生类 Medicine & Health	52315	25267	75766	68963	63854	190894	58714
商贸与旅游类 Trade & Tourism	202913	137662	299335	277691	252819	723931	217294
财经类 Finance & Economics	116928	83741	145655	138849	128031	384013	121232
文化艺术与体育类 Culture, Arts & Physical Edu.	140922	92297	183993	173742	165058	479025	148375
社会公共事物类 Public Affairs	62453	38537	72338	67804	62247	187288	61237
师范类 Teacher Training	58719	40934	112927	103548	98898	240858	72587
其他 Other	113484	66485	135379	122979	117015	332039	108118

中等职业学校（机构）分年龄学生数

Number of Students by age in Secondary Vocational Schools（Institutions）

单位：人

unit：person

	计 Total	14 岁及以下 14 years and under	15 岁 15 years	16 岁 16 years	17 岁 17 years	18 岁 18 years	19 岁 19 years	20 岁 20 years	21 岁 21 years	22 岁及以上 22 years and over
合　计 Total	**17798473**	**211860**	**2033820**	**4259857**	**4437781**	**3176797**	**1505052**	**663349**	**341290**	**1168667**
其中：中职全日制学生 of Which：Full-time students	17097558	210131	2013122	4204256	4384601	3123127	1461118	614912	303925	782366
中职非全日制学生 Part-time students	700915	1729	20698	55601	53180	53670	43934	48437	37365	386301
1. 普通中专学生 Students of Regular SSSs	8404291	117198	925725	1985526	2141784	1592247	793872	335044	155094	357801
2. 成人中专学生 Students of Adult SSSs	1609942	6818	101006	242849	245215	198642	125870	100610	74779	514153
3. 职业高中学生 Students of Vocational High Schools	7784240	87844	1007089	2031482	2050782	1385908	585310	227695	111417	296713

中等职业学校（机构）分年龄女学生数

Number of Female Students by age in Secondary Vocational Schools（Institutions）

单位：人

unit：person

	计 Total	14 岁及以下 14 years and under	15 岁 15 years	16 岁 16 years	17 岁 17 years	18 岁 18 years	19 岁 19 years	20 岁 20 years	21 岁 21 years	22 岁及以上 22 years and over
合　计 Total	**8794952**	**113874**	**1036577**	**2155222**	**2246011**	**1590723**	**732365**	**299483**	**145870**	**474827**
其中：中职全日制学生 of Which：Full-time students	8502565	113149	1026884	2130413	2221611	1566188	713187	280547	130098	320488
中职非全日制学生 Part-time students	292387	725	9693	24809	24400	24535	19178	18936	15772	154339
1. 普通中专学生 Students of Regular SSSs	4430302	68980	516379	1070691	1151697	843551	404984	160631	69030	144359
2. 成人中专学生 Students of Adult SSSs	710002	3470	49194	112524	116568	91465	57685	41134	31361	206601
3. 职业高中学生 Students of Vocational High Schools	3654648	41424	471004	972007	977746	655707	269696	97718	45479	123867

中等职业学校(机构)

Changes in Enrolment of Secondary

	上学年初报表在校学生数 Total Enrolment at Beginning of Previous Academic year	增加学生数 Factors of Increase				
		计 Total	招生 No. of Students Admitted	复学 Students Resuming Studies	转入 Transfers from Other Inst.	其他 Others
合　计 Total	**16882421**	**7820589**	**7117770**	**13036**	**388149**	**301634**
其中:中职全日制学生 of Which: Full-time students	16549701	7290260	6642300	13010	380274	254676
中职非全日制学生 Part-time students	332720	530329	475470	26	7875	46958
1. 普通中专学生 Students of Regular SSSs	8218116	3427391	3117118	5311	168907	136055
2. 成人中专学生 Students of Adult SSSs	1185211	967147	868917	739	30515	66976
3. 职业高中学生 Students of Vocational High Schools	7479094	3426051	3131735	6986	188727	98603

中等职业学校(机构)

Changes in Female Enrolment of

	上学年初报表在校学生数 Total Enrolment at Beginning of Previous Academic year	增加学生数 Factors of Increase				
		计 Total	招生 No. of Students Admitted	复学 Students Resuming Studies	转入 Transfers from Other Inst.	其他 Others
合　计 Total	**8404174**	**3751733**	**3447995**	**5348**	**177736**	**120654**
其中:中职全日制学生 of Which: Full-time students	8255927	3532727	3245407	5345	173877	108098
中职非全日制学生 Part-time students	148247	219006	202588	3	3859	12556
1. 普通中专学生 Students of Regular SSSs	4306248	1773232	1628639	1907	80949	61737
2. 成人中专学生 Students of Adult SSSs	535090	414761	379691	508	13603	20959
3. 职业高中学生 Students of Vocational High Schools	3562836	1563740	1439665	2933	83184	37958

学生变动情况

Vocational Schools（Institutions）

单位：人
unit：person

减少学生数 Factors of Decrease									本学年初报表在校学生数 Total Enrolment at beginning of current academic year
计 Total	毕业 Graduates	结业 Completers of Courses without formal awards	休学 Suspended	退学 Quitting	开除 Expelled	死亡 Death	转出 Transfers to Other Inst.	其他 Others	
6904537	**5096654**	**116328**	**34827**	**422748**	**11481**	**375**	**743803**	**478321**	**17798473**
6742403	4973849	107669	34638	415985	11481	375	727306	471100	17097558
162134	122805	8659	189	6763			16497	7221	700915
3241216	2415223	29766	18434	219385	7153	213	322029	229013	8404291
542416	389905	17196	2241	24505	401	25	55937	52206	1609942
3120905	2291526	69366	14152	178858	3927	137	365837	197102	7784240

女学生变动情况

Secondary Vocational Schools（Institutions）

单位：人
unit：person

减少学生数 Factors of Decrease									本学年初报表在校学生数 Total Enrolment at beginning of current academic year
计 Total	毕业 Graduates	结业 Completers of Courses without formal awards	休学 Suspended	退学 Quitting	开除 Expelled	死亡 Death	转出 Transfers to Other Inst.	其他 Others	
3360955	**2529152**	**51960**	**14941**	**183611**	**3279**	**116**	**362102**	**215794**	**8794952**
3286089	2471839	46925	14777	181196	3279	116	355244	212713	8502565
74866	57313	5035	164	2415			6858	3081	292387
1649178	1258111	12616	7951	94226	2114	70	165297	108793	4430302
239849	171812	8393	961	10154	77	7	27711	20734	710002
1471928	1099229	30951	6029	79231	1088	39	169094	86267	3654648

中等职业学校(机构)其他学生情况
Other Students in Secondary Vocational Schools (Institutions)

单位:人
unit: persons

	共产党员 Member of C. P. A	共青团员 Member of C. Y. L	华侨 Overseas Chinese	港澳台 From H. K., Macao and Taiwan	少数民族 Minorities	残疾人 Disabled
合　计 Total	**61704**	**11161796**	**813**	**889**	**1072031**	**16829**
其中:女 of Which: Female	17016	5582501	404	453	517951	6199
中职全日制学生 Full-time students	28478	11016872	757	697	1017786	16767
中职非全日制学生 Part-time students	33226	144924	56	192	54245	62
1. 普通中专学生 Students of Regular SSSs	12516	5300089	685	462	638772	8693
2. 成人中专学生 Students of Adult SSSs	41186	614964	57	225	82592	758
3. 职业高中学生 Students of Vocational High Schools	8002	5246743	71	202	350667	7378

中等职业学校(机构)培训学生情况
Training Students in Secondary Vocational Schools (Institutions)

单位:人次
unit: persons

	结业生数 Graduates		注册学生数 Enrolment	
	计 Total	其中:女 of Which: Female	计 Total	其中:女 of Which: Female
总　计 Total	**6822378**	**3264228**	**3981864**	**1872849**
其中:少数民族 of Which: Minority	491199	204957	289082	114564
一周至一个月以下 a week to one month under	3614296	1743092	1755744	819724
一个月至半年以下 one month to half year under	2306937	1102620	1195193	576621
半年以上 half year and over	901145	418516	1030927	476504
总计中:of Which:资格证书培训 for Certificates of Vocational Qualifications	1982254	905007	1107193	513138
岗位证书培训 for Certificates of Job-related Qualifications	1693276	758918	869602	367334
总计中:of Which:外语 Foreign language	145925	85190	87926	50420
会计 Accountant	550252	402526	302971	232167
计算机 Computer	1047430	535298	642210	321090
农业技术 Agriculture Technology	1036960	382680	565431	177863

中等职业学校(机构)外国留学生情况

Information on International Students in Secondary Vocational Schools (Institutions)

单位：人
unit：persons

	结业生数 Graduates		注册学生数 Enrolment	
	计 Total	其中：女 of Which: Female	计 Total	其中：女 of Which: Female
总　计 Total	**369**	**214**	**1032**	**520**
分时间：By Time				
一周至一个月以下 a week to one month under	26	22	30	25
一个月至半年以下 one month to half year under	51	23	49	21
半年以上 half year and over	292	169	953	474
分地区：By Continent				
亚洲 Asia	318	184	928	459
非洲 Africa	1		4	3
欧洲 Europe	36	27	74	48
北美洲 North America	11	2	13	5
南美洲 South America	2	1	3	2
大洋洲 Oceania	1		10	3

中等职业学校

Number of Teachers, Staff & Workers in

	教职工数 Teachers,		
	计 Total	校本部 Teacher, Staff & Workers in	
		计 Total	专任教师 Full-time Teachers
总 计 Total	**969477**	**953007**	**682151**
其中:女 of Which: Female	445358	437961	334693
正高级 Senior	6891	6818	5034
副高级 Sub-senior	165972	165481	133860
中 级 Middle	337140	334778	274104
初 级 Junior	261475	258590	207375
无职称 No Rank	197999	187340	61778
总计中聘任制: of Which: Part-time	158767	155591	110920
其中:女 of Which: Female	71864	70266	52651
正高级 Senior	1889	1865	1471
副高级 Sub-senior	20166	20145	16696
中 级 Middle	47770	47562	39942
初 级 Junior	42372	41940	34559
无职称 No Rank	46570	44079	18252

中等职业学校(机构)

Number of Teachers, Staff & Workers in

	教职工数 Teachers,		
	计 Total	校本部 Teacher, Staff & Workers in	
		计 Total	专任教师 Full-time Teachers
总 计 Total	**411303**	**402252**	**272270**
其中:女 of Which: Female	189959	185521	133723
正高级 Senior	2762	2729	2052
副高级 Sub-senior	73978	73731	61371
中 级 Middle	132406	131042	104484
初 级 Junior	103597	101755	77160
无职称 No Rank	98560	92995	27203
总计中聘任制: of Which: Part-time	69099	67514	45744
其中:女 of Which: Female	30379	29545	20913
正高级 Senior	757	753	603
副高级 Sub-senior	7906	7902	6746
中 级 Middle	18307	18258	15391
初 级 Junior	17950	17759	14223
无职称 No Rank	24179	22842	8781

(机构)教职工数(总计)
Secondary Vocational Schools (Total)

单位：人
unit：person

Staff & Workers 教 职 工 College or Uni. Proper			校办企业职工 Employees in School-run Factories & Farms	其他附设机构人员 Personnel in Others Subsidiary Units	聘请校外教师 Part-time Teachers
行政人员 Adm. Personnel	教辅人员 Supporting Staff	工勤人员 Workers			
107591	**70696**	**92569**	**8219**	**8251**	**100335**
37156	34967	31145	3256	4141	41526
1578	176	30	28	45	3648
24922	5106	1593	125	366	22519
32889	22484	5301	722	1640	41244
19876	23490	7849	1040	1845	16194
28326	19440	77796	6304	4355	16730
16180	11686	16805	1918	1258	
5847	5267	6501	977	621	
357	34	3	11	13	
2739	518	192	17	4	
4437	2670	513	107	101	
3049	3423	909	212	220	
5598	5041	15188	1571	920	

教职工数(普通中专)
Secondary Vocational Schools (Institutions) (SSSs)

单位：人
unit：person

Staff & Workers 教 职 工 College or Uni. Proper			校办企业职工 Employees in School-run Factories & Farms	其他附设机构人员 Personnel in Others Subsidiary Units	聘请校外教师 Part-time Teachers
行政人员 Adm. Personnel	教辅人员 Supporting Staff	工勤人员 Workers			
53591	**31235**	**45156**	**3976**	**5075**	**42362**
20442	16308	15048	1639	2799	18758
586	74	17	8	25	1541
9854	1858	648	51	196	8958
15264	9425	1869	291	1073	16593
11238	10278	3079	535	1307	7599
16649	9600	39543	3091	2474	7671
7481	5762	8527	999	586	
2855	2439	3338	525	309	
143	6	1	2	2	
968	152	36	4		
1734	1009	124	26	23	
1567	1651	318	78	113	
3069	2944	8048	889	448	

中等职业学校(机构)

Number of Teachers, Staff & Workers in

	教职工数 Teachers,		
		校 本 部 Teacher, Staff & Workers in	
	计 Total	计 Total	专任教师 Full-time Teachers
总 计 Total	**94181**	**93010**	**62587**
其中:女 of Which: Female	42823	42239	30591
正高级 Senior	741	737	543
副高级 Sub-senior	18750	18714	14819
中 级 Middle	37601	37457	29466
初 级 Junior	21317	21093	14684
无职称 No Rank	15772	15009	3075
总计中聘任制: of Which: Part-time	13704	13306	9181
其中:女 of Which: Female	6447	6157	4471
正高级 Senior	146	143	114
副高级 Sub-senior	2293	2290	1858
中 级 Middle	5029	5006	4013
初 级 Junior	3160	3094	2301
无职称 No Rank	3076	2773	895

中等职业学校(机构)

Number of Teachers, Staff & Workers in

	教职工数 Teachers,		
		校 本 部 Teacher, Staff & Workers in	
	计 Total	计 Total	专任教师 Full-time Teachers
总 计 Total	**425577**	**419835**	**321511**
其中:女 of Which: Female	195359	193187	157874
正高级 Senior	2923	2889	2130
副高级 Sub-senior	65865	65692	52080
中 级 Middle	153389	152628	129601
初 级 Junior	127110	126343	108272
无职称 No Rank	76290	72283	29428
总计中聘任制: of Which: Part-time	69842	68709	51528
其中:女 of Which: Female	32284	31822	25156
正高级 Senior	917	900	701
副高级 Sub-senior	8926	8913	7249
中 级 Middle	22285	22150	18756
初 级 Junior	19600	19425	16642
无职称 No Rank	18114	17321	8180

教职工数(成人中专)

Secondary Vocational Schools (Institutions) (Adult SSSs)

单位：人

unit: person

Staff & Workers 教　职　工 College or Uni. Proper			校办企业职工 Employees in School-run Factories & Farms	其他附设机构人员 Personnel in Others Subsidiary Units	聘请校外教师 Part-time Teachers
行政人员 Adm. Personnel	教辅人员 Supporting Staff	工勤人员 Workers			
12446	**9190**	**8787**	**730**	**441**	**25372**
4107	4551	2990	384	200	9227
176	16	2	4		858
2996	735	164	7	29	7754
4004	3352	635	51	93	13350
2314	3108	987	123	101	2646
2956	1979	6999	545	218	764
1538	1367	1220	306	92	
540	682	464	234	56	
28	1		3		
283	138	11	3		
481	468	44	14	9	
297	391	105	41	25	
449	369	1060	245	58	

教职工数(职业高中)

Secondary Vocational Schools (Institutions) (Vocational High Schools)

单位：人

unit: person

Staff & Workers 教　职　工 College or Uni. Proper			校办企业职工 Employees in School-run Factories & Farms	其他附设机构人员 Personnel in Others Subsidiary Units	聘请校外教师 Part-time Teachers
行政人员 Adm. Personnel	教辅人员 Supporting Staff	工勤人员 Workers			
36630	**26773**	**34921**	**3348**	**2394**	**27566**
11063	12398	11852	1178	994	11226
688	60	11	15	19	1003
10722	2161	729	63	110	4439
11901	8523	2603	365	396	9433
5542	8992	3537	376	391	4963
7777	7037	28041	2529	1478	7728
6548	4123	6510	608	525	
2266	1944	2456	218	244	
173	24	2	6	11	
1328	191	145	10	3	
2015	1043	336	66	69	
1072	1250	461	93	82	
1960	1615	5566	433	360	

中等职业学校(机构)

Number of Teachers, Staff & Workers in Secondary

	教职工数 Teachers,		
	计 Total	校本部 Teacher, Staff & Workers in	
		计 Total	专任教师 Full-time Teachers
总 计 Total	**38416**	**37910**	**25783**
其中:女 of Which: Female	17217	17014	12505
正高级 Senior	465	463	309
副高级 Sub-senior	7379	7344	5590
中 级 Middle	13744	13651	10553
初 级 Junior	9451	9399	7259
无职称 No Rank	7377	7053	2072
总计中聘任制: of Which: Part-time	6122	6062	4467
其中:女 of Which: Female	2754	2742	2111
正高级 Senior	69	69	53
副高级 Sub-senior	1041	1040	843
中 级 Middle	2149	2148	1782
初 级 Junior	1662	1662	1393
无职称 No Rank	1201	1143	396

教职工数(其他机构)

Vocational Schools (Institutions) (Other Institutions)

单位：人
unit：person

Staff & Workers					
教　职　工 College or Uni. Proper			校办企业职工 Employees in School-run Factories & Farms	其他附设机构人员 Personnel in Others Subsidiary Units	聘请校外教师 Part-time Teachers
行政人员 Adm. Personnel	教辅人员 Supporting Staff	工勤人员 Workers			
4924	**3498**	**3705**	**165**	**341**	**5035**
1544	1710	1255	55	148	2315
128	26		1	1	246
1350	352	52	4	31	1368
1720	1184	194	15	78	1868
782	1112	246	6	46	986
944	824	3213	139	185	567
613	434	548	5	55	
186	202	243		12	
13	3				
160	37			1	
207	150	9	1		
113	131	25			
120	113	514	4	54	

中等职业学校(机构)分科专任教师数(总计)

Number of Full-time Teachers by Field of Study in Secondary Vocational Schools (Institutions) (Total)

单位：人
unit: person

	计 Total	其中:女 of Which: Female	正高级 Senior	副高级 Sub-Senior	中级 Middle	初级 Junior	无职称 No Rank
总计 Total	**682151**	**334693**	**5034**	**133860**	**274104**	**207375**	**61778**
其中:女 of Which: Female	334693		1714	57795	134568	108488	32128
文化基础课 Common Required Subject	303603	159585	1492	65947	124523	90827	20814
专业课:小计 Specialized subject	354114	167453	3406	65351	140196	108524	36637
农林类 Agri. & Forestry	17902	7275	117	4302	8097	4516	870
资源与环境类 Resources & Environment	2222	938	16	562	820	620	204
能源类 Energy	3570	1399	45	995	1394	761	375
土木水利工程类 Civil & Hydraulic Engineering	8435	3500	51	1966	3358	2372	688
加工制造类 Manufacturing	52446	18395	530	10083	20706	15088	6039
交通运输类 Commu. & Transpor.	11294	3123	146	1795	4583	3265	1505
信息技术类 Infor. Technologies	74183	33951	618	10017	29953	25463	8132
医药卫生类 Medicine & Health	26398	15516	625	7272	9769	6761	1971
商贸与旅游类 Trade & Tourism	22908	14399	153	3584	8813	7524	2834
财经类 Finance & Economics	29539	17141	127	6147	12785	8103	2377
文化艺术与体育类 Culture, Arts & Physical Edu.	43454	20900	519	6640	15989	15157	5149
社会公共事物类 Public Affairs	6750	3304	40	1129	2572	2302	707
师范类 Teacher Training	27156	14746	157	5992	10937	8051	2019
其他 Other	27857	12866	262	4867	10420	8541	3767
实习指导课 Practice Course	24434	7655	136	2562	9385	8024	4327

中等职业学校(机构)分科专任教师数(普通中专)

Number of Full-time Teachers by Field of Study in Secondary Vocational Schools (SSSs)

单位：人

unit：person

	计 Total	其中:女 of Which： Female	正高级 Senior	副高级 Sub- Senior	中　级 Middle	初　级 Junior	无职称 No Rank
总　计 Total	**272270**	**133723**	**2052**	**61371**	**104484**	**77160**	**27203**
其中:女 of Which：Female	133723		721	28006	50630	40420	13946
文化基础课 Common Required Subject	102977	55299	473	25469	40341	28792	7902
专业课:小　计 Specialized subject	157038	74690	1541	34679	59791	44337	16690
农林类 Agri. & Forestry	5664	2150	36	1899	2400	1021	308
资源与环境类 Resources & Environment	1268	557	8	379	462	287	132
能源类 Energy	1765	731	22	603	633	317	190
土木水利工程类 Civil & Hydraulic Engineering	4498	2085	18	1303	1732	1079	366
加工制造类 Manufacturing	23238	8112	250	5054	9012	6162	2760
交通运输类 Commu. & Transpor.	5225	1445	64	946	2081	1438	696
信息技术类 Infor. Technologies	28977	12854	234	4619	11433	9280	3411
医药卫生类 Medicine & Health	18741	11352	354	5707	6653	4589	1438
商贸与旅游类 Trade & Tourism	9476	5886	56	1726	3491	2928	1275
财经类 Finance & Economics	14538	8454	59	3692	5818	3688	1281
文化艺术与体育类 Culture，Arts & Physical Edu.	21188	9789	262	3896	7693	6915	2422
社会公共事物类 Public Affairs	2989	1469	15	529	1097	1009	339
师范类 Teacher Training	10468	5653	64	2519	3850	3177	858
其他 Other	9003	4153	99	1807	3436	2447	1214
实习指导课 Practice Course	12255	3734	38	1223	4352	4031	2611

中等职业学校(机构)分科专任教师数(成人中专)

Number of Full-time Teachers by Field of Study in Secondary Vocational Schools (Adult SSSs)

单位：人

unit：person

	计 Total	其中：女 of Which：Female	正高级 Senior	副高级 Sub-Senior	中级 Middle	初级 Junior	无职称 No Rank
总　计 Total	**62587**	**30591**	**543**	**14819**	**29466**	**14684**	**3075**
其中：女 of Which：Female	30591		189	6101	15301	7525	1475
文化基础课 Common Required Subject	31174	15971	176	8506	14649	6734	1109
专业课：小　计 Specialized subject	29293	13883	336	6000	13740	7455	1762
农林类 Agri. & Forestry	4022	1910	31	888	2076	944	83
资源与环境类 Resources & Environment	313	125	2	71	143	82	15
能源类 Energy	539	176	6	123	250	101	59
土木水利工程类 Civil & Hydraulic Engineering	627	271	5	142	272	173	35
加工制造类 Manufacturing	2308	759	34	546	922	580	226
交通运输类 Commu. & Transpor.	585	159	13	120	282	129	41
信息技术类 Infor. Technologies	3999	1796	32	549	1984	1107	327
医药卫生类 Medicine & Health	1511	779	93	384	602	386	46
商贸与旅游类 Trade & Tourism	658	356	7	102	299	177	73
财经类 Finance & Economics	2947	1579	20	513	1632	675	107
文化艺术与体育类 Culture, Arts & Physical Edu.	1679	780	66	215	622	489	287
社会公共事物类 Public Affairs	483	263	2	109	204	126	42
师范类 Teacher Training	6960	3624	14	1759	3325	1674	188
其他 Other	2662	1306	11	479	1127	812	233
实习指导课 Practice Course	2120	737	31	313	1077	495	204

中等职业学校(机构)分科专任教师数(职业高中)

Number of Full-time Teachers by Field of Study in Secondary Vocational Schools (Vocational High Schools)

单位：人

unit：person

	计 Total	其中:女 of Which: Female	正高级 Senior	副高级 Sub-Senior	中 级 Middle	初 级 Junior	无职称 No Rank
总 计 Total	**321511**	**157874**	**2130**	**52080**	**129601**	**108272**	**29428**
其中:女 of Which: Female	157874		682	21164	63665	56783	15580
文化基础课 Common Required Subject	157196	82148	766	29213	64433	51826	10958
专业课:小 计 Specialized subject	154942	72759	1303	21931	61471	53175	17062
农林类 Agri. & Forestry	7859	3070	41	1433	3482	2448	455
资源与环境类 Resources & Environment	595	243	6	106	198	229	56
能源类 Energy	1207	472	17	255	481	330	124
土木水利工程类 Civil & Hydraulic Engineering	3209	1112	26	506	1317	1077	283
加工制造类 Manufacturing	25558	9024	226	4175	10178	8038	2941
交通运输类 Commu. & Transpor.	5249	1443	62	691	2116	1625	755
信息技术类 Infor. Technologies	39090	18416	327	4547	15627	14370	4219
医药卫生类 Medicine & Health	4661	2554	83	730	1994	1482	372
商贸与旅游类 Trade & Tourism	12271	7873	84	1673	4800	4280	1434
财经类 Finance & Economics	11192	6639	40	1777	4955	3521	899
文化艺术与体育类 Culture, Arts & Physical Edu.	18806	9460	175	2243	6948	7196	2244
社会公共事物类 Public Affairs	3117	1514	21	467	1206	1113	310
师范类 Teacher Training	7422	4263	51	1128	2881	2536	826
其他 Other	14706	6676	144	2200	5288	4930	2144
实习指导课 Practice Course	9373	2967	61	936	3697	3271	1408

中等职业学校(机构)分科专任教师数(其他机构)

Number of Full-time Teachers by Field of Study in Secondary Vocational Schools (Other Institutions)

单位:人

unit: person

	计 Total	其中:女 of Which: Female	正高级 Senior	副高级 Sub-Senior	中级 Middle	初级 Junior	无职称 No Rank
总计 Total	**25783**	**12505**	**309**	**5590**	**10553**	**7259**	**2072**
其中:女 of Which: Female	12505		122	2524	4972	3760	1127
文化基础课 Common Required Subject	12256	6167	77	2759	5100	3475	845
专业课:小计 Specialized subject	12841	6121	226	2741	5194	3557	1123
农林类 Agri. & Forestry	357	145	9	82	139	103	24
资源与环境类 Resources & Environment	46	13		6	17	22	1
能源类 Energy	59	20		14	30	13	2
土木水利工程类 Civil & Hydraulic Engineering	101	32	2	15	37	43	4
加工制造类 Manufacturing	1342	500	20	308	594	308	112
交通运输类 Commu. & Transpor.	235	76	7	38	104	73	13
信息技术类 Infor. Technologies	2117	885	25	302	909	706	175
医药卫生类 Medicine & Health	1485	831	95	451	520	304	115
商贸与旅游类 Trade & Tourism	503	284	6	83	223	139	52
财经类 Finance & Economics	862	469	8	165	380	219	90
文化艺术与体育类 Culture, Arts & Physical Edu.	1781	871	16	286	726	557	196
社会公共事物类 Public Affairs	161	58	2	24	65	54	16
师范类 Teacher Training	2306	1206	28	586	881	664	147
其他 Other	1486	731	8	381	569	352	176
实习指导课 Practice Course	686	217	6	90	259	227	104

中等职业学校(机构)专任教师、聘请校外教师学历情况(总计)

Data on Academic Qualifications of Full-time and Part-time Teachers in Secondary Vocational Schools (Total)

单位：人
unit：person

	计 Total	博　士 Doctor's Degree	硕　士 Master's Degree	本　科 Normal Courses	专　科 Short-cycle Courses	高中阶段 及以下 Below High School Graduate
1. 专任教师 Full-time Teacher	682151	471	22486	531344	121210	6640
其中：女 of Which：Female	334693	145	12292	268489	51697	2070
正高级 Senior	5034	113	681	3716	502	22
副高级 Sub-senior	133860	157	7116	113827	12394	366
中 级 Middle	274104	117	8184	217575	45959	2269
初 级 Junior	207375	59	3794	157289	43729	2504
无职称 No Rank	61778	25	2711	38937	18626	1479
其中：实习指导课教师 of Which：Practice Course Teacher	24434	3	328	13774	9354	975
2. 聘请校外教师 Part-time Teacher	100335	388	6558	68827	23118	1444
其中：女 of Which：Female	41526	115	2680	29652	8701	370
正高级 Senior	3648	164	827	2386	241	30
副高级 Sub-senior	22519	138	2296	17764	2196	125
中 级 Middle	41244	65	1920	28885	9976	398
初 级 Junior	16194	10	663	10554	4690	277
无职称 No Rank	16730	11	852	9238	6015	614
其中：实习指导课教师 of Which：Practice Course Teacher	9369	26	362	5506	3109	366
聘请校外教师中：外教 Foreign Teachers Among Part-time Teachers	295	7	63	212	12	1

中等职业学校(机构)专任教师、聘请校外教师学历情况(普通中专学校)

Data on Academic Qualifications of Full-time and Part-time Teachers in Secondary Vocational Schools (SSSs)

单位：人
unit：person

	计 Total	博士 Doctor's Degree	硕士 Master's Degree	本科 Normal Courses	专科 Short-cycle Courses	高中阶段及以下 Below High School Graduate
1. 专任教师 Full-time Teacher	272270	184	13977	213258	41617	3234
其中:女 of Which: Female	133723	71	7850	107869	16967	966
正高级 Senior	2052	34	307	1458	233	20
副高级 Sub-senior	61371	86	4560	51804	4660	261
中　级 Middle	104484	41	4907	82845	15618	1073
初　级 Junior	77160	10	2496	59868	13681	1105
无职称 No Rank	27203	13	1707	17283	7425	775
其中:实习指导课教师 of Which: Practice Course Teacher	12255	2	196	6332	5051	674
2. 聘请校外教师 Part-time Teacher	42362	187	3445	29947	8179	604
其中:女 of Which: Female	18758	65	1592	13611	3316	174
正高级 Senior	1541	68	353	981	109	30
副高级 Sub-senior	8958	75	977	7013	811	82
中　级 Middle	16593	26	1130	11826	3469	142
初　级 Junior	7599	10	454	5370	1679	86
无职称 No Rank	7671	8	531	4757	2111	264
其中:实习指导课教师 of Which: Practice Course Teacher	3396	22	262	1883	1070	159
聘请校外教师中:外教 Foreign Teachers Among Part-time Teachers	165	6	34	122	2	1

中等职业学校(机构)专任教师、聘请校外教师学历情况(成人中专学校)

Data on Academic Qualifications of Full-time and Part-time Teachers in Secondary Vocational Schools (Adult SSSs)

单位：人
unit：person

	计 Total	博士 Doctor's Degree	硕士 Master's Degree	本科 Normal Courses	专科 Short-cycle Courses	高中阶段及以下 Below High School Graduate
1. 专任教师 Full-time Teacher	62587	80	1322	44971	15505	709
其中:女 of Which: Female	30591	13	592	22322	7378	286
正高级 Senior	543	19	67	412	45	
副高级 Sub-senior	14819	21	558	12282	1917	41
中级 Middle	29466	16	430	21533	7145	342
初级 Junior	14684	16	141	9058	5223	246
无职称 No Rank	3075	8	126	1686	1175	80
其中:实习指导课教师 of Which: Practice Course Teacher	2120		9	1307	732	72
2. 聘请校外教师 Part-time Teacher	25372	65	1280	17698	5926	403
其中:女 of Which: Female	9227	16	310	6771	2031	99
正高级 Senior	858	34	200	584	40	
副高级 Sub-senior	7754	19	716	6227	766	26
中级 Middle	13350	10	241	9219	3704	176
初级 Junior	2646		67	1366	1097	116
无职称 No Rank	764	2	56	302	319	85
其中:实习指导课教师 of Which: Practice Course Teacher	2357	2	25	1708	537	85
聘请校外教师中:外教 Foreign Teachers Among Part-time Teachers	29		17	10	2	

中等职业学校(机构)专任教师、聘请校外教师学历情况(职业高中)

Data on Academic Qualifications of Full-time and Part-time Teachers in Secondary Vocational Schools (Vocational High Schools)

单位：人
unit: person

	计 Total	博士 Doctor's Degree	硕士 Master's Degree	本科 Normal Courses	专科 Short-cycle Courses	高中阶段及以下 Below High School Graduate
1. 专任教师 Full-time Teacher	321511	190	5631	252624	60518	2548
其中:女 of Which: Female	157874	52	2956	128258	25829	779
正高级 Senior	2130	56	244	1612	216	2
副高级 Sub-senior	52080	45	1538	44978	5465	54
中　级 Middle	129601	53	2293	104617	21834	804
初　级 Junior	108272	32	911	82687	23537	1105
无职称 No Rank	29428	4	645	18730	9466	583
其中:实习指导课教师 of Which: Practice Course Teacher	9373	1	106	5698	3364	204
2. 聘请校外教师 Part-time Teacher	27566	115	1351	17587	8115	398
其中:女 of Which: Female	11226	27	597	7580	2931	91
正高级 Senior	1003	52	208	664	79	
副高级 Sub-senior	4439	35	414	3451	525	14
中　级 Middle	9433	27	411	6487	2434	74
初　级 Junior	4963		101	3133	1662	67
无职称 No Rank	7728	1	217	3852	3415	243
其中:实习指导课教师 of Which: Practice Course Teacher	3435	2	73	1815	1432	113
聘请校外教师中:外教 Foreign Teachers Among Part-time Teachers	83	1	7	67	8	

中等职业学校(机构)专任教师、聘请校外教师学历情况(其他机构)

Data on Academic Qualifications of Full-time and Part-time Teachers in Secondary Vocational Schools (Other Institutions)

单位：人
unit: person

	计 Total	博士 Doctor's Degree	硕士 Master's Degree	本科 Normal Courses	专科 Short-cycle Courses	高中阶段及以下 Below High School Graduate
1. 专任教师 Full-time Teacher	25783	17	1556	20491	3570	149
其中:女 of Which: Female	12505	9	894	10040	1523	39
正高级 Senior	309	4	63	234	8	
副高级 Sub-senior	5590	5	460	4763	352	10
中　级 Middle	10553	7	554	8580	1362	50
初　级 Junior	7259	1	246	5676	1288	48
无职称 No Rank	2072		233	1238	560	41
其中:实习指导课教师 of Which: Practice Course Teacher	686		17	437	207	25
2. 聘请校外教师 Part-time Teacher	5035	21	482	3595	898	39
其中:女 of Which: Female	2315	7	181	1690	423	14
正高级 Senior	246	10	66	157	13	
副高级 Sub-senior	1368	9	189	1073	94	3
中　级 Middle	1868	2	138	1353	369	6
初　级 Junior	986		41	685	252	8
无职称 No Rank	567		48	327	170	22
其中:实习指导课教师 of Which: Practice Course Teacher	181		2	100	70	9
聘请校外教师中:外教 Foreign Teachers Among Part-time Teachers	18		5	13		

中等职业学校(机构)

Breakdown of Full-time Teachers by Age in Secondary

	计 Total	30 岁及以下 30 and under	31—35 岁 31 to 35	36—40 岁 36 to 40
总　计 Total	**682151**	**183591**	**137282**	**132901**
其中:女 of Which: Female	334693	107498	73139	65105
正高级 Senior	5034		3	619
副高级 Sub-senior	133860	3	4237	24293
中　级 Middle	274104	23664	72134	82082
初　级 Junior	207375	111670	54579	22914
无职称 No Rank	61778	48254	6329	2993
普通中专学校 SSSs	272270	76701	49482	50316
其中:女 of Which: Female	133723	44869	25926	24641
正高级 Senior	2052		2	212
副高级 Sub-senior	61371	2	1952	11118
中　级 Middle	104484	9870	27234	30108
初　级 Junior	77160	45517	17540	7582
无职称 No Rank	27203	21312	2754	1296
成人中专学校 Adult SSSs	62587	10008	11534	12792
其中:女 of Which: Female	30591	5633	6348	6852
正高级 Senior	543			71
副高级 Sub-senior	14819	1	334	1956
中　级 Middle	29466	1708	6575	8421
初　级 Junior	14684	6120	4335	2119
无职称 No Rank	3075	2179	290	225
职业高中学校 Vocational High Schools	321511	89947	70827	65043
其中:女 of Which: Female	157874	52966	38156	31301
正高级 Senior	2130		1	311
副高级 Sub-senior	52080		1765	10229
中　级 Middle	129601	11090	35229	40459
初　级 Junior	108272	55754	30779	12648
无职称 No Rank	29428	23103	3053	1396
其他机构 Other Institutions	25783	6935	5439	4750
其中:女 of Which: Female	12505	4030	2709	2311
正高级 Senior	309			25
副高级 Sub-senior	5590		186	990
中　级 Middle	10553	996	3096	3094
初　级 Junior	7259	4279	1925	565
无职称 No Rank	2072	1660	232	76

专任教师分年龄情况

Vocational Schools (Institutions)

单位：人
unit：person

41—45 岁 41 to 45	46—50 岁 46 to 50	51—55 岁 51 to 55	56—60 岁 56 to 60	61 岁及以上 66 and over
109566	**60656**	**39865**	**15992**	**2298**
48955	24003	13777	1737	479
920	1007	1159	839	487
44359	30107	21174	8523	1164
52498	24056	14135	5126	409
10072	4383	2646	1010	101
1717	1103	751	494	137
44973	25771	17338	6729	960
20470	10532	6330	772	183
368	403	546	315	206
20456	13754	9755	3820	514
19870	9524	5743	1981	154
3564	1587	959	378	33
715	503	335	235	53
12163	8146	5550	2108	286
5935	3575	1969	210	69
85	120	114	92	61
4449	3867	2934	1136	142
6456	3492	2060	710	44
1040	562	363	123	22
133	105	79	47	17
48348	24456	15432	6484	974
20699	8953	4942	648	209
403	397	419	389	210
17609	11236	7611	3163	467
24308	10240	5834	2248	193
5213	2102	1248	485	43
815	481	320	199	61
4082	2283	1545	671	78
1851	943	536	107	18
64	87	80	43	10
1845	1250	874	404	41
1864	800	498	187	18
255	132	76	24	3
54	14	17	13	6

中等职业学校(机构)专任教师、

Data on the Numbers by Teaching Course of Full-time and

	专任教师中按授课内容分 Full-time Teacher by Teaching Content			
	计 Total	文化基础课 Common Required Subject	专业课、实习指导课 Specialized Subject, Practice Course	
			计 Total	其中:双师型 Double-teacher Type
总　计 Total	**678703**	**301954**	**376749**	**129928**
其中:女 of Which: Female	333127	158811	174316	54192
正高级 Senior	4976	1488	3488	1413
副高级 Sub-senior	133062	65503	67559	29508
中　级 Middle	272796	123879	148917	62916
初　级 Junior	206320	90322	115998	31120
无职称 No Rank	61549	20762	40787	4971
普通中专学校 SSSs	271283	102615	168668	61039
其中:女 of Which: Female	133274	55131	78143	25770
正高级 Senior	2002	472	1530	705
副高级 Sub-senior	61207	25394	35813	16732
中　级 Middle	104133	40207	63926	29535
初　级 Junior	76830	28657	48173	12146
无职称 No Rank	27111	7885	19226	1921
成人中专学校 Adult SSSs	62158	30954	31204	7830
其中:女 of Which: Female	30385	15877	14508	3383
正高级 Senior	543	176	367	95
副高级 Sub-senior	14682	8426	6256	1799
中　级 Middle	29275	14554	14721	4170
初　级 Junior	14595	6691	7904	1424
无职称 No Rank	3063	1107	1956	342
职业高中学校 Vocational High Schools	319523	156152	163371	57398
其中:女 of Which: Female	156976	81644	75332	23600
正高级 Senior	2122	763	1359	524
副高级 Sub-senior	51592	28928	22664	10061
中　级 Middle	128863	64033	64830	27408
初　级 Junior	107642	51502	56140	16820
无职称 No Rank	29304	10926	18378	2585
其他机构 Other Institutions	25739	12233	13506	3661
其中:女 of Which: Female	12492	6159	6333	1439
正高级 Senior	309	77	232	89
副高级 Sub-senior	5581	2755	2826	916
中　级 Middle	10525	5085	5440	1803
初　级 Junior	7253	3472	3781	730
无职称 No Rank	2071	844	1227	123

聘请校外教师岗位分类情况

Part-time Teachers in Secondary Vocational Schools

单位：人

unit：person

聘请校外教师按授课内容分 Part-time Teacher by Teaching Content				专任教师中不任课人数 Full-time Teacher by Non-teaching			
计 Total	文化基础课 Common Required Subject	专业课、实习指导课 Specialized Subject, Practice Course		计 Total	进修 In-service	病休 Sick Leave	其他 Others
		计 Total	其中：双师型 Double-teacher Type				
100335	**27166**	**73169**	**20426**	**3448**	**307**	**483**	**2658**
41526	13698	27828	7147	1566	175	245	1146
3648	745	2903	1083	58	1	3	54
22519	5657	16862	6215	798	49	79	670
41244	10638	30606	9631	1308	117	201	990
16194	5379	10815	2244	1055	129	182	744
16730	4747	11983	1253	229	11	18	200
42362	11926	30436	7753	987	123	160	704
18758	6275	12483	2567	449	69	88	292
1541	253	1288	474	50		2	48
8958	2425	6533	2449	164	11	32	121
16593	4554	12039	3318	351	47	64	240
7599	2556	5043	996	330	59	54	217
7671	2138	5533	516	92	6	8	78
25372	5773	19599	6823	429	80	27	322
9227	2546	6681	2865	206	56	15	135
858	190	668	241				
7754	1665	6089	2208	137	30	3	104
13350	2768	10582	3847	191	44	13	134
2646	918	1728	445	89	5	10	74
764	232	532	82	12	1	1	10
27566	7845	19721	5112	1988	98	291	1599
11226	4029	7197	1457	898	48	139	711
1003	251	752	291	8	1	1	6
4439	1244	3195	1273	488	7	42	439
9433	2648	6785	2159	738	23	122	593
4963	1526	3437	753	630	63	117	450
7728	2176	5552	636	124	4	9	111
5035	1622	3413	738	44	6	5	33
2315	848	1467	258	13	2	3	8
246	51	195	77				
1368	323	1045	285	9	1	2	6
1868	668	1200	307	28	3	2	23
986	379	607	50	6	2	1	3
567	201	366	19	1			1

中等职业学校(机构)

Changes of Full-time Teachers in Secondary

	上学年初报表专任教师数 Total number of full-time teachers at beginning of previous academic year	合 计 Total	录用毕业生 New recruits from current year graduates			增加专任 Factors of 外单位 Teachers from other
			计 Total	研究生 Completing doc，& mas. deg. Prog.	本科生 Completing 1st degree courses	计 Total
总　计 Total	**674169**	**79129**	**19786**	**1721**	**15706**	**30014**
其中:女 of Which: Female	326931	38917	11052	1119	8608	14531
普通中专学校 SSSs	259408	32409	9334	1131	7249	10955
其中:女 of Which: Female	126070	16066	5175	718	3938	5474
成人中专学校 Adult SSSs	61462	6621	662	47	525	3148
其中:女 of Which: Female	29859	3272	347	35	264	1534
职业高中学校 Vocational High Schools	312855	36144	9140	436	7426	14482
其中:女 of Which: Female	151748	17779	5168	292	4145	6895
其他机构 Other Institutions	40444	3955	650	107	506	1429
其中:女 of Which: Female	19254	1800	362	74	261	628

专任教师变动情况
Vocational Schools (Institutions)

单位：人
unit：person

教师数 Increase				减少专任教师数 Factors of Decrease				本学年初报表专任教师数 Total number of full-time teachers at beginning of current academic year
教师调入 Recruited units	非教师调入 Non-teaching personnel changed into teachers							
其中：中职学校调入 of Which：from other SVSs	计 Total	其中：本校调整 of Which：with change of status in their own institutions	其 他 Others	合 计 Total	自然减员 Retired from their posts during previous academic year	调离教师岗位人员 Transferred from teaching to non-teaching posts	其 他 Others	
11590	**12566**	**8890**	**16763**	**71147**	**11017**	**15898**	**44232**	**682151**
5439	5680	3941	7654	31155	4821	7233	19101	334693
5265	4971	3182	7149	19547	4313	3603	11631	272270
2662	2321	1425	3096	8413	1934	1568	4911	133723
1137	840	546	1971	5496	967	1425	3104	62587
497	343	223	1048	2540	352	725	1463	30591
4625	5757	4313	6765	27488	4929	7030	15529	321511
2056	2617	1952	3099	11653	2179	3014	6460	157874
563	998	849	878	18616	808	3840	13968	25783
224	399	341	411	8549	356	1926	6267	12505

	学校占地面积(平方米) Area of School Sites (m^2)			图书藏量 Audio-visual	
				一般图书(册) Books & Magazines in Libraries	
	计 Total	其中:绿化用地面积 of Which: Green Areas	其中:运动场地面积 of Which: Sports Areas	计 Total	当年新增 Added in Current Year
总 计 Total					
学校产权 Owned by HEIs	498276203	112472653	76032914	333558648	20724683
非学校产权中独立使用 Not Owned by HEIs	50418985	9066976	8326613	6657694	553891
普通中专学校 SSSs					
学校产权 Owned by HEIs	219313970	49534774	32332561	165705508	9228135
非学校产权中独立使用 Not Owned by HEIs	23079078	4022979	3658388	2533743	209111
成人中专学校 Adult SSSs					
学校产权 Owned by HEIs	28813742	5348987	4019587	26026991	1236948
非学校产权中独立使用 Not Owned by HEIs	3343931	564350	613464	856636	87292
职业高中学校 Vocational High Schools					
学校产权 Owned by HEIs	234523733	54453633	37379559	125681127	9638594
非学校产权中独立使用 Not Owned by HEIs	22277973	4194422	3762007	2945057	225120
其他机构 Other Institutions					
学校产权 Owned by HEIs	15624758	3135259	2301207	16145022	621006
非学校产权中独立使用 Not Owned by HEIs	1718003	285225	292754	322258	32368

(机构)资产情况
Secondary Vocational Schools (Institutions)

资料情况 ed. Resources					固定资产值(万元) Fixed Assets (10,000 yuan)		
电子图书(册) Electronic Books & Magazines in Libraries	拥有教学用计算机(台) No. of Computers Used for Instruction	语音实验室座位数(个) No. of Seats in Audio-Labs	多媒体教室座位数(个) No. of Seats in Multi-media Class-rooms	上网课程数(门) No. of Web-Based Courses	合计 Total	其中:教学、科研仪器设备资产 of Which: Teaching Equipment & Instruments	
						计 Total	当年新增 Added in Current Year
10045758. 64	2197786	545737	2993829	82090	19063744. 95	3620677. 31	595038. 97
	70658	23424	74345		557417. 31	153427. 21	17349. 80
5837071. 91	1015453	238913	1599229	28300	9538128. 82	1872456. 73	296664. 18
	21644	6493	31860		247681. 30	33328. 17	8061. 68
329956. 75	160355	51945	223574	15674	1214112. 08	204458. 82	26098. 45
	16496	4594	13115		68494. 85	12741. 02	2144. 57
3741504. 14	958081	234714	1053225	34311	7572586. 06	1419606. 93	254493. 57
	29557	11496	26838		209501. 66	34038. 39	6548. 25
137225. 84	63897	20165	117801	3805	738917. 99	124154. 83	17782. 77
	2961	841	2532		31739. 50	73319. 63	595. 30

中等职业学校(机构)教职工中其他情况
Other Teachers, Staff & Workers in Secondary Vocational Schools (Institutions)

单位：人
unit: persons

	共产党员 Member of C. P. A	共青团员 Member of C. Y. L	民主党派 Non-Communist Parties	华侨 Overseas Chinese	港澳台 From H. K., Macao and Taiwan	少数民族 Minorities
总计 Total						
教职工 Teachers, Staff & Workers	309645	105813	12281	133	38	46210
其中:女 of Which: Female	113307	56550	5946	54	22	21235
专任教师 Full-time Teachers	204893	82545	9536	79	18	32078
其中:女 of Which: Female	81795	44843	4892	36	13	15272
普通中专学校 SSSs						
教职工 Teachers, Staff & Workers	139936	44195	7152	98	26	25563
其中:女 of Which: Female	53920	23797	3502	39	13	11790
专任教师 Full-time Teachers	87604	32648	5628	61	11	17245
其中:女 of Which: Female	37596	17908	2905	25	6	8150
成人中专学校 Adult SSSs						
教职工 Teachers, Staff & Workers	35927	5861	748	8	1	4631
其中:女 of Which: Female	13001	2953	335	4		2100
专任教师 Full-time Teachers	23747	4158	569	5		3276
其中:女 of Which: Female	9127	2081	259	4		1469
职业高中学校 Vocational High Schools						
教职工 Teachers, Staff & Workers	120780	51405	3767	26	11	15146
其中:女 of Which: Female	41695	27422	1826	10	9	6919
专任教师 Full-time Teachers	85502	42292	2933	12	7	10993
其中:女 of Which: Female	31833	22922	1510	6	7	5364
其他机构 other Institutions						
教职工 Teachers, Staff & Workers	13002	4352	614	1		870
其中:女 of Which: Female	4691	2378	283	1		426
专任教师 Full-time Teachers	8040	3447	406	1		564
其中:女 of Which: Female	3239	1932	218	1		289

中等职业学校(机构)校舍情况(总计)

Conditions of School Buidings in Secondary Vocational Schools (Institutions) (Total)

单位：平方米

unit：m^2

	学校产权建筑面积 Floor Area of School Building Owned by HEIs				正在施工面积 Floor Area Under Construction	独立使用非学校产权建筑面积 Floor Area of School Building Not Owned by HEIs
	计 Subtotal	其中:危房 of Which: Dilapidated Buildings	其中:当年新增 of Which: Added in Current Year	其中:被外单位借用 of Which: Floor Space Hired by Other Schools or Units		
总　计 Total	**187574495**	**7502932**	**6886385**	**435846**	**7553426**	**20592298**
一、教学及辅助用房 Buildings for Instraction and Ancillary Uses	83557768	3143033	3683465	198389	4355603	9788160
教室 Classroom	45224959	2042355	1590285	132360	1621455	5676734
图书馆 Library	5620178	136197	146297	3316	300174	549117
实验室、实习场所 Lab. And Practice Facilities	25118590	766797	1730033	39051	2061913	2349417
体育馆 Gymnasium	4692027	84714	137075	13038	291634	729410
会堂 Hall	2902014	112970	79775	10624	80427	483482
二、行政办公用房 Administritive	13888459	585213	446812	35402	400643	1424258
三、生活用房 Residential Buildings	73264388	3356945	2560642	188446	2520553	9379880
学生宿舍(公寓) Students' Dormitories	46696867	2017074	1779007	90959	1750102	6259822
学生食堂 Students' Dining Halls	10944800	411461	465394	15897	446729	1172084
教工单身宿舍 Apartments for Single	4059311	373698	103286	7180	89191	708300
教工食堂 Dining Halls for Staff and Workers	1058452	19208	23763	1056	18927	125756
生活福利及其他用房 Residential, Welfare and Anxiliary Buildings	10504958	535504	189192	73354	215604	1113918
四、教工住宅 Residential Quarters for staff & Workers	16863880	417741	195436	13609	268627	

中等职业学校(机构)校舍情况(普通中专学校)

Conditions of School Buildings in Secondary Vocational Schools (SSSs)

单位：平方米

unit：m^2

	学校产权建筑面积 Floor Area of School Building Owned by HEIs				正在施工面积 Floor Area Under Construction	独立使用非学校产权建筑面积 Floor Area of School Building Not Owned by HEIs
	计 Subtotal	其中:危房 of Which: Dilapidated Buildings	其中:当年新增 of Which: Added in Current Year	其中:被外单位借用 of Which: Floor Space Hired by Other Schools or Units		
总计 Total	**91929415**	**3284370**	**3223974**	**173673**	**4619141**	**9181640**
一、教学及辅助用房 Buildings for Instruction and Ancillary Uses	40954729	1447276	1740536	70028	2568350	4167450
教室 Classroom	20686894	853082	730824	31385	1038791	2253583
图书馆 Library	3110746	74400	75056	1327	203856	224124
实验室、实习场所 Lab. And Practice Facilities	12963124	402278	864471	21280	1130429	1116219
体育馆 Gymnasium	2829810	57325	53188	11764	153780	382972
会堂 Hall	1364155	60191	16997	4272	41494	190552
二、行政办公用房 Administrative	5889835	237539	205137	15348	194360	538785
三、生活用房 Residential Buildings	35382763	1404729	1210671	77934	1660048	4475405
学生宿舍(公寓) Students' Dormitories	23328891	900108	887889	35149	1179929	2987911
学生食堂 Students' Dining Halls	5101273	167786	217044	2980	275736	499462
教工单身宿舍 Apartments for Single	1512793	121994	36723	2700	33054	350523
教工食堂 Dining Halls for Staff and Workers	488876	4510	5016	510	7855	58316
生活福利及其他用房 Residential, Welfare and Ancillary Buildings	4950930	210331	63999	36595	163474	579193
四、教工住宅 Residential Quarters for Staff & Workers	9702088	194826	67630	10363	196383	

中等职业学校(机构)校舍情况(成人中专学校)
Conditions of School Buildings in Secondary Vocational Schools (Adult SSSs)

单位：平方米
unit：m^2

	学校产权建筑面积 Floor Area of School Building Owned by HEIs				正在施工面积 Floor Area Under Construction	独立使用非学校产权建筑面积 Floor Area of School Building Not Owned by HEIs
	计 Subtotal	其中：危房 of Which：Dilapidated Buildings	其中：当年新增 of Which：Added in Current Year	其中：被外单位借用 of Which：Floor Space Hired by Other Schools or Units		
总计 Total	**12575099**	**467524**	**205016**	**56340**	**148456**	**2205097**
一、教学及辅助用房 Buildings for Instraction and Ancillary Uses	5134508	179027	92623	24964	85875	1147860
教室 Classroom	3417058	135088	52800	23275	33379	732408
图书馆 Library	314212	10222	3637	373	1876	73464
实验室、实习场所 Lab. And Practice Facilities	970326	18882	29743	896	48230	226850
体育馆 Gymnasium	197774	4365	1900		500	61347
会堂 Hall	235138	10470	4543	420	1890	53791
二、行政办公用房 Administritive	1592344	65121	23707	8918	8875	223016
三、生活用房 Residential Buildings	4571471	186321	83968	21958	52706	834221
学生宿舍(公寓) Students' Dormitories	2747324	97601	52031	13312	20812	586011
学生食堂 Students' Dining Halls	638165	26407	11760	2199	16726	100056
教工单身宿舍 Apartments for Single	289963	13584	5619	172	9686	47760
教工食堂 Dining Halls for Staff and Workers	92730	2851	802		1473	9828
生活福利及其他用房 Residential, Welfare and Anxiliary Buildings	803289	45878	13756	6275	4009	90566
四、教工住宅 Residential Quarters for Staff and Workers	1276776	37055	4718	500	1000	

中等职业学校（机构）校舍情况（职业高中学校）
Conditions of School Buildings in Secondary Vocational Schools (Vocational High Schools)

单位：平方米
unit：m^2

	学校产权建筑面积 Floor Area of School Building Owned by HEIs				正在施工面积 Floor Area Under Construction	独立使用非学校产权建筑面积 Floor Area of School Building Not Owned by HEIs
	计 Subtotal	其中：危房 of Which: Dilapidated Buildings	其中：当年新增 of Which: Added in Current Year	其中：被外单位借用 of Which: Floor Space Hired by Other Schools or Units		
总　计 Total	**76124197**	**3674258**	**3286980**	**192644**	**2615571**	**8502392**
一、教学及辅助用房 Buildings for Instraction and Ancillary Uses	34417704	1483649	1754135	96181	1583073	4172656
教室 Classroom	19508848	1035464	776053	75624	517240	2503566
图书馆 Library	1923783	51233	65883	1546	82822	228388
实验室、实习场所 Lab. And Practice Facilities	10321992	333269	799199	16805	818460	961725
体育馆 Gymnasium	1490114	22974	57555	1274	131994	265983
会堂 Hall	1172967	40709	55445	932	32557	212994
二、行政办公用房 Administritive	5808379	278426	213256	11106	195089	616767
三、生活用房 Residential Buildings	30630148	1731984	1214717	82611	766165	3712969
学生宿舍（公寓）Students' Dormitories	18875890	999756	805531	38353	526199	2430205
学生食堂 Students' Dining Halls	4811549	215826	225027	9525	141323	532195
教工单身宿舍 Apartments for Single	2119749	233053	59244	4308	46291	290686
教工食堂 Dining Halls for Staff and Workers	419157	11747	17275	546	8399	52492
生活福利及其他用房 Residential, Welfare and Anxiliary Buildings	4403803	271602	107640	29879	43953	407391
四、教工住宅 Residential Quarters for Staff & Workers	5267966	180199	104872	2746	71244	

中等职业学校(机构)校舍情况(其他机构)

Conditions of School Buildings in Secondary Vocational Schools (Other Institutions)

单位：平方米

unit：m^2

	学校产权建筑面积 Floor Area of School Building Owned by HEIs				正在施工面积 Floor Area Under Construction	独立使用非学校产权建筑面积 Floor Area of School Building Not Owned by HEIs
	计 Subtotal	其中:危房 of Which: Dilapidated Buildings	其中:当年新增 of Which: Added in Current Year	其中:被外单位借用 of Which: Floor Space Hired by Other Schools or Units		
总　计 Total	**6945784**	**76780**	**170415**	**13189**	**170258**	**703169**
一、教学及辅助用房 Buildings for Instruction and Ancillary Uses	3050827	33081	96171	7216	118305	300194
教室 Classroom	1612159	18721	30608	2076	32045	187177
图书馆 Library	271437	342	1721	70	11620	23141
实验室、实习场所 Lab. And Practice Facilities	863148	12368	36620	70	64794	44623
体育馆 Gymnasium	174329	50	24432		5360	19108
会堂 Hall	129754	1600	2790	5000	4486	26145
二、行政办公用房 Administrative	597901	4127	4742	30	10319	45690
三、生活用房 Residential Buildings	2680006	33911	51286	5943	41634	357285
学生宿舍(公寓) Students' Dormitories	1744762	19609	33556	4145	23162	255695
学生食堂 Students' Dining Halls	393813	1442	11563	1193	12944	40371
教工单身宿舍 Apartments for Single	136806	5067	1700		160	19331
教工食堂 Dining Halls for Staff and Workers	57689	100	670		1200	5120
生活福利及其他用房 Residential, Welfare and Ancillary Buildings	346936	7693	3797	605	4168	36768
四、教工住宅 Residential Quarters for Staff and Workers	617050	5661	18216			

Basic Statistics of Vocational-Technical

	学校数（所）Schools	教学班(点)（个）External Teaching Sites (Classes)	结业生数 计 Total
总　计 Total	**153128**	**570667**	**54305125**
职工技术培训学校(机构) Vocational-Technical Training Schools	3108	39263	3027947
教育部门和集体办 Run by Ed. Dept. & Collectives	1203	14150	1360823
其他部门办 Run by Non-Ed. Dept.	1060	20097	1400435
民办 Non-state/private	845	5016	266689
农村成人文化技术培训学校(机构) Technical Training Schools for Peasants	129443	353285	41306680
教育部门和集体办 Run by Ed. Dept. & Collectives	126189	341460	40071766
其中:县办 of Which:County-run	2107	14699	1813254
乡办 of Which:Township-run	18341	123969	19105590
村办 of Which:Village-run	105741	202792	19152922
其他部门办 Run by Non-Ed. Dept.	2456	9459	939607
民办 Non-state/private	798	2366	295307
其他培训机构(含社会培训机构) Others	20577	178119	9970498
教育部门和集体办 Run by Ed. Dept. & Collectives	835	8538	881532
其他部门办 Run by Non-Ed. Dept.	1990	10744	1533502
民办 Non-state/private	17752	158837	7555464
总计中:少数民族 Total of: Minority			3726388
培训时间:Length of training:			
一周至一个月以下 1 week to less than 1 month			37679592
一个月至半年以下 1 month to less than 6 months			12704525
半年以上 More than 6 months			3921008
培训形式:Mode of training:			
资格证书培训 for Certificates of Vocational qualifications			4032456
岗位证书培训 for Certificates of Job-related qualifications			5308800
培训科目:Subjects of training:			
外语 Foreign language			1651280
会计 Accounting			853756
计算机 Computer			1776411
农业技术 Agricultural techniques			24338317

机构基本情况
Training Institutions

单位：人次
unit：person

Graduates	注册学生数 Enrolment		教职工数 Teachers, Staff & Workers		聘请校外教师 Part-time Teachers
其中:女 of Which: Female	计 Total	其中:女 of Which: Female	计 Total	其中:专任教师 of Which: Full-time Teacher	
26000626	**50130275**	**24139142**	**495885**	**252419**	**351616**
1306286	2956545	1302608	45879	31449	18646
681508	1278349	659809	24351	17824	8322
494485	1420160	512226	12793	7510	7739
130293	258036	130573	8735	6115	2585
19423116	37239079	17541448	212637	96967	221131
18830866	36119903	17022750	204197	92394	209587
896273	1888879	955275	15768	10266	9274
8802279	16952107	7820444	68515	35677	75666
9132314	17278917	8247031	119914	46451	124647
456486	811878	378059	5258	2501	10531
135764	307298	140639	3182	2072	1013
5271224	9934651	5295086	237369	124003	111839
465185	853030	446539	15544	9441	6048
822636	1197692	642765	13146	7815	12584
3983403	7883929	4205782	208679	106747	93207
1726246	3651519	1715333	14490	3302	10469
17809505	33735657	15919598			
6219757	11954950	5943555			
1971364	4439668	2275989			
1637188	3672536	1542575			
2425975	4499302	2138417			
889056	1640811	876499			
556583	813178	508048			
836422	1585602	771979			
11013631	20407671	9407191			

职业技术培训机构资产情况

Condition of Fixed Assets and Teaching Resources in Vocational-Technical Training Institutions

	总计 Total	职工技术培训学校(机构) Vocational-Technical Training Institutions	农村成人文化技术培训学校(机构) Technical Training Schools for Peasants	其他培训机构(含社会培训机构) Others
占地面积(平方米) Area of School Sites (m^2)	135345987	15412582	91321300	28612105
教学行政用房建筑面积(平方米) Administrative (m^2)	45774280	5554747	26038557	14180976
图书藏量(册) Books (Volume)	111897435	14288853	44442893	53165689
教学用计算机(台) No. of Computers Used for Instruction	726684	104168	220531	401985
语音实验室座位数(个) No. of Seats in Audio-Labs	321489	31779	102249	187461
多媒体教室座位数(个) No. of Seats in Multimedia Class rooms	985069	106485	373460	505124
固定资产总值(万元) Fixed Assets (in 10000 yuan)	7175700.47	1195391.84	1634567.78	4345740.85
其中:教学、实习仪器设备资产值 of Which: Teaching Equipment & Instruments	2419363.21	166996.29	253034.25	1999332.67

(二)初中阶段教育
Junior Secondary Education

初中阶段校数、班数

Number of Schools, Classes Admitted in Junior Schools

	学校数(所) Schools	班数(个) Classes				
		计 Total	一年级 Grade 1	二年级 Grade 2	三年级 Grade 3	四年级 Grade 4
总　计 Total	**56320**	**1011325**	**336986**	**335977**	**325839**	**12523**
教育部门和集体办 Run by Ed. Dept. &Communities	51345	918486	305136	305227	296974	11149
民办 Non-state/private	4335	83661	28992	27848	25879	942
其他部门办 Run by Non-ed. Dept.	640	9178	2858	2902	2986	432
城市 Urban	7347	207741	68813	67832	65496	5600
教育部门和集体办 Run by Ed. Dept. &Communities	5652	168758	55550	55019	53365	4824
民办 Non-state/private	1524	36235	12373	11930	11210	722
其他部门办 Run by Non-ed. Dept.	171	2748	890	883	921	54
县镇 Counties & Towns	18709	433539	145373	144476	139783	3907
教育部门和集体办 Run by Ed. Dept. &Communities	17021	396796	132554	132174	128385	3683
民办 Non-state/private	1586	35000	12252	11747	10836	165
其他部门办 Run by Non-ed. Dept.	102	1743	567	555	562	59
农村 Rural	30264	370045	122800	123669	120560	3016
教育部门和集体办 Run by Ed. Dept. &Communities	28672	352932	117032	118034	115224	2642
民办 Non-state/private	1225	12426	4367	4171	3833	55
其他部门办 Run by Non-ed. Dept.	367	4687	1401	1464	1503	319
总计中:四年制初中 of the Total:4-Year Junior Sec. School		46777	11356	11225	11673	12523
其他学校附设初中班 Junior Sec. Classes Attached to Others Schools		10087	3280	3361	3356	90
其他单位(学校)办班 Classes run by Other Unit(Schools)	155	32	52	71		
独立设置少数民族学校 Inde. Sec. Schools for Minorities	1970	25755	8579	8411	8623	142

注:初中阶段含普通初中和职业初中。

Note:Junior Secondary Education include Regular Junior Secondary Schools and Vocational JSSs.

普通初中校数、班数
Number of Junior Schools and Classes

	学校数(所) Schools			班数(个) Classes				
	合计 Total	初级中学 Junior Sec. Schools	九年一贯制学校 9-Year Sec. Schools	计 Total	一年级 Grade 1	二年级 Grade 2	三年级 Grade 3	四年级 Grade 4
总　计 Total	**56167**	**43744**	**12423**	**1009882**	**336569**	**335466**	**325330**	**12517**
教育部门和集体办 Run by Ed. Dept. &Communities	51199	41623	9576	917098	304735	304743	296477	11143
民办 Non-state/private	4331	1850	2481	83635	28983	27839	25871	942
其他部门办 Run by Non-ed. Dept.	637	271	366	9149	2851	2884	2982	432
城市 Urban	7336	5034	2302	207657	68790	67800	65467	5600
教育部门和集体办 Run by Ed. Dept. &Communities	5642	4383	1259	168680	55529	54989	53338	4824
民办 Non-state/private	1524	579	945	36235	12373	11930	11210	722
其他部门办 Run by Non-ed. Dept.	170	72	98	2742	888	881	919	54
县镇 Counties & Towns	18653	15789	2864	433002	145217	144299	139579	3907
教育部门和集体办 Run by Ed. Dept. &Communities	16967	15000	1967	396269	132399	132001	128186	3683
民办 Non-state/private	1585	714	871	34993	12252	11744	10832	165
其他部门办 Run by Non-ed. Dept.	101	75	26	1740	566	554	561	59
农村 Rural	30178	22921	7257	369223	122562	123367	120284	3010
教育部门和集体办 Run by Ed. Dept. &Communities	28590	22240	6350	352149	116807	117753	114953	2636
民办 Non-state/private	1222	557	665	12407	4358	4165	3829	55
其他部门办 Run by Non-ed. Dept.	366	124	242	4667	1397	1449	1502	319
总计中:四年制初中 of the Total:4-Year Junior Sec. School				46752	11353	11215	11667	12517
其他学校附设初中班 Junior Sec. Classes Attached to Others Schools				9983	3262	3314	3317	90
独立设置少数民族学校 Inde. Sec. Schools for Minorities				25715	8569	8406	8598	142

职业初中校数、班数

Number of Schools, Classes Admitted in Vocational Junior Secondary Schools

	学校数(所) Schools	班数(个) Classes				
		计 Total	一年级 Grade 1	二年级 Grade 2	三年级 Grade 3	四年级 Grade 4
总计 Total	**153**	**1443**	**417**	**511**	**509**	**6**
教育部门和集体办 Run by Ed. Dept. & Communities	146	1388	401	484	497	6
民办 Non-state/private	4	26	9	9	8	
其他部门办 Run by Non-ed. Dept.	3	29	7	18	4	
城市 Urban	11	84	23	32	29	
教育部门和集体办 Run by Ed. Dept. & Communities	10	78	21	30	27	
民办 Non-state/private						
其他部门办 Run by Non-ed. Dept.	1	6	2	2	2	
县镇 Counties & Towns	56	537	156	177	204	
教育部门和集体办 Run by Ed. Dept. & Communities	54	527	155	173	199	
民办 Non-state/private	1	7		3	4	
其他部门办 Run by Non-ed. Dept.	1	3	1	1	1	
农村 Rural	86	822	238	302	276	6
教育部门和集体办 Run by Ed. Dept. & Communities	82	783	225	281	271	6
民办 Non-state/private	3	19	9	6	4	
其他部门办 Run by Non-ed. Dept.	1	20	4	15	1	
总计中:四年制 of the Total:4-Year		25	3	10	6	6
普通中学附设班 Classes Attached to General Sec. School		104	18	47	39	
其他单位(学校)办班 Classes run by Other Unit (Schools)		155	32	52	71	
独立设置少数民族学校 Inde. Sec. Schools for Minorities	7	40	10	5	25	

普通初中班额情况

Size of Junior Secondary Schools Classes

单位：个
unit：class

	计 Total	一年级 Grade 1	二年级 Grade 2	三年级 Grade 3	四年级 Grade 4
合　　计 Total	**1009882**	**336569**	**335466**	**325330**	**12517**
城市：Urban：					
25 人及以下	4650	1404	1264	1583	399
26－35 人	17488	5745	5388	5413	942
36－45 人	45788	15396	14454	14451	1487
46－55 人	70900	24097	23285	22104	1414
56－65 人	44228	14570	14658	14044	956
66 人及以上	24603	7578	8751	7872	402
县镇：Counties & Towns：					
25 人及以下	3430	1200	945	1104	181
26－35 人	17678	6331	4962	5711	674
36－45 人	65470	22298	20291	21622	1259
46－55 人	143833	47892	48003	46799	1139
56－65 人	108756	36393	37288	34531	544
66 人及以上	93835	31103	32810	29812	110
农村：Rural：					
25 人及以下	6349	2257	1931	2098	63
26－35 人	26087	9193	7973	8432	489
36－45 人	78982	26719	25172	26057	1034
46－55 人	128194	42396	43581	41306	911
56－65 人	79029	25621	27074	25877	457
66 人及以上	50582	16376	17636	16514	56

职业初中班额情况

Size of Vocational Junior Secondary Schools Classes

单位：个
unit：class

	计 Total	一年级 Grade 1	二年级 Grade 2	三年级 Grade 3	四年级 Grade 4
合　　计 Total	**1443**	**417**	**511**	**509**	**6**
城市：Urban：					
25 人及以下	19	7	6	6	
26－35 人	7	1	4	2	
36－45 人	11	3	3	5	
46－55 人	5	4	1		
56－65 人	21		8	13	
66 人及以上	21	8	10	3	
县镇：Counties & Towns：					
25 人及以下	20	6	5	9	
26－35 人	25	8	10	7	
36－45 人	105	24	35	46	
46－55 人	193	71	48	74	
56－65 人	116	30	49	37	
66 人及以上	78	17	30	31	
农村：Rural：					
25 人及以下	35	11	13	11	
26－35 人	71	18	33	16	4
36－45 人	146	45	51	50	
46－55 人	270	94	88	86	2
56－65 人	225	42	100	83	
66 人及以上	75	28	17	30	

初中阶段

Number of Students in

	毕业生数 Graduates	招生数 Students Admitted	合 计 Total	其中:女 of Which: Female
总 计 Total	**17977008**	**17884523**	**54409415**	**25746310**
其中:女 of Which: Female	8587018	8417401	25746310	
教育部门和集体办 Run by Ed. Dept. & Communities	16558198	16267271	49649312	23756490
民办 Non-state/private	1285198	1484946	4339810	1791376
其他部门办 Run by Non-ed. Dept.	133612	132306	420293	198444
城市 Urban	3274898	3478863	10594399	4963125
教育部门和集体办 Run by Ed. Dept. & Communities	2726596	2837463	8696254	4130246
民办 Non-state/private	503124	597512	1762651	770130
其他部门办 Run by Non-ed. Dept.	45178	43888	135494	62749
县镇 Counties & Towns	7918993	8083050	24428344	11535202
教育部门和集体办 Run by Ed. Dept. & Communities	7314482	7391652	22415400	10729536
民办 Non-state/private	577270	664414	1930083	767875
其他部门办 Run by Non-ed. Dept.	27241	26984	82861	37791
农村 Rural	6783117	6322610	19386672	9247983
教育部门和集体办 Run by Ed. Dept. & Communities	6517120	6038156	18537658	8896708
民办 Non-state/private	204804	223020	647076	253371
其他部门办 Run by Non-ed. Dept.	61193	61434	201938	97904
总计中:四年制 of the Total:4-Year			2121794	999524
九年一贯制学校 9-Year Sec. Schools	1599992	1756852	5196556	2387465
其他学校附设初中班 Junior Sec. Classes Attached to Others Schools	283977	168923	524491	241899
其他单位(学校)办班 Classes Run by Other Unit(or Schools)			54697	20155
重读生 Repeaters			20155	
重读中女 of Which: Female	1595301	1734970	5028357	2336069
少数民族学生 Minority Students	414340	401093	1202756	580715
独立设置少数民族学校 Inde. Sec. Schools for Minorities				

注:初中阶段含普通初中和职业初中。

Note: Junior Secondary Education include Regular Junior Secondary Schools and Vocational JSSs.

学生数

Junior Schools

单位：人

unit：person

在校学生数 Enrolment				毕业班学生数 Graduates for Next Year
一年级 Grade 1	二年级 Grade 2	三年级 Grade 3	四年级 Grade 4	
17922815	**18297617**	**17618317**	**570666**	**17659407**
8431176	8637696	8399565	277873	8344501
16302069	16698595	16135241	513407	16176568
1488437	1462824	1348392	40157	1348585
132309	136198	134684	17102	134254
3485140	3506549	3347320	255390	3379180
2811935	2874956	2757443	221920	2788975
599316	586998	544790	31547	545214
43889	44595	45087	1923	44991
8099857	8254230	7897337	176920	7902099
7406972	7571529	7268584	168315	7273030
665901	656071	602033	6078	601786
26984	26630	26720	2527	27283
6337818	6536838	6373660	138356	6378128
6053162	6252110	6109214	123172	6114563
223220	219755	201569	2532	201585
61436	64973	62877	12652	61980
514642	507010	529525	570617	570617
1760695	1750829	1619803	65229	1618091
169098	177737	173663	3993	175960
38292	7454	8559	392	
13775	2844	3401	135	
1739343	1685480	1588074	15460	1565080
402445	396022	398929	5360	400447

普通初中
Number of Students in

	毕业生数 Graduates	招生数 Students Admitted		
			合　计 Total	其中：女 of Which：Female
总　　计 Total	**17947254**	**17863912**	**54336420**	**25711744**
其中：女 of Which：Female	8572803	8407743	25711744	
教育部门和集体办 Run by Ed. Dept. & Communities	16529236	16247174	49578907	23723105
民办 Non-state/private	1284559	1484681	4338852	1790955
其他部门办 Run by Non-ed. Dept.	133459	132057	418661	197684
城市 Urban	3273912	3477836	10590533	4961232
教育部门和集体办 Run by Ed. Dept. & Communities	2725713	2836477	8692517	4128415
民办 Non-state/private	503124	597512	1762651	770130
其他部门办 Run by Non-ed. Dept.	45075	43847	135365	62687
县镇 Counties & Towns	7905869	8075391	24400826	11522106
教育部门和集体办 Run by Ed. Dept. & Communities	7301686	7384008	22388305	10716635
民办 Non-state/private	576961	664414	1929723	767683
其他部门办 Run by Non-ed. Dept.	27222	26969	82798	37788
农村 Rural	6767473	6310685	19345061	9228406
教育部门和集体办 Run by Ed. Dept. & Communities	6501837	6026689	18498085	8878055
民办 Non-state/private	204474	222755	646478	253142
其他部门办 Run by Non-ed. Dept.	61162	61241	200498	97209
总计中：四年制 of the Total：4-Year			2121056	999174
九年一贯制学校 9-Year Sec. Schools	1595895	1755911	5191682	2385009
其他学校附设初中班 Junior Sec. Classes Attached to Others Schools	278946	167494	517636	238824
重读生 Repeaters			54636	20122
重读中女 of Which：Female			20122	
少数民族学生 Minority Students	1590245	1730771	5012241	2328797
独立设置少数民族学校 Inde. Sec. Schools for Minorities	413900	400733	1200907	579881

学生数
Junior Secondary Schools

单位：人
unit：person

在校学生数 Enrolment				毕业班学生数 Graduates for Next Year
一年级 Grade 1	二年级 Grade 2	三年级 Grade 3	四年级 Grade 4	
17902174	**18270469**	**17593321**	**570456**	**17634391**
8421496	8624895	8387579	277774	8332781
16281942	16673166	16110602	513197	16151909
1488172	1462426	1348097	40157	1348290
132060	134877	134622	17102	134192
3484113	3505060	3345970	255390	3377830
2840949	2873523	2756125	221920	2787657
599316	586998	544790	31547	545214
43848	44539	45055	1923	44959
8092198	8244420	7887288	176920	7892050
7399328	7561939	7258723	168315	7263169
665901	655881	601863	6078	601616
26969	26600	26702	2527	27265
6325863	6520989	6360063	138146	6364511
6011665	6237704	6095754	122962	6101083
222955	219547	201444	2532	201460
61243	63738	62865	12652	61968
514621	506693	529335	570407	570407
1759754	1748740	1617959	65229	1616247
167669	175142	170832	3993	173129
38262	7430	8552	392	
13753	2836	3398	135	
1735144	1679998	1581639	15460	1558782
402085	395778	397684	5360	399202

职业初中

Number of Students in Vocational

	毕业生数 Graduates	招生数 Students Admitted	合 计 Total	其中:女 of Which: Female
总　　计 Total	**29754**	**20611**	**72995**	**34566**
其中:女 of Which: Female	14215	9658	34566	
教育部门和集体办 Run by Ed. Dept. & Communities	28962	20097	70405	33385
民办 Non-state/private	639	265	958	421
其他部门办 Run by Non-ed. Dept.	153	249	1632	760
城市 Urban	986	1027	3866	1893
教育部门和集体办 Run by Ed. Dept. & Communities	883	986	3737	1831
民办 Non-state/private				
其他部门办 Run by Non-ed. Dept.	103	41	129	62
县镇 Counties & Towns	13124	7659	27518	13096
教育部门和集体办 Run by Ed. Dept. & Communities	12796	7644	27095	12901
民办 Non-state/private	309		360	192
其他部门办 Run by Non-ed. Dept.	19	15	63	3
农村 Rural	15644	11925	41611	19577
教育部门和集体办 Run by Ed. Dept. & Communities	15283	11467	39573	18653
民办 Non-state/private	330	265	598	229
其他部门办 Run by Non-ed. Dept.	31	193	1440	695
总计中:四年制 of the Total:4-Year			738	350
普通中学附设班 Classes Attached to General Sec. Schools	4097	941	4874	2456
其他单位(学校)办班 Classes Run by Other Unit(or Schools)	5031	1429	6855	3075
重读生 Repeaters			61	33
重读中女 of Which: Female			33	
少数民族学生 Minority Students	5056	4199	16116	7272
独立设置少数民族学校 Inde. Sec. Schools for Minorities	440	360	1849	834

学生数
Junior Secondary Schools

单位：人
unit：person

在校学生数 Enrolment				毕业班学生数 Graduates for Next Year
一年级 Grade 1	二年级 Grade 2	三年级 Grade 3	四年级 Grade 4	
20641	**27148**	**24996**	**210**	**25016**
9680	12801	11986	99	11720
20127	25429	24639	210	24659
265	398	295		295
249	1321	62		62
1027	1489	1350		1350
986	1433	1318		1318
41	56	32		32
7659	9810	10049		10049
7644	9590	9861		9861
	190	170		170
15	30	18		18
11955	15849	13597	210	13617
11497	14406	13460	210	13480
265	208	125		125
193	1235	12		12
21	317	190	210	210
941	2089	1844		1844
1429	2595	2831		2831
30	24	7		
22	8	3		
4199	5482	6435		6298
360	244	1245		1245

初中阶段学龄人口及在校学生情况

Number of School-age Population and Enrolment of Junior Schools

单位：人

unit：person

	在校学龄人口数 School-age Population		在校学生数 Enrolment					
	计 Total	其中:女 of Which: Female	计 Total	其中:女 of Which: Female	一年级 Grade 1	二年级 Grade 2	三年级 Grade 3	四年级 Grade 4
合　计 Total	**47478303**	**22547586**	**54409415**	**25746310**	**17922815**	**18297617**	**17618317**	**570666**
10 岁及以下 Under 10 years			17139	8949	17028	97	14	
11 岁	272145	132725	812952	402289	786505	26360	85	2
12 岁	8508097	4067214	9653005	4632855	8750120	864668	38217	
13 岁	16507964	7843079	16509700	7843895	6792215	8798116	909493	9876
14 岁	17119373	8100313	17143357	8110905	1262355	7015952	8585608	279442
15 岁	5066375	2402308	8407136	3934224	253535	1309951	6613460	230190
16 岁	4349	1947	1547062	679147	46849	231529	1224314	44370
17 岁			264310	110132	10385	39655	208305	5965
18 岁及以上 Over 18 years			54754	23914	3823	11289	38821	821
城市 Urban	9073480	4270556	10594399	4963125	3485140	3506549	3347320	255390
10 岁及以下 Under 10 years			5979	3244	5914	59	6	
11 岁	147935	72065	297050	148993	288085	8922	41	2
12 岁	2066151	987103	2273149	1090998	1960981	300502	11666	
13 岁	3235553	1522897	3235628	1522920	1028539	1906203	294777	6109
14 岁	3185755	1487832	3194374	1491680	173602	1077530	1793696	149546
15 岁	437900	200563	1330175	599853	23437	185515	1039532	81691
16 岁	186	96	225351	93632	3377	23856	182302	15816
17 岁			28606	10413	897	3192	22462	2055
18 岁及以上 Over 18 years			4087	1392	308	770	2838	171

注:初中阶段含普通初中和职业初中。

Note: Junior Secondary Education include Regular Junior Secondary Schools and Vocational JSSs.

初中阶段学龄人口及在校学生情况(续)

Number of School-age Population and Enrolment of Junior Schools

单位：人

unit：person

	在校学龄人口数 School-age Population		在校学生数 Enrolment					
	计 Total	其中：女 of Which：Female	计 Total	其中：女 of Which：Female	一年级 Grade 1	二年级 Grade 2	三年级 Grade 3	四年级 Grade 4
县镇 Counties & Towns	21401851	10137068	24428344	11535202	8099857	8254230	7897337	176920
10 岁及以下 Under 10 years			7455	3859	7422	28	5	
11 岁	85717	41893	317591	156632	305945	11613	33	
12 岁	3438453	1631544	4046144	1933133	3681438	347434	17272	
13 岁	7450133	3534926	7450296	3535013	3353318	3726380	367622	2976
14 岁	7759519	3661050	7766533	3664017	601521	3420513	3659829	84670
15 岁	2666313	1266922	3990704	1872464	122299	616701	3179827	71877
16 岁	1716	733	704051	309009	21895	108812	558088	15256
17 岁			121688	50742	4488	17849	97481	1870
18 岁及以上 Over 18 years			23882	10333	1531	4900	17180	271
农村 Rural	17002972	8139962	19386672	9247983	6337818	6536838	6373660	138356
10 岁及以下 Under 10 years			3705	1840	3692	10	3	
11 岁	38493	18767	198311	96664	192475	5825	11	
12 岁	3003493	1448567	3333712	1608724	3107701	216732	9279	
13 岁	5822278	2785256	5823776	2785962	2410358	3165533	247094	791
14 岁	6174099	2951431	6182450	2955208	487232	2517909	3132083	45226
15 岁	1962162	934823	3086257	1461907	107799	507735	2394101	76622
16 岁	2447	1118	617660	276506	21577	98861	483924	13298
17 岁			114016	48977	5000	18614	88362	2040
18 岁及以上 Over 18 years			26785	12189	1984	5619	18803	379

职业初中

Number of Teachers, Staff & Workers

	教职工数 Teachers, Staff & Workers		
	合计 Total	专任教师 Full-time Teachers	行政人员 Adm. Personnel
总计 Total	**5198**	**4571**	**224**
其中:女 of Which: Female	2025	1873	29
少数民族 Minority	536	498	16
教育部门和集体办 Run by Ed. Dept. & Communities	4954	4395	208
民办 Non-state/private	158	113	11
其他部门办 Run by Non-ed. Dept.	86	63	5
城市 Urban	376	301	25
教育部门和集体办 Run by Ed. Dept. & Communities	348	284	22
民办 Non-state/private			
其他部门办 Run by Non-ed. Dept.	28	17	3
县镇 Counties & Towns	1982	1733	78
教育部门和集体办 Run by Ed. Dept. & Communities	1922	1683	77
民办 Non-state/private	44	39	1
其他部门办 Run by Non-ed. Dept.	16	11	
农村 Rural	2840	2537	121
教育部门和集体办 Run by Ed. Dept. & Communities	2684	2428	109
民办 Non-state/private	114	74	10
其他部门办 Run by Non-ed. Dept.	42	35	2

教职工数
in Vocational Junior Secondary Schools

单位：人
unit: person

教辅人员 Supporting Staff	工勤人员 Workers	校办工厂、农（林）场职工 Employees in School-run Factories & Farms	代课教师 Substitute Teachers	兼任教师 Part-time Teachers
167	**226**	**10**	**140**	**136**
40	79	4	70	42
6	16		11	68
154	187	10	102	136
1	33		3	
12	6		35	
17	33		22	
10	32		22	
7	1			
68	93	10	23	30
68	84	10	23	30
	4			
	5			
82	100		95	106
76	71		57	106
1	29		3	
5			35	

普通初中分课程专
Number of Full-time Junior Secondary School Teachers

	总计 Total	其中:女 of Which: Female	思想品德（政治） Politics	语文 Chinese	数学 Mathe-matics	外语 Foreign Languages				科学 Scoemce	物理 Physics
						计 Total	英语 English	日语 Japanese	俄语 Russian		
合计 Total	**3513438**	**1714963**	**233898**	**649849**	**620266**	**547653**	**542633**	**463**	**458**	**30985**	**240394**
研究生毕业 Graduate	17507	11146	1353	3579	2878	2725	2699	8	7	259	1109
本科毕业 Under-graduate	2070995	1119392	138224	430755	380245	347953	344900	286	267	21135	141594
专科毕业 Associate Bachelor	1364716	570153	90218	210319	230994	193340	191452	164	178	9097	95439
高中阶段毕业 High School Graduate	58910	14071	4049	5137	6105	3593	3540	5	6	487	2232
高中阶段毕业以下 Below High School Graduate	1310	201	54	59	44	42	42			7	20
合计中:女 of Total:Female	1714963		104568	364622	275949	399879	392408	348	321	12237	74844
少数民族 Minorities	298932	138386	21943	56846	50930	37713	36847	216	52	655	21123
城市 Urban	693751	447058	42403	121906	120032	117134	115941	193	110	8949	46512
县镇 County & Towns	1498127	717254	100792	277405	264823	235101	233156	177	119	15171	101398
农村 Rural	1321560	550651	90703	250538	235411	195418	193536	93	229	6865	92484

职业初中分课程专任
Number of Full-time Vocational Schools Teachers

	总计 Total	其中:女 of Which: Female	思想品德（政治） Politics	语文 Chinese	数学 Mathe-matics	外语 Foreign Languages				科学 Scoemce	物理 Physics
						计 Total	英语 English	日语 Japanese	俄语 Russian		
合　　计 Total	**4571**	**1873**	**423**	**866**	**796**	**617**	**617**			**34**	**296**
研究生毕业 Graduate	4	2		1		1	1				
本科毕业 Under-graduate	2068	1012	231	418	377	309	309			14	144
专科毕业 Associate Bachelor	2352	824	176	431	404	299	299			19	145
高中阶段毕业 High School Graduate	145	35	16	16	15	8	8			1	7
高中阶段毕业以下 Below High School Graduate	2										
合计中:女 of Total:Female	1873		190	379	286	400	398			14	73
少数民族 Minorities	498	158	38	107	86	54	53			1	31

任教师学历情况

by Subject Taught & Educational Attainment

单位：人
unit：person

	化学 Chemi-stry	生物 Biology	历史与社会 History and Soliety	地理 Geogr-aphy	历史 History	信息技术 Infor Techn-iqice	通用技术 Common Techno-logy	体育与健康 Physical	艺术 Art	音乐 Music	美术 Arts	综合实践活动 计 Total	综合实践活动 信息技术 Information Technique	综合实践活动 劳动与技术 Skills Teaching	其他 Others	当年不任课 No Teaching Load in Current Year
	150698	**136822**	**31003**	**131095**	**166281**	**71**	**35**	**172838**	**5173**	**83278**	**79101**	**129743**	**87390**	**40915**	**43766**	**60489**
	878	808	260	605	1018			565	15	233	250	487	395	89	227	258
	92148	70396	17179	62598	89525	34	8	93888	1826	41803	39749	62398	48913	12836	18320	21217
	56430	62038	12765	63944	71931	36	21	73096	3158	39012	36747	61387	36800	23854	21766	32978
	1233	3534	783	3887	3749	1	6	5123	166	2178	2309	5327	1264	4010	3288	5723
	9	46	16	61	58			166	8	52	46	144	18	126	165	313
	60772	65844	13002	56273	74761	18	9	31070	2441	57205	36758	42871	30089	11770	18734	23106
	13469	11701	1222	10797	13886	1		15867	278	7511	6464	10384	7175	2988	11986	6156
	29873	25002	6792	22845	30502	15	1	39983	561	17755	16473	24823	18370	6151	7348	14842
	62924	58291	13848	56293	71331	19	20	73010	2154	35195	33450	54465	36366	17528	18189	24248
	57901	53529	10363	51957	64448	37	14	59845	2458	30328	29178	50455	32654	17236	18229	21399

教师学历情况

by Subject Taught & Educational Attainment

单位：人
unit：person

	化学 Chem-istry	生物 Biology	历史与社会 History and Soliety	地理 Geog-raphy	历史 History	体育与健康 Physical	艺术 Art	音乐 Music	美术 Arts	综合实践活动 计 Total	综合实践活动 信息技术 Information Technique	综合实践活动 劳动与技术 Skills Teaching	其他 Others	当年不任课 No Teaching Load in Current Year
	206	**179**	**61**	**177**	**207**	**199**	**9**	**102**	**88**	**224**	**130**	**89**	**50**	**37**
									1	1	1			
	94	61	16	60	89	79	1	35	34	87	59	28	12	7
	111	110	42	99	108	104	7	64	50	121	65	51	34	28
	1	8	3	17	10	16	1	3	3	14	5	9	4	2
				1						1		1		
	62	75	24	59	78	31	1	64	47	64	39	24	15	11
	22	27	11	21	17	18	1	11	6	36	13	22	9	2

普通初中专任教师专业技术
Full-time Teachers in Junior Secondary

	合 计 Total	其中:女 of the Total: Female	25 岁及以下 25 Years and Under	26 – 30	31 – 35
总 计 Total	**3513438**	**1714963**	**278639**	**718866**	**804526**
中学高级 Senior	395715	171497		292	6432
中学一级 1st Grade	1468241	657265	1881	67383	362273
中学二级 2nd Grade	1280864	670943	86913	517986	409931
中学三级 3rd Grade	131753	69784	43944	63294	15183
未评职称 Rank Undecided	236865	145474	145901	69911	10707
总计中:女 of Which: Female	1714963		181703	416493	420519
少数民族 Minorities	298932	138386	23676	68253	74219
城市 Urban	693751	447058	46292	129828	143436
县镇 Counties City & Towns	1498127	717254	115190	294557	351938
农村 Rural	1321560	550651	117157	294481	309152

职业初中专任教师专业技术
Full-time Teachers in Vocational Secondary

	合 计 Total	其中:女 of the Total: Female	25 岁及以下 25 Years and Under	26 – 30	31 – 35
总 计 Total	**4571**	**1873**	**349**	**871**	**1112**
中学高级 Senior	268	83			6
中学一级 1st Grade	1644	564		58	330
中学二级 2nd Grade	2110	948	91	584	750
中学三级 3rd Grade	298	139	108	151	18
未评职称 Rank Undecided	251	139	150	78	8
总计中:女 of Which: Female	1873		177	439	537
少数民族 Minorities	498	158	62	150	117

职称、年龄结构情况
Schools Broken Down by Rank and Age

单位：人
unit：person

36 - 40	41 - 45	46 - 50	51 - 55	56 - 60	61 岁及以上 61 Years and Over
669329	**504315**	**259046**	**199156**	**78113**	**1448**
68690	133938	88687	72260	24610	806
434646	304174	144230	107706	45462	486
156225	61186	23841	17478	7235	69
4592	2206	1140	965	425	4
5176	2811	1148	747	381	83
322172	219935	93498	59761	649	233
57676	40902	18376	11663	4087	80
144739	114363	57866	44167	12480	580
295497	222726	108557	77604	31567	491
229093	167226	92623	77385	34066	377

职称、年龄结构情况
Schools Broken Down by Rank and Age

单位：人
unit：person

36 - 40	41 - 45	46 - 50	51 - 55	56 - 60	61 岁及以上 61 Years and Over
846	**637**	**359**	**306**	**91**	
43	80	57	66	16	
414	379	226	179	58	
375	166	73	57	14	
8	5	2	3	3	
6	7	1	1		
355	215	93	57		
69	41	28	26	5	

普通初中专任
Changes of Full-time Teachers in

	上学年初报表专任教师数 Total Number of Full-time Teachers at Beginning of Previous Academic Year	增加教师 Factors of Increase				
		计 Total	录用毕业生 New from Current Year Graduates	调　入 Teachers Recruited from Other Units	校内调整 of Which with change of status in their own institutions	其　他 Others
合　计 Total	**3469346**	**371837**	**88894**	**187524**	**70249**	**25170**
其中:女 of Which: Female	1671296	192005	58125	93379	27754	12747
城市 Urban	675006	80366	15803	37780	17494	9289
其中:女 of Which: Female	433229	48764	11281	22868	9131	5484
县镇 Counties & Towns	1446451	170661	35063	93925	31974	9699
其中:女 of Which: Female	685070	84671	22776	45678	11687	4530
农村 Rural	1347889	120810	38028	55819	20781	6182
其中:女 of Which: Female	552997	58570	24068	24833	6936	2733

职业初中专任
Changes of Full-time Teachers in

	上学年初报表专任教师数 Total Number of Full-time Teachers at Beginning of Previous Academic Year	增加教师 Factors of Increase				
		计 Total	录用毕业生 New Recruits from Current Year Graduates	调　入 Teachers Recruited from Other Units	校内调整 of Which with change of status in their own institutions	其　他 Others
合　计 Total	**5924**	**419**	**88**	**139**	**130**	**62**
其中:女 of Which: Female	2481	175	34	66	39	36
城市 Urban	323	34	1	1	3	29
其中:女 of Which: Female	176	22	1		2	19
县镇 Counties & Towns	2447	146	10	35	90	11
其中:女 of Which: Female	1078	47	1	18	25	3
农村 Rural	3154	239	77	103	37	22
其中:女 of Which: Female	1227	106	32	48	12	14

教师变动情况
Junior Secondary Schools

单位：人
unit：person

减少教师 Factors of Decrease					本学年初报表专任教师数 Total Number of Full-time Teachers at Beginning of Current Academic Year
计 Total	自然减员 Retired from their posts during previcus academic year	调出 Transferred from teaching to Non-Teaching posts	校内调整 of Which with change of status in their own institutions	其 他 Others	
327745	**35684**	**202354**	**59254**	**30453**	**3513438**
148338	13635	96343	24365	13995	1714963
61621	10297	29587	12412	9325	693751
34935	6073	17127	6670	5065	447058
118985	13603	71890	23916	9576	1498127
52487	4597	34206	9464	4220	717254
147139	11784	100877	22926	11552	1321560
60916	2965	45010	8231	4710	550651

教师变动情况
Vocational Junior Secondary Schools

单位：人
unit：person

减少教师 Factors of Decrease					本学年初报表专任教师数 Total Number of Full-time Teachers at Beginning of Current Academic Year
计 Total	自然减员 Retired from their posts during previcus academic year	调出 Transferred from teaching to Non-Teaching posts	校内调整 of Which with change of status in their own institutions	其 他 Others	
1772	**66**	**1178**	**321**	**207**	**4571**
783	26	552	118	87	1873
56	1	24	31		301
33	1	7	25		165
860	50	380	254	176	1733
364	19	186	86	73	761
856	15	774	36	31	2537
386	6	359	7	14	947

普通初中学生、教职工政治面貌及其他

Supplementary Information on Students and Full-time Teachers of Junior Secondary Schools

单位：人
unit：person

	在校学生中 of Total Students			专任教师中 of Total Full-time Teachers			
	共产党员 Member of C. P. C.	共青团员 Member of C. Y. L.	华侨 Overseas Chinese	共产党员 Member of C. P. C.	共青团员 Member of C. Y. L.	民主党派 Non-Communist Parties	华侨 Overseas Chinese
合　计 Total		**14590762**	**4103**	**882745**	**380355**	**19179**	**199**
其中:女 of Which：Female		7428227	2063	290219	219604	10851	111
城市 Urban		2109982	1005	196678	74879	13414	103
其中:女 of Which：Female		1124570	488	108260	51404	8325	66
县镇 Counties & Towns		6712451	2767	368392	155255	4198	69
其中:女 of Which：Female		3396192	1425	110005	87321	1947	34
农村 Rural		5768329	331	317675	150221	1567	27
其中:女 of Which：Female		2907465	150	71954	80879	579	11

职业初中学生、教职工政治面貌及其他
Supplementary Information on Students and Full-time Teachers of Vocational Junior Secondary Schools

单位：人
unit：person

	在校学生中 of Total Students			专任教师中 of Total Full-time Teachers			
	共产党员 Member of C. P. C.	共青团员 Member of C. Y. L.	华侨 Overseas Chinese	共产党员 Member of C. P. C.	共青团员 Member of C. Y. L.	民主党派 Non-Communist Parties	华侨 Overseas Chinese
合　计 Total		**15869**		**900**	**449**	**2**	
其中:女 of Which: Female		7941		216	223	1	
城市 Urban		1323		46	49	1	
其中:女 of Which: Female		703		14	26	1	
县镇 Counties & Towns		7025		380	72	1	
其中:女 of Which: Female		3562		122	39		
农村 Rural		7521		474	328		
其中:女 of Which: Female		3676		80	158		

普通初中
Condition of School Buildings in

	学校占地面积 Areas Occupied	校舍建筑面积 Floor Space	教学及辅助用房 Teaching & Assistant Buildings				
			计 Total	其中 of Which			
				普通教室 Classroom	实验室 Laboratory	图书室 Library	微机室 PC-room
合　计 Total	**1441755993**	**416530335**	**179515016**	**122535464**	**23131869**	**7936680**	**7591911**
城市 Urban	169658142	76620840	37186280	22674314	5121815	2009265	1477390
县镇 County City & Towns	573710879	173536640	71903136	49723691	9236886	3056008	2864325
农村 Rural	698386972	166372855	70425600	50137459	8773168	2871407	3250196

普通初中
Condition of School Buildings in

	体育运动场(馆)面积(平方米) Sports Areas (m^2)	计算机(台) PC (Set)	图书藏量(册) Books & Magazines in Libraries (Volume)
合计 Total	**381643303**	**3165142**	**952246414**
城市 Urban	52292990	775926	167774742
县镇 County City & Towns	145590691	1178854	385856519
农村 Rural	183759622	1210362	398615153

普通初中
Condition of School Buildings

	体育运动场(馆)面积达标校数 Schools No: Sports Areas Reached Standard	体育器械配备达标校数 Schools No: Sports Equip. Reached Standard
合计 Total	**38191**	**37084**
城市 Urban	5135	5496
县镇 County City & Towns	13437	13232
农村 Rural	19619	18356

办学条件(一)
Junior Secondary Schools (1)

单位：平方米
unit：m^2

语言室 Linguistic	行政办公用房 Administrative 计 Total	其中：教师办公室 of Which：for Teachers	生活用房 Residential and Welfare	其他用房 Rooms for Other Purposes	校舍面积中 of the Floor Space 危房面积 Floor Space of Dilapidated Buildings	当年新增 Added in Current Year
2728445	**39898691**	**27591379**	**163694697**	**33421931**	**50994510**	**13410411**
617790	9530807	5931368	18497349	11406404	3664836	1828555
1102275	15014292	10303231	74658542	11960670	20512830	6067485
1008380	15353592	11356780	70538806	10054857	26816844	5514371

办学条件(二)
Junior Secondary Schools (2)

电子图书藏量(GB) Electronic Books & Magazines in Libraries(GB)	固定资产总值(万元) Total Value of Fixed Asset (10,000 yuan) 计 Total	其中：仪器设备总值(万元) of Which：Total Value of Equip & Instru. (10,000 yuan) 计 Subtotal	专业实验设备 for Prefession	专业实习设备 for Practice
8878478.55	**31914794.84**	**2947330.34**	**1738445.67**	**301138.68**
2002733.05	8246112.70	914583.55	524804.90	66332.87
2960290.35	13469867.01	1126810.68	663698.95	122607.34
3915455.15	10198815.13	905936.11	549941.82	112198.47

办学条件(三)
in Junior Secondary Schools(3)

单位：所
unit：school

音乐器械配备达标校数 Schools No：Musical Instru. Reached Standard	美术器械配备达标校数 Schools No：Fine Arts Instru. Reached Standard	理科实验仪器达标校数 Schools No：Equip. of Natural Sci. Reached Standard	建立校园网校数 Schools No：Campus Networks Set
33626	**33048**	**41081**	**24274**
5328	5215	5835	5044
12034	11869	14478	8985
16264	15964	20768	10245

职业初中
Condition of School Buildings in

	学校占地面积 Areas Occupied	校舍建筑面积 Floor Space	教学及辅助用房 Teaching & Assistant Buildings				
			计 Total	其中 of Which			
				普通教室 Classroom	实验室 Laboratory	图书室 Library	微机室 PC-room
合计 Total	**3354621**	**593282**	**228711**	**167873**	**26240**	**9258**	**9119**
城市 Urban	151913	43730	17299	12325	3158	714	893
县镇 County City & Towns	1123715	208473	82114	58005	10244	2689	2869
农村 Rural	2078993	341079	129298	97543	12838	5855	5357

职业初中
Condition of School Buildings in

	体育运动场(馆)面积(平方米) Sports Areas (m^2)	计算机(台) PC (Set)	图书藏量(册) Books & Magazines in Libraries (Volume)	电子图书藏量(GB) Electronic Books & Magazines in Libraries(GB)
合计 Total	**662591**	**3792**	**1088560**	**1715.60**
城市 Urban	51376	334	70963	9.30
县镇 County City & Towns	206905	1439	367460	552.00
农村 Rural	404310	2019	650137	1154.30

办学条件(一)

Vocational Junior Secondary Schools (1)

单位：平方米

unit：m^2

语音室 Linguistic	行政办公用房 Administrative 计 Total	其中：教师办公室 of Which：for Teachers	生活用房 Residential and Welfare	其他用房 Rooms for Other Purposes	校舍面积中 of the Floor Space 危房面积 Floor Space of Dilapidated Buildings	当年新增 Added in Current Year	实习工厂(农场)面积
2607	**50062**	**40067**	**281348**	**33161**	**116472**	**27976**	**2142**
209	5738	4445	17657	3036	459		360
1171	21597	18508	91919	12843	31674	16283	
1227	22727	17114	171772	17282	84339	11693	1782

办学条件(二)

Vocational Junior Secondary Schools (2)

固定资产总值(万元) Total Value of Fixed Asset (10,000 yuan) 计 Total	其中：仪器设备总值(万元) of Which：Total Value of Equip & Instru. (10,000 yuan) 计 Subtotal	专业实验设备 for Prefession	专业实习设备 for Practice
32091.50	**2884.54**	**1751.40**	**288.26**
1206.55	219.57	64.79	35.58
12580.81	1028.34	591.39	97.85
18304.14	1636.63	1095.22	154.83

职业初中办学条件(三)
Condition of School Buildings in Vocational Junior Secondary Schools(3)

单位：所
unit：school

	体育运动场(馆)面积达标校数 Schools No：Sports Areas Reached Standard	体育器械配备达标校数 Schools No：Sports Equip. Reached Standard	音乐器械配备达标校数 Schools No：Musical Instru. Reached Standard	美术器械配备达标校数 Schools No：Fine Arts Instru. Reached Standard	教学实验仪器达标校数 Schools No：Equip. of Natural Sci. Reached Standard	建立校园网校数 Schools No：Campus Networks Set
合计 Total	**91**	**90**	**76**	**74**	**91**	**27**
城市 Urban	7	7	4	4	5	2
县镇 County City & Towns	25	25	19	19	27	10
农村 Rural	59	58	53	51	59	15

成人初中基本情况
Basic Statistics of Adult Schools

单位：人(人次)
unit：person

	学校数(所) Schools	教学班(点)(个) External Teaching Sites	毕(结)业生数 Graduates		注册学生数 Enrolment		教职工数 Teachers, Staff & Workers		聘请校外教师 Part-time Teachers
			计 Total	其中：女 of Which：Female	计 Total	其中：女 of Which：Female	计 Total	其中：专任教师 of Which：Full-time Teacher	
合 计 Total	**1558**	**6576**	**551421**	**231966**	**487876**	**222359**	**7616**	**4242**	**4841**
职工初中 Junior Sec. Schools for Staff & workers									
农民初中 Junior Sec. Schools	112	404	91129	22724	89255	26171	706	529	620
for Peasants	1446	6172	460292	209242	398621	196188	6910	3713	4221

四、初等教育(小学)

Primary Education
(Primary Schools)

小学校数、教学点数及班数
Number of Schools, External Teaching Sites & Classes in Primary Schools

	学校数(所) Schools	教学点数(个) External Teaching sites	班数(个) Classes
总　　计 Total	**280184**	**72483**	**2693551**
教育部门和集体办 Run by Ed. Dept. & Communities	273919	71947	2559472
民办 Non-state/private	5496	467	117467
其他部门办 Run by Non-ed. Dept.	769	69	16612
城市 Urban	16363	236	374178
教育部门和集体办 Run by Ed. Dept. & Communities	14584	206	321821
民办 Non-state/private	1579	27	48075
其他部门办 Run by Non-ed. Dept.	200	3	4282
县镇 Counties & Towns	29664	1293	541930
教育部门和集体办 Run by Ed. Dept. & Communities	27975	1268	499606
民办 Non-state/private	1522	24	39541
其他部门办 Run by Non-ed. Dept.	167	1	2783
农村 Rural	234157	70954	1777443
教育部门和集体办 Run by Ed. Dept. & Communities	231360	70473	1738045
民办 Non-state/private	2395	416	29851
其他部门办 Run by Non-ed. Dept.	402	65	9547
总计中:六年制 of the Total:6-Year			2629687
一贯制学校小学部 Primary Schools for 6-Year			165109
其他学校附设 Other Primary Schools Attached			10657
独立设置的少数民族学校 Inde. Sec. Schools for Minorities	8578		66220

小学班额情况

Size of Primary Classes

单位：个

unit：class

	合　计 Total	一年级 Grade 1	二年级 Grade 2	三年级 Grade 3	四年级 Grade 4	五年级 Grade 5	六年级 Grade 6	复式班 Multiple-grade Classes
合　计 Total	**2693551**	**479251**	**464719**	**449560**	**434685**	**422508**	**409388**	**33440**
城市：Urban：								
25 人及以下	19087	3975	3434	3156	3060	3021	2417	24
26－35 人	49856	9880	9106	8563	8116	7885	6297	9
36－45 人	96824	18857	17408	15794	15609	15120	14030	6
46－55 人	110374	18297	18713	19121	18730	18136	17376	1
56－65 人	62430	8258	9950	10835	11253	11127	11007	
66 人及以上	35607	3709	5165	6418	6866	6699	6750	
县镇：Counties & Town：								
25 人及以下	35708	7600	7323	6021	5470	4823	4134	337
26－35 人	64308	11973	11452	10631	10261	10245	9723	23
36－45 人	133047	23671	22425	21442	21451	21901	22153	4
46－55 人	146748	24238	23278	23586	24300	25166	26180	
56－65 人	90680	13337	14006	15138	15192	15868	17139	
66 人及以上	71439	9177	10029	12293	12846	13158	13934	2
农村：Rural：								
25 人及以下	675517	146077	138876	113859	98528	82371	67154	28652
26－35 人	417625	74099	71680	71455	68504	66030	62884	2973
36－45 人	351444	56698	54786	57897	59117	60370	61630	946
46－55 人	210227	31444	30554	33639	35062	38017	41206	305
56－65 人	85224	12648	11687	13769	13971	15694	17348	107
66 人及以上	37406	5313	4847	5943	6349	6877	8026	51

小　学

Number of Students

	毕业生数 Graduates	招生数 Entrants			
		计 Total	其中：受过学前教育 of Which：received the pre-school education	合计 Total	其中：女 of Which：Female
总　计 Total	**18051997**	**16377978**	**14731156**	**100714661**	**46604874**
其中：女 of Which：Female	8441875	7545222	6729254	46604874	
教育部门和集体办 Run by Ed. Dept. & Communities	17108113	15440279	13865876	95033065	44265023
民办 Non-state/private	820993	840220	775469	5028766	2032928
其他部门办 Run by Non-ed. Dept.	122891	97479	89811	652830	306923
城市 Urban	3037241	2829995	2734946	17787684	8129986
教育部门和集体办 Run by Ed. Dept. & Communities	2682389	2456777	2383592	15582143	7192145
民办 Non-state/private	319021	346059	325371	2014234	848766
其他部门办 Run by Non-ed. Dept.	35831	27159	25983	191307	89075
县镇 Counties & Towns	4836902	4127154	3930616	26371538	12008330
教育部门和集体办 Run by Ed. Dept. & Communities	4520051	3829875	3650718	24509918	11284089
民办 Non-state/private	296138	282226	265764	1754297	673719
其他部门办 Run by Non-ed. Dept.	20713	15053	14134	107323	50522
农村 Rural	10177854	9420829	8065594	56555439	26466558
教育部门和集体办 Run by Ed. Dept. & Communities	9905673	9153627	7831566	54941004	25788789
民办 Non-state/private	205834	211935	184334	1260235	510443
其他部门办 Run by Non-ed. Dept.	66347	55267	49694	354200	167326
总计中：五年制 of the Total：5-Year		419139	410193	2234016	1051433
一贯制学校小学部 Primary Schools for 6-Year	1374453	1084191	995602	7098469	3188241
其他学校附设 Other Primary Schools Attached	267552	44988	41084	471252	202994
少数民族 Minorities	1713703	1786745	1243628	10591233	4945624
重读生 Repeaters				279624	114912
重读中女 of Which：Female				114912	
小学教学点 External Teaching Sites	317856	910695	697682	3310681	1551191
复式班 Morning & Afternoon Shift Classes		148675	92937	554827	260660

学 生 数
in Primary Schools

单位：人
unit：person

在校学生数 Enrolment						毕业班学生数 Graduates for Next Year
一年级 Grade 1	二年级 Grade 2	三年级 Grade 3	四年级 Grade 4	五年级 Grade 5	六年级 Grade 6	
16628761	**16568751**	**16935675**	**16822330**	**16828810**	**16930334**	**17388465**
7649235	7650510	7819455	7798125	7807913	7879636	8074692
15686848	15664446	15993621	15866530	15863784	15957836	16385994
844087	800939	833187	841851	847380	861322	881026
97826	103366	108867	113949	117646	111176	121445
2835097	2978424	3058839	3075776	2988320	2851228	3046037
2461376	2616553	2683975	2703668	2623052	2493519	2676318
346559	331761	343218	338150	330881	323665	334920
27162	30110	31646	33958	34387	34044	34799
4170281	4187318	4364253	4422296	4524950	4702440	4831399
3870602	3900515	4061418	4106984	4203564	4366835	4485827
284536	269780	284599	296701	301733	316948	324917
15143	17023	18236	18611	19653	18657	20655
9623383	9403009	9512583	9324258	9315540	9376666	9511029
9354870	9147378	9248228	9055878	9037168	9097482	9223849
212992	199398	205370	207000	214766	220709	221189
55521	56233	58985	61380	63606	58475	65991
424829	448130	453387	449330	458340		449180
1094199	1089653	1148949	1190984	1245695	1328989	1380929
45123	46851	51035	57217	72187	198839	202700
1850937	1789283	1792024	1739290	1714934	1704765	1693524
250783	11257	7781	5119	3993	691	
104013	4414	2877	1925	1426	257	
932440	844859	606180	418016	285091	224095	225376
171264	176179	96438	63686	29320	17940	16475

小学学龄人口入学
Number on School-age Population

	在校学龄人口数 School-age Population		招生数 Entrants		
	计 Total	其中:女 of Which: Female	计 Total	其中:受过学前教育 of Which: received the pre-school education	计 Total
合　计 Total	**95486431**	**44233347**	**16377978**	**14731156**	**100714661**
5 岁及以下 Under 5 years			393827	341734	407142
6 岁	9924438	4594257	11000546	10264274	11521816
7 岁	15966007	7376752	4679899	3924629	15966505
8 岁	16293393	7543348	247630	171164	16293398
9 岁	16372235	7592598	39718	21779	16372235
10 岁	16136898	7487637	10201	4838	16136898
11 岁	16057200	7433354	3372	1498	16130585
12 岁	4736260	2205401	1913	931	6676286
13 岁			489	190	900540
14 岁			239	82	223636
15 岁及以上 Over 15 years			144	37	85620
城市 Urban	16998295	7782638	2829995	2734946	17787684
5 岁及以下 Under 5 years			47831	45325	48131
6 岁	2120983	973427	2259291	2192562	2336683
7 岁	2910908	1335417	492578	469875	2910907
8 岁	2982758	1366519	25760	23475	2982760
9 岁	3052587	1400598	3360	2892	3052587
10 岁	2918750	1340457	690	500	2918750
11 岁	2710980	1232205	294	193	2741388
12 岁	301329	134015	146	96	689679
13 岁			30	20	87035
14 岁			12	5	16035
15 岁及以上 Over 15 years			3	3	3729

及在校生情况
of Primary Schools

单位：人
unit：person

在校学生数 Enrolment						
其中：女 of Which：Female	一年级 Grade 1	二年级 Grade 2	三年级 Grade 3	四年级 Grade 4	五年级 Grade 5	六年级 Grade 6
46604874	**16628761**	**16568751**	**16935675**	**16822330**	**16828810**	**16930334**
196367	403737	3381	24			
5348684	11098740	417399	5651	26		
7376995	4783990	10718197	457468	6821	29	
7543348	276699	4938371	10591998	478737	7563	30
7592598	46218	393592	5218442	10198793	503689	11501
7487637	12363	67330	507782	5327023	9709771	512629
7465961	3888	19433	105004	616505	5690083	9695672
3065159	2183	7052	31643	136492	704273	5794643
390949	537	2769	11480	39557	152092	694105
97792	253	833	4720	12491	42578	162761
39384	153	394	1463	5885	18732	58993
8129986	2835097	2978424	3058839	3075776	2988320	2851228
25300	47854	272	5			
1076220	2263515	72540	624	4		
1335417	493271	2331634	85085	909	8	
1366519	25889	526879	2332178	96810	993	11
1400598	3381	40937	578558	2321817	106071	1823
1340457	700	4535	52217	581888	2174283	105127
1245388	295	1109	7568	61563	621141	2049712
298706	147	345	1539	9542	70973	607133
34110	30	106	757	2382	11624	72136
5915	12	37	213	640	2504	12629
1356	3	30	95	221	723	2657

小学学龄人口入学
Number on School-age Population

	在校学龄人口数 School-age Population		招生数 Entrants		
	计 Total	其中:女 of Which: Female	计 Total	其中:受过学前教育 of Which: received the pre-school education	
县镇 Counties & Towns	**24875643**	**11338867**	**4127154**	**3930616**	**26371538**
5 岁及以下 Under 5 years			103756	98610	105748
6 岁	2394009	1097159	2794508	2702274	2947092
7 岁	4055757	1849532	1159032	1073422	4056148
8 岁	4189167	1910900	58759	48934	4189169
9 岁	4283956	1952790	7913	5474	4283956
10 岁	4297131	1961254	2104	1224	4297131
11 岁	4363826	1979050	533	272	4387746
12 岁	1291797	588182	457	362	1820113
13 岁			51	22	222825
14 岁			28	18	47602
15 岁及以上 Over 15 years			13	4	14008
农村 Rural	53612493	25111842	9420829	8065594	56555439
5 岁及以下 Under 5 years			242240	197799	253263
6 岁	5409446	2523671	5946747	5369438	6238041
7 岁	8999342	4191803	3028289	2381332	8999450
8 岁	9121468	4265929	163111	98755	9121469
9 岁	9035692	4239210	28445	13413	9035692
10 岁	8921017	4185926	7407	3114	8921017
11 岁	8982394	4222099	2545	1033	9001451
12 岁	3143134	1483204	1310	473	4166494
13 岁			408	148	590680
14 岁			199	59	159999
15 岁及以上 Over 15 years			128	30	67883

及在校生情况(续)
of Primary Schools

单位：人
unit：person

在校学生数 Enrolment						
其中:女 of Which： Female	一年级 Grade 1	二年级 Grade 2	三年级 Grade 3	四年级 Grade 4	五年级 Grade 5	六年级 Grade 6
12008330	**4170281**	**4187318**	**4364253**	**4422296**	**4524950**	**4702440**
52069	104906	834	8			
1355565	2813436	132286	1358	12		
1849722	1178111	2730666	145470	1888	13	
1910900	61564	1216824	2751900	156567	2306	8
1952790	8664	89200	1317090	2696932	168256	3814
1961254	2441	12480	117270	1379072	2610119	175749
1989705	576	3228	21439	147773	1524466	2690264
817139	489	1037	6098	28979	175212	1608298
93043	53	584	2456	7605	33354	178773
19942	28	136	891	2505	8054	35988
6201	13	43	273	963	3170	9546
26466558	9623383	9403009	9512583	9324258	9315540	9376666
118998	250977	2275	11			
2916899	6021789	212573	3669	10		
4191856	3112608	5655897	226913	4024	8	
4265929	189246	3194668	5507920	225360	4264	11
4239210	34173	263455	3322794	5180044	229362	5864
4185926	9222	50315	338295	3366063	4925369	231753
4230868	3017	15096	75997	407169	3544476	4955696
1949314	1547	5670	24006	97971	458088	3579212
263796	454	2079	8267	29570	107114	443196
71935	213	660	3616	9346	32020	114144
31827	137	321	1095	4701	14839	46790

	教　职 Teachers,			
	合　计 Total	专任教师 Full-time Teachers	行政人员 Adm. Personnel	教辅人员 Teaching Auxiliary
总　计 Total	**6135536**	**5633447**	**237699**	**106191**
其中:女 of Which: Female	3397461	3217059	63576	48745
少数民族 Minorities	633473	585165	22193	8881
教育部门和集体办 Run by Ed. Dept. & Communities	5784512	5371227	218690	91414
民办 Non-state/private	300532	219684	16563	13186
其他部门办 Run by Non-ed. Dept.	50492	42536	2446	1591
城市 Urban	1049231	929281	54903	24379
教育部门和集体办 Run by Ed. Dept. & Communities	907936	823718	47044	17690
民办 Non-state/private	130315	95700	7323	6416
其他部门办 Run by Non-ed. Dept.	10980	9863	536	273
县镇 Counties & Towns	1564486	1407342	66384	36906
教育部门和集体办 Run by Ed. Dept. & Communities	1446629	1321488	60039	31890
民办 Non-state/private	106904	76783	5734	4613
其他部门办 Run by Non-ed. Dept.	10953	9071	611	403
农村 Rural	3521819	3296824	116412	44906
教育部门和集体办 Run by Ed. Dept. & Communities	3429947	3226021	111607	41834
民办 Non-state/private	63313	47201	3506	2157
其他部门办 Run by Non-ed. Dept.	28559	23602	1299	915

职工数
Workers in Primary Schools

单位：人
unit：person

工　数 Staff & Workers		代课教师 Substitute Teachers	兼任教师 Part-time Teachers
工勤人员 Workers	校办工厂、农场职工 Employees in School-run Factories & Farms		
156216	**1983**	**234502**	**15542**
67357	724	158110	8522
17100	134	28087	1389
101582	1599	216190	12084
50727	372	16588	3262
3907	12	1724	196
40239	429	30083	3805
19127	357	25280	2225
20809	67	4045	1457
303	5	758	123
53142	712	30263	3131
32682	530	25038	2155
19592	182	5075	966
868		150	10
62835	842	174156	8606
49773	712	165872	7704
10326	123	7468	839
2736	7	816	63

小学分课程专任教师
Breakdown of Full-time Primary School

	总 计 Total	其中:女 of Which: Female	品德与生活(社会) Moral Edu.	语 文 Chinese	数 学 Mathematics	外语 Foreign 计 Total	英语 English	日语 Japanese
合计 Total	**5633447**	**3217059**	**192078**	**2223616**	**1748177**	**316372**	**311323**	**207**
研究生毕业 Graduate	4684	3375	264	1690	868	649	640	3
本科毕业 Under-graduate	1110503	808569	28028	459332	294096	112054	110730	36
专科毕业 Associate Bachelor	3100558	1884497	95545	1254537	986742	180605	177551	118
高中阶段毕业 High School Graduate	1384082	513598	66506	495922	455633	22773	22125	50
高中阶段毕业以下 Below High School Graduate	33620	7020	1735	12135	10838	291	277	
合计中:女 of Total:Female	3217059		83654	1436103	916576	248684	238266	139
少数民族 Minorities	585165	297328	20017	237917	181057	18751	17960	45

小学专任教师专业
Full-time Teachers in Primary Schools

	合 计 Total	其中:女 of Which Female	25岁及以下 25 Years and Under	26－30 26 to 30	31－35 31 to 35
合 计 Total	**5633447**	**3217059**	**405321**	**1019385**	**980438**
中学高级 Senior Secondary	52443	26473		147	1291
小学高级 Senior Primary	2881048	1519069	491	98984	407809
小学一级 1st Grade Primary	2099266	1265451	116654	730738	516908
小学二级 2ed Grade Primary	240237	149245	83767	94593	28095
小学三级 3rd Grade Primary	19297	11937	7192	4931	2336
未评职称 Rank Undecided	341156	244884	197217	89992	23999
总计中:女 of the Total:Female	3217059		305587	721913	660855
少数民族 Minorities	585165	297328	45317	112606	109466

学历情况

Teachers by Educational Attainment

单位：人

unit：person

Languages 俄语 Russian	体育 Physical Culture	科学 Sceomce	艺术 Arts	音乐 Music	美术 Arts	综合实践活动 计 Total	信息技术 Information Technique	劳动与技术 Skills Teaching	其他 Others	当年不任课 No Teaching Load in Current Year
96	**223330**	**162528**	**20693**	**158580**	**143427**	**161968**	**105887**	**52563**	**170571**	**112107**
	201	182	17	177	163	175	143	30	137	161
31	49015	23901	2378	40918	34206	34085	28135	5442	20862	11628
59	115122	85133	12227	84314	72678	88331	61196	25374	84217	41107
6	57556	52348	5957	32557	35601	38450	16164	21078	63277	57502
	1436	964	114	614	779	927	249	639	2078	1709
52	46614	64020	11757	117517	78966	60533	35871	21474	101805	50830
13	20968	15125	1588	15322	12718	14087	8313	5179	34439	13176

技术职称、年龄结构情况

Broken Down by Rank and Age

单位：人

unit：person

36－40 36 to 40	41－45 41 to 45	46－50 46 to 50	51－55 51 to 55	56－60 56 to 60	61 岁及以上 61 Years And Over
811347	**715751**	**650023**	**756251**	**293010**	**1921**
8809	13923	12583	11502	4063	125
521131	510166	496996	610257	233928	1286
253179	174456	130550	125933	50473	375
12969	7746	5183	5010	2834	40
1510	1034	809	892	584	9
13749	8426	3902	2657	1128	86
526083	414211	317308	270118	754	230
90571	80330	61571	61971	23023	310

小学专任教
Changes of Full-time

	上学年初报表专任教师数 Total Number of Full-time Teachers at Beginning of Previous Academic Year	增加教师 Factors of Increase				
		计 Total	录用毕业生 New Recruits from Current Year Graduates	调入 Teachers Recruited from Other Units	校内调整 of Which With Change of Status in Their Own Institutions	其他 Others
合　计 Total	**5621938**	**672333**	**103667**	**379184**	**144766**	**44716**
其中:女 of Which: Female	3168663	376582	75974	210963	61658	27987
城市 Urban	917093	89863	18084	51108	10385	10286
其中:女 of Which: Female	726932	67484	14427	39058	6485	7514
县镇 Counties & Towns	1358180	168426	21315	103095	31430	12586
其中:女 of Which: Female	922981	106950	16381	67018	15398	8153
农村 Rural	3346665	414044	64268	224981	102951	21844
其中:女 of Which: Female	1518750	202148	45166	104887	39775	12320

小学学生、教职工
Supplementary Information on Students and

	在校学生中 of Total Students		教职 of Total Staff	
	共青团员 Member of C. Y. L.	华侨 Overseas Chinese	共产党员 Member of C. P. C.	共青团员 Member of C. Y. L.
合　计 Total	**2924**	**7939**	**1443729**	**497135**
其中:女 of Which: Female	1601	3619	566646	361929
城市 Urban	584	1052	283843	143561
其中:女 of Which: Female	327	525	195496	115958
县镇 Counties & Towns	689	4711	379880	139169
其中:女 of Which: Female	395	2128	172794	106150
农村 Rural	1651	2176	780006	214405
其中:女 of Which: Female	879	966	198356	139821

师变动情况
Teachers in Primary Schools

单位：人
unit：person

减少教师 Factors of Decrease					本学年初报表专任教师数 Total Number of Full-time Teachers at Beginning of Current Academic Year
计 Total	自然减员 Retired from their posts during previous academic year	调出 Transferred from teaching to Non-Teaching Posts	校内调整 of Which With Change of Status in Their Own Institutions	其他 Others	
660824	**110247**	**356336**	**138643**	**55598**	**5633447**
328186	50111	188599	59913	29563	3217059
77675	17300	38423	8924	13028	929281
56692	13736	28111	5932	8913	737724
119264	24280	62181	22847	9956	1407342
70627	13969	39298	11555	5805	959304
463885	68667	255732	106872	32614	3296824
200867	22406	121190	42426	14845	1520031

政治面貌及其他
Staff & Workers of Primary Schools

单位：人
unit：person

工中 & Workers		专任教师中 of Total Full-time Teachers			
民主党派 Non-Communist Parties	华侨 Overseas Chinese	共产党员 Member of C. P. C.	共青团员 Member of C. Y. L.	民主党派 Non-Communist Parties	华侨 Overseas Chinese
12560	**451**	**1263506**	**485933**	**11341**	**389**
8108	250	519970	356106	7421	220
6780	132	240986	139079	6073	115
5082	104	172059	113261	4611	94
2440	95	326779	135667	2182	79
1500	50	160206	104371	1402	44
3340	224	695741	211187	3086	195
1526	96	187705	138474	1408	82

小学办学
Condition of School Buildings

	学校占地面积 Areas Occupied	校舍建筑面积 Floor Space	教学及辅 Teaching & Assistant				
			计 Total	其中			
				普通教室 Classroom	实验室 Laboratory	图书室 Library	微机室 PC-room
合　计 Total	**2402676431**	**580397976**	**339798740**	**274774447**	**13981965**	**12715758**	**10242478**
城市 Urban	198242160	95585725	53274646	37652444	2440673	2051438	2009781
县镇 County City & Towns	424177362	133594697	74609264	58955337	3008592	2563578	2490723
农村 Rural	1780256909	351217554	211914830	178166666	8532700	8100742	5741974

小　学　办
Condition of School Buildings

	体育运动场(馆)面积(平方米) Sports Areas (m^2)	计算机(台) PC (Set)	图书藏量(册) Books & Magazines in Libraries (Volume)
合　计 Total	**702358899**	**3849568**	**1469710523**
城市 Urban	66997503	1244115	305917086
县镇 County City & Towns	124983650	1101300	382902568
农村 Rural	510377746	1504153	780890869

条件(一)
in Primary Schools (1)

单位：平方米
unit: m^2

助用房 Buildings of Which 语音室 Linguistic	行政办公用房 Administrative 计 Total	其中：教师办公室 of Which: for Teachers	生活用房 Residential and Welfare	其他用房 Rooms for Other Purposes	校舍面积中 of the Floor Space 危房面积 Floor Space of Dilapidated Buildings	当年新增 Added in Current Year
2795538	**57979464**	**44137898**	**127360130**	**55259642**	**94977014**	**19857762**
720204	10863986	7074145	14744921	16702172	5082995	2793011
921116	13601237	9653203	31732545	13651651	16674245	5510520
1154218	33514241	27410550	80882664	24905819	73219774	11554231

学条件(二)
in Primary Schools (2)

电子图书藏量 (GB) Electronic Books & Magazines in Libraries (GB)	固定资产总值(万元) Total Value of Fixed Asset (10,000 yuan) 计 Total	其中：仪器设备总值(万元) of Which: Total Value of Equip & Instru. (10,000 yuan) 计 Subtotal	专业实验设备 for Prefession	专业实习设备 for Practice
15444150. 25	**42885239. 23**	**3614568. 86**	**1849453. 17**	**290136. 08**
4182106. 87	12983502. 64	1333641. 19	632678. 34	84978. 65
3488455. 5	11216012. 24	1023601. 31	533486. 32	92888. 29
7773587. 88	18685724. 35	1257326. 36	683288. 51	112269. 14

小学办学条件(三)
Condition of School Buildings in Primary Schools (3)

单位：所
unit：school

	体育运动场(馆)面积达标校数 Schools No：Sports Areas Reached Standard	体育器械配备达标校数 Schools No：Sports Equip. Reached Standard	音乐器械配备达标校数 Schools No：Musical Instru. Reached Standard	美术器械配备达标校数 Schools No：Fine Arts Instru. Reached Standard	教学自然实验仪器达标校数 Schools No：Equip. of Natural Sci. Reached Standard	建立校园网校数 Schools No：Campus Networks Set
合计 Total	**150952**	**138489**	**127343**	**124078**	**149301**	**38961**
城市 Urban	10823	12476	12337	12055	12578	10326
县镇 County City & Towns	19554	19992	18854	18279	20988	9773
农村 Rural	120575	106021	96152	93744	115735	18862

成人小学基本情况
Basic Statistics of Adult Primary Schools

单位：人(人次)
unit：person

	学校数(所) Schools	教学班(点)(个) External Teaching Sites	毕(结)业生数 Graduates		注册学生数 enrolment		教职工数 Teachers, Staff & Workers		聘请校外教师 Part-time Teachers
			计 Total	其中:女 of Which: Female	计 Total	其中:女 of Which: Female	计 Total	其中:专任教师 of which: Full-time Teachers	
合计 Total	**41910**	**75250**	**2032847**	**1077737**	**2108199**	**1136420**	**82736**	**34034**	**51967**
其中:少数民族 of Which: Minority	1843	6439	351871	176870	414324	210161	15092	3962	9704
职工小学 General Primary Schools for Staff & workers	834	1030	77049	43406	21161	10644	1721	1385	1455
农民小学 General Primary Schools for Peasants	41076	74220	1955798	1034331	2087038	1125776	81015	32649	50512
小学班 Primary Classes	13226	19253	998390	508569	938488	493141	19394	11047	12820
扫盲班 Eliminate Illiteracy Classes	27850	54967	957408	525762	1148550	632635	61621	21602	37692

五、工读学校
Correctional Work-study Schools

工读学校基本情况
Basic Statistics of Correctional Work-study Schools

单位：人
unit：person

	学校数（所）Schools	班数（个）Classes	离校人数 School Leavers	入校人数 No. of persons Entered	在校生数 Enrolment	教职工数 Teachers，Staff & Workers	
						计 Total	其中：专任教师 of Which：Full-time Teachers
合　计 Total	**72**	**430**	**4511**	**3919**	**9213**	**2669**	**1745**
其中：女 of Which：Female			635	502	1239	883	624

六、特殊教育
Special Education

特殊教育

Basic Statistics of

	学校数（所）Schools	班 数（个）Classes	毕业生数 Graduates	招生数 Entrants	合 计 Total	小学	
						一年级 Grade 1	二年级 Grade 2
总计 Total	**1672**	**15737**	**57423**	**64018**	**428125**	**48529**	**49192**
其中：女 of Which Female			20209	22289	147636	16309	16884
视力残疾	35	974			48368	3573	4155
听力残疾	541	8612			115056	13265	12617
智力残疾	401	6151			207973	26019	27238
其他残疾	695				56728	5672	5182
特殊教育学校 Schools for Special Edu.		15045	14205	22261	158962	23716	20133
视力残疾		960			8968	1106	976
听力残疾		8544			89227	10886	9629
智力残疾		5541			59680	11383	9330
其他残疾					1087	341	198
小学附设特教班 Classes Attached to Primary Schools		674	570	621	4473	754	705
视力残疾		14			105	17	14
听力残疾		68			417	92	99
智力残疾		592			3825	607	562
其他残疾					126	38	30
小学随班就读 Followers in Primary Schools			20785	19172	187650	24059	28354
视力残疾					20773	2450	3165
听力残疾					17865	2287	2889
智力残疾					116367	14029	17346
其他残疾					32645	5293	4954
普通（职业）初中附设特教班 Special Classes Attached to Junior High (Vocational) Schools		18	76	76	184		
视力残疾							
听力残疾							
智力残疾		18			184		
其他残疾							
普通（职业）初中随班就读 Followers in Junior High (Vocational) Schools			21787	21888	76856		
视力残疾					18522		
听力残疾					7547		
智力残疾					27917		
其他残疾					22870		
合计中：of the Total：							
城市 Urban	746	8611	15970	17483	126639	15242	13063
县镇 County & Towns	839	6407	21116	23509	141000	15670	15726
农村 Rural	87	719	20337	23026	160486	17617	20403

单位：人
unit：person

在校学生数 Enrolment

阶段					初中阶段				高中阶段		
	三年级 Grade 3	四年级 Grade 4	五年级 Grade 5	六年级 Grade 6	一年级 Grade 1	二年级 Grade 2	三年级 Grade 3	四年级 Grade 4	一年级 Grade 1	二年级 Grade 2	三年级 Grade 3
	51774	**52329**	**52817**	**49321**	**36883**	**38358**	**37121**	**3135**	**3378**	**2726**	**2562**
	17330	17665	17787	16883	13347	13628	13265	1115	1314	1081	1028
	4452	4620	4789	4893	6401	6991	6950	103	464	395	582
	13117	13092	13197	12225	10556	10615	9706	765	2214	1945	1742
	28270	29030	29004	26641	12751	13193	12773	1738	694	384	238
	5935	5587	5827	5562	7175	7559	7692	529	6	2	
	18672	17385	17005	14936	13191	12008	11353	1897	3378	2726	2562
	964	869	822	867	793	562	491	77	464	395	582
	9869	9657	9953	9237	8180	7853	7327	735	2214	1945	1742
	7686	6762	6121	4736	4186	3578	3497	1085	694	384	238
	153	97	109	96	32	15	38		6	2	
	774	766	830	636	3	3	2				
	17	15	20	22							
	94	48	36	48							
	650	694	752	552	3	3	2				
	13	9	22	14							
	32328	34178	34982	33749							
	3471	3736	3947	4004							
	3154	3387	3208	2940							
	19934	21574	22131	21353							
	5769	5481	5696	5452							
					87	77	20				
					87	77	20				
					23602	26270	25746	1238			
					5608	6429	6459	26			
					2376	2762	2379	30			
					8475	9535	9254	653			
					7143	7544	7654	529			
	13331	13609	14160	13049	11517	11485	11533	1846	2975	2435	2394
	15627	15374	15658	14801	15128	15958	15131	1186	363	230	148
	22816	23346	22999	21471	10238	10915	10457	103	40	61	20

特殊教育在校学生中职业技术

Condition of Minorities and Vocational &

	合 计 Total	其中:女 of Which Female	小学阶段				
			一年级 Grade 1	二年级 Grade 2	三年级 Grade 3	四年级 Grade 4	五年级 Grade 5
职业技术班 Voca. & Skill Class	5167	1506	26	24	104	82	138
少数民族 Minorities	32815	1	3914	4221	4201	4228	4227

特殊教育学

Number of Teachers, Staff and Workers

	教 职 Teachers, Staff		
	合 计 Total	专任教师 Full-time Teachers	行政人员 Adm. Personnel
合 计 Total	**47466**	**37945**	**3432**
其中:女 of Which: Female	32101	27437	1637
少数民族 Minorities	2713	2243	159

班学生及少数民族学生情况
Skill Students in Special Education Schools

单位：人
unit：person

	初中阶段				高中阶段		
六年级 Grade 6	一年级 Grade 1	二年级 Grade 2	三年级 Grade 3	四年级 Grade 4	一年级 Grade 1	二年级 Grade 2	三年级 Grade 3
155	543	551	654	357	969	821	743
3960	2570	2555	2601	40	98	78	122

校教职工数
in Special Education Schools

单位：人
unit：person

工　数 & Workers		代课教师 Substitute Teachers	兼任教师 Part-time Teachers
教辅人员 Teaching Auxiliary	工勤人员 Workers		
2283	**3806**	**1024**	**329**
1370	1657	693	216
122	189	29	50

特殊教育学校专任
Full-time Teachers in Special Education

	合 计 Total	按学历分 Broken down by Educational Attainment				
		研究生毕业 Graduate	本科毕业 Under-graduate	专科毕业 Associate Bachelor	高中阶段毕业 High School Graduate	高中阶段毕业以下 Below High School Graduate
合 计 Total	**37945**	**270**	**15160**	**17697**	**4661**	**157**
其中:女 of Which:Female	27437	208	11049	12997	3092	91
受过特教专业培训 Trainea in Special Education	20714	166	8740	9658	2086	64

特殊教育专任
Changes of Full-time Teachers in

	上学年初报表专任教师数 Total Number of Full-time Teachers at Beginning of Previous Academic Year	增 加 教 师 Factors of Increase				
		计 Total	录用毕业生 New Recruits from Current Year Graduates	调 入 Teachers Recruited from Other Units	校内调整 of Which With Change of Status in Their Own Institutions	其 他 Others
合 计 Total	**36271**	**3581**	**877**	**1767**	**704**	**233**
其中:女 of Which: Female	26282	2440	690	1223	392	135

特殊教育学
Condition of School Buildings

	学校占地面 积 Areas Occupied	校舍建筑面 积 Floor Space	教学及辅助用房 Teaching & Assistant Buildings					
			计 Total	其中 of Which				
				普通教室 Classroom	实验室 Laboratory	图书室 Library	微机室 PC-room	专用教室 Classroom Only
合计 Total	**11621701**	**4876181**	**2150240**	**1278967**	**81540**	**86079**	**85103**	**424586**

教师学历、职称情况

Schools Broken Down by Rank and Age

单位：人

unit：person

按职称分 Broken down by Rank					
中学高级 Senior Secondary	小学高级 Senior Primary	小学一级 1st Grade Primary	小学二级 2nd Grade Primary	小学三级 3rd Grade Primary	未评职称 Rank Undecided
2308	**19463**	**12236**	**1429**	**52**	**2457**
1316	14092	8972	1085	37	1935
995	10049	7271	927	25	1447

教师变动情况

Special Education Schools

单位：人

unit：person

减少教师 Factors of Decrease					本学年初报表专任教师数 Total Number of Full-time Teachers at Beginning of Current Academic Year
计 Total	自然减员 Retired from their posts during previous academic year	调出 Transferred from Teaching to Non-Teaching Posts	校内调整 of Which With Change of Status in Their Own Institutions	其他 Others	
1907	**564**	**689**	**424**	**230**	**37945**
1285	385	477	255	168	27437

校办学条件

in Special Education Schools

单位：平方米

unit：m^2

行政办公用房 Administrative		生活用房 Residential and Welfare	其他用房 Rooms for Other Purposes	校舍面积中 of the Floor Space		图书（册） Books & Magazines in Libraries (Volume)	教学用录像录音带(盘) Video and Tape (disc) for Teaching
计 Total	其中:教师办公室 of Which: for Teachers			危房面积 Floor Space of Dilapidated Buildings	当年新增 Added in Current Year		
567265	**354270**	**1409455**	**749221**	**360313**	**175659**	**4889553**	**98722**

七、幼儿教育
Pre-primary Education

幼儿园园数、班数

Number of Kindergartens, Classes in Pre-primary Education

	园数(所) Kindergartens		班数(个) Classes	
	计 Total	其中：少数民族幼儿园 of Which: Minorities	计 Total	其中：学前班 of Which: Pre-primary
总　计 Total	**138209**	**1601**	**867894**	**246121**
教育部门 Run by Ed. Dept.	26958	1144	366980	181539
集体办 Run by Communities	17542	146	70918	5691
民办 Non-state/private	89304	311	395050	55924
其他部门办 Run by Non-ed. Dept.	4405		34946	2967
城市 Urban	33496	116	227516	23108
教育部门 Run by Ed. Dept.	4062	58	46826	6841
集体办 Run by Communities	2401	14	16121	738
民办 Non-state/private	23777	44	137018	14048
其他部门办 Run by Non-ed. Dept.	3256		27551	1481
县镇 Counties & Towns	38347	291	251079	51200
教育部门 Run by Ed. Dept.	8155	164	97847	29937
集体办 Run by Communities	2919	12	17986	1383
民办 Non-state/private	26721	115	130846	19317
其他部门办 Run by Non-ed. Dept.	552		4400	563
农村 Rural	66366	1194	389299	171813
教育部门 Run by Ed. Dept.	14741	922	222307	144761
集体办 Run by Communities	12222	120	36811	3570
民办 Non-state/private	38806	152	127186	22559
其他部门办 Run by Non-ed. Dept.	597		2995	923
合计中：独立设置幼儿园、小学附设幼儿园、独立设置学前班 of Total: Inde. Kinder., Kinder. Attached to Primary School and Inde. Pre-primary Classes			656886	82178
小学附设幼儿班、学前班 Kinder. And Pre-primary Classes Attached to Primary School			211008	163943

幼儿教育分年龄学生数
Number of Pre-primary Education by Ages

单位：人
unit：person

	入园(班)人数 Enrollment		在园(班)人数 Retained		离园(班)人数 Leavers	
	计 Total	其中:学前班 of Which: Pre-primary	计 Total	其中:学前班 of Which: Pre-primary	计 Total	其中:学前班 of Which: Pre-primary
总　计 Total	**15468596**	**6455854**	**26578141**	**7679301**	**10406353**	**5450741**
其中:女 of Which:Female	6948872	2901509	11981269	3440160	4652650	2453767
少数民族 Minorities	1441725	932870	1894185	1025591	815675	630320
教育部门办 Run by Ed. Dept.	8407221	5133983	11988076	5616135	5773493	3917478
3岁以下 3 and under	294592	17301	352967	19319	10341	1744
3-5岁 3-5 years	4507336	1943000	7068658	2124466	623038	311914
5岁以上 5 and over	3605293	3173682	4566451	3472350	5140114	3603820
集体办 Run by Communities	890249	110325	2140638	189848	777698	143330
3岁以下 3 and under	92034	846	121769	1052	3524	113
3-5岁 3-5 years	649365	43595	1547192	75750	82196	7766
5岁以上 5 and over	148850	65884	471677	113046	691978	135451
民办 Non-state/private	5746897	1151689	11341694	1769000	3500720	1289428
3岁以下 3 and under	894613	11629	1242323	18258	57856	1821
3-5岁 3-5 years	3556972	349419	7417222	492814	549921	86568
5岁以上 5 and over	1295312	790641	2682149	1257928	2892943	1201039
其他部门办 Run by Non-ed. Dept.	424229	59857	1107733	104318	354442	100505
3岁以下 3 and under	96024	315	118357	486	2311	54
3-5岁 3-5 years	245678	7917	706182	13033	40930	3597
5岁以上 5 and over	82527	51625	283194	90799	311201	96854
城市 Urban	2816575	503088	6693227	786935	2102678	625763
其中:女 of Which:Female	1259556	221974	3023084	344393	923716	274836
少数民族 Minorities	116147	41909	224052	52551	72563	37349
教育部门办 Run by Ed. Dept.	797993	238994	1662856	282975	593066	202579
3岁以下 3 and under	90747	205	107691	547	2870	149
3-5岁 3-5 years	459460	57895	1075133	67314	69867	15514
5岁以上 5 and over	247786	180894	480032	215114	520329	186916
集体办 Run by Communities	185009	12165	503274	24974	168562	23740
3岁以下 3 and under	33992	62	45502	151	2028	58
3-5岁 3-5 years	120903	1390	336064	3361	17225	492
5岁以上 5 and over	30114	10713	121708	21462	149309	23190
民办 Non-state/private	1532356	231614	3668142	426712	1081698	345795
3岁以下 3 and under	313200	1356	457626	3984	22832	531
3-5岁 3-5 years	886937	38180	2328838	64101	147380	14382
5岁以上 5 and over	332219	192078	881678	358627	911486	330882
其他部门办 Run by Non-ed. Dept.	301217	20315	858955	52274	259352	53649
3岁以下 3 and under	81153	97	99030	199	2006	14
3-5岁 3-5 years	181047	3176	553213	6052	28399	1691
5岁以上 5 and over	39017	17042	206712	46023	228947	51944

幼儿教育分年龄学生数(续)

Number of Pre-primary Education by Ages

单位：人

unit: person

	入园(班)人数 Enrollment		在园(班)人数 Retained		离园(班)人数 Leavers	
	计 Total	其中:学前班 of Which: Pre-primary	计 Total	其中:学前班 of Which: Pre-primary	计 Total	其中:学前班 of Which: Pre-primary
县镇 Counties & Towns	**4866068**	**1598892**	**8624934**	**2027505**	**3234139**	**1528372**
其中:女 of Which:Female	2186904	720897	3879404	908669	1436371	682431
少数民族 Minorities	443756	216172	643693	244008	248545	159791
教育部门办 Run by Ed. Dept.	2405993	1131714	3905974	1315268	1724329	991499
3岁以下 3 and under	130785	3620	155180	4192	4765	317
3-5岁 3-5 years	1317160	335869	2405436	393044	198750	70510
5岁以上 5 and over	958048	792225	1345358	918032	1520814	920672
集体办 Run by Communities	259064	31492	611164	53965	219685	42354
3岁以下 3 and under	28236	253	36557	278	1064	54
3-5岁 3-5 years	183077	9844	442516	17746	23706	2630
5岁以上 5 and over	47751	21395	132091	35941	194915	39670
民办 Non-state/private	2135042	422648	3956500	637175	1236319	474168
3岁以下 3 and under	338808	3611	458172	5970	21926	515
3-5岁 3-5 years	1291638	111732	2539664	157099	202402	28849
5岁以上 5 and over	504596	307305	958664	474106	1011991	444804
其他部门办 Run by Non-ed. Dept.	65969	13038	151296	21097	53806	20351
3岁以下 3 and under	11791	195	14441	252	273	40
3-5岁 3-5 years	38548	1708	99303	3145	8163	1163
5岁以上 5 and over	15630	11135	37552	17700	45370	19148
农村 Rural	7785953	4353874	11259980	4864861	5069536	3296606
其中:女 of Which:Female	3502412	1958638	5078781	2187098	2292563	1496500
少数民族 Minorities	881822	674789	1026440	729032	494567	433180
教育部门办 Run by Ed. Dept.	5203235	3763275	6419246	4017892	3456098	2723400
3岁以下 3 and under	73060	13476	90096	14580	2706	1278
3-5岁 3-5 years	2730716	1549236	3588089	1664108	354421	225890
5岁以上 5 and over	2399459	2200563	2741061	2339204	3098971	2496232
集体办 Run by Communities	446176	66668	1026200	110909	389451	77236
3岁以下 3 and under	29806	531	39710	623	432	1
3-5岁 3-5 years	345385	32361	768612	54643	41265	4644
5岁以上 5 and over	70985	33776	217878	55643	347754	72591
民办 Non-state/private	2079499	497427	3717052	705113	1182703	469465
3岁以下 3 and under	242605	6662	326525	8304	13098	775
3-5岁 3-5 years	1378397	199507	2548720	271614	200139	43337
5岁以上 5 and over	458497	291258	841807	425195	969466	425353
其他部门办 Run by Non-ed. Dept.	57043	26504	97482	30947	41284	26505
3岁以下 3 and under	3080	23	4886	35	32	
3-5岁 3-5 years	26083	3033	53666	3836	4368	743
5岁以上 5 and over	27880	23448	38930	27076	36884	25762

	教职 Teachers, Staff	
	合计 Total	园长 Kindergarten Heads
总计 Total	**1570756**	**141909**
教育部门 Run by Ed. Dept.	364610	26024
集体办 Run by Communities	144794	13374
民办 Non-state/private	932783	95064
其他部门办 Run by Non-ed. Dept.	128569	7447
城市 Urban	701669	48811
教育部门 Run by Ed. Dept.	133592	7317
集体办 Run by Communities	49700	3346
民办 Non-state/private	409706	32079
其他部门办 Run by Non-ed. Dept.	108671	6069
县镇 Counties & Towns	514985	44386
教育部门 Run by Ed. Dept.	161877	10441
集体办 Run by Communities	40520	3033
民办 Non-state/private	298451	30015
其他部门办 Run by Non-ed. Dept.	14137	897
农村 Rural	354102	48712
教育部门 Run by Ed. Dept.	69141	8266
集体办 Run by Communities	54574	6995
民办 Non-state/private	224626	32970
其他部门办 Run by Non-ed. Dept.	5761	481
其中:女 of Which: Female	1455808	130456
幼教专业毕业 Graduates of Pre-primary Education Programmes	841733	84404
少数民族 Minorities	70317	7318

职工数

& Workers in Kindergarten

单位：人
unit：person

工 数 & Workers			代课教师 Substitute Teachers	兼任教师 Part-time Teachers
专任教师 Full-time Teachers	保健员 Health Nurses	其 他 Other		
985889	**123764**	**319194**	**105004**	**14837**
265950	17410	55226	50156	5469
96398	7285	27737	12627	1013
552348	91574	193797	36550	7588
71193	7495	42434	5671	767
411110	52196	189552	24921	5274
88438	6801	31036	9944	1299
29540	2814	14000	1934	196
233830	36480	107317	8476	3113
59302	6101	37199	4567	666
342346	42895	85358	36279	4860
124108	7224	20104	20756	2240
27286	2353	7848	3327	303
182562	32379	53495	11664	2274
8390	939	3911	532	43
232433	28673	44284	43804	4703
53404	3385	4086	19456	1930
39572	2118	5889	7366	514
135956	22715	32985	16410	2201
3501	455	1324	572	58
967353	116584	241415	96338	11591
718676	15762	22891	47867	4128
47142	5288	10569	6685	973

幼儿园园长、专任教师
Breakdown of Kindergarten Heads and Teachers

	合 计 Total	按学历分 Broken down by Educational Attainment				
		研究生毕业 Graduate	本科毕业 Under-graduate	专科毕业 Associate Bachelor	高中阶段毕业 High School Graduate	高中阶段以下毕业 Below High School Graduate
合 计 Total	**1127798**	**2053**	**132539**	**538528**	**418418**	**36260**
园长 Kindergarten Heads	141909	1076	25815	68600	42919	3499
专任教师 Teachers	985889	977	106724	469928	375499	32761
城市 Urban	459921	1627	74056	252181	125977	6080
园长 Kindergarten Heads	48811	857	13932	25322	8176	524
专任教师 Teachers	411110	770	60124	226859	117801	5556
县镇 Counties & Towns	386732	354	44495	185238	145154	11491
园长 Kindergarten Heads	44386	186	7768	22513	13000	919
专任教师 Teachers	342346	168	36727	162725	132154	10572
农村 Rural	281145	72	13988	101109	147287	18689
园长 Kindergarten Heads	48712	33	4115	20765	21743	2056
专任教师 Teachers	232433	39	9873	80344	125544	16633

幼儿园教职工
Supplementary Information

	教职工中 of Total Staff & Workers		
	共产党员 Member of C. P. C.	共青团员 Member of C. Y. L.	民主党派 Member of Non-Communist. Parties
合 计 Total	**135898**	**448003**	**3238**
其中：女 of Which: Female	119161	432676	2814
城市 Urban	67475	225760	1937
其中：女 of Which: Female	60905	218802	1683
县镇 Counties & Towns	46654	142597	953
其中：女 of Which: Female	41504	137585	840
农村 Rural	21769	79646	348
其中：女 of Which: Female	16752	76289	291

学历、职称情况
by Educational Attainment and Rank

单位：人
unit：person

按职称分 Broken down by Rank					
中学高级 Senior Secondary	小学高级 Senior Primary	小学一级 1st Grade Primary	小学二级 2nd Grade Primary	小学三级 3rd Grade Primary	未评职称 Rank Undecided
7359	**169976**	**184736**	**62087**	**11987**	**691653**
4114	33805	17400	4566	1029	80995
3245	136171	167336	57521	10958	610658
4172	77774	80365	32196	6172	259242
2459	15148	6982	1874	321	22027
1713	62626	73383	30322	5851	237215
2349	65678	68751	19724	3616	226614
1237	11138	4797	1200	327	25687
1112	54540	63954	18524	3289	200927
838	26524	35620	10167	2199	205797
418	7519	5621	1492	381	33281
420	19005	29999	8675	1818	172516

政治面貌及其他
on Staff & Workers of Kindergarten

单位：人
unit：person

	专任教师中 of Total Full-time Teachers			
华　侨 Overseas Chinese	共产党员 Member of C. P. C.	共青团员 Member of C. Y. L.	民主党派 Member of Non-Communist Parties	华　侨 Overseas Chinese
213	**77674**	**375568**	**1480**	**99**
183	73362	368598	1366	88
91	36049	191970	862	35
73	34957	188686	789	25
87	29826	119409	451	46
83	28298	117066	423	46
35	11799	64189	167	18
27	10107	62846	154	17

	学校占地面积 Areas Occupied	校舍建筑面积 Floor Space	教学及辅助用房 Teaching & Assistant Buildings				
			计 Total	其中 of Which			
				活动室 Recreational	睡眠室 Bedroom	保健室 Health Care Room	图书室 Reading Room
合计 Total	**222573834**	**116932393**	**77481622**	**44869611**	**20655647**	**2688876**	**2853780**
城市 Urban	71593614	48434131	31367445	18142949	9397637	819521	986025
县镇 County City & Towns	70337785	39437846	26386309	15099463	7007751	923077	950301
农村 Rural	80642435	29060416	19727868	11627199	4250259	946278	917454

及其他情况
Buildings and Others

单位：平方米
unit：m^2

行政办公用房 Administrative		生活用房 Residential and Welfare	其他用房 for Other Purposes	校舍面积中 of Floor Space：		幼儿园中户外活动场 Areas for Out Door Activities	图书（册） Picture Books	教学用录像录音带（盘） Video & Tapes for Teaching
计 Total	其中：教师办公室 of Which：Office			危房面积 Floor Space of Dilapidated Buildings	当年新增 Added in Current Year			
9287502	**5702972**	**12870232**	**17293037**	**1618047**	**2966744**	**86190520**	**98891938**	**13821609**
3589334	1816972	5251742	8225610	319886	787775	28917770	42538583	6444553
3020092	1921736	4449796	5581649	849768	1141458	26306109	32315237	4213606
2678076	1964264	3168694	3485778	448393	1037511	30966641	24038118	3163450

八、各级各类学校分布情况

Geographical Distribution of Schools by Type and Level

高等教育学校(机构)数

Number of Higher Education Institutions

单位:所

unit: institutions

地 区 Region	普通高校 Regular HEIs				成人高等学校 HEIs for Adults		民办的其他高等教育机构 Non-state/Private HEIs
	计 Total	其中:中央部委 of Which:HEIs under Central Ministries & Agencies	本科院校 HEIs Providing Degree-level	高职(专科)院校 Short-cycle HEIs	计 Total	其中:中央部委 of Which:HEIs under Central Ministries & Agencies	
总 计 Total	**2305**	**111**	**1090**	**1215**	**384**	**14**	**812**
北 京 Beijing	86	34	62	24	27	8	65
天 津 Tianjin	55	3	29	26	15		
河 北 Hebei	109	4	51	58	13		27
山 西 Shanxi	71		25	46	15		39
内蒙古 Inner Mongolia	41		14	27	3		
辽 宁 Liaoning	107	5	63	44	26	2	79
吉 林 Jilin	55	2	36	19	18		15
黑龙江 Heilongjiang	78	3	34	44	26	1	18
上 海 Shanghai	66	9	36	30	20	1	254
江 苏 Jiangsu	148	10	70	78	14	1	
浙 江 Zhejiang	99	2	52	47	11		22
安 徽 Anhui	106	2	42	64	6		7
福 建 Fujian	84	2	29	55	7		2
江 西 Jiangxi	85		33	52	10		22
山 东 Shandong	126	2	56	70	21		104
河 南 Henan	99	1	43	56	18		20
湖 北 Hubei	120	8	66	54	14		5
湖 南 Hunan	115	3	43	72	17		14
广 东 Guangdong	125	4	54	71	17		38
广 西 Guangxi	68		29	39	7		
海 南 Hainan	17		6	11	1		
重 庆 Chongqing	50	2	22	28	6		8
四 川 Sichuan	92	6	44	48	26	1	29
贵 州 Guizhou	47		25	22	4		3
云 南 Yunnan	61		26	35	2		
西 藏 Tibet	6		3	3			
陕 西 Shaanxi	89	6	51	38	19		11
甘 肃 Gansu	39	2	19	20	10		30
青 海 Qinghai	9		4	5	2		
宁 夏 Ningxia	15	1	7	8	1		
新 疆 Xinjiang	37		16	21	8		

高等学校(机

Data on Postgraduates in

地　区 Region	毕(结)业生数 Graduates				授予学位数 Degree Awarded	招生数	
	计 Total	其中:女 of which: Female	博　士 Doctor's Degree	硕　士 Master's Degree		计 Total	其中:女 of Which: Female
总　计 Total	**371273**	**169618**	**48658**	**322615**	**367871**	**510953**	**251003**
北　京 Beijing	59387	27253	12709	46678	58582	76772	36642
天　津 Tianjin	10968	5416	1793	9175	10560	14919	8364
河　北 Hebei	7317	4066	388	6929	7253	10787	6370
山　西 Shanxi	5498	2782	281	5217	5414	8031	4378
内蒙古 Inner Mongolia	3174	1870	117	3057	3175	4733	2785
辽　宁 Liaoning	20742	10728	2049	18693	20651	27859	15008
吉　林 Jilin	12739	6741	2109	10630	12734	16845	9192
黑龙江 Heilongjiang	14667	6543	1923	12744	14624	17580	8509
上　海 Shanghai	28285	12857	4857	23428	28277	37421	17623
江　苏 Jiangsu	29650	12938	3582	26068	29386	40150	18973
浙　江 Zhejiang	7941	3308	1364	6577	7923	16184	7556
安　徽 Anhui	9244	3284	1038	8206	8375	13067	5362
福　建 Fujian	7790	3633	822	6968	8238	9934	5024
江　西 Jiangxi	5018	1914	124	4894	4540	7464	3349
山　东 Shandong	14139	7116	1493	12646	14130	21664	11980
河　南 Henan	6939	3356	219	6720	6846	9918	5295
湖　北 Hubei	25564	11036	4109	21455	25575	34751	16062
湖　南 Hunan	12434	5449	1184	11250	13195	17326	8479
广　东 Guangdong	16878	7424	2482	14396	16794	24452	12159
广　西 Guangxi	4959	2365	88	4871	4937	7326	3802
海　南 Hainan	591	256	15	576	585	1007	506
重　庆 Chongqing	9759	4347	668	9091	9693	14159	7048
四　川 Sichuan	17754	7517	2023	15731	17218	24317	10585
贵　州 Guizhou	2706	1153	68	2638	2701	3908	1830
云　南 Yunnan	5760	2665	262	5498	5719	8309	4366
西　藏 Tibet	140	35		140	140	228	105
陕　西 Shaanxi	20953	8850	2074	18879	20586	27374	12513
甘　肃 Gansu	6122	2638	663	5459	6024	8463	3890
青　海 Qinghai	444	203	30	414	427	729	338
宁　夏 Ningxia	690	371	3	687	690	1087	671
新　疆 Xinjiang	3021	1504	121	2900	2879	4189	2239

构)研究生数(总计)

Higher Education Institutions (Total)

单位：人
unit: person

Entrants		在校学生数 Enrolment				预计毕业生数 Anticipated Graduates for Next Year			
博士 Doctor's Degree	硕士 Master's Degree	计 Total	其中:女 of Which: Female	博士 Doctor's Degree	硕士 Master's Degree	计 Total	其中:女 of Which: Female	博士 Doctor's Degree	硕士 Master's Degree
61911	**449042**	**1404942**	**660873**	**246319**	**1158623**	**470660**	**209948**	**117978**	**352682**
15376	61396	211386	96340	59060	152326	73851	32745	26631	47220
1914	13005	37650	19660	7319	30331	11731	5833	3470	8261
497	10290	28346	16387	1844	26502	8364	4641	861	7503
421	7610	21556	11553	1654	19902	6575	3289	836	5739
207	4526	12491	7027	831	11660	3706	2075	373	3333
2712	25147	76239	39874	11795	64444	25383	12932	4660	20723
2342	14503	46774	24522	8690	38084	15054	7494	3890	11164
2210	15370	51915	23825	9480	42435	18839	7852	5168	13671
6091	31330	103478	46696	23408	80070	36602	15876	11438	25164
5107	35043	113857	51726	20574	93283	37943	16026	9771	28172
1921	14263	43381	19193	7817	35564	13694	5513	4074	9620
1283	11784	34603	13595	4100	30503	10168	3816	1597	8571
1080	8854	29012	14184	4173	24839	10063	4701	2046	8017
176	7288	17990	8130	660	17330	4768	2288	320	4448
1865	19799	57191	30679	7068	50123	17983	9187	3339	14644
303	9615	26431	13663	1079	25352	8154	4063	476	7678
4667	30084	90719	40916	18894	71825	30629	13266	9678	20951
1864	15462	51809	24103	8826	42983	19852	8686	5154	14698
3182	21270	65901	30274	11672	54229	23104	9827	5423	17681
171	7155	18748	9433	584	18164	5750	2680	258	5492
27	980	2546	1214	107	2439	769	349	54	715
1147	13012	39080	18335	4737	34343	11765	5333	1375	10390
2658	21659	71105	29507	11699	59406	24595	9485	5842	18753
98	3810	10169	4726	324	9845	2985	1299	132	2853
469	7840	22191	11081	1895	20296	7025	3309	980	6045
3	225	589	255	6	583	166	72	1	165
2984	24390	80006	35438	14078	65928	28495	11654	8359	20136
887	7576	23469	10222	3153	20316	7523	3212	1457	6066
33	696	1825	828	94	1731	516	230	34	482
21	1066	2850	1530	45	2805	812	324	10	802
195	3994	11635	5957	653	10982	3796	1891	271	3525

普通高校
Data on Postgraduates in

地区 Region	毕(结)业生数 Graduates				授予学位数 Degrees Awarded	招生数	
	计 Total	其中:女 of Which: Female	博士 Doctor's Degree	硕士 Master's Degree		计 Total	其中:女 of Which: Female
总　计 Total	**357345**	**164880**	**42903**	**314442**	**354603**	**492800**	**244510**
北　京 Beijing	51998	24575	9459	42539	51502	66909	32941
天　津 Tianjin	10968	5416	1793	9175	10560	14919	8364
河　北 Hebei	7290	4060	388	6902	7226	10756	6363
山　西 Shanxi	5449	2758	281	5168	5365	7991	4363
内蒙古 Inner Mongolia	3167	1869	117	3050	3168	4728	2785
辽　宁 Liaoning	20160	10551	1728	18432	20073	27104	14742
吉　林 Jilin	12357	6605	1877	10480	12347	16288	8969
黑龙江 Heilongjiang	14518	6485	1914	12604	14475	17389	8439
上　海 Shanghai	26949	12445	4168	22781	27022	35418	16975
江　苏 Jiangsu	29282	12823	3481	25801	29021	39743	18832
浙　江 Zhejiang	7867	3286	1364	6503	7849	16113	7536
安　徽 Anhui	8919	3216	929	7990	8125	12715	5270
福　建 Fujian	7695	3605	786	6909	8143	9795	4981
江　西 Jiangxi	5018	1914	124	4894	4540	7464	3349
山　东 Shandong	13979	7058	1416	12563	13965	21449	11890
河　南 Henan	6859	3337	218	6641	6765	9855	5284
湖　北 Hubei	24963	10852	3938	21025	25025	33978	15817
湖　南 Hunan	12383	5438	1174	11209	13142	17261	8461
广　东 Guangdong	16452	7268	2308	14144	16408	23955	11944
广　西 Guangxi	4959	2365	88	4871	4937	7326	3802
海　南 Hainan	591	256	15	576	585	1007	506
重　庆 Chongqing	9740	4341	668	9072	9674	14138	7042
四　川 Sichuan	17223	7337	1871	15352	16684	23722	10399
贵　州 Guizhou	2646	1131	28	2618	2641	3820	1801
云　南 Yunnan	5562	2581	187	5375	5544	8026	4230
西　藏 Tibet	140	35		140	140	228	105
陕　西 Shaanxi	20502	8731	1992	18510	20151	26895	12382
甘　肃 Gansu	5749	2534	486	5263	5718	8055	3772
青　海 Qinghai	366	173		366	352	637	301
宁　夏 Ningxia	684	371	3	681	684	1083	671
新　疆 Xinjiang	2910	1464	102	2808	2772	4033	2194

研究生数
Regular Higher Education Institutions

单位：人
unit：person

Entrants		在校学生数 Enrolment				预计毕业生数 Anticipated Graduates for Next Year			
博　士 Doctor's Degree	硕　士 Master's Degree	计 Total	其中:女 of Which: Female	博　士 Doctor's Degree	硕　士 Master's Degree	计 Total	其中:女 of Which: Female	博　士 Doctor's Degree	硕　士 Master's Degree
55472	**437328**	**1351404**	**642387**	**224119**	**1127285**	**452437**	**203931**	**108495**	**343942**
11597	55312	182442	86093	46179	136263	63878	29471	21185	42693
1914	13005	37650	19660	7319	30331	11731	5833	3470	8261
497	10259	28260	16366	1844	26416	8337	4634	861	7476
421	7570	21415	11502	1654	19761	6525	3268	836	5689
207	4521	12472	7026	831	11641	3699	2074	373	3326
2394	24710	73997	39127	10652	63345	24587	12680	4123	20464
2100	14188	45151	23935	7860	37291	14534	7331	3537	10997
2189	15200	51336	23621	9374	41962	18628	7773	5105	13523
5410	30008	97639	44708	20864	76775	34749	15251	10304	24445
4994	34749	112596	51317	20169	92427	37498	15884	9608	27890
1920	14193	43159	19124	7812	35347	13619	5484	4074	9545
1148	11567	33504	13314	3691	29813	9749	3705	1450	8299
1035	8760	28649	14067	4040	24609	9967	4666	2000	7967
176	7288	17990	8130	660	17330	4768	2288	320	4448
1790	19659	56567	30421	6853	49714	17751	9096	3238	14513
302	9553	26216	13613	1069	25147	8079	4042	475	7604
4478	29500	88416	40141	18207	70209	29875	13007	9369	20506
1049	13412	51621	24039	8782	42839	19799	8664	5139	14660
3007	20948	64407	29661	11078	53329	22604	9629	5184	17420
171	7155	18748	9433	584	18164	5750	2680	258	5492
27	980	2546	1214	107	2439	769	349	54	715
1147	12991	39015	18315	4737	34278	11741	5326	1375	10366
2498	21224	69334	28965	11163	58171	24004	9300	5622	18382
60	3760	9932	4649	206	9726	2924	1283	91	2833
363	7663	21349	10721	1549	19800	6728	3184	838	5890
3	225	589	255	6	583	166	72	1	165
2884	24011	78548	35034	13696	64852	27977	11510	8182	19795
705	7350	22276	9879	2555	19721	7112	3088	1203	5909
7	630	1573	735	13	1560	440	201	2	438
21	1062	2836	1529	45	2791	807	323	10	797
158	3875	11171	5793	520	10651	3642	1835	208	3434

Data on Postgraduates in

地区 Region	毕(结)业生数 Graduates				授予学位数 Degrees Awarded	招生数	
	计 Total	其中:女 of Which: Female	博士 Doctor's Degree	硕士 Master's Degree		计 Total	其中:女 of Which: Female
总计 Total	**13928**	**4738**	**5755**	**8173**	**13268**	**18153**	**6493**
北京 Beijing	7389	2678	3250	4139	7080	9863	3701
天津 Tianjin							
河北 Hebei	27	6		27	27	31	7
山西 Shanxi	49	24		49	49	40	15
内蒙古 Inner Mongolia	7	1		7	7	5	
辽宁 Liaoning	582	177	321	261	578	755	266
吉林 Jilin	382	136	232	150	387	557	223
黑龙江 Heilongjiang	149	58	9	140	149	191	70
上海 Shanghai	1336	412	689	647	1255	2003	648
江苏 Jiangsu	368	115	101	267	365	407	141
浙江 Zhejiang	74	22		74	74	71	20
安徽 Anhui	325	68	109	216	250	352	92
福建 Fujian	95	28	36	59	95	139	43
江西 Jiangxi							
山东 Shandong	160	58	77	83	165	215	90
河南 Henan	80	19	1	79	81	63	11
湖北 Hubei	601	184	171	430	550	773	245
湖南 Hunan	51	11	10	41	53	65	18
广东 Guangdong	426	156	174	252	386	497	215
广西 Guangxi							
海南 Hainan							
重庆 Chongqing	19	6		19	19	21	6
四川 Sichuan	531	180	152	379	534	595	186
贵州 Guizhou	60	22	40	20	60	88	29
云南 Yunnan	198	84	75	123	175	283	136
西藏 Tibet							
陕西 Shaanxi	451	119	82	369	435	479	131
甘肃 Gansu	373	104	177	196	306	408	118
青海 Qinghai	78	30	30	48	75	92	37
宁夏 Ningxia	6			6	6	4	
新疆 Xinjiang	111	40	19	92	107	156	45

研究生数
Research Institutions

单位：人
unit：person

Entrants		在校学生数 Enrolment				预计毕业生数 Anticipated Graduates for Next Year			
博　士 Doctor's Degree	硕　士 Master's Degree	计 Total	其中:女 of Which: Female	博　士 Doctor's Degree	硕　士 Master's Degree	计 Total	其中:女 of Which: Female	博　士 Doctor's Degree	硕　士 Master's Degree
6439	**11714**	**53538**	**18486**	**22200**	**31338**	**18223**	**6017**	**9483**	**8740**
3779	6084	28944	10247	12881	16063	9973	3274	5446	4527
	31	86	21		86	27	7		27
	40	141	51		141	50	21		50
	5	19	1		19	7	1		7
318	437	2242	747	1143	1099	796	252	537	259
242	315	1623	587	830	793	520	163	353	167
21	170	579	204	106	473	211	79	63	148
681	1322	5839	1988	2544	3295	1853	625	1134	719
113	294	1261	409	405	856	445	142	163	282
1	70	222	69	5	217	75	29		75
135	217	1099	281	409	690	419	111	147	272
45	94	363	117	133	230	96	35	46	50
75	140	624	258	215	409	232	91	101	131
1	62	215	50	10	205	75	21	1	74
189	584	2303	775	687	1616	754	259	309	445
15	50	188	64	44	144	53	22	15	38
175	322	1494	613	594	900	500	198	239	261
	21	65	20		65	24	7		24
160	435	1771	542	536	1235	591	185	220	371
38	50	237	77	118	119	61	16	41	20
106	177	842	360	346	496	297	125	142	155
100	379	1458	404	382	1076	518	144	177	341
182	226	1193	343	598	595	411	124	254	157
26	66	252	93	81	171	76	29	32	44
	4	14	1		14	5	1		5
37	119	464	164	133	331	154	56	63	91

Data on Students Enrolled in Normal and

地区 Region	毕(结)业生数 Graduates				授予学位数 Degrees Awarded	招生数	
	计 Total	其中:女 of Which: Female	本科 Normal Courses	专科 Short-cycle Courses		计 Total	其中:女 of Which: Female
总计 Total	**7254916**	**3677919**	**3320780**	**3934136**	**2406950**	**8409708**	**4478221**
北京 Beijing	280466	146692	177333	103133	121761	269477	143001
天津 Tianjin	138110	72506	70751	67359	51027	151363	81110
河北 Hebei	373791	208836	136295	237496	97093	412420	239468
山西 Shanxi	194260	107263	75739	118521	52025	212811	124436
内蒙古 Inner Mongolia	104165	54413	47156	57009	29661	139415	74650
辽宁 Liaoning	298913	146075	169163	129750	126500	320380	167166
吉林 Jilin	205615	101898	131532	74083	75324	218088	113110
黑龙江 Heilongjiang	238305	117688	130264	108041	94620	269140	140355
上海 Shanghai	186606	100877	104619	81987	76760	212939	112981
江苏 Jiangsu	533598	273069	238817	294781	187376	564115	319675
浙江 Zhejiang	346734	197868	141078	205656	100005	356685	201126
安徽 Anhui	286741	134314	117698	169043	81982	339050	170821
福建 Fujian	173906	92300	83832	90074	65547	219972	121207
江西 Jiangxi	252805	118146	98126	154679	80778	280202	134180
山东 Shandong	536679	268329	225641	311038	172046	605145	334653
河南 Henan	416002	208703	159374	256628	128855	531188	287876
湖北 Hubei	430764	197334	198894	231870	146790	472923	236578
湖南 Hunan	341927	165359	135167	206760	106162	397594	203372
广东 Guangdong	444200	234803	186463	257737	132387	602332	321096
广西 Guangxi	175129	93471	67824	107305	46423	232916	123440
海南 Hainan	38718	19621	13295	25423	9749	55006	29880
重庆 Chongqing	160842	80796	81363	79479	58507	200302	100229
四川 Sichuan	364119	180972	164091	200028	120432	416050	212925
贵州 Guizhou	92359	44371	46017	46342	28339	122341	63119
云南 Yunnan	134228	67716	62963	71265	43925	188584	103525
西藏 Tibet	10182	5075	5756	4426	4767	11360	5925
陕西 Shaanxi	271526	129553	144661	126865	103926	330712	169069
甘肃 Gansu	110202	49286	52570	57632	33940	139715	65878
青海 Qinghai	14457	6987	8398	6059	3731	17646	9444
宁夏 Ningxia	23115	11656	10187	12928	4675	33690	17960
新疆 Xinjiang	76452	41942	35713	40739	21837	86147	49966

本科、专科学生数
Short-cycle Courses in Higher Education

单位：人
unit：person

Entrants		在校学生数 Enrolment				预计毕业生数 Anticipated Graduates for Next Year			
本 科 Normal Courses	专 科 Short-cycle Courses	计 Total	其中：女 of Which：Female	本 科 Normal Courses	专 科 Short-cycle Courses	计 Total	其中：女 of Which：Female	本 科 Normal Courses	专 科 Short-cycle Courses
4076876	**4332832**	**26860083**	**13658512**	**14055173**	**12804910**	**7775024**	**3845169**	**3423050**	**4351974**
176086	93391	875166	454407	617223	257943	266008	133436	166734	99274
84458	66905	483501	248403	291476	192025	139201	69604	72316	66885
184983	227437	1278999	701184	592262	686737	361231	190544	129106	232125
99932	112879	677649	377419	331702	345947	205935	111969	78500	127435
64138	75277	420555	217435	210762	209793	124198	61733	50782	73416
183282	137098	1071178	541890	671107	400071	320449	154295	173231	147218
132549	85539	690146	348513	457166	232980	208429	101941	118340	90089
149566	119574	873654	441337	522430	351224	245703	122159	129151	116552
136030	76909	726107	386154	482764	243343	208546	109625	124762	83784
292408	271707	2025102	1013434	1077184	947918	606342	294054	259779	346563
166626	190059	1135756	614386	583716	552040	346794	190253	144847	201947
150387	188663	1033951	487547	503215	530736	308018	143281	122291	185727
111763	108209	705755	371135	385387	320368	191491	99204	91401	100090
122180	158022	913853	422560	419555	494298	265418	121374	99835	165583
261748	343397	1970317	1016608	929199	1041118	562527	281565	231162	331365
220460	310728	1646627	846123	723189	923438	485873	231108	171657	314216
215329	257594	1525161	714644	778417	746744	439628	199756	197330	242298
170543	227051	1249973	624252	585559	664414	366024	180207	137757	228267
273233	329099	1797484	936974	875266	922218	484500	241653	203750	280750
92720	140196	672759	359317	296283	376476	196572	101076	73441	123131
25468	29538	168345	90000	80850	87495	48939	25376	17259	31680
96905	103397	618843	306327	340823	278020	173714	84116	84532	89182
195262	220788	1338198	659891	678934	659264	415705	210134	165881	249824
64262	58079	385281	191183	211737	173544	102347	47944	45398	56949
94742	93842	567265	298642	304981	262284	153966	77446	72567	81399
6548	4812	37222	18717	24277	12945	9593	4416	5831	3762
163996	166716	1065649	521174	577455	488194	287523	135647	137387	150136
74720	64995	451091	204509	257625	193466	124663	57340	60673	63990
10468	7178	58014	28417	35304	22710	15780	7021	8318	7462
16337	17353	103427	53158	55436	47991	27804	13821	12467	15337
39747	46400	293055	162772	153889	139166	82103	43071	36565	45538

Data on Students Enrolled in Normal and

地区 Region	毕(结)业生数 Graduates				授予学位数 Degrees Awarded	招生数	
	计 Total	其中:女 of Which: Female	本科 Normal Courses	专科 Short-cycle Courses		计 Total	其中:女 of Which: Female
总计 Total	**5311023**	**2659767**	**2455359**	**2855664**	**2298200**	**6394932**	**3406091**
北京 Beijing	155142	77802	112128	43014	102164	159829	82370
天津 Tianjin	101369	52532	53377	47992	50542	118807	63923
河北 Hebei	282705	157921	99500	183205	93158	329224	194710
山西 Shanxi	153422	83326	57790	95632	50702	165407	96205
内蒙古 Inner Mongolia	75805	40424	30823	44982	29470	109077	60368
辽宁 Liaoning	206211	102216	125788	80423	122321	237906	126103
吉林 Jilin	127411	64685	88152	39259	74657	155915	80938
黑龙江 Heilongjiang	174380	87702	94400	79980	89647	203361	107893
上海 Shanghai	126925	68777	71908	55017	68842	143497	74561
江苏 Jiangsu	412672	207878	186754	225918	171555	429825	249373
浙江 Zhejiang	218226	117156	99008	119218	94627	252503	137764
安徽 Anhui	205749	97275	82717	123032	79083	267936	136881
福建 Fujian	142814	73773	66158	76656	64885	187311	102021
江西 Jiangxi	213303	96947	81519	131784	77595	238921	111001
山东 Shandong	431598	211912	179997	251601	169696	469097	255287
河南 Henan	334115	168183	127657	206458	123165	429910	233655
湖北 Hubei	328202	150705	150085	178117	139266	373333	189904
湖南 Hunan	254253	126266	106235	148018	103732	314422	164450
广东 Guangdong	309190	151419	134462	174728	127343	435870	220473
广西 Guangxi	121457	63928	42382	79075	40582	168942	87449
海南 Hainan	30844	15630	10609	20235	9749	46392	25094
重庆 Chongqing	114515	58167	61175	53340	58201	149332	77452
四川 Sichuan	252214	124230	124952	127262	119104	299650	154785
贵州 Guizhou	64212	32092	30730	33482	27642	95375	50165
云南 Yunnan	85891	42845	42770	43121	40548	127287	71203
西藏 Tibet	8454	4224	4682	3772	4090	9020	4637
陕西 Shaanxi	211963	101726	109036	102927	102237	264676	139227
甘肃 Gansu	84082	37081	39628	44454	33779	109452	51762
青海 Qinghai	10437	5022	5537	4900	3346	12605	6826
宁夏 Ningxia	16391	8230	7659	8732	4675	22402	11590
新疆 Xinjiang	57071	29693	27741	29330	21797	67648	38021

普通本科、专科学生数

Short-cycle Courses in Higher Education

单位：人
unit：person

Entrants		在校学生数 Enrolment				预计毕业生数 Anticipated Graduates for Next Year			
本 科 Normal Courses	专 科 Short-cycle Courses	计 Total	其中：女 of Which：Female	本 科 Normal Courses	专 科 Short-cycle Courses	计 Total	其中：女 of Which：Female	本 科 Normal Courses	专 科 Short-cycle Courses
3261081	**3133851**	**21446570**	**10825501**	**11798511**	**9648059**	**5874139**	**2888336**	**2662960**	**3211179**
118528	41301	586685	294213	461369	125316	158196	78827	114993	43203
70865	47942	405968	208407	255643	150325	108441	54522	58279	50162
149174	180050	1060450	591400	504983	555467	299822	164721	109607	190215
77734	87673	547391	299026	269977	277414	166615	88167	60523	106092
51613	57464	351928	184233	178627	173301	96673	48584	37224	59449
151604	86302	852467	434313	582354	270113	225854	111401	137561	88293
106241	49674	530975	270754	386556	144419	137375	69136	87351	50024
120389	82972	708935	364072	451652	257283	183014	92514	100032	82982
90344	53153	512809	268997	347422	165387	141081	74207	84454	56627
228797	201028	1653427	815303	896494	756933	496032	234865	206591	289441
132758	119745	866496	451707	496068	370428	240199	123667	113199	127000
124153	143783	877782	414779	439285	438497	235642	109908	92220	143422
95953	91358	606284	311930	336813	269471	158329	79460	75094	83235
103897	135024	793488	359173	366922	426566	228163	102975	83306	144857
200790	268307	1592974	802627	757529	835445	451955	221925	185390	266565
183810	246100	1368813	704260	616098	752715	384799	184312	138629	246170
182594	190739	1249061	589031	665174	583887	336823	155129	151599	185224
145116	169306	1016833	513648	516127	500706	277112	137296	110942	166170
208276	227594	1334089	659094	719454	614635	344708	159975	158488	186220
66792	102150	528342	275890	238647	289695	142441	72103	50404	92037
21253	25139	142082	75421	70116	71966	38925	20622	14185	24740
85176	64156	484199	246080	301780	182419	124821	61390	68027	56794
166798	132852	1035934	512049	593687	442247	285955	144962	130941	155014
49298	46077	299072	151165	165388	133684	76076	37538	33692	42384
67368	59919	393601	209845	226564	167037	97037	50196	48173	48864
5010	4010	30264	15116	19371	10893	7835	3696	4674	3161
140447	124229	893748	447208	507213	386535	239152	114844	115463	123689
62493	46959	361490	164062	219103	142387	94257	43013	46266	47991
7320	5285	43782	21246	26678	17104	11645	5265	6010	5635
13289	9113	75564	38340	46346	29218	20285	9993	9755	10530
33201	34447	241637	132112	135071	106566	64877	33123	29888	34989

Data on Students Enrolled in Normal and Short-cycle Courses

地　区 Region	毕(结)业生数 Graduates				授予学位数 Degrees Awarded	招生数	
	计 Total	其中:女 of Which: Female	本　科 Normal Courses	专　科 Short-cycle Courses		计 Total	其中:女 of Which: Female
总　计 Total	**1943893**	**1018152**	**865421**	**1078472**	**108750**	**2014776**	**1072130**
北　京 Beijing	125324	68890	65205	60119	19597	109648	60631
天　津 Tianjin	36741	19974	17374	19367	485	32556	17187
河　北 Hebei	91086	50915	36795	54291	3935	83196	44758
山　西 Shanxi	40838	23937	17949	22889	1323	47404	28231
内蒙古 Inner Mongolia	28360	13989	16333	12027	191	30338	14282
辽　宁 Liaoning	92702	43859	43375	49327	4179	82474	41063
吉　林 Jilin	78204	37213	43380	34824	667	62173	32172
黑龙江 Heilongjiang	63925	29986	35864	28061	4973	65779	32462
上　海 Shanghai	59681	32100	32711	26970	7918	69442	38420
江　苏 Jiangsu	120926	65191	52063	68863	15821	134290	70302
浙　江 Zhejiang	128508	80712	42070	86438	5378	104182	63362
安　徽 Anhui	80992	37039	34981	46011	2899	71114	33940
福　建 Fujian	31092	18527	17674	13418	662	32661	19186
江　西 Jiangxi	39502	21199	16607	22895	3183	41281	23179
山　东 Shandong	105081	56417	45644	59437	2350	136048	79366
河　南 Henan	81887	40520	31717	50170	5690	101278	54221
湖　北 Hubei	102562	46629	48809	53753	7524	99590	46674
湖　南 Hunan	87674	39093	28932	58742	2430	83172	38922
广　东 Guangdong	135010	83384	52001	83009	5044	166462	100623
广　西 Guangxi	53672	29543	25442	28230	5841	63974	35991
海　南 Hainan	7874	3991	2686	5188		8614	4786
重　庆 Chongqing	46327	22629	20188	26139	306	50970	22777
四　川 Sichuan	111905	56742	39139	72766	1328	116400	58140
贵　州 Guizhou	28147	12279	15287	12860	697	26966	12954
云　南 Yunnan	48337	24871	20193	28144	3377	61297	32322
西　藏 Tibet	1728	851	1074	654	677	2340	1288
陕　西 Shaanxi	59563	27827	35625	23938	1689	66036	29842
甘　肃 Gansu	26120	12205	12942	13178	161	30263	14116
青　海 Qinghai	4020	1965	2861	1159	385	5041	2618
宁　夏 Ningxia	6724	3426	2528	4196		11288	6370
新　疆 Xinjiang	19381	12249	7972	11409	40	18499	11945

成人本科、专科学生数

Provided by Adult HEIs in Higher Education

单位：人

unit：person

Entrants		在校学生数 Enrolment				预计毕业生数 Anticipated Graduates for Next Year			
本 科 Normal Courses	专 科 Short-cycle Courses	计 Total	其中：女 of Which：Female	本 科 Normal Courses	专 科 Short-cycle Courses	计 Total	其中：女 of Which：Female	本 科 Normal Courses	专 科 Short-cycle Courses
815795	**1198981**	**5413513**	**2833011**	**2256662**	**3156851**	**1900885**	**956833**	**760090**	**1140795**
57558	52090	288481	160194	155854	132627	107812	54609	51741	56071
13593	18963	77533	39996	35833	41700	30760	15082	14037	16723
35809	47387	218549	109784	87279	131270	61409	25823	19499	41910
22198	25206	130258	78393	61725	68533	39320	23802	17977	21343
12525	17813	68627	33202	32135	36492	27525	13149	13558	13967
31678	50796	218711	107577	88753	129958	94595	42894	35670	58925
26308	35865	159171	77759	70610	88561	71054	32805	30989	40065
29177	36602	164719	77265	70778	93941	62689	29645	29119	33570
45686	23756	213298	117157	135342	77956	67465	35418	40308	27157
63611	70679	371675	198131	180690	190985	110310	59189	53188	57122
33868	70314	269260	162679	87648	181612	106595	66586	31648	74947
26234	44880	156169	72768	63930	92239	72376	33373	30071	42305
15810	16851	99471	59205	48574	50897	33162	19744	16307	16855
18283	22998	120365	63387	52633	67732	37255	18399	16529	20726
60958	75090	377343	213981	171670	205673	110572	59640	45772	64800
36650	64628	277814	141863	107091	170723	101074	46796	33028	68046
32735	66855	276100	125613	113243	162857	102805	44627	45731	57074
25427	57745	233140	110604	69432	163708	88912	42911	26815	62097
64957	101505	463395	277880	155812	307583	139792	81678	45262	94530
25928	38046	144417	83427	57636	86781	54131	28973	23037	31094
4215	4399	26263	14579	10734	15529	10014	4754	3074	6940
11729	39241	134644	60247	39043	95601	48893	22726	16505	32388
28464	87936	302264	147842	85247	217017	129750	65172	34940	94810
14964	12002	86209	40018	46349	39860	26271	10406	11706	14565
27374	33923	173664	88797	78417	95247	56929	27250	24394	32535
1538	802	6958	3601	4906	2052	1758	720	1157	601
23549	42487	171901	73966	70242	101659	48371	20803	21924	26447
12227	18036	89601	40447	38522	51079	30406	14327	14407	15999
3148	1893	14232	7171	8626	5606	4135	1756	2308	1827
3048	8240	27863	14818	9090	18773	7519	3828	2712	4807
6546	11953	51418	30660	18818	32600	17226	9948	6677	10549

高等教育网络本科、专科

Data on Students Enrolled in Normal and Short-cycle Courses

地　区 Region	毕(结)业生数 Graduates				授予学位数 Degrees Awarded	招生
	计 Total	其中:女 of Which: Female	本　科 Normal Courses	专　科 Short-cycle Courses		计 Total
总　计 Total	**983521**	**476157**	**405549**	**577972**	**24404**	**1625687**
北　京 Beijing	624755	306886	229786	394969	11598	1085724
天　津 Tianjin	4860	2555	2359	2501	275	13475
河　北 Hebei						
山　西 Shanxi						
内蒙古 Inner Mongolia						
辽　宁 Liaoning	27727	13026	15083	12644	3257	47736
吉　林 Jilin	10749	5904	9701	1048		12747
黑龙江 Heilongjiang	6808	2707	3622	3186	437	20702
上　海 Shanghai	62358	31514	17591	44767	1396	59403
江　苏 Jiangsu	8806	4351	4619	4187	1246	14033
浙　江 Zhejiang	16614	8704	14729	1885	460	16664
安　徽 Anhui	2158	968	444	1714		586
福　建 Fujian	12338	6278	9633	2705	168	15457
江　西 Jiangxi						
山　东 Shandong	23679	9550	11939	11740	180	30955
河　南 Henan	5629	2492	2229	3400	157	20471
湖　北 Hubei	40210	13796	15264	24946	2628	42077
湖　南 Hunan	14415	8759	6005	8410	60	26995
广　东 Guangdong	17706	10370	10456	7250	358	24697
广　西 Guangxi						
海　南 Hainan						
重　庆 Chongqing	30726	13894	18047	12679	295	46436
四　川 Sichuan	45115	20009	16486	28629	1076	93806
贵　州 Guizhou						
云　南 Yunnan						
西　藏 Tibet						
陕　西 Shaanxi	27115	13455	16189	10926	813	45460
甘　肃 Gansu	1753	939	1367	386		8263
青　海 Qinghai						
宁　夏 Ningxia						
新　疆 Xinjiang						

生学生数
Provided by Web-based Programs in Higher Education

单位：人
unit：person

数 Entrants			在校学生数 Enrolment			
其中：女 of Which：Female	本 科 Normal Courses	专 科 Short-cycle Courses	计 Total	其中：女 of Which：Female	本 科 Normal Courses	专 科 Short-cycle Courses
781135	**551287**	**1074400**	**4172721**	**2034232**	**1572642**	**2600079**
515483	309786	775938	3002245	1464772	994112	2008133
6882	5711	7764	21036	11842	9758	11278
23704	24184	23552	119044	57698	63302	55742
7839	7352	5395	31885	19100	21282	10603
9189	5063	15639	42323	17193	15047	27276
36200	16080	43323	152864	82636	43625	109239
7386	8521	5512	29461	14183	17766	11695
9558	15096	1568	40554	24886	38167	2387
221	164	422	3088	1177	879	2209
9325	9093	6364	28206	16056	18955	9251
15329	14657	16298	69972	35961	33117	36855
12097	9156	11315	56550	31240	26862	29688
14235	16437	25640	103029	37513	44754	58275
14484	9581	17414	49968	27654	19638	30330
14298	13516	11181	60925	30230	34371	26554
20466	22234	24202	84870	40933	47808	37062
37364	36706	57100	168062	67182	76747	91315
22704	23290	22170	91613	45338	54464	37149
4371	4660	3603	17026	8638	11988	5038

综合大学本科、专科生

Data on Students of Comprehensive

地　区 Region	毕(结)业生数 Graduates			招生数 Entrants		
	计 Total	本 科 Normal Courses	专 科 Short-cycle Courses	计 Total	本 科 Normal Courses	专 科 Short-cycle Courses
总　计 Total	**1318109**	**632060**	**686049**	**1642860**	**861489**	**781371**
北　京 Beijing	22441	13662	8779	22592	14607	7985
天　津 Tianjin	27072	7479	19593	30842	10959	19883
河　北 Hebei	26238	9500	16738	32475	15451	17024
山　西 Shanxi	38857	13453	25404	41050	21098	19952
内蒙古 Inner Mongolia	22686	8642	14044	34786	16208	18578
辽　宁 Liaoning	37823	18286	19537	37307	19542	17765
吉　林 Jilin	27582	24556	3026	31234	27501	3733
黑龙江 Heilongjiang	50427	24277	26150	59241	31027	28214
上　海 Shanghai	15990	13633	2357	14369	12777	1592
江　苏 Jiangsu	57893	51964	5929	72613	63286	9327
浙　江 Zhejiang	74463	24081	50382	87846	31571	56275
安　徽 Anhui	16614	9720	6894	21334	16045	5289
福　建 Fujian	46881	26658	20223	65377	40168	25209
江　西 Jiangxi	69913	23409	46504	86298	29412	56886
山　东 Shandong	196417	67872	128545	213638	82376	131262
河　南 Henan	32816	23866	8950	45959	32641	13318
湖　北 Hubei	41425	32947	8478	41557	37118	4439
湖　南 Hunan	109510	55144	54366	134070	71166	62904
广　东 Guangdong	143485	49915	93570	207786	86875	120911
广　西 Guangxi	30617	11917	18700	49757	24750	25007
海　南 Hainan	12207	7117	5090	19143	14161	4982
重　庆 Chongqing	34023	21542	12481	44621	26978	17643
四　川 Sichuan	64794	25546	39248	85923	41663	44260
贵　州 Guizhou	20828	10376	10452	32495	15809	16686
云　南 Yunnan	17891	8614	9277	27306	15413	11893
西　藏 Tibet	2408	1496	912	2631	1953	678
陕　西 Shaanxi	35866	20437	15429	51830	27429	24401
甘　肃 Gansu	16817	7678	9139	20655	13156	7499
青　海 Qinghai	2602	2472	130	3787	3273	514
宁　夏 Ningxia	6081	4718	1363	7008	4928	2080
新　疆 Xinjiang	15442	11083	4359	17330	12148	5182

学生数
Universities

单位：人
unit: person

在校学生数 Enrolment 计 Total	本科 Normal Courses	专科 Short-cycle Courses	预计毕业生数 Anticipated Graduates for Next Year 计 Total	本科 Normal Courses	专科 Short-cycle Courses
5506140	**3137977**	**2368163**	**1486023**	**711832**	**774191**
79599	54773	24826	23189	14218	8971
104469	39899	64570	30611	9006	21605
105452	52604	52848	31593	11334	20259
139125	66583	72542	44347	14092	30255
109309	52576	56733	28363	9841	18522
137456	78916	58540	40425	20227	20198
117319	105125	12194	28444	24662	3782
199889	117101	82788	53088	26601	26487
63464	57344	6120	17994	15579	2415
279525	251088	28437	70162	59511	10651
292171	120957	171214	86241	28627	57614
76588	56993	19595	19966	12415	7551
211756	143284	68472	52133	31847	20286
279486	103886	175600	81793	23233	58560
722901	308035	414866	207691	74978	132713
152272	116707	35565	37105	26073	11032
160943	139750	21193	40544	33139	7405
444569	259532	185037	117953	58173	59780
623011	290495	332516	164185	62419	101766
160880	87240	73640	40279	16915	23364
63340	48804	14536	15782	9862	5920
149415	100204	49211	38141	24066	14075
294868	147090	147778	79812	31709	48103
101083	56534	44549	26363	12387	13976
85581	51273	34308	20670	10479	10191
8900	7121	1779	2222	1552	670
168426	97519	70907	41057	20936	20121
69311	45850	23461	18047	8968	9079
13441	11936	1505	3136	2564	572
25704	19357	6347	6950	4752	2198
65887	49401	16486	17737	11667	6070

高等理工院校本科、

Data on Students of of Institutions

地 区 Region	毕(结)业生数 Graduates			招生数	
	计 Total	本 科 Normal Courses	专 科 Short-cycle Courses	计 Total	本 科 Normal Courses
总 计 Total	**1943910**	**805266**	**1138644**	**2354698**	**1051538**
北 京 Beijing	64508	50246	14262	63921	50124
天 津 Tianjin	38951	20195	18756	46476	28147
河 北 Hebei	117752	42019	75733	142316	60897
山 西 Shanxi	45891	20622	25269	52725	24937
内蒙古 Inner Mongolia	30158	10000	20158	41141	15242
辽 宁 Liaoning	87266	61111	26155	106497	75053
吉 林 Jilin	40728	25146	15582	55454	30191
黑龙江 Heilongjiang	47229	29899	17330	58402	37348
上 海 Shanghai	50605	27918	22687	61095	38667
江 苏 Jiangsu	229792	76206	153586	238300	97134
浙 江 Zhejiang	61830	33143	28687	73683	45744
安 徽 Anhui	94535	28275	66260	123859	39997
福 建 Fujian	40989	13510	27479	57570	24467
江 西 Jiangxi	72354	28229	44125	76677	36269
山 东 Shandong	98683	45115	53568	114339	47915
河 南 Henan	156892	43910	112982	201947	60888
湖 北 Hubei	197936	70954	126982	231025	88105
湖 南 Hunan	72979	25859	47120	90243	37179
广 东 Guangdong	66838	20527	46311	98368	32869
广 西 Guangxi	32719	10281	22438	49060	16699
海 南 Hainan	3218		3218	6405	
重 庆 Chongqing	37959	12435	25524	49833	19974
四 川 Sichuan	88801	41520	47281	100325	53021
贵 州 Guizhou	5739		5739	10790	
云 南 Yunnan	15850	5023	10827	26151	8162
西 藏 Tibet	1352		1352	1619	
陕 西 Shaanxi	95737	52492	43245	116850	63760
甘 肃 Gansu	26849	10390	16459	34837	15899
青 海 Qinghai	1811		1811	2516	
宁 夏 Ningxia	3254	241	3013	5560	2850
新 疆 Xinjiang	14705		14705	16714	

专科生学生数
of Science & Technology

单位：人
unit: person

Entrants	在校学生数 Enrolment			预计毕业生数 Anticipated Graduates for Next Year		
专科 Short-cycle Courses	计 Total	本科 Normal Courses	专科 Short-cycle Courses	计 Total	本科 Normal Courses	专科 Short-cycle Courses
1303160	**7753418**	**3804214**	**3949204**	**2160498**	**866748**	**1293750**
13797	241170	197885	43285	64362	49648	14714
18329	154978	97553	57425	41235	22325	18910
81419	456657	210374	246283	127705	46784	80921
27788	165493	86411	79082	49715	20184	29531
25899	132838	56003	76835	38323	12241	26082
31444	382574	288305	94269	97542	68484	29058
25263	175947	107709	68238	46920	24193	22727
21054	197822	136811	61011	48363	30021	18342
22428	213726	142795	70931	58477	34021	24456
141166	898234	371455	526779	282596	83311	199285
27939	256507	168342	88165	69246	37541	31705
83862	384468	140531	243937	106283	30381	75902
33103	176760	79041	97719	47532	17022	30510
40408	249910	125429	124481	69471	28300	41171
66424	379604	183879	195725	102896	44506	58390
141059	617971	202380	415591	176983	46080	130903
142920	743701	318609	425092	205352	72583	132769
50064	277801	124791	153010	77112	26162	50950
65499	286313	115099	171214	76864	25869	50995
32361	147111	59023	88088	40230	13116	27114
6405	14872		14872	4364		4364
29859	151044	68493	82551	40846	15102	25744
47304	346905	192827	154078	98495	45383	53112
10790	28944		28944	8599		8599
17989	77387	29571	47816	19934	6424	13510
1619	3308		3308	577		577
53090	404663	237298	167365	108917	54420	54497
18938	114380	56615	57765	30111	11802	18309
2516	7433		7433	2336		2336
2710	16244	6985	9259	4137	845	3292
16714	48653		48653	14975		14975

高等农业院校本科、

Data on Students of Institutions

地　区 Region	毕(结)业生数 Graduates			招生数	
	计 Total	本　科 Normal Courses	专　科 Short-cycle Courses	计 Total	本　科 Normal Courses
总　计 Total	**219150**	**126433**	**92717**	**261731**	**153937**
北　京 Beijing	6865	4833	2032	6655	4906
天　津 Tianjin	2994	2157	837	2993	2303
河　北 Hebei	11658	6438	5220	12139	8188
山　西 Shanxi	6730	3899	2831	5682	4979
内蒙古 Inner Mongolia	5253	4449	804	7884	6630
辽　宁 Liaoning	9528	5301	4227	12255	5776
吉　林 Jilin	9257	7294	1963	12590	8293
黑龙江 Heilongjiang	16710	7999	8711	20806	9582
上　海 Shanghai	4108	2672	1436	4787	3181
江　苏 Jiangsu	17278	3663	13615	17551	4218
浙　江 Zhejiang	3522	2759	763	4387	3422
安　徽 Anhui	7638	4583	3055	4897	4697
福　建 Fujian	9254	5845	3409	11578	6148
江　西 Jiangxi	6034	3564	2470	7315	4449
山　东 Shandong	14727	11451	3276	16528	12340
河　南 Henan	12604	3800	8804	20488	7091
湖　北 Hubei	3918	3918		4550	4550
湖　南 Hunan	11564	5275	6289	12686	6125
广　东 Guangdong	15688	14973	715	19789	18152
广　西 Guangxi	5703		5703	6214	
海　南 Hainan					
重　庆 Chongqing					
四　川 Sichuan	9157	5197	3960	11126	7980
贵　州 Guizhou					
云　南 Yunnan	5845	2572	3273	7852	3315
西　藏 Tibet	899	735	164	1112	809
陕　西 Shaanxi	8353	4835	3518	10337	5448
甘　肃 Gansu	4733	2582	2151	7388	4094
青　海 Qinghai	506		506	1030	
宁　夏 Ningxia					
新　疆 Xinjiang	8624	5639	2985	11112	7261

专科生学生数
of Agriculture

单位：人
unit: person

Entrants	在校学生数 Enrolment			预计毕业生数 Anticipated Graduates for Next Year		
专科 Short-cycle Courses	计 Total	本科 Normal Courses	专科 Short-cycle Courses	计 Total	本科 Normal Courses	专科 Short-cycle Courses
107794	**886929**	**569247**	**317682**	**236003**	**132370**	**103633**
1749	26189	20173	6016	7614	5362	2252
690	10077	7825	2252	2659	1915	744
3951	40383	27395	12988	10769	6307	4462
703	22178	19406	2772	6087	4691	1396
1254	27820	24367	3453	6785	5515	1270
6479	39795	21904	17891	10657	5439	5218
4297	41745	30838	10907	9900	6853	3047
11224	69889	37057	32832	18361	8182	10179
1606	16793	12122	4671	4247	2745	1502
13333	62875	16374	46501	21914	3996	17918
965	15401	13065	2336	3581	3077	504
200	18340	17882	458	4577	4418	159
5430	37083	21521	15562	9872	5325	4547
2866	25076	15803	9273	6752	3539	3213
4188	58794	47878	10916	14712	11372	3340
13397	61080	25311	35769	16658	5743	10915
	17812	17812		4171	4171	
6561	43141	23633	19508	11750	5562	6188
1637	67562	64598	2964	15236	14661	575
6214	18569		18569	6158		6158
3146	37971	27019	10952	9628	5606	4022
4537	22674	10923	11751	6289	2921	3368
303	3780	2792	988	1097	753	344
4889	36854	21492	15362	10224	5006	5218
3294	22504	13868	8636	5754	3078	2676
1030	2896		2896	852		852
3851	39648	28189	11459	9699	6133	3566

高等林业院校本科、
Data on Students of

地区 Region	毕(结)业生数 Graduates			招生数	
	计 Total	本科 Normal Courses	专科 Short-cycle Courses	计 Total	木科 Normal Courses
总计 Total	**38784**	**22802**	**15982**	**48041**	**27372**
北京 Beijing	3268	3268		3287	3287
天津 Tianjin					
河北 Hebei					
山西 Shanxi	1206		1206	1949	
内蒙古 Inner Mongolia					
辽宁 Liaoning	1056		1056	1398	
吉林 Jilin					
黑龙江 Heilongjiang	6929	4292	2637	9166	4847
上海 Shanghai					
江苏 Jiangsu	3475	3475		6001	6001
浙江 Zhejiang	4355	4355		5198	5198
安徽 Anhui	771		771	647	
福建 Fujian	835		835	1466	
江西 Jiangxi	949		949	1725	
山东 Shandong					
河南 Henan	1139		1139		
湖北 Hubei	1087		1087	1896	
湖南 Hunan	6688	4740	1948	5914	4952
广东 Guangdong					
广西 Guangxi	1314		1314	1964	
海南 Hainan					
重庆 Chongqing					
四川 Sichuan					
贵州 Guizhou					
云南 Yunnan	3618	2672	946	4961	3087
西藏 Tibet					
陕西 Shaanxi					
甘肃 Gansu	2094		2094	2469	
青海 Qinghai					
宁夏 Ningxia					
新疆 Xinjiang					

专科生学生数
Institutions of Forestry

单位：人
unit：person

Entrants	在校学生数 Enrolment			预计毕业生数 Anticipated Graduates for Next Year		
专科 Short-cycle Courses	计 Total	本科 Normal Courses	专科 Short-cycle Courses	计 Total	本科 Normal Courses	专科 Short-cycle Courses
20669	**161672**	**101747**	**59925**	**41843**	**22566**	**19277**
	12865	12865		3169	3169	
1949	4889		4889	1563		1563
1398	4034		4034	1285		1285
4319	30487	18023	12464	8075	4129	3946
	21339	21339		3745	3745	
	19012	19012		4477	4477	
647	1724		1724	550		550
1466	3936		3936	1135		1135
1725	4876		4876	1215		1215
	2627		2627	1436		1436
1896	5162		5162	1422		1422
962	22016	19314	2702	5630	4426	1204
1964	5350		5350	1639		1639
1874	15909	11194	4715	4128	2620	1508
2469	7446		7446	2374		2374

高等医药院校本科、

Data on Students of Institutions

地　区 Region	毕(结)业生数 Graduates			招生数	
	计 Total	本　科 Normal Courses	专　科 Short-cycle Courses	计 Total	本　科 Normal Courses
总　计 Total	**285917**	**136214**	**149703**	**336947**	**186998**
北　京 Beijing	3230	1991	1239	3299	2266
天　津 Tianjin	5529	3197	2332	6736	3626
河　北 Hebei	30679	10563	20116	32249	15097
山　西 Shanxi	13397	5148	8249	10279	6429
内蒙古 Inner Mongolia	2931	1232	1699	3376	2254
辽　宁 Liaoning	12787	8994	3793	15730	11990
吉　林 Jilin	5318	1713	3605	7372	3730
黑龙江 Heilongjiang	11942	6034	5908	10208	7841
上　海 Shanghai	2233	801	1432	2803	870
江　苏 Jiangsu	13235	8414	4821	15428	9496
浙　江 Zhejiang	11343	5352	5991	12446	6300
安　徽 Anhui	15150	7067	8083	18091	10097
福　建 Fujian	7067	3361	3706	9149	4795
江　西 Jiangxi	9469	4006	5463	10199	5763
山　东 Shandong	29611	16840	12771	36411	16866
河　南 Henan	17159	4373	12786	19213	7765
湖　北 Hubei	8666	3695	4971	9998	5560
湖　南 Hunan	8094	1989	6105	16927	7426
广　东 Guangdong	17738	14104	3634	21940	17406
广　西 Guangxi	9566	4680	4886	11196	5737
海　南 Hainan	1368	943	425	2406	1354
重　庆 Chongqing	5504	1862	3642	8816	3582
四　川 Sichuan	14466	7376	7090	14081	10331
贵　州 Guizhou	9100	5397	3703	12085	7437
云　南 Yunnan	5425	2420	3005	7638	4038
西　藏 Tibet	255	177	78	225	120
陕　西 Shaanxi	4391	1745	2646	7009	4088
甘　肃 Gansu	4863	921	3942	5159	1569
青　海 Qinghai	1152		1152	544	
宁　夏 Ningxia	1361	705	656	1313	950
新　疆 Xinjiang	2888	1114	1774	4621	2215

专科生学生数

of Medicine & Pharmacy

单位：人

unit: person

Entrants	在校学生数 Enrolment			预计毕业生数 Anticipated Graduates for Next Year		
专科 Short-cycle Courses	计 Total	本科 Normal Courses	专科 Short-cycle Courses	计 Total	本科 Normal Courses	专科 Short-cycle Courses
149949	**1249169**	**740249**	**508920**	**329915**	**149089**	**180826**
1033	13479	9944	3535	3292	2009	1283
3110	25311	16088	9223	6840	3856	2984
17152	112319	56798	55521	29066	10708	18358
3850	41894	25555	16339	12277	5276	7001
1122	13169	8325	4844	4052	1497	2555
3740	63582	49939	13643	14853	10123	4730
3642	24511	13029	11482	7131	2456	4675
2367	48983	33313	15670	12532	6432	6100
1933	9469	3926	5543	2958	1193	1765
5932	61249	41940	19309	16510	9462	7048
6146	44563	25694	18869	11769	5481	6288
7994	71265	41589	29676	19422	7568	11854
4354	35746	20058	15688	8508	3862	4646
4436	37042	20909	16133	11032	4340	6692
19545	123853	67608	56245	34389	17288	17101
11448	79587	29125	50462	26437	6024	20413
4438	37309	20661	16648	10330	4136	6194
9501	50566	24830	25736	10439	2843	7596
4534	81252	69979	11273	18205	15025	3180
5459	38549	24364	14185	9657	4978	4679
1052	7121	5122	1999	1579	1156	423
5234	28574	14083	14491	6491	2335	4156
3750	63524	41547	21977	18931	6989	11942
4648	44470	30101	14369	10496	6015	4481
3600	25662	13812	11850	6207	2429	3778
105	866	658	208	185	162	23
2921	22656	12937	9719	5096	2236	2860
3590	15358	4544	10814	4151	899	3252
544	2081		2081	585		585
363	5201	3884	1317	1320	718	602
2406	19958	9887	10071	5175	1593	3582

高等师范院校本科、

Data on Students of

地区 Region	毕(结)业生数 Graduates			招生数	
	计 Total	本科 Normal Courses	专科 Short-cycle Courses	计 Total	本科 Normal Courses
总计 Total	**586212**	**376781**	**209431**	**687515**	**496081**
北京 Beijing	4686	4686		4853	4853
天津 Tianjin	7689	6723	966	10036	9357
河北 Hebei	46662	18313	28349	51622	28451
山西 Shanxi	17886	8386	9500	21506	12242
内蒙古 Inner Mongolia	8405	4393	4012	11661	7174
辽宁 Liaoning	19438	11290	8148	18415	11757
吉林 Jilin	22631	18034	4597	23385	20250
黑龙江 Heilongjiang	20910	14768	6142	22813	18581
上海 Shanghai	8287	7695	592	9877	9243
江苏 Jiangsu	36732	24754	11978	37366	29938
浙江 Zhejiang	23205	17185	6020	25182	22544
安徽 Anhui	38873	26409	12464	52722	44394
福建 Fujian	17808	13087	4721	20706	16091
江西 Jiangxi	23620	15301	8319	25802	19811
山东 Shandong	26052	19159	6893	25863	18996
河南 Henan	59642	39335	20307	79665	56627
湖北 Hubei	20556	11444	9112	23051	13149
湖南 Hunan	17854	9711	8143	17919	13640
广东 Guangdong	19691	15266	4425	24376	18735
广西 Guangxi	14834	9002	5832	17785	10537
海南 Hainan	4624	2549	2075	6222	3787
重庆 Chongqing	8563	6201	2362	10424	8980
四川 Sichuan	36619	26089	10530	38701	27605
贵州 Guizhou	16576	8601	7975	25913	16600
云南 Yunnan	15711	7910	7801	21855	12513
西藏 Tibet	461		461	870	
陕西 Shaanxi	22286	14091	8195	28170	19030
甘肃 Gansu	13154	8446	4708	16344	11172
青海 Qinghai	2207	1607	600	2205	2018
宁夏 Ningxia	1304		1304	1691	901
新疆 Xinjiang	9246	6346	2900	10515	7105

专科生学生数
Institutions of Teachers

单位：人
unit：person

Entrants	在校学生数 Enrolment			预计毕业生数 Anticipated Graduates for Next Year		
专科 Short-cycle Courses	计 Total	本科 Normal Courses	专科 Short-cycle Courses	计 Total	本科 Normal Courses	专科 Short-cycle Courses
191434	**2384314**	**1738510**	**645804**	**635052**	**398732**	**236320**
	18898	18898		4700	4700	
679	37091	34915	2176	8553	7752	801
23171	164256	90697	73559	48515	20754	27761
9264	73794	40959	32835	21811	9031	12780
4487	37055	23475	13580	10758	5394	5364
6658	69546	44878	24668	20268	11347	8921
3135	85322	73355	11967	22880	17321	5559
4232	83701	69245	14456	21311	16177	5134
634	38237	36149	2088	9540	8767	773
7428	151313	116354	34959	41216	26837	14379
2638	96040	86097	9943	24606	20252	4354
8328	189903	152283	37620	45980	30716	15264
4615	70706	56331	14375	17901	13512	4389
5991	94034	70389	23645	26498	16725	9773
6867	90166	66998	23168	25232	17878	7354
23038	250564	180433	70131	64537	40433	24104
9902	73116	45074	28042	18105	9875	8230
4279	66383	47296	19087	19592	10206	9386
5641	81364	66966	14398	20054	16265	3789
7248	58029	36842	21187	15648	8494	7154
2435	23182	13677	9505	6636	3167	3469
1444	36147	31071	5076	9713	7471	2242
11096	132771	97878	34893	37373	23011	14362
9313	81059	50693	30366	19525	10165	9360
9342	70441	42566	27875	17195	8667	8528
870	2592		2592	561		561
9140	93294	63753	29541	25157	15360	9797
5172	59655	40682	18973	17007	9700	7307
187	8548	7339	1209	2185	1733	452
790	5992	3290	2702	1698	580	1118
3410	41115	29927	11188	10297	6442	3855

高等语文院校本科、

Data on Students of Institutions

地　区 Region	毕(结)业生数 Graduates			招生数	
	计 Total	本　科 Normal Courses	专　科 Short-cycle Courses	计 Total	本　科 Normal Courses
总　计 Total	**81357**	**32607**	**48750**	**100064**	**43692**
北　京 Beijing	11694	8393	3301	12556	8503
天　津 Tianjin	3936	2988	948	4337	3229
河　北 Hebei	5946		5946	7582	
山　西 Shanxi	2890		2890	4046	
内蒙古 Inner Mongolia					
辽　宁 Liaoning	3752	2842	910	4175	3234
吉　林 Jilin	1366	1321	45	1925	1925
黑龙江 Heilongjiang					
上　海 Shanghai	5177	1560	3617	5582	1555
江　苏 Jiangsu					
浙　江 Zhejiang	5344	1400	3944	6352	4282
安　徽 Anhui	2767		2767	3816	
福　建 Fujian	1307		1307	2268	
江　西 Jiangxi					
山　东 Shandong	1059		1059	1149	
河　南 Henan					
湖　北 Hubei					
湖　南 Hunan	8884		8884	10408	
广　东 Guangdong	6255	4887	1368	7432	7432
广　西 Guangxi	1719		1719	3298	
海　南 Hainan	1009		1009	2089	
重　庆 Chongqing	5292	3925	1367	6184	4908
四　川 Sichuan	2638	2022	616	3414	2799
贵　州 Guizhou					
云　南 Yunnan					
西　藏 Tibet					
陕　西 Shaanxi	8505	3269	5236	10137	5825
甘　肃 Gansu	1817		1817	3314	
青　海 Qinghai					
宁　夏 Ningxia					
新　疆 Xinjiang					

专科生学生数

of Language & Literature

单位：人

unit：person

Entrants	在校学生数 Enrolment			预计毕业生数 Anticipated Graduates for Next Year		
专科 Short-cycle Courses	计 Total	本科 Normal Courses	专科 Short-cycle Courses	计 Total	本科 Normal Courses	专科 Short-cycle Courses
56372	**322242**	**155359**	**166883**	**90292**	**34925**	**55367**
4053	43432	32593	10839	11674	8070	3604
1108	15682	12449	3233	4457	3109	1348
7582	23242		23242	7171		7171
4046	10143		10143	3099		3099
941	15504	12317	3187	4122	2915	1207
	7335	7335		1507	1507	
4027	18629	6186	12443	5785	1524	4261
2070	18023	10985	7038	4130	1750	2380
3816	10538		10538	2970		2970
2268	5950		5950	1748		1748
1149	3588		3588	1026		1026
10408	31325		31325	10645		10645
	28453	26923	1530	6927	5877	1050
3298	8782		8782	2842		2842
2089	5368		5368	1690		1690
1276	20905	16532	4373	4930	3451	1479
615	10609	9421	1188	2375	1804	571
4312	36869	20618	16251	11173	4918	6255
3314	7865		7865	2021		2021

地区 Region	毕(结)业生数 Graduates			招生数	
	计 Total	本科 Normal Courses	专科 Short-cycle Courses	计 Total	本科 Normal Courses
总计 Total	**478737**	**194937**	**283800**	**610928**	**281176**
北京 Beijing	21634	11108	10526	24966	14678
天津 Tianjin	9294	7530	1764	12124	10316
河北 Hebei	20256	9787	10469	23957	14859
山西 Shanxi	16607	6282	10325	19439	8049
内蒙古 Inner Mongolia	5173	2107	3066	9235	4105
辽宁 Liaoning	17479	7194	10285	21634	9758
吉林 Jilin	11182	5045	6137	13062	8824
黑龙江 Heilongjiang	13399	6035	7364	16806	9763
上海 Shanghai	29268	12052	17216	33501	16425
江苏 Jiangsu	23914	8237	15677	28347	10951
浙江 Zhejiang	26645	9206	17439	29259	11517
安徽 Anhui	24100	6663	17437	36258	8923
福建 Fujian	12333	3697	8636	13160	3394
江西 Jiangxi	22457	7010	15447	22726	8193
山东 Shandong	29513	11813	17700	34755	15444
河南 Henan	35877	12373	23504	49289	18798
湖北 Hubei	29208	13921	15287	36376	18236
湖南 Hunan	11893	3517	8376	16395	4628
广东 Guangdong	28532	9737	18795	42613	21688
广西 Guangxi	10740	2492	8248	14680	3344
海南 Hainan	7384		7384	8798	1951
重庆 Chongqing	14565	10358	4207	20793	14834
四川 Sichuan	11870	4702	7168	13738	5160
贵州 Guizhou	5803	2929	2874	7130	3845
云南 Yunnan	12404	8935	3469	21010	13045
西藏 Tibet					
陕西 Shaanxi	17695	5144	12551	26051	7707
甘肃 Gansu	5241	4329	912	9056	9056
青海 Qinghai					
宁夏 Ningxia	1409		1409	2085	
新疆 Xinjiang	2862	2734	128	3685	3685

专科生学生数
of Finance & Economics

单位：人
unit: person

Entrants	在校学生数 Enrolment			预计毕业生数 Anticipated Graduates for Next Year		
专科 Short-cycle Courses	计 Total	本科 Normal Courses	专科 Short-cycle Courses	计 Total	本科 Normal Courses	专科 Short-cycle Courses
329752	**1954473**	**977155**	**977318**	**531896**	**215174**	**316722**
10288	84875	54284	30591	22415	12547	9868
1808	40949	35736	5213	9324	7663	1661
9098	78034	48036	29998	21032	10135	10897
11390	62104	31063	31041	17206	7249	9957
5130	28899	13881	15018	7347	2736	4611
11876	70933	34966	35967	19385	7758	11627
4238	43087	28849	14238	10983	5776	5207
7043	58793	34969	23824	15257	7357	7900
17076	112848	59282	53566	31967	13709	18258
17396	99201	42098	57103	30203	9495	20708
17742	97927	43730	54197	28278	10388	17890
27335	104285	30007	74278	28469	6722	21747
9766	42678	14401	28277	12532	3526	9006
14533	76093	30506	45587	22385	7169	15216
19311	113000	55742	57258	31784	13151	18633
30491	151399	62142	89257	43288	14276	29012
18140	116417	63671	52746	30522	14031	16491
11767	51265	16731	34534	14831	3570	11261
20925	127601	66302	61299	33834	13736	20098
11336	43533	11770	31763	12864	2869	9995
6847	24173	2513	21660	7597		7597
5959	65981	49873	16108	15574	10626	4948
8578	47439	19939	27500	13092	4594	8498
3285	24055	14130	9925	6270	2632	3638
7965	59349	43122	16227	12548	9410	3138
18344	79502	26056	53446	21826	5644	16182
	29486	29021	465	5613	5148	465
2085	6232		6232	2213		2213
	14335	14335		3257	3257	

高等政法院校本科、

Data on Students of Institutions

地　区 Region	毕(结)业生数 Graduates			招生数	
	计 Total	本　科 Normal Courses	专　科 Short-cycle Courses	计 Total	本　科 Normal Courses
总　计 Total	**92634**	**30559**	**62075**	**93708**	**36265**
北　京 Beijing	8388	6133	2255	8492	6698
天　津 Tianjin	1155		1155	1062	
河　北 Hebei	8799	2126	6673	8612	2266
山　西 Shanxi	3300		3300	2344	
内蒙古 Inner Mongolia	521		521	282	
辽　宁 Liaoning	3749	2377	1372	3147	2342
吉　林 Jilin	1590		1590	2649	
黑龙江 Heilongjiang	1713		1713	1101	
上　海 Shanghai	4502	3571	931	6620	4994
江　苏 Jiangsu	3576	1494	2082	3328	1566
浙　江 Zhejiang	2661		2661	2073	522
安　徽 Anhui	2485		2485	2949	
福　建 Fujian	1593		1593	1826	890
江　西 Jiangxi	2595		2595	3303	
山　东 Shandong	4360	1858	2502	4906	2072
河　南 Henan	6614		6614	6281	
湖　北 Hubei	3637	709	2928	3487	358
湖　南 Hunan	2940		2940	2930	
广　东 Guangdong	3204	1536	1668	3361	1233
广　西 Guangxi	1552		1552	1091	
海　南 Hainan	1034		1034	1329	
重　庆 Chongqing	4669	3797	872	4737	4386
四　川 Sichuan	1693	120	1573	4350	2106
贵　州 Guizhou	2560		2560	1022	
云　南 Yunnan	2436	1485	951	2331	1400
西　藏 Tibet	367		367	200	
陕　西 Shaanxi	5839	3304	2535	4604	2885
甘　肃 Gansu	2937	2049	888	3225	2547
青　海 Qinghai	305		305	136	
宁　夏 Ningxia	562		562	463	
新　疆 Xinjiang	1298		1298	1467	

专科生学生数
of Political Science & Law

单位：人
unit：person

Entrants	在校学生数 Enrolment			预计毕业生数 Anticipated Graduates for Next Year		
专 科 Short-cycle Courses	计 Total	本 科 Normal Courses	专 科 Short-cycle Courses	计 Total	本 科 Normal Courses	专 科 Short-cycle Courses
57443	**317057**	**133483**	**183574**	**97343**	**32076**	**65267**
1794	30925	25947	4978	8706	6826	1880
1062	2989		2989	1090		1090
6346	28353	9593	18760	8766	2328	6438
2344	8000		8000	3264		3264
282	885		885	603		603
805	11374	8328	3046	3413	2178	1235
2649	7438		7438	2128		2128
1101	3459		3459	1573		1573
1626	22180	18910	3270	5526	4469	1057
1762	12024	5871	6153	3676	1389	2287
1551	7692	1678	6014	2353		2353
2949	8623		8623	2672		2672
936	6030	2177	3853	1797		1797
3303	10130		10130	3332		3332
2834	15958	7530	8428	3360	1212	2148
6281	20252		20252	7158		7158
3129	12664	2018	10646	4193	622	3571
2930	10439		10439	3743		3743
2128	11537	5116	6421	3895	1503	2392
1091	3905		3905	1662		1662
1329	4026		4026	1277		1277
351	17171	15068	2103	4629	3532	1097
2244	11331	4342	6989	2981	678	2303
1022	4646		4646	1778		1778
931	7493	4968	2525	2442	1615	827
200	1005		1005	589		589
1719	17373	11827	5546	5093	3210	1883
678	12083	10110	1973	3097	2514	583
136	941		941	460		460
463	1545		1545	577		577
1467	4586		4586	1510		1510

高等体育院校本科、

Data on Students of Institutions

地　区 Region	毕(结)业生数 Graduates			招生数	
	计 Total	本　科 Normal Courses	专　科 Short-cycle Courses	计 Total	本　科 Normal Courses
总　计 Total	**24866**	**19598**	**5268**	**30023**	**22587**
北　京 Beijing	2278	2278		2716	2587
天　津 Tianjin	1800	1644	156	1550	1405
河　北 Hebei	829	735	94	1371	1273
山　西 Shanxi	564		564	846	
内蒙古 Inner Mongolia	280		280	298	
辽　宁 Liaoning	1835	1667	168	1981	1959
吉　林 Jilin	1667	1667		1739	1739
黑龙江 Heilongjiang	1096	1096		1400	1400
上　海 Shanghai	966	966		1151	1001
江　苏 Jiangsu	500	372	128	517	453
浙　江 Zhejiang	139		139	125	
安　徽 Anhui	422		422	419	
福　建 Fujian	164		164	509	
江　西 Jiangxi					
山　东 Shandong	2152	1639	513	1608	1608
河　南 Henan	807		807	946	
湖　北 Hubei	2646	2531	115	3872	3488
湖　南 Hunan	344		344	866	
广　东 Guangdong	1882	1483	399	3105	1613
广　西 Guangxi	434		434	646	
海　南 Hainan					
重　庆 Chongqing					
四　川 Sichuan	1810	1810		2112	2112
贵　州 Guizhou					
云　南 Yunnan	505		505	297	
西　藏 Tibet					
陕　西 Shaanxi	1746	1710	36	1949	1949
甘　肃 Gansu					
青　海 Qinghai					
宁　夏 Ningxia					
新　疆 Xinjiang					

专科生学生数
of Physical Culture

单位：人
unit: person

Entrants	在校学生数 Enrolment			预计毕业生数 Anticipated Graduates for Next Year		
专科 Short-cycle Courses	计 Total	本科 Normal Courses	专科 Short-cycle Courses	计 Total	本科 Normal Courses	专科 Short-cycle Courses
7436	**103671**	**84337**	**19334**	**25019**	**19333**	**5686**
129	10461	10332	129	2561	2561	
145	5484	5173	311	1300	1173	127
98	4443	4060	383	1026	796	230
846	1516		1516	670		670
298	967		967	308		308
22	7629	7414	215	1880	1687	193
	6683	6683		1490	1490	
	5133	5133		1133	1133	
150	4231	3939	292	960	960	
64	2124	1885	239	678	564	114
125	660		660	278		278
419	1648		1648	553		553
509	1098		1098	369		369
	7271	6600	671	2023	1680	343
946	2203		2203	148		148
384	13662	12540	1122	3049	2742	307
866	2188		2188	589		589
1492	8386	5191	3195	1604	978	626
646	1187		1187	231		231
	8095	8095		1780	1780	
297	1260		1260	550		550
	7342	7292	50	1839	1789	50

高等艺术院校本科、
Data on Students of

地区 Region	毕(结)业生数 Graduates			招生数	
	计 Total	本科 Normal Courses	专科 Short-cycle Courses	计 Total	本科 Normal Courses
总　计 Total	**70565**	**39294**	**31271**	**93079**	**52539**
北　京 Beijing	3410	2790	620	3703	3230
天　津 Tianjin	2077	1464	613	2339	1523
河　北 Hebei	3428	19	3409	5620	2692
山　西 Shanxi	847		847	801	
内蒙古 Inner Mongolia	398		398	414	
辽　宁 Liaoning	7115	4286	2829	10193	6384
吉　林 Jilin	3622	3376	246	3869	3788
黑龙江 Heilongjiang	762		762	679	
上　海 Shanghai	3020	1040	1980	3712	1631
江　苏 Jiangsu	6782	4366	2416	7743	4776
浙　江 Zhejiang	2679	1527	1152	3917	1658
安　徽 Anhui	795		795	468	
福　建 Fujian	628		628	1382	
江　西 Jiangxi	551		551	2692	
山　东 Shandong	4332	3574	758	4119	3173
河　南 Henan	616		616		
湖　北 Hubei	5499	2415	3084	7713	4111
湖　南 Hunan	1715		1715	2742	
广　东 Guangdong	3814	2034	1780	4644	2273
广　西 Guangxi	2170	904	1266	3629	2273
海　南 Hainan					
重　庆 Chongqing	1236	1055	181	1681	1534
四　川 Sichuan	9986	6325	3661	13968	7969
贵　州 Guizhou					
云　南 Yunnan	1785	1285	500	3815	2411
西　藏 Tibet					
陕　西 Shaanxi	2473	2009	464	2449	2326
甘　肃 Gansu					
青　海 Qinghai					
宁　夏 Ningxia					
新　疆 Xinjiang	825	825		787	787

专科生学生数
Institutions of Art

单位：人
unit：person

Entrants	在校学生数 Enrolment			预计毕业生数 Anticipated Graduates for Next Year		
专科 Short-cycle Courses	计 Total	本科 Normal Courses	专科 Short-cycle Courses	计 Total	本科 Normal Courses	专科 Short-cycle Courses
40540	**306551**	**186545**	**120006**	**78316**	**41187**	**37129**
473	13521	12404	1117	3659	3028	631
816	8004	6005	1999	2106	1480	626
2928	17123	5426	11697	4534	461	4073
801	2917		2917	957		957
414	986		986	134		134
3809	32997	22298	10699	7445	4450	2995
81	13846	13633	213	3225	3093	132
679	2005		2005	470		470
2081	13201	6769	6432	3596	1487	2109
2967	30081	20427	9654	8954	5472	3482
2259	11722	6508	5214	2901	1606	1295
468	2086		2086	842		842
1382	3264		3264	750		750
2692	6987		6987	1405		1405
946	15166	13259	1907	4286	3325	961
	2819		2819	1212		1212
3602	25232	14143	11089	6985	3259	3726
2742	7517		7517	2291		2291
2371	14869	8785	6084	3904	2155	1749
1356	10180	6275	3905	2040	947	1093
147	6775	6456	319	1616	1444	172
5999	41868	25097	16771	9530	4824	4706
1404	11043	7307	3736	2518	1416	1102
123	9010	8421	589	2160	1944	216
	3332	3332		796	796	

民族院校本科、

Data on Students of

地　区 Region	毕(结)业生数 Graduates			招生数	
	计 Total	本　科 Normal Courses	专　科 Short-cycle Courses	计 Total	本　科 Normal Courses
总　计 Total	**41616**	**34323**	**7293**	**53128**	**46429**
北　京 Beijing	2740	2740		2789	2789
天　津 Tianjin					
河　北 Hebei					
山　西 Shanxi					
内蒙古 Inner Mongolia					
辽　宁 Liaoning	2440	2440		3809	3809
吉　林 Jilin					
黑龙江 Heilongjiang	321		321	755	
上　海 Shanghai					
江　苏 Jiangsu					
浙　江 Zhejiang					
安　徽 Anhui					
福　建 Fujian					
江　西 Jiangxi					
山　东 Shandong					
河　南 Henan	933		933		
湖　北 Hubei	8110	7551	559	8019	7919
湖　南 Hunan	1330		1330	2177	
广　东 Guangdong					
广　西 Guangxi	3655	3106	549	3862	3452
海　南 Hainan					
重　庆 Chongqing					
四　川 Sichuan	6162	4245	1917	7674	6052
贵　州 Guizhou	3510	3427	83	5940	5607
云　南 Yunnan	2150	1854	296	4071	3984
西　藏 Tibet	2712	2274	438	2363	2128
陕　西 Shaanxi					
甘　肃 Gansu	3279	3233	46	5000	5000
青　海 Qinghai	1854	1458	396	2387	2029
宁　夏 Ningxia	2420	1995	425	4282	3660
新　疆 Xinjiang					

专科生学生数

Nationalities Institutions

单位：人
unit：person

Entrants	在校学生数 Enrolment			预计毕业生数 Anticipated Graduates for Next Year		
专科 Short-cycle Courses	计 Total	本科 Normal Courses	专科 Short-cycle Courses	计 Total	本科 Normal Courses	专科 Short-cycle Courses
6699	**187048**	**162025**	**25023**	**45159**	**36119**	**9040**
	11271	11271		2855	2855	
	13089	13089		2953	2953	
755	1461		1461	348		348
	1513		1513	762		762
100	32695	30896	1799	7958	7041	917
2177	6584		6584	1739		1739
410	14795	13133	1662	3762	3085	677
1622	26918	20432	6486	6958	4563	2395
333	14746	13930	816	2976	2493	483
87	12662	11828	834	2606	2192	414
235	9813	8800	1013	2604	2207	397
	18413	18413		4157	4157	
358	8442	7403	1039	2091	1713	378
622	14646	12830	1816	3390	2860	530

职业技术学院本科、

Data on Students of Short-cycle

地　区 Region	毕(结)业生数 Graduates			招生数	
	计 Total	本　科 Normal Courses	专　科 Short-cycle Courses	计 Total	本　科 Normal Courses
总　计 Total	**1697795**		**1697795**	**2134181**	
北　京 Beijing	26095		26095	26130	
天　津 Tianjin	38089		38089	40498	
河　北 Hebei	88395		88395	103748	
山　西 Shanxi	44006		44006	57895	
内蒙古 Inner Mongolia	29948		29948	44025	
辽　宁 Liaoning	40413		40413	48114	
吉　林 Jilin	10563		10563	24061	
黑龙江 Heilongjiang	46979		46979	65216	
上　海 Shanghai	30785		30785	33648	
江　苏 Jiangsu	185374		185374	185734	
浙　江 Zhejiang	82662		82662	96533	
安　徽 Anhui	83632		83632	114942	
福　建 Fujian	48062		48062	67767	
江　西 Jiangxi	67657		67657	80770	
山　东 Shandong	155456		155456	174433	
河　南 Henan	93621		93621	134409	
湖　北 Hubei	101547		101547	123831	
湖　南 Hunan	109215		109215	138094	
广　东 Guangdong	128101		128101	175063	
广　西 Guangxi	46149		46149	65061	
海　南 Hainan	10194		10194	15844	
重　庆 Chongqing	27995		27995	40647	
四　川 Sichuan	70260		70260	78180	
贵　州 Guizhou	13630		13630	27222	
云　南 Yunnan	18877		18877	37082	
西　藏 Tibet	1352		1352	1619	
陕　西 Shaanxi	45932		45932	67902	
甘　肃 Gansu	24112		24112	31624	
青　海 Qinghai	3774		3774	4226	
宁　夏 Ningxia	6201		6201	7192	
新　疆 Xinjiang	18719		18719	22671	

专科生学生数

Vocational Colleges

单位：人

unit：person

Entrants	在校学生数 Enrolment			预计毕业生数 Anticipated Graduates for Next Year		
专 科 Short-cycle Courses	计 Total	本 科 Normal Courses	专 科 Short-cycle Courses	计 Total	本 科 Normal Courses	专 科 Short-cycle Courses
2134181	**6314723**		**6314723**	**2013614**		**2013614**
26130	79060		79060	26185		26185
40498	128015		128015	43010		43010
103748	304926		304926	96834		96834
57895	157110		157110	54231		54231
44025	128705		128705	41100		41100
48114	143455		143455	45306		45306
24061	62599		62599	18399		18399
65216	182603		182603	54263		54263
33648	104391		104391	34958		34958
185734	666984		666984	248737		248737
96533	290179		290179	95795		95795
114942	328590		328590	99674		99674
67767	188998		188998	56076		56076
80770	243881		243881	80289		80289
174433	535697		535697	164881		164881
134409	382343		382343	117830		117830
123831	361703		361703	110941		110941
138094	395611		395611	126137		126137
175063	477406		477406	145749		145749
65061	185750		185750	57506		57506
15844	41669		41669	13185		13185
40647	106384		106384	29617		29617
78180	255362		255362	82894		82894
27222	69855		69855	19516		19516
37082	92260		92260	24457		24457
1619	3308		3308	577		577
67902	203985		203985	62551		62551
31624	90177		90177	28536		28536
4226	13351		13351	4233		4233
7192	22755		22755	7962		7962
22671	67611		67611	22185		22185

广播电视大学本科、

Data on Students of Radio

地区 Region	毕业生数 Graduates			招生数	
	合计 Total	本科 Normal Courses	专科 Short-cycle Courses	合计 Total	本科 Normal Courses
总　计 Total	**63000**	**1393**	**61607**	**67024**	**1139**
北　京 Beijing	635		635	585	
天　津 Tianjin	447		447		
河　北 Hebei	1527		1527	672	
山　西 Shanxi	1237		1237	669	
内蒙古 Inner Mongolia	579		579	668	
辽　宁 Liaoning	1689		1689	2752	
吉　林 Jilin	3800		3800	2254	
黑龙江 Heilongjiang	749		749	1306	
上　海 Shanghai	20		20		
江　苏 Jiangsu	1112	1	1111	3156	127
浙　江 Zhejiang	5297		5297	6013	
安　徽 Anhui	412	12	400	1666	33
福　建 Fujian	155		155	1494	
江　西 Jiangxi	379		379	840	
山　东 Shandong	165		165	175	
河　南 Henan	3541	37	3504	5500	18
湖　北 Hubei	7223	187	7036	2105	134
湖　南 Hunan	4140		4140	3211	
广　东 Guangdong	3570		3570	3166	
广　西 Guangxi	182	52	130	296	37
海　南 Hainan	1276		1276	185	
重　庆 Chongqing	8226		8226	7807	
四　川 Sichuan	10400	1104	9296	11662	790
贵　州 Guizhou	706		706	1393	
云　南 Yunnan	556		556	829	
西　藏 Tibet					
陕　西 Shaanxi	2201		2201	3338	
甘　肃 Gansu	1367		1367	3078	
青　海 Qinghai	12		12	81	
宁　夏 Ningxia	1204		1204	1130	
新　疆 Xinjiang	193		193	993	

专科学生数
& TV Universities

单位：人
unit：person

Entrants		在校学生数 Enrolment			毕业班学生数 Graduates for Next Year	
专科 Short-cycle Courses	合计 Total	本科 Normal Courses	专科 Short-cycle Courses	合计 Total	本科 Normal Courses	专科 Short-cycle Courses
65885	**164292**	**3583**	**160709**	**66590**	**2039**	**64551**
585	1798		1798	832		832
	678		678	435		435
672	1864		1864	765		765
669	1947		1947	728		728
668	1505		1505	664		664
2752	4660		4660	1898		1898
2254	5885		5885	3488		3488
1306	4439		4439	1748		1748
3029	7802	443	7359	2154	114	2040
6013	14667		14667	4924		4924
1633	2296	45	2251	630	12	618
1494	2583		2583	433		433
840	1053		1053	141		141
175	567		567	392		392
5482	9118	73	9045	3618	55	3563
1971	7589	932	6657	4135	595	3540
3211	9968		9968	5415		5415
3166	9957		9957	3345		3345
259	508	37	471	122		122
185	1796		1796	1611		1611
7807	19668		19668	5200		5200
10872	30829	2053	28776	17067	1263	15804
1393	3599		3599	1601		1601
829	1151		1151	186		186
3338	7024		7024	1830		1830
3078	5827		5827	1214		1214
81	170		170	42		42
1130	3090		3090	1433		1433
993	2254		2254	539		539

职工高等学校本科、
Number of Students in

地　区 Region	毕业生数 Graduates			招生数	
	合　计 Total	本　科 Normal Courses	专　科 Short-cycle Courses	合　计 Total	本　科 Normal Courses
总　计 Total	**75769**	**1767**	**74002**	**74628**	**1821**
北　京 Beijing	7593	203	7390	6263	278
天　津 Tianjin	5885		5885	5666	
河　北 Hebei	275		275	204	
山　西 Shanxi	3193	545	2648	3395	745
内蒙古 Inner Mongolia	847		847	1011	
辽　宁 Liaoning	10144	279	9865	7831	237
吉　林 Jilin	2736	583	2153	1913	356
黑龙江 Heilongjiang	4706		4706	3608	
上　海 Shanghai	7036		7036	5954	
江　苏 Jiangsu	1856		1856	1221	
浙　江 Zhejiang	5054		5054	3109	
安　徽 Anhui	1120		1120	293	
福　建 Fujian					
江　西 Jiangxi	620		620	782	
山　东 Shandong	624	24	600	1126	39
河　南 Henan	4298		4298	8293	
湖　北 Hubei	353	15	338	299	
湖　南 Hunan	5374	113	5261	5370	125
广　东 Guangdong	2448		2448	2015	
广　西 Guangxi	260		260	382	
海　南 Hainan					
重　庆 Chongqing	877		877	1677	
四　川 Sichuan	4698	5	4693	6856	32
贵　州 Guizhou	841		841	1038	
云　南 Yunnan	86		86	39	
西　藏 Tibet					
陕　西 Shaanxi	4044		4044	5275	9
甘　肃 Gansu	579		579	459	
青　海 Qinghai	185		185	475	
宁　夏 Ningxia					
新　疆 Xinjiang	37		37	74	

专科学生数
Workers' Colleges

单位：人
unit：person

Entrants	在校学生数 Enrolment			毕业班学生数 Graduates for Next Year		
专科 Short-cycle Courses	合计 Total	本科 Normal Courses	专科 Short-cycle Courses	合计 Total	本科 Normal Courses	专科 Short-cycle Courses
72807	**198427**	**5038**	**193389**	**84976**	**2422**	**82554**
5985	13844	621	13223	6637	319	6318
5666	9922		9922	3794		3794
204	510		510	177		177
2650	8418	2115	6303	2915	871	2044
1011	1313		1313	502		502
7594	20127	571	19556	11099	245	10854
1557	7759	1176	6583	5289	820	4469
3608	10452		10452	4408		4408
5954	17773		17773	4888		4888
1221	2855		2855	773		773
3109	6309		6309	2582		2582
293	2686		2686	2284		2284
782	1518		1518	678		678
1087	1900	153	1747	489	28	461
8293	22259		22259	9620		9620
299	3032	28	3004	2669	28	2641
5245	16561	273	16288	6637	89	6548
2015	6626		6626	2386		2386
382	1300		1300	974		974
1677	5857		5857	2286		2286
6824	17235	54	17181	6733	22	6711
1038	2013		2013	673		673
39	147		147	22		22
5266	15206	47	15159	5335		5335
459	1391		1391	469		469
475	1188		1188	623		623
74	226		226	34		34

教育学院本科、

Number of Students in

地　区 Region	毕业生数 Graduates			招生数	
	合　计 Total	本　科 Normal Courses	专　科 Short-cycle Courses	合　计 Total	本　科 Normal Courses
总　计 Total	**50901**	**31500**	**19401**	**38712**	**17402**
北　京 Beijing	3337	2129	1208	1778	714
天　津 Tianjin					
河　北 Hebei	7		7		
山　西 Shanxi	605		605	329	
内蒙古 Inner Mongolia					
辽　宁 Liaoning	1494	400	1094	2112	498
吉　林 Jilin	2999	2346	653	950	675
黑龙江 Heilongjiang	2803	1646	1157	2874	1108
上　海 Shanghai					
江　苏 Jiangsu	4517	4093	424	4020	2691
浙　江 Zhejiang	3351	2088	1263	2396	1010
安　徽 Anhui					
福　建 Fujian	3500	2977	523	1449	1133
江　西 Jiangxi	2523	886	1637	2624	1068
山　东 Shandong	2896	1659	1237	3034	1636
河　南 Henan	5498	3090	2408	4889	2037
湖　北 Hubei	730		730	1599	
湖　南 Hunan	1164		1164	393	
广　东 Guangdong	4370	3755	615	4181	3051
广　西 Guangxi	1343	1114	229	986	574
海　南 Hainan					
重　庆 Chongqing	1898	1178	720	1718	339
四　川 Sichuan	2911	1960	951	1454	547
贵　州 Guizhou					
云　南 Yunnan					
西　藏 Tibet					
陕　西 Shaanxi	2716	1551	1165	370	89
甘　肃 Gansu	457		457	300	
青　海 Qinghai					
宁　夏 Ningxia					
新　疆 Xinjiang	1782	628	1154	1256	232

专科学生数
Educational Colleges

单位：人
unit: person

Entrants	在校学生数 Enrolment			毕业班学生数 Graduates for Next Year		
专科 Short-cycle Courses	合计 Total	本科 Normal Courses	专科 Short-cycle Courses	合计 Total	本科 Normal Courses	专科 Short-cycle Courses
21310	**109249**	**59975**	**49274**	**44196**	**25019**	**19177**
1064	6402	3220	3182	2637	1427	1210
	22		22	22		22
329	771		771	387		387
1614	5877	2152	3725	2635	910	1725
275	3068	2428	640	1409	1062	347
1766	6346	3236	3110	3144	2023	1121
1329	13150	10072	3078	5092	4305	787
1386	6025	2957	3068	2651	1389	1262
316	6302	5221	1081	2957	2463	494
1556	5274	2087	3187	1752	544	1208
1398	9290	6028	3262	2660	1594	1066
2852	12515	6220	6295	4529	2192	2337
1599	4207		4207	1607		1607
393	1277		1277	744		744
1130	11068	8488	2580	3846	3173	673
412	3156	1962	1194	1554	1114	440
1379	4136	2405	1731	1681	1152	529
907	4807	1974	2833	2672	1005	1667
281	1797	973	824	631	440	191
300	1025		1025	646		646
1024	2734	552	2182	940	226	714

管理干部学院本科、

Number of Students in Institutes for

地 区 Region	毕业生数 Graduates			招生数	
	合 计 Total	本 科 Normal Courses	专 科 Short-cycle Courses	合 计 Total	本 科 Normal Courses
总 计 Total	**26066**	**5606**	**20460**	**29194**	**5050**
北 京 Beijing	956	220	736	3731	410
天 津 Tianjin	2011		2011	1123	
河 北 Hebei	326		326	201	
山 西 Shanxi	1699		1699	2271	
内蒙古 Inner Mongolia					
辽 宁 Liaoning	293	293		240	189
吉 林 Jilin	970	339	631	577	144
黑龙江 Heilongjiang	2685	790	1895	2765	359
上 海 Shanghai	987		987	1102	
江 苏 Jiangsu	2196	168	2028	1987	260
浙 江 Zhejiang					
安 徽 Anhui	366		366	426	
福 建 Fujian	1545	135	1410	1778	213
江 西 Jiangxi	701	529	172	1489	567
山 东 Shandong	3668	1273	2395	5428	1437
河 南 Henan	296	216	80	136	92
湖 北 Hubei	2847	1103	1744	2189	954
湖 南 Hunan					
广 东 Guangdong	1113		1113	1233	
广 西 Guangxi	2300	540	1760	1906	425
海 南 Hainan					
重 庆 Chongqing					
四 川 Sichuan	863		863	398	
贵 州 Guizhou					
云 南 Yunnan					
西 藏 Tibet					
陕 西 Shaanxi	244		244	214	
甘 肃 Gansu					
青 海 Qinghai					
宁 夏 Ningxia					
新 疆 Xinjiang					

专科学生数
Administration

单位：人
unit：person

Entrants	在校学生数 Enrolment			毕业班学生数 Graduates for Next Year		
专科 Short-cycle Courses	合计 Total	本科 Normal Courses	专科 Short-cycle Courses	合计 Total	本科 Normal Courses	专科 Short-cycle Courses
24144	**65668**	**11628**	**54040**	**22096**	**4068**	**18028**
3321	5647	630	5017	1213	220	993
1123	2179		2179	475		475
201	498		498	296		296
2271	5228		5228	1676		1676
51	603	501	102	340	289	51
433	1311	302	1009	734	158	576
2406	5482	785	4697	2389	426	1963
1102	3438		3438	1223		1223
1727	4262	260	4002	1194		1194
426	875		875	240		240
1565	4572	824	3748	1331	96	1235
922	1977	854	1123	469	287	182
3991	13701	4226	9475	4106	1331	2775
44	510	364	146	354	252	102
1235	4834	1796	3038	1833	536	1297
1233	4157		4157	1391		1391
1481	5204	1086	4118	2315	473	1842
398	771		771	373		373
214	419		419	144		144

其他机构本科、
Number of Students in

地区 Region	毕业生数 Graduates			招生数	
	合计 Total	本科 Normal Courses	专科 Short-cycle Courses	合计 Total	本科 Normal Courses
总计 Total	**1528**		**1528**	**512**	
北京 Beijing					
天津 Tianjin					
河北 Hebei					
山西 Shanxi					
内蒙古 Inner Mongolia					
辽宁 Liaoning					
吉林 Jilin					
黑龙江 Heilongjiang					
上海 Shanghai					
江苏 Jiangsu					
浙江 Zhejiang	18		18	14	
安徽 Anhui					
福建 Fujian					
江西 Jiangxi					
山东 Shandong					
河南 Henan	1455		1455	465	
湖北 Hubei					
湖南 Hunan	55		55	33	
广东 Guangdong					
广西 Guangxi					
海南 Hainan					
重庆 Chongqing					
四川 Sichuan					
贵州 Guizhou					
云南 Yunnan					
西藏 Tibet					
陕西 Shaanxi					
甘肃 Gansu					
青海 Qinghai					
宁夏 Ningxia					
新疆 Xinjiang					

专科学生数
Other Institutes

单位：人
unit：person

Entrants	在校学生数 Enrolment			毕业班学生数 Graduates for Next Year		
专科 Short-cycle Courses	合计 Total	本科 Normal Courses	专科 Short-cycle Courses	合计 Total	本科 Normal Courses	专科 Short-cycle Courses
512	**2587**		**2587**	**853**		**853**
14	30		30	8		8
465	2410		2410	796		796
33	147		147	49		49

普通高等学校举办函授、业余、

Number of Students in Correspondence Courses for Adults run by Regular Institu

地 区 Region	函授、业余 Divisions of Correspondence and Sparetime Schools							
	毕业生数 Graduates			招生数 Entrants			在校学生 Enrolm	
	合 计 Total	本 科 Normal Courses	专 科 Short-cycle Courses	合 计 Total	本 科 Normal Courses	专 科 Short-cycle Courses	合 计 Total	本 科 Normal Courses
总 计 Total	**1451547**	**724180**	**727367**	**1803496**	**789978**	**1013518**	**4620964**	**2050283**
北 京 Beijing	96681	52589	44092	97291	56156	41135	246571	140583
天 津 Tianjin	24690	16362	8328	25767	13593	12174	62015	34710
河 北 Hebei	70951	30531	40420	82119	35809	46310	203026	80977
山 西 Shanxi	29426	14586	14840	40740	21453	19287	110722	57771
内蒙古 Inner Mongolia	21836	13027	8809	28659	12525	16134	62504	29915
辽 宁 Liaoning	58394	34801	23593	69539	30754	38785	172720	77395
吉 林 Jilin	61145	37484	23661	55765	25133	30632	136276	64556
黑龙江 Heilongjiang	42863	28879	13984	55226	27710	27516	130596	62063
上 海 Shanghai	47918	30719	17199	62386	45686	16700	187182	131585
江 苏 Jiangsu	82439	41132	41307	123906	60533	63373	320746	156534
浙 江 Zhejiang	100407	38029	62378	92650	32858	59792	228654	79691
安 徽 Anhui	65791	30320	35471	68729	26201	42528	142922	59549
福 建 Fujian	24099	14090	10009	27940	14464	13476	83990	41866
江 西 Jiangxi	26915	11848	15067	35546	16648	18898	101603	46381
山 东 Shandong	89756	41460	48296	126285	57846	68439	335009	158571
河 南 Henan	57187	25545	31642	81995	34503	47492	217302	96750
湖 北 Hubei	72279	37874	34405	93398	31647	61751	239095	99411
湖 南 Hunan	66960	24937	42023	74165	25302	48863	198403	66027
广 东 Guangdong	116962	47601	69361	155867	61906	93961	427035	146591
广 西 Guangxi	46735	22996	23739	60404	24892	35512	127655	52075
海 南 Hainan	4900	2148	2752	8429	4215	4214	23575	10342
重 庆 Chongqing	27735	16080	11655	39768	11390	28378	90727	30709
四 川 Sichuan	74918	30105	44813	96030	27095	68935	233958	71269
贵 州 Guizhou	21461	12583	8878	24039	14559	9480	75442	43425
云 南 Yunnan	39608	17951	21657	60429	27374	33055	160058	71779
西 藏 Tibet	1386	1010	376	2340	1538	802	6772	4791
陕 西 Shaanxi	40094	27955	12139	56839	23451	33388	139541	63909
甘 肃 Gansu	18391	11184	7207	26426	12227	14199	78269	37183
青 海 Qinghai	2398	1921	477	4485	3148	1337	12238	8114
宁 夏 Ningxia	4425	2152	2273	10158	3048	7110	24198	8886
新 疆 Xinjiang	12797	6281	6516	16176	6314	9862	42160	16875

脱产分本专科学生数

divisions、Sparetime Schools & Short-cycle tions of Higher Education

单位：人

unit：person

数 ent 专 科 Short-cycle Courses	脱产 Short-cycle courses for Adults 毕业生数 Graduates 合 计 Total	本 科 Normal Courses	专 科 Short-cycle Courses	招生数 Entrants 合 计 Total	本 科 Normal Courses	专 科 Short-cycle Courses	在校学生数 Enrolment 合 计 Total	本 科 Normal Courses	专 科 Short-cycle Courses
2570681	**273948**	**100975**	**172973**	**496**	**405**	**91**	**250600**	**126155**	**124445**
105988	16122	10064	6058				14219	10800	3419
27305	3708	1012	2696				2739	1123	1616
122049	18000	6264	11736				12629	6302	6327
52951	4678	2818	1860				3172	1839	1333
32589	5098	3306	1792				3305	2220	1085
95325	20688	7602	13086				14724	8134	6590
71720	5420	2628	2792				3146	2148	998
68533	10119	4549	5570				7404	4694	2710
55597	3720	1992	1728				4905	3757	1148
164212	28806	6669	22137				22860	13381	9479
148963	14381	1953	12428				13575	5000	8575
83373	13303	4649	8654				7390	4336	3054
42124	1793	472	1321				2024	663	1361
55222	8364	3344	5020				8940	3311	5629
176438	7972	1228	6744				16876	2692	14184
120552	9612	2829	6783				13700	3681	10016
139684	19130	9630	9500				17343	11076	6267
132376	9981	3882	6099				6784	3132	3652
280444	6547	645	5902				4552	733	3819
75580	2852	740	2112				6594	2476	4118
13233	1698	538	1160				892	392	500
60018	7591	2930	4661				14256	5929	8327
162689	18115	5965	12150				14664	9897	4767
32017	5139	2704	2435	496	405	91	5155	2924	2231
88279	8087	2242	5845				12308	6638	5670
1981	342	64	278				186	115	71
75632	10264	6119	4145				7914	5313	2601
41086	5326	1758	3568				3089	1339	1750
4124	1425	940	485				636	512	124
15312	1095	376	719				575	204	371
25285	4572	1063	3509				4044	1391	2653

在职人员攻读博士、硕士

Number of Postgraduate Students Studying for Advanced

	授予学位数 Degree Awarded		
	计 Total	博士 Doctor's Degree	硕士 Master's Degree
总　计 Total	**101956**	**1063**	**100893**
北　京 Beijing	14136	215	13921
天　津 Tianjin	3013	156	2857
河　北 Hebei	1923		1923
山　西 Shanxi	1539		1539
内蒙古 Inner Mongolia	1140		1140
辽　宁 Liaoning	5987	13	5974
吉　林 Jilin	3814		3814
黑龙江 Heilongjiang	3095	35	3060
上　海 Shanghai	8947	37	8910
江　苏 Jiangsu	8291	54	8237
浙　江 Zhejiang	2771	30	2741
安　徽 Anhui	2076	14	2062
福　建 Fujian	2538	1	2537
江　西 Jiangxi	1651		1651
山　东 Shandong	5390		5390
河　南 Henan	2474		2474
湖　北 Hubei	10003	342	9661
湖　南 Hunan	3120	3	3117
广　东 Guangdong	5811	30	5781
广　西 Guangxi	741		741
海　南 Hainan	292		292
重　庆 Chongqing	2259		2259
四　川 Sichuan	2938	29	2909
贵　州 Guizhou	607		607
云　南 Yunnan	1895	10	1885
西　藏 Tibet			
陕　西 Shaanxi	3969	94	3875
甘　肃 Gansu	1034		1034
青　海 Qinghai	38		38
宁　夏 Ningxia	98		98
新　疆 Xinjiang	366		366

学位学生情况
Degrees Without Leaving Their Jobs

单位：人
unit：person

招生数 Entrants			在校学生数 Enrolment		
计 Total	博　士 Doctor's Degree	硕　士 Master's Degree	计 Total	博　士 Doctor's Degree	硕　士 Master's Degree
115985	**741**	**115244**	**394331**	**3075**	**391256**
14847	221	14626	51926	869	51057
3982	117	3865	10011	325	9686
1706		1706	5348		5348
1485		1485	4823		4823
1634		1634	5057		5057
4999	18	4981	16232	39	16193
3914	9	3905	11872	55	11817
3230	7	3223	12355	16	12339
10300		10300	34599		34599
9975	64	9911	38823	282	38541
4175	15	4160	15743	70	15673
2329	46	2283	7708	130	7578
3157		3157	11165		11165
1233		1233	6814		6814
6393		6393	18363		18363
1709		1709	4711		4711
10620	12	10608	33556	153	33403
3217		3217	15657		15657
5534	73	5461	19512	144	19368
959		959	3158		3158
315		315	1143		1143
3174		3174	10370	7	10363
7513	25	7488	21664	156	21508
818		818	2504		2504
2646		2646	8254		8254
4097	131	3966	15401	817	14584
1158	3	1155	4461	12	4449
113		113	764		764
204		204	491		491
549		549	1846		1846

高等教育非学历

Data on Students Enrolled in Non-formal

	毕(结)业生数 Graduates								
	研究生课程进修班 Postgraduate Courses	自考助学班 Classes Run by Non-state/private HEIs for Students Preparing for State-administared Examinations for Self-directed learners	普通预科生 College-preparatory Classes	进修及培训 In-service Training					
				总计 Total	一周至一个月以内 a week to 1 months under	一个月至半年以内 1 months to half year under	半年至一年以内 half year to one year under	一年及以上 One year and over	其中：资格证书培训 for Certificates of Vocational Qualifications
总　计 Total	**46803**	**196768**		**5073449**	**2565712**	**1972747**	**387857**	**147133**	**1094037**
北　京 Beijing	14820	48726		479923	275105	91703	75364	37751	56716
天　津 Tianjin	404	3907		81353	38749	27386	11249	3969	22636
河　北 Hebei	613	5267		96796	39267	48696	7536	1297	16432
山　西 Shanxi	60	1403		49810	40174	7150	1771	715	15272
内蒙古 Inner Mongolia	112			53742	38045	9221	6473	3	33281
辽　宁 Liaoning	1389	6496		118746	59735	23069	11326	24616	30321
吉　林 Jilin	936	1398		96450	78683	15109	2571	87	14653
黑龙江 Heilongjiang	67	1798		49741	39742	9752	92	155	10136
上　海 Shanghai	3456	8753		764769	215988	467675	68509	12597	76430
江　苏 Jiangsu	2012	15606		246293	151447	74555	10046	10245	62216
浙　江 Zhejiang	2005	8669		326459	245969	60097	17354	3039	83349
安　徽 Anhui	642	1022		149862	62847	12935	68571	5509	30957
福　建 Fujian	541	11447		71292	54989	12701	2640	962	14605
江　西 Jiangxi	289	12810		51243	26727	16486	3890	4140	26793
山　东 Shandong	3847	5160		182478	99330	55947	21975	5226	59825
河　南 Henan	938	4258		155822	120063	26629	8425	705	48437
湖　北 Hubei	2905	12697		150368	103607	42024	3025	1712	71976
湖　南 Hunan	265	14475		159708	104626	28915	8833	17334	71546
广　东 Guangdong	2435	4314		191623	108125	66665	14466	2367	45804
广　西 Guangxi	235	3265		75396	61390	12250	1018	738	33403
海　南 Hainan				1066	849	217			
重　庆 Chongqing	1732	7881		751688	45250	695008	6433	4997	41360
四　川 Sichuan	5374	5158		264048	155511	82158	21904	4475	62394
贵　州 Guizhou	96	749		40613	30263	9842	508		7943
云　南 Yunnan	623			57632	49034	5922	2676		22403
西　藏 Tibet				1092	973	119			719
陕　西 Shaanxi	360	7451		130850	85191	40261	3284	2114	57061
甘　肃 Gansu	529	3640		159587	144761	10136	3346	1344	45248
青　海 Qinghai		418		9673	8784	889			3921
宁　夏 Ningxia	118			22688	19700	1479	1509		6953
新　疆 Xinjiang				82638	60788	17751	3063	1036	21247

教育学生情况（总计）
Programmes of HEIs（Total）

单位：人
unit：person

	注册学生数 Total Enrolment									
				进修及培训 In-service Training						
其中：岗位证书培训 for Certificates of Job-related Qualifications	研究生课程进修班 Postgraduate Courses	自考助学班 Classes Run by Non-state/private HEIs for Students Preparing for State-administrated Examinations for Self-directed Learners	普通预科生 College-preparatory Classes	总计 Total	一周至一个月以内 a week to 1 months under	一个月至半年以内 1 months to half year under	半年至一年以内 half year to one year under	一年及以上 One year and over	其中：资格证书培训 for Certificates of Vocational Qualifications	其中：岗位证书培训 for Certificates of Job-related Qualifications
1184880	**68646**	**696503**	**30649**	**2098780**	**737781**	**974268**	**254109**	**132622**	**409090**	**698173**
87682	31978	161003	2476	250671	74824	84404	45664	45779	27060	33160
23828	638	7964	10	36240	13050	15044	6761	1385	12885	7956
3183	103	14356	417	13778	9690	665	2441	982	8539	1003
16944	139	8785		13303	4563	6031	1146	1563	7801	1632
12353	85		1733	8736	6622	2021		93	3654	2394
54562	2964	26907	509	2599	1309	1265	25		968	
34424	213	8634	979	9026	4348	3511	243	924	1728	
11267	50	7132	223	5692	3455	1689	102	446		4169
357949	4365	21813	509	832274	128392	628388	56679	18815	47059	472115
60400	2722	33630	397	81928	49817	24165	6082	1864	30903	13758
96986	3358	47305	28	154080	108719	31424	11277	2660	45533	35324
8753	1150	11569	218	92032	924	7466	73939	9703	2146	4567
15592	1085	16219	353	20721	14849	1278	3884	710	3022	4285
11170	221	69705	932	24516	2847	6626	6102	8941	10763	8691
50004	4335	29342	65	58728	36091	7446	7164	8027	15291	10420
24319	1656	27331	2330	47001	41422	4235	345	999	15355	10264
34300	2613	74900	2292	67746	45174	20678	1265	629	42881	15905
22636	483	33141	1318	14557	7587	3033	2733	1204	2640	987
31861	3253	15437	932	99050	36537	53044	6156	3313	37578	13021
18496	674	10179	869	31649	23338	5897	408	2006	18870	7547
991		2005	120	93		93				
5417	1890	16538	2351	32147	15858	5902	4966	5421	18153	4360
85152	2061	17490	3204	49158	10739	19742	7803	10874	14422	12293
3060	242	3258	1903	41049	30584	9957	508		8154	3060
9106	1154		1910	12830	6195	6536		99	6999	5168
322	83			1092	973	119			719	322
24864	56	20601	419	31753	14762	13286	1718	1987	9600	6208
45771	643	9868	1691	29696	19395	4514	2556	3231	9308	6956
3180		802	1037							
12596	108		1166	20038	15449	2229	2360		4614	11537
17712	324	589	258	16597	10268	3580	1782	967	2442	1071

高等教育非学历

Data on Students Enrolled in Non-formal

	毕(结)业生数 Graduates								
		自考助学班 Classes Run by Non-state/private HEIs for Students Preparing for State-administrated Examinations for Self-directed Learners		进修及培训 In-service Training					
	研究生课程进修班 Postgraduate Courses		普通预科生 College-preparatory Classes	总计 Total	一周至一个月以内 a week to 1 months under	一个月至半年以内 1 months to half year under	半年至一年以内 half year to one year under	一年及以上 One year and over	其中：资格证书培训 for Certificates of Vocational Qualifications
总　计 Total	**46204**	**107369**		**2206364**	**1436132**	**559299**	**168208**	**42725**	**642381**
北　京 Beijing	14221	7907		270397	170225	56152	35250	8770	31488
天　津 Tianjin	404	3889		47586	25585	12670	8894	437	12163
河　北 Hebei	613	459		38425	31327	1160	5310	628	11110
山　西 Shanxi	60			15611	14154	633	516	308	2570
内蒙古 Inner Mongolia	112			31172	21909	9155	105	3	17006
辽　宁 Liaoning	1389	820		32256	25420	3105	3313	418	8570
吉　林 Jilin	936	366		38902	27619	9902	1304	77	8986
黑龙江 Heilongjiang	67			32694	29808	2834	51	1	3622
上　海 Shanghai	3456	4108		126238	58069	46843	19284	2042	25451
江　苏 Jiangsu	2012	15606		184783	109825	57797	7297	9864	44236
浙　江 Zhejiang	2005	2988		281623	218410	47770	14529	914	78960
安　徽 Anhui	642			49069	36251	11107	873	838	10208
福　建 Fujian	541	11279		40337	28727	8885	1813	912	12759
江　西 Jiangxi	289	11029		41248	20968	15355	3345	1580	23939
山　东 Shandong	3847	992		104789	54844	31505	14346	4094	29738
河　南 Henan	938			82993	54565	20226	7793	409	31331
湖　北 Hubei	2905	11861		139176	93707	40918	3025	1526	66556
湖　南 Hunan	265	11936		79211	43014	23031	6508	6658	34191
广　东 Guangdong	2435	2054		124680	63665	53930	6714	371	38210
广　西 Guangxi	235	3265		64828	51115	12250	725	738	28348
海　南 Hainan				780	705	75			
重　庆 Chongqing	1732	6443		31769	22784	5785	2281	919	19438
四　川 Sichuan	5374	3684		142138	66933	56540	18305	360	46820
贵　州 Guizhou	96	627		31145	20822	9815	508		6608
云　南 Yunnan	623			57332	49034	5622	2676		22403
西　藏 Tibet				1092	973	119			719
陕　西 Shaanxi	360	4467		35178	28845	6074	195	64	6560
甘　肃 Gansu	529	3171		19193	15849	3260	84		7963
青　海 Qinghai		418		9673	8784	889			3921
宁　夏 Ningxia	118			20646	17658	1479	1509		5673
新　疆 Xinjiang				31400	24538	4413	1655	794	2834

教育学生情况（普通高校）

Programmes of HEIs（Regular HEIs）

单位：人

unit：person

				注册学生数 Total Enrolment						
				进修及培训 In-service Training						
其中：岗位证书培训 for Certificates of Job-related Qualifications	研究生课程进修班 Postgraduate Courses	自考助学班 Classes Run by Non-state/private HEIs for Students Preparing for State-administrated Examinations for Self-directed Learners	普通预科生 College-preparatory Classes	总计 Total	一周至一个月以内 a week to 1 months under	一个月至半年以内 1 months to half year under	半年至一年以内 half year to one year under	一年及以上 One year and over	其中：资格证书培训 for Certificates of Vocational Qualifications	其中：岗位证书培训 for Certificates of Job-related Qualifications
465255	**67957**	**336609**	**30649**	**888296**	**496494**	**264139**	**90448**	**37215**	**286658**	**156236**
28198	31289	26466	2476	151197	53887	57292	26194	13824	16874	13209
11959	638	7360	10	18921	8854	4138	5460	469	9318	1031
2000	103	2181	417	7665	7247	216		202	6427	820
64	139			594	394	200			490	
10058	85		1733	8736	6622	2021		93	3654	2394
5600	2964	5229	509	1720	1309	386	25		89	
1300	213	2318	979	6832	3163	3446	223		1728	
5257	50		223	3900	3228	627	4	41		3228
40207	4365	4754	509	43590	15188	16874	11155	373	7352	6638
36410	2722	33630	397	70683	39739	23522	5840	1582	26785	9996
92610	3358	12870	28	138765	105080	22858	9975	852	41309	29617
5508	1150	6236	218	7058	161	6897				
11159	1085	15496	353	18546	12967	1128	3741	710	2802	3645
9157	221	60153	932	19718	2549	5820	5676	5673	9502	8494
25391	4335	4163	65	33590	19585	5192	4621	4192	7650	3786
12199	1656		2330	35773	31822	3559	2	390	5300	9904
28528	2613	69024	2292	59348	38124	19572	1265	387	37405	12983
9934	483	23305	1318	13095	7425	2642	1979	1049	1812	945
20514	3253	7447	932	67432	18100	45569	2580	1183	34471	10754
13506	674	10179	869	31649	23338	5897	408	2006	18870	7547
705		2005	120	93		93				
3997	1890	9757	2351	25812	15408	4447	2648	3309	16939	3671
44905	2061	13925	3204	16328	4907	7255	3736	430	6606	1385
2952	242	2635	1903	31581	21143	9930	508		6819	2952
8806	1154		1910	11230	6195	4936		99	6999	3568
322	83			1092	973	119			719	322
8292	56	7160	419	11474	9910	1223	198	143	1314	739
5733	643	8923	1691	22263	18652	3409	202		8488	6000
3180		802	1037							
11834	108		1166	20038	15449	2229	2360		4614	11537
4970	324	589	258	9573	5075	2642	1648	208	2322	1071

高等教育非学历

Data on Students Enrolled in Non-formal

	毕(结)业生数 Graduates								
				进修及培训 In-service Training					
	研究生课程进修班 Postgraduate Courses	自考助学班 Classes Run by Non-state/private HEIs for Students Preparing for State-administrated Examinations for Self-directed Learners	普通预科生 College-preparatory Classes	总计 Total	一周至一个月以内 a week to 1 months under	一个月至半年以内 1 months to half year under	半年至一年以内 half year to one year under	一年及以上 One year and over	其中：资格证书培训 for Certificates of Vocational Qualifications
总　计 Total		**1231**		**2391561**	**970770**	**1218514**	**144473**	**57804**	**364719**
北　京 Beijing		135		165769	88731	30264	34319	12455	17448
天　津 Tianjin		18		33767	13164	14716	2355	3532	10473
河　北 Hebei				55305	7316	46889	1100		4822
山　西 Shanxi				21722	21713		9		6260
内蒙古 Inner Mongolia				22570	16136	66	6368		16275
辽　宁 Liaoning				86490	34315	19964	8013	24198	21751
吉　林 Jilin				57468	51034	5187	1247		5667
黑龙江 Heilongjiang				16722	9889	6833			6514
上　海 Shanghai				349630	62736	283071	3172	651	11007
江　苏 Jiangsu				61510	41622	16758	2749	381	17980
浙　江 Zhejiang		63		35259	25735	6967	1822	735	1333
安　徽 Anhui				94277	26294	1324	66588	71	19373
福　建 Fujian				30955	26262	3816	827	50	1846
江　西 Jiangxi		720		5147	4814	237	96		915
山　东 Shandong				42387	27166	14337	884		24690
河　南 Henan				71773	65198	6206	369		16864
湖　北 Hubei				2850	2850				
湖　南 Hunan				79863	61612	5768	2325	10158	37239
广　东 Guangdong				42425	34398	3152	4875		958
广　西 Guangxi				10568	10275		293		5055
海　南 Hainan				286	144	142			
重　庆 Chongqing				715595	22466	688037	1014	4078	19622
四　川 Sichuan		173		100825	84619	13260	2601	345	12720
贵　州 Guizhou		122		9468	9441	27			1335
云　南 Yunnan				300		300			
西　藏 Tibet									
陕　西 Shaanxi				91082	55756	32577	1949	800	47921
甘　肃 Gansu				134268	128792	5278	90	108	36958
青　海 Qinghai									
宁　夏 Ningxia				2042	2042				1280
新　疆 Xinjiang				51238	36250	13338	1408	242	18413

教育学生情况(成人高校)

Programmes of HEIs (HEIs for Adults)

单位：人

unit：person

	注册学生数 Total Enrolment									
				进修及培训 In-service Training						
其中：岗位证书培训 for Certificates of Job-related Qualifications	研究生课程进修班 Postgraduate Courses	自考助学班 Classes Run by Non-state/private HEIs for Students Preparing for State-administrated Examinations for Self-directed Learners	普通预科生 College-preparatory Classes	总计 Total	一周至一个月以内 a week to 1 months under	一个月至半年以内 1 months to half year under	半年至一年以内 half year to one year under	一年及以上 One year and over	其中：资格证书培训 for Certificates of Vocational Qualifications	其中：岗位证书培训 for Certificates of Job-related Qualifications
623785		**10098**		**708061**	**124521**	**474823**	**99614**	**9103**	**47355**	**456401**
58198		690		41712	4164	21663	14120	1765	1782	18445
11869		604		17319	4196	10906	1301	916	3567	6925
148				3604	1794		1810		1810	
15180										
2295										
48962				879		879			879	
33124				2094	1140	30		924		
6010				1071	130	941				941
265639		1990		468334	42903	420129	4409	893	8537	413485
23990				11245	10078	643	242	282	4118	3762
551		3297		2805	1788	1017			895	215
1274				74099	457	200	72842	600	300	456
4433				2175	1882	150	143		220	640
1760		2401								
13410				15162	14012	1150			6838	5473
11990				9922	9600	184	138		9672	
2850										
12702				1127		373	754		648	42
6303				12933	10434	1898	601			
4990										
286										
808				2112				2112		
29325		493		5648	2587	525	2484	52	220	80
108		623		9468	9441	27			1335	108
300				1600		1600				1600
14592				16487	4272	11135	280	800	6414	4229
39184				1241	450	435	356			
762										
12742				7024	5193	938	134	759	120	

高等教育非学历
Data on Students Enrolled in Non-formal

	毕(结)业生数 Graduates								
				进修及培训 In-service Training					
	研究生课程进修班 Postgraduate Courses	自考助学班 Classes Run by Non-state/private HEIs for Students Preparing for State-administrated Examinations for Self-directed Learners	普通预科生 College-preparatory Classes	总计 Total	一周至一个月以内 a week to 1 months under	一个月至半年以内 1 months to half year under	半年至一年以内 half year to one year under	一年及以上 One year and over	其中：资格证书培训 for Certificates of Vocational Qualifications
总　计 Total		**88168**		**475524**	**158810**	**194934**	**75176**	**46604**	**86937**
北　京 Beijing		40684		43757	16149	5287	5795	16526	7780
天　津 Tianjin									
河　北 Hebei		4808		3066	624	647	1126	669	500
山　西 Shanxi		1403		12477	4307	6517	1246	407	6442
内蒙古 Inner Mongolia									
辽　宁 Liaoning		5676							
吉　林 Jilin		1032		80	30	20	20	10	
黑龙江 Heilongjiang		1798		325	45	85	41	154	
上　海 Shanghai		4645		288901	95183	137761	46053	9904	39972
江　苏 Jiangsu									
浙　江 Zhejiang		5618		9577	1824	5360	1003	1390	3056
安　徽 Anhui		1022		6516	302	504	1110	4600	1376
福　建 Fujian		168							
江　西 Jiangxi		1061		4848	945	894	449	2560	1939
山　东 Shandong		4168		35302	17320	10105	6745	1132	5397
河　南 Henan		4258		1056	300	197	263	296	242
湖　北 Hubei		836		8342	7050	1106		186	5420
湖　南 Hunan		2539		634		116		518	116
广　东 Guangdong		2260		24518	10062	9583	2877	1996	6636
广　西 Guangxi									
海　南 Hainan									
重　庆 Chongqing		1438		4324		1186	3138		2300
四　川 Sichuan		1301		21085	3959	12358	998	3770	2854
贵　州 Guizhou									
云　南 Yunnan									
西　藏 Tibet									
陕　西 Shaanxi		2984		4590	590	1610	1140	1250	2580
甘　肃 Gansu		469		6126	120	1598	3172	1236	327
青　海 Qinghai									
宁　夏 Ningxia									
新　疆 Xinjiang									

教育学生情况(民办的其他高等教育机构)
Programmes of HEIs(Non-state/private HEIs)

单位：人
unit：person

其中：岗位证书培训 for Certificates of Job-related Qualifications	注册学生数 Total Enrolment									
	研究生课程进修班 Postgraduate Courses	自考助学班 Classes Run by Non-state/private HEIs for Students Preparing for State-administrated Examinations for Self-directed Learners	普通预科生 College-preparatory Classes	进修及培训 In-service Training						
				总计 Total	一周至一个月以内 a week to 1 months under	一个月至半年以内 1 months to half year under	半年至一年以内 half year to one year under	一年及以上 One year and over	其中：资格证书培训 for Certificates of Vocational Qualifications	其中：岗位证书培训 for Certificates of Job-related Qualifications
95840		**349796**		**502423**	**116766**	**235306**	**64047**	**86304**	**75077**	**85536**
1286		133847		57762	16773	5449	5350	30190	8404	1506
1033		12175		2509	649	449	631	780	302	183
1700		8785		12709	4169	5831	1146	1563	7311	1632
		21678								
		6316		100	45	35	20			
		7132		721	97	121	98	405		
52103		15069		320350	70301	191385	41115	17549	31170	51992
3825		31138		12510	1851	7549	1302	1808	3329	5492
1971		5333		10875	306	369	1097	9103	1846	4111
		723								
253		7151		4798	298	806	426	3268	1261	197
11203		25177		9976	2494	1101	2543	3835	806	1161
130		27331		1306		492	205	609	383	360
2922		5876		8398	7050	1106		242	5476	2922
		9836		335	162	18		155	180	
5044		7990		18685	8003	5577	2975	2130	3107	2267
612		6781		4223	450	1455	2318		1214	689
10922		3072		27182	3245	11962	1583	10392	7596	10828
1980		13441		3792	580	928	1240	1044	1872	1240
854		945		6192	293	670	1998	3231	820	956

	毕(结)业生数 Graduates	授予学位数 Degree Awarded	招生数 Entrants	
			计 Total	其中:春季招生 of Which:Spring term
总　计 Total	**55251**	**9013**	**73266**	**18361**
北　京 Beijing	18769	2802	21984	4589
天　津 Tianjin	2690	493	3684	949
河　北 Hebei	521	71	633	172
山　西 Shanxi	60	4	59	39
内蒙古 Inner Mongolia	87	24	490	58
辽　宁 Liaoning	1376	346	2425	675
吉　林 Jilin	1863	354	2324	493
黑龙江 Heilongjiang	1553	171	2887	1080
上　海 Shanghai	6574	1225	9440	2069
江　苏 Jiangsu	3619	564	3970	1114
浙　江 Zhejiang	3003	166	2847	850
安　徽 Anhui	358	34	385	124
福　建 Fujian	1105	186	1382	377
江　西 Jiangxi	126	16	461	43
山　东 Shandong	2973	361	4261	1739
河　南 Henan	336	260	278	47
湖　北 Hubei	1415	404	2552	391
湖　南 Hunan	860	59	1340	141
广　东 Guangdong	1753	346	2455	490
广　西 Guangxi	1060	366	1642	248
海　南 Hainan	126		165	46
重　庆 Chongqing	631	83	1042	511
四　川 Sichuan	888	160	851	265
贵　州 Guizhou	33		66	12
云　南 Yunnan	1189	239	2224	928
西　藏 Tibet	13		18	
陕　西 Shaanxi	961	154	1443	501
甘　肃 Gansu	162	1	452	128
青　海 Qinghai	106		150	15
宁　夏 Ningxia	30		77	9
新　疆 Xinjiang	1011	124	1279	258

学生情况

International Students

单位：人

unit：person

在校学生数 Enrolment					
计 Total	第一年 1st year	第二年 2nd year	第三年 3rd year	第四年 4th year	第五年 5th year
117548	**62583**	**21483**	**15503**	**11445**	**6534**
30861	18621	5354	3435	2405	1046
6407	3619	1084	634	532	538
1458	616	260	200	58	324
92	68	17	4		3
1140	468	276	186	116	94
4935	1918	917	777	746	577
3505	1865	613	493	391	143
3773	2172	597	414	328	262
15447	8044	3301	2056	1443	603
7867	4027	1186	1166	1002	486
4595	2732	755	662	343	103
583	446	58	36	15	28
1845	888	477	190	228	62
1246	300	231	343	332	40
4682	2763	808	569	367	175
1275	288	233	296	253	205
5206	2193	1084	704	575	650
1502	695	359	348	75	25
4928	2343	1005	728	566	286
2797	1204	573	544	362	114
216	93	10	99	3	11
1814	923	311	269	209	102
1944	737	275	319	353	260
101	52	37	9	3	
3617	2302	551	423	293	48
22	18	4			
2652	1455	568	318	199	112
546	385	156	4	1	
225	150	45	16	4	10
195	77	21	15	66	16
2072	1121	317	246	177	211

高等学校(机构)
Data on Staff

	教职 Teacher, Staff					
		校本部 Teacher, Staff & Workers				
	计 Total	计 Total	专任教师 Full-time Teachers			
			计 Total	正高级 Senior	副高级 Sub-senior	中级 Middle
总　计 Total	**2233722**	**2086669**	**1363531**	**141999**	**379095**	**504421**
北　京 Beijing	142615	123078	62765	11960	20418	23393
天　津 Tianjin	47094	44843	28469	3915	9397	9898
河　北 Hebei	95232	90730	60325	7002	16638	20800
山　西 Shanxi	62424	58797	39006	2754	10224	13639
内蒙古 Inner Mongolia	35687	34622	22626	1776	6654	7326
辽　宁 Liaoning	99042	93352	59676	7252	18724	21952
吉　林 Jilin	64258	60694	35856	4759	10777	12025
黑龙江 Heilongjiang	79486	74273	45704	6040	13740	15304
上　海 Shanghai	81846	72817	40937	6101	11693	16695
江　苏 Jiangsu	159986	148823	101718	9849	28467	40181
浙　江 Zhejiang	82403	76651	51858	5814	14889	21432
安　徽 Anhui	70849	67969	47821	3441	12223	18091
福　建 Fujian	58265	55419	36960	3526	9516	12354
江　西 Jiangxi	75126	70167	50374	4373	13207	17456
山　东 Shandong	149100	141981	97680	9227	26239	35378
河　南 Henan	109997	105454	75424	5528	19287	28483
湖　北 Hubei	126122	116295	74698	8346	22061	25538
湖　南 Hunan	96963	90096	60371	6111	16897	22521
广　东 Guangdong	127105	119552	80578	7972	20331	30468
广　西 Guangxi	50989	45560	31144	2413	7847	11822
海　南 Hainan	11781	11407	7353	614	1547	2149
重　庆 Chongqing	49873	47047	31429	2934	8801	12770
四　川 Sichuan	102943	95939	64879	5854	16743	24777
贵　州 Guizhou	29530	28801	19916	1615	5673	7757
云　南 Yunnan	39781	38202	25833	2422	7063	9888
西　藏 Tibet	3082	3045	1969	83	474	719
陕　西 Shaanxi	101057	94621	58784	6530	15410	22398
甘　肃 Gansu	33546	30808	20838	1786	5759	7811
青　海 Qinghai	7086	6602	4185	501	1533	1311
宁　夏 Ningxia	8708	8216	5201	555	1560	1780
新　疆 Xinjiang	31746	30808	19154	946	5303	8305

教职工情况(总计)

and Workers in HEIs (Total)

单位：人

unit：person

工　数 & Workers							
教职工 in College or Uni. Proper					科研机构人员 Personnel in Affiliated Research Org.	校办企业职工 Employees in School-run Factories & Farms	其他附设机构人员 Personnel in Others Subsidiary Units
初　级 Junior	无职称 No Rank	行政人员 Adm. Personnel	教辅人员 Supporting Staff	工勤人员 Workers			
262264	**75752**	**316784**	**214558**	**191796**	**31845**	**42755**	**72453**
4707	2287	24881	18712	16720	7302	2232	10003
4365	894	7243	4737	4394	1148	718	385
11520	4365	13389	8111	8905	308	1292	2902
9623	2766	8656	6012	5123	674	999	1954
5251	1619	5557	3613	2826	88	314	663
9923	1825	14795	9830	9051	1065	1836	2789
7414	881	9760	6867	8211	588	762	2214
8264	2356	11375	7792	9402	1229	1713	2271
4474	1974	13130	10493	8257	2642	3266	3121
19469	3752	21388	14198	11519	2321	2662	6180
7076	2647	12585	7654	4554	1199	1336	3217
10833	3233	8252	6317	5579	595	566	1719
9365	2199	8968	5564	3927	646	1401	799
12397	2941	8976	5641	5176	517	3319	1123
22233	4603	19402	13168	11731	1345	3668	2106
18033	4093	12330	8577	9123	360	1212	2971
14209	4544	18299	12272	11026	2210	3820	3797
11892	2950	13393	9820	6512	701	2131	4035
13452	8355	19077	12236	7661	1526	1891	4136
6191	2871	6431	4098	3887	120	820	4489
1985	1058	1669	1207	1178	94	34	246
5446	1478	7384	4228	4006	491	758	1577
14496	3009	13024	9026	9010	954	2209	3841
3302	1569	4314	2615	1956	266	289	174
5075	1385	5339	3860	3170	487	590	502
461	232	540	215	321	24		13
11672	2774	15158	9926	10753	1767	2140	2529
4277	1205	4313	2944	2713	593	611	1534
590	250	831	867	719	430		54
898	408	1435	938	642	104	10	378
3371	1229	4890	3020	3744	51	156	731

	教职 Teacher, Staff					
	计 Total	校本部 Teacher, Staff & Workers				
		计 Total	专任教师 Full-time Teachers			
			计 Total	正高级 Senior	副高级 Sub-senior	中级 Middle
总　计 Total	**1012479**	**949809**	**629289**	**36714**	**160358**	**248077**
北　京 Beijing	70760	60980	29858	2909	9886	13036
天　津 Tianjin	21816	21054	14013	1152	4382	5309
河　北 Hebei	46588	44784	32025	2709	8472	11448
山　西 Shanxi	30349	28830	20190	1026	4897	7202
内蒙古 Inner Mongolia	17450	17024	11908	574	3509	4019
辽　宁 Liaoning	46934	44981	30825	2390	9483	12179
吉　林 Jilin	30110	28609	18556	1678	5462	6541
黑龙江 Heilongjiang	37094	35052	23256	2248	6756	7997
上　海 Shanghai	36733	33406	18454	965	4758	9007
江　苏 Jiangsu	70631	65948	45137	1862	10743	19448
浙　江 Zhejiang	37191	34835	22984	1209	5698	10768
安　徽 Anhui	28400	27299	19171	613	4087	7523
福　建 Fujian	26575	25209	16952	785	3782	5910
江　西 Jiangxi	30358	28463	20254	1077	4785	7233
山　东 Shandong	67770	65093	46325	2560	11076	17747
河　南 Henan	48618	46375	34095	1587	7795	12987
湖　北 Hubei	53901	49831	31452	1801	8276	11587
湖　南 Hunan	43059	40470	26673	1303	6770	10387
广　东 Guangdong	58634	54765	35808	1732	8103	14641
广　西 Guangxi	24277	20995	14090	597	3130	5553
海　南 Hainan	5509	5285	3374	159	539	1012
重　庆 Chongqing	21720	20668	13716	626	3326	5911
四　川 Sichuan	45261	42439	28893	1309	6516	11699
贵　州 Guizhou	13825	13492	9414	519	2789	3767
云　南 Yunnan	19006	18240	12465	698	3154	5039
西　藏 Tibet	1351	1332	908	16	198	329
陕　西 Shaanxi	42396	39941	25237	1503	5867	10393
甘　肃 Gansu	13564	12571	8674	369	2048	3348
青　海 Qinghai	3205	3016	2073	194	770	659
宁　夏 Ningxia	4135	3979	2674	214	761	951
新　疆 Xinjiang	15259	14843	9835	330	2540	4447

女教职工情况(总计)

and Workers in HEIs (Total)

单位：人

unit: person

工　数

& Workers

教职工 in College or Uni. Proper					科研机构人员 Personnel in Affiliated Research Org.	校办企业职工 Employees in School-run Factories & Farms	其他附设机构人员 Personnel in Others Subsidiary Units
初级 Junior	无职称 No Rank	行政人员 Adm. Personnel	教辅人员 Supporting Staff	工勤人员 Workers			
144518	**39622**	**143310**	**114893**	**62317**	**11706**	**13793**	**37171**
2758	1269	13668	11269	6185	3132	744	5904
2703	467	3524	2375	1142	395	163	204
6733	2663	5463	4485	2811	101	380	1323
5446	1619	3702	3402	1536	207	409	903
2953	853	2347	1977	792	40	93	293
5742	1031	6642	5217	2297	412	419	1122
4378	497	4073	3791	2189	241	180	1080
4882	1373	4813	4280	2703	553	601	888
2608	1116	6930	5387	2635	1079	1076	1172
11110	1974	9683	7331	3797	679	756	3248
3940	1369	6283	4024	1544	394	387	1575
5418	1530	3207	3126	1795	146	130	825
5313	1162	4075	2856	1326	215	715	436
5899	1260	3666	2689	1854	172	1159	564
12546	2396	7440	7483	3845	550	999	1128
9717	2009	5104	4526	2650	115	311	1817
7451	2337	8148	6368	3863	723	1472	1875
6657	1556	6111	5338	2348	219	635	1735
7103	4229	9391	6527	3039	520	653	2696
3341	1469	3044	2202	1659	45	323	2914
1120	544	757	670	484	36	6	182
3093	760	3551	2235	1166	136	229	687
7937	1432	6044	4448	3054	316	819	1687
1644	695	2041	1494	543	113	118	102
2841	733	2439	2091	1245	208	195	363
238	127	217	121	86	8		11
5941	1533	6315	4929	3460	579	628	1248
2354	555	1587	1475	835	156	148	689
328	122	264	497	182	157		32
509	239	608	519	178	38		118
1815	703	2173	1761	1074	21	45	350

	教职 Teacher, Staff					
	计 Total	校本部 Teacher, Staff & Workers				
		计 Total	专任教师 Full-time Teachers			
			计 Total	正高级 Senior	副高级 Sub-senior	中级 Middle
总　计 Total	**2111451**	**1966500**	**1295248**	**138161**	**360675**	**477541**
北　京 Beijing	131184	111784	58007	11424	19113	21513
天　津 Tianjin	44611	42360	27118	3865	8832	9385
河　北 Hebei	92104	87623	58394	6827	16061	20171
山　西 Shanxi	56804	53478	35863	2533	9200	12576
内蒙古 Inner Mongolia	34932	33867	22327	1772	6512	7218
辽　宁 Liaoning	91974	86398	55835	7144	17317	20505
吉　林 Jilin	59770	56219	33239	4510	10057	11042
黑龙江 Heilongjiang	75062	69880	43057	5868	12681	14377
上　海 Shanghai	74540	65581	38134	5876	11017	15486
江　苏 Jiangsu	157000	145877	99912	9666	27902	39377
浙　江 Zhejiang	77852	72126	49516	5695	14385	20488
安　徽 Anhui	68293	65521	46374	3329	11889	17554
福　建 Fujian	56334	53536	35841	3480	9179	11979
江　西 Jiangxi	72123	67232	48637	4209	12709	16878
山　东 Shandong	136753	129911	89734	8686	24368	32836
河　南 Henan	103617	99191	71472	5320	18253	26855
湖　北 Hubei	123693	113882	73159	8297	21608	24978
湖　南 Hunan	94428	87595	58846	6038	16471	21851
广　东 Guangdong	115969	108598	73943	7815	19141	27385
广　西 Guangxi	48304	42879	29459	2365	7442	11115
海　南 Hainan	11666	11292	7303	610	1539	2125
重　庆 Chongqing	47173	44406	29883	2884	8428	12001
四　川 Sichuan	97568	90699	61772	5732	15989	23643
贵　州 Guizhou	29006	28277	19634	1601	5593	7621
云　南 Yunnan	37896	36339	24893	2411	6860	9462
西　藏 Tibet	3082	3045	1969	83	474	719
陕　西 Shaanxi	96485	90104	56171	6415	14825	21250
甘　肃 Gansu	31576	28895	19629	1739	5399	7325
青　海 Qinghai	6418	5958	3757	490	1390	1097
宁　夏 Ningxia	8599	8107	5136	553	1525	1756
新　疆 Xinjiang	26635	25840	16234	924	4516	6973

教职工情况（普通高校）
in HEIs（Regular HEIs）

单位：人
unit：person

工　数
& Workers

教职工 in College or Uni. Proper					科研机构人员 Personnel in Affiliated Research Org.	校办企业职工 Employees in School-run Factories & Farms	其他附设机构人员 Personnel in Others Subsidiary Units
初级 Junior	无职称 No Rank	行政人员 Adm. Personnel	教辅人员 Supporting Staff	工勤人员 Workers			
247962	**70909**	**292046**	**199692**	**179514**	**31565**	**41864**	**71522**
4109	1848	21988	16495	15294	7290	2223	9887
4160	876	6737	4361	4144	1148	718	385
11108	4227	12896	7774	8559	304	1290	2887
8985	2569	7661	5366	4588	664	777	1885
5206	1619	5319	3485	2736	88	314	663
9204	1665	13428	8883	8252	1065	1775	2736
6848	782	8954	6438	7588	575	762	2214
7892	2239	10593	7376	8854	1229	1682	2271
4090	1665	10817	8949	7681	2642	3217	3100
19219	3748	20839	13830	11296	2285	2661	6177
6608	2340	11554	7014	4042	1197	1327	3202
10547	3055	7792	6022	5333	588	520	1664
9053	2150	8494	5436	3765	598	1401	799
11998	2843	8443	5368	4784	490	3291	1110
20255	3589	17202	12260	10715	1328	3509	2005
17044	4000	11113	7985	8621	360	1182	2884
13817	4459	17840	12046	10837	2194	3820	3797
11612	2874	12869	9606	6274	701	2117	4015
11858	7744	17097	10963	6595	1506	1818	4047
5792	2745	5981	3828	3611	116	820	4489
1971	1058	1619	1205	1165	94	34	246
5128	1442	6890	3937	3696	491	715	1561
13635	2773	11927	8569	8431	925	2187	3757
3271	1548	4229	2506	1908	266	289	174
4860	1300	4997	3444	3005	487	584	486
461	232	540	215	321	24		13
11030	2651	14224	9432	10277	1764	2110	2507
4049	1117	3919	2792	2555	588	574	1519
546	234	730	791	680	408		52
894	408	1406	932	633	104	10	378
2712	1109	3948	2384	3274	46	137	612

	教职 Teacher, staff					
		校本部 Teacher, staff & Workers				
			专任教师 Full-time Teachers			
	计 Total	计 Total	计 Total	正高级 Senior	副高级 Sub-senior	中级 Middle
总　计 Total	**954037**	**892373**	**595310**	**35480**	**151840**	**234425**
北　京 Beijing	64853	55145	27305	2740	9202	11960
天　津 Tianjin	20564	19802	13200	1132	4064	4993
河　北 Hebei	45000	43215	30983	2634	8197	11108
山　西 Shanxi	27685	26327	18612	946	4388	6634
内蒙古 Inner Mongolia	17097	16671	11730	573	3420	3962
辽　宁 Liaoning	43382	41451	28661	2342	8742	11353
吉　林 Jilin	27775	26284	17123	1563	5122	5961
黑龙江 Heilongjiang	34955	32926	21854	2178	6224	7500
上　海 Shanghai	32973	29682	17129	924	4504	8383
江　苏 Jiangsu	69281	64614	44308	1824	10494	19035
浙　江 Zhejiang	34777	32434	21719	1168	5465	10251
安　徽 Anhui	27397	26336	18580	590	3979	7316
福　建 Fujian	25643	24305	16376	773	3632	5677
江　西 Jiangxi	29079	27225	19529	1022	4583	6969
山　东 Shandong	61806	59319	42321	2385	10255	16481
河　南 Henan	45600	43399	32101	1510	7313	12187
湖　北 Hubei	52784	48720	30733	1789	8085	11300
湖　南 Hunan	41967	39395	25960	1276	6575	10103
广　东 Guangdong	53654	49877	32870	1697	7622	13284
广　西 Guangxi	23041	19760	13268	584	2917	5213
海　南 Hainan	5455	5231	3349	158	533	998
重　庆 Chongqing	20557	19520	13017	614	3167	5576
四　川 Sichuan	42896	40135	27496	1276	6199	11195
贵　州 Guizhou	13562	13229	9261	510	2745	3696
云　南 Yunnan	18167	17407	12042	698	3078	4846
西　藏 Tibet	1351	1332	908	16	198	329
陕　西 Shaanxi	40249	37818	23971	1468	5630	9820
甘　肃 Gansu	12740	11765	8127	361	1908	3116
青　海 Qinghai	2948	2765	1886	191	715	553
宁　夏 Ningxia	4087	3931	2646	213	748	941
新　疆 Xinjiang	12712	12353	8245	325	2136	3685

女教职工情况（普通高校）
and Workers in HEIs（Regular HEIs）

单位：人
unit：person

工　数 & Workers							
教职工 in College or Uni. Proper					科研机构人员 Personnel in Affiliated Research Org.	校办企业职工 Employees in School-run Factories & Farms	其他附设机构人员 Personnel in Others Subsidiary Units
		行政人员 Adm. Personnel	教辅人员 Supporting Staff	工勤人员 Workers			
初　级 Junior	无职称 No Rank						
136683	**36882**	**132017**	**107258**	**57788**	**11578**	**13332**	**36754**
2411	992	12224	10100	5516	3127	739	5842
2556	455	3298	2209	1095	395	163	204
6462	2582	5234	4304	2694	97	380	1308
5130	1514	3288	3076	1351	202	280	876
2922	853	2247	1915	779	40	93	293
5285	939	6011	4733	2046	412	402	1117
4048	429	3683	3528	1950	231	180	1080
4658	1294	4460	4068	2544	553	588	888
2408	910	5634	4509	2410	1079	1045	1167
10984	1971	9427	7152	3727	665	756	3246
3657	1178	5773	3677	1265	393	383	1567
5243	1452	3026	3010	1720	144	113	804
5162	1132	3864	2791	1274	187	715	436
5729	1226	3430	2555	1711	159	1138	557
11366	1834	6469	7050	3479	543	876	1068
9147	1944	4602	4211	2402	113	304	1782
7269	2290	7941	6256	3790	717	1472	1875
6489	1517	5916	5251	2268	219	630	1723
6344	3923	8557	5862	2588	513	607	2657
3136	1418	2863	2067	1562	44	323	2914
1116	544	733	669	480	36	6	182
2916	744	3313	2093	1097	136	218	683
7529	1297	5568	4231	2840	303	814	1644
1629	681	2008	1436	524	113	118	102
2733	687	2299	1910	1156	208	194	358
238	127	217	121	86	8		11
5597	1456	5894	4679	3274	578	619	1234
2231	511	1433	1415	790	154	133	688
308	119	242	465	172	152		31
505	239	592	517	176	38		118
1475	624	1771	1395	942	17	43	299

	教职 Teacher, staff					
	计 Total	校本部 Teacher, Staff & Workers				
		计 Total	专任教师 Full-time Teachers			
			计 Total	正高级 Senior	副高级 Sub-senior	中级 Middle
总　计 Total	**84196**	**83007**	**50402**	**1969**	**14436**	**20757**
北　京 Beijing	3569	3503	1623	91	470	810
天　津 Tianjin	2483	2483	1351	50	565	513
河　北 Hebei	1959	1951	1248	70	349	404
山　西 Shanxi	3365	3273	2000	54	720	676
内蒙古 Inner Mongolia	755	755	299	4	142	108
辽　宁 Liaoning	5763	5649	3265	81	1252	1269
吉　林 Jilin	2857	2844	1752	104	560	623
黑龙江 Heilongjiang	3521	3490	2139	124	927	710
上　海 Shanghai	2334	2277	1226	29	261	672
江　苏 Jiangsu	2986	2946	1806	183	565	804
浙　江 Zhejiang	2138	2122	1386	86	399	640
安　徽 Anhui	1377	1337	749	7	201	320
福　建 Fujian	1817	1769	1061	41	320	349
江　西 Jiangxi	2298	2271	1413	125	427	431
山　东 Shandong	6240	6187	4142	263	1156	1423
河　南 Henan	5427	5396	3566	161	945	1474
湖　北 Hubei	2037	2021	1384	36	416	535
湖　南 Hunan	1875	1855	1200	41	355	527
广　东 Guangdong	9434	9262	5685	100	1032	2714
广　西 Guangxi	2685	2681	1685	48	405	707
海　南 Hainan	115	115	50	4	8	24
重　庆 Chongqing	1922	1881	1154	36	269	578
四　川 Sichuan	3837	3798	2328	69	641	895
贵　州 Guizhou	490	490	282	14	80	136
云　南 Yunnan	1885	1863	940	11	203	426
西　藏 Tibet						
陕　西 Shaanxi	3645	3610	2271	92	511	986
甘　肃 Gansu	1494	1457	984	10	292	433
青　海 Qinghai	668	644	428	11	143	214
宁　夏 Ningxia	109	109	65	2	35	24
新　疆 Xinjiang	5111	4968	2920	22	787	1332

教职工情况(成人高校)
and Workers in HEIs (HEIs for Adults)

单位：人
unit：person

工　数 & Workers							
教职工 in College or Uni. Proper					科研机构人员 Personnel in Affiliated Research Org.	校办企业职工 Employees in School-Run Factories & Farms	其他附设机构人员 Personnel in Others Subsidiary Units
初　级 Junior	无职称 No Rank	行政人员 Adm. Personnel	教辅人员 Supporting Staff	工勤人员 Workers			
11015	**2225**	**15238**	**9497**	**7870**	**265**	**422**	**502**
221	31	971	590	319	12	5	49
205	18	506	376	250			
344	81	277	191	235	4	2	2
446	104	575	383	315	10	29	53
45		238	128	90			
598	65	1013	749	622		61	53
393	72	469	320	303	13		
295	83	608	328	415		31	
232	32	380	408	263		36	21
250	4	549	368	223	36	1	3
213	48	345	269	122	2		14
176	45	287	157	144			40
306	45	438	122	148	48		
352	78	370	191	297	27		
1022	278	1008	524	513	12	30	11
922	64	954	481	395		30	1
339	58	336	190	111	16		
225	52	349	143	163		14	6
1408	431	1607	1089	881	20	68	84
399	126	450	270	276	4		
14		50	2	13			
261	10	293	192	242		25	16
635	88	786	307	377	29	5	5
31	21	76	96	36			
215	85	342	416	165		6	16
582	100	641	382	316		30	5
179	70	248	107	118	5	30	2
44	16	101	76	39	22		2
4		29	6	9			
659	120	942	636	470	5	19	119

	教职 Teacher, Staff					
	计 Total	校本部 Teacher, Staff & Workers				
		计 Total	专任教师 Full-time Teachers			
			计 Total	正高级 Senior	副高级 Sub-senior	中级 Middle
总　计 Total	**39541**	**39063**	**25288**	**670**	**6853**	**10608**
北　京 Beijing	2007	1974	1037	32	300	551
天　津 Tianjin	1252	1252	813	20	318	316
河　北 Hebei	1020	1014	712	28	191	221
山　西 Shanxi	1633	1604	1062	19	364	387
内蒙古 Inner Mongolia	353	353	178	1	89	57
辽　宁 Liaoning	2875	2853	1871	40	701	730
吉　林 Jilin	1403	1393	928	58	267	331
黑龙江 Heilongjiang	1610	1597	1103	50	456	362
上　海 Shanghai	1150	1125	642	9	111	376
江　苏 Jiangsu	1350	1334	829	38	249	413
浙　江 Zhejiang	981	973	669	23	178	325
安　徽 Anhui	575	558	331	2	74	132
福　建 Fujian	875	847	542	9	140	216
江　西 Jiangxi	954	941	598	48	179	192
山　东 Shandong	2916	2886	2028	93	488	702
河　南 Henan	2568	2561	1818	65	448	729
湖　北 Hubei	914	908	642	7	179	277
湖　南 Hunan	759	754	547	13	158	206
广　东 Guangdong	4237	4149	2571	25	437	1233
广　西 Guangxi	1236	1235	822	13	213	340
海　南 Hainan	54	54	25	1	6	14
重　庆 Chongqing	834	825	535	8	123	254
四　川 Sichuan	1692	1676	1042	18	277	399
贵　州 Guizhou	250	250	153	9	44	71
云　南 Yunnan	839	833	423		76	193
西　藏 Tibet						
陕　西 Shaanxi	1726	1715	1121	31	211	495
甘　肃 Gansu	626	610	441	1	104	208
青　海 Qinghai	257	251	187	3	55	106
宁　夏 Ningxia	48	48	28	1	13	10
新　疆 Xinjiang	2547	2490	1590	5	404	762

女教职工情况(成人高校)

and Workers in HEIs (HEIs for Adults)

单位：人

unit：person

工数 & Workers							
教职工 in College or Uni. Proper					科研机构人员 Personnel in Affiliated Research Org.	校办企业职工 Employees in School-run Factories & Farms	其他附设机构人员 Personnel in Others Subsidiary Units
初级 Junior	无职称 No Rank	行政人员 Adm. Personnel	教辅人员 Supporting Staff	工勤人员 Workers			
5960	**1197**	**6576**	**4780**	**2419**	**122**	**165**	**191**
131	23	520	333	84	5	3	25
147	12	226	166	47			
224	48	122	108	72	4		2
228	64	233	201	108	5	5	19
31		100	62	13			
366	34	462	365	155		17	5
222	50	209	199	57	10		
176	59	246	150	98		13	
125	21	217	201	65		20	5
126	3	256	179	70	14		2
114	29	132	124	48	1		7
100	23	109	75	43			17
148	29	196	61	48	28		
153	26	152	95	96	13		
618	127	415	268	175	4	18	8
530	46	376	247	120		7	
152	27	142	90	34	6		
141	29	115	44	48		5	
672	204	641	560	377	7	44	37
205	51	181	135	97	1		
4		24	1	4			
145	5	155	95	40		5	4
301	47	348	154	132	13	3	
15	14	32	50	15			
108	46	140	181	89		1	5
316	68	295	194	105		9	2
98	30	92	42	35	2	13	1
20	3	22	32	10	5		1
4		16	2	2			
340	79	402	366	132	4	2	51

高等学校(机构)教职工
Data on Staff and

	教职 Teacher, Staff					
	计 Total	校本部 Teacher, Staff & Workers				
		计 Total	专任教师 Full-time Teachers			
			计 Total	正高级 Senior	副高级 Sub-senior	中级 Middle
总　计 Total	**38075**	**37162**	**17881**	**1869**	**3984**	**6123**
北　京 Beijing	7862	7791	3135	445	835	1070
天　津 Tianjin						
河　北 Hebei	1169	1156	683	105	228	225
山　西 Shanxi	2255	2046	1143	167	304	387
内蒙古 Inner Mongolia						
辽　宁 Liaoning	1305	1305	576	27	155	178
吉　林 Jilin	1631	1631	865	145	160	360
黑龙江 Heilongjiang	903	903	508	48	132	217
上　海 Shanghai	4972	4959	1577	196	415	537
江　苏 Jiangsu						
浙　江 Zhejiang	2413	2403	956	33	105	304
安　徽 Anhui	1179	1111	698	105	133	217
福　建 Fujian	114	114	58	5	17	26
江　西 Jiangxi	705	664	324	39	71	147
山　东 Shandong	6107	5883	3804	278	715	1119
河　南 Henan	953	867	386	47	89	154
湖　北 Hubei	392	392	155	13	37	25
湖　南 Hunan	660	646	325	32	71	143
广　东 Guangdong	1702	1692	950	57	158	369
广　西 Guangxi						
海　南 Hainan						
重　庆 Chongqing	778	760	392	14	104	191
四　川 Sichuan	1538	1442	779	53	113	239
贵　州 Guizhou	34	34				
云　南 Yunnan						
西　藏 Tibet						
陕　西 Shaanxi	927	907	342	23	74	162
甘　肃 Gansu	476	456	225	37	68	53
青　海 Qinghai						
宁　夏 Ningxia						
新　疆 Xinjiang						

情况(民办的其他高等教育机构)

Workers in HEIs(Non-state/private HEIs)

单位：人
unit：person

工　数 & Workers							
教职工 in College or Uni. Proper					科研机构人员 Personnel in Affiliated Research Org.	校办企业职工 Employees in School-run Factories & Farms	其他附设机构人员 Personnel in Others Subsidiary Units
初　级 Junior	无职称 No Rank	行政人员 Adm. Personnel	教辅人员 Supporting Staff	工勤人员 Workers			
3287	**2618**	**9500**	**5369**	**4412**	**15**	**469**	**429**
377	408	1922	1627	1107		4	67
68	57	216	146	111			13
192	93	420	263	220		193	16
121	95	354	198	177			
173	27	337	109	320			
77	34	174	88	133			
152	277	1933	1136	313		13	
255	259	686	371	390		9	1
110	133	173	138	102	7	46	15
6	4	36	6	14			
47	20	163	82	95		28	13
956	736	1192	384	503	5	129	90
67	29	263	111	107			86
53	27	123	36	78			
55	24	175	71	75			14
186	180	373	184	185		5	5
57	26	201	99	68		18	
226	148	311	150	202		17	79
		9	13	12			
60	23	293	112	160	3		17
49	18	146	45	40		7	13

高等学校(机构)
Data on Female Staff

	教职 Teacher, Staff					
	计 Total	校本部 Teacher, Staff & Workers				
		计 Total	专任教师 Full-time Teachers			
			计 Total	正高级 Senior	副高级 Sub-senior	中级 Middle
总　计 Total	**18901**	**18373**	**8691**	**564**	**1665**	**3044**
北　京 Beijing	3900	3861	1516	137	384	525
天　津 Tianjin						
河　北 Hebei	568	555	330	47	84	119
山　西 Shanxi	1031	899	516	61	145	181
内蒙古 Inner Mongolia						
辽　宁 Liaoning	677	677	293	8	40	96
吉　林 Jilin	932	932	505	57	73	249
黑龙江 Heilongjiang	529	529	299	20	76	135
上　海 Shanghai	2610	2599	683	32	143	248
江　苏 Jiangsu						
浙　江 Zhejiang	1433	1428	596	18	55	192
安　徽 Anhui	428	405	260	21	34	75
福　建 Fujian	57	57	34	3	10	17
江　西 Jiangxi	325	297	127	7	23	72
山　东 Shandong	3048	2888	1976	82	333	564
河　南 Henan	450	415	176	12	34	71
湖　北 Hubei	203	203	77	5	12	10
湖　南 Hunan	333	321	166	14	37	78
广　东 Guangdong	743	739	367	10	44	124
广　西 Guangxi						
海　南 Hainan						
重　庆 Chongqing	329	323	164	4	36	81
四　川 Sichuan	673	628	355	15	40	105
贵　州 Guizhou	13	13				
云　南 Yunnan						
西　藏 Tibet						
陕　西 Shaanxi	421	408	145	4	26	78
甘　肃 Gansu	198	196	106	7	36	24
青　海 Qinghai						
宁　夏 Ningxia						
新　疆 Xinjiang						

女教职工情况(民办的其他高等教育机构)

and Workers in HEIs(Non-state/private HEIs)

单位：人

unit: person

工 数 & Workers							
教职工 in College or Uni. Proper					科研机构人员 Personnel in Affiliated Research Org.	校办企业职工 Employees in School-run Factories & Farms	其他附设机构人员 Personnel in Others Subsidiary Units
初 级 Junior	无职称 No Rank	行政人员 Adm. Personnel	教辅人员 Supporting Staff	工勤人员 Workers			
1875	**1543**	**4717**	**2855**	**2110**	**6**	**296**	**226**
216	254	924	836	585		2	37
47	33	107	73	45			13
88	41	181	125	77		124	8
91	58	169	119	96			
108	18	181	64	182			
48	20	107	62	61			
75	185	1079	677	160		11	
169	162	378	223	231		4	1
75	55	72	41	32	2	17	4
3	1	15	4	4			
17	8	84	39	47		21	7
562	435	556	165	191	3	105	52
40	19	126	65	48			35
30	20	65	22	39			
27	10	80	43	32			12
87	102	193	105	74		2	2
32	11	83	47	29		6	
107	88	128	63	82		2	43
		1	8	4			
28	9	126	56	81	1		12
25	14	62	18	10		2	

专任教师学历、职称情况(总计)

Data on Academic Qualifications, Rank of Full-time Teacher (Total)

单位：人

unit: person

	计 Total	按学历分 By Educational Attainment 博士 Doctor's Degree	硕士 Master's Degree	本科 Normal Courses	专科及以下 Short-cycle Courses and Under	按职称分 By Rank 正高级 Senior	副高级 Sub-Senior	中级 Middle	初级 Junior	无职称 No Rank
总计 Total	**1363531**	**177284**	**446547**	**710765**	**28935**	**141999**	**379095**	**504421**	**262264**	**75752**
北京 Beijing	62765	23409	20123	18353	880	11960	20418	23393	4707	2287
天津 Tianjin	28469	6155	9122	12729	463	3915	9397	9898	4365	894
河北 Hebei	60325	4544	18252	36261	1268	7002	16638	20800	11520	4365
山西 Shanxi	39006	2280	11292	24039	1395	2754	10224	13639	9623	2766
内蒙古 Inner Mongolia	22626	1263	6758	13765	840	1776	6654	7326	5251	1619
辽宁 Liaoning	59676	8292	20154	30146	1084	7252	18724	21952	9923	1825
吉林 Jilin	35856	4687	12626	17850	693	4759	10777	12025	7414	881
黑龙江 Heilongjiang	45704	5707	13142	26220	635	6040	13740	15304	8264	2356
上海 Shanghai	40937	13316	13835	12695	1091	6101	11693	16695	4474	1974
江苏 Jiangsu	101718	15687	33541	51087	1403	9849	28467	40181	19469	3752
浙江 Zhejiang	51858	8579	17459	24950	870	5814	14889	21432	7076	2647
安徽 Anhui	47821	3913	17555	25506	847	3441	12223	18091	10833	3233
福建 Fujian	36960	4413	12079	19765	703	3526	9516	12354	9365	2199
江西 Jiangxi	50374	3230	13527	32541	1076	4373	13207	17456	12397	2941
山东 Shandong	97680	9923	32876	52737	2144	9227	26239	35378	22233	4603
河南 Henan	75424	5981	24416	43900	1127	5528	19287	28483	18033	4093
湖北 Hubei	74698	10966	25824	36375	1533	8346	22061	25538	14209	4544
湖南 Hunan	60371	6129	17587	35600	1055	6111	16897	22521	11892	2950
广东 Guangdong	80578	12184	29188	37376	1830	7972	20331	30468	13452	8355
广西 Guangxi	31144	2205	11354	16867	718	2413	7847	11822	6191	2871
海南 Hainan	7353	489	2357	4399	108	614	1547	2149	1985	1058
重庆 Chongqing	31429	3597	10705	16081	1046	2934	8801	12770	5446	1478
四川 Sichuan	64879	6722	22562	33111	2484	5854	16743	24777	14496	3009
贵州 Guizhou	19916	913	5508	12832	663	1615	5673	7757	3302	1569
云南 Yunnan	25833	2190	8342	14654	647	2422	7063	9888	5075	1385
西藏 Tibet	1969	62	684	1123	100	83	474	719	461	232
陕西 Shaanxi	58784	7514	20518	29964	788	6530	15410	22398	11672	2774
甘肃 Gansu	20838	1678	7090	11722	348	1786	5759	7811	4277	1205
青海 Qinghai	4185	101	1123	2714	247	501	1533	1311	590	250
宁夏 Ningxia	5201	254	1436	3366	145	555	1560	1780	898	408
新疆 Xinjiang	19154	901	5512	12037	704	946	5303	8305	3371	1229

专任教师学历、职称情况（普通高校）

Data on Academic Qualifications, Rank of Full-time Teacher（Ragular HEIs）

单位：人

unit：person

	计 Total	按学历分 By Educational Attainment				按职称分 By Rank				
		博　士 Doctor's Degree	硕　士 Master's Degree	本　科 Normal Courses	专科及以下 Short-cycle Courses and Under	正高级 Senior	副高级 Sub-Senior	中　级 Middle	初　级 Junior	无职称 No Rank
总　计 Total	**1295248**	**175872**	**434162**	**660715**	**24499**	**138161**	**360675**	**477541**	**247962**	**70909**
北　京 Beijing	58007	23078	18798	15399	732	11424	19113	21513	4109	1848
天　津 Tianjin	27118	6124	8973	11630	391	3865	8832	9385	4160	876
河　北 Hebei	58394	4530	17944	34769	1151	6827	16061	20171	11108	4227
山　西 Shanxi	35863	2233	10855	21621	1154	2533	9200	12576	8985	2569
内蒙古 Inner Mongolia	22327	1263	6739	13496	829	1772	6512	7218	5206	1619
辽　宁 Liaoning	55835	8268	19727	27070	770	7144	17317	20505	9204	1665
吉　林 Jilin	33239	4612	12017	16155	455	4510	10057	11042	6848	782
黑龙江 Heilongjiang	43057	5694	12914	24014	435	5868	12681	14377	7892	2239
上　海 Shanghai	38134	13208	13167	10785	974	5876	11017	15486	4090	1665
江　苏 Jiangsu	99912	15599	33021	49932	1360	9666	27902	39377	19219	3748
浙　江 Zhejiang	49516	8482	16986	23288	760	5695	14385	20488	6608	2340
安　徽 Anhui	46374	3902	17348	24470	654	3329	11889	17554	10547	3055
福　建 Fujian	35841	4383	11761	19023	674	3480	9179	11979	9053	2150
江　西 Jiangxi	48637	3189	13242	31190	1016	4209	12709	16878	11998	2843
山　东 Shandong	89734	9777	31139	47141	1677	8686	24368	32836	20255	3589
河　南 Henan	71472	5910	23702	40903	957	5320	18253	26855	17044	4000
湖　北 Hubei	73159	10956	25498	35225	1480	8297	21608	24978	13817	4459
湖　南 Hunan	58846	6096	17347	34463	940	6038	16471	21851	11612	2874
广　东 Guangdong	73943	12090	28111	32424	1318	7815	19141	27385	11858	7744
广　西 Guangxi	29459	2184	11053	15544	678	2365	7442	11115	5792	2745
海　南 Hainan	7303	489	2353	4353	108	610	1539	2125	1971	1058
重　庆 Chongqing	29883	3568	10364	15080	871	2884	8428	12001	5128	1442
四　川 Sichuan	61772	6682	22060	30985	2045	5732	15989	23643	13635	2773
贵　州 Guizhou	19634	911	5472	12619	632	1601	5593	7621	3271	1548
云　南 Yunnan	24893	2183	8276	13840	594	2411	6860	9462	4860	1300
西　藏 Tibet	1969	62	684	1123	100	83	474	719	461	232
陕　西 Shaanxi	56171	7481	19898	28116	676	6415	14825	21250	11030	2651
甘　肃 Gansu	19629	1674	6946	10785	224	1739	5399	7325	4049	1117
青　海 Qinghai	3757	101	1101	2389	166	490	1390	1097	546	234
宁　夏 Ningxia	5136	254	1436	3304	142	553	1525	1756	894	408
新　疆 Xinjiang	16234	889	5230	9579	536	924	4516	6973	2712	1109

专任教师学历、职称情况(成人高校)

Data on Academic Qualifications, Rank of Full-time Teacher (HEIs for Adults)

单位：人

unit：person

	计 Total	按学历分 By Educational Attainment				按职称分 By Rank				
		博士 Doctor's Degree	硕士 Master's Degree	本科 Normal Courses	专科及以下 Short-cycle Courses and Under	正高级 Senior	副高级 Sub-Senior	中级 Middle	初级 Junior	无职称 No Rank
总计 Total	**50402**	**833**	**9259**	**37677**	**2633**	**1969**	**14436**	**20757**	**11015**	**2225**
北京 Beijing	1623	143	536	911	33	91	470	810	221	31
天津 Tianjin	1351	31	149	1099	72	50	565	513	205	18
河北 Hebei	1248	4	213	1020	11	70	349	404	344	81
山西 Shanxi	2000	5	228	1664	103	54	720	676	446	104
内蒙古 Inner Mongolia	299		19	269	11	4	142	108	45	
辽宁 Liaoning	3265	11	380	2642	232	81	1252	1269	598	65
吉林 Jilin	1752	26	328	1345	53	104	560	623	393	72
黑龙江 Heilongjiang	2139	11	179	1839	110	124	927	710	295	83
上海 Shanghai	1226	23	342	827	34	29	261	672	232	32
江苏 Jiangsu	1806	88	520	1155	43	183	565	804	250	4
浙江 Zhejiang	1386	94	340	893	59	86	399	640	213	48
安徽 Anhui	749	3	141	575	30	7	201	320	176	45
福建 Fujian	1061	23	303	707	28	41	320	349	306	45
江西 Jiangxi	1413	24	232	1141	16	125	427	431	352	78
山东 Shandong	4142	80	1316	2702	44	263	1156	1423	1022	278
河南 Henan	3566	64	628	2752	122	161	945	1474	922	64
湖北 Hubei	1384	8	306	1026	44	36	416	535	339	58
湖南 Hunan	1200	5	136	962	97	41	355	527	225	52
广东 Guangdong	5685	73	929	4289	394	100	1032	2714	1408	431
广西 Guangxi	1685	21	301	1323	40	48	405	707	399	126
海南 Hainan	50		4	46		4	8	24	14	
重庆 Chongqing	1154	29	318	667	140	36	269	578	261	10
四川 Sichuan	2328	31	382	1526	389	69	641	895	635	88
贵州 Guizhou	282	2	36	213	31	14	80	136	31	21
云南 Yunnan	940	7	66	814	53	11	203	426	215	85
西藏 Tibet										
陕西 Shaanxi	2271	12	508	1658	93	92	511	986	582	100
甘肃 Gansu	984	3	115	767	99	10	292	433	179	70
青海 Qinghai	428		22	325	81	11	143	214	44	16
宁夏 Ningxia	65			62	3	2	35	24	4	
新疆 Xinjiang	2920	12	282	2458	168	22	787	1332	659	120

专任教师学历、职称情况(民办的其他高等教育机构)

Data on Academic Qualifications, Rank of Full-time Teacher (Non-state/private HEIs)

单位：人
unit: person

	计 Total	按学历分 By Educational Attainment				按职称分 By Rank				
		博士 Doctor's Degree	硕士 Master's Degree	本科 Normal Courses	专科及以下 Short-cycle Courses and Under	正高级 Senior	副高级 Sub-Senior	中级 Middle	初级 Junior	无职称 No Rank
总计 Total	**17881**	**579**	**3126**	**12373**	**1803**	**1869**	**3984**	**6123**	**3287**	**2618**
北京 Beijing	3135	188	789	2043	115	445	835	1070	377	408
天津 Tianjin										
河北 Hebei	683	10	95	472	106	105	228	225	68	57
山西 Shanxi	1143	42	209	754	138	167	304	387	192	93
内蒙古 Inner Mongolia										
辽宁 Liaoning	576	13	47	434	82	27	155	178	121	95
吉林 Jilin	865	49	281	350	185	145	160	360	173	27
黑龙江 Heilongjiang	508	2	49	367	90	48	132	217	77	34
上海 Shanghai	1577	85	326	1083	83	196	415	537	152	277
江苏 Jiangsu										
浙江 Zhejiang	956	3	133	769	51	33	105	304	255	259
安徽 Anhui	698	8	66	461	163	105	133	217	110	133
福建 Fujian	58	7	15	35	1	5	17	26	6	4
江西 Jiangxi	324	17	53	210	44	39	71	147	47	20
山东 Shandong	3804	66	421	2894	423	278	715	1119	956	736
河南 Henan	386	7	86	245	48	47	89	154	67	29
湖北 Hubei	155	2	20	124	9	13	37	25	53	27
湖南 Hunan	325	28	104	175	18	32	71	143	55	24
广东 Guangdong	950	21	148	663	118	57	158	369	186	180
广西 Guangxi										
海南 Hainan										
重庆 Chongqing	392		23	334	35	14	104	191	57	26
四川 Sichuan	779	9	120	600	50	53	113	239	226	148
贵州 Guizhou										
云南 Yunnan										
西藏 Tibet										
陕西 Shaanxi	342	21	112	190	19	23	74	162	60	23
甘肃 Gansu	225	1	29	170	25	37	68	53	49	18
青海 Qinghai										
宁夏 Ningxia										
新疆 Xinjiang										

聘请校外教师学历情况(总计)

Data on Academic Qualifications of Part-time Teachers in HEIs(Total)

单位：人

unit：person

	计 Total	博士 Doctor's Degree	硕士 Master's Degree	本科 Normal Courses	专科及以下 Short-cycle Courses and Under
总计 Total	**401173**	**42342**	**120093**	**216331**	**22407**
北京 Beijing	18477	4401	6116	7142	818
天津 Tianjin	8397	639	2192	5110	456
河北 Hebei	14618	1108	4398	8510	602
山西 Shanxi	6880	465	2069	4052	294
内蒙古 Inner Mongolia	5585	377	1382	3669	157
辽宁 Liaoning	14067	1542	5420	6555	550
吉林 Jilin	6803	800	1548	4082	373
黑龙江 Heilongjiang	12726	1250	3571	7556	349
上海 Shanghai	21064	3549	6355	10323	837
江苏 Jiangsu	32415	3765	10754	16618	1278
浙江 Zhejiang	21051	1679	5378	12359	1635
安徽 Anhui	15039	1469	5520	7687	363
福建 Fujian	10164	1339	2628	5613	584
江西 Jiangxi	13326	812	3677	8195	642
山东 Shandong	32347	3256	8444	17303	3344
河南 Henan	20482	1153	6794	11922	613
湖北 Hubei	23293	3688	8864	10057	684
湖南 Hunan	17688	1332	4997	10466	893
广东 Guangdong	23272	1447	5765	12482	3578
广西 Guangxi	7958	533	2519	4468	438
海南 Hainan	1706	260	535	858	53
重庆 Chongqing	11030	1045	3139	6023	823
四川 Sichuan	20405	2081	5579	11283	1462
贵州 Guizhou	4154	177	851	2919	207
云南 Yunnan	5735	547	1849	3057	282
西藏 Tibet	137	5	23	100	9
陕西 Shaanxi	18139	1931	6180	9710	318
甘肃 Gansu	7266	1286	1837	3850	293
青海 Qinghai	465	12	86	321	46
宁夏 Ningxia	1079	31	262	757	29
新疆 Xinjiang	5405	363	1361	3284	397

聘请校外教师学历情况（普通高校）

Data on Academic Qualifications of Part-time Teachers in Regular HEIs

单位：人

unit：person

	计 Total	博　士 Doctor's Degree	硕　士 Master's Degree	本　科 Normal Courses	专科及以下 Short-cycle Courses and Under
总　计 Total	**329528**	**39821**	**106116**	**164504**	**19087**
北　京 Beijing	14382	3946	4801	5006	629
天　津 Tianjin	5733	618	1910	2789	416
河　北 Hebei	12782	1092	4035	7113	542
山　西 Shanxi	4976	405	1633	2711	227
内蒙古 Inner Mongolia	5485	377	1371	3580	157
辽　宁 Liaoning	11701	1419	4796	4955	531
吉　林 Jilin	5080	757	1377	2645	301
黑龙江 Heilongjiang	10725	1225	3388	5859	253
上　海 Shanghai	13192	3014	4385	5307	486
江　苏 Jiangsu	28887	3695	10292	13737	1163
浙　江 Zhejiang	16507	1590	4506	8863	1548
安　徽 Anhui	13540	1426	5215	6597	302
福　建 Fujian	8243	1302	2347	4073	521
江　西 Jiangxi	12737	777	3509	7832	619
山　东 Shandong	29081	3054	7437	15505	3085
河　南 Henan	16447	1086	6163	8775	423
湖　北 Hubei	22771	3649	8605	9833	684
湖　南 Hunan	14340	1275	4651	7594	820
广　东 Guangdong	19296	1347	4997	9446	3506
广　西 Guangxi	7295	527	2364	3966	438
海　南 Hainan	1697	260	534	850	53
重　庆 Chongqing	7850	1018	2669	3886	277
四　川 Sichuan	14123	1855	4481	6682	1105
贵　州 Guizhou	3575	177	816	2436	146
云　南 Yunnan	5399	545	1786	2895	173
西　藏 Tibet	137	5	23	100	9
陕　西 Shaanxi	13130	1725	4993	6281	131
甘　肃 Gansu	5025	1265	1569	2065	126
青　海 Qinghai	230	12	55	139	24
宁　夏 Ningxia	981	30	259	663	29
新　疆 Xinjiang	4181	348	1149	2321	363

聘请校外教师学历情况(成人高校)
Data on Academic Qualifications of Part-time Teachers (HEIs for Adults)

单位：人
unit：person

	计 Total	博士 Doctor's Degree	硕士 Master's Degree	本科 Normal Courses	专科及以下 Short-cycle Courses and Under
总计 Total	**51519**	**856**	**8330**	**40014**	**2319**
北京 Beijing	879	78	249	515	37
天津 Tianjin	2664	21	282	2321	40
河北 Hebei	1447	16	230	1152	49
山西 Shanxi	919	12	195	706	6
内蒙古 Inner Mongolia	100		11	89	
辽宁 Liaoning	1667	24	408	1219	16
吉林 Jilin	1385	8	122	1215	40
黑龙江 Heilongjiang	1721	21	93	1515	92
上海 Shanghai	1694	49	449	1165	31
江苏 Jiangsu	3528	70	462	2881	115
浙江 Zhejiang	3650	57	607	2902	84
安徽 Anhui	1083	5	201	837	40
福建 Fujian	1892	33	265	1531	63
江西 Jiangxi	244	1	22	221	
山东 Shandong	1412	38	456	882	36
河南 Henan	2429	28	274	2054	73
湖北 Hubei	297	8	128	161	
湖南 Hunan	3053	29	227	2724	73
广东 Guangdong	3356	57	645	2590	64
广西 Guangxi	663	6	155	502	
海南 Hainan	9		1	8	
重庆 Chongqing	2943	25	417	1955	546
四川 Sichuan	5797	151	954	4346	346
贵州 Guizhou	507		32	414	61
云南 Yunnan	336	2	63	162	109
西藏 Tibet					
陕西 Shaanxi	4409	97	985	3141	186
甘肃 Gansu	1878	4	151	1567	156
青海 Qinghai	235		31	182	22
宁夏 Ningxia	98	1	3	94	
新疆 Xinjiang	1224	15	212	963	34

聘请校外教师学历情况(民办的其他高等教育机构)

Data on Academic Qualifications of Part-time Teachers (Non-state/private HEIs)

单位：人
unit：person

	计 Total	博士 Doctor's Degree	硕士 Master's Degree	本科 Normal Courses	专科及以下 Short-cycle Courses and Under
总计 Total	**20126**	**1665**	**5647**	**11813**	**1001**
北京 Beijing	3216	377	1066	1621	152
天津 Tianjin					
河北 Hebei	389		133	245	11
山西 Shanxi	985	48	241	635	61
内蒙古 Inner Mongolia					
辽宁 Liaoning	699	99	216	381	3
吉林 Jilin	338	35	49	222	32
黑龙江 Heilongjiang	280	4	90	182	4
上海 Shanghai	6178	486	1521	3851	320
江苏 Jiangsu					
浙江 Zhejiang	894	32	265	594	3
安徽 Anhui	416	38	104	253	21
福建 Fujian	29	4	16	9	
江西 Jiangxi	345	34	146	142	23
山东 Shandong	1854	164	551	916	223
河南 Henan	1606	39	357	1093	117
湖北 Hubei	225	31	131	63	
湖南 Hunan	295	28	119	148	
广东 Guangdong	620	43	123	446	8
广西 Guangxi					
海南 Hainan					
重庆 Chongqing	237	2	53	182	
四川 Sichuan	485	75	144	255	11
贵州 Guizhou	72		3	69	
云南 Yunnan					
西藏 Tibet					
陕西 Shaanxi	600	109	202	288	1
甘肃 Gansu	363	17	117	218	11
青海 Qinghai					
宁夏 Ningxia					
新疆 Xinjiang					

	学校占地面积(平方米) Area of School Sites (m^2)			图书音像 Audio-visual	
				一般图书(万册) Books & Magazines in Libraries(10 Thouand Volume)	
	计 Total	其中:绿化用地面积 of Which: Green Areas	其中:运动场地面积 of Which: Sports Areas	计 Total	当年新增 Added in Current Year
总　计 Total	**1520390226**	**449285316**	**114221010**	**182241.04**	**13452.70**
北　京 Beijing	40631100	12190074	3578520	9261.97	588.92
天　津 Tianjin	32898495	7950869	2272092	4057.13	238.93
河　北 Hebei	62766805	15975162	5438980	7651.32	592.91
山　西 Shanxi	27905473	6525652	2795231	4681.32	291.49
内蒙古 Inner Mongolia	31375554	5747663	2493746	2641.26	222.69
辽　宁 Liaoning	59070099	16563725	5053405	7148.97	463.39
吉　林 Jilin	39034165	9354526	2955713	4902.50	251.57
黑龙江 Heilongjiang	54304543	13561068	4196396	5879.55	350.18
上　海 Shanghai	34517771	11956223	2625001	6281.50	381.59
江　苏 Jiangsu	121941310	41549169	9057363	13118.16	763.96
浙　江 Zhejiang	48431379	14804463	4503571	7456.62	876.97
安　徽 Anhui	57990280	16973279	4692706	6215.38	615.04
福　建 Fujian	43208861	14008022	3521439	4928.36	615.20
江　西 Jiangxi	64763904	22669502	5076599	7105.81	503.38
山　东 Shandong	125361302	38181559	9358484	13193.34	1030.21
河　南 Henan	92982732	24620807	6394368	10550.54	938.26
湖　北 Hubei	80894540	26736129	5816185	9985.56	668.14
湖　南 Hunan	68093301	21024639	4837834	8564.95	493.81
广　东 Guangdong	86241299	26063547	5565647	10601.24	921.63
广　西 Guangxi	35124877	10614175	2512902	4089.09	339.00
海　南 Hainan	12091371	4222468	798993	1032.86	125.74
重　庆 Chongqing	42591884	14203875	2850974	4165.33	331.89
四　川 Sichuan	77893544	20827513	5248866	8358.66	596.61
贵　州 Guizhou	23502676	8389658	1584996	2661.39	180.58
云　南 Yunnan	33433037	7380679	2278855	3380.91	278.63
西　藏 Tibet	2846914	766927	186292	269.56	8.44
陕　西 Shaanxi	52201791	12656646	4324650	8171.16	474.98
甘　肃 Gansu	22942627	8453146	1753981	2477.58	148.10
青　海 Qinghai	4012325	1146263	301310	422.57	15.75
宁　夏 Ningxia	9047785	2548579	566784	661.97	36.60
新　疆 Xinjiang	32288482	11619309	1579127	2324.48	108.11

产权）（总计）

Resources（Owned by HEIs）（Total）

资料情况 ed. Resources	拥有教学用计算机（台） No. of Computers Used for Instruction	语音实验室座位数（个） No. of Seats in Audio-Labs	多媒体教室座位数（个） No. of Seats in Multi-media Class rooms	上网课程数（门） No. of Web-Based Courses	固定资产值（万元） Fixed Assets（10,000 yuan）		
电子图书（GB） Electronic Books & Magazines in Libraries（GB）					合 计 Total	其中：教学、科研仪器设备资产 of Which：Teaching Equipment & Instruments	
						计 Total	当年新增 Added in Current Year
8191992. 40	**5468908**	**1444689**	**16868478**	**147389**	**104305426. 81**	**20856810. 66**	**2459722. 26**
393947. 61	327596	54316	922686	20883	7795910. 15	2077303. 11	316337. 01
357735. 34	115786	30117	310635	2842	2161036. 74	524318. 87	64478. 10
274105. 45	219390	74297	776369	2501	3978267. 90	687064. 15	64498. 68
77783. 81	112651	37117	307339	1358	1723583. 50	387862. 01	37846. 64
117842. 37	73088	17613	233844	1246	1385069. 60	247145. 29	29742. 36
172612. 89	242852	68749	597867	5259	4344235. 97	762234. 78	88667. 51
88691. 29	128157	33177	334370	1727	2562645. 29	516241. 74	51689. 85
143557. 81	177192	46522	487949	4434	3724516. 06	718201. 27	65380. 18
211424. 83	236774	38959	586339	10610	4517321. 08	1164983. 09	151522. 61
1058786. 91	521785	107456	1588217	17295	9654112. 39	1806276. 69	216621. 89
444253. 44	268332	57208	917549	9797	5215071. 31	1028542. 83	146329. 67
193717. 27	165349	53668	536562	2052	2980208. 77	607126. 71	67101. 65
222712. 46	163190	49638	544603	3462	3113259. 91	569779. 09	80354. 57
485868. 34	204953	68780	544651	3859	3217546. 51	545251. 09	51715. 02
448928. 79	374982	98549	1173750	6687	7164885. 86	1327251. 68	139804. 30
647673. 07	253687	80071	876179	4247	4158923. 87	807641. 43	85253. 89
554650. 65	308396	73677	995778	6073	5792370. 15	1168853. 63	116849. 42
360249. 64	231732	67213	696669	3788	3923878. 06	777748. 83	83332. 00
364199. 20	338108	81476	1328659	11272	6784294. 86	1290810. 27	148038. 11
301996. 54	112623	32825	334510	2064	1547130. 71	363559. 78	38723. 18
22757. 24	27127	9428	97064	765	424803. 08	83121. 43	15354. 56
136546. 15	119535	38039	427481	3587	2796215. 94	399342. 55	54974. 56
456983. 28	223618	62695	808837	7488	4708109. 72	974965. 68	126788. 00
106800. 73	60371	23595	173154	91	734658. 84	197859. 84	20941. 81
98127. 55	91103	32049	295632	483	1712931. 23	284837. 31	26145. 46
12675. 50	5842	1887	23875	247	157878. 49	30430. 21	3034. 28
286322. 24	208686	60403	553004	5247	5043798. 82	924230. 55	111255. 58
88791. 50	67363	16747	158905	1802	1251162. 06	276611. 01	29600. 83
1911. 47	10180	2549	22313	252	128891. 75	33763. 57	2908. 35
13921. 35	21262	5019	45817	2112	294058. 81	64138. 12	6052. 44
46417. 68	57198	20850	167871	3864	1008649. 38	209311. 05	18379. 75

资产情况(学校

Condition of Fixed Assets and

	学校占地面积(平方米) Area of School Sites (m²)			图书音像 Audio-visual	
				一般图书(万册) Books & Magazines in Libraries(10,000 Volume)	
	计 Total	其中:绿化用地面积 of Which:Green Areas	其中:运动场地面积 of Which: Sports Areas	计 Total	当年新增 Added in Current Year
总　计 Total	**1473238678**	**437916499**	**109405563**	**175044.16**	**12929.19**
北　京 Beijing	38481270	11713153	3443707	8789.36	563.13
天　津 Tianjin	32229873	7830813	2167059	3871.93	237.54
河　北 Hebei	61682139	15731093	5334083	7473.65	580.66
山　西 Shanxi	26338905	6195617	2550120	4367.34	273.22
内蒙古 Inner Mongolia	31050424	5699109	2430430	2599.12	214.45
辽　宁 Liaoning	57508989	16289299	4823630	6870.91	454.14
吉　林 Jilin	37295709	8966311	2729766	4619.69	243.71
黑龙江 Heilongjiang	53146302	13340515	4050994	5619.03	343.97
上　海 Shanghai	33334239	11783476	2536429	6007.27	371.95
江　苏 Jiangsu	120516502	41206571	8863068	12862.86	749.40
浙　江 Zhejiang	46925611	14394636	4386192	7206.17	848.48
安　徽 Anhui	56888548	16764657	4598445	6092.2	602.11
福　建 Fujian	42390840	13805570	3463812	4758.48	602.97
江　西 Jiangxi	62119940	22026621	4760364	6751.83	492.23
山　东 Shandong	116501475	35943141	8683735	12302.45	877.09
河　南 Henan	89528807	23967668	6053737	10050.64	888.36
湖　北 Hubei	79678412	26386958	5715963	9783.74	650.84
湖　南 Hunan	67224444	20799700	4755232	8400.32	485.62
广　东 Guangdong	84716950	25659097	5418062	10291.28	899.55
广　西 Guangxi	34591517	10517087	2450585	3936.46	334.35
海　南 Hainan	12030088	4181305	790193	1022.51	125.59
重　庆 Chongqing	40695756	13513548	2673863	3989.43	308.07
四　川 Sichuan	74823243	19857434	4802954	7843.26	561.17
贵　州 Guizhou	23322286	8360133	1556544	2617.89	179.87
云　南 Yunnan	33108459	7240924	2275232	3293.86	278.52
西　藏 Tibet	2846914	766927	186292	269.56	8.44
陕　西 Shaanxi	49586512	12040675	4036071	7844.48	459.67
甘　肃 Gansu	22150070	8280806	1678115	2350.43	142.38
青　海 Qinghai	3997175	1145465	298690	418.62	15.74
宁　夏 Ningxia	9025050	2541779	566784	658.77	36.52
新　疆 Xinjiang	29502229	10966411	1325412	2080.62	99.45

产权）（普通高校）

Teaching Resources (Owned by HEIs) (Regular HEIs)

资料情况 ed. Resources	拥有教学用计算机（台） No. of Computers Used for Instruction	语音实验室座位数（个） No. of Seats in Audio-Labs	多媒体教室座位数（个） No. of Seats in Multi-media Class rooms	上网课程数（门） No. of Web-Based Courses	固定资产值（万元） Fixed Assets (10,000 yuan)		
电子图书（GB） Electronic Books & Magazines in Libraries (GB)					合　计 Total	其中：教学、科研仪器设备资产 of Which: Teaching Equipment & Instruments	
						计 Total	当年新增 Added in Current Year
7826095.82	**5204879**	**1358105**	**16288137**	**128972**	**101527251.81**	**20257228.81**	**2403222.33**
343171.54	301693	47634	852489	19133	7483260.01	2025002.18	309620.96
316320.23	109821	29043	298363	2528	2116071.40	508846.45	63863.83
267522.65	212911	71460	749155	2338	3918896.99	671776.64	63048.30
75592.42	101438	33247	291750	1086	1627394.33	365300.27	37279.57
116707.63	71734	17277	232004	1202	1373508.17	243637.41	29587.75
161949.41	231107	65776	575101	4492	4264770.02	740967.02	87212.65
84012.63	120515	31298	318721	1248	2459958.54	497813.69	50256.36
141798.35	170148	44307	477712	4269	3667111.29	703465.13	64614.48
208161.36	218543	34409	552614	10091	4358299.01	1126935.47	145314.34
1049194.91	509038	104786	1553721	17075	9497389.95	1782102.38	213449.25
433449.58	253139	53966	876593	7446	5086010.23	995957.49	143089.58
188556.28	155478	52122	527120	1701	2932358.92	594743.74	66277.69
221138.46	157798	48050	525197	3280	3007197.88	557302.31	77559.34
480823.29	196272	63707	526113	3669	3114269.83	526986.9	50885.96
430660.43	345020	88838	1120710	6118	7078283.89	1256122.52	131940.95
641432.82	241544	76204	835614	4103	4046669.85	774679.16	82997.54
553121.65	304034	71201	982110	5905	5715602.99	1155641.99	115726
352062.29	224964	64551	685936	3669	3867398.11	762094.74	82207.14
259590.43	323493	75672	1289328	9219	6635716.17	1251251.29	146112.81
300979.54	108744	31411	322616	2040	1517004.81	353093.89	37870.2
22757.24	26917	9380	96564	764	422021.28	81678.03	15326.66
135293.15	113247	35725	412562	2206	2705838.31	380193.92	53490.74
450135.76	212290	58633	785035	6505	4570634.04	947721.27	124326.09
105930.73	59253	23373	170170	83	723795.13	193980.43	20890.63
96963.92	88346	27809	291872	424	1688785.89	276832.27	25556.26
12675.50	5842	1887	23875	247	157878.49	30430.21	3034.28
244587.52	199717	56692	537657	4843	4923230.91	897691.8	107494.57
71932.47	63621	15886	155849	1550	1220317.42	267377.8	29219.88
1882.17	9587	2506	22092	127	126975.71	33028.57	2806.79
13761.35	20732	4874	45085	1221	291875.76	63643.7	6007.39
43930.11	47893	16381	154409	390	928726.48	190930.14	16146.34

	学校占地面积(平方米) Area of School Sites (m^2)			图书音像 Audio-visual 一般图书(万册) Books & Magazines in Libraries(10,000 Volume)	
	计 Total	其中:绿化用地面积 of Which: Green Areas	其中:运动场地面积 of Which: Sports Areas	计 Total	当年新增 Added in Current Year
总　计 Total	**38338368**	**9113004**	**3715687**	**5516.61**	**324.72**
北　京 Beijing	1285173	228970	88455	209.57	2.57
天　津 Tianjin	668622	120056	105033	185.20	1.39
河　北 Hebei	782174	158153	55666	126.00	5.23
山　西 Shanxi	973086	182629	152393	221.84	11.35
内蒙古 Inner Mongolia	325130	48554	63316	42.14	8.24
辽　宁 Liaoning	1385345	238634	203675	263.96	8.35
吉　林 Jilin	1272334	259227	153948	183.11	3.16
黑龙江 Heilongjiang	1081699	206753	139902	230.89	5.91
上　海 Shanghai	851257	111336	60489	186.77	4.36
江　苏 Jiangsu	1424808	342598	194295	255.30	14.56
浙　江 Zhejiang	1218097	318659	95594	196.61	20.70
安　徽 Anhui	709055	116157	81817	86.67	3.20
福　建 Fujian	818021	202452	57627	154.58	11.73
江　西 Jiangxi	1947688	475890	183748	233.79	8.66
山　东 Shandong	6082792	1592500	331842	600.66	87.45
河　南 Henan	3257923	602589	311951	432.32	36.20
湖　北 Hubei	1033845	294644	83150	185.82	13.50
湖　南 Hunan	868857	224939	82602	147.78	6.09
广　东 Guangdong	1179743	340511	109785	201.65	10.59
广　西 Guangxi	533360	97088	62317	152.63	4.65
海　南 Hainan	61283	41163	8800	10.35	0.15
重　庆 Chongqing	1578997	595536	111893	134.87	19.47
四　川 Sichuan	2491657	742279	354884	310.22	10.44
贵　州 Guizhou	180390	29525	28452	37.45	0.71
云　南 Yunnan	324578	139755	3623	87.05	0.11
西　藏 Tibet					
陕　西 Shaanxi	2388979	570171	258829	266.93	12.01
甘　肃 Gansu	789337	171740	75266	121.44	5.19
青　海 Qinghai	15150	798	2620	3.95	0.01
宁　夏 Ningxia	22735	6800		3.20	0.08
新　疆 Xinjiang	2786253	652898	253715	243.86	8.66

资料情况 ed. Resources					固定资产值(万元) Fixed Assets (10,000 yuan)		
电子图书 (GB) Electronic Books & Magazines in Libraries (GB)	拥有教学用计算机(台) No. of Computers Used for Instruction	语音实验室座位数(个) No. of Seats in Audio-Labs	多媒体教室座位数(个) No. of Seats in Multi-media Class rooms	上网课程数(门) No. of Web-Based Courses	合计 Total	其中:教学、科研仪器设备资产 of Which: Teaching Equipment & Instruments	
						计 Total	当年新增 Added in Current Year
228089.29	**175848**	**54848**	**438169**	**15896**	**2123321.55**	**465560.35**	**42233.75**
28966.41	8808	1546	28980	1272	163954.23	31108.53	3342.17
41415.11	5965	1074	12272	314	44965.34	15472.42	614.27
1715.54	4079	1532	23044	81	40242.12	11645.93	1256.15
1342.57	6036	1874	9928	149	62494.15	16298.04	486.29
1134.74	1354	336	1840	44	11561.43	3507.88	154.61
10648.38	11143	2657	22112	757	60279.75	15618.26	1412.86
1708.16	4238	1143	8115	472	68002.22	13382.86	1113.11
958.84	5453	1427	9069	111	53696.83	13402.28	722.70
2954.24	10493	1926	20719	227	122024.75	27523.51	5439.09
9592.00	12747	2670	34496	220	156722.44	24174.31	3172.64
10144.76	9153	2361	30090	2237	93116.69	23409.52	2229.70
5048.75	2516	450	5634	182	33213.79	5964.43	224.86
1571.00	5096	1358	19042	159	104344.24	11704.50	2773.72
3803.00	5471	3132	14777	146	84774.36	14421.96	742.66
15368.30	14479	4391	38158	264	252682.72	42798.28	4899.09
5416.75	10149	3341	35473	80	99933.85	29912.68	1813.55
830.00	3473	1980	10527	151	44505.46	11268.54	700.55
8087.35	5345	1610	8453	100	53244.05	13990.09	822.86
5473.72	9459	2189	29587	1455	107289.50	29778.58	1708.20
1017.00	3879	1414	11894	24	30125.90	10465.89	852.98
	210	48	500	1	2781.80	1443.40	27.90
1229.00	3752	1208	11717	1373	63620.36	13712.24	809.43
6637.22	7678	2958	18335	948	122542.05	23121.12	1888.78
870.00	1064	174	2454	8	10285.71	3767.41	51.18
1163.63	2757	4240	3760	59	24145.34	8005.04	589.20
41661.92	7124	2431	9931	370	99077.23	21186.69	1646.38
16654.03	3499	721	2847	202	29673.25	8865.63	358.80
29.30	593	43	221	125	1916.04	735.00	101.56
160.00	530	145	732	891	2183.05	494.42	45.05
2487.57	9305	4469	13462	3474	79922.90	18380.91	2233.41

资产情况(学校产权)

Condition of Fixed Assets and Teaching Resources (Owned by HEIs)

	学校占地面积(平方米) Area of School Sites (m^2)			图书音像 Audio-visual	
				一般图书(万册) Books & Magazines in Libraries(10,000 Volume)	
	计 Total	其中:绿化用地面积 of Which: Green Areas	其中:运动场地面积 of Which: Sports Areas	计 Total	当年新增 Added in Current Year
总　计 Total	**8813180**	**2255813**	**1099760**	**1680.27**	**198.79**
北　京 Beijing	864657	247951	46358	263.04	23.22
天　津 Tianjin					
河　北 Hebei	302492	85916	49231	51.67	7.02
山　西 Shanxi	593482	147406	92718	92.14	6.92
内蒙古 Inner Mongolia					
辽　宁 Liaoning	175765	35792	26100	14.10	0.90
吉　林 Jilin	466122	128988	71999	99.70	4.70
黑龙江 Heilongjiang	76542	13800	5500	29.63	0.30
上　海 Shanghai	332275	61411	28083	87.46	5.28
江　苏 Jiangsu					
浙　江 Zhejiang	287671	91168	21785	53.84	7.79
安　徽 Anhui	392677	92465	12444	36.51	9.73
福　建 Fujian				15.30	0.50
江　西 Jiangxi	696276	166991	132487	120.19	2.49
山　东 Shandong	2777035	645918	342907	290.23	65.67
河　南 Henan	196002	50550	28680	67.58	13.70
湖　北 Hubei	182283	54527	17072	16.00	3.80
湖　南 Hunan				16.85	2.10
广　东 Guangdong	344606	63939	37800	108.31	11.49
广　西 Guangxi					
海　南 Hainan					
重　庆 Chongqing	317131	94791	65218	41.03	4.35
四　川 Sichuan	578644	227800	91028	205.18	25.00
贵　州 Guizhou				6.05	
云　南 Yunnan					
西　藏 Tibet					
陕　西 Shaanxi	226300	45800	29750	59.75	3.30
甘　肃 Gansu	3220	600	600	5.71	0.53
青　海 Qinghai					
宁　夏 Ningxia					
新　疆 Xinjiang					

#（民办的其他高等教育机构）
(Non-state/private HEIs)

资料情况 ed. Resources					固定资产值(万元) Fixed Assets (10,000 yuan)		
电子图书(GB) Electronic Books & Magazines in Libraries (GB)	拥有教学用计算机(台) No. of Computers Used for Instruction	语音实验室座位数(个) No. of Seats in Audio-Labs	多媒体教室座位数(个) No. of Seats in Multi-media Class rooms	上网课程数(门) No. of Web-Based Courses	合计 Total	其中:教学、科研仪器设备资产 of Which: Teaching Equipment & Instruments 计 Total	当年新增 Added in Current Year
137807.29	**88181**	**31736**	**142172**	**2521**	**654853.45**	**134021.50**	**14266.18**
21809.66	17095	5136	41217	478	148695.91	21192.40	3373.88
4867.26	2400	1305	4170	82	19128.79	3641.58	194.23
848.82	5177	1996	5661	123	33695.02	6263.70	80.78
15.10	602	316	654	10	19186.20	5649.50	42.00
2970.50	3404	736	7534	7	34684.53	5045.19	320.38
800.62	1591	788	1168	54	3707.94	1333.86	43.00
309.23	7738	2624	13006	292	36997.32	10524.11	769.18
659.10	6040	881	10866	114	35944.39	9175.82	1010.39
112.24	7355	1096	3808	169	14636.06	6418.54	599.10
3.00	296	230	364	23	1717.79	772.28	21.51
1242.05	3210	1941	3761	44	18502.32	3842.23	86.40
2900.06	15403	3320	14882	300	133919.25	28333.88	2956.26
823.50	1994	526	5092	64	12320.17	3049.59	442.80
699.00	889	496	3141	17	32261.70	1943.10	422.87
100.00	1423	1052	2280	19	3235.90	1664.00	302.00
99135.05	5156	3615	9744	598	41289.19	9780.40	217.10
24.00	2536	1106	3202	8	26757.27	5436.39	674.39
210.30	3650	1104	5467	35	14933.63	4123.29	573.13
	54	48	530		578.00	112.00	
72.80	1845	1280	5416	34	21490.68	5352.06	2114.63
205.00	243	140	209	50	1171.39	367.58	22.15

	学校占地面积(平方米) Area of School Sites (m^2)			图书音像 Audio-visual	
				一般图书(万册) Books & Magazines in Libraries(10,000 Volume)	
	计 Total	其中:绿化用地面积 of Which: Green Areas	其中:运动场地面积 of Which: Sports Areas	计 Total	当年新增 Added in Current Year
总　计 Total	**228021430**	**57452778**	**17422336**	**6734.18**	**285.56**
北　京 Beijing	11966214	3218562	1012258	109.95	2.72
天　津 Tianjin	1992718	218203	286832	199.08	14.95
河　北 Hebei	6211323	1085390	390052	321.98	19.65
山　西 Shanxi	10545884	2227463	782295	245.15	5.00
内蒙古 Inner Mongolia	1887221	242786	69944	139.41	17.11
辽　宁 Liaoning	5759505	1049802	601890	90.07	4.27
吉　林 Jilin	6983806	1172317	316928	113.36	5.14
黑龙江 Heilongjiang	6535411	980846	656600	133.66	7.92
上　海 Shanghai	6703611	2349016	618868	923.38	6.47
江　苏 Jiangsu	17636964	6427021	1446656	419.36	13.92
浙　江 Zhejiang	11737782	2929787	1053698	268.37	12.03
安　徽 Anhui	5602644	1098187	317473	294.76	5.30
福　建 Fujian	8124511	2210416	781437	174.72	1.81
江　西 Jiangxi	10620351	3314710	687895	154.01	8.74
山　东 Shandong	15729475	3468826	1259213	363.24	16.08
河　南 Henan	4819090	868940	371770	288.79	27.24
湖　北 Hubei	10577413	2671247	724243	268.12	40.02
湖　南 Hunan	10328628	2166194	421823	265.70	11.34
广　东 Guangdong	28386675	7304208	2087819	704.25	38.51
广　西 Guangxi	5813247	1653541	319040	33.79	0.03
海　南 Hainan	2125914	657093	12148	12.00	1.20
重　庆 Chongqing	3898212	1483090	224842	104.56	1.95
四　川 Sichuan	12958185	3182187	1254742	317.04	4.50
贵　州 Guizhou	969289	217385	56300	218.00	
云　南 Yunnan	3667139	624097	118852	9.45	5.00
西　藏 Tibet	95000	19000	20925	7.64	0.01
陕　西 Shaanxi	13162211	3863171	1255765	302.84	4.26
甘　肃 Gansu	2235954	428259	152843	141.81	10.29
青　海 Qinghai	90245	13650	1870	0.35	0.02
宁　夏 Ningxia	499787	269729	89515	68.64	0.08
新　疆 Xinjiang	357021	37655	27800	40.70	

（非学校产权）（总计）
(Not Owned by HEIs) (Total)

资料情况 ed. Resources 电子图书（GB） Electronic Books & Magazines in Libraries (GB)	拥有教学用计算机（台） No. of Computers Used for Instruction	语音实验室座位数（个） No. of Seats in Audio-Labs	多媒体教室座位数（个） No. of Seats in Multi-media Class rooms	上网课程数（门） No. of Web-Based Courses	固定资产值（万元） Fixed Assets (10,000 yuan) 合计 Total	其中：教学、科研仪器设备资产 of Which: Teaching Equipment & Instruments 计 Total	当年新增 Added in Current Year
	208959	**69164**	**459966**		**3497345. 12**	**537257. 08**	**42305. 83**
	5442	1634	22844		61443. 68	18729. 42	1187. 95
	7866	2286	12348		59202. 56	20320. 92	995. 27
	4416	3455	19743		103367. 39	23573. 67	1360. 91
	6498	1575	13527		112032. 16	20098. 72	960. 03
	1343	330	1314		5516. 50	1521. 60	162. 00
	2642	552	5740		130430. 32	9784. 19	939. 94
	3445	1114	2117		46975. 59	8998. 69	3476. 00
	6850	2066	12219		68998. 38	21289. 71	3703. 00
	15410	4265	57350		544853. 80	32007. 84	2849. 57
	15569	7980	29474		397257. 43	37716. 58	1038. 58
	15787	5198	66939		270814. 33	56114. 33	2355. 36
	9020	3738	10760		91347. 07	22336. 81	1069. 92
	7015	2555	13861		67699. 89	17454. 31	1595. 85
	912	325	930		3680. 03	4403. 87	146. 97
	8394	3458	19126		229190. 09	24991. 60	2003. 00
	7499	2548	17923		85043. 97	18060. 12	1701. 61
	8278	3046	15258		159346. 23	17856. 82	1785. 30
	8243	2404	3423		88946. 86	21631. 10	1202. 00
	31759	8460	85925		504980. 80	70081. 00	6387. 55
	1699	954	2280		94223. 33	19676. 96	228. 50
	854	430	3080		2100. 00	727. 00	210. 00
	11009	1351	7202		65186. 68	13503. 04	2798. 06
	11757	3178	16636		122555. 08	19095. 67	1298. 45
	100	360	830		28149. 26	4646. 26	236. 80
	639	559	760		27291. 49	3452. 17	498. 60
	127	60	1130				
	7686	3299	9433		73814. 83	14614. 98	1432. 28
	6802	1542	6519		42943. 32	11351. 28	629. 68
	151	50	41				
	1467	272	984		9374. 05	3133. 42	45. 05
	280	120	250		280. 00	85. 00	5. 00

	学校占地面积(平方米) Area of School Sites (m^2)			图书音像 Audio-visual	
				一般图书(万册) Books & Magazines in Libraries(10 Thouand Volume)	
	计 Total	其中:绿化用地面积 of Which: Green Areas	其中:运动场地面积 of Which: Sports Areas	计 Total	当年新增 Added in Current Year
总　计 Total	**191753250**	**49805764**	**13347732**	**2488.08**	**105.19**
北　京 Beijing	7773583	2507178	625338		
天　津 Tianjin	1118611	65682	162648	8.00	8.00
河　北 Hebei	5371092	911386	322246	173.83	19.30
山　西 Shanxi	9841241	2138715	737855	181.28	5.00
内蒙古 Inner Mongolia	1887221	242786	69944	139.41	17.11
辽　宁 Liaoning	5303269	986472	475011	10.70	0.60
吉　林 Jilin	5126220	1084699	183875	9.00	
黑龙江 Heilongjiang	5609104	856056	492871	22.86	1.22
上　海 Shanghai	6140768	2268704	542334	94.02	1.32
江　苏 Jiangsu	14675776	5560262	937406	102.36	1.68
浙　江 Zhejiang	8780373	2263551	696406	6.19	0.59
安　徽 Anhui	3553767	799266	195722	197.23	5.2
福　建 Fujian	7697788	2125025	767899	133.2	0.5
江　西 Jiangxi	9712003	2790391	623271	46.01	8.24
山　东 Shandong	13790512	2835816	975467	312.55	12.71
河　南 Henan	3029282	486909	209142	26.46	1.1
湖　北 Hubei	8501074	2165605	550219	5	
湖　南 Hunan	8954794	1906830	324356	62	
广　东 Guangdong	24758516	6706502	1518003	198.89	8.68
广　西 Guangxi	5716811	1636091	304477	24.2	
海　南 Hainan	2125914	657093	12148	12	1.2
重　庆 Chongqing	3639934	1396807	187740	104.56	1.95
四　川 Sichuan	11057471	2923183	1020873	196.33	4.2
贵　州 Guizhou	937119	214385	48300	218	
云　南 Yunnan	3608782	619253	115546	6.6	5
西　藏 Tibet	95000	19000	20925	7.64	0.01
陕　西 Shaanxi	11161548	3176271	1065831	103.86	1.5
甘　肃 Gansu	940559	171424	62148		
青　海 Qinghai	88357	13600	420		
宁　夏 Ningxia	415240	240310	77211	45.2	0.08
新　疆 Xinjiang	341521	36512	22100	40.7	

（非学校产权）（普通高校）
(Not Owned by HEIs) (HEIs)

资料情况 ed. Resources 电子图书（GB） Electronic Books & Magazines in Libraries (GB)	拥有教学用计算机（台） No. of Computers Used for Instruction	语音实验室座位数（个） No. of Seats in Audio-Labs	多媒体教室座位数（个） No. of Seats in Multi-media Class rooms	上网课程数（门） No. of Web-Based Courses	固定资产值（万元） Fixed Assets (10,000 yuan) 合计 Total	其中：教学、科研仪器设备资产 of Which: Teaching Equipment & Instruments 计 Total	当年新增 Added in Current Year
	52776	**16065**	**146821**		**2163269.73**	**205320.63**	**14290.64**
	226	68	4306		16112.32	3377.67	344.21
	280	192	1700		28958.00		
	1154	654	7539		50741.76	11402.60	124.00
	3864	877	11644		85159.86	15760.60	515.00
	1343	330	1314		5516.50	1521.60	162.00
	856	48	2835		88483.76	1205.00	204.00
					13343.00	1100.00	
	2376	262	8073		42411.35	13891.50	3703.00
	4408	1532	27677		479423.17	10948.79	1161.27
	4074	791	9953		255375.83	9029.55	441.98
	843	1046	15571		102797.23	21893.03	12.10
	2898	1682	8370		48203.53	11746.43	518
	1431	1211	3607		28341.6	7843.1	
	678	147	749		3294.03	1677.87	146.97
	7126	1931	11302		197182.28	24144.51	1977
	1310	210	740		17830	1845.6	22
					93307.36	3292.99	
	932	434	1110		29502.2	4337	600
	797	412	5259		279797.77	13469.08	543.42
	1583	478	1078		76730.33	17564.96	126.5
	854	430	3080		2100	727	210
	11009	1351	6962		65186.68	13503.04	2798.06
	3043	604	8890		69977.9	7339.69	127.28
	100	360	830		18139.26	519.26	
	344	439	350		22986.99	2963.17	498.6
	127	60	1130				
	373	292	1650		36919.87	2150.17	5.2
			382		2454.1	1224	
	467	104	270		2713.05	757.42	45.05
	280	120	250		280	85	5

资产情况

Condition of Fixed Assets and Teaching Resources

	学校占地面积(平方米) Area of School Sites (m^2)			图书音像 Audio-visual	
				一般图书(万册) Books & Magazines in Libraries(10,000 Volume)	
	计 Total	其中:绿化用地面积 of Which: Green Areas	其中:运动场地面积 of Which: Sports Areas	计 Total	当年新增 Added in Current Year
总　计 Total	**23931085**	**4876976**	**2823389**	**3895.45**	**162.06**
北　京 Beijing	330781	34300	37150	105.85	2.42
天　津 Tianjin	874107	152521	124184	191.08	6.95
河　北 Hebei	603016	144524	38970	144.60	
山　西 Shanxi	209031	58936	19270	59.66	
内蒙古 Inner Mongolia					
辽　宁 Liaoning	405158	55640	113679	79.32	3.62
吉　林 Jilin	664421	60110	86346	94.06	5.04
黑龙江 Heilongjiang	775457	102690	129829	104.15	0.60
上　海 Shanghai	390720	55134	38686	809.56	5.04
江　苏 Jiangsu	2961188	866759	509250	317.00	12.24
浙　江 Zhejiang	2505390	566075	308514	250.18	9.41
安　徽 Anhui	1690111	222569	100604	89.93	
福　建 Fujian	357390	67388	4774	41.52	1.31
江　西 Jiangxi	37800	4300	17800		
山　东 Shandong	109356	22010	18640		
河　南 Henan	1386536	307920	115418	246.53	26.14
湖　北 Hubei	1942445	411577	168293	263.12	40.02
湖　南 Hunan	1136042	216824	84347	123.90	7.34
广　东 Guangdong	2998199	532103	492070	486.46	29.83
广　西 Guangxi	96436	17450	14563	9.59	0.03
海　南 Hainan					
重　庆 Chongqing	15984	550	2462		
四　川 Sichuan	1443804	132034	148469	113.51	
贵　州 Guizhou					
云　南 Yunnan	58357	4844	3306	2.85	
西　藏 Tibet					
陕　西 Shaanxi	1569526	558819	141136	196.98	1.76
甘　肃 Gansu	1267895	251287	86175	141.81	10.29
青　海 Qinghai	1888	50	1450	0.35	0.02
宁　夏 Ningxia	84547	29419	12304	23.44	
新　疆 Xinjiang	15500	1143	5700		

（非学校产权）（成人高校）

(Not Owned by HEIs) (HEIs for Adults)

资料情况 ed. Resources					固定资产值（万元） Fixed Assets (10,000 yuan)		
电子图书（GB） Electronic Books & Magazines in Libraries (GB)	拥有教学用计算机（台） No. of Computers Used for Instruction	语音实验室座位数（个） No. of Seats in Audio-Labs	多媒体教室座位数（个） No. of Seats in Multi-media Class rooms	上网课程数（门） No. of Web-Based Courses	合计 Total	其中：教学、科研仪器设备资产 of Which: Teaching Equipment & Instruments	
						计 Total	当年新增 Added in Current Year
	150247	**48533**	**296852**		**1248677.57**	**321380.17**	**27235.27**
	5212	1491	18363		39763.15	14793.33	798.74
	7586	2094	10648		30244.56	20320.92	995.27
	2878	2701	10704		51083.93	11805.47	1212.91
	2408	632	1423		7851.39	3606.12	433.03
	1731	434	2825		38212.16	7642.59	733.94
	3335	1114	2017		33437.59	7878.69	3476.00
	4176	1644	4028		26464.03	7207.21	
	9652	1877	26188		64590.80	20397.42	1687.84
	11495	7189	19521		141881.60	28687.03	596.60
	14769	3942	50628		166145.65	33628.40	2168.36
	6122	1556			43143.54	10590.38	551.92
	5584	1344	10254		39358.29	9611.21	1595.85
	90	120	3330				
	6109	2216	16883		67158.97	16179.52	1669.61
	8278	3046	15258		66038.87	14563.83	1785.30
	6811	1842	1973		53414.66	16394.10	602.00
	30474	7620	79646		223844.78	55996.44	5794.13
	116	476	1202		17493.00	2112.00	102.00
			240				
	8314	2454	7446		44175.18	10553.98	819.17
					7668.00	4127.00	236.80
	295	120	410		4304.50	489.00	
	7103	2911	7103		35543.96	12300.81	1347.08
	6558	1492	5787		40197.96	10118.72	628.72
	151	50	41				
	1000	168	714		6661.00	2376.00	

资产情况
Condition of Fixed Assets and Teaching Resources

	学校占地面积(平方米) Area of School Sites (m^2)			图书音像 Audio-visual	
				一般图书(万册) Books & Magazines in Libraries(10,000 Volume)	
	计 Total	其中:绿化用地面积 of Which: Green Areas	其中:运动场地面积 of Which: Sports Areas	计 Total	当年新增 Added in Current Year
总　计 Total	**12337095**	**2770038**	**1251215**	**350.65**	**18.31**
北　京 Beijing	3861850	677084	349770	4.10	0.30
天　津 Tianjin					
河　北 Hebei	237215	29480	28836	3.55	0.35
山　西 Shanxi	495612	29812	25170	4.21	
内蒙古 Inner Mongolia					
辽　宁 Liaoning	51078	7690	13200	0.05	0.05
吉　林 Jilin	1193165	27508	46707	10.30	0.10
黑龙江 Heilongjiang	150850	22100	33900	6.65	6.10
上　海 Shanghai	172123	25178	37848	19.80	0.11
江　苏 Jiangsu					
浙　江 Zhejiang	452019	100161	48778	12.00	2.03
安　徽 Anhui	358766	76352	21147	7.60	0.10
福　建 Fujian	69333	18003	8764		
江　西 Jiangxi	870548	520019	46824	108.00	0.50
山　东 Shandong	1829607	611000	265106	50.69	3.37
河　南 Henan	403272	74111	47210	15.80	
湖　北 Hubei	133894	94065	5731		
湖　南 Hunan	237792	42540	13120	79.80	4.00
广　东 Guangdong	629960	65603	77746	18.90	
广　西 Guangxi					
海　南 Hainan					
重　庆 Chongqing	242294	85733	34640		
四　川 Sichuan	456910	126970	85400	7.20	0.30
贵　州 Guizhou	32170	3000	8000		
云　南 Yunnan					
西　藏 Tibet					
陕　西 Shaanxi	431137	128081	48798	2.00	1.00
甘　肃 Gansu	27500	5548	4520		
青　海 Qinghai					
宁　夏 Ningxia					
新　疆 Xinjiang					

(非学校产权)(民办的其他高等教育机构)
(Not Owned by HEIs)(Non-state/private HEIs)

资料情况 ed. Resources 电子图书(GB) Electronic Books & Magazines in Libraries (GB)	拥有教学用计算机(台) No. of Computers Used for Instruction	语音实验室座位数(个) No. of Seats in Audio-Labs	多媒体教室座位数(个) No. of Seats in Multi-media Class rooms	上网课程数(门) No. of Web-Based Courses	固定资产值(万元) Fixed Assets (10,000 yuan) 合计 Total	其中:教学、科研仪器设备资产 of Which: Teaching Equipment & Instruments 计 Total	当年新增 Added in Current Year
	5936	**4566**	**16293**		**85397.82**	**10556.28**	**779.92**
	4	75	175		5568.21	558.42	45.00
	384	100	1500		1541.70	365.60	24.00
	226	66	460		19020.91	732.00	12.00
	55	70	80		3734.40	936.60	2.00
	110		100		195.00	20.00	
	298	160	118		123.00	191.00	
	1350	856	3485		839.83	661.63	0.46
	175	210	740		1871.45	592.90	174.90
		500	2390				
	234	178	181		386.00	2726.00	
	1178	1407	4074		32307.81	847.09	28.60
	80	122	300		55.00	35.00	10.00
	500	128	340		6030.00	900.00	
	488	428	1020		1338.25	615.48	50.00
	400	120	300		8402.00	1202.00	352.00
					2342.00		
	210	96	680		1351.00	164.00	80.00
	244	50	350		291.26	8.56	0.96

校舍情况(总计)

Conditions of School Buildings (Total)

单位：平方米

unit：m^2

	学校产权建筑面积 Floor Area of School Building Owned by HEIs				正在施工面积 Floor Area Under Construction	独立使用非学校产权建筑面积 Floor Area of School Building Not Owned by HEIs
	计 Total	其中：危房 of Which：Dilapidated Buildings	其中：当年新增 of Which：Added in Current Year	其中：被外单位借用 of Which：Floor Space Hired by Other Schools or Units		
总　计 Total	**656113242**	**1492126**	**34810103**	**599076**	**39420895**	**103747489**
北　京 Beijing	31460686	90338	764675	64170	1928271	4837096
天　津 Tianjin	13861475	4643	871842		333766	1481327
河　北 Hebei	29608040	2764	2724231	5204	1148070	2604387
山　西 Shanxi	15986171	18030	566847	13711	963605	2718340
内蒙古 Inner Mongolia	11104242	25711	1267666	2557	714983	760193
辽　宁 Liaoning	24009205	22388	1361538	1837	1734966	3194692
吉　林 Jilin	17024353	32527	406595	1024	797932	2261843
黑龙江 Heilongjiang	22872213	71019	656080	55020	1038607	2027897
上　海 Shanghai	16777077		684789	28623	783158	5110336
江　苏 Jiangsu	48837098	161087	1806360	163525	2965861	8925261
浙　江 Zhejiang	23227112		1573761	115162	1272332	7462989
安　徽 Anhui	24914949	156935	2315748	29500	1187533	2574206
福　建 Fujian	15628607	13443	1249846		1438672	5083967
江　西 Jiangxi	28562720	9704	680451	13381	1285164	2176398
山　东 Shandong	50697492	36683	2535623	16030	2058436	7424253
河　南 Henan	41586730	20789	3103706	8954	1844159	2442498
湖　北 Hubei	40419597	64603	1432918	5353	1087486	7113305
湖　南 Hunan	29769851	105192	1107630		1276547	5052477
广　东 Guangdong	32397746	22119	1380323	10592	2652654	11303065
广　西 Guangxi	13454901	75566	565130	3362	1073216	2764006
海　南 Hainan	3227333	2356	242637		213767	848383
重　庆 Chongqing	16313941	78943	1010897	36050	1917840	1059312
四　川 Sichuan	29683424	235347	1745378		2438817	5141851
贵　州 Guizhou	9207170	7248	557719	19001	658949	530284
云　南 Yunnan	10654544	56736	1783049		2346205	1666618
西　藏 Tibet	949289	9113	67950		21487	
陕　西 Shaanxi	29852011	54629	1195013	5375	1852305	5732309
甘　肃 Gansu	10020225	93596	527251		1113826	1175161
青　海 Qinghai	1493594	5030	107618		13262	9128
宁　夏 Ningxia	2454282		231930		800247	114051
新　疆 Xinjiang	10057164	15587	284902	645	458772	151856

校舍情况(普通高校)

Conditions of School Buildings (Regular HEIs)

单位:平方米

unit: m^2

	学校产权建筑面积 Floor Area of School Building Owned by HEIs				正在施工面积 Floor Area Under Construction	独立使用非学校产权建筑面积 Floor Area of School Building Not Owned by HEIs
	计 Total	其中:危房 of Which: Dilapidated Buildings	其中:当年新增 of Which: Added in Current Year	其中:被外单位借用 of Which: Floor Space Hired by Other Schools or Units		
总　计 Total	**632468356**	**1466867**	**33588461**	**543471**	**38541668**	**86252798**
北　京 Beijing	30166431	90338	722543	64170	1913471	3333168
天　津 Tianjin	13512035		869989		333766	866940
河　北 Hebei	28877755	2764	2707892	5204	1027655	2085893
山　西 Shanxi	14845251	18030	566847	13590	912444	2442882
内蒙古 Inner Mongolia	10958770	25711	1267666	2557	714983	760193
辽　宁 Liaoning	23147562	22388	1290925		1724590	2860748
吉　林 Jilin	16247801	29425	376762	1024	797932	1682211
黑龙江 Heilongjiang	22158618	71019	656080	40305	1038607	1615227
上　海 Shanghai	16010024		684789	21201	781532	4332307
江　苏 Jiangsu	47964003	161087	1754136	159510	2952061	7637011
浙　江 Zhejiang	22422285		1472701	115162	1272332	5760631
安　徽 Anhui	24397933	156935	2226518	29500	1187533	1836707
福　建 Fujian	15211887	13443	1238930		1435866	4713344
江　西 Jiangxi	27478429	9704	628659	13381	1222259	2032505
山　东 Shandong	47723283	36556	2203076	16030	1934229	6634974
河　南 Henan	39808056	20789	2965532	8354	1761386	914710
湖　北 Hubei	39788505	61603	1420910	1150	1087486	6177343
湖　南 Hunan	29198625	102779	1107630		1218035	4436060
广　东 Guangdong	31472290	22119	1377135	10592	2652654	9300512
广　西 Guangxi	12986708	75566	547010	3362	1059061	2725660
海　南 Hainan	3204674	2356	242637		213767	848383
重　庆 Chongqing	15580957	78943	1009284	14000	1766314	903240
四　川 Sichuan	27978964	228895	1589149		2289799	4506919
贵　州 Guizhou	9058246	7248	557719	19001	658949	530284
云　南 Yunnan	10534154	54785	1783049		2337724	1498686
西　藏 Tibet	949289	9113	67950		21487	
陕　西 Shaanxi	28354305	54629	1117966	5375	1852305	4877301
甘　肃 Gansu	9660093	90487	521551		1108126	740887
青　海 Qinghai	1437295	5030	107348		13262	8708
宁　夏 Ningxia	2444020		231930		800247	45892
新　疆 Xinjiang	8890108	12125	274140		451806	143470

校舍情况(成人高校)
Conditions of School Buildings (HEIs for Adults)

单位:平方米
unit: m^2

	学校产权建筑面积 Floor Area of School Building Owned by HEIs				正在施工面积 Floor Area Under Construction	独立使用非学校产权建筑面积 Floor Area of School Building Not Owned by HEIs
	计 Total	其中:危房 of Which: Dilapidated Buildings	其中:当年新增 of Which: Added in Current Year	其中:被外单位借用 of Which: Floor Space Hired by Other Schools or Units		
总 计 Total	**19973893**	**25259**	**981368**	**33555**	**592137**	**12228077**
北 京 Beijing	816942		8351			251001
天 津 Tianjin	349440	4643	1853			614387
河 北 Hebei	530978		16339			364321
山 西 Shanxi	822572			121	51161	89913
内蒙古 Inner Mongolia	145472					
辽 宁 Liaoning	691284		70473	1837	10376	277944
吉 林 Jilin	719829	3102	29833			376976
黑龙江 Heilongjiang	699794			14715		312766
上 海 Shanghai	663715			7422	956	522999
江 苏 Jiangsu	873095		52224	4015	13800	1288250
浙 江 Zhejiang	625710		101060			1128420
安 徽 Anhui	363609					407009
福 建 Fujian	416720		10916		2806	323294
江 西 Jiangxi	882933		51725			27230
山 东 Shandong	2255785	127	235491		83007	101303
河 南 Henan	1617354		130174	600	82773	1378440
湖 北 Hubei	537051			4200		879802
湖 南 Hunan	571226	2413			58512	476954
广 东 Guangdong	688529		3188			1672882
广 西 Guangxi	468193		18120		14155	38346
海 南 Hainan	22659					
重 庆 Chongqing	550208		1613		145826	49642
四 川 Sichuan	1347572	6452	156229		107618	449086
贵 州 Guizhou	148924					
云 南 Yunnan	120390	1951			8481	167932
西 藏 Tibet						
陕 西 Shaanxi	1451722		77047			557531
甘 肃 Gansu	358570	3109	5700		5700	394684
青 海 Qinghai	56299		270			420
宁 夏 Ningxia	10262					68159
新 疆 Xinjiang	1167056	3462	10762	645	6966	8386

校舍情况(民办的其他高等教育机构)
Conditions of School Buildings (Non-state/private HEIs)

单位:平方米
unit: m^2

	学校产权建筑面积 Floor Area of School Building Owned by HEIs				正在施工面积 Floor Area Under Construction	独立使用非学校产权建筑面积 Floor Area of School Building Not Owned by HEIs
	计 Total	其中:危房 of Which: Dilapidated Buildings	其中:当年新增 of Which: Added in Current Year	其中:被外单位借用 of Which: Floor Space Hired by Other Schools or Units		
总　计 Total	**3670993**		**240274**	**22050**	**287090**	**5266614**
北　京 Beijing	477313		33781		14800	1252927
天　津 Tianjin						
河　北 Hebei	199307				120415	154173
山　西 Shanxi	318348					185545
内蒙古 Inner Mongolia						
辽　宁 Liaoning	170359		140			56000
吉　林 Jilin	56723					202656
黑龙江 Heilongjiang	13801					99904
上　海 Shanghai	103338				670	255030
江　苏 Jiangsu						
浙　江 Zhejiang	179117					573938
安　徽 Anhui	153407		89230			330490
福　建 Fujian						47329
江　西 Jiangxi	201358		67		62905	116663
山　东 Shandong	718424		97056		41200	687976
河　南 Henan	161320		8000			149348
湖　北 Hubei	94041		12000			56158
湖　南 Hunan						139463
广　东 Guangdong	236927					329671
广　西 Guangxi						
海　南 Hainan						
重　庆 Chongqing	182776			22050	5700	106430
四　川 Sichuan	356888				41400	185846
贵　州 Guizhou						
云　南 Yunnan						
西　藏 Tibet						
陕　西 Shaanxi	45984					297477
甘　肃 Gansu	1562					39590
青　海 Qinghai						
宁　夏 Ningxia						
新　疆 Xinjiang						

普通高中校数、班数(总计)

Number of Senior Secondary Schools and Classes (Regional Aggregates)

	学校数(所) Schools			班数(个) Classes			
	合计 Total	高级中学 Senior Sec. Schools	完全中学 Complete Sec. Schools	计 Total	一年级 Grade 1	二年级 Grade 2	三年级 Grade 3
总　计 Total	**14607**	**6476**	**8131**	**428577**	**143535**	**140727**	**144315**
北　京 Beijing	305	52	253	5544	1759	1849	1936
天　津 Tianjin	218	78	140	4169	1335	1344	1490
河　北 Hebei	661	371	290	21837	7283	7137	7417
山　西 Shanxi	544	233	311	14818	5076	4873	4869
内蒙古 Inner Mongolia	306	147	159	9303	2998	3092	3213
辽　宁 Liaoning	426	337	89	13465	4610	4489	4366
吉　林 Jilin	262	177	85	8346	2784	2764	2798
黑龙江 Heilongjiang	430	264	166	11155	3730	3739	3686
上　海 Shanghai	273	133	140	4873	1552	1609	1712
江　苏 Jiangsu	710	342	368	26763	8671	8861	9231
浙　江 Zhejiang	582	439	143	17488	6080	5739	5669
安　徽 Anhui	769	225	544	21865	7259	7165	7441
福　建 Fujian	606	117	489	14384	4757	4704	4923
江　西 Jiangxi	476	148	328	13986	4470	4667	4849
山　东 Shandong	632	451	181	27962	9097	9286	9579
河　南 Henan	868	612	256	29858	9544	9739	10575
湖　北 Hubei	622	445	177	20263	6571	6630	7062
湖　南 Hunan	684	343	341	18779	6100	6095	6584
广　东 Guangdong	1020	327	693	33908	12289	11300	10319
广　西 Guangxi	478	234	244	12348	4172	4031	4145
海　南 Hainan	108	9	99	2670	938	870	862
重　庆 Chongqing	267	15	252	9851	3480	3317	3054
四　川 Sichuan	758	121	637	23725	8007	7682	8036
贵　州 Guizhou	451	140	311	9877	3522	3204	3151
云　南 Yunnan	457	120	337	11145	3868	3650	3627
西　藏 Tibet	24	15	9	696	246	225	225
陕　西 Shaanxi	586	269	317	15744	5320	5002	5422
甘　肃 Gansu	463	145	318	10621	3527	3368	3726
青　海 Qinghai	126	30	96	2122	702	711	709
宁　夏 Ningxia	82	41	41	2492	850	842	800
新　疆 Xinjiang	413	96	317	8520	2938	2743	2839

普通高中校数、班数(城市)

Number of Senior Secondary Schools and Classes (Urban)

	学校数(所) Schools			班数(个) Classes			
	合计 Total	高级中学 Senior Sec. Schools	完全中学 Complete Sec. Schools	计 Total	一年级 Grade 1	二年级 Grade 2	三年级 Grade 3
总计 Total	**5675**	**2367**	**3308**	**161664**	**54102**	**53469**	**54093**
北京 Beijing	251	38	213	4682	1482	1571	1629
天津 Tianjin	131	28	103	2252	707	730	815
河北 Hebei	230	82	148	7064	2346	2364	2354
山西 Shanxi	272	80	192	6656	2287	2198	2171
内蒙古 Inner Mongolia	159	73	86	4778	1544	1612	1622
辽宁 Liaoning	305	234	71	9429	3229	3141	3059
吉林 Jilin	87	58	29	2831	951	948	932
黑龙江 Heilongjiang	185	109	76	4788	1606	1629	1553
上海 Shanghai	159	85	74	2864	902	945	1017
江苏 Jiangsu	262	120	142	9240	3025	3081	3134
浙江 Zhejiang	283	194	89	8549	2933	2815	2801
安徽 Anhui	246	67	179	6731	2222	2220	2289
福建 Fujian	173	44	129	4686	1594	1545	1547
江西 Jiangxi	112	19	93	2655	843	924	888
山东 Shandong	295	201	94	13092	4308	4309	4475
河南 Henan	328	183	145	9655	3114	3196	3345
湖北 Hubei	267	182	85	8652	2839	2828	2985
湖南 Hunan	190	54	136	4953	1610	1617	1726
广东 Guangdong	375	126	249	12837	4458	4318	4061
广西 Guangxi	156	77	79	4035	1367	1324	1344
海南 Hainan	34	4	30	942	340	299	303
重庆 Chongqing	63		63	2136	728	732	676
四川 Sichuan	215	33	182	7424	2510	2427	2487
贵州 Guizhou	126	46	80	2909	1032	948	929
云南 Yunnan	111	32	79	2724	962	895	867
西藏 Tibet	13	8	5	339	122	106	111
陕西 Shaanxi	242	60	182	5036	1722	1590	1724
甘肃 Gansu	149	49	100	3300	1126	1035	1139
青海 Qinghai	38	11	27	560	186	187	187
宁夏 Ningxia	35	23	12	1322	461	461	400
新疆 Xinjiang	183	47	136	4543	1546	1474	1523

普通高中校数、班数(县镇)
Number of Senior Secondary Schools and Classes(County City & Towns)

	学校数(所) Schools			班数(个) Classes			
	合计 Total	高级中学 Senior Sec. Schools	完全中学 Complete Sec. Schools	计 Total	一年级 Grade 1	二年级 Grade 2	三年级 Grade 3
总计 Total	**7314**	**3489**	**3825**	**235881**	**79159**	**77265**	**79457**
北京 Beijing	29	10	19	527	169	170	188
天津 Tianjin	68	32	36	1425	470	459	496
河北 Hebei	349	247	102	13126	4390	4216	4520
山西 Shanxi	215	129	86	7106	2442	2334	2330
内蒙古 Inner Mongolia	137	74	63	4416	1420	1445	1551
辽宁 Liaoning	84	73	11	3199	1097	1067	1035
吉林 Jilin	160	112	48	5320	1762	1752	1806
黑龙江 Heilongjiang	198	134	64	5460	1824	1806	1830
上海 Shanghai	113	48	65	2000	646	661	693
江苏 Jiangsu	358	181	177	14776	4803	4879	5094
浙江 Zhejiang	285	238	47	8602	3032	2814	2756
安徽 Anhui	402	126	276	12888	4303	4269	4316
福建 Fujian	342	67	275	8119	2653	2647	2819
江西 Jiangxi	288	121	167	10289	3297	3415	3577
山东 Shandong	299	227	72	14143	4566	4748	4829
河南 Henan	448	363	85	18375	5824	6004	6547
湖北 Hubei	268	192	76	9137	2937	2979	3221
湖南 Hunan	382	213	169	11689	3817	3805	4067
广东 Guangdong	541	178	363	18740	6937	6223	5580
广西 Guangxi	313	153	160	8190	2764	2666	2760
海南 Hainan	62	4	58	1547	533	515	499
重庆 Chongqing	185	15	170	7112	2538	2375	2199
四川 Sichuan	512	73	439	15699	5300	5052	5347
贵州 Guizhou	279	91	188	6622	2367	2147	2108
云南 Yunnan	318	86	232	8005	2767	2623	2615
西藏 Tibet	11	7	4	357	124	119	114
陕西 Shaanxi	169	122	47	6833	2309	2159	2365
甘肃 Gansu	254	91	163	6600	2163	2107	2330
青海 Qinghai	73	19	54	1325	433	444	448
宁夏 Ningxia	41	17	24	1130	375	368	387
新疆 Xinjiang	131	46	85	3124	1097	997	1030

普通高中校数、班数(农村)
Number of Senior Secondary Schools and Classes (Rural)

	学校数(所) Schools			班数(个) Classes			
	合计 Total	高级中学 Senior Sec. Schools	完全中学 Complete Sec. Schools	计 Total	一年级 Grade 1	二年级 Grade 2	三年级 Grade 3
总计 Total	**1618**	**620**	**998**	**31032**	**10274**	**9993**	**10765**
北京 Beijing	25	4	21	335	108	108	119
天津 Tianjin	19	18	1	492	158	155	179
河北 Hebei	82	42	40	1647	547	557	543
山西 Shanxi	57	24	33	1056	347	341	368
内蒙古 Inner Mongolia	10		10	109	34	35	40
辽宁 Liaoning	37	30	7	837	284	281	272
吉林 Jilin	15	7	8	195	71	64	60
黑龙江 Heilongjiang	47	21	26	907	300	304	303
上海 Shanghai	1		1	9	4	3	2
江苏 Jiangsu	90	41	49	2747	843	901	1003
浙江 Zhejiang	14	7	7	337	115	110	112
安徽 Anhui	121	32	89	2246	734	676	836
福建 Fujian	91	6	85	1579	510	512	557
江西 Jiangxi	76	8	68	1042	330	328	384
山东 Shandong	38	23	15	727	223	229	275
河南 Henan	92	66	26	1828	606	539	683
湖北 Hubei	87	71	16	2474	795	823	856
湖南 Hunan	112	76	36	2137	673	673	791
广东 Guangdong	104	23	81	2331	894	759	678
广西 Guangxi	9	4	5	123	41	41	41
海南 Hainan	12	1	11	181	65	56	60
重庆 Chongqing	19		19	603	214	210	179
四川 Sichuan	31	15	16	602	197	203	202
贵州 Guizhou	46	3	43	346	123	109	114
云南 Yunnan	28	2	26	416	139	132	145
西藏 Tibet							
陕西 Shaanxi	175	87	88	3875	1289	1253	1333
甘肃 Gansu	60	5	55	721	238	226	257
青海 Qinghai	15		15	237	83	80	74
宁夏 Ningxia	6	1	5	40	14	13	13
新疆 Xinjiang	99	3	96	853	295	272	286

普通高中学生数(总计)

Number of Students in Senior Secondary Schools (Regional Aggregates)

单位:人

unit: person

	毕业生数 Graduates	招生数 Students Admitted	在校学生数 Enrolment					毕业班学生数 Graduates for Next Year
			合计 Total	其中:女 of Which: Female	一年级 Grade 1	二年级 Grade 2	三年级 Grade 3	
总　计 Total	**8237220**	**8303384**	**24342783**	**11734128**	**8316126**	**7982345**	**8044312**	**8044312**
北　京 Beijing	70132	65983	203477	105765	66405	67987	69085	69085
天　津 Tianjin	70624	60871	187554	98432	61421	60432	65701	65701
河　北 Hebei	468982	447232	1308690	688576	447482	433604	427604	427604
山　西 Shanxi	251434	277882	805659	404034	277974	266167	261518	261518
内蒙古 Inner Mongolia	183055	174338	519643	265288	174473	171775	173395	173395
辽　宁 Liaoning	248791	248271	718333	367818	248397	240187	229749	229749
吉　林 Jilin	168843	158820	468554	239867	158930	155365	154259	154259
黑龙江 Heilongjiang	206616	207927	608221	311868	207949	205256	195016	195016
上　海 Shanghai	70377	55842	177589	93076	56216	59263	62110	62110
江　苏 Jiangsu	513126	456062	1422174	651329	457179	476747	488248	488248
浙　江 Zhejiang	285788	300208	855457	427099	300413	281180	273864	273864
安　徽 Anhui	449248	424743	1305719	574427	426672	432377	446670	446670
福　建 Fujian	248971	238475	719067	347813	238887	234310	245870	245870
江　西 Jiangxi	279087	250953	772405	312119	251977	258677	261751	261751
山　东 Shandong	590834	500248	1574869	743341	500264	514985	559620	559620
河　南 Henan	701747	645015	2011981	966409	645414	655471	711096	711096
湖　北 Hubei	449917	423786	1286751	586965	424427	422281	440043	440043
湖　南 Hunan	415666	356521	1064265	506259	356989	345813	361463	361463
广　东 Guangdong	568989	717900	1924412	921766	718017	637013	569382	569382
广　西 Guangxi	236627	262594	752797	382989	262795	244064	245938	245938
海　南 Hainan	51332	54829	155893	69137	54871	50737	50285	50285
重　庆 Chongqing	161360	220899	591983	294407	220979	196329	174675	174675
四　川 Sichuan	449660	515321	1435520	700220	516207	463242	456071	456071
贵　州 Guizhou	165392	219062	581604	267571	219571	185677	176356	176356
云　南 Yunnan	183772	220325	611471	307620	220666	201577	189228	189228
西　藏 Tibet	13312	13884	38383	20110	13884	11821	12678	12678
陕　西 Shaanxi	325393	334887	944083	450554	335169	298675	310239	310239
甘　肃 Gansu	192269	216982	630654	279469	217283	198854	214517	214517
青　海 Qinghai	34396	36571	107783	53289	37249	35701	34833	34833
宁　夏 Ningxia	44190	48084	140653	70457	48123	46553	45977	45977
新　疆 Xinjiang	137290	148869	417139	226054	149843	130225	137071	137071

普通高中学生数(城市)

Number of Students in Senior Secondary Schools (Urban)

单位:人
unit: person

	毕业生数 Graduates	招生数 Students Admitted	在校学生数 Enrolment 合计 Total	其中:女 of Which: Female	一年级 Grade 1	二年级 Grade 2	三年级 Grade 3	毕业班学生数 Graduates for Next Year
总　计 Total	**2903867**	**2935470**	**8656221**	**4282133**	**2939122**	**2857602**	**2859497**	**2859497**
北　京 Beijing	58134	54975	170036	88459	55366	57227	57443	57443
天　津 Tianjin	34376	29261	91407	47569	29286	29550	32571	32571
河　北 Hebei	147364	138574	407673	214315	138601	137093	131979	131979
山　西 Shanxi	109670	124606	358867	179294	124630	118811	115426	115426
内蒙古 Inner Mongolia	93367	88879	267808	136245	89013	90720	88075	88075
辽　宁 Liaoning	167812	168737	488195	250195	168841	163386	155968	155968
吉　林 Jilin	54004	53347	156409	80839	53354	52248	50807	50807
黑龙江 Heilongjiang	86363	85597	250059	129279	85604	84963	79492	79492
上　海 Shanghai	41529	31251	99885	52076	31417	33286	35182	35182
江　苏 Jiangsu	156410	146288	453818	215169	146711	153517	153590	153590
浙　江 Zhejiang	136355	142982	414576	207597	143040	136989	134547	134547
安　徽 Anhui	119171	125263	379912	173957	125330	125589	128993	128993
福　建 Fujian	77311	79446	231859	116632	79499	76381	75979	75979
江　西 Jiangxi	49842	44961	139686	62140	45016	49046	45624	45624
山　东 Shandong	263171	230723	710937	347691	230732	230047	250158	250158
河　南 Henan	211457	192763	597351	291758	192816	196530	208005	208005
湖　北 Hubei	181546	169309	512139	242809	169393	168328	174418	174418
湖　南 Hunan	103412	91270	272739	133156	91617	89051	92071	92071
广　东 Guangdong	208220	239877	674157	333609	239912	225252	208993	208993
广　西 Guangxi	70336	81852	237009	119307	81967	77606	77436	77436
海　南 Hainan	16450	18556	51155	23534	18556	16138	16461	16461
重　庆 Chongqing	30327	40060	114296	59419	40064	39173	35059	35059
四　川 Sichuan	134978	156877	444608	218710	157055	145213	142340	142340
贵　州 Guizhou	48441	59544	163467	77638	59606	52788	51073	51073
云　南 Yunnan	42963	54760	149334	78469	54781	49385	45168	45168
西　藏 Tibet	6484	7048	19341	10043	7048	5635	6658	6658
陕　西 Shaanxi	91584	99476	283129	136939	99637	89285	94207	94207
甘　肃 Gansu	54715	63810	183884	83689	63954	57107	62823	62823
青　海 Qinghai	8899	9415	27697	14088	9645	9126	8926	8926
宁　夏 Ningxia	20911	25294	72847	36373	25298	24943	22606	22606
新　疆 Xinjiang	78265	80669	231941	121135	81333	73189	77419	77419

普通高中学生数(县镇)

Number of Students in Senior Secondary Schools (County City & Towns)

单位:人
unit: person

	毕业生数 Graduates	招生数 Students Admitted	在校学生数 Enrolment 合计 Total	其中:女 of Which: Female	一年级 Grade 1	二年级 Grade 2	三年级 Grade 3	毕业班学生数 Graduates for Next Year
总　计 Total	**4706203**	**4772596**	**13945001**	**6621329**	**4781231**	**4562193**	**4601577**	**4601577**
北　京 Beijing	7949	7143	21266	11433	7167	6783	7316	7316
天　津 Tianjin	26034	23058	70312	37224	23580	22791	23941	23941
河　北 Hebei	288128	275869	802932	421782	276079	262792	264061	264061
山　西 Shanxi	122971	134267	390254	197007	134305	129006	126943	126943
内蒙古 Inner Mongolia	87776	83756	246424	126405	83757	79350	83317	83317
辽　宁 Liaoning	64896	64054	185355	94327	64076	61741	59538	59538
吉　林 Jilin	111060	101981	303282	154435	102084	100220	100978	100978
黑龙江 Heilongjiang	104609	106992	312674	158748	107002	104866	100806	100806
上　海 Shanghai	28716	24427	77308	40782	24635	25853	26820	26820
江　苏 Jiangsu	295994	263740	817718	367380	264363	272814	280541	280541
浙　江 Zhejiang	144135	151695	424812	211754	151834	138919	134059	134059
安　徽 Anhui	281432	256522	790771	339907	258371	265011	267389	267389
福　建 Fujian	145110	134252	410946	196611	134581	133585	142780	142780
江　西 Jiangxi	209522	188190	579347	228522	189159	192889	197299	197299
山　东 Shandong	308583	257549	825378	378046	257556	273430	294392	294392
河　南 Henan	445161	413311	1298886	617469	413650	424386	460850	460850
湖　北 Hubei	208682	199571	608803	269136	200038	198729	210036	210036
湖　南 Hunan	257958	227148	676271	319168	227269	220529	228473	228473
广　东 Guangdong	323074	423068	1114726	525051	423144	368810	322772	322772
广　西 Guangxi	164042	178454	509365	260368	178537	164404	166424	166424
海　南 Hainan	31064	32410	94444	41041	32452	31373	30619	30619
重　庆 Chongqing	122357	167736	443975	217968	167805	145569	130601	130601
四　川 Sichuan	303270	344974	954399	462876	345682	305585	303132	303132
贵　州 Guizhou	112319	152575	400458	181678	153021	127253	120184	120184
云　南 Yunnan	133628	158010	439961	218145	158326	144837	136798	136798
西　藏 Tibet	6828	6836	19042	10067	6836	6186	6020	6020
陕　西 Shaanxi	154237	155993	435288	204632	156098	135695	143495	143495
甘　肃 Gansu	124064	138273	404313	177123	138381	128446	137486	137486
青　海 Qinghai	21969	23080	69107	33713	23442	22865	22800	22800
宁　夏 Ningxia	22090	22003	65556	32896	22038	20897	22621	22621
新　疆 Xinjiang	48545	55659	151628	85635	55963	46579	49086	49086

普通高中学生数(农村)

Number of Students in Senior Secondary Schools (Rural)

单位:人

unit: person

	毕业生数 Graduates	招生数 Students Admitted	在校学生数 Enrolment 合计 Total	其中:女 of Which: Female	一年级 Grade 1	二年级 Grade 2	三年级 Grade 3	毕业班学生数 Graduates for Next Year
总　计 Total	**627150**	**595318**	**1741561**	**830666**	**595773**	**562550**	**583238**	**583238**
北　京 Beijing	4049	3865	12175	5873	3872	3977	4326	4326
天　津 Tianjin	10214	8552	25835	13639	8555	8091	9189	9189
河　北 Hebei	33490	32789	98085	52479	32802	33719	31564	31564
山　西 Shanxi	18793	19009	56538	27733	19039	18350	19149	19149
内蒙古 Inner Mongolia	1912	1703	5411	2638	1703	1705	2003	2003
辽　宁 Liaoning	16083	15480	44783	23296	15480	15060	14243	14243
吉　林 Jilin	3779	3492	8863	4593	3492	2897	2474	2474
黑龙江 Heilongjiang	15644	15338	45488	23841	15343	15427	14718	14718
上　海 Shanghai	132	164	396	218	164	124	108	108
江　苏 Jiangsu	60722	46034	150638	68780	46105	50416	54117	54117
浙　江 Zhejiang	5298	5531	16069	7748	5539	5272	5258	5258
安　徽 Anhui	48645	42958	135036	60563	42971	41777	50288	50288
福　建 Fujian	26550	24777	76262	34570	24807	24344	27111	27111
江　西 Jiangxi	19723	17802	53372	21457	17802	16742	18828	18828
山　东 Shandong	19080	11976	38554	17604	11976	11508	15070	15070
河　南 Henan	45129	38941	115744	57182	38948	34555	42241	42241
湖　北 Hubei	59689	54906	165809	75020	54996	55224	55589	55589
湖　南 Hunan	54296	38103	115255	53935	38103	36233	40919	40919
广　东 Guangdong	37695	54955	135529	63106	54961	42951	37617	37617
广　西 Guangxi	2249	2288	6423	3314	2291	2054	2078	2078
海　南 Hainan	3818	3863	10294	4562	3863	3226	3205	3205
重　庆 Chongqing	8676	13103	33712	17020	13110	11587	9015	9015
四　川 Sichuan	11412	13470	36513	18634	13470	12444	10599	10599
贵　州 Guizhou	4632	6943	17679	8255	6944	5636	5099	5099
云　南 Yunnan	7181	7555	22176	11006	7559	7355	7262	7262
西　藏 Tibet								
陕　西 Shaanxi	79572	79418	225666	108983	79434	73695	72537	72537
甘　肃 Gansu	13490	14899	42457	18657	14948	13301	14208	14208
青　海 Qinghai	3528	4076	10979	5488	4162	3710	3107	3107
宁　夏 Ningxia	1189	787	2250	1188	787	713	750	750
新　疆 Xinjiang	10480	12541	33570	19284	12547	10457	10566	10566

普通高中女学生数

Number of Female Students in Senior Secondary Schools

单位:人
unit: person

	毕业生数 Graduates	招生数 Students Admitted	在校学生数 Enrolment 合计 Total	一年级 Grade 1	二年级 Grade 2	三年级 Grade 3	毕业班学生数 Graduates for Next Year
总 计 Total	**3918609**	**4019438**	**11734128**	**4023907**	**3861258**	**3848963**	**3848963**
北 京 Beijing	37097	34398	105765	34597	35133	36035	36035
天 津 Tianjin	36863	31952	98432	32225	31558	34649	34649
河 北 Hebei	242699	234706	688576	234808	229228	224540	224540
山 西 Shanxi	123973	139947	404034	139984	134155	129895	129895
内蒙古 Inner Mongolia	95604	88749	265288	88806	87869	88613	88613
辽 宁 Liaoning	125013	126508	367818	126543	123618	117657	117657
吉 林 Jilin	87826	80870	239867	80920	79341	79606	79606
黑龙江 Heilongjiang	106573	106794	311868	106802	104645	100421	100421
上 海 Shanghai	36355	29777	93076	29862	30843	32371	32371
江 苏 Jiangsu	226498	210516	651329	210901	217759	222669	222669
浙 江 Zhejiang	140898	150919	427099	150988	141337	134774	134774
安 徽 Anhui	196566	189531	574427	190269	189943	194215	194215
福 建 Fujian	122321	115648	347813	115754	113341	118718	118718
江 西 Jiangxi	112107	102308	312119	102544	104802	104773	104773
山 东 Shandong	271694	239964	743341	239966	243826	259549	259549
河 南 Henan	329337	309681	966409	309849	317657	338903	338903
湖 北 Hubei	199752	193817	586965	193923	194623	198419	198419
湖 南 Hunan	197419	167897	506259	168124	165232	172903	172903
广 东 Guangdong	271417	345494	921766	345534	305785	270447	270447
广 西 Guangxi	120616	134166	382989	134239	124162	124588	124588
海 南 Hainan	21571	24483	69137	24493	22694	21950	21950
重 庆 Chongqing	79305	110056	294407	110073	98551	85783	85783
四 川 Sichuan	214311	253427	700220	253678	227534	219008	219008
贵 州 Guizhou	73046	101398	267571	101525	85960	80086	80086
云 南 Yunnan	91461	111607	307620	111691	102046	93883	93883
西 藏 Tibet	7256	7165	20110	7165	6253	6692	6692
陕 西 Shaanxi	154079	157346	450554	157401	144202	148951	148951
甘 肃 Gansu	83170	98213	279469	98274	87572	93623	93623
青 海 Qinghai	17473	17912	53289	18200	17840	17249	17249
宁 夏 Ningxia	21656	24170	70457	24172	23228	23057	23057
新 疆 Xinjiang	74653	80019	226054	80597	70521	74936	74936

普通中学教职工数(总计)

Number of Teachers, Staff & Workers in General Secondary Schools (Regional Aggregates)

单位:人
unit: person

	教职工数 Teachers, Staff & Workers						代课教师 Substitute Teachers	兼任教师 Part-time Teachers
	合计 Total	专任教师 Full-time Teachers	行政人员 Adm. Personnel	教辅人员 Supporting Staff	工勤人员 Workers	校办工厂、农(林)场职工 School-run by Factories & Farms		
合计 Total	**5845444**	**5006751**	**264795**	**264759**	**304044**	**5095**	**100671**	**19103**
北京 Beijing	71831	50237	8880	8141	4406	167	366	660
天津 Tianjin	53079	41464	5431	3678	2413	93	128	423
河北 Hebei	313983	267944	13092	17105	15425	417	9864	558
山西 Shanxi	204293	171348	6844	11162	14146	793	13857	1495
内蒙古 Inner Mongolia	122818	95356	8145	9457	9647	213	2326	316
辽宁 Liaoning	180483	145118	25456	3017	6823	69	650	589
吉林 Jilin	123360	95614	10863	11193	5530	160	1714	375
黑龙江 Heilongjiang	172299	142832	11009	8638	9720	100	991	614
上海 Shanghai	67614	50513	5154	6873	4933	141	559	478
江苏 Jiangsu	338838	286885	12186	18557	20969	241	2345	946
浙江 Zhejiang	205628	180158	7264	7921	10085	200		1039
安徽 Anhui	256731	224626	9265	7644	15154	42	9012	1100
福建 Fujian	172383	151785	7073	5666	7766	93	1296	584
江西 Jiangxi	182827	165445	4148	4263	8907	64	2079	727
山东 Shandong	442448	372550	18218	30133	21199	348	4382	414
河南 Henan	434544	382905	17444	15606	18368	221	9410	1260
湖北 Hubei	267265	231452	8806	12177	14489	341	9774	504
湖南 Hunan	285576	243831	11621	14106	15596	422	2404	747
广东 Guangdong	429596	375120	19664	14499	20056	257	8289	837
广西 Guangxi	190755	159696	8565	9704	12719	71	2210	1047
海南 Hainan	40117	33878	1098	1396	3681	64	1082	186
重庆 Chongqing	122328	106544	5425	4326	5975	58	711	246
四川 Sichuan	317312	279414	11425	8767	17553	153	4106	1235
贵州 Guizhou	152175	139302	4154	3714	4984	21	1043	270
云南 Yunnan	175959	155215	3657	5469	11594	24	884	233
西藏 Tibet	12249	11498	176	81	491	3		23
陕西 Shaanxi	198656	170177	10685	9887	7768	139	2881	647
甘肃 Gansu	128635	116883	3691	3877	4132	52	2238	696
青海 Qinghai	23587	21308	657	639	937	46	1921	24
宁夏 Ningxia	29920	26811	548	1354	1193	14	1291	106
新疆 Xinjiang	128155	110842	4151	5709	7385	68	2858	724

普通中学教职工数(城市)

Number of Teachers, Staff & Workers in General Secondary Schools (Urban)

单位:人

unit: person

	教职工数 Teachers, Staff & Workers						代课教师 Substitute Teachers	兼任教师 Part-time Teachers
	合计 Total	专任教师 Full-time Teachers	行政人员 Adm. Personnel	教辅人员 Supporting Staff	工勤人员 Workers	校办工厂、农(林)场职工 Employees in School-run by Factories & Farms		
合计 Total	**1521725**	**1251485**	**95268**	**86522**	**86373**	**2077**	**33517**	**8141**
北京 Beijing	52655	37273	7012	5170	3037	163	360	626
天津 Tianjin	23959	17823	2912	1763	1402	59	118	391
河北 Hebei	67638	56287	3175	4003	3905	268	3996	236
山西 Shanxi	64050	50629	3256	4718	5288	159	4200	1043
内蒙古 Inner Mongolia	43577	34136	4180	3125	2116	20	1293	224
辽宁 Liaoning	87377	71699	11278	1227	3141	32	100	423
吉林 Jilin	30271	24351	2600	2222	1092	6	720	176
黑龙江 Heilongjiang	56541	46377	4054	3120	2962	28	288	174
上海 Shanghai	36515	26529	2866	4451	2580	89	494	284
江苏 Jiangsu	94604	80057	4243	5316	4882	106	862	205
浙江 Zhejiang	77878	66374	3139	3497	4731	137		528
安徽 Anhui	52797	44917	2376	2270	3218	16	2913	353
福建 Fujian	43564	37449	1904	1755	2410	46	332	209
江西 Jiangxi	25033	21964	1233	614	1214	8	248	330
山东 Shandong	128856	106068	6721	9739	6181	147	387	167
河南 Henan	89937	74681	6261	4614	4329	52	3252	372
湖北 Hubei	74103	61328	3836	4539	4245	155	3216	274
湖南 Hunan	46505	37689	2217	3120	3360	119	633	236
广东 Guangdong	132656	110426	6818	6923	8337	152	4452	396
广西 Guangxi	30785	25097	1807	1893	1934	54	382	264
海南 Hainan	9313	7502	378	409	1024		320	22
重庆 Chongqing	19655	16665	1125	932	900	33	146	55
四川 Sichuan	63284	53215	2933	2748	4293	95	928	333
贵州 Guizhou	23465	20312	895	863	1387	8	301	119
云南 Yunnan	21673	18119	806	1299	1444	5	16	31
西藏 Tibet	2767	2493	86	26	162			23
陕西 Shaanxi	40031	32336	3511	1996	2142	46	1093	310
甘肃 Gansu	25923	22014	1372	1142	1381	14	496	173
青海 Qinghai	5346	4694	221	145	286		215	
宁夏 Ningxia	10500	9242	229	565	451	13	961	31
新疆 Xinjiang	40467	33739	1824	2318	2539	47	795	133

普通中学教职工数(县镇)

Number of Teachers, Staff & Workers in General Secondary Schools (County City & Towns)

单位:人
unit: person

	教职工数 Teachers, Staff & Workers						代课教师 Substitute Teachers	兼任教师 Part-time Teachers
	合计 Total	专任教师 Full-time Teachers	行政人员 Adm. Personnel	教辅人员 Supporting Staff	工勤人员 Workers	校办工厂、农(林)场职工 Employees in School-run by Factories & Farms		
合 计 Total	**2701504**	**2322524**	**99427**	**128543**	**148572**	**2438**	**39006**	**7065**
北 京 Beijing	10006	6735	928	1733	606	4	6	32
天 津 Tianjin	17995	14001	1492	1718	752	32	9	29
河 北 Hebei	160877	135632	6136	10382	8581	146	2942	185
山 西 Shanxi	77643	65258	1940	4744	5125	576	5985	299
内蒙古 Inner Mongolia	63686	49393	3046	5215	5894	138	730	90
辽 宁 Liaoning	25665	20312	3294	507	1535	17	158	10
吉 林 Jilin	64963	48990	5448	6739	3642	144	756	164
黑龙江 Heilongjiang	58223	48625	3332	3000	3252	14	277	57
上 海 Shanghai	30842	23780	2265	2411	2334	52	65	194
江 苏 Jiangsu	161990	138097	5113	8139	10527	114	1097	690
浙 江 Zhejiang	110835	98480	3487	4068	4749	51		405
安 徽 Anhui	110537	95489	3705	3921	7396	26	4032	570
福 建 Fujian	79690	70551	2881	2724	3489	45	568	198
江 西 Jiangxi	83230	74357	1706	2718	4400	49	779	322
山 东 Shandong	204386	172757	7895	13440	10124	170	2685	206
河 南 Henan	185306	162031	6403	7678	9073	121	4220	475
湖 北 Hubei	99653	87116	2493	4286	5636	122	2690	92
湖 南 Hunan	144100	121353	5557	8313	8637	240	1093	400
广 东 Guangdong	228594	204119	8824	6404	9170	77	2584	250
广 西 Guangxi	131619	110563	5213	6792	9038	13	1558	659
海 南 Hainan	22825	19808	383	729	1858	47	687	93
重 庆 Chongqing	81949	71232	3452	2997	4244	24	416	112
四 川 Sichuan	188316	166329	5679	5468	10784	56	1999	650
贵 州 Guizhou	82309	74926	2082	2398	2893	10	331	56
云 南 Yunnan	101710	88944	1941	3471	7337	17	399	155
西 藏 Tibet	9419	8942	90	55	329	3		
陕 西 Shaanxi	53820	45503	1999	3770	2468	80	370	119
甘 肃 Gansu	56888	51340	1384	2238	1890	36	880	220
青 海 Qinghai	11647	10355	352	427	505	8	880	16
宁 夏 Ningxia	12792	11353	252	627	559	1	166	62
新 疆 Xinjiang	29989	26153	655	1431	1745	5	644	255

普通中学教职工数(农村)
Number of Teachers, Staff & Workers in General Secondary Schools (Rural)

单位:人
unit: person

	教职工数 Teachers, Staff & Workers						代课教师 Substitute Teachers	兼任教师 Part-time Teachers
	合计 Total	专任教师 Full-time Teachers	行政人员 Adm. Personnel	教辅人员 Supporting Staff	工勤人员 Workers	校办工厂、农(林)场职工 Employees in School-run by Factories & Farms		
合 计 Total	**1622215**	**1432742**	**70100**	**49694**	**69099**	**580**	**28148**	**3897**
北 京 Beijing	9170	6229	940	1238	763			2
天 津 Tianjin	11125	9640	1027	197	259	2	1	3
河 北 Hebei	85468	76025	3781	2720	2939	3	2926	137
山 西 Shanxi	62600	55461	1648	1700	3733	58	3672	153
内蒙古 Inner Mongolia	15555	11827	919	1117	1637	55	303	2
辽 宁 Liaoning	67441	53107	10884	1283	2147	20	392	156
吉 林 Jilin	28126	22273	2815	2232	796	10	238	35
黑龙江 Heilongjiang	57535	47830	3623	2518	3506	58	426	383
上 海 Shanghai	257	204	23	11	19			
江 苏 Jiangsu	82244	68731	2830	5102	5560	21	386	51
浙 江 Zhejiang	16915	15304	638	356	605	12		106
安 徽 Anhui	93397	84220	3184	1453	4540		2067	177
福 建 Fujian	49129	43785	2288	1187	1867	2	396	177
江 西 Jiangxi	74564	69124	1209	931	3293	7	1052	75
山 东 Shandong	109206	93725	3602	6954	4894	31	1310	41
河 南 Henan	159301	146193	4780	3314	4966	48	1938	413
湖 北 Hubei	93509	83008	2477	3352	4608	64	3868	138
湖 南 Hunan	94971	84789	3847	2673	3599	63	678	111
广 东 Guangdong	68346	60575	4022	1172	2549	28	1253	191
广 西 Guangxi	28351	24036	1545	1019	1747	4	270	124
海 南 Hainan	7979	6568	337	258	799	17	75	71
重 庆 Chongqing	20724	18647	848	397	831	1	149	79
四 川 Sichuan	65712	59870	2813	551	2476	2	1179	252
贵 州 Guizhou	46401	44064	1177	453	704	3	411	95
云 南 Yunnan	52576	48152	910	699	2813	2	469	47
西 藏 Tibet	63	63						
陕 西 Shaanxi	104805	92338	5175	4121	3158	13	1418	218
甘 肃 Gansu	45824	43529	935	497	861	2	862	303
青 海 Qinghai	6594	6259	84	67	146	38	826	8
宁 夏 Ningxia	6628	6216	67	162	183		164	13
新 疆 Xinjiang	57699	50950	1672	1960	3101	16	1419	336

普通中学女教职工数

Number of Female Teachers, Staff & Workers in General Secondary Schools

单位：人

unit: person

	教职工数 Teachers, Staff & Workers						代课教师 Substitute Teachers	兼任教师 Part-time Teachers
	合 计 Total	专任教师 Full-time Teachers	行政人员 Adm. Personnel	教辅人员 Supporting Staff	工勤人员 Workers	校办工厂、农(林)场职工 Employees in School-run by Factories & Farms		
合 计 Total	**2699333**	**2414923**	**59049**	**120511**	**103228**	**1622**	**53685**	**7681**
北 京 Beijing	47418	36639	4455	4855	1401	68	269	421
天 津 Tianjin	31971	27127	2061	2082	675	26	73	296
河 北 Hebei	181651	166055	2284	8326	4825	161	6469	246
山 西 Shanxi	115576	102942	1680	5350	5376	228	8176	732
内蒙古 Inner Mongolia	65992	56553	2304	4391	2693	51	1287	112
辽 宁 Liaoning	105376	93180	8814	1733	1638	11	368	279
吉 林 Jilin	69774	59609	2994	5282	1833	56	1070	153
黑龙江 Heilongjiang	98704	87683	3534	4008	3445	34	674	412
上 海 Shanghai	42264	34044	2367	4227	1587	39	308	264
江 苏 Jiangsu	148484	132434	1870	7247	6865	68	1217	351
浙 江 Zhejiang	103512	93594	1615	3941	4313	49		520
安 徽 Anhui	84451	74945	1225	3108	5169	4	4049	258
福 建 Fujian	72362	65128	1221	2904	3087	22	683	144
江 西 Jiangxi	62659	57154	705	1691	3080	29	984	130
山 东 Shandong	195313	176694	2789	11068	4624	138	1988	121
河 南 Henan	205377	189542	3543	6904	5249	59	4560	535
湖 北 Hubei	94509	83650	1351	4656	4735	117	4781	143
湖 南 Hunan	111618	99911	1071	5654	4851	131	1093	188
广 东 Guangdong	208568	187445	3316	8344	9384	79	4632	199
广 西 Guangxi	84485	73185	1295	4348	5615	42	1192	504
海 南 Hainan	17163	14292	269	826	1739	37	578	63
重 庆 Chongqing	50625	46608	883	1828	1298	8	332	59
四 川 Sichuan	126234	115744	1865	4005	4581	39	1963	470
贵 州 Guizhou	53859	49549	718	1532	2049	11	530	74
云 南 Yunnan	78137	69318	653	2461	5700	5	462	100
西 藏 Tibet	5455	5158	69	38	188	2		14
陕 西 Shaanxi	95325	86600	2167	3979	2538	41	1376	279
甘 肃 Gansu	45769	42585	439	1472	1260	13	923	161
青 海 Qinghai	11115	10245	146	309	400	15	1105	10
宁 夏 Ningxia	13312	12212	81	622	390	7	750	36
新 疆 Xinjiang	72275	65098	1265	3240	2640	32	1793	407

普通中学教职工总数中

Number of General Secondary Schools Teachers,

	教职工数 Teachers, Staff & Workers		
	合 计 Total	专任教师 Full-time Teachers	行政人员 Adm. Personnel
合 计 Total	**458837**	**339712**	**27537**
北 京 Beijing	3570	2191	561
天 津 Tianjin	2434	1383	363
河 北 Hebei	23706	17465	1294
山 西 Shanxi	33009	23568	1511
内蒙古 Inner Mongolia	3821	2793	452
辽 宁 Liaoning	5704	4676	754
吉 林 Jilin	5820	4028	387
黑龙江 Heilongjiang	9435	7311	668
上 海 Shanghai	6339	4488	499
江 苏 Jiangsu	44525	35968	1627
浙 江 Zhejiang	29654	22618	1219
安 徽 Anhui	32556	23291	1966
福 建 Fujian	17298	13191	1032
江 西 Jiangxi	18204	12755	1130
山 东 Shandong	22956	17912	1443
河 南 Henan	39839	31384	2359
湖 北 Hubei	18709	13500	975
湖 南 Hunan	19296	13826	1041
广 东 Guangdong	47341	33966	3057
广 西 Guangxi	9294	6689	726
海 南 Hainan	3965	2571	240
重 庆 Chongqing	5561	4141	345
四 川 Sichuan	18287	13028	1146
贵 州 Guizhou	8710	5999	600
云 南 Yunnan	6105	4615	367
西 藏 Tibet	30	27	1
陕 西 Shaanxi	15608	11306	1274
甘 肃 Gansu	2898	2199	192
青 海 Qinghai	340	179	36
宁 夏 Ningxia	937	771	41
新 疆 Xinjiang	2886	1873	231

民办教职工数

Staff & Workers Maintained by Communities

单位：人

unit：person

教辅人员 Supporting Staff	工勤人员 Workers	校办工厂、农(林)场职工 Employees in School-run by Factories & Farms	代课教师 Substitute Teachers	兼任教师 Part-time Teachers
23334	**67431**	**823**	**20565**	**6927**
387	428	3	6	20
393	295		102	377
1263	3664	20	1066	177
1881	5997	52	4364	1015
148	426	2	335	157
165	109		39	256
381	1024		57	42
358	1087	11	101	115
738	612	2	308	308
2002	4891	37	339	632
1667	4144	6		768
1567	5732		2848	412
730	2308	37	297	216
821	3465	33	186	360
948	2581	72	1928	55
1517	4475	104	3526	198
813	3403	10	624	89
1119	3250	60	287	323
2534	7595	189	1143	254
493	1334	52	649	216
195	959		234	16
238	836	1	115	16
1101	2967	45	792	277
287	1814	10	170	45
332	788	3	8	108
	2			
907	2105	16	623	268
127	376	4	306	106
15	72	38	9	8
28	89	8	38	37
179	603		65	56

普通高中专任教师

Breakdown of Senior Secondary Schools Full-time

	合 计 Total	其中:女 of Which: Female	按学历分 By Educational Attainment 研究生毕业 Graduate	本科毕业 Under-graduate	专科毕业 Associate Bachelor	高中阶段毕业 High School Graduate
合 计 Total	**1493313**	**699960**	**42015**	**1355809**	**93476**	**1897**
北 京 Beijing	19814	14006	2140	17406	262	6
天 津 Tianjin	14993	10092	987	13559	420	26
河 北 Hebei	81765	48623	1494	74461	5728	82
山 西 Shanxi	51447	29000	1096	46405	3892	52
内蒙古 Inner Mongolia	31139	17386	820	28133	2139	47
辽 宁 Liaoning	43570	28228	1345	40062	2040	118
吉 林 Jilin	27629	16870	1249	25499	866	15
黑龙江 Heilongjiang	40113	24361	790	37310	1974	39
上 海 Shanghai	16896	10612	1252	15550	92	2
江 苏 Jiangsu	98630	44779	4159	90662	3762	44
浙 江 Zhejiang	60520	29104	1863	57543	1083	30
安 徽 Anhui	63881	21577	1551	57994	4269	67
福 建 Fujian	52339	23004	1155	47656	3436	87
江 西 Jiangxi	47512	16313	1341	39836	6236	95
山 东 Shandong	112607	52661	2061	106090	4385	68
河 南 Henan	104855	47603	3440	95100	6242	69
湖 北 Hubei	70790	25062	2282	63175	5061	245
湖 南 Hunan	69652	26107	854	65213	3524	58
广 东 Guangdong	118549	56673	4768	105400	8258	118
广 西 Guangxi	41455	18970	1390	36821	3184	60
海 南 Hainan	9118	4052	156	8140	802	20
重 庆 Chongqing	30093	12533	520	27996	1544	32
四 川 Sichuan	77088	30588	1033	69874	6040	134
贵 州 Guizhou	31413	11805	248	28533	2574	56
云 南 Yunnan	39728	17767	732	37080	1872	43
西 藏 Tibet	2721	1176	63	2510	133	13
陕 西 Shaanxi	53070	25393	1901	47129	3916	96
甘 肃 Gansu	36450	12301	534	31236	4599	80
青 海 Qinghai	7518	3462	161	6171	1159	27
宁 夏 Ningxia	8556	3859	314	7874	359	9
新 疆 Xinjiang	29402	15993	316	25391	3625	59

学历、职称情况(总计)

Teachers by Educational Attainment (Regional Aggregates)

单位:人

unit: person

高中阶段毕业以下 Below High School Graduate	按职称分 By Rank				
	中学高级 Senior Secondary	中学一级 1st Grade	中学二级 2nd Grade	中学三级 3rd Grade	未评职称 Rank Undecided
116	**349546**	**516381**	**506473**	**19820**	**101093**
	6173	6763	5789	23	1066
1	5200	5196	4119	20	458
	14240	30296	29663	1453	6113
2	8839	14436	19493	1975	6704
	8674	9917	9777	433	2338
5	14110	13588	11640	279	3953
	6852	11261	7696	284	1536
	11887	13176	11871	955	2224
	5260	7510	3710	7	409
3	24481	33131	35149	524	5345
1	15595	22330	19068	297	3230
	17006	19583	20555	1187	5550
5	12298	19492	17992	422	2135
4	14403	16275	13571	729	2534
3	21956	36149	48155	1246	5101
4	19021	32494	41912	3260	8168
27	20020	26234	19541	1219	3776
3	17881	29725	19661	552	1833
5	22833	45420	36317	750	13229
	7107	16778	14329	676	2565
	2290	2782	3175	53	818
1	6964	10246	10709	185	1989
7	20327	26635	26721	296	3109
2	7064	10414	11474	393	2068
1	9485	12072	15292	215	2664
2	240	885	1254	28	314
28	10264	16767	20202	1199	4638
1	5968	11833	14784	745	3120
	2430	2878	1646	74	490
	2526	2819	2303	37	871
11	8152	9296	8905	304	2745

普通高中专任教师

Breakdown of Senior Secondary Schools Full-time

	合 计 Total	其中:女 of Which: Female	按学历分 By Educational Attainment			
			研究生毕业 Graduate	本科毕业 Under-graduate	专科毕业 Associate Bachelor	高中阶段毕业 High School Graduate
合 计 Total	**557734**	**296483**	**26287**	**511162**	**19776**	**477**
北 京 Beijing	16431	11750	1882	14323	223	3
天 津 Tianjin	7978	5753	781	6992	190	14
河 北 Hebei	24135	15212	632	22641	848	14
山 西 Shanxi	22299	13297	693	20370	1222	14
内蒙古 Inner Mongolia	15455	9081	598	14000	833	24
辽 宁 Liaoning	30365	20373	1165	28092	1047	60
吉 林 Jilin	9419	6074	861	8353	198	7
黑龙江 Heilongjiang	18037	11533	584	16912	533	8
上 海 Shanghai	9908	6401	794	9062	51	1
江 苏 Jiangsu	34284	17185	2221	31333	708	19
浙 江 Zhejiang	29385	14607	1296	27659	419	11
安 徽 Anhui	19600	8167	720	18016	852	12
福 建 Fujian	17092	9060	832	15662	576	22
江 西 Jiangxi	9110	4094	403	7887	802	15
山 东 Shandong	53638	27552	1292	50920	1395	28
河 南 Henan	32548	16170	1879	29677	974	17
湖 北 Hubei	29754	12329	1536	26882	1297	38
湖 南 Hunan	17972	7743	414	16927	621	9
广 东 Guangdong	44027	23218	3585	39344	1076	21
广 西 Guangxi	12765	6505	800	11285	674	6
海 南 Hainan	3222	1667	77	3041	104	
重 庆 Chongqing	6977	3414	282	6515	179	1
四 川 Sichuan	24011	10428	472	22319	1171	45
贵 州 Guizhou	9264	4570	129	8704	413	16
云 南 Yunnan	9458	4729	391	8830	233	4
西 藏 Tibet	1366	628	35	1259	64	8
陕 西 Shaanxi	15642	8120	1047	13889	690	16
甘 肃 Gansu	11337	4651	359	10239	728	11
青 海 Qinghai	2059	1097	47	1717	280	15
宁 夏 Ningxia	4533	2219	233	4159	138	3
新 疆 Xinjiang	15663	8856	247	14153	1237	15

学历、职称情况(城市)
Teachers by Educational Attainment (Urban)

单位:人

unit: person

	按职称分 By Rank				
高中阶段毕业以下 Below High School Graduate	中学高级 Senior Secondary	中学一级 1st Grade	中学二级 2nd Grade	中学三级 3rd Grade	未评职称 Rank Undecided
32	**169481**	**189946**	**163134**	**3795**	**31378**
	5353	5800	4458	22	798
1	2966	2668	2086	9	249
	6168	9021	7386	240	1320
	4948	6256	7661	596	2838
	5209	4742	4317	82	1105
1	10186	9468	7890	136	2685
	2912	3590	2607	29	281
	6282	5631	5156	303	665
	3311	4652	1775	2	168
3	11354	11298	10177	32	1423
	8868	10408	8376	127	1606
	5999	5934	5710	196	1761
	5180	5703	5480	132	597
3	3738	3093	1978	49	252
3	12051	17717	21563	224	2083
1	8235	10042	11970	414	1887
1	10841	9794	7381	316	1422
1	6331	7827	3448	48	318
1	13044	16220	11559	111	3093
	3375	5050	3554	154	632
	1034	1020	943	18	207
	2383	2275	1924	10	385
4	8176	8542	6380	94	819
2	3056	2973	2640	56	539
	3289	3105	2616	24	424
	158	440	575	11	182
	4760	5373	4401	122	986
	3106	4070	3486	38	637
	778	813	325	26	117
	1506	1461	1024	14	528
11	4884	4960	4288	160	1371

普通高中专任教师

Breakdown of Senior Secondary Schools Full-time Teachers

	合 计 Total	其中:女 of Which: Female	按学历分 By Educational Attainment			
			研究生毕业 Graduate	本科毕业 Under- graduate	专科毕业 Associate Bachelor	高中阶段毕业 High School Graduate
合　计 Total	**824397**	**357071**	**14240**	**746665**	**62238**	**1195**
北　京 Beijing	2104	1402	135	1937	30	2
天　津 Tianjin	5179	3301	202	4785	181	11
河　北 Hebei	50875	29732	803	46069	3941	62
山　西 Shanxi	25538	13941	378	22902	2226	30
内蒙古 Inner Mongolia	15325	8124	216	13828	1258	23
辽　宁 Liaoning	10197	6174	175	9168	805	47
吉　林 Jilin	17421	10376	384	16417	612	8
黑龙江 Heilongjiang	18929	11000	180	17429	1290	30
上　海 Shanghai	6952	4195	458	6453	40	1
江　苏 Jiangsu	54258	23208	1671	50240	2328	19
浙　江 Zhejiang	29899	13989	562	28690	628	18
安　徽 Anhui	37853	11701	788	34160	2855	50
福　建 Fujian	29481	11770	274	26728	2415	59
江　西 Jiangxi	34764	11292	844	29396	4452	71
山　东 Shandong	55842	23887	750	52252	2808	32
河　南 Henan	63773	28170	1500	57796	4437	38
湖　北 Hubei	32913	10326	657	29339	2765	148
湖　南 Hunan	43315	15184	371	40459	2443	40
广　东 Guangdong	66915	29888	989	59704	6144	74
广　西 Guangxi	28184	12226	586	25093	2452	53
海　南 Hainan	5260	2150	71	4560	612	17
重　庆 Chongqing	21481	8480	231	19977	1248	24
四　川 Sichuan	51119	19421	535	45891	4608	82
贵　州 Guizhou	21157	6883	116	19001	2002	38
云　南 Yunnan	28724	12408	335	26827	1522	39
西　藏 Tibet	1355	548	28	1251	69	5
陕　西 Shaanxi	23499	10848	589	20887	1937	58
甘　肃 Gansu	22594	6986	165	18978	3386	64
青　海 Qinghai	4641	2026	106	3834	691	10
宁　夏 Ningxia	3881	1592	79	3585	212	5
新　疆 Xinjiang	10969	5843	62	9029	1841	37

学历、职称情况（县镇）

by Educational Attainment（County City & Towns）

单位：人

unit：person

高中阶段毕业以下 Below High School Graduate	按职称分 By Rank				
	中学高级 Senior Secondary	中学一级 1st Grade	中学二级 2nd Grade	中学三级 3rd Grade	未评职称 Rank Undecided
59	**163374**	**286969**	**300194**	**13379**	**60481**
	563	620	807		114
	1800	1776	1413	8	182
	7380	18684	19319	1105	4387
2	3547	7351	10448	1043	3149
	3364	5069	5342	351	1199
2	2890	3052	3006	126	1123
	3820	7267	4908	229	1197
	4797	6580	5693	579	1280
	1944	2841	1922	5	240
	11597	18310	20816	448	3087
1	6518	11452	10223	160	1546
	9716	11529	12643	844	3121
5	6267	11664	10045	221	1284
1	9858	11920	10362	545	2079
	9473	17297	25217	988	2867
2	10052	18949	26726	2364	5682
4	8019	13017	9784	725	1868
2	10203	18305	13090	374	1343
4	9102	26282	22203	531	8797
	3696	11548	10562	489	1889
	1129	1558	1989	30	554
1	4288	7385	8144	168	1496
3	11841	17344	19525	194	2215
	3777	7152	8532	325	1371
1	5980	8505	11982	165	2092
2	82	445	679	17	132
28	3811	7589	9470	572	2057
1	2666	7007	10064	592	2265
	1533	1759	981	35	333
	980	1298	1237	23	343
	2681	3414	3562	123	1189

普通高中专任教师

Breakdown of Senior Secondary Schools Full-time

	合 计 Total	其中:女 of Which: Female	按学历分 By Educational Attainment			
			研究生毕业 Graduate	本科毕业 Under- graduate	专科毕业 Associate Bachelor	高中阶段毕业 High School Graduate
合 计 Total	**111182**	**46406**	**1488**	**97982**	**11462**	**225**
北 京 Beijing	1279	854	123	1146	9	1
天 津 Tianjin	1836	1038	4	1782	49	1
河 北 Hebei	6755	3679	59	5751	939	6
山 西 Shanxi	3610	1762	25	3133	444	8
内蒙古 Inner Mongolia	359	181	6	305	48	
辽 宁 Liaoning	3008	1681	5	2802	188	11
吉 林 Jilin	789	420	4	729	56	
黑龙江 Heilongjiang	3147	1828	26	2969	151	1
上 海 Shanghai	36	16		35	1	
江 苏 Jiangsu	10088	4386	267	9089	726	6
浙 江 Zhejiang	1236	508	5	1194	36	1
安 徽 Anhui	6428	1709	43	5818	562	5
福 建 Fujian	5766	2174	49	5266	445	6
江 西 Jiangxi	3638	927	94	2553	982	9
山 东 Shandong	3127	1222	19	2918	182	8
河 南 Henan	8534	3263	61	7627	831	14
湖 北 Hubei	8123	2407	89	6954	999	59
湖 南 Hunan	8365	3180	69	7827	460	9
广 东 Guangdong	7607	3567	194	6352	1038	23
广 西 Guangxi	506	239	4	443	58	1
海 南 Hainan	636	235	8	539	86	3
重 庆 Chongqing	1635	639	7	1504	117	7
四 川 Sichuan	1958	739	26	1664	261	7
贵 州 Guizhou	992	352	3	828	159	2
云 南 Yunnan	1546	630	6	1423	117	
西 藏 Tibet						
陕 西 Shaanxi	13929	6425	265	12353	1289	22
甘 肃 Gansu	2519	664	10	2019	485	5
青 海 Qinghai	818	339	8	620	188	2
宁 夏 Ningxia	142	48	2	130	9	1
新 疆 Xinjiang	2770	1294	7	2209	547	7

学历、职称情况(农村)

Teachers by Educational Attainment (Rural)

单位:人

unit: person

高中阶段毕业以下 Below High School Graduate	按职称分 By Rank				
	中学高级 Senior Secondary	中学一级 1st Grade	中学二级 2nd Grade	中学三级 3rd Grade	未评职称 Rank Undecided
25	**16691**	**39466**	**43145**	**2646**	**9234**
	257	343	524	1	154
	434	752	620	3	27
	692	2591	2958	108	406
	344	829	1384	336	717
	101	106	118		34
2	1034	1068	744	17	145
	120	404	181	26	58
	808	965	1022	73	279
	5	17	13		1
	1530	3523	4156	44	835
	209	470	469	10	78
	1291	2120	2202	147	668
	851	2125	2467	69	254
	807	1262	1231	135	203
	432	1135	1375	34	151
1	734	3503	3216	482	599
22	1160	3423	2876	178	486
	1347	3593	3123	130	172
	687	2918	2555	108	1339
	36	180	213	33	44
	127	204	243	5	57
	293	586	641	7	108
	310	749	816	8	75
	231	289	302	12	158
	216	462	694	26	148
	1693	3805	6331	505	1595
	196	756	1234	115	218
	119	306	340	13	40
	40	60	42		
	587	922	1055	21	185

普通高中办学

Condition of School Buildings in Senior

	学校占地面 积 Areas Occupied	校舍建筑面 积 Floor Space	教学及辅 Teaching & Assistant			
			计 Total	其中 普通教室 Classroom	实验室 Laboratory	图书室 Library
合　计 Total	**904760611**	**390576875**	**150608579**	**92737755**	**22914256**	**11241322**
北　京 Beijing	12675172	7291136	2397833	1224953	407280	198057
天　津 Tianjin	8074444	3925590	1505200	841250	251256	126532
河　北 Hebei	43946615	19379214	7767142	4607367	1410692	601475
山　西 Shanxi	29490728	12938356	4579008	2890859	667680	374991
内蒙古 Inner Mongolia	21173229	6929965	2813600	1818233	367952	174126
辽　宁 Liaoning	20797680	9061910	3415460	1913168	475355	306346
吉　林 Jilin	12591597	5170453	2036174	1238157	228862	111992
黑龙江 Heilongjiang	21045947	7119766	3350337	2098672	426477	175907
上　海 Shanghai	10200943	6387949	2520534	1202339	407129	243565
江　苏 Jiangsu	55394657	27096050	11036323	6279585	1760002	1052351
浙　江 Zhejiang	42269401	20136284	7739387	3735403	1410398	866340
安　徽 Anhui	49500692	17804138	7128339	4847185	1058654	455781
福　建 Fujian	35678843	15730472	6596544	3551332	1384916	700643
江　西 Jiangxi	34528156	12771363	4908786	3460707	624506	346216
山　东 Shandong	59984122	25486626	9192395	5672336	1381273	630229
河　南 Henan	57798380	24736334	8772737	5973578	1250028	670551
湖　北 Hubei	37805459	17217479	5648090	3737513	829206	371901
湖　南 Hunan	47763078	21587847	7910052	4925082	1128674	630284
广　东 Guangdong	76941286	36721025	14561975	8438015	2318847	1045994
广　西 Guangxi	28849059	11831739	3934258	2701240	514397	282891
海　南 Hainan	9394001	3392847	1173811	788695	164073	85411
重　庆 Chongqing	18113068	10277881	3662392	2418359	530423	202743
四　川 Sichuan	43536174	21010389	7989042	5338906	999130	432258
贵　州 Guizhou	19161275	6863129	2787137	1897634	392869	169369
云　南 Yunnan	30066233	10285405	4263759	2788549	652563	303862
西　藏 Tibet	1688724	632910	177693	118027	27888	11090
陕　西 Shaanxi	22577650	11372944	4535875	2988019	699052	260850
甘　肃 Gansu	17952360	7124332	3562558	2294021	459144	172135
青　海 Qinghai	4720687	1403163	631922	429028	78587	26507
宁　夏 Ningxia	6645606	2242333	1050317	652846	210190	61306
新　疆 Xinjiang	24395345	6647846	2959899	1866697	396753	149619

条件(一)(总计)

Secondary Schools (1) (Regional Aggregates)

单位:平方米

unit: m^2

助用房 Buildings		行政办公用房 Administrative		生活用房 Residential and Welfare	其他用房 Rooms for Other Purposes	校舍面积中 of the Floor Space	
of Which							
微机室 PC-room	语音室 Linguistic	计 Total	其中:教师办公室 of Which: for Teachers			危房面积 Floor Space of Dilapidated Buildings	当年新增 Added in Current Year
5829702	**2551869**	**33872389**	**21431455**	**174100025**	**31995882**	**26193521**	**10551286**
112852	27595	779800	435545	2087579	2025924	2612	107841
73176	29042	433083	269625	1112476	874831	1627	63280
309798	139416	1654238	1229792	8799759	1158075	343251	516157
180153	99019	1276634	835941	5977290	1105424	1064884	376257
123833	67139	763165	566246	2816370	536830	3453423	132198
151433	78477	1094953	613213	3446770	1104727	63836	182764
83579	40292	602380	336852	1986763	545136	339478	59886
121762	68669	882256	565906	2259632	627541	434158	163646
99690	40083	661895	291123	1883256	1322264		57548
478101	148650	2489610	1514902	11180130	2389987		646009
256066	127367	1676953	993140	8825382	1894562	5382	654378
288298	111946	1362412	884133	8492953	820434	1157669	425774
229302	102294	1256733	694302	6454020	1423175	128058	339931
202404	113371	1014545	657773	6028580	819452	1191700	331835
324271	171256	2459525	1626332	12382404	1452302	71707	436141
342378	138759	2357014	1740252	12092095	1514488	766381	663631
201983	113106	1412417	869649	8976728	1180244	1412860	204322
285262	132489	1292296	798295	10742088	1643411	411972	375443
507323	219133	2714146	1488623	15349004	4095900	215679	1011312
153745	67033	693799	499815	6520966	682716	1751597	247352
45865	20068	296189	107596	1595604	327243	69924	110609
134291	49253	729622	394801	5336622	549245	538770	596251
289110	128932	1400158	954618	10749371	871818	2695241	963689
109040	39429	565581	351608	2981175	529236	47882	199968
165254	68594	685191	428357	4807859	528596	4135051	465247
4127	2936	86706	28792	292572	75939	4736	5988
191944	89837	1283643	846840	4692927	860499	363779	308830
146978	45797	840883	672760	2620198	100693	5102958	152030
30214	10861	158568	112402	467599	145074	289649	68956
60345	25294	282954	197878	788738	120324	5073	108863
127125	35732	665040	424344	2353115	669792	124184	575150

普通高中办学

Condition of School Buildings in Senior

	学校占地面积 Areas Occupied	校舍建筑面积 Floor Space	计 Total	教学及辅 Teaching & Assistant 其中 普通教室 Classroom	实验室 Laboratory	图书室 Library
合 计 Total	**319243017**	**161220611**	**65115142**	**36840944**	**10441787**	**5588498**
北 京 Beijing	9451339	6155118	2037988	1051687	329489	171399
天 津 Tianjin	3653930	2244329	863106	486721	136855	72933
河 北 Hebei	13646108	7119884	3146094	1720254	547456	257171
山 西 Shanxi	13210271	6599441	2384163	1396406	364233	221930
内蒙古 Inner Mongolia	9372188	3686124	1548584	963311	200791	103546
辽 宁 Liaoning	14024665	6440350	2509555	1300998	344588	235977
吉 林 Jilin	3698252	1991218	814511	462199	92004	58414
黑龙江 Heilongjiang	7823371	3279658	1624696	944559	205721	88951
上 海 Shanghai	4279334	3268635	1406622	631036	222157	135896
江 苏 Jiangsu	19291063	10533281	4607292	2389134	840210	504048
浙 江 Zhejiang	22164132	11234865	4384985	2034527	786978	495284
安 徽 Anhui	12981077	5475308	2506396	1574718	424660	213743
福 建 Fujian	9267864	5226483	2307665	1112459	518914	284295
江 西 Jiangxi	6076241	2586897	1127036	715892	153366	91054
山 东 Shandong	27692643	12416781	4709650	2757665	730373	393444
河 南 Henan	19476757	9288459	3533320	2206151	594060	336747
湖 北 Hubei	16401098	7784628	2828019	1782195	452703	201880
湖 南 Hunan	12092213	6352838	2664772	1636857	417268	211096
广 东 Guangdong	25982068	15601520	6183489	3174159	1094107	540433
广 西 Guangxi	8471156	4069984	1431758	925284	200056	124865
海 南 Hainan	2431915	1644592	481311	300854	84673	46747
重 庆 Chongqing	3748798	2947801	1053355	670917	143822	81488
四 川 Sichuan	13888748	7492519	3025156	1833115	384979	185879
贵 州 Guizhou	5175900	2245052	904663	559137	137894	69909
云 南 Yunnan	6764412	3127070	1323643	764420	211227	120417
西 藏 Tibet	827676	305084	92697	57505	11853	6015
陕 西 Shaanxi	6715523	4190863	1828938	1102640	270436	111793
甘 肃 Gansu	5127817	2604939	1423218	828179	197995	87969
青 海 Qinghai	1108592	405008	176729	111032	30704	8986
宁 夏 Ningxia	3393562	1304866	618342	374260	121643	37554
新 疆 Xinjiang	11004304	3597016	1567389	972673	190572	88635

条件(一)(城市)

Secondary Schools (1) (Urban)

单位:平方米
unit: m^2

助用房 Buildings		行政办公用房 Administrative		生活用房 Residential and Welfare	其他用房 Rooms for Other Purposes	校舍面积中 of the Floor Space	
of Which							
微机室 PC-room	语音室 Linguistic	计 Total	其中:教师办公室 of Which: for Teachers			危房面积 Floor Space of Dilapidated Buildings	当年新增 Added in Current Year
2613410	**1103105**	**15879296**	**9599388**	**61940014**	**18286159**	**7244495**	**3254625**
97423	23404	670743	373251	1647777	1798610	1677	84354
37675	12760	279289	171769	473474	628460		16766
133201	52718	668505	477944	2682351	622934	59525	148547
99127	55858	690719	417533	2798936	725623	438159	84431
67979	32291	420335	294107	1403750	313455	1741851	76364
108245	56224	812828	437086	2250612	867355	35332	150939
32237	14210	245236	131899	641897	289574	63224	15564
60285	27239	440519	251066	867322	347121	127958	25465
50856	21908	351883	159017	749869	760261		51167
217714	58411	1038213	664882	3658250	1229526		203941
152505	72061	894212	534380	4806233	1149435	158	365812
114912	41733	540685	369855	2047902	380325	146224	44234
81451	32062	464069	255703	1763478	691271	20883	89720
48433	30068	268811	171005	940638	250412	144591	24612
167873	93749	1293067	872068	5624463	789601	40947	296680
131143	52191	984506	667670	4048811	721822	216881	81772
102677	58524	719471	430952	3555132	682006	288861	52567
109304	48851	424285	261448	2627889	635892	32143	123719
228673	88866	1314490	672372	5767372	2336169	57155	170017
58185	26958	300345	194304	2066574	271307	241603	43001
19325	9649	211728	59275	687447	264106	5423	12049
36154	10722	253107	117580	1380223	261116	10235	228722
110397	50816	581471	373386	3400315	485577	596139	323343
39444	12337	220635	125005	850856	268898	12908	73826
57169	21327	270200	151876	1236495	296732	1040612	78243
2112	1587	36598	8718	135097	40692	642	3222
81228	37906	495164	280656	1329808	536953	52503	70660
54907	23175	368489	285893	767830	45402	1802295	
9365	4332	62382	39273	77896	88001	17411	9481
36776	13251	183274	116324	423239	80011	1100	100367
66635	17917	374037	233091	1228078	427512	48055	205040

普通高中办学

Condition of School Buildings in Senior

	学校占地面积 Areas Occupied	校舍建筑面积 Floor Space	教学及辅 Teaching & Assistant			
			计 Total	其中		
				普通教室 Classroom	实验室 Laboratory	图书室 Library
合 计 Total	**498285522**	**199441882**	**74924835**	**48742786**	**11021065**	**5054592**
北 京 Beijing	1565333	615864	225757	106332	42710	17604
天 津 Tianjin	3521837	1380291	543936	297092	102546	48017
河 北 Hebei	26075715	10593302	4070107	2521989	768881	312572
山 西 Shanxi	13619962	5412933	1905716	1270039	273636	138239
内蒙古 Inner Mongolia	11031784	3030639	1205724	819648	155591	66228
辽 宁 Liaoning	5186324	2022260	716068	486443	100135	61016
吉 林 Jilin	8219965	3056588	1169414	741451	129071	51993
黑龙江 Heilongjiang	9749225	2975187	1337947	911308	172643	61598
上 海 Shanghai	5898376	3108478	1110108	569120	184287	107007
江 苏 Jiangsu	29510274	13861994	5412573	3252254	769574	475444
浙 江 Zhejiang	19010018	8445619	3199939	1620432	603129	344334
安 徽 Anhui	28650035	9936439	3841341	2719402	530878	206502
福 建 Fujian	20747392	8428034	3426471	1950908	712982	332566
江 西 Jiangxi	24447738	8878901	3378154	2430311	436003	230295
山 东 Shandong	29642117	12137674	4198571	2719850	611130	219293
河 南 Henan	34214946	13973710	4784909	3401260	611751	319952
湖 北 Hubei	17223818	7682032	2379558	1622999	335751	152839
湖 南 Hunan	29476229	12667480	4516963	2800567	619232	377856
广 东 Guangdong	43990488	18728692	7336127	4581725	1085123	448977
广 西 Guangxi	19871333	7636973	2469814	1750263	310858	156611
海 南 Hainan	5838764	1518280	613767	433564	66313	34500
重 庆 Chongqing	13218803	6784796	2431081	1621858	364753	117250
四 川 Sichuan	28608864	13104008	4814120	3395726	594139	239627
贵 州 Guizhou	12576190	4233099	1709012	1217483	231154	87435
云 南 Yunnan	21616760	6746171	2789126	1910735	422115	177064
西 藏 Tibet	861048	327826	84996	60522	16035	5075
陕 西 Shaanxi	9115859	4428605	1716248	1169001	283878	111128
甘 肃 Gansu	11018307	3923951	1857974	1268734	232597	73391
青 海 Qinghai	3153748	854071	391462	268758	41507	15623
宁 夏 Ningxia	3023159	875854	405240	256748	86977	23183
新 疆 Xinjiang	7601111	2072131	882612	566264	125686	41373

条件(一)(县镇)

Secondary Schools (1) (County City & Towns)

单位:平方米

unit: m²

助用房 Buildings of Which 微机室 PC-room	语音室 Linguistic	行政办公用房 Administrative 计 Total	其中:教师办公室 of Which: for Teachers	生活用房 Residential and Welfare	其他用房 Rooms for Other Purposes	校舍面积中 of the Floor Space 危房面积 Floor Space of Dilapidated Buildings	当年新增 Added in Current Year
2828623	**1274262**	**15644229**	**10299000**	**97138982**	**11733836**	**16709311**	**6320962**
9634	2844	58071	36365	210026	122010	935	12890
30769	11958	126039	80708	483201	227115	1627	43012
155718	76319	838647	647810	5247337	437211	247592	346815
72052	37952	496621	366172	2691751	318845	564637	217521
53032	32796	323363	256294	1327195	174357	1671835	34745
35905	17084	228704	143606	916660	160828	24461	29918
49232	24378	342905	195757	1301702	242567	250283	44136
44687	29159	356187	258611	1069123	211930	255970	125277
48560	18175	309042	131466	1131057	558271		6381
225238	79360	1257989	726977	6147203	1044229		403935
98715	52825	748259	434483	3820000	677421	5224	270637
141545	56773	676174	427439	5034537	384387	801146	319812
121302	58479	644187	358654	3738356	619020	91116	188485
140215	74298	657802	437088	4369118	473827	863506	213878
143667	70162	1087766	701922	6279326	572011	21791	136338
196691	78673	1246607	975619	7260535	681659	480424	550102
83186	47191	573603	368003	4329590	399281	873778	112632
151992	71503	730338	456157	6647986	772193	309084	212198
248326	118401	1216535	706707	8646543	1529487	109213	750585
94199	39734	387388	301207	4371455	408316	1478193	204351
22614	8352	75853	42320	780639	48021	54434	93865
93105	35879	452331	261259	3628120	273264	478020	365569
172922	76136	793172	560762	7117702	379014	1980084	623650
62968	24115	314315	206103	1986460	223312	29181	110255
102884	45264	396988	262062	3332488	227569	2838094	377476
2015	1349	50108	20074	157475	35247	4094	2766
71054	35816	475081	341751	2043533	193743	187640	98671
79335	20888	399315	322942	1612196	54466	2825539	135285
17697	5664	83989	64229	324757	53863	229649	46191
22663	11834	94045	76135	338795	37774	754	8420
36701	10901	202805	130318	794116	192598	31007	235166

普通高中办学
Condition of School Buildings in Senior

	学校占地面积 Areas Occupied	校舍建筑面积 Floor Space	教学及辅 Teaching & Assistant			
			计 Total	其中 普通教室 Classroom	实验室 Laboratory	图书室 Library
合 计 Total	**87232072**	**29914382**	**10568602**	**7154025**	**1451404**	**598232**
北 京 Beijing	1658500	520154	134088	66934	35081	9054
天 津 Tianjin	898677	300970	98158	57437	11855	5582
河 北 Hebei	4224792	1666028	550941	365124	94355	31732
山 西 Shanxi	2660495	925982	289129	224414	29811	14822
内蒙古 Inner Mongolia	769257	213202	59292	35274	11570	4352
辽 宁 Liaoning	1586691	599300	189837	125727	30632	9353
吉 林 Jilin	673380	122647	52249	34507	7787	1585
黑龙江 Heilongjiang	3473351	864921	387694	242805	48113	25358
上 海 Shanghai	23233	10836	3804	2183	685	662
江 苏 Jiangsu	6593320	2700775	1016458	638197	150218	72859
浙 江 Zhejiang	1095251	455800	154463	80444	20291	26722
安 徽 Anhui	7869580	2392391	780602	553065	103116	35536
福 建 Fujian	5663587	2075955	862408	487965	153020	83782
江 西 Jiangxi	4004177	1305565	403596	314504	35137	24867
山 东 Shandong	2649362	932171	284174	194821	39770	17492
河 南 Henan	4106677	1474165	454508	366167	44217	13852
湖 北 Hubei	4180543	1750819	440513	332319	40752	17182
湖 南 Hunan	6194636	2567529	728317	487658	92174	41332
广 东 Guangdong	6968730	2390813	1042359	682131	139617	56584
广 西 Guangxi	506570	124782	32686	25693	3483	1415
海 南 Hainan	1123322	229975	78733	54277	13087	4164
重 庆 Chongqing	1145467	545284	177956	125584	21848	4005
四 川 Sichuan	1038562	413862	149766	110065	20012	6752
贵 州 Guizhou	1409185	384978	173462	121014	23821	12025
云 南 Yunnan	1685061	412164	150990	113394	19221	6381
西 藏 Tibet						
陕 西 Shaanxi	6746268	2753476	990689	716378	144738	37929
甘 肃 Gansu	1806236	595442	281366	197108	28552	10775
青 海 Qinghai	458347	144084	63731	49238	6376	1898
宁 夏 Ningxia	228885	61613	26735	21838	1570	569
新 疆 Xinjiang	5789930	978699	509898	327760	80495	19611

条件(一)(农村)

Secondary Schools (1) (Rural)

单位:平方米
unit: m²

助用房 Buildings		行政办公用房 Administrative		生活用房 Residential and Welfare	其他用房 Rooms for Other Purposes	校舍面积中 of the Floor Space	
of Which							
微机室 PC-room	语音室 Linguistic	计 Total	其中:教师办公室 of Which: for Teachers			危房面积 Floor Space of Dilapidated Buildings	当年新增 Added in Current Year
387669	**174502**	**2348864**	**1533067**	**15021029**	**1975887**	**2239715**	**975699**
5795	1347	50986	25929	229776	105304		10597
4732	4324	27755	17148	155801	19256		3502
20879	10379	147086	104038	870071	97930	36134	20795
8974	5209	89294	52236	486603	60956	62088	74305
2822	2052	19467	15845	85425	49018	39737	21089
7283	5169	53421	32521	279498	76344	4043	1907
2110	1704	14239	9196	43164	12995	25971	186
16790	12271	85550	56229	323187	68490	50230	12904
274		970	640	2330	3732		
35149	10879	193408	123043	1374677	116232		38133
4846	2481	34482	24277	199149	67706		17929
31841	13440	145553	86839	1410514	55722	210299	61728
26549	11753	148477	79945	952186	112884	16059	61726
13756	9005	87932	49680	718824	95213	183603	93345
12731	7345	78692	52342	478615	90690	8969	3123
14544	7895	125901	96963	782749	111007	69076	31757
16120	7391	119043	70694	1092006	98957	250221	39123
23966	12135	137673	80690	1466213	235326	70745	39526
30324	11866	183121	109544	935089	230244	49311	90710
1361	341	6066	4304	82937	3093	31801	
3926	2067	8608	6001	127518	15116	10067	4695
5032	2652	24184	15962	328279	14865	50515	1960
5791	1980	25515	20470	231354	7227	119018	16696
6628	2977	30631	20500	143859	37026	5793	15887
5201	2003	18003	14419	238876	4295	256345	9528
39662	16115	313398	224433	1319586	129803	123636	139499
12736	1734	73079	63925	240172	825	475124	16745
3152	865	12197	8900	64946	3210	42589	13284
906	209	5635	5419	26704	2539	3219	76
23789	6914	88198	60935	330921	49682	45122	134944

普通高中办

Condition of School Buildings in Senior

	体育运动场(馆)面积(平方米) Sports Areas (m^2)	拥有教学用计算机 No. of Computers used for Instruction (Set)	图书藏量(册) Books & Magazines in Libraries (Volume)
合 计 Total	**198334615**	**2534418**	**616254109**
北 京 Beijing	4034269	99153	16816172
天 津 Tianjin	2260886	32364	6937357
河 北 Hebei	10027865	129718	26349673
山 西 Shanxi	6326914	81479	17570590
内蒙古 Inner Mongolia	5471898	41924	9386748
辽 宁 Liaoning	5732326	81052	13952266
吉 林 Jilin	3651219	38721	8137127
黑龙江 Heilongjiang	6322140	53579	8366686
上 海 Shanghai	2717399	85789	12684006
江 苏 Jiangsu	12843262	205558	47126894
浙 江 Zhejiang	9842605	137341	34034732
安 徽 Anhui	9592479	109095	27517197
福 建 Fujian	9289309	108918	38588878
江 西 Jiangxi	6497615	73431	20190990
山 东 Shandong	12747778	156671	32902064
河 南 Henan	11148092	107461	34560242
湖 北 Hubei	7304776	71841	18828580
湖 南 Hunan	8901590	109741	28795939
广 东 Guangdong	14892205	242002	71112880
广 西 Guangxi	5908863	59622	18678821
海 南 Hainan	1853911	17718	3877758
重 庆 Chongqing	3717963	49591	11463345
四 川 Sichuan	9529628	99293	29633646
贵 州 Guizhou	3866243	43374	15321852
云 南 Yunnan	4975087	59800	13444544
西 藏 Tibet	245614	2289	693930
陕 西 Shaanxi	6160707	92408	21241894
甘 肃 Gansu	4795804	56763	13132319
青 海 Qinghai	1115512	14254	2265008
宁 夏 Ningxia	1326752	19471	2931752
新 疆 Xinjiang	5233904	53997	9710219

学条件(二)(总计)

Secondary Schools (2) (Regional Aggregates)

电子图书藏量 (GB) Electronic Books & Magazines in Libraries (GB)	固定资产总值(万元) Total Value of Fixed Asset (10,000 yuan)			
	合 计 Total	其中:仪器设备总值(万元) of Which: Total Value of Equip & Instru. (10,000 yuan)		
		计 Total	专业实验设备 for Prefession	专业实习设备 for Practice
11467595.83	**40946470.52**	**3660341.13**	**2161034.88**	**348038.94**
105647.78	1254368.07	128639.41	51649.22	6869.53
203097.91	418494.21	43159.69	21208.68	4988.30
187117.69	1759666.51	140929.53	91498.24	13334.95
85741.23	1214872.50	105544.34	70066.86	8647.65
198647.25	642625.59	54422.89	40892.47	4009.17
22351.00	984385.00	109736.00	68117.00	7646.00
135669.18	538875.56	56455.99	41457.85	5341.70
32907.20	752856.34	88531.11	57621.82	11841.92
159695.01	1308794.39	187183.45	98949.59	10110.22
1619812.11	3755142.70	321137.54	174653.89	23672.95
523531.73	2684059.28	211060.59	85388.68	
1075884.79	1789969.93	138053.32	90623.35	22358.64
744905.00	1741430.00	146487.00	125834.00	20653.00
790320.06	1048739.97	78304.81	50061.85	12491.99
90941.48	2710025.35	197494.97	105313.33	9951.56
1314511.53	1876194.69	121676.94	74323.07	21206.56
346000.66	1558522.11	127702.72	75501.38	13069.45
935912.14	2047693.66	180567.80	107769.21	24569.79
100128.06	4103071.57	483959.10	286998.34	59835.89
832392.95	733215.13	65641.10	47420.61	8281.50
42457.95	440376.91	37178.87	21580.47	3119.53
718084.65	999843.79	86115.19	48124.22	9575.37
65655.15	2195917.82	162025.32	107084.19	16826.63
28858.71	570183.58	61700.54	41736.10	5470.55
45913.65	974556.79	59394.55	30645.41	6701.41
599.00	65065.14	4300.28	2774.39	678.34
352740.62	1038105.03	122531.88	74742.51	8878.10
373718.47	743082.44	57088.82	34316.51	5025.37
101352.85	104506.64	9171.37	6840.40	247.85
5703.27	228440.20	16965.14	9671.19	1209.65
227296.75	663389.62	57180.87	18170.05	1425.37

普通高中办

Condition of School Buildings in Senior

	体育运动场(馆)面积(平方米) Sports Areas (m^2)	拥有教学用计算机 No. of Computers used for Instruction (Set)	图书藏量(册) Books & Magazines in Libraries (Volume)
合 计 Total	**74687760**	**1220827**	**267105464**
北 京 Beijing	3022667	88160	14687187
天 津 Tianjin	1097879	21014	4608635
河 北 Hebei	3052378	55492	9486930
山 西 Shanxi	2997311	44970	10054773
内蒙古 Inner Mongolia	2436762	23514	5427842
辽 宁 Liaoning	3841481	61299	10596348
吉 林 Jilin	1092206	15320	3535403
黑龙江 Heilongjiang	2365385	27556	4031120
上 海 Shanghai	1241270	50449	8372750
江 苏 Jiangsu	4584755	87034	18238927
浙 江 Zhejiang	4748493	77818	17348106
安 徽 Anhui	2673431	38459	8561065
福 建 Fujian	2550548	44624	13912636
江 西 Jiangxi	1155453	22970	5186058
山 东 Shandong	6150651	84361	17290417
河 南 Henan	4123301	48378	14586427
湖 北 Hubei	3287198	36590	9562297
湖 南 Hunan	2426584	34986	9026247
广 东 Guangdong	5921865	127554	29963051
广 西 Guangxi	1854874	23278	6625189
海 南 Hainan	714504	7004	1494202
重 庆 Chongqing	822859	16017	3025620
四 川 Sichuan	3150419	38311	10310944
贵 州 Guizhou	1164732	15429	4418451
云 南 Yunnan	1267412	20589	4534882
西 藏 Tibet	164553	1376	385485
陕 西 Shaanxi	2124985	40037	9069013
甘 肃 Gansu	1432405	22371	5459155
青 海 Qinghai	309389	5545	796711
宁 夏 Ningxia	673618	10830	1512231
新 疆 Xinjiang	2238392	29492	4997362

学条件(二)(城市)

Secondary Schools (2) (Urban)

电子图书藏量 (GB) Electronic Books & Magazines in Libraries(GB)	固定资产总值(万元) Total Value of Fixed Asset (10,000 yuan)			
	计 Total	其中:仪器设备总值(万元) of Which: Total Value of Equip & Instru. (10,000 yuan)		
		计 Total	专业实验设备 for Prefession	专业实习设备 for Practice
5089846.44	**19508213.08**	**1902911.50**	**1093205.51**	**138614.24**
92762.22	1077093.16	109678.17	44762.29	6492.27
97973.15	206411.51	23308.94	10150.29	1582.70
113354.90	700848.64	64820.85	45811.64	5176.35
70480.48	659267.24	71334.29	45290.78	5041.09
94355.00	339619.19	29190.23	23712.72	757.99
17292.00	755109.00	84710.00	52698.00	4946.00
28853.80	237107.33	23627.41	16530.50	2013.58
13396.00	407817.43	46321.58	30015.78	3646.04
105421.10	776547.54	117086.91	63268.69	1914.22
521481.89	1677494.74	163077.60	81943.22	9429.92
256151.76	1600720.04	121423.46	46272.12	6431.77
315534.30	631989.82	54924.85	38463.36	6431.77
320413.00	835088.00	69799.00	60748.00	9051.00
403849.81	321407.20	24304.60	15883.23	2344.04
54665.51	1427899.48	113301.44	57196.49	4511.56
721278.14	671984.48	53700.70	33397.30	7680.79
296121.26	798888.28	70358.71	43572.02	6186.70
417188.40	727702.21	65455.54	37749.55	7343.37
44256.32	2055387.50	256215.42	141761.13	27237.42
282710.79	275897.79	25229.55	19311.63	2757.71
36324.25	157934.32	19494.42	9685.95	1046.70
208142.76	364335.96	37379.49	23293.06	2589.56
23080.82	950970.39	67573.54	44008.53	7865.07
7878.37	238542.10	30046.19	19986.68	2362.98
9907.77	336989.05	26844.46	13964.96	3473.20
599.00	32298.60	2027.15	1538.60	140.00
194648.52	457814.58	63608.74	38826.35	3270.14
118704.80	241287.46	25567.39	12584.68	2010.47
1693.45	37811.85	3750.73	3084.14	201.24
2375.44	117864.98	9756.18	5886.30	556.38
218651.43	388083.21	28993.96	11807.52	553.98

普通高中办

Condition of School Buildings in Senior

	体育运动场（馆）面积（平方米）Sports Areas (m^2)	计算机（台）PC (Set)	图书藏量（册）Books & Magazines in Libraries (Volume)
合 计 Total	**104900688**	**1141815**	**304017866**
北 京 Beijing	471010	5988	1370450
天 津 Tianjin	949850	9838	2142126
河 北 Hebei	5985608	64400	14209277
山 西 Shanxi	2781482	32600	6802264
内蒙古 Inner Mongolia	2799903	17786	3777028
辽 宁 Liaoning	1385897	14826	2673262
吉 林 Jilin	2321060	22556	4403805
黑龙江 Heilongjiang	3113917	20405	3324280
上 海 Shanghai	1469463	35019	4266794
江 苏 Jiangsu	6853298	100409	23903415
浙 江 Zhejiang	4800515	57519	16058183
安 徽 Anhui	5431909	58668	16104239
福 建 Fujian	5299165	52678	20215150
江 西 Jiangxi	4571318	44894	12943947
山 东 Shandong	6085431	66453	14322356
河 南 Henan	6298643	53518	18373527
湖 北 Hubei	3272543	29474	7609271
湖 南 Hunan	5384265	62373	16819252
广 东 Guangdong	7903366	99744	36717113
广 西 Guangxi	3886037	35723	11876133
海 南 Hainan	953966	8957	1990016
重 庆 Chongqing	2653021	31355	7727684
四 川 Sichuan	6182174	59433	18868709
贵 州 Guizhou	2460831	25304	10082688
云 南 Yunnan	3401772	36666	8394395
西 藏 Tibet	81061	913	308445
陕 西 Shaanxi	2243682	33132	6744065
甘 肃 Gansu	2849946	29714	6719769
青 海 Qinghai	704440	7611	1273415
宁 夏 Ningxia	604969	7994	1317670
新 疆 Xinjiang	1700146	15865	2679138

电子图书藏量(GB) Electronic Books & Magazines in Libraries(GB)	固定资产总值(万元) Total Value of Fixed Asset (10,000 yuan)			
	计 Total	其中:仪器设备总值(万元) of Which: Total Value of Equip & Instru. (10,000 yuan)		
		计 Total	专业实验设备 for Prefession	专业实习设备 for Practice
5730167.32	**19059901.03**	**1554242.50**	**948084.72**	**184463.82**
9596.00	97825.20	12357.78	4415.14	336.00
104794.76	186174.53	17957.47	9935.46	3037.76
67372.99	959266.60	69044.17	40858.75	7450.90
4869.74	480270.84	28441.40	20514.73	2738.75
104192.25	293506.79	24416.96	16681.47	3127.19
4859.00	189261.00	19119.00	11906.00	1928.00
106145.38	295196.56	32365.51	24640.08	3220.32
17788.20	271479.68	30118.09	20895.50	5296.94
54044.91	529396.85	69649.94	35234.30	8196.00
970011.64	1784622.65	135849.54	79121.28	11958.48
184875.97	1042526.60	87048.47	37559.16	
637905.60	967882.78	70071.79	44145.98	13098.47
283031.00	732078.00	65908.00	55738.00	10170.00
382984.15	651035.91	49220.86	31126.39	9027.75
34090.27	1172717.71	76079.87	45016.23	4822.44
579207.70	1121310.26	63069.13	38000.10	12867.39
46086.40	646291.26	49422.56	27540.84	5797.60
500325.44	1165343.44	98573.70	59243.44	15537.42
51199.20	1852031.93	208024.53	133684.09	28831.22
549669.16	452940.27	39945.55	27906.98	5501.29
2448.70	261722.02	13866.62	11042.77	1857.35
508735.89	599850.18	45698.13	22846.38	6904.82
42062.33	1217534.22	92743.71	62094.42	8723.95
18415.60	303984.99	28835.11	19539.02	2842.59
35634.58	610091.09	30974.75	16166.69	3165.00
32766.54	2273.13	1235.79	538.34	
80954.00	390308.06	41193.64	23760.49	3857.86
249130.37	400313.07	24626.08	15626.23	2728.48
92832.20	58053.99	4985.37	3470.19	46.20
3071.83	106070.09	6814.09	3558.42	591.87
3532.06	188047.92	15547.55	4580.40	263.44

普通高中办

Condition of School Buildings in

	体育运动场(馆)面　积(平方米) Sports Areas (m²)	拥有教学用计算机 No. of Computers used for Instruction (Set)	图书藏量(册) Books & Magazines in Libraries (Volume)
合　计 **Total**	**18746167**	**171776**	**45130779**
北　京 Beijing	540592	5005	758535
天　津 Tianjin	213157	1512	186596
河　北 Hebei	989879	9826	2653466
山　西 Shanxi	548121	3909	713553
内蒙古 Inner Mongolia	235233	624	181878
辽　宁 Liaoning	504948	4927	682656
吉　林 Jilin	237953	845	197919
黑龙江 Heilongjiang	842838	5618	1011286
上　海 Shanghai	6666	321	44462
江　苏 Jiangsu	1405209	18115	4984552
浙　江 Zhejiang	293597	2004	628443
安　徽 Anhui	1487139	11968	2851893
福　建 Fujian	1439596	11616	4461092
江　西 Jiangxi	770844	5567	2060985
山　东 Shandong	511696	5857	1289291
河　南 Henan	726148	5565	1600288
湖　北 Hubei	745035	5777	1657012
湖　南 Hunan	1090741	12382	2950440
广　东 Guangdong	1066974	14704	4432716
广　西 Guangxi	167952	621	177499
海　南 Hainan	185441	1757	393540
重　庆 Chongqing	242083	2219	710041
四　川 Sichuan	197035	1549	453993
贵　州 Guizhou	240680	2641	820713
云　南 Yunnan	305903	2545	515267
西　藏 Tibet			
陕　西 Shaanxi	1792040	19239	5428816
甘　肃 Gansu	513453	4678	953395
青　海 Qinghai	101683	1098	194882
宁　夏 Ningxia	48165	647	101851
新　疆 Xinjiang	1295366	8640	2033719

学条件(二)(农村)

Senior Secondary Schools (2) (Rural)

电子图书藏量(GB) Electronic Books & Magazines in Libraries(GB)	固定资产总值(万元) Total Value of Fixed Asset (10,000 yuan)			
	计 Total	其中:仪器设备总值(万元) of Which: Total Value of Equip & Instru. (10,000 yuan)		
		计 Total	专业实验设备 for Prefession	专业实习设备 for Practice
647582.07	**2378356.41**	**203187.13**	**119744.65**	**24960.88**
3289.56	79449.71	6603.46	2471.79	41.26
330.00	25908.17	1893.28	1122.93	367.84
6389.80	99551.27	7064.51	4827.85	707.70
10391.01	75334.42	5768.65	4261.35	867.81
100.00	9499.61	815.70	498.28	123.99
200.00	40015.00	5907.00	3513.00	772.00
670.00	6571.67	463.07	287.27	107.80
1723.00	73559.23	12091.44	6710.54	2898.94
229.00	2850.00	446.60	446.60	
128318.58	293025.31	22210.40	13589.39	2284.55
82504.00	40812.64	2588.66	1557.40	
122444.89	190097.33	13056.68	8014.01	2828.40
141461.00	174264.00	10780.00	9348.00	1432.00
3486.10	76296.86	4779.35	3052.23	1120.20
2185.70	109408.16	8113.66	3100.61	617.56
14025.69	82899.95	4907.11	2925.67	658.38
3193.00	113312.57	7921.45	4388.52	1085.15
18398.30	154648.01	16538.56	10776.22	1689.00
4672.54	195652.14	19719.15	11553.12	3767.25
13.00	4377.07	466.00	202.00	22.50
3685.00	20720.57	3817.83	851.75	215.48
1206.00	35657.65	3037.57	1984.78	80.99
512.00	27413.21	1708.07	981.24	237.61
2564.74	27656.49	2819.24	2210.40	264.98
371.30	27476.65	1575.34	513.76	63.21
77138.10	189982.39	17729.50	12155.67	1750.10
5883.30	101481.91	6895.35	6105.60	286.42
6827.20	8640.80	435.27	286.07	0.41
256.00	4505.13	394.87	226.47	61.40
5113.26	87258.49	12639.36	1782.13	607.95

地　区 Region	中等职业学校 Secondary Vocational Schools				普通中等专业学校 Reg. Specialized Sec. Schools			
	计 Total	中央部门 HEIs under Central Ministries & Agencies	地方部门 HEIs under Local Auth.	民　办 Non-state/ private	计 Total	中央部门 HEIs under Central Ministries & Agencies	地方部门 HEIs under Local Auth.	民　办 Non-state/ private
合　计 Total	**11324**	**55**	**8071**	**3198**	**3789**	**34**	**2744**	**1011**
北　京 Beijing	114	7	86	21	36	6	30	
天　津 Tianjin	98		92	6	41		40	1
河　北 Hebei	755	1	487	267	308	1	114	193
山　西 Shanxi	479	1	373	105	93		78	15
内蒙古 Inner Mongolia	302		217	85	99		52	47
辽　宁 Liaoning	350		250	100	125		115	10
吉　林 Jilin	315		246	69	49		49	
黑龙江 Heilongjiang	415		350	65	70		43	27
上　海 Shanghai	127	2	119	6	70	1	66	3
江　苏 Jiangsu	387	1	335	51	151	1	128	22
浙　江 Zhejiang	436	2	314	120	47		43	4
安　徽 Anhui	538		384	154	105		93	12
福　建 Fujian	312	2	239	71	312	2	239	71
江　西 Jiangxi	505	1	294	210	66	1	54	11
山　东 Shandong	709		529	180	124		120	4
河　南 Henan	975	9	667	299	163	3	141	19
湖　北 Hubei	402	4	287	111	268	4	186	78
湖　南 Hunan	682		367	315	45		45	
广　东 Guangdong	570	2	419	149	393	2	280	111
广　西 Guangxi	392		240	152	392		240	152
海　南 Hainan	89	1	55	33	25	1	22	2
重　庆 Chongqing	191		140	51	24		23	1
四　川 Sichuan	556		307	249	268		85	183
贵　州 Guizhou	255		189	66	97		83	14
云　南 Yunnan	405	7	352	46	94	2	80	12
西　藏 Tibet	6		6		6		6	
陕　西 Shaanxi	398	4	228	166	52	3	47	2
甘　肃 Gansu	297	7	258	32	139	4	127	8
青　海 Qinghai	39		34	5	31		27	4
宁　夏 Ningxia	39		35	4	16		12	4
新　疆 Xinjiang	186	4	172	10	80	3	76	1

校(机构)数
Vocational Schools

单位:人
unit: person

成人中等专业学校 Specialized Sec. Schools for Adults				职业高中学校 Vocational High Schools			
计 Total	中央部门 HEIs under Central Ministries & Agencies	地方部门 HEIs under Local Auth.	民办 Non-state/private	计 Total	中央部门 HEIs under Central Ministries & Agencies	地方部门 HEIs under Local Auth.	民办 Non-state/private
1883	**14**	**1674**	**195**	**5652**	**7**	**3653**	**1992**
12	1	10	1	66		46	20
23		23		34		29	5
181		162	19	266		211	55
128	1	127		258		168	90
62		62		141		103	38
1		1		224		134	90
85		85		181		112	69
163		158	5	182		149	33
31	1	29	1	26		24	2
76		72	4	160		135	25
59	2	56	1	330		215	115
78		67	11	355		224	131
92		91	1	347		149	198
182		135	47	403		274	129
223	3	164	56	589	3	362	224
30		26	4	101		75	29
104		85	19	533		237	296
25		24	1	152		115	37
7		7		57		26	31
53		47	6	114		70	44
33		19	14	255		203	52
22		18	4	136		88	48
135	5	130		176		142	34
10		10		336	1	171	164
37	1	35	1	121	2	96	23
3		3		5		4	1
4		4		19		19	
24		24		82	1	72	9

Number of Students in Secondary

地 区 Region	毕业生数 Graduates 计 Total	毕业生数 Graduates 其中：获得职业资格证书 of Which: Recipients of Vocational Qualifications	招生数 Entrants 计 Total	招生数 Entrants 其中：初中毕业 of Which: Junior Sec. School Graduates 计 Total	招生数 Entrants 其中：初中毕业 of Which: Junior Sec. School Graduates 应届毕业生 Autumn Session
合 计 Total	**5096654**	**3131260**	**7117770**	**6279411**	**5467998**
北 京 Beijing	56788	30973	49783	47416	39371
天 津 Tianjin	56138	25784	41830	37966	30857
河 北 Hebei	348086	160364	452436	379153	324227
山 西 Shanxi	152871	95133	235084	181130	169816
内蒙古 Inner Mongolia	77083	37938	161552	114783	92771
辽 宁 Liaoning	147303	71731	154523	140806	127970
吉 林 Jilin	81580	40592	151829	128526	73268
黑龙江 Heilongjiang	93863	52653	166216	128770	91891
上 海 Shanghai	56959	44265	50343	46850	45815
江 苏 Jiangsu	316447	239181	350832	342001	329714
浙 江 Zhejiang	206479	165244	244126	241757	233556
安 徽 Anhui	275297	174874	322237	295703	281829
福 建 Fujian	149669	102565	234002	188793	150546
江 西 Jiangxi	183916	107322	265726	224332	194202
山 东 Shandong	418900	271051	405242	348440	317422
河 南 Henan	466854	250827	639658	560538	512243
湖 北 Hubei	307813	189089	367161	321723	288016
湖 南 Hunan	273181	189120	348884	294812	226499
广 东 Guangdong	277650	194813	529881	496247	430088
广 西 Guangxi	147542	97540	274911	252781	167666
海 南 Hainan	22003	9186	57364	52190	42407
重 庆 Chongqing	122220	77931	154903	140089	130656
四 川 Sichuan	286549	189132	528075	480594	443180
贵 州 Guizhou	82599	42733	162831	148853	124093
云 南 Yunnan	117236	55459	203187	184661	149716
西 藏 Tibet	3603	1322	11038	9509	9509
陕 西 Shaanxi	184594	117265	246420	223515	212649
甘 肃 Gansu	84114	43386	141481	122720	107308
青 海 Qinghai	19356	12564	31892	27632	19895
宁 夏 Ningxia	20547	11584	45839	40261	32474
新 疆 Xinjiang	59414	29639	88484	76860	68344

(机构)学生数
Vocational Schools (Institutions)

单位:人
unit: person

在校学生数 Enrolment					预计毕业生数 Graduates for Next Year
计 Total	一年级 Grade 1	二年级 Grade 2	三年级 Grade 3	四年级及以上 Over Grade 4	
17798473	**7125781**	**5734129**	**4814678**	**123885**	**5610027**
161598	50056	44957	46123	20462	54561
130478	42050	42234	45921	273	55343
1103881	452608	362375	284333	4565	359581
552169	235101	171723	143756	1589	192066
326956	161739	89303	74208	1706	86808
443912	154800	147282	132401	9429	148760
322897	151829	101132	69519	417	91053
389955	166220	138889	83733	1113	121886
176581	50535	54021	49349	22676	53978
1048163	350903	354343	330208	12709	292694
627707	244216	201719	180749	1023	191045
862605	322272	284783	246266	9284	287856
540020	234093	159405	146103	419	170175
639022	265726	207738	164515	1043	189047
1165052	405555	388377	361166	9954	447171
1637551	640229	526885	467517	2920	560902
1041759	367264	361092	309958	3445	349447
808731	349071	253428	201035	5197	276738
1204622	530018	365802	306598	2204	343188
628888	275274	190217	161770	1627	170260
121591	57364	36326	27669	232	33417
425270	154933	135251	133881	1205	134716
1203150	528671	383726	288781	1972	315094
386865	162908	124472	99228	257	115479
471930	203211	145365	122405	949	134713
21357	11038	5818	4439	62	6342
625507	248522	215708	158802	2475	206421
339878	141556	109914	86699	1709	105149
76375	31892	21888	22219	376	22563
96448	45839	31451	19133	25	27768
217555	90288	78505	46194	2568	65806

中等职业学校(机

Number of Female Students in

地 区 Region	毕业生数 Graduates		招生数 Entrants		
	计 Total	其中:获得职业资格证书 of Which: Recipients of Vocational Qualifications	计 Total	其中:初中毕业 of Which: Junior Sec. School Graduates	
				计 Total	应届毕业生 Autumn Session
合 计 Total	**2529152**	**1503364**	**3447995**	**3085390**	**2723957**
北 京 Beijing	29621	16067	24959	23692	18540
天 津 Tianjin	27082	12446	19315	17801	14584
河 北 Hebei	177532	81352	221134	187234	166437
山 西 Shanxi	82504	48404	110856	94476	90039
内蒙古 Inner Mongolia	37171	17391	74015	54349	43591
辽 宁 Liaoning	68729	31506	73129	66628	60701
吉 林 Jilin	38976	19195	69030	56386	34370
黑龙江 Heilongjiang	43551	25688	76668	60293	44181
上 海 Shanghai	27065	20426	23398	21452	20992
江 苏 Jiangsu	156293	117860	166164	161554	155896
浙 江 Zhejiang	101328	80102	115380	114155	110453
安 徽 Anhui	132188	80782	157040	146660	139715
福 建 Fujian	74006	50031	107280	89894	72947
江 西 Jiangxi	92172	52186	135347	115894	101966
山 东 Shandong	197512	120980	193639	170729	153957
河 南 Henan	235288	121210	320016	282960	257279
湖 北 Hubei	144188	82788	172745	155225	140096
湖 南 Hunan	142821	97604	169184	147240	117505
广 东 Guangdong	147090	100299	272981	254753	221378
广 西 Guangxi	69204	43358	123962	116040	81877
海 南 Hainan	12285	4971	27897	26446	21683
重 庆 Chongqing	61489	37852	77499	71065	66865
四 川 Sichuan	140500	91423	257986	235598	216789
贵 州 Guizhou	41582	20304	77975	71551	61165
云 南 Yunnan	62895	28548	100561	92503	79431
西 藏 Tibet	1767	653	4713	4138	4138
陕 西 Shaanxi	90828	54220	128229	116504	111910
甘 肃 Gansu	43728	20487	72729	64042	56725
青 海 Qinghai	8113	4959	13183	11926	9619
宁 夏 Ningxia	9679	5620	18927	16761	14302
新 疆 Xinjiang	31965	14652	42054	37441	34826

构）女学生数

Secondary Vocational Schools (Institutions)

单位：人

unit: person

在校学生数 Enrolment					预计毕业生数 Graduates for Next Year
计 Total	一年级 Grade 1	二年级 Grade 2	三年级 Grade 3	四年级及以上 Over Grade 4	
8794952	**3457178**	**2831356**	**2428662**	**77756**	**2732165**
82659	25089	23274	22845	11451	28315
59577	19444	18570	21406	157	24867
557338	221260	185807	148095	2176	182435
283995	111067	91308	80709	911	94257
153074	74222	42212	35734	906	41057
217639	73278	71558	64427	8376	70293
150329	69076	46513	34376	364	42275
187176	76677	66401	43595	503	57412
83902	23454	25542	23112	11794	25787
513798	166226	169483	168966	9123	145742
300992	115429	96572	88481	510	91176
422023	158217	136900	120782	6124	136100
254529	107445	77007	69768	309	77116
326260	135608	104705	85156	791	95279
550072	193779	180667	169611	6015	198704
828655	320669	265650	240630	1706	278273
497316	173591	171817	149683	2225	164935
409607	169293	131120	106146	3048	138467
622214	273401	189115	158191	1507	177062
292376	124037	89120	78349	870	80381
62548	27897	20060	14404	187	17900
211926	77608	67659	65976	683	66179
592210	258759	188925	143175	1351	154127
186657	78067	60031	48407	152	54512
243919	100588	75741	66816	774	71223
9904	4713	3008	2153	30	2478
327976	129621	110181	86051	2123	105392
178972	72855	58119	46889	1109	55219
34228	13454	9977	10479	318	9846
43164	18927	14891	9321	25	12539
109917	43427	39423	24929	2138	32817

普通中等专业

Number of Students in Reg.

地 区 Region	毕业生数 Graduates		招生数 Entrants		
	计 Total	其中：获得职业资格证书 of Which: Recipients of Vocational Qualifications	计 Total	其中：初中毕业 of Which: Junior Sec. School Graduates	
				计 Total	应届毕业生 Autumn Session
合 计 Total	**2415223**	**1390290**	**3117118**	**2787655**	**2542858**
北 京 Beijing	27659	14077	18748	17770	17708
天 津 Tianjin	36219	15214	23936	22655	21856
河 北 Hebei	144797	57229	182783	155768	138693
山 西 Shanxi	75602	41858	83940	73749	67402
内蒙古 Inner Mongolia	36984	12771	73262	47327	39341
辽 宁 Liaoning	68063	34483	72651	64657	59767
吉 林 Jilin	28128	13351	32613	26481	24064
黑龙江 Heilongjiang	34407	18549	42954	38306	32827
上 海 Shanghai	33869	27796	29839	29611	29588
江 苏 Jiangsu	177362	130341	209404	207821	206618
浙 江 Zhejiang	30866	24470	37504	37324	37281
安 徽 Anhui	84762	47362	97420	88658	85369
福 建 Fujian	134874	95600	181088	156327	134628
江 西 Jiangxi	71946	37191	89025	75822	65502
山 东 Shandong	119171	68504	112927	101224	95066
河 南 Henan	188561	86870	244614	211268	197303
湖 北 Hubei	214866	132932	245250	216679	196077
湖 南 Hunan	62410	38800	75028	68109	57632
广 东 Guangdong	210956	146504	349653	328857	305251
广 西 Guangxi	142363	97540	189610	178078	157799
海 南 Hainan	16909	6996	32849	29388	23781
重 庆 Chongqing	34821	18072	40269	34204	33545
四 川 Sichuan	151952	85669	237751	210619	195478
贵 州 Guizhou	48909	25136	79923	74179	63608
云 南 Yunnan	63063	27588	97922	89169	72953
西 藏 Tibet	3603	1322	11038	9509	9509
陕 西 Shaanxi	52842	19821	46025	40442	37390
甘 肃 Gansu	51817	24786	76039	65685	60717
青 海 Qinghai	14227	9831	25893	22099	18256
宁 夏 Ningxia	11349	6869	23468	21591	16042
新 疆 Xinjiang	41866	22758	53692	44279	41807

学校学生数

Specialized Sec. Schools

单位：人

unit：person

在校学生数 Enrolment					预计毕业生数 Graduates for Next Year
计 Total	一年级 Grade 1	二年级 Grade 2	三年级 Grade 3	四年级及以上 Over Grade 4	
8404291	**3122648**	**2734420**	**2435933**	**111290**	**2622141**
74596	18981	17933	19496	18186	24372
81070	23953	24559	32308	250	34282
475530	182816	164538	123656	4520	159733
222703	83940	71856	65342	1565	78193
153516	73361	42384	36065	1706	39026
204307	72663	67195	55841	8608	63976
91478	32613	30707	27849	309	29495
115624	42958	40503	31050	1113	31328
115043	29971	32478	31635	20959	32967
681438	209475	241492	217917	12554	174315
95189	37506	28950	28184	549	28289
279947	97428	90883	84021	7615	93435
458119	181179	142782	133739	419	144631
231772	89025	72810	69149	788	76350
319602	113144	102885	95486	8087	104912
653611	244614	207791	198500	2706	219036
705801	245353	236269	220784	3395	237872
193952	75028	57752	57646	3526	62628
871613	349788	282403	237218	2204	259839
532274	189973	179456	161218	1627	166345
75574	32849	23677	18847	201	21587
110553	40291	35759	33984	519	34260
587725	238305	190746	156702	1972	169039
206692	79959	65281	61195	257	64127
233712	97946	74957	60021	788	68306
21357	11038	5818	4439	62	6342
155577	47535	52668	53114	2260	58389
196608	76099	63422	55481	1606	62043
60750	25893	17866	16615	376	16959
51119	23468	16206	11420	25	13939
147439	55496	52394	37011	2538	46126

普通中等专业

Number of Female Students in

	毕业生数 Graduates		招生数 Entrants		
	计 Total	其中：获得职业资格证书 of Which: Recipients of Vocational Qualifications	计 Total	其中：初中毕业 of Which: Junior Sec. School Graduates	
				计 Total	应届毕业生 Autumn Session
合　计 Total	**1258111**	**682496**	**1628639**	**1479526**	**1367434**
北　京 Beijing	14660	7915	8767	8311	8264
天　津 Tianjin	17277	6769	11391	10868	9983
河　北 Hebei	74230	29212	90169	77705	69706
山　西 Shanxi	43587	21683	47559	42952	40615
内蒙古 Inner Mongolia	17033	4678	33861	23272	19422
辽　宁 Liaoning	33615	15372	37484	33731	31183
吉　林 Jilin	14861	6400	17018	15026	13632
黑龙江 Heilongjiang	17330	8967	22899	19017	16827
上　海 Shanghai	17130	13710	13997	13860	13855
江　苏 Jiangsu	89210	65523	102348	101780	101125
浙　江 Zhejiang	16770	12350	21031	20912	20891
安　徽 Anhui	43604	22162	55875	52098	50873
福　建 Fujian	67225	46778	85390	75848	65780
江　西 Jiangxi	40389	19666	52087	46203	42136
山　东 Shandong	68587	36685	69561	62309	58088
河　南 Henan	103391	45992	138311	123046	114180
湖　北 Hubei	100797	56532	117077	106912	98152
湖　南 Hunan	34045	20435	45732	41158	35948
广　东 Guangdong	113134	75927	183226	170973	161697
广　西 Guangxi	68194	43358	92253	87257	77766
海　南 Hainan	9550	3971	17115	16171	13196
重　庆 Chongqing	19890	10251	23424	21448	21104
四　川 Sichuan	77364	42033	123805	111930	104773
贵　州 Guizhou	27130	12914	40917	38379	33549
云　南 Yunnan	37175	15215	55236	51060	45148
西　藏 Tibet	1767	653	4713	4138	4138
陕　西 Shaanxi	27886	8231	27288	23965	22182
甘　肃 Gansu	28080	11269	41194	36076	34053
青　海 Qinghai	5969	4097	11063	9883	8561
宁　夏 Ningxia	4778	3001	9416	8891	7194
新　疆 Xinjiang	23453	10747	28432	24347	23413

学校女学生数

Reg. Specialized Sec. Schools

单位：人

unit：person

在校学生数 Enrolment 计 Total	一年级 Grade 1	二年级 Grade 2	三年级 Grade 3	四年级及以上 Over Grade 4	预计毕业生数 Graduates for Next Year
4430302	**1634194**	**1433925**	**1290848**	**71335**	**1349574**
37135	8880	8711	9581	9963	12477
36444	11407	10612	14284	141	15021
240453	90266	84632	63402	2153	78472
129919	47759	42092	39170	898	44028
71887	33890	20080	17011	906	17384
108459	37485	34738	28388	7848	30705
48787	17056	16686	14784	261	15167
61926	22900	21112	17411	503	16086
56073	14037	15778	15370	10888	16477
344500	102410	117524	115558	9008	89170
53000	21032	16198	15383	387	15210
157695	56040	49967	46924	4764	49158
220277	85555	69529	64884	309	67985
136324	52201	43149	40264	710	43407
193118	69580	61206	56710	5622	61668
370854	138515	116648	114067	1624	119732
339325	117692	112611	106831	2191	111543
116715	45766	33939	34460	2550	36815
458268	183458	149327	123976	1507	136823
257512	92328	85995	78319	870	79456
41095	17115	13548	10269	163	12020
64099	23442	21478	18765	414	18791
302655	124312	97901	79091	1351	83293
105890	40948	33431	31359	152	32710
137308	55251	44663	36768	626	39908
9904	4713	3008	2153	30	2478
91140	28345	30243	30553	1999	32710
108912	41256	34954	31665	1037	34079
27480	11334	8346	7482	318	6849
22765	9416	7752	5572	25	6211
80383	29805	28067	20394	2117	23741

成人中等专业

Number of Students in Specialized

	毕业生数 Graduates		招生数 Entrants		
	计 Total	其中：获得职业资格证书 of Which: Recipients of Vocational Qualifications	计 Total	其中：初中毕业 of Which: Junior Sec. School Graduates	
				计 Total	应届毕业生 Autumn Session
合　计 Total	**389905**	**155751**	**868917**	**614634**	**315683**
北　京 Beijing	5266	1885	9876	9006	1584
天　津 Tianjin	3601		6123	5372	243
河　北 Hebei	31726	3961	67769	49342	29202
山　西 Shanxi	6404	1263	32918	1237	66
内蒙古 Inner Mongolia	4718	4521	9613	1726	1434
辽　宁 Liaoning	6695	963	9315	8478	4659
吉　林 Jilin	7873	648	36389	29371	4532
黑龙江 Heilongjiang	20493	4879	58814	28763	13272
上　海 Shanghai	5934	2666	8142	4877	3869
江　苏 Jiangsu	15270	7203	36274	31671	23486
浙　江 Zhejiang	14343	3947	15979	14184	6444
安　徽 Anhui	13130	5059	23790	18028	12948
福　建 Fujian	14795	6965	52914	32466	15918
江　西 Jiangxi	3106	411	7012	2409	1823
山　东 Shandong	47447	26944	47585	30029	25756
河　南 Henan	55177	27444	64708	47984	35470
湖　北 Hubei	22558	5478	36922	25894	17048
湖　南 Hunan	26673	12932	78557	46926	20733
广　东 Guangdong	13004	7516	92733	85142	47238
广　西 Guangxi	5179		85301	74703	9867
海　南 Hainan	14		316	187	
重　庆 Chongqing	22334	12234	11599	10323	8956
四　川 Sichuan	16713	9935	35760	30400	22224
贵　州 Guizhou	3594	1293	10394	8252	2109
云　南 Yunnan	2447		1449	789	309
西　藏 Tibet					
陕　西 Shaanxi	3172	471	4011	932	915
甘　肃 Gansu	3872	2630	9592	5879	4191
青　海 Qinghai	2538	1728	4375	3982	790
宁　夏 Ningxia	3164	1606	4138	1139	
新　疆 Xinjiang	8665	1169	6549	5143	597

学校学生数
Sec. Schools for Adults

单位:人

unit: person

在校学生数 Enrolment					预计毕业生数 Graduates for Next Year
计 Total	一年级 Grade 1	二年级 Grade 2	三年级 Grade 3	四年级及以上 Over Grade 4	
1609942	**869182**	**499095**	**241263**	**402**	**523067**
20870	9877	6467	4286	240	7878
13459	6326	6935	198		6955
109269	67807	32744	8713	5	32611
49496	32918	11583	4995		26364
11766	9613	1741	412		7224
23425	9315	9405	4705		8302
51556	36389	14354	813		14153
118658	58814	52268	7576		43300
20297	8146	8492	3645	14	6704
68702	36274	19845	12583		16384
37497	15979	15604	5914		14804
51188	23790	13713	13685		17285
81901	52914	16623	12364		25544
13571	7012	5156	1403		4844
124642	47587	47845	29117	93	52456
175151	64708	68314	42129		76076
89590	36922	40443	12175	50	27460
109705	78573	21298	9834		36151
124882	92733	19754	12395		20673
96614	85301	10761	552		3915
316	316				
50791	11600	17574	21617		22075
77010	35760	23766	17484		21489
20230	10394	7804	2032		7502
6291	1449	3097	1745		1889
10916	4011	4250	2655		3164
19787	9592	6855	3340		5782
10273	4375	2381	3517		3517
6750	4138	1848	764		3960
15339	6549	8175	615		4606

成人中等专业

Number of Female Students in

	毕业生数 Graduates		招生数 Entrants		
	计 Total	其中：获得职业资格证书 of Which：Recipitents of Vocational Qualifications	计 Total	其中：初中毕业 of Which：Junior Sec. School Graduates	
				计 Total	应届毕业生 Autumn Session
合　计 Total	**171812**	**70041**	**379691**	**276300**	**150185**
北　京 Beijing	3444	992	6010	5574	732
天　津 Tianjin	1304		2063	1983	141
河　北 Hebei	11821	2365	34555	23925	17651
山　西 Shanxi	2313	363	6820	307	5
内蒙古 Inner Mongolia	2560	2509	5283	987	893
辽　宁 Liaoning	2554	359	3811	3513	1869
吉　林 Jilin	2993	155	12967	7996	1111
黑龙江 Heilongjiang	6829	2148	23460	12321	6037
上　海 Shanghai	2377	836	3918	2109	1654
江　苏 Jiangsu	7839	3103	17595	14376	10531
浙　江 Zhejiang	7841	2652	8218	7302	3832
安　徽 Anhui	6289	2448	11605	9220	6728
福　建 Fujian	6781	3253	21890	14046	7167
江　西 Jiangxi	1585	266	2734	1195	807
山　东 Shandong	20524	10675	22167	14498	11964
河　南 Henan	26466	11575	28872	20563	15328
湖　北 Hubei	10289	2405	16750	11992	8011
湖　南 Hunan	12408	6065	32923	19605	8566
广　东 Guangdong	6774	3857	48292	45452	23283
广　西 Guangxi	1010		31709	28783	4111
海　南 Hainan	8		36	25	
重　庆 Chongqing	9968	5779	5695	5049	4641
四　川 Sichuan	7876	4942	18009	15409	10891
贵　州 Guizhou	1386	261	4222	3369	1090
云　南 Yunnan	815		264	203	135
西　藏 Tibet					
陕　西 Shaanxi	796	166	1055	416	413
甘　肃 Gansu	1215	898	4205	2988	1766
青　海 Qinghai	760	403	1377	1321	555
宁　夏 Ningxia	1628	918	1430	230	
新　疆 Xinjiang	3359	648	1756	1543	273

学校女学生数
Specialized Sec. Schools for Adults

单位:人
unit: person

在校学生数 Enrolment					预计毕业生数 Graduates for Next Year
计 Total	一年级 Grade 1	二年级 Grade 2	三年级 Grade 3	四年级及以上 Over Grade 4	
710002	**380043**	**218311**	**111417**	**231**	**223240**
12856	6010	4162	2530	154	5174
4781	2122	2503	156		2533
56220	34574	16025	5620	1	17686
13682	6820	4461	2401		5471
5995	5283	576	136		4048
9505	3811	3746	1948		3651
18762	12967	5341	454		5263
50355	23460	23099	3796		18453
8980	3923	3744	1308	5	2799
33251	17595	9858	5798		8093
19271	8224	7322	3725		6874
23427	11605	6468	5354		7013
34252	21890	7478	4884		9131
6310	2861	2646	803		1717
54528	22191	20593	11707	37	21942
73590	28882	28199	16509		31424
42376	16750	18333	7259	34	14066
49176	32928	11050	5198		15601
62909	48292	8322	6295		9166
34864	31709	3125	30		925
36	36				
22694	5695	7675	9324		9642
39892	18104	12184	9604		11689
8570	4222	3338	1010		2231
1708	264	896	548		607
3278	1057	1032	1189		1191
8050	4205	2625	1220		2360
4293	1377	949	1967		1967
2267	1430	481	356		1570
4124	1756	2080	288		953

职业高中学
Number of Students in

地区 Region	毕业生数 Graduates		招生数 Entrants		
	计 Total	其中:获得职业资格证书 of Which: Recipients of Vocational Qualifications	计 Total	其中:初中毕业 of Which:Junior Sec. School Graduates	
				计 Total	应届毕业生 Autumn Session
合　计 Total	**2291526**	**1585219**	**3131735**	**2877122**	**2609457**
北　京 Beijing	23863	15011	21159	20640	20079
天　津 Tianjin	16318	10570	11771	9939	8758
河　北 Hebei	171563	99174	201884	174043	156332
山　西 Shanxi	70865	52012	118226	106144	102348
内蒙古 Inner Mongolia	35381	20646	78677	65730	51996
辽　宁 Liaoning	72545	36285	72557	67671	63544
吉　林 Jilin	45579	26593	82827	72674	44672
黑龙江 Heilongjiang	38963	29225	64448	61701	45792
上　海 Shanghai	17156	13803	12362	12362	12358
江　苏 Jiangsu	123815	101637	105154	102509	99610
浙　江 Zhejiang	161270	136827	190643	190249	189831
安　徽 Anhui	177405	122453	201027	189017	183512
福　建 Fujian					
江　西 Jiangxi	108864	69720	169689	146101	126877
山　东 Shandong	252282	175603	244730	217187	196600
河　南 Henan	223116	136513	330336	301286	279470
湖　北 Hubei	70389	50679	84989	79150	74891
湖　南 Hunan	184098	137388	195299	179777	148134
广　东 Guangdong	53690	40793	87495	82248	77599
广　西 Guangxi					
海　南 Hainan	5080	2190	24199	22615	18626
重　庆 Chongqing	65065	47625	103035	95562	88155
四　川 Sichuan	117884	93528	254564	239575	225478
贵　州 Guizhou	30096	16304	72514	66422	58376
云　南 Yunnan	51726	27871	103816	94703	76454
西　藏 Tibet					
陕　西 Shaanxi	128580	96973	196384	182141	174344
甘　肃 Gansu	28425	15970	55850	51156	42400
青　海 Qinghai	2591	1005	1624	1551	849
宁　夏 Ningxia	6034	3109	18233	17531	16432
新　疆 Xinjiang	8883	5712	28243	27438	25940

校学生数

Vocational High Schools

单位：人

unit：person

在校学生数 Enrolment					预计毕业生数
计 Total	一年级 Grade 1	二年级 Grade 2	三年级 Grade 3	四年级及以上 Over Grade 4	Graduates for Next Year
7784240	**3133951**	**2500614**	**2137482**	**12193**	**2464819**
66132	21198	20557	22341	2036	22311
35949	11771	10740	13415	23	14106
519082	201985	165093	151964	40	167237
279970	118243	88284	73419	24	87509
161674	78765	45178	37731		40558
216180	72822	70682	71855	821	76482
179863	82827	56071	40857	108	47405
155673	64448	46118	45107		47258
41241	12418	13051	14069	1703	14307
298023	105154	93006	99708	155	101995
495021	190731	157165	146651	474	147952
531470	201054	180187	148560	1669	177136
393679	169689	129772	93963	255	107853
720808	244824	237647	236563	1774	289803
808789	330907	250780	226888	214	265790
246368	84989	84380	76999		84115
505074	195470	174378	133555	1671	177959
208127	87497	63645	56985		62676
45701	24199	12649	8822	31	11830
263926	103042	81918	78280	686	78381
538415	254606	169214	114595		124566
159943	72555	51387	36001		43850
231927	103816	67311	60639	161	64518
459014	196976	158790	103033	215	144868
123483	55865	39637	27878	103	37324
5352	1624	1641	2087		2087
38579	18233	13397	6949		9869
54777	28243	17936	8568	30	15074

职业高中学

Number of Female Students in

地区 Region	毕业生数 Graduates 计 Total	毕业生数 Graduates 其中：获得职业资格证书 of Which: Recipients of Vocational Qualifications	招生数 Entrants 计 Total	招生数 Entrants 其中：初中毕业 of Which: Junior Sec. School Graduates 计 Total	招生数 Entrants 其中：初中毕业 of Which: Junior Sec. School Graduates 应届毕业生 Autumn Session
合　计 Total	**1099229**	**750827**	**1439665**	**1329564**	**1206338**
北　京 Beijing	11517	7160	10182	9807	9544
天　津 Tianjin	8501	5677	5861	4950	4460
河　北 Hebei	91481	49775	96410	85604	79080
山　西 Shanxi	36604	26358	56477	51217	49419
内蒙古 Inner Mongolia	17578	10204	34871	30090	23276
辽　宁 Liaoning	32560	15775	31834	29384	27649
吉　林 Jilin	21122	12640	39045	33364	19627
黑龙江 Heilongjiang	19392	14573	30309	28955	21317
上　海 Shanghai	7558	5880	5483	5483	5483
江　苏 Jiangsu	59244	49234	46221	45398	44240
浙　江 Zhejiang	76717	65100	86131	85941	85730
安　徽 Anhui	82295	56172	89560	85342	82114
福　建 Fujian					
江　西 Jiangxi	50198	32254	80526	68496	59023
山　东 Shandong	108401	73620	101911	93922	83905
河　南 Henan	105431	63643	152833	139351	127771
湖　北 Hubei	33102	23851	38918	36321	33933
湖　南 Hunan	96368	71104	90529	86477	72991
广　东 Guangdong	27182	20515	41463	38328	36398
广　西 Guangxi					
海　南 Hainan	2727	1000	10746	10250	8487
重　庆 Chongqing	31631	21822	48380	44568	41120
四　川 Sichuan	55260	44448	116172	108259	101125
贵　州 Guizhou	13066	7129	32836	29803	26526
云　南 Yunnan	24905	13333	45061	41240	34148
西　藏 Tibet					
陕　西 Shaanxi	62146	45823	99886	92123	89315
甘　肃 Gansu	14433	8320	27330	24978	20906
青　海 Qinghai	1384	459	743	722	503
宁　夏 Ningxia	3273	1701	8081	7640	7108
新　疆 Xinjiang	5153	3257	11866	11551	11140

校女学生数
Vocational High Schools

单位：人
unit：person

在校学生数 Enrolment					预计毕业生数 Graduates for Next Year
计 Total	一年级 Grade 1	二年级 Grade 2	三年级 Grade 3	四年级及以上 Over Grade 4	
3654648	**1442941**	**1179120**	**1026397**	**6190**	**1159351**
32668	10199	10401	10734	1334	10664
18352	5915	5455	6966	16	7313
260665	96420	85150	79073	22	86277
140394	56488	44755	39138	13	44758
75192	35049	21556	18587		19625
99675	31982	33074	34091	528	35937
82780	39053	24486	19138	103	21845
74895	30317	22190	22388		22873
18849	5494	6020	6434	901	6511
136047	46221	42101	47610	115	48479
228721	86173	73052	69373	123	69092
240901	90572	80465	68504	1360	79929
183626	80546	58910	44089	81	50155
302426	102008	98868	101194	356	115094
384211	153272	120803	110054	82	127117
115615	39149	40873	35593		39326
243716	90599	86131	66488	498	86051
101037	41651	31466	27920		31073
21417	10746	6512	4135	24	5880
125133	48471	38506	37887	269	37746
249663	116343	78840	54480		59145
72197	32897	23262	16038		19571
104903	45073	30182	29500	148	30708
233558	100219	78906	54309	124	71491
62010	27394	20540	14004	72	18780
2455	743	682	1030		1030
18132	8081	6658	3393		4758
25410	11866	9276	4247	21	8123

地　　区 Region	计 Total	14 岁及以下 14 years and under	15 岁 15 years	16 岁 16 years	17 岁 17 years
合　计 Total	**17798473**	**211860**	**2033820**	**4259857**	**4437781**
北　京 Beijing	161598	4407	21468	33186	39513
天　津 Tianjin	130478	232	5583	26730	35513
河　北 Hebei	1103881	5647	79970	221183	275444
山　西 Shanxi	552169	7101	81553	139128	129385
内蒙古 Inner Mongolia	326956	4592	18909	52689	61609
辽　宁 Liaoning	443912	8328	36510	93140	108611
吉　林 Jilin	322897	1921	10797	51931	67323
黑龙江 Heilongjiang	389955	2143	16626	66531	76265
上　海 Shanghai	176581	1221	22320	44280	46137
江　苏 Jiangsu	1048163	5165	135894	237507	286411
浙　江 Zhejiang	627707	4251	95207	179488	182593
安　徽 Anhui	862605	12568	136053	232304	230802
福　建 Fujian	540020	3102	39401	105919	132257
江　西 Jiangxi	639022	23471	128266	180148	138234
山　东 Shandong	1165052	8601	105550	259423	300222
河　南 Henan	1637551	27723	220880	403747	418413
湖　北 Hubei	1041759	15120	149162	280835	265650
湖　南 Hunan	808731	11188	131406	222536	203865
广　东 Guangdong	1204622	13675	92634	287772	322716
广　西 Guangxi	628888	4417	35009	123228	146172
海　南 Hainan	121591	1004	6206	21856	31407
重　庆 Chongqing	425270	6087	58394	116310	109802
四　川 Sichuan	1203150	15553	193786	360193	291162
贵　州 Guizhou	386865	5644	41153	86172	87689
云　南 Yunnan	471930	4287	46434	106612	110775
西　藏 Tibet	21357	800	2177	3123	4083
陕　西 Shaanxi	625507	4498	53911	151424	164337
甘　肃 Gansu	339878	3772	29250	81201	82703
青　海 Qinghai	76375	1443	7347	13966	16494
宁　夏 Ningxia	96448	517	10140	26486	24246
新　疆 Xinjiang	217555	3382	21824	50809	47948

构)分年龄学生数
Vocational Schools (Institutions)

单位:人
unit: person

18 岁 18 years	19 岁 19 years	20 岁 20years	21 岁 21 years	22 岁及以上 22 years and over
3176797	**1505052**	**663349**	**341290**	**1168667**
33738	16446	4542	1443	6855
31585	15551	7084	2947	5253
211584	114336	51380	26394	117943
85774	37127	18479	12315	41307
55642	34850	21390	13110	64165
96696	50652	20978	9889	19108
57068	37272	25474	20366	50745
69005	37341	22542	13073	86429
37139	16872	2809	631	5172
213109	90737	19929	5802	53609
110887	33427	5084	1395	15375
133189	58188	25093	10628	23780
110140	54474	22490	10026	62211
74785	31608	14268	9327	38915
231963	117907	60269	35577	45540
280316	126633	54907	25656	79276
163294	58365	27341	15544	66448
127634	50869	22402	9579	29252
252156	112700	50108	18702	54159
120606	67444	31328	18434	82250
23602	13931	5642	2705	15238
73183	27609	10691	6020	17174
180716	75089	29144	18943	38564
63676	35998	16839	9922	39772
86752	49875	18923	8378	39894
4380	2654	1911	1133	1096
123764	68050	32950	12189	14384
61605	32239	17864	9683	21561
13666	7096	4610	2939	8814
15453	7682	2947	1702	7275
33690	22030	13931	6838	17103

中等职业学校(机构)

Number of Female Students by Age in

	计 Total	14 岁及以下 14 years and under	15 岁 15 years	16 岁 16 years
合　计 Total	**8794952**	**113874**	**1036577**	**2155222**
北　京 Beijing	82659	2775	11361	16929
天　津 Tianjin	59577	114	2678	12852
河　北 Hebei	557338	3084	40249	115780
山　西 Shanxi	283995	3816	45249	75083
内蒙古 Inner Mongolia	153074	2547	9246	26063
辽　宁 Liaoning	217639	5139	18416	46660
吉　林 Jilin	150329	1033	5501	24965
黑龙江 Heilongjiang	187176	1147	9013	34145
上　海 Shanghai	83902	575	10495	20249
江　苏 Jiangsu	513798	2894	61612	117713
浙　江 Zhejiang	300992	2195	46073	86340
安　徽 Anhui	422023	6041	66050	119215
福　建 Fujian	254529	1659	19422	51744
江　西 Jiangxi	326260	12086	67136	92327
山　东 Shandong	550072	4407	51581	127110
河　南 Henan	828655	14531	111955	206350
湖　北 Hubei	497316	8039	77252	135727
湖　南 Hunan	409607	6619	71215	112749
广　东 Guangdong	622214	7221	50494	151425
广　西 Guangxi	292376	2205	17306	61437
海　南 Hainan	62548	682	3892	12248
重　庆 Chongqing	211926	3250	31703	58253
四　川 Sichuan	592210	8971	98399	176278
贵　州 Guizhou	186657	2986	20798	42857
云　南 Yunnan	243919	2284	23245	57930
西　藏 Tibet	9904	211	775	1513
陕　西 Shaanxi	327976	2432	29958	80013
甘　肃 Gansu	178972	1937	16166	45286
青　海 Qinghai	34228	901	3795	5954
宁　夏 Ningxia	43164	276	4825	12475
新　疆 Xinjiang	109917	1817	10717	27552

分年龄女学生数

Secondary Vocational Schools（Institutions）

单位:人

unit: person

17 岁 17 years	18 岁 18 years	19 岁 19 years	20 岁 20years	21 岁 21 years	22 岁及以上 22 years and over
2246011	**1590723**	**732365**	**299483**	**145870**	**474827**
19651	17248	7561	2017	764	4353
17315	14634	6472	2675	963	1874
142610	109767	58188	23600	10669	53391
71196	46851	19022	7246	4265	11267
30833	26984	16223	9522	5801	25855
56484	47102	24848	9097	3658	6235
33116	27797	18985	11738	8876	18318
39295	34540	18887	9916	5782	34451
21359	18086	8402	1362	381	2993
144711	109750	44819	9441	2564	20294
88785	53304	15790	2168	869	5468
113839	64967	27807	11833	4725	7546
65417	52904	25586	9688	4212	23897
70403	37667	15813	7242	4477	19109
144357	110257	53987	24223	14431	19719
218421	144484	63256	26147	11812	31699
127590	75721	25915	10557	6014	30501
104209	64546	24032	9784	4537	11916
166268	131047	54907	23270	8544	29038
69944	58087	31546	14483	7805	29563
16272	11740	7386	2940	1214	6174
55310	35017	13906	4681	2771	7035
146376	89167	34780	13339	7526	17374
44217	31611	17054	7733	4460	14941
59670	46860	26206	9037	3281	15406
2072	2199	1352	909	545	328
86386	65515	36027	16624	5723	5298
45474	31843	15901	8191	4262	9912
7784	6577	3404	1848	979	2986
11230	7035	3057	1168	614	2484
25417	17416	11246	7004	3346	5402

中等职业学校(机

Data on Training Students in Graduation Secondary

地　区 Region	结业生数					
	计 Total	其中:女 of Which: Female	其中:少数民族 of Which: Minority	其中:资格证书培训 Vocational Qualifications Training of Which:	其中:岗位证书培训 of Which: Tob-related Training	其中:外语 of Which: Foreign language
合　计 Total	**6822378**	**3264228**	**491199**	**1982254**	**1693276**	**145925**
北　京 Beijing	72128	32426	791	28215	18242	4540
天　津 Tianjin	57794	23046	480	24581	2809	370
河　北 Hebei	419181	229016	14761	76860	97914	11718
山　西 Shanxi	219606	111719	219	62834	50868	15739
内蒙古 Inner Mongolia	124483	56785	35567	42156	26911	795
辽　宁 Liaoning	234890	93997	33362	48673	40166	1038
吉　林 Jilin	52931	19243	7183	15360	10761	547
黑龙江 Heilongjiang	115515	56252	1628	27556	39850	1478
上　海 Shanghai	106674	51580	123	29170	27630	8290
江　苏 Jiangsu	537278	313351	326	140524	190031	30062
浙　江 Zhejiang	340289	170345	549	144306	72832	6237
安　徽 Anhui	246762	103417	778	73864	84494	1760
福　建 Fujian	236377	101753	1410	82200	54469	3129
江　西 Jiangxi	131274	63694	73	38906	44648	4297
山　东 Shandong	316863	148650	1302	92873	67475	11493
河　南 Henan	498228	242000	4322	126974	156478	6623
湖　北 Hubei	520631	144219	52371	85130	189541	4386
湖　南 Hunan	200242	94531	17078	80612	48092	7008
广　东 Guangdong	391844	251751	964	146688	55052	12046
广　西 Guangxi	176234	82662	62094	56194	47874	2226
海　南 Hainan	32305	13409	2211	7227	6654	
重　庆 Chongqing	154048	72394	12980	39841	48998	1203
四　川 Sichuan	450693	222020	6609	100827	63463	3413
贵　州 Guizhou	184735	69990	46291	46540	39372	614
云　南 Yunnan	502748	244098	122320	219875	101308	2378
西　藏 Tibet	5560	2277	3358	1026	1663	
陕　西 Shaanxi	160280	79484	675	46908	30536	782
甘　肃 Gansu	149376	80185	8672	33328	40257	3456
青　海 Qinghai	35197	13474	9411	7628	6278	
宁　夏 Ningxia	62462	29664	13105	21360	12032	59
新　疆 Xinjiang	85750	46796	30186	34018	16578	238

构)培训结业学生情况

Vocational Schools (Institutions)

Graduates

其中:会计 of Which: Accountant	其中:计算机 of Which: Computer	其中:农业技术 of Which: Agriculture Technology	一周至 一个月以下 a week to one month under	一个月至 半年以下 one month to half year under	半年以上 half year and over
550252	**1047430**	**1036960**	**3614296**	**2306937**	**901145**
3709	14510	4373	31064	36124	4940
1566	14537	215	26870	27678	3246
22973	63176	65667	213057	153967	52157
1468	49458	9540	137123	34195	48288
388	14346	10626	80839	36166	7478
6032	20370	42234	74829	72921	87140
5347	3576	5762	29328	18834	4769
8795	14469	15412	67248	39241	9026
12736	20621	593	46405	43063	17206
129308	75266	19228	285997	180751	70530
18616	48333	6648	198012	90137	52140
15597	47698	20683	153085	66910	26767
23701	32645	46784	155602	58901	21874
6745	20654	7819	57376	42458	31440
39028	45438	10351	202931	77043	36889
6616	112914	47514	251202	167058	79968
4506	48653	188873	241573	174208	104850
6673	54335	10881	74440	90564	35238
128829	73512	7135	209534	140408	41902
12117	34403	13797	95106	67353	13775
11112	4278	13645	15724	2936	
7683	24683	7971	93954	41289	18805
7050	59541	233995	102407	304188	44098
6898	15491	63257	133971	43276	7488
14940	40263	105293	349994	122983	29771
893	1369	4385	627	548	
3526	40429	38045	65550	71049	23681
28932	27337	19367	99751	42432	7193
533	13160	23285	7844	4068	
13748	3429	6819	44032	13806	4624
9785	14805	9271	51701	25739	8310

中等职业学校(机

Data on Training Students in Enrolment Secondary

注册生数

地　区 Region	计 Total	其中:女 of Which: Female	其中:少数民族 of Which: Minority	其中:资格证书培训 of Which: Vocational Qualifications Training	其中:岗位证书培训 of Which: Tob-related Training	其中:外语 of Which: Foreign language
合　计 Total	**3981864**	**1872849**	**289082**	**1107193**	**869602**	**87926**
北　京 Beijing	36467	17441	498	16828	8190	2657
天　津 Tianjin	22965	9141	600	15427	2116	380
河　北 Hebei	226890	125641	3208	57050	43450	7839
山　西 Shanxi	83819	39414	41	35182	15017	2822
内蒙古 Inner Mongolia	71749	31517	14103	11767	7595	2955
辽　宁 Liaoning	90160	35437	12150	20785	13209	1227
吉　林 Jilin	36628	14857	2704	6205	5255	367
黑龙江 Heilongjiang	45153	22910	1342	7591	11539	1179
上　海 Shanghai	76928	41225	137	27762	11456	6576
江　苏 Jiangsu	251303	133320	207	75670	63660	15242
浙　江 Zhejiang	162037	89540	444	59292	36518	2629
安　徽 Anhui	104746	45378	154	18633	29688	692
福　建 Fujian	164686	77506	741	51935	26534	2144
江　西 Jiangxi	83841	39904	28	15913	23006	241
山　东 Shandong	115833	48385	538	35496	19388	5996
河　南 Henan	379685	185545	1723	81906	102776	4192
湖　北 Hubei	442698	95118	46812	57499	168441	908
湖　南 Hunan	110740	55363	12275	31110	19148	4706
广　东 Guangdong	320668	217417	1116	99229	31300	12845
广　西 Guangxi	144749	67700	44473	49251	28140	3543
海　南 Hainan	11359	5484	3107	5783	3908	16
重　庆 Chongqing	90150	44564	3634	17473	30241	1307
四　川 Sichuan	212960	102002	6386	64353	40233	3789
贵　州 Guizhou	197040	76465	51345	50103	40407	614
云　南 Yunnan	202750	96434	56175	107726	22402	819
西　藏 Tibet	1851	482	1273	657		
陕　西 Shaanxi	127417	64895	141	26724	31965	665
甘　肃 Gansu	74323	41213	2688	15523	16876	1205
青　海 Qinghai	11422	4743	1070	2998	635	
宁　夏 Ningxia	32511	14678	7456	19171	6208	133
新　疆 Xinjiang	48336	29130	12513	22151	10301	238

构)培训注册学生情况

Vocational Schools (Institutions)

Enrolment

其中:会计 of Which: Accountant	其中:计算机 of Which: Computer	其中:农业技术 of Which: Agriculture Technology	一周至一个月以下 a week to one month under	一个月至半年以下 one month to half year under	半年以上 half year and over
302971	**642210**	**565431**	**1755744**	**1195193**	**1030927**
2160	6969	23	14428	13800	8239
977	3664	252	8871	12274	1820
8012	23161	28495	78896	65777	82217
538	16811	3280	52942	10801	20076
418	10199	7254	24562	27107	20080
1372	9252	8287	25621	21590	42949
1067	3551	1667	14342	11311	10975
1790	7634	11898	23575	10074	11504
12238	13445	602	26788	34783	15357
31927	53041	12510	96240	82291	72772
13295	23128	2727	62741	48534	50762
8067	20872	8544	61151	24192	19403
15792	24964	38625	100939	37878	25869
440	18143	5496	37587	29459	16795
9367	23582	1782	29815	26974	59044
3664	92921	36270	159695	101884	118106
6938	36628	189594	189219	140103	113346
2829	23920	4038	28899	31892	49949
122488	54573	3467	161274	112419	46975
12332	27387	11439	79852	48600	16297
2171	2568	241	3562	4536	3261
6518	13327	2372	47372	25898	16880
3991	39197	15811	42334	60028	110598
6951	18386	64237	141111	46899	9030
1299	14833	61632	111632	61238	29880
		116	321	1057	473
5396	24870	25274	38270	58691	30456
13055	12232	10908	50446	18964	4913
113	88	2701	5452	1601	4369
964	1474	4185	18362	10668	3481
6802	21390	1704	19415	13870	15051

中等职业学校(机构)

Changes of Employment in Secondary

	上学年初报表在校学生数 Total enrolment at beginning of previous academic year	增加学生数 Factors of Increase			
		计 Total	招生 No. of Students Admitted	复学 Students Resuming Studies	转入 Transfers from Other Inst.
合 计 Total	**16882421**	**7820589**	**7117770**	**13036**	**388149**
北 京 Beijing	174586	53468	49783	147	2851
天 津 Tianjin	146486	51935	41830	10	3039
河 北 Hebei	1055814	481504	452436	178	17787
山 西 Shanxi	505659	257745	235084	452	5265
内蒙古 Inner Mongolia	269339	198993	161552	361	34038
辽 宁 Liaoning	458954	158378	154523	346	1492
吉 林 Jilin	261272	162787	151829	178	5039
黑龙江 Heilongjiang	336106	179708	166216	75	9769
上 海 Shanghai	187916	54024	50343	191	2358
江 苏 Jiangsu	1135266	393640	350832	248	30572
浙 江 Zhejiang	631650	254058	244126	178	8492
安 徽 Anhui	879794	340335	322237	188	8133
福 建 Fujian	498310	242846	234002	377	3345
江 西 Jiangxi	590283	299579	265726	392	10758
山 东 Shandong	1220469	453902	405242	485	34603
河 南 Henan	1489797	726277	639658	524	37975
湖 北 Hubei	1037294	444155	367161	690	23582
湖 南 Hunan	763491	412506	348884	3572	45835
广 东 Guangdong	1000771	559565	529881	1127	20525
广 西 Guangxi	585715	279527	274911	843	2417
海 南 Hainan	96672	63127	57364	16	1715
重 庆 Chongqing	426955	159257	154903	224	2256
四 川 Sichuan	1080937	584544	528075	1212	29887
贵 州 Guizhou	356725	173036	162831	248	1654
云 南 Yunnan	413914	216266	203187	172	9197
西 藏 Tibet	21003	13959	11038	1	666
陕 西 Shaanxi	590865	272351	246420	96	18872
甘 肃 Gansu	309365	152182	141481	223	8266
青 海 Qinghai	67917	39504	31892	113	6717
宁 夏 Ningxia	78095	47747	45839	12	33
新 疆 Xinjiang	211001	93684	88484	157	1011

学生变动情况

Vocational Schools (Institutions)

单位：人

unit：person

其 他 Others	减少学生数 Factors of Decrease									本学年初报表在校学生数 Total enrolment at beginning of current academic year
	计 Total	毕 业 Graduates	结 业 Completers of Courses without formal awards	休 学 Suspended	退 学 Quitting	开 除 Expelled	死 亡 Death	转 出 Transfer to Other Inst.	其 他 Others	
301634	**6904537**	**5096654**	**116328**	**34827**	**422748**	**11481**	**375**	**743803**	**478321**	**17798473**
687	66456	56788	508	189	4720	112	7	1323	2809	161598
7056	67943	56138	109	48	5585	114	8	1046	4895	130478
11103	433437	348086	5959	768	13387	302	13	35661	29261	1103881
16944	211235	152871	5570	367	6969	114	10	23256	22078	552169
3042	141376	77083	3496	701	7852	376	8	45524	6336	326956
2017	173420	147303	935	581	10226	536	6	2417	11416	443912
5741	101162	81580	2194	275	5267	361	2	9956	1527	322897
3648	125859	93863	1750	255	7131	153	1	20479	2227	389955
1132	65359	56959	234	296	3951	1	11	1784	2123	176581
11988	480743	316447	10711	1444	15613	375	19	120124	16010	1048163
1262	258001	206479	1687	1334	17833	223	19	23569	6857	627707
9777	357524	275297	10605	560	14944	185	11	22836	33086	862605
5122	201136	149669	6494	3114	18702	332	10	7395	15420	540020
22703	250840	183916	1343	1150	11626	478	11	20239	32077	639022
13572	509319	418900	2509	504	15527	485	19	49196	22179	1165052
48120	578523	466854	10870	1049	18575	260	6	44293	36616	1637551
52722	439690	307813	4355	1485	16755	452	16	56197	52617	1041759
14215	367266	273181	8998	3336	26355	607	20	35784	18765	808731
8032	355714	277650	3433	2354	31004	787	24	28056	12406	1204622
1356	236354	147542	1213	2923	44237	664	20	19770	19985	628888
4032	38208	22003	1595	154	4417	200		7016	2823	121591
1874	160942	122220	2066	1469	13391	385	23	11863	9525	425270
25370	462331	286549	13992	6270	28145	974	54	77511	48836	1203150
8303	142896	82599	2174	942	28414	863	11	4396	23497	386865
3710	158250	117236	1277	880	15157	428	22	13493	9757	471930
2254	13605	3603			12			9973	17	21357
6963	237709	184594	8436	1077	12524	371	2	21582	9123	625507
2212	121669	84114	975	380	10020	248	3	17972	7957	339878
782	31046	19356	1541	60	1516	88	4	6834	1647	76375
1863	29394	20547	796	69	1602	74	1	352	5953	96448
4032	87130	59414	503	573	11291	933	14	3906	10496	217555

中等职业学校(机构)

Changes of Female Employment in Secondary

	上学年初报表在校学生数 Total enrolment at beginning of previous academic year	增加学生数 Factors of Increase			
		计 Total	招生 No. of Students Admitted	复学 Students Resuming Studies	转入 Transfers from Other Inst.
合 计 Total	**8404174**	**3751733**	**3447995**	**5348**	**177736**
北 京 Beijing	88960	26957	24959	69	1451
天 津 Tianjin	69315	22810	19315	3	799
河 北 Hebei	543858	234898	221134	75	9139
山 西 Shanxi	275461	119963	110856	103	2742
内蒙古 Inner Mongolia	129475	90338	74015	160	15214
辽 宁 Liaoning	224486	74107	73129	121	300
吉 林 Jilin	123098	73899	69030	43	1843
黑龙江 Heilongjiang	165056	82301	76668	40	4037
上 海 Shanghai	89553	25200	23398	93	1267
江 苏 Jiangsu	568999	186095	166164	53	15165
浙 江 Zhejiang	304223	119365	115380	53	3541
安 徽 Anhui	427798	164188	157040	57	3654
福 建 Fujian	238020	110784	107280	60	1440
江 西 Jiangxi	300816	148156	135347	213	4880
山 东 Shandong	575281	211516	193639	155	13548
河 南 Henan	761007	353207	320016	212	17794
湖 北 Hubei	491269	207746	172745	222	9902
湖 南 Hunan	399935	198313	169184	1702	21366
广 东 Guangdong	517083	286197	272981	261	9422
广 西 Guangxi	271401	125649	123962	410	996
海 南 Hainan	49728	31286	27897	11	1194
重 庆 Chongqing	211230	79756	77499	146	904
四 川 Sichuan	526920	285689	257986	644	15189
贵 州 Guizhou	174100	82029	77975	102	451
云 南 Yunnan	219117	106240	100561	86	4202
西 藏 Tibet	10390	6381	4713	1	419
陕 西 Shaanxi	304672	138683	128229	33	8310
甘 肃 Gansu	163651	78026	72729	114	4015
青 海 Qinghai	30898	17248	13183	24	3900
宁 夏 Ningxia	36955	19901	18927	7	7
新 疆 Xinjiang	111419	44805	42054	82	645

女学生数变动情况

Vocational Schools (Institutions)

单位：人

unit: person

其 他 Others	减少学生数 Factors of Decrease 计 Total	毕 业 Graduates	结 业 Completers of Courses without formal awards	休 学 Suspended	退 学 Quitting	开 除 Expelled	死 亡 Death	转 出 Transfer to Other Inst.	其 他 Others	本学年初报表在校学生数 Total enrolment at beginning of current academic year
120654	**3360955**	**2529152**	**51960**	**14941**	**183611**	**3279**	**116**	**362102**	**215794**	**8794952**
478	33258	29621	133	78	1536	26	4	537	1323	82659
2693	32548	27082	67	23	2665	22	3	608	2078	59577
4550	221418	177532	2782	423	6653	84	5	20982	12957	557338
6262	111429	82504	3975	151	2968	26		11178	10627	283995
949	66739	37171	958	228	3779	151	1	21494	2957	153074
557	80954	68729	326	256	4596	222	3	1210	5612	217639
2983	46668	38976	1103	71	2245	70		3651	552	150329
1556	60181	43551	1129	96	3441	35		10960	969	187176
442	30851	27065	140	124	1331		3	1038	1150	83902
4713	241296	156293	4241	864	6978	156	10	65144	7610	513798
391	122596	101328	563	407	7002	26	3	10288	2979	300992
3437	169963	132188	4601	167	6538	65	3	10792	15609	422023
2004	94275	74006	2105	1263	6912	62	3	3208	6716	254529
7716	122712	92172	517	403	5291	166	8	9918	14237	326260
4174	236725	197512	949	169	7049	94	1	22736	8215	550072
15185	285559	235288	5372	480	8725	71	1	19850	15772	828655
24877	201699	144188	1971	610	6306	85	2	25710	22827	497316
6061	188641	142821	3327	1793	13278	116	11	18410	8885	409607
3533	181066	147090	1386	970	12643	209	13	13139	5616	622214
281	104674	69204	366	1136	17342	111	4	8316	8195	292376
2184	18466	12285	881	68	1577	33		2876	746	62548
1207	79060	61489	861	696	6576	125	7	5420	3886	211926
11870	220399	140500	5856	2441	12016	247	16	37255	22068	592210
3501	69472	41582	998	277	13107	255	3	1595	11655	186657
1391	81438	62895	645	492	6937	124	9	6276	4060	243919
1248	6867	1767		5100		9904				
2111	115379	90828	4652	645	4993	161		9712	4388	327976
1168	62705	43728	431	207	4844	112		8982	4401	178972
141	13918	8113	911	10	479	21	2	3560	822	34228
967	13692	9679	372	37	541	25		132	2906	43164
2024	46307	31965	342	356	5263	379	1	2025	5976	109917

地　区 Region	结业生数			
			分时间	
	计 Total	其中:女 of Which: Female	一周至一个月以下 a week to one month under	一个月至半年以下 one month to half year under
合　计 Total	**369**	**214**	**26**	**51**
北　京 Beijing	32	10		7
天　津 Tianjin				
河　北 Hebei				
山　西 Shanxi				
内蒙古 Inner Mongolia	17	5		
辽　宁 Liaoning	20	17		
吉　林 Jilin				
黑龙江 Heilongjiang				
上　海 Shanghai	26	22	26	
江　苏 Jiangsu	15	9		15
浙　江 Zhejiang				
安　徽 Anhui				
福　建 Fujian				
江　西 Jiangxi				
山　东 Shandong				
河　南 Henan				
湖　北 Hubei				
湖　南 Hunan				
广　东 Guangdong	100	85		
广　西 Guangxi	89	42		
海　南 Hainan				
重　庆 Chongqing				
四　川 Sichuan				
贵　州 Guizhou				
云　南 Yunnan	29	10		
西　藏 Tibet				
陕　西 Shaanxi				
甘　肃 Gansu				
青　海 Qinghai				
宁　夏 Ningxia				
新　疆 Xinjiang	41	14		29

构)外国留学生情况

Secondary Vocational Schools (Institutions)

Graduates						
by Time	分地区 by continent					
半年以上 half year and over	亚洲 Asia	非洲 Africa	欧洲 Europe	北美洲 North America	南美洲 South America	大洋洲 Oceania
292	**318**	**1**	**36**	**11**	**2**	**1**
25	13		8	8	2	1
17	17					
20	18			2		
			26			
	15					
100	100					
89	86		2	1		
29	29					
12	40	1				

中等职业学校

Number of Teachers, Staff & Workers in

	教职工数 Teachers,		
		校本部教职工 Teacher,	
	计 Total	计 Total	专任教师 Full-time Teachers
合　计 Total	**969477**	**953007**	**682151**
北　京 Beijing	15371	15078	8669
天　津 Tianjin	12012	11912	8241
河　北 Hebei	68061	67195	47982
山　西 Shanxi	33213	32530	23283
内蒙古 Inner Mongolia	21443	21131	15227
辽　宁 Liaoning	34312	33815	22603
吉　林 Jilin	28189	27886	18936
黑龙江 Heilongjiang	27227	26834	18817
上　海 Shanghai	14477	14338	8112
江　苏 Jiangsu	58727	58000	43852
浙　江 Zhejiang	37845	37439	30557
安　徽 Anhui	34798	34117	24700
福　建 Fujian	23747	23537	18290
江　西 Jiangxi	29713	29162	21444
山　东 Shandong	81291	79579	56940
河　南 Henan	82720	80828	59531
湖　北 Hubei	42244	40990	29148
湖　南 Hunan	44459	43552	29514
广　东 Guangdong	56156	55763	41178
广　西 Guangxi	32596	30642	20798
海　南 Hainan	5712	5581	3627
重　庆 Chongqing	18075	17889	12953
四　川 Sichuan	51172	50523	36264
贵　州 Guizhou	15412	15260	10889
云　南 Yunnan	27062	26878	19441
西　藏 Tibet	797	797	601
陕　西 Shaanxi	31115	30636	20843
甘　肃 Gansu	19731	19524	14379
青　海 Qinghai	3140	3054	2480
宁　夏 Ningxia	3326	3291	2348
新　疆 Xinjiang	15334	15246	10504

(机构)教职工数

Secondary Vocational Schools (Institutions)

单位:人

unit: person

Staff & Workers					
Staff & Workers in College or Uni. Proper			校办企业职工 Employees in School-run Factories & Farms	其他附设机构人员 Personnel in Other Subsidiary Units	聘请校外教师 Part-time Teachers
行政人员 Adm. Personnel	教辅人员 Supporting Staff	工勤人员 Workers			
107591	**70696**	**92569**	**8219**	**8251**	**100335**
3042	1373	1994	43	250	1503
1844	868	959	54	46	1254
7775	5478	5960	478	388	4941
3479	2680	3088	225	458	3671
2455	1452	1997	118	194	1639
5133	2613	3466	284	213	3453
3866	2967	2117	165	138	1772
3315	1880	2822	249	144	1673
2421	1709	2096	123	16	1556
4111	4571	5466	349	378	5952
2474	1990	2418	205	201	4330
3743	2214	3460	223	458	3888
2189	1333	1725	44	166	4144
3441	1367	2910	286	265	2818
9148	6863	6628	1030	682	2969
8544	5756	6997	1095	797	8351
4685	3245	3912	779	475	5953
5822	3307	4909	534	373	4142
5927	3943	4715	171	222	5493
3348	2498	3998	687	1267	4258
776	376	802	28	103	590
1881	1281	1774	99	87	3446
4803	3521	5935	274	375	4974
2204	842	1325	64	88	3203
2436	1654	3347	36	148	4163
89	20	87			108
4501	2408	2884	287	192	3991
1870	1243	2032	121	86	1462
223	98	253	72	14	462
371	235	337	35		415
1675	911	2156	61	27	3761

中等职业学校(机

Number of Female Teachers, Staff & Workers

	教职工数 Teachers,		
		校本部教职工 Teacher,	
	计 Total	计 Total	专任教师 Full-time Teachers
合　计 Total	**445358**	**437961**	**334693**
北　京 Beijing	8981	8890	5840
天　津 Tianjin	6499	6469	4997
河　北 Hebei	35748	35409	28391
山　西 Shanxi	17380	17063	13310
内蒙古 Inner Mongolia	10626	10494	8211
辽　宁 Liaoning	18876	18589	13895
吉　林 Jilin	14939	14839	11100
黑龙江 Heilongjiang	14229	14109	10978
上　海 Shanghai	7383	7344	4781
江　苏 Jiangsu	27341	27034	21792
浙　江 Zhejiang	18706	18533	15757
安　徽 Anhui	12764	12448	9136
福　建 Fujian	10225	10127	8085
江　西 Jiangxi	11446	11240	8557
山　东 Shandong	35086	34331	26897
河　南 Henan	36948	36020	28590
湖　北 Hubei	16978	16494	11855
湖　南 Hunan	18357	17991	12992
广　东 Guangdong	26005	25803	19629
广　西 Guangxi	14485	13259	9140
海　南 Hainan	2440	2369	1581
重　庆 Chongqing	7834	7763	5952
四　川 Sichuan	21198	20925	15711
贵　州 Guizhou	6262	6207	4527
云　南 Yunnan	12268	12182	8955
西　藏 Tibet	326	326	233
陕　西 Shaanxi	13634	13470	9880
甘　肃 Gansu	7834	7750	5824
青　海 Qinghai	1389	1361	1143
宁　夏 Ningxia	1439	1430	1095
新　疆 Xinjiang	7732	7692	5859

构)女教职工数

in Secondary Vocational Schools (Institutions)

单位:人

unit: person

Staff & Workers					
Staff & Workers in College or Uni. Proper			校办企业职工 Employees in School-run Factories & Farms	其他附设机构人员 Personnel in Other Subsidiary Units	聘请校外教师 Part-time Teachers
行政人员 Adm. Personnel	教辅人员 Supporting Staff	工勤人员 Workers			
37156	**34967**	**31145**	**3256**	**4141**	**41526**
1633	789	628	12	79	804
788	451	233	3	27	547
2440	2654	1924	176	163	2676
1184	1499	1070	68	249	1862
861	817	605	32	100	802
2220	1420	1054	148	139	1689
1548	1643	548	50	50	767
1387	937	807	62	58	828
1159	837	567	34	5	704
1288	2189	1765	143	164	2430
811	1027	938	83	90	1435
1060	1090	1162	69	247	1320
720	659	663	16	82	1520
995	573	1115	108	98	1023
2655	3172	1607	387	368	1325
2597	2727	2106	528	400	3607
1657	1523	1459	253	231	2069
1630	1455	1914	220	146	1546
2122	2064	1988	76	126	2212
1199	1236	1684	392	834	1456
291	167	330	10	61	251
661	643	507	35	36	1299
1702	1484	2028	108	165	2142
811	384	485	27	28	1007
842	895	1490	6	80	1356
35	16	42			37
1459	1177	954	98	66	1535
534	694	698	50	34	618
69	59	90	26	2	193
113	124	98	9		185
685	562	586	27	13	2281

普通中等专业学

Number of Teachers, Staff & Workers

	教职工数 Teachers,			
		校本部教职工 Teacher, Staff & Workers		
	计 Total	计 Total	专任教师 Full-time Teachers	行政人员 Adm. Personnel
合　计 Total	**411303**	**402252**	**272270**	**53591**
北　京 Beijing	5353	5086	2581	1241
天　津 Tianjin	7003	6919	4642	1167
河　北 Hebei	23865	23397	15046	3715
山　西 Shanxi	11918	11446	7147	1908
内蒙古 Inner Mongolia	8521	8451	5346	1421
辽　宁 Liaoning	16935	16826	10916	2631
吉　林 Jilin	6715	6675	4469	1002
黑龙江 Heilongjiang	7880	7614	4353	1309
上　海 Shanghai	9440	9362	4943	1884
江　苏 Jiangsu	27910	27607	20668	2280
浙　江 Zhejiang	4929	4846	3816	347
安　徽 Anhui	11946	11525	7837	1517
福　建 Fujian	23563	23354	18157	2172
江　西 Jiangxi	8840	8701	5975	1325
山　东 Shandong	19981	19404	13093	3061
河　南 Henan	23101	22196	14676	2984
湖　北 Hubei	28554	27450	19044	3498
湖　南 Hunan	5682	5524	3465	1059
广　东 Guangdong	41002	40661	29264	4733
广　西 Guangxi	32479	30525	20743	3321
海　南 Hainan	2543	2449	1430	439
重　庆 Chongqing	3220	3195	2035	492
四　川 Sichuan	27601	27206	17750	3234
贵　州 Guizhou	6957	6933	4712	1185
云　南 Yunnan	11434	11314	7443	1337
西　藏 Tibet	698	698	556	58
陕　西 Shaanxi	6650	6619	4011	1215
甘　肃 Gansu	12904	12738	9116	1374
青　海 Qinghai	2574	2493	2011	177
宁　夏 Ningxia	1527	1496	939	234
新　疆 Xinjiang	9578	9542	6086	1271

校教职工数

in Reg. Specialized Sec. Schools

单位：人

unit: person

Staff & Workers in College or Uni. Proper		校办企业职工 Employees in School-run Factories & Farms	其他附设机构人员 Personnel in Other Subsidiary Units	聘请校外教师 Part-time Teachers
教辅人员 Supporting Staff	工勤人员 Workers			
31235	**45156**	**3976**	**5075**	**42362**
474	790	19	248	638
511	599	43	41	498
2104	2532	259	209	2232
1031	1360	105	367	1158
741	943	26	44	1224
1345	1934	57	52	1324
477	727		40	69
718	1234	154	112	920
1012	1523	71	7	1183
1916	2743	147	156	2291
375	308	34	49	587
826	1345	106	315	1421
1312	1713	44	165	4144
511	890	81	58	1062
1527	1723	220	357	859
2049	2487	599	306	1400
2195	2713	712	392	3407
311	656	77	81	555
2942	3722	158	183	4720
2487	3974	687	1267	4258
229	351		94	376
289	379	1	24	771
2266	3956	115	280	2310
386	650	6	18	717
891	1643	24	96	883
17	67			108
654	739	17	14	1153
731	1517	93	73	753
84	221	70	11	317
114	209	31		177
677	1508	20	16	847

普通中等专业学

Number of Teachers, Staff &

	教职工数 Teachers,			
		校本部教职工 Teacher, Staff &		
	计 Total	计 Total	专任教师 Full-time Teachers	行政人员 Adm. Personnel
合　计 Total	**189959**	**185521**	**133723**	**20442**
北　京 Beijing	2788	2707	1581	645
天　津 Tianjin	3560	3535	2648	459
河　北 Hebei	11996	11809	8535	1390
山　西 Shanxi	6192	5942	4146	772
内蒙古 Inner Mongolia	4357	4328	2960	583
辽　宁 Liaoning	9303	9245	6742	1193
吉　林 Jilin	3515	3496	2679	393
黑龙江 Heilongjiang	3975	3866	2536	567
上　海 Shanghai	4612	4591	2849	879
江　苏 Jiangsu	13593	13452	10744	833
浙　江 Zhejiang	2577	2542	2088	138
安　徽 Anhui	4907	4689	3370	478
福　建 Fujian	10155	10057	8031	718
江　西 Jiangxi	3726	3659	2646	459
山　东 Shandong	9163	8890	6660	988
河　南 Henan	10640	10145	7346	1041
湖　北 Hubei	11471	11056	7757	1279
湖　南 Hunan	2463	2394	1676	352
广　东 Guangdong	19095	18920	14011	1805
广　西 Guangxi	14434	13208	9121	1189
海　南 Hainan	1103	1047	674	158
重　庆 Chongqing	1401	1392	909	223
四　川 Sichuan	11395	11222	7525	1262
贵　州 Guizhou	3104	3088	2177	516
云　南 Yunnan	5402	5344	3668	548
西　藏 Tibet	270	270	207	22
陕　西 Shaanxi	2965	2948	1909	452
甘　肃 Gansu	5261	5194	3876	419
青　海 Qinghai	1143	1116	933	52
宁　夏 Ningxia	640	632	432	70
新　疆 Xinjiang	4753	4737	3287	559

校女教职工数

Workers in Specialized Sec. Schools

单位:人

unit: person

Staff & Workers				
Workers in College or Uni. Proper		校办企业职工 Employees in School-run Factories & Farms	其他附设机构人员 Personnel in Other Subsidiary Units	聘请校外教师 Part-time Teachers
教辅人员 Supporting Staff	工勤人员 Workers			
16308	**15048**	**1639**	**2799**	**18758**
263	218	2	79	351
281	147	3	22	281
1061	823	107	80	1221
575	449	34	216	740
470	315	7	22	602
787	523	37	21	722
283	141		19	39
384	379	61	48	467
460	403	18	3	541
960	915	47	94	1025
217	99	16	19	260
458	383	36	182	534
647	661	16	82	1520
262	292	40	27	452
842	400	68	205	440
1086	672	297	198	741
1031	989	229	186	1371
188	178	30	39	258
1546	1558	70	105	1919
1228	1670	392	834	1456
91	124		56	188
171	89	1	8	394
938	1497	41	132	1042
196	199	2	14	263
516	612	3	55	380
13	28			37
362	225	7	10	547
415	484	34	33	300
48	83	26	1	141
73	57	8		74
456	435	7	9	452

成人中等专业学校教

Number of Teachers, Staff & Workers

	教职工数 Teachers,			
		校本部教职工 Teacher, Staff &		
	计 Total	计 Total	专任教师 Full-time Teachers	行政人员 Adm. Personnel
合　计 Total	**94181**	**93010**	**62587**	**12446**
北　京 Beijing	684	682	334	176
天　津 Tianjin	933	928	589	170
河　北 Hebei	7543	7489	5458	962
山　西 Shanxi	4760	4721	3177	485
内蒙古 Inner Mongolia	2404	2330	1762	218
辽　宁 Liaoning	637	616	408	130
吉　林 Jilin	6354	6335	4383	802
黑龙江 Heilongjiang	7528	7477	5533	849
上　海 Shanghai	662	662	312	137
江　苏 Jiangsu	4748	4676	2637	519
浙　江 Zhejiang	1891	1880	1179	328
安　徽 Anhui	2646	2577	1518	502
福　建 Fujian				
江　西 Jiangxi	1942	1924	1547	176
山　东 Shandong	9394	9043	5972	1285
河　南 Henan	15875	15768	10808	2089
湖　北 Hubei	2865	2865	1793	378
湖　南 Hunan	5008	4863	3039	741
广　东 Guangdong	1485	1485	1031	147
广　西 Guangxi				
海　南 Hainan	241	230	158	28
重　庆 Chongqing	2881	2868	1781	454
四　川 Sichuan	2114	2053	1324	307
贵　州 Guizhou	1805	1774	1201	292
云　南 Yunnan	3698	3697	2518	523
西　藏 Tibet				
陕　西 Shaanxi	1473	1473	789	298
甘　肃 Gansu	1570	1559	827	258
青　海 Qinghai	460	455	379	39
宁　夏 Ningxia	295	295	176	69
新　疆 Xinjiang	2285	2285	1954	84

职工数
in Specialized Sec. Schools for Adults

单位:人
unit: person

Staff & Workers				
Workers in College or Uni. Proper		校办企业职工 Employees in School-run Factories & Farms	其他附设机构人员 Personnel in Other Subsidiary Units	聘请校外教师 Part-time Teachers
教辅人员 Supporting Staff	工勤人员 Workers			
9190	**8787**	**730**	**441**	**25372**
87	85		2	406
71	98		5	575
473	596		54	419
591	468		39	1159
144	206	73	1	39
38	40	21		1048
826	324	2	17	40
541	554	36	15	266
123	90			217
829	691	45	27	2164
198	175	11		1689
317	240	38	31	684
80	121		18	72
839	947	276	75	642
1454	1417	18	89	4067
396	298			1336
550	533	128	17	685
86	221			138
13	31	11		20
330	303	5	8	1180
172	250	41	20	654
116	165	12	19	1385
277	379		1	2345
217	169			1004
320	154	11		320
11	26	2	3	137
19	31			130
72	175			2551

成人中等专业学校女

Number of Female Teachers, Staff & Workers

	教职工数 Teachers,			
		校本部教职工 Teacher, Staff &		
	计 Total	计 Total	专任教师 Full-time Teachers	行政人员 Adm. Personnel
合 计 Total	**42823**	**42239**	**30591**	**4107**
北 京 Beijing	369	369	188	91
天 津 Tianjin	437	432	303	72
河 北 Hebei	3971	3953	3278	243
山 西 Shanxi	2538	2516	1801	159
内蒙古 Inner Mongolia	1113	1094	915	50
辽 宁 Liaoning	321	311	227	49
吉 林 Jilin	3318	3314	2513	269
黑龙江 Heilongjiang	3922	3916	3175	346
上 海 Shanghai	278	278	141	63
江 苏 Jiangsu	1889	1866	1180	157
浙 江 Zhejiang	835	829	538	138
安 徽 Anhui	1020	1008	587	167
福 建 Fujian				
江 西 Jiangxi	685	676	578	31
山 东 Shandong	3959	3718	2620	439
河 南 Henan	7015	6961	5107	664
湖 北 Hubei	1117	1117	705	115
湖 南 Hunan	1888	1793	1127	201
广 东 Guangdong	586	586	413	59
广 西 Guangxi				
海 南 Hainan	81	77	51	7
重 庆 Chongqing	1254	1249	783	169
四 川 Sichuan	895	856	588	105
贵 州 Guizhou	684	679	458	110
云 南 Yunnan	1585	1584	1062	144
西 藏 Tibet				
陕 西 Shaanxi	663	663	373	113
甘 肃 Gansu	756	751	398	77
青 海 Qinghai	193	192	164	14
宁 夏 Ningxia	119	119	81	21
新 疆 Xinjiang	1332	1332	1237	34

教职工数
in Specialized Sec. Schools for Adults

单位：人
unit：person

Staff & Workers				
Workers in College or Uni. Proper		校办企业职工 Employees in School-run Factories & Farms	其他附设机构人员 Personnel in Other Subsidiary Units	聘请校外教师 Part-time Teachers
教辅人员 Supporting Staff	工勤人员 Workers			
4551	**2990**	**384**	**200**	**9227**
56	34			219
36	21		5	164
215	217		18	231
365	191		22	473
79	50	19		20
19	16	10		442
463	69		4	10
260	135		6	103
44	30			95
340	189	15	8	881
95	58	6		355
177	77	10	2	188
36	31		9	37
384	275	189	52	240
695	495	1	53	1523
172	125			216
216	219	91	4	137
33	81			31
5	14	4		
193	104	1	4	352
71	92	30	9	299
49	62	3	2	353
164	214		1	637
96	81			261
208	68	5		180
9	5		1	48
10	7			45
31	30			1687

职业高中学

Number of Teachers, Staff &

	教职工数 Teachers,			
		校本部教职工 Teacher, Staff &		
	计 Total	计 Total	专任教师 Full-time Teachers	行政人员 Adm. Personnel
合　计 Total	**425577**	**419835**	**321511**	**36630**
北　京 Beijing	9009	8990	5508	1584
天　津 Tianjin	4053	4042	2992	503
河　北 Hebei	28684	28539	22820	1966
山　西 Shanxi	15622	15450	12328	985
内蒙古 Inner Mongolia	10363	10195	7977	811
辽　宁 Liaoning	16740	16373	11279	2372
吉　林 Jilin	12661	12428	8450	1694
黑龙江 Heilongjiang	11794	11718	8914	1154
上　海 Shanghai	4189	4128	2739	391
江　苏 Jiangsu	22249	21966	17835	963
浙　江 Zhejiang	28242	27932	23382	1489
安　徽 Anhui	17918	17738	13737	1407
福　建 Fujian				
江　西 Jiangxi	18428	18057	13557	1903
山　东 Shandong	47504	46795	35043	4190
河　南 Henan	40701	39844	31639	3142
湖　北 Hubei	8959	8838	7126	586
湖　南 Hunan	32023	31434	21919	3709
广　东 Guangdong	11763	11711	9566	851
广　西 Guangxi				
海　南 Hainan	2928	2902	2039	309
重　庆 Chongqing	10979	10867	8562	777
四　川 Sichuan	20433	20240	16405	1155
贵　州 Guizhou	6214	6122	4698	654
云　南 Yunnan	11440	11378	9203	494
西　藏 Tibet				
陕　西 Shaanxi	22675	22228	15796	2952
甘　肃 Gansu	5194	5164	4389	224
青　海 Qinghai	106	106	90	7
宁　夏 Ningxia	1274	1270	1087	41
新　疆 Xinjiang	3432	3380	2431	317

校教职工数

Workers in Vocational High Schools

单位:人

unit: person

Staff & Workers				聘请校外教师 Part-time Teachers
Workers in College or Uni. Proper		校办企业职工 Employees in School-run Factories & Farms	其他附设机构人员 Personnel in Other Subsidiary Units	
教辅人员 Supporting Staff	工勤人员 Workers			
26773	**34921**	**3348**	**2394**	**27566**
799	1099	19		394
285	262	11		181
1905	1848	128	17	1466
1009	1128	120	52	1175
560	847	19	149	343
1230	1492	206	161	1081
1427	857	163	70	1343
619	1031	59	17	487
550	448	52	9	149
1492	1676	147	136	903
1250	1811	159	151	1512
901	1693	79	101	1467
752	1845	191	180	1637
3985	3577	534	175	1260
2172	2891	478	379	2428
486	640	59	62	858
2247	3559	314	275	2744
685	609	13	39	438
134	420	17	9	194
558	970	72	40	1419
1016	1664	118	75	1734
317	453	46	46	857
446	1235	12	50	878
1517	1963	270	177	1779
191	360	17	13	387
3	6			8
76	66	4		86
161	471	41	11	358

职业高中学校女

Number of Female Teachers, Staff &

	教职工数 Teachers,			
		校本部教职工 Teacher, Staff &		
	计 Total	计 Total	专任教师 Full-time Teachers	行政人员 Adm. Personnel
合　计 Total	**195359**	**193187**	**157874**	**11063**
北　京 Beijing	5630	5620	3911	872
天　津 Tianjin	2498	2498	2042	257
河　北 Hebei	15922	15875	13935	440
山　西 Shanxi	8264	8219	7053	235
内蒙古 Inner Mongolia	5083	4999	4266	228
辽　宁 Liaoning	9252	9033	6926	978
吉　林 Jilin	6736	6662	4892	724
黑龙江 Heilongjiang	6321	6316	5256	474
上　海 Shanghai	2404	2386	1718	213
江　苏 Jiangsu	10199	10067	8604	206
浙　江 Zhejiang	14017	13885	12089	439
安　徽 Anhui	5998	5917	4585	329
福　建 Fujian				
江　西 Jiangxi	6877	6752	5209	501
山　东 Shandong	20158	19962	16347	1094
河　南 Henan	18039	17669	15087	787
湖　北 Hubei	3480	3422	2803	180
湖　南 Hunan	13286	13090	9691	970
广　东 Guangdong	5513	5486	4636	209
广　西 Guangxi				
海　南 Hainan	1256	1245	856	126
重　庆 Chongqing	4746	4708	3991	217
四　川 Sichuan	8473	8412	7251	296
贵　州 Guizhou	2265	2233	1759	153
云　南 Yunnan	5045	5018	4081	117
西　藏 Tibet				
陕　西 Shaanxi	9868	9721	7489	881
甘　肃 Gansu	1798	1786	1535	35
青　海 Qinghai	53	53	46	3
宁　夏 Ningxia	541	540	491	7
新　疆 Xinjiang	1637	1613	1325	92

教职工数
Workers in Vocational High Schools

单位:人
unit: person

Staff & Workers in College or Uni. Proper		校办企业职工 Employees in School-run Factories & Farms	其他附设机构人员 Personnel in Other Subsidiary Units	聘请校外教师 Part-time Teachers
教辅人员 Supporting Staff	工勤人员 Workers			
12398	**11852**	**1178**	**994**	**11226**
463	374	10		202
134	65			102
915	585	38	9	769
539	392	34	11	531
265	240	6	78	167
614	515	101	118	525
757	289	50	24	546
293	293	1	4	258
327	128	16	2	66
714	543	77	55	293
627	730	61	71	576
383	620	23	58	491
270	772	65	60	519
1687	834	130	66	564
911	884	230	140	1093
219	220	24	34	336
969	1460	93	103	1078
353	288	6	21	177
71	192	6	5	63
235	265	22	16	523
446	419	37	24	703
124	197	22	10	289
201	619	3	24	316
710	641	91	56	708
70	146	11	1	137
2	2			4
24	18	1		50
75	121	20	4	140

	教职工数 Teachers,			
		校本部教职工 Teacher, Staff & Workers		
	计 Total	计 Total	专任教师 Full-time Teachers	行政人员 Adm. Personnel
合 计 Total	**38416**	**37910**	**25783**	**4924**
北 京 Beijing	325	320	246	41
天 津 Tianjin	23	23	18	4
河 北 Hebei	7969	7770	4658	1132
山 西 Shanxi	913	913	631	101
内蒙古 Inner Mongolia	155	155	142	5
辽 宁 Liaoning				
吉 林 Jilin	2459	2448	1634	368
黑龙江 Heilongjiang	25	25	17	3
上 海 Shanghai	186	186	118	9
江 苏 Jiangsu	3820	3751	2712	349
浙 江 Zhejiang	2783	2781	2180	310
安 徽 Anhui	2288	2277	1608	317
福 建 Fujian	184	183	133	17
江 西 Jiangxi	503	480	365	37
山 东 Shandong	4412	4337	2832	612
河 南 Henan	3043	3020	2408	329
湖 北 Hubei	1866	1837	1185	223
湖 南 Hunan	1746	1731	1091	313
广 东 Guangdong	1906	1906	1317	196
广 西 Guangxi	117	117	55	27
海 南 Hainan				
重 庆 Chongqing	995	959	575	158
四 川 Sichuan	1024	1024	785	107
贵 州 Guizhou	436	431	278	73
云 南 Yunnan	490	489	277	82
西 藏 Tibet	99	99	45	31
陕 西 Shaanxi	317	316	247	36
甘 肃 Gansu	63	63	47	14
青 海 Qinghai				
宁 夏 Ningxia	230	230	146	27
新 疆 Xinjiang	39	39	33	3

教职工数

Workers in Other Institutions

单位：人

unit：person

Staff & Workers in College or Uni. Proper		校办企业职工 Employees in School-run Factories & Farms	其他附设机构人员 Personnel in Other Subsidiary Units	聘请校外教师 Part-time Teachers
教辅人员 Supporting Staff	工勤人员 Workers			
3498	**3705**	**165**	**341**	**5035**
13	20	5		65
1				
996	984	91	108	824
49	132			179
7	1			33
237	209		11	320
2	3			
24	35			7
334	356	10	59	594
167	124	1	1	542
170	182		11	316
21	12		1	
24	54	14	9	47
512	381		75	208
81	202		23	456
168	261	8	21	352
166	161	15		158
230	163			197
11	24			
104	122	21	15	76
67	65			276
23	57		5	244
40	90		1	57
3	20			
20	13		1	55
1	1			2
26	31			22
1	2			5

其他机构女

Number of Female Teachers, Staff

地　区 Region	教职工数 Teachers,	校本部教职工 Teacher, Staff & Workers		
	计 Total	计 Total	专任教师 Full-time Teachers	行政人员 Adm. Personnel
合　计 Total	**17217**	**17014**	**12505**	**1544**
北　京 Beijing	194	194	160	25
天　津 Tianjin	4	4	4	
河　北 Hebei	3859	3772	2643	367
山　西 Shanxi	386	386	310	18
内蒙古 Inner Mongolia	73	73	70	
辽　宁 Liaoning				
吉　林 Jilin	1370	1367	1016	162
黑龙江 Heilongjiang	11	11	11	
上　海 Shanghai	89	89	73	4
江　苏 Jiangsu	1660	1649	1264	92
浙　江 Zhejiang	1277	1277	1042	96
安　徽 Anhui	839	834	594	86
福　建 Fujian	70	70	54	2
江　西 Jiangxi	158	153	124	4
山　东 Shandong	1806	1761	1270	134
河　南 Henan	1254	1245	1050	105
湖　北 Hubei	910	899	590	83
湖　南 Hunan	720	714	498	107
广　东 Guangdong	811	811	569	49
广　西 Guangxi	51	51	19	10
海　南 Hainan				
重　庆 Chongqing	433	414	269	52
四　川 Sichuan	435	435	347	39
贵　州 Guizhou	209	207	133	32
云　南 Yunnan	236	236	144	33
西　藏 Tibet	56	56	26	13
陕　西 Shaanxi	138	138	109	13
甘　肃 Gansu	19	19	15	3
青　海 Qinghai				
宁　夏 Ningxia	139	139	91	15
新　疆 Xinjiang	10	10	10	

教职工数

& Workers in Other Institutions

单位：人

unit：person

Staff & Workers in College or Uni. Proper		校办企业职工 Employees in School-run Factories & Farms	其他附设机构人员 Personnel in Other Subsidiary Units	聘请校外教师 Part-time Teachers
教辅人员 Supporting Staff	工勤人员 Workers			
1710	**1255**	**55**	**148**	**2315**
7	2			32
463	299	31	56	455
20	38			118
3				13
140	49		3	172
6	6			2
175	118	4	7	231
88	51			244
72	82		5	107
12	2			
5	20	3	2	15
259	98		45	81
35	55		9	250
101	125		11	146
52	57	6		73
132	61			85
8	14			
44	49	11	8	30
29	20			98
15	27		2	102
14	45			23
3	14			
9	7			19
1				1
17	16			16
				2

Data on Rank, Academic Qualifications of Full-time

地　区 Region	计 Total	职称 Rank 正高级 Senior	副高级 Sub-Senior	中级 Middle
合　计 Total	**682151**	**5034**	**133860**	**274104**
北　京 Beijing	8669	94	2047	3596
天　津 Tianjin	8241	79	2967	3092
河　北 Hebei	47982	470	9283	20799
山　西 Shanxi	23283	144	2985	8361
内蒙古 Inner Mongolia	15227	71	3496	6036
辽　宁 Liaoning	22603	315	6798	8053
吉　林 Jilin	18936	283	5095	8194
黑龙江 Heilongjiang	18817	127	5677	7497
上　海 Shanghai	8112	21	1525	4315
江　苏 Jiangsu	43852	82	8244	17502
浙　江 Zhejiang	30557	41	5119	11881
安　徽 Anhui	24700	179	5617	8992
福　建 Fujian	18290		3592	7091
江　西 Jiangxi	21444	264	4688	8138
山　东 Shandong	56940	409	12713	20438
河　南 Henan	59531	341	9750	24474
湖　北 Hubei	29148	311	6230	13366
湖　南 Hunan	29514	413	5176	13407
广　东 Guangdong	41178	39	5639	18027
广　西 Guangxi	20798	222	2368	9036
海　南 Hainan	3627	29	552	1104
重　庆 Chongqing	12953	106	2452	5014
四　川 Sichuan	36264	516	6472	13818
贵　州 Guizhou	10889	70	1954	4375
云　南 Yunnan	19441	35	4373	7770
西　藏 Tibet	601		29	177
陕　西 Shaanxi	20843	272	3069	7693
甘　肃 Gansu	14379	77	2359	5433
青　海 Qinghai	2480	8	678	951
宁　夏 Ningxia	2348	10	592	858
新　疆 Xinjiang	10504	6	2321	4616

任教师职称、学历情况

Teachers in Secondary Vocational Schools (Institutions)

单位：人

unit: person

		学历 Academic Qualifications				
初级 Junior	无职称 No Rank	博士 Doctor's Degree	硕士 Master's Degree	本科 Normal Courses	专科 Short-cycle Courses	高中阶段及以下 Below High School Graduate
207375	**61778**	**471**	**22486**	**531344**	**121210**	**6640**
2355	577	17	626	7287	653	86
1777	326		396	6687	1040	118
13741	3689	10	1352	37878	8416	326
9198	2595		457	17075	5560	191
4261	1363	6	309	11575	3212	125
5751	1686	15	927	18435	3065	161
4532	832	31	677	15038	3046	144
4239	1277	7	333	14701	3578	198
1923	328	15	733	6783	509	72
14716	3308	18	2485	36595	4492	262
10636	2880	2	673	27299	2391	192
7323	2589	4	533	19105	4933	125
5930	1677	8	462	14644	2956	220
6228	2126	4	590	14830	5798	222
18513	4867	77	2234	46214	7960	455
20448	4518	62	1860	45651	11477	481
7403	1838	18	852	22052	5803	423
7804	2714	81	840	21488	6899	206
11830	5643	15	2192	32805	5643	523
6598	2574	10	652	14727	5054	355
1160	782	4	81	2792	689	61
4180	1201	5	294	10239	2312	103
10671	4787	31	750	26594	8449	440
3547	943	3	236	7958	2507	185
5590	1673	2	587	15436	3148	268
283	112		20	492	81	8
7729	2080	19	603	14355	5533	333
5120	1390	4	347	10789	3054	185
532	311		33	1651	742	54
633	255	2	95	1911	318	22
2724	837	1	257	8258	1892	96

普通中等专业学校专任
Data on Rank, Academic Qualifications of Full-

地　区 Region	计 Total	职称 Rank		
		正高级 Senior	副高级 Sub-Senior	中级 Middle
合　计 Total	**272270**	**2052**	**61371**	**104484**
北　京 Beijing	2581	22	657	1056
天　津 Tianjin	4642	12	1658	1717
河　北 Hebei	15046	275	3722	5352
山　西 Shanxi	7147	41	1609	2528
内蒙古 Inner Mongolia	5346	53	1516	1952
辽　宁 Liaoning	10916	203	3455	3624
吉　林 Jilin	4469	28	1605	1615
黑龙江 Heilongjiang	4353	70	1487	1217
上　海 Shanghai	4943	21	1084	2519
江　苏 Jiangsu	20668	49	4301	7370
浙　江 Zhejiang	3816	8	795	1399
安　徽 Anhui	7837	93	2203	2457
福　建 Fujian	18157		3556	7044
江　西 Jiangxi	5975	36	1447	2187
山　东 Shandong	13093	46	4449	4431
河　南 Henan	14676	79	3613	5510
湖　北 Hubei	19044	245	4228	8362
湖　南 Hunan	3465	9	1161	1306
广　东 Guangdong	29264	29	4069	12283
广　西 Guangxi	20743	222	2362	9005
海　南 Hainan	1430	2	260	478
重　庆 Chongqing	2035	6	566	772
四　川 Sichuan	17750	337	3187	6893
贵　州 Guizhou	4712	29	1177	1831
云　南 Yunnan	7443	14	2182	2677
西　藏 Tibet	556		23	167
陕　西 Shaanxi	4011	40	1009	1474
甘　肃 Gansu	9116	64	1803	3560
青　海 Qinghai	2011	8	584	759
宁　夏 Ningxia	939	8	261	310
新　疆 Xinjiang	6086	3	1342	2629

教师职称、学历情况

time Teachers in Reg. Specialized Sec. Schools

单位：人

unit：person

初级 Junior	无职称 No Rank	学历 Academic Qualifications 博士 Doctor's Degree	硕士 Master's Degree	本科 Normal Courses	专科 Short-cycle Courses	高中阶段及以下 Below High School Graduate
77160	**27203**	**184**	**13977**	**213258**	**41617**	**3234**
652	194	13	389	1931	196	52
1047	208		291	3707	571	73
3928	1769	5	670	11031	3175	165
2001	968		352	5616	1115	64
1229	596	6	217	3928	1135	60
3002	632	13	699	9142	996	66
1131	90	5	225	3773	431	35
1010	569	4	247	3547	509	46
1134	185	13	603	3938	335	54
7184	1764	15	1784	17092	1646	131
1341	273	1	133	3453	191	38
2312	772	1	311	6369	1123	33
5881	1676	8	460	14538	2931	220
1837	468	1	289	4283	1328	74
3463	704	16	944	10848	1196	89
4316	1158	10	1004	11683	1773	206
4749	1460	9	505	14417	3858	255
789	200	3	192	2821	432	17
8326	4557	13	1846	23253	3766	386
6585	2569	10	652	14681	5046	354
385	305		42	1235	107	46
538	153	1	80	1717	224	13
4446	2887	24	537	12622	4287	280
1404	271	2	154	3698	799	59
1757	813	2	448	6213	710	70
261	105		19	448	81	8
1236	252	3	279	2999	587	143
3027	662	3	311	7269	1432	101
393	267		29	1355	580	47
239	121	2	50	732	140	15
1557	555	1	215	4919	917	34

成人中等专业学校专任

Data on Rank, Academic Qualifications of Full-time

地　区 Region	计 Total	职称 Rank 正高级 Senior	副高级 Sub-Senior	中级 Middle
合　计 Total	**62587**	**543**	**14819**	**29466**
北　京 Beijing	334	6	92	141
天　津 Tianjin	589		249	220
河　北 Hebei	5458	24	1191	2898
山　西 Shanxi	3177	37	393	1678
内蒙古 Inner Mongolia	1762	1	633	758
辽　宁 Liaoning	408	17	100	200
吉　林 Jilin	4383	15	1294	2292
黑龙江 Heilongjiang	5533	34	2146	2432
上　海 Shanghai	312		41	210
江　苏 Jiangsu	2637	15	505	1111
浙　江 Zhejiang	1179	3	404	526
安　徽 Anhui	1518	10	323	717
福　建 Fujian				
江　西 Jiangxi	1547		641	644
山　东 Shandong	5972	177	1638	2220
河　南 Henan	10808	126	1665	5049
湖　北 Hubei	1793	10	303	1114
湖　南 Hunan	3039	19	718	1547
广　东 Guangdong	1031		104	466
广　西 Guangxi				
海　南 Hainan	158		59	64
重　庆 Chongqing	1781	31	553	716
四　川 Sichuan	1324	8	135	455
贵　州 Guizhou	1201	6	140	656
云　南 Yunnan	2518		554	1306
西　藏 Tibet				
陕　西 Shaanxi	789	1	81	373
甘　肃 Gansu	827		194	405
青　海 Qinghai	379		76	154
宁　夏 Ningxia	176		45	73
新　疆 Xinjiang	1954	3	542	1041

教师职称、学历情况

Teachers in Specialized Sec. Schools for Adults

单位:人

unit: person

		学历 Academic Qualifications				
初级 Junior	无职称 No Rank	博士 Doctor's Degree	硕士 Master's Degree	本科 Normal Courses	专科 Short-cycle Courses	高中阶段及以下 Below High School Graduate
14684	**3075**	**80**	**1322**	**44971**	**15505**	**709**
79	16	2	18	286	28	
103	17		12	460	110	7
1200	145	1	82	3922	1402	51
999	70		24	1960	1166	27
355	15		18	1272	454	18
88	3		7	242	155	4
736	46	2	51	3229	1047	54
794	127	3	37	4093	1335	65
53	8	1	23	234	49	5
760	246	1	101	2097	422	16
228	18	1	44	1038	93	3
405	63		38	977	494	9
224	38		22	1004	490	31
1452	485	48	231	4492	1153	48
3171	797	8	223	7870	2620	87
331	35	4	48	1142	542	57
530	225	4	59	2025	928	23
366	95		29	705	246	51
35			1	117	40	
352	129	1	83	1363	304	30
476	250	4	37	838	413	32
364	35		30	863	303	5
611	47		40	1816	599	63
302	32		6	392	391	
172	56		21	514	283	9
115	34		3	235	138	3
40	18		18	127	30	1
343	25		16	1658	270	10

职业高中学校专任教

Data on Rank, Academic Qualifications of Full-

地　区 Region	计 Total	职称 Rank		
		正高级 Senior	副高级 Sub-Senior	中级 Middle
合　计 Total	**321511**	**2130**	**52080**	**129601**
北　京 Beijing	5508	65	1242	2278
天　津 Tianjin	2992	67	1051	1148
河　北 Hebei	22820	44	2962	10881
山　西 Shanxi	12328	61	915	3919
内蒙古 Inner Mongolia	7977	17	1338	3277
辽　宁 Liaoning	11279	95	3243	4229
吉　林 Jilin	8450	214	1637	3693
黑龙江 Heilongjiang	8914	23	2040	3837
上　海 Shanghai	2739		369	1525
江　苏 Jiangsu	17835	12	2892	7815
浙　江 Zhejiang	23382	28	3668	9083
安　徽 Anhui	13737	67	2844	5141
福　建 Fujian				
江　西 Jiangxi	13557	221	2510	5127
山　东 Shandong	35043	151	5937	12716
河　南 Henan	31639	127	4117	12832
湖　北 Hubei	7126	49	1287	3397
湖　南 Hunan	21919	360	3070	10123
广　东 Guangdong	9566	7	1242	4538
广　西 Guangxi				
海　南 Hainan	2039	27	233	562
重　庆 Chongqing	8562	57	1278	3262
四　川 Sichuan	16405	147	3012	6165
贵　州 Guizhou	4698	35	602	1775
云　南 Yunnan	9203	17	1602	3683
西　藏 Tibet				
陕　西 Shaanxi	15796	227	1934	5749
甘　肃 Gansu	4389	12	355	1451
青　海 Qinghai	90		18	38
宁　夏 Ningxia	1087		247	414
新　疆 Xinjiang	2431		435	943

师职称、学历情况

time Teachers in Vocational High Schools

单位:人
unit: person

		学历 Academic Qualifications				
初级 Junior	无职称 No Rank	博士 Doctor's Degree	硕士 Master's Degree	本科 Normal Courses	专科 Short-cycle Courses	高中阶段及以下 Below High School Graduate
108272	**29428**	**190**	**5631**	**252624**	**60518**	**2548**
1568	355	1	194	4870	414	29
625	101		93	2506	355	38
7465	1468		225	18979	3516	100
6004	1429		81	9125	3032	90
2611	734		74	6256	1600	47
2661	1051	2	221	9051	1914	91
2246	660	23	258	6697	1424	48
2433	581		49	7059	1719	87
714	131	1	105	2495	125	13
5970	1146	2	520	15235	1985	93
8248	2355		438	20980	1829	135
4083	1602	3	132	10548	2984	70
4094	1605	3	274	9253	3912	115
12862	3377	8	721	28725	5286	303
12120	2443	44	545	24113	6750	187
2104	289	2	120	5728	1186	90
6214	2152	74	545	15745	5390	165
2864	915		222	7786	1480	78
740	477	4	38	1440	542	15
3108	857	2	114	6787	1601	58
5493	1588	3	160	12491	3628	123
1703	583	1	36	3199	1350	112
3175	726		91	7169	1808	135
6103	1783	16	318	10764	4508	190
1916	655	1	15	2976	1322	75
24	10		1	61	24	4
326	100		15	931	136	5
798	255		26	1655	698	52

其他机构专任教师

Data on Rank, Academic Qualifications of

地　区 Region	计 Total	职称 Rank 正高级 Senior	副高级 Sub-Senior	中级 Middle
合　计 Total	**25783**	**309**	**5590**	**10553**
北　京 Beijing	246	1	56	121
天　津 Tianjin	18		9	7
河　北 Hebei	4658	127	1408	1668
山　西 Shanxi	631	5	68	236
内蒙古 Inner Mongolia	142		9	49
辽　宁 Liaoning				
吉　林 Jilin	1634	26	559	594
黑龙江 Heilongjiang	17		4	11
上　海 Shanghai	118		31	61
江　苏 Jiangsu	2712	6	546	1206
浙　江 Zhejiang	2180	2	252	873
安　徽 Anhui	1608	9	247	677
福　建 Fujian	133		36	47
江　西 Jiangxi	365	7	90	180
山　东 Shandong	2832	35	689	1071
河　南 Henan	2408	9	355	1083
湖　北 Hubei	1185	7	412	493
湖　南 Hunan	1091	25	227	431
广　东 Guangdong	1317	3	224	740
广　西 Guangxi	55		6	31
海　南 Hainan				
重　庆 Chongqing	575	12	55	264
四　川 Sichuan	785	24	138	305
贵　州 Guizhou	278		35	113
云　南 Yunnan	277	4	35	104
西　藏 Tibet	45		6	10
陕　西 Shaanxi	247	4	45	97
甘　肃 Gansu	47	1	7	17
青　海 Qinghai				
宁　夏 Ningxia	146	2	39	61
新　疆 Xinjiang	33		2	3

职称、学历情况
Full-time Teachers in Other Institutions

单位：人

unit：person

初级 Junior	无职称 No Rank	学历 Academic Qualifications 博士 Doctor's Degree	硕士 Master's Degree	本科 Normal Courses	专科 Short-cycle Courses	高中阶段及以下 Below High School Graduate
7259	**2072**	**17**	**1556**	**20491**	**3570**	**149**
56	12	1	25	200	15	5
2				14	4	
1148	307	4	375	3946	323	10
194	128			374	247	10
66	18			119	23	
419	36	1	143	1339	144	7
2				2	15	
22	4		2	116		
802	152		80	2171	439	22
819	234		58	1828	278	16
523	152		52	1211	332	13
49	1		2	106	25	
73	15		5	290	68	2
736	301	5	338	2149	325	15
841	120		88	1985	334	1
219	54	3	179	765	217	21
271	137		44	897	149	1
274	76	2	95	1061	151	8
13	5			46	8	1
182	62	1	17	372	183	2
256	62		16	643	121	5
76	54		16	198	55	9
47	87		8	238	31	
22	7		1	44		
88	13			200	47	
5	17			30	17	
28	16		12	121	12	1
26	2			26	7	

中等职业学校(机构)

Condition of Fixed Assets and Teaching Resources in Secondary

地 区 Region	学校占地面积(平方米) Area of School Sites (m^2)			图书音像资料情况 Audio-visual ed. Resources		
				一般图书(万册) Books & Magazines in Libraries(10,000 Volume)		电子图书(GB) Electronic Books & Magazines in Libraries (GB)
	计 Total	其中:绿化用地面积 of Which: Green Areas	其中:运动场地面积 of Which: Sports Areas	计 Total	当年新增 Added in Current Year	
合 计 Total	**498276203**	**112472653**	**76032914**	**333558648**	**20724683**	**10045758.64**
北 京 Beijing	5547884	988801	1048893	5395844	383327	512747.86
天 津 Tianjin	3892356	482647	657986	4437069	112749	13362.98
河 北 Hebei	26140938	4221537	4970703	20061367	1174754	38455.54
山 西 Shanxi	13129423	2224113	1819622	8586882	366285	46069.40
内蒙古 Inner Mongolia	12859457	1540908	2078288	5109355	471663	316975.50
辽 宁 Liaoning	11328939	1357431	2704493	10019339	197080	14231.70
吉 林 Jilin	7492742	1310094	1822275	7082484	373272	15674.16
黑龙江 Heilongjiang	10312828	1624427	1924217	5788930	172295	610554.98
上 海 Shanghai	3536088	1192948	764528	6173331	253627	92061.61
江 苏 Jiangsu	30834239	8603057	4769547	23473381	1947566	126680.01
浙 江 Zhejiang	20050437	5706947	3881240	14399844	774567	354166.60
安 徽 Anhui	30082088	6819475	3966911	14616944	1022392	673694.10
福 建 Fujian	12928122	3356140	2437996	10041215	679097	417384.87
江 西 Jiangxi	27598294	11962773	2727632	13512725	743783	515013.19
山 东 Shandong	48137555	10504492	6944145	25255273	1996713	129333.55
河 南 Henan	37179333	6272708	5778318	30920814	1596920	1195479.54
湖 北 Hubei	21879352	4368202	2783478	17594375	748325	494416.24
湖 南 Hunan	25464430	6552638	3203732	15445470	958679	586237.92
广 东 Guangdong	29154345	8558449	5176533	24967792	1389987	1668755.00
广 西 Guangxi	22341670	4813327	2575780	13054115	1134114	632608.80
海 南 Hainan	3088712	721422	527415	1492667	144867	27630.00
重 庆 Chongqing	9735022	2316802	1453741	6186669	678043	290515.20
四 川 Sichuan	21145914	4409243	3618251	13980312	1423828	239781.06
贵 州 Guizhou	7439920	1764069	1094064	5290101	552687	447110.64
云 南 Yunnan	14027696	3035486	1761643	8923778	345566	16269.11
西 藏 Tibet	643517	119430	46578	262509	5461	414.00
陕 西 Shaanxi	12099823	1831217	1886161	9070493	541324	183717.81
甘 肃 Gansu	11309134	1759788	1448090	6278019	229911	253713.92
青 海 Qinghai	1873141	328571	293229	868023	44524	944.00
宁 夏 Ningxia	3957038	910381	435430	1039156	45898	15244.00
新 疆 Xinjiang	13065766	2815130	1431995	4230372	215379	116515.35

资产情况(学校产权)

Vocational Schools (Institutions) (Owned by HEIs)

拥有教学用计算机(台) No. of Computers Used for Instruction	语音实验室座位数(个) No. of Seats in Audio-Labs	多媒体教室座位数(个) No. of Seats in Multi-media Class rooms	上网课程数(门) No. of Web-Based Courses	固定资产值(万元) Fixed Assets (10,000 yuan)		
				合 计 Total	其中:教学、科研仪器设备资产 of Which: Teaching Equipment & Instruments	
					计 Total	当年新增 Added in Current Year
2197786	**545737**	**2993829**	**82090**	**19063744.95**	**3620677.31**	**595038.97**
40025	6191	99810	587	406976.17	108042.53	19174.35
24931	3084	24416	484	206205.73	48442.16	9338.71
126586	36769	194624	804	855042.52	164418.65	28015.46
51132	15921	70810	1121	400453.06	69587.34	9193.57
29746	8778	45136	1871	266008.44	39903.06	7523.61
73517	16722	75824	983	529317.67	124372.03	13740.36
33343	9430	44778	982	316883.40	59814.01	11517.24
35699	10452	43634	3870	305921.26	67111.28	10859.45
53107	7673	47800	208	570720.02	138306.71	20341.17
152618	30148	253724	3842	1924035.37	321430.05	56859.94
111703	17642	171769	2888	1121873.82	205661.92	33325.41
85833	24245	103001	2296	779224.94	133451.54	22707.66
70676	14250	114704	1754	524946.07	109810.70	15481.42
77101	22971	85907	7035	598459.53	103659.37	18144.63
142511	45993	211835	8033	1660365.48	236828.56	32049.89
167754	55141	213073	7516	1256033.07	222948.32	37147.09
98425	27456	107132	7608	839618.98	129531.52	18514.13
128048	36635	125028	9733	955701.43	164582.08	20320.57
201662	38800	386901	2423	1634107.00	405678.00	56277.00
88018	18714	100504	2494	579053.60	145479.94	33195.08
11755	3302	21453	5130	174401.29	26379.27	10601.08
51690	10940	69373	1161	533415.25	87632.25	15956.01
114905	25750	109270	3235	825185.36	157586.17	31901.38
36237	7094	50403	556	212283.42	45434.46	8738.62
56819	10453	64475		462671.04	66776.82	14287.48
1159	269	2201	5	22044.77	2134.31	400
60189	19530	63267	3148	430472.23	98604.33	15783.39
38366	9642	40864	1832	299788.27	62095.98	9298.44
6071	1633	5953	95	46231.26	11993.94	2456.11
8148	1941	7778	103	99336.46	17395.21	5970.68
20012	8168	38382	263	226946.04	45584.8	5919.04

中等职业学校(机构)资产情况

Condition of Fixed Assets and Teaching Resources in Secondary

地 区 Region	学校占地面积(平方米) Area of School Sites (m^2)			图书音像资料情况 Audio-visual ed. Resources		
	计 Total	其中:绿化用地面积 of Which: Green Areas	其中:运动场地面积 of Which: Sports Areas	一般图书(万册) Books & Magazines in Libraries(10,000 Volume)		电子图书(GB) Electronic Books & Magazines in Libraries (GB)
				计 Total	当年新增 Added in Current Year	
合 计 Total	**50418985**	**9066976**	**8326613**	**6657694**	**553891**	
北 京 Beijing	341026	74929	50562	129907	2657	
天 津 Tianjin	1231694	43425	58313	188030		
河 北 Hebei	3231011	301132	571882	542940	36170	
山 西 Shanxi	1615017	155772	250178	145550	21247	
内蒙古 Inner Mongolia	2144152	245180	205677	86410	17100	
辽 宁 Liaoning	874776	176868	232016	56000	3950	
吉 林 Jilin	830736	176880	194454	95415	25150	
黑龙江 Heilongjiang	660878	53611	174203	228627	6589	
上 海 Shanghai	227904	62668	52747	32979	5230	
江 苏 Jiangsu	917254	205053	162914	76299	2489	
浙 江 Zhejiang	1440042	354063	298528	114010	1290	
安 徽 Anhui	1009524	169006	181613	97901	3020	
福 建 Fujian	1064230	272652	186282	52793	990	
江 西 Jiangxi	1736247	521166	225772	138206	14320	
山 东 Shandong	3448210	611185	579319	458089	41131	
河 南 Henan	3788731	581787	707421	749387	103636	
湖 北 Hubei	2519009	511736	447502	283530	8300	
湖 南 Hunan	3100449	564153	400129	465548	32272	
广 东 Guangdong	3333959	673609	736156	341419	46524	
广 西 Guangxi	3771041	715065	416281	744672	80500	
海 南 Hainan	337625	16036	28977	3800	300	
重 庆 Chongqing	528511	119465	81825	335323	16136	
四 川 Sichuan	4767651	930977	787699	285101	44923	
贵 州 Guizhou	1318675	291090	279501	274872	14500	
云 南 Yunnan	2414434	618609	260639	66340	9700	
西 藏 Tibet						
陕 西 Shaanxi	2672096	441186	512570	576373	15467	
甘 肃 Gansu	476010	62216	109809	13345		
青 海 Qinghai	32650	860	11018	3126		
宁 夏 Ningxia	133520	6480	2300			
新 疆 Xinjiang	451923	110117	120326	71702	300	

(非学校产权中独立使用)
Vocational Schools (Institutions) (Not Owned by HEIs)

拥有教学用计算机(台) No. of Computers Used for Instruction	语音实验室座位数(个) No. of Seats in Audio-Labs	多媒体教室座位数(个) No. of Seats in Multi-media Class rooms	上网课程数(门) No. of Web-Based Courses	固定资产值(万元) Fixed Assets (10,000 yuan)		
				合计 Total	其中:教学、科研仪器设备资产 of Which: Teaching Equipment & Instruments	
					计 Total	当年新增 Added in Current Year
70658	**23424**	**74345**		**557417.31**	**153427.21**	**17349.80**
1210	264	2201		9167.26	677.95	51.33
1498	288	2245		5077.00	913.00	100.00
4116	2358	6958		30663.58	4337.00	2778.90
2806	1102	1078		19836.26	1165.71	83.00
679	727	1279		2965.57	426.51	
492	198	1805		18136.26	1773.66	800.80
2462	748	1432		3978.60	1921.68	613.68
1515	881	1281		10524.10	3350.80	648.80
957	247	1114		1528.94	456.00	
1635	323	2314		29694.48	3070.39	740.21
1211	95	1650		11875.29	2621.76	672.30
1605	332	1343		10468.40	1998.50	148.30
888	201	879		5794.08	972.77	25.50
1572	339	699		6682.36	1152.93	210.30
2983	1705	4036		48477.37	80879.50	1012.64
17216	4341	10979		62026.63	8700.21	1244.37
2733	605	3787		26380.79	2857.50	261.00
5685	2561	5385		37149.20	5926.50	688.90
7094	1372	7794		60720.00	5512.00	583.00
2648	374	1949		34020.80	6058.40	1265.24
120		120		1765.00	24.00	
894	336	1295		13365.65	2949.63	422
2339	1034	5695		45142.29	7849.87	2414.53
1520	910	1446		10903.2	1865.6	520
429	330	543		3173.16	937.43	699
3484	1753	4743		18461.97	3694.38	1364
553		165		4233.14	821.9	2
120				70	35	
194		130		25135.93	476.63	

地　区 Region	学校占地面积(平方米) Area of School Sites (m^2)			图书音像资料情况 Audio-visual ed. Resources		
	计 Total	其中:绿化用地面积 of Which: Green Areas	其中:运动场地面积 of Which: Sports Areas	一般图书(万册) Books & Magazines in Libraries(10,000 Volume)		电子图书(GB) Electronic Books & Magazines in Libraries (GB)
				计 Total	当年新增 Added in Current Year	
合　计 Total	**219313970**	**49534774**	**32332561**	**165705508**	**9228135**	**5837071.91**
北　京 Beijing	1797778	467189	381829	2035578	46694	88281.07
天　津 Tianjin	2630924	302616	388026	2747736	77414	8261.50
河　北 Hebei	7871661	1516183	1641969	8034332	468195	10542.35
山　西 Shanxi	5038088	808807	644170	4496203	94194	26520.10
内蒙古 Inner Mongolia	5728118	729830	710399	2392552	194148	188647.98
辽　宁 Liaoning	5376068	768375	1285721	5792383	65527	9148.56
吉　林 Jilin	2201075	482071	554996	2045311	129318	2963.90
黑龙江 Heilongjiang	2898947	512660	448570	2698242	71405	504136.45
上　海 Shanghai	2199913	774509	470849	3993455	136203	69414.31
江　苏 Jiangsu	14738080	4528637	2088175	11776033	983005	65639.92
浙　江 Zhejiang	2983421	934373	489195	1830232	101243	16776.62
安　徽 Anhui	11749214	2282475	1379006	5649049	452672	355469.80
福　建 Fujian	12760067	3319077	2414996	9916065	660091	417284.87
江　西 Jiangxi	5514039	1612038	749916	3705804	106869	110424.54
山　东 Shandong	12277492	2306030	1645566	8172123	480409	79647.50
河　南 Henan	11342536	2198379	1785451	13304720	556395	586702.13
湖　北 Hubei	15514933	3188899	1906418	11751540	536706	380090.40
湖　南 Hunan	3028847	934610	553547	2912940	64838	168497.00
广　东 Guangdong	20865182	6450957	3577295	18755179	1095186	1185594.00
广　西 Guangxi	22248396	4811507	2573890	13034115	1134114	632608.80
海　南 Hainan	1359290	337485	211538	771469	34298	19804.00
重　庆 Chongqing	1952567	570727	241481	1664183	108228	24772.10
四　川 Sichuan	11048565	2499701	1837627	7719410	669965	24337.65
贵　州 Guizhou	3898018	1006889	604169	3116974	368296	373220.44
云　南 Yunnan	6128074	1464524	841125	5414817	133538	9935.20
西　藏 Tibet	574184	100758	33690	202347	1010	
陕　西 Shaanxi	3080874	404600	366035	2640543	78107	149866.35
甘　肃 Gansu	8861903	1505778	1026375	4940827	165499	227509.04
青　海 Qinghai	1720555	305965	252752	701438	37866	914.00
宁　夏 Ningxia	2401873	516021	197040	607317	37192	14119.00
新　疆 Xinjiang	9523288	1893104	1030745	2882591	139510	85942.33

况(学校产权)
Resources in SSSs (Owned by HEIs)

拥有教学用计算机(台) No. of Computers Used for Instruction	语音实验室座位数(个) No. of Seats in Audio-Labs	多媒体教室座位数(个) No. of Seats in Multi-media Class rooms	上网课程数(门) No. of Web-Based Courses	固定资产值(万元) Fixed Assets (10,000 yuan)		
				合 计 Total	其中:教学、科研仪器设备资产 of Which: Teaching Equipment & Instruments	
					计 Total	当年新增 Added in Current Year
1015453	**238913**	**1599229**	**28300**	**9538128.82**	**1872456.73**	**296664.18**
13531	1902	48708	338	201035.63	53800.12	9968.11
14703	1624	18853	206	143048.09	32158.37	6954.32
52290	15558	74422	372	348899.02	69035.86	12338.54
19772	7540	34894	377	201939.95	37599.24	2930.02
12018	2735	21487	563	118078.85	19605.87	3127.93
36840	6749	46334	343	267246.24	65903.91	7363.58
9894	2416	11360	335	97492.46	18002.47	1709.76
12615	3660	18748	273	125235.46	24585.31	2244.11
30804	5163	32406	115	340158.01	92143.16	14269.49
76986	13973	150946	1615	1149455.44	184904.35	31223.18
14445	1989	30419	518	204439.20	35170.98	6657.41
31309	9820	45001	360	316035.91	57269.21	8922.85
70223	13998	113416	1750	509254.07	108905.94	15476.66
22738	5816	26731	276	239759.46	43780.17	8616.75
41466	13274	84811	819	617734.27	74551.84	10729.58
53595	19717	84899	1520	461739.31	89104.43	11981.15
70263	19621	78441	4556	607209.76	93047.30	12483.38
14971	3502	24672	304	163474.82	26933.34	3120.01
149783	28199	301721	1854	1220320.00	288651.00	42960.00
87862	18714	100224	2493	575967.60	145122.94	33195.08
5945	1245	12518	4808	59237.37	10377.10	1950.51
9535	1627	16037	176	129826.75	20281.67	2150.8
58342	14508	66605	2085	446361.03	85925.73	16395.08
17794	4399	29813	270	115622.86	22833.91	3168.26
25687	5271	34482		263247.57	37519.18	6021.43
755	226	1790	5	16818.77	2134.31	400
13740	2907	19508	885	133789.31	31739.83	4548.58
25841	6405	30644	732	219004.96	46271.01	6736.71
5395	1013	4878	90	41842.99	11229.94	2339.71
3270	1401	5379	70	55152.5	10456.77	3238.26
13041	3941	29082	192	148701.16	33411.47	3442.93

普通中专学校资产情况(非

Condition of Fixed Assets and Teaching

地　区 Region	学校占地面积(平方米) Area of School Sites (m^2) 计 Total	 其中:绿化用地面积 of Which: Green Areas	 其中:运动场地面积 of Which: Sports Areas	图书音像资料情况 Audio-visual ed. Resources 一般图书(万册) Books & Magazines in Libraries(10,000 Volume) 计 Total	 当年新增 Added in Current Year	 电子图书(GB) Electronic Books & Magazines in Libraries (GB)
合　计 Total	**23079078**	**4022979**	**3658388**	**2533743**	**209111**	
北　京 Beijing	137952	14450	27200	19527		
天　津 Tianjin	327089	25400	19905	44800		
河　北 Hebei	1485365	172143	328792	227128	31290	
山　西 Shanxi	536935	35150	39430	1000	1000	
内蒙古 Inner Mongolia	1338376	181647	113180	44610	9900	
辽　宁 Liaoning	221529	26444	45325	20650		
吉　林 Jilin	114700	66238	28310	200		
黑龙江 Heilongjiang	322232	22850	55358	115000	2500	
上　海 Shanghai	170849	47588	36295	31279	5230	
江　苏 Jiangsu	377124	86870	72812	37736	2111	
浙　江 Zhejiang	258224	69193	89912			
安　徽 Anhui	67419	350	2100			
福　建 Fujian	1064230	272652	186282	52793	990	
江　西 Jiangxi	88032	30100	19500			
山　东 Shandong	774920	164947	94934			
河　南 Henan	683807	59634	124633	155061	2800	
湖　北 Hubei	2218373	430295	340677	262030	5300	
湖　南 Hunan						
广　东 Guangdong	2939396	568515	647186	300789	38324	
广　西 Guangxi	3767671	714365	415591	738172	80500	
海　南 Hainan	233338	7860	15050			
重　庆 Chongqing	61811	20439	3968	237166	166	
四　川 Sichuan	3540198	701047	534358	202736	27800	
贵　州 Guizhou	527167	130590	146260	13700	1200	
云　南 Yunnan	555619	92392	91228	15000		
西　藏 Tibet						
陕　西 Shaanxi	757456	39859	125874			
甘　肃 Gansu	177045	23000	29899			
青　海 Qinghai	32650	860	11018	1126		
宁　夏 Ningxia	130006	4000	1800			
新　疆 Xinjiang	169565	14101	11511	13240		

学校产权中独立使用）
Resources in SSSs（Not Owned by HEIs）

拥有教学用计算机（台）No. of Computers Used for Instruction	语音实验室座位数（个）No. of Seats in Audio-Labs	多媒体教室座位数（个）No. of Seats in Multi-media Class rooms	上网课程数（门）No. of Web-Based Courses	固定资产值（万元）Fixed Assets（10,000 yuan）		
				合 计 Total	其中：教学、科研仪器设备资产 of Which：Teaching Equipment & Instruments	
					计 Total	当年新增 Added in Current Year
21644	**6493**	**31860**		**247681. 30**	**33328. 17**	**8061. 68**
127	54	1028		5853. 00	86. 00	
170				1223. 00	154. 00	
2147	1700	4055		9097. 58	2008. 30	1219. 30
240		100		9890. 40	103. 00	21. 00
397	657	1019		1315. 44	383. 28	
80		1556		3096. 20	213. 00	213. 00
		3				
420	456	844		2210. 00	745. 00	
726	247	424		1298. 94	451. 00	
1041	170	2158		8530. 53	2472. 39	711. 21
164						
888	201	879		5794. 08	972. 77	25. 50
				278. 00	233. 00	233. 00
930	342	740		9779. 00	1334. 00	250. 00
1883	184	3665		24166. 79	2410. 50	83. 00
				273. 90	273. 90	273. 90
6396	1132	6945		55927. 00	4887. 00	493. 00
2648	374	1949		33930. 80	6058. 40	1265. 24
60		60		210. 00		
120	50			1869. 65	1410. 63	
1919	618	5575		39510. 5	6924. 37	2214. 53
547	248	430		5170	490	130
120	60	120		430	85	5
240		310		2620	1137	922
241				1032. 56	43. 9	2
120				70	35	
20				24103. 93	416. 73	

成人中专学校资产情

Condition of Fixed Assets and Teaching

地区 Region	学校占地面积(平方米) Area of School Sites (m^2) 计 Total	其中:绿化用地面积 of Which: Green Areas	其中:运动场地面积 of Which: Sports Areas	图书音像资料情况 Audio-visual ed. Resources 一般图书(万册) Books & Magazines in Libraries(10,000 Volume) 计 Total	当年新增 Added in Current Year	电子图书(GB) Electronic Books & Magazines in Libraries (GB)
合 计 Total	**28813742**	**5348987**	**4019587**	**26026991**	**1236948**	**329956.75**
北 京 Beijing	123275	10790	13576	89355	3099	421.50
天 津 Tianjin	74887	5280	9220	254191	17195	560.00
河 北 Hebei	1511603	179690	234578	1768139	96660	5108.79
山 西 Shanxi	492534	53517	56130	686004	32183	1273.50
内蒙古 Inner Mongolia	738773	149328	139344	683540	35945	23548.00
辽 宁 Liaoning	40877	3630	12380	172200	25460	302.00
吉 林 Jilin	646187	98779	145826	1655470	43955	3104.00
黑龙江 Heilongjiang	2036800	336420	302709	1331485	24308	43317.00
上 海 Shanghai	115521	32627	12247	311413	1200	197.00
江 苏 Jiangsu	2285817	312692	181016	1331160	56901	3788.21
浙 江 Zhejiang	752244	154991	103917	959255	21749	1203.22
安 徽 Anhui	844054	155325	116121	977108	47052	5720.00
福 建 Fujian						
江 西 Jiangxi	622836	112378	89311	747691	9636	21621.80
山 东 Shandong	5077645	828172	725897	2581840	115369	8842.45
河 南 Henan	4851315	660915	703491	5094899	270343	41657.38
湖 北 Hubei	1585196	332804	229188	702006	97754	69876.70
湖 南 Hunan	2441513	853293	260110	1516173	103366	5420.00
广 东 Guangdong	825004	329478	159752	628957	15340	21089.00
广 西 Guangxi						
海 南 Hainan	75127	12785	4600	31205	300	
重 庆 Chongqing	772536	182847	131715	969954	62227	10581.00
四 川 Sichuan	486244	75638	83992	622953	30485	1740.50
贵 州 Guizhou	385554	105710	56641	594755	46410	25618.00
云 南 Yunnan	871029	142628	80721	863600	24420	1135.00
西 藏 Tibet						
陕 西 Shaanxi	241060	38358	30252	268524	7800	3103.70
甘 肃 Gansu	304803	82031	43887	203661	2220	1901.00
青 海 Qinghai	67440	17380	31300	146547	3358	
宁 夏 Ningxia	68270	13951	19079	81154	4900	120.00
新 疆 Xinjiang	475598	67550	42587	753752	37313	28707.00

况(学校产权)

Resources in Adult SSSs(Owned by HEIs)

拥有教学用计算机(台) No. of Computers Used for Instruction	语音实验室座位数(个) No. of Seats in Audio-Labs	多媒体教室座位数(个) No. of Seats in Multi-media Class rooms	上网课程数(门) No. of Web-Based Courses	固定资产值(万元) Fixed Assets (10,000 yuan) 合计 Total	其中:教学、科研仪器设备资产 of Which:Teaching Equipment & Instruments 计 Total	当年新增 Added in Current Year
160355	**51945**	**223574**	**15674**	**1214112.08**	**204458.82**	**26098.45**
1283	298	3167	31	7851.06	2953.28	681.88
2273	236	1620	197	6378.45	2258.74	89.00
14061	6740	25930	78	68682.54	10550.76	2185.47
4603	622	5002	375	16649.65	3080.56	298.30
3292	1665	3698	819	12576.26	2322.60	160.51
912	142	565	2	5677.10	1196.00	81.00
3252	1801	6230	219	31061.59	5806.37	745.70
7317	1921	9501	998	56032.85	13274.19	1614.19
3153	458	4714	57	17279.38	4132.04	423.36
7527	2057	13489	137	94859.73	9658.81	1264.80
6044	1612	16813	856	51975.79	7436.55	1456.96
5724	2103	7631	638	49393.97	8622.98	1195.69
2606	1266	4213	5252	14248.67	2347.30	179.32
15363	6849	20147	1076	199348.89	29645.65	2102.66
31185	9772	36675	1175	216656.27	36716.36	6654.64
6012	1383	6374	2108	51592.02	8563.82	1468.60
12659	5251	13491	563	77811.21	9712.78	1347.03
5779	857	11311	37	34091.00	10388.00	544.00
414	400	1290	250	5382.66	824.66	179.66
7467	1907	10371	152	73702.7	8075.91	1072.06
5013	1218	4034	202	29856.49	4510.04	695.7
2683	430	3145	20	20044	5677.4	275.5
6109	1024	7847		25807.97	5169.12	438.51
1014	368	2077	338	12921.84	4745.04	188
1879	699	1728	52	10666.94	2715.24	78.9
468	620	435	3	2942	663	112
371	50	508	10	2359	1016.6	43.2
1892	196	1568	29	18262.05	2395.02	521.81

成人中专学校资产情况(非

Condition of Fixed Assets and Teaching

地　区 Region	学校占地面积(平方米) Area of School Sites (m^2) 计 Total	其中:绿化用地面积 of Which: Green Areas	其中:运动场地面积 of Which: Sports Areas	图书音像资料情况 Audio-visual ed. Resources 一般图书(万册) Books & Magazines in Libraries(10,000 Volume) 计 Total	当年新增 Added in Current Year	电子图书(GB) Electronic Books & Magazines in Libraries (GB)
合　计 Total	**3343931**	**564350**	**613464**	**856636**	**87292**	
北　京 Beijing	6016		1000	37000	1000	
天　津 Tianjin	9829	5	1480			
河　北 Hebei	357153	42576	24600	44800	1000	
山　西 Shanxi	9175	775	4025	53021	7147	
内蒙古 Inner Mongolia	6970	2340	4630	25000		
辽　宁 Liaoning	4910	300	150	11000	3000	
吉　林 Jilin	13370	3210	2837	35555		
黑龙江 Heilongjiang	90496	11396	20630	34994	2689	
上　海 Shanghai	1809		200	1700		
江　苏 Jiangsu	15970	1200	2070			
浙　江 Zhejiang	6150	120				
安　徽 Anhui	52369	2240	10398	5000	1000	
福　建 Fujian						
江　西 Jiangxi	11350	7992	800			
山　东 Shandong	419436	68851	129343	121930	21000	
河　南 Henan	1169172	139997	184355	234126	35636	
湖　北 Hubei	27830	12232	12218	3000		
湖　南 Hunan	133378	35500	29768	73500	3300	
广　东 Guangdong	38794	1420	3964			
广　西 Guangxi						
海　南 Hainan						
重　庆 Chongqing	146053	60389	30050	41340	1520	
四　川 Sichuan	643849	129707	126546	66400	10000	
贵　州 Guizhou	96903	33100	17800	8500		
云　南 Yunnan	17931		600	1020		
西　藏 Tibet						
陕　西 Shaanxi	61528	11000	6000	56750		
甘　肃 Gansu	2471					
青　海 Qinghai				2000		
宁　夏 Ningxia	534					
新　疆 Xinjiang	485					

学校产权中独立使用）
Resources in Adult SSSs（Not Owned by HEIs）

拥有教学用计算机（台） No. of Computers Used for Instruction	语音实验室座位数（个） No. of Seats in Audio-Labs	多媒体教室座位数（个） No. of Seats in Multi-media Class rooms	上网课程数（门） No. of Web-Based Courses	固定资产值（万元）Fixed Assets（10,000 yuan） 合计 Total	其中：教学、科研仪器设备资产 of Which：Teaching Equipment & Instruments 计 Total	当年新增 Added in Current Year
16496	**4594**	**13115**		**68494.85**	**12741.02**	**2144.57**
252	160	403		1025.00	346.00	
		2080		470.00	305.00	
604	178	608		12217.50	1048.10	961.00
773	650			1085.80	478.00	
				200.00	40.00	40.00
129		41		710.00	20.00	
338	97	78		6815.30	2549.00	640.00
231		690		230.00	5.00	
				65.00	65.00	
60	1	2		650.00		
				703.49	125.00	
534	282	591		5974.72	1382.00	44.00
11289	2169	6701		26385.20	3282.81	334.57
300	300	10		500.00	200.00	
768	178	816		2520.00	1476.00	118.00
				481.00	5.00	5.00
390	101	665		3930	175	2
380	296	120		1695	512	
110	50	50		1006		
25				97.92	16.87	
313	132	260		8.92	0.6	
				1495	709.64	
				29		

职业高中学校资产情

Condition of Fixed Assets and Teaching Resources

地　区 Region	学校占地面积(平方米) Area of School Sites (m^2)			图书音像资料情况 Audio-visual ed. Resources		
	计 Total	其中:绿化用地面积 of Which: Green Areas	其中:运动场地面积 of Which: Sports Areas	一般图书(万册) Books & Magazines in Libraries(10,000 Volume)		电子图书(GB) Electronic Books & Magazines in Libraries (GB)
				计 Total	当年新增 Added in Current Year	
合　计 Total	**234523733**	**54453633**	**37379559**	**125681127**	**9638594**	**3741504. 14**
北　京 Beijing	3495340	500522	639738	3191731	328534	423304. 99
天　津 Tianjin	1186545	174751	260740	1435142	18140	4541. 48
河　北 Hebei	15119915	2339079	2910699	8527509	508958	21092. 00
山　西 Shanxi	7350547	1331133	1081284	3216157	233258	18074. 80
内蒙古 Inner Mongolia	6362686	658550	1220945	2032863	241570	104779. 52
辽　宁 Liaoning	5911994	585426	1406392	4054756	106093	4781. 14
吉　林 Jilin	4012549	590537	975328	2428956	161429	9244. 26
黑龙江 Heilongjiang	5377081	775347	1172938	1759203	76582	63101. 53
上　海 Shanghai	1183569	379174	273556	1787012	111019	22450. 30
江　苏 Jiangsu	11979319	3463233	2193785	8758468	809047	49841. 88
浙　江 Zhejiang	14522097	4228010	2997618	10751123	616218	332948. 82
安　徽 Anhui	16359948	4047483	2323920	7280047	492168	299314. 30
福　建 Fujian						
江　西 Jiangxi	21213108	10214987	1863117	7712332	623880	375756. 85
山　东 Shandong	28192384	6918863	4307986	13149828	1378697	36688. 60
河　南 Henan	19734192	3208605	3078228	11637393	742282	564899. 03
湖　北 Hubei	4205667	722192	570766	2143222	90315	33906. 94
湖　南 Hunan	19413405	4512115	2315654	10126059	752654	409062. 92
广　东 Guangdong	6452769	1533717	1220342	4534051	242663	395378. 00
广　西 Guangxi						
海　南 Hainan	1654295	371152	311277	689993	110269	7826. 00
重　庆 Chongqing	6250702	1344883	995096	3202455	496965	244642. 10
四　川 Sichuan	9269107	1783843	1627925	5206728	678968	212349. 41
贵　州 Guizhou	3069294	622655	405571	1481271	122606	46129. 20
云　南 Yunnan	6960284	1414480	824021	2510059	149508	3988. 91
西　藏 Tibet						
陕　西 Shaanxi	8738572	1382559	1477424	6110586	439917	30727. 26
甘　肃 Gansu	2142428	171979	377828	1133531	62192	24303. 88
青　海 Qinghai	85146	5226	9177	20038	3300	30. 00
宁　夏 Ningxia	1271238	331656	186041	226585	2806	474. 00
新　疆 Xinjiang	3009552	841476	352163	574029	38556	1866. 02

况(学校产权)
Resources in Adult SSSs (Not Owned by HEIs)

拥有教学用计算机(台) No. of Computers Used for Instruction	语音实验室座位数(个) No. of Seats in Audio-Labs	多媒体教室座位数(个) No. of Seats in Multi-media Class rooms	上网课程数(门) No. of Web-Based Courses	固定资产值(万元) Fixed Assets (10,000 yuan)		
				合 计 Total	其中:教学、科研仪器设备资产 of Which: Teaching Equipment & Instruments	
					计 Total	当年新增 Added in Current Year
958081	**234714**	**1053225**	**34311**	**7572586.06**	**1419606.93**	**254493.57**
24959	3915	46709	218	190162.88	48336.47	8102.57
7955	1224	3943	81	56435.19	14025.05	2295.39
54128	12800	82748	354	377718.30	73723.83	11906.47
26184	7701	28394	336	170566.94	27294.08	5689.75
14436	4378	19951	489	135110.63	17968.59	4235.17
35765	9831	28925	638	256394.33	57272.12	6295.78
17654	3995	22983	418	147339.65	29630.72	8933.18
15767	4871	15385	2599	124652.95	29251.78	7001.15
18183	1902	10360	35	208758.17	39436.46	4498.27
58199	12083	68686	1489	594062.13	114715.63	23312.88
84619	12632	111805	745	801581.88	154960.22	24719.68
44465	10669	44055	1047	354092.06	57919.91	11626.61
50674	15489	54417	1503	332564.40	57043.40	9312.56
81038	23983	97755	5446	757407.54	119301.09	16540.93
79683	24120	87140	4616	527267.48	88409.13	17894.30
18644	5207	17239	537	157252.24	21429.68	3613.95
94991	26799	80855	8584	666247.54	113206.96	13174.53
40256	6793	57695	414	322082.00	94172.00	10486.00
5396	1657	7645	72	109781.26	15177.51	8470.91
31164	6749	33738	809	279729.8	53083.67	11583.15
49221	9101	35882	882	316878.59	63831.57	14274.83
15159	2115	16860	256	73506.56	16517.45	5184.86
24252	3662	20326		163607.61	23373.21	7256.84
45250	16183	41354	1912	282615.37	61903.79	11038.2
10646	2538	8372	770	69366.37	12749.73	2482.83
208		640	2	1446.27	101	4.4
4146	336	1681	17	39588.09	5039.32	2641.7
5039	3981	7682	42	56369.83	9732.56	1916.68

职业高中学校资产情况(非

Condition of Fixed Assets and Teaching Resources

地　　区 Region	学校占地面积(平方米) Area of School Sites (m^2)			图书音像资料情况 Audio-visual ed. Resources		
	计 Total	其中:绿化用地面积 of Which: Green Areas	其中:运动场地面积 of Which: Sports Areas	一般图书(万册) Books & Magazines in Libraries(10,000 Volume)		电子图书(GB) Electronic Books & Magazines in Libraries (GB)
				计 Total	当年新增 Added in Current Year	
合　计 Total	**22277973**	**4194422**	**3762007**	**2945057**	**225120**	
北　京 Beijing	197058	60479	22362	73380	1657	
天　津 Tianjin	894776	18020	36928	143230		
河　北 Hebei	934043	84063	172507	266012	3880	
山　西 Shanxi	845643	87217	141645	69129	2800	
内蒙古 Inner Mongolia	798806	61193	87867	16800	7200	
辽　宁 Liaoning	648337	150124	186541	24350	950	
吉　林 Jilin	692166	107432	162907	59660	25150	
黑龙江 Heilongjiang	248150	19365	98215	78633	1400	
上　海 Shanghai	55246	15080	16252			
江　苏 Jiangsu	311660	57246	68896			
浙　江 Zhejiang	1100888	280144	193716	109780	700	
安　徽 Anhui	889736	166416	169115	92901	2020	
福　建 Fujian						
江　西 Jiangxi	1633865	483074	205472	138206	14320	
山　东 Shandong	2092457	347261	323528	156334	16331	
河　南 Henan	1885552	350856	396433	355200	65200	
湖　北 Hubei	180921	50840	44110	16500	3000	
湖　南 Hunan	2922071	522653	363361	392048	28972	
广　东 Guangdong	321501	86497	82106	33130	8200	
广　西 Guangxi						
海　南 Hainan	104287	8176	13927	3800	300	
重　庆 Chongqing	243927	36037	42007	40817	14450	
四　川 Sichuan	573044	100223	126219	15965	7123	
贵　州 Guizhou	656212	116756	107176	240072	700	
云　南 Yunnan	1622548	460711	132996	35320	5000	
西　藏 Tibet						
陕　西 Shaanxi	1848112	390327	379396	511983	15467	
甘　肃 Gansu	295094	38216	79510	13345		
青　海 Qinghai						
宁　夏 Ningxia						
新　疆 Xinjiang	281873	96016	108815	58462	300	

学校产权中独立使用）
in Vocational High Schools (Not Owned by HEIs)

拥有教学用计算机(台) No. of Computers Used for Instruction	语音实验室座位数(个) No. of Seats in Audio-Labs	多媒体教室座位数(个) No. of Seats in Multi-media Class rooms	上网课程数(门) No. of Web-Based Courses	固定资产值(万元) Fixed Assets (10,000 yuan)		
				合计 Total	其中:教学、科研仪器设备资产 of Which: Teaching Equipment & Instruments	
					计 Total	当年新增 Added in Current Year
29557	**11496**	**26838**		**209501.66**	**34038.39**	**6548.25**
831	50	770		2289.26	245.95	51.33
1328	288	165		3384.00	454.00	100.00
1365	480	2295		9048.50	1175.60	568.60
1321	240	860		6855.26	336.41	27.00
282	70	260		1650.13	43.23	
412	198	249		14840.06	1520.66	547.80
2333	748	1388		3268.60	1901.68	613.68
757	328	359		1498.80	56.80	8.80
100				18424.95	199.00	29.00
989	94	1549		11801.29	2607.76	662.30
1381	331	1341		9817.00	1998.00	148.00
1572	339	699		5248.87	867.93	190.30
1859	1343	2465		26999.35	9110.67	735.64
4894	1830	3368		22042.43	3083.40	659.80
250	121	62		1510.00	232.00	178.00
4917	2383	4569		30355.30	3916.60	297.00
644	240	714		3552.00	420.00	85.00
60		60		1555.00	24.00	
384	130	630		7511	1329	420
40	120			3574.79	408.5	200
463	312	666		4497.2	1275.6	380
248	270	323		1817.24	345.56	204
2791	1581	3751		15252.05	2357.78	442
162		165		1105.58	68.36	
174		130		1003	59.9	

其他机构资产情
Condition of Fixed Assets and Teaching Resources

地 区 Region	学校占地面积(平方米) Area of School Sites (m^2) 计 Total	其中:绿化用地面积 of Which: Green Areas	其中:运动场地面积 of Which: Sports Areas	图书音像资料情况 Audio-visual ed. Resources 一般图书(万册) Books & Magazines in Libraries(10,000 Volume) 计 Total	当年新增 Added in Current Year	电子图书(GB) Electronic Books & Magazines in Libraries (GB)
合 计 Total	**15624758**	**3135259**	**2301207**	**16145022**	**621006**	**137225.84**
北 京 Beijing	131491	10300	13750	79180	5000	740.30
天 津 Tianjin						
河 北 Hebei	1637759	186585	183457	1731387	100941	1712.40
山 西 Shanxi	248254	30656	38038	188518	6650	201.00
内蒙古 Inner Mongolia	29880	3200	7600	400		
辽 宁 Liaoning						
吉 林 Jilin	632931	138707	146125	952747	38570	362.00
黑龙江 Heilongjiang						
上 海 Shanghai	37085	6638	7876	81451	5205	
江 苏 Jiangsu	1831023	298495	306571	1607720	98613	7410.00
浙 江 Zhejiang	1792675	389573	290510	859234	35357	3237.94
安 徽 Anhui	1128872	334192	147864	710740	30500	13190.00
福 建 Fujian	168055	37063	23000	125150	19006	100.00
江 西 Jiangxi	248311	23370	25288	1346898	3398	7210.00
山 东 Shandong	2590034	451427	264696	1351482	22238	4155.00
河 南 Henan	1251290	204809	211148	883802	27900	2221.00
湖 北 Hubei	573556	124307	77106	2997607	23550	10542.20
湖 南 Hunan	580665	252620	74421	890298	37821	3258.00
广 东 Guangdong	1011390	244297	219144	1049605	36798	66694.00
广 西 Guangxi	93274	1820	1890	20000		
海 南 Hainan						
重 庆 Chongqing	759217	218345	85449	350077	10623	10520.00
四 川 Sichuan	341998	50061	68707	431221	44410	1353.50
贵 州 Guizhou	87054	28815	27683	97101	15375	2143.00
云 南 Yunnan	68309	13854	15776	135302	38100	1210.00
西 藏 Tibet	69333	18672	12888	60162	4451	414.00
陕 西 Shaanxi	39317	5700	12450	50840	15500	20.50
甘 肃 Gansu						
青 海 Qinghai						
宁 夏 Ningxia	215657	48753	33270	124100	1000	531.00
新 疆 Xinjiang	57328	13000	6500	20000		

况(学校产权)

in Other Institutions(Owned by HEIs)

拥有教学用计算机(台) No. of Computers Used for Instruction	语音实验室座位数(个) No. of Seats in Audio-Labs	多媒体教室座位数(个) No. of Seats in Multi-media Class rooms	上网课程数(门) No. of Web-Based Courses	固定资产值(万元) Fixed Assets (10,000 yuan)		
				合 计 Total	其中:教学、科研仪器设备资产 of Which: Teaching Equipment & Instruments	
					计 Total	当年新增 Added in Current Year
63897	**20165**	**117801**	**3805**	**738917.99**	**124154.83**	**17782.77**
252	76	1226		7926.60	2952.66	421.79
				344.00		
6107	1671	11524		59742.66	11108.20	1584.98
573	58	2520	33	11296.52	1613.46	275.50
				242.70	6.00	
2543	1218	4205	10	40989.70	6374.45	128.60
967	150	320	1	4524.46	2595.05	1150.05
9906	2035	20603	601	85658.07	12151.26	1059.08
6595	1409	12732	769	63876.95	8094.17	491.36
4335	1653	6314	251	59703.00	9639.44	962.51
453	252	1288	4	15692.00	904.76	4.76
1083	400	546	4	11887.00	488.50	36.00
4644	1887	9122	692	85874.78	13329.98	2676.72
3291	1532	4359	233	50392.01	8718.40	617.00
3506	1245	5078	407	23564.96	6490.72	948.20
5427	1083	6010	282	48167.86	14729.00	2679.00
5844	2951	16174	118	57614.00	12467.00	2287.00
156		280	1	3086.00	357.00	
3524	657	9227	24	50156	6191	1150
2329	923	2749	66	32089.25	3318.83	535.77
601	150	585	10	3110	405.7	110
771	496	1820		10007.89	715.31	570.7
404	43	411		5226		
185	72	328	13	1145.71	215.67	8.61
		120	278	750	360	
361	154	210	6	2236.87	882.52	47.52
40	50	50		3613	45.75	37.62

其他机构资产情况(非学

Condition of Fixed Assets and Teaching Resources

地　区 Region	学校占地面积(平方米) Area of School Sites (m^2) 计 Total	其中:绿化用地面积 of Which: Green Areas	其中:运动场地面积 of Which: Sports Areas	图书音像资料情况 Audio-visual ed. Resources 一般图书(万册) Books & Magazines in Libraries(10,000 Volume) 计 Total	当年新增 Added in Current Year	电子图书(GB) Electronic Books & Magazines in Libraries (GB)
合　计 Total	**1718003**	**285225**	**292754**	**322258**	**32368**	
北　京 Beijing						
天　津 Tianjin						
河　北 Hebei	454450	2350	45983	5000		
山　西 Shanxi	223264	32630	65078	22400	10300	
内蒙古 Inner Mongolia						
辽　宁 Liaoning						
吉　林 Jilin	10500		400			
黑龙江 Heilongjiang						
上　海 Shanghai						
江　苏 Jiangsu	212500	59737	19136	38563	378	
浙　江 Zhejiang	74780	4606	14900	4230	590	
安　徽 Anhui						
福　建 Fujian						
江　西 Jiangxi	3000					
山　东 Shandong	161397	30126	31514	179825	3800	
河　南 Henan	50200	31300	2000	5000		
湖　北 Hubei	91885	18369	50497	2000		
湖　南 Hunan	45000	6000	7000			
广　东 Guangdong	34268	17177	2900	7500		
广　西 Guangxi	3370	700	690	6500		
海　南 Hainan						
重　庆 Chongqing	76720	2600	5800	16000		
四　川 Sichuan	10560		576			
贵　州 Guizhou	38393	10644	8265	12600	12600	
云　南 Yunnan	218336	65506	35815	15000	4700	
西　藏 Tibet						
陕　西 Shaanxi	5000		1300	7640		
甘　肃 Gansu	1400	1000	400			
青　海 Qinghai						
宁　夏 Ningxia	2980	2480	500			
新　疆 Xinjiang						

校产权中独立使用)

in Other Institutions (Not Owned by HEIs)

拥有教学用计算机(台) No. of Computers Used for Instruction	语音实验室座位数(个) No. of Seats in Audio-Labs	多媒体教室座位数(个) No. of Seats in Multi-media Class rooms	上网课程数(门) No. of Web-Based Courses	固定资产值(万元) Fixed Assets (10,000 yuan)		
				合计 Total	其中:教学、科研仪器设备资产 of Which: Teaching Equipment & Instruments	
					计 Total	当年新增 Added in Current Year
2961	**841**	**2532**		**31739.50**	**73319.63**	**595.30**
				300.00	105.00	30.00
472	212	118		2004.80	248.30	35.00
494	153	156		2674.00	334.00	
222	1	101		74.00	14.00	10.00
				1.40	0.50	0.30
				730.00	160.00	20.00
590	80	980		15225.30	70153.83	
103		170		3020.00	1000.00	
300		50		204.00	15.00	
				4000.00	260.00	
54		135		760.00	200.00	
				90.00		
	55			55	35	
				362	5	
400	300	300		230	100	10
36		100		828	490	490
140	40	422		581	199	
150				600		

中等职业学校(机构)校舍情况(总计)

Conditions of School Buildings in Secondary Vocational Schools (Regional Aggregates)

单位:平方米

unit: m^2

	学校产权建筑面积 Floor Area of School Building Owned by HEIs				正在施工面积 Floor Area Under Construction	独立使用非学校产权建筑面积 Floor Area of School Building Not Owned by HEIs
	计 Total	其中:危房 of Which: Dilapidated Buildings	其中:当年新增 of Which: Added in Current Year	其中:被外单位借用 of Which: Floor Space Hired by Other Schools or Units		
合 计 Total	**187574495**	**7502932**	**6886385**	**435846**	**7553426**	**20592298**
北 京 Beijing	2498514	8355	33451	15561	53072	262356
天 津 Tianjin	1851869		22555	3240	41900	442160
河 北 Hebei	9866501	125181	298261	23652	267156	1225340
山 西 Shanxi	5325851	319333	243534	6854	129862	570643
内蒙古 Inner Mongolia	2708291	845375	104348	312	162556	386736
辽 宁 Liaoning	5159111	24603	46985	2297	246391	461308
吉 林 Jilin	2816779	178755	64366	3246	31206	536928
黑龙江 Heilongjiang	3147053	62092	86882	3265	84340	401449
上 海 Shanghai	2554212		39551	24827	94016	261178
江 苏 Jiangsu	14564464	6689	639154	34940	462119	268643
浙 江 Zhejiang	8965568	11098	357875	26589	400928	848218
安 徽 Anhui	8359340	340513	493417	39635	384824	336436
福 建 Fujian	5032476	72815	150846	27635	159449	710733
江 西 Jiangxi	6806995	238443	265876	2150	289294	668710
山 东 Shandong	16827852	39030	224440	33674	730266	1060711
河 南 Henan	15442531	432474	593512	26125	438489	1774695
湖 北 Hubei	8992797	233268	225665	3987	186915	919712
湖 南 Hunan	9806006	128215	112372	8089	214897	1445877
广 东 Guangdong	13298536	46763	390397	9451	585008	1840114
广 西 Guangxi	6963359	239315	276172	46551	512143	1061460
海 南 Hainan	1216692	23130	105873	14376	181917	163162
重 庆 Chongqing	4767331	66846	110667	108	218175	451083
四 川 Sichuan	8705022	814641	1113100	12295	612840	2370116
贵 州 Guizhou	2956750	33727	104916	10972	154847	451637
云 南 Yunnan	4528930	1576319	153411	28448	254806	503659
西 藏 Tibet	212397	4339	16404		28273	
陕 西 Shaanxi	5934915	130532	161945	22487	213231	874751
甘 肃 Gansu	3763875	1355601	92355	1992	218662	196045
青 海 Qinghai	509854	66731	85206		36412	19255
宁 夏 Ningxia	774096	2720	54660		9872	25272
新 疆 Xinjiang	3216528	76029	218189	3088	149560	53911

普通中专学校校舍情况

Conditions of School Buildings in Specialized Sec. Schools

单位：平方米

unit：m²

	学校产权建筑面积 Floor Area of School Building Owned by HEIs				正在施工面积 Floor Area Under Construction	独立使用非学校产权建筑面积 Floor Area of School Building Not Owned by HEIs
	计 Total	其中：危房 of Which：Dilapidated Buildings	其中：当年新增 of Which：Added in Current Year	其中：被外单位借用 of Which：Floor Space Hired by Other Schools or Units		
合　计 Total	**91929415**	**3284370**	**3223974**	**173673**	**4619141**	**9181640**
北　京 Beijing	991344	161	6685	495	32966	141024
天　津 Tianjin	1270920		18079		41900	140070
河　北 Hebei	4222012	17713	139086	1350	193932	802656
山　西 Shanxi	2574570	87639	30110	4503	51361	126487
内蒙古 Inner Mongolia	1175325	364919	6069		108403	280061
辽　宁 Liaoning	2735701	13661	35995	40	212928	137612
吉　林 Jilin	917287	40367	4397			14206
黑龙江 Heilongjiang	1277987	1854	10424		59804	200101
上　海 Shanghai	1605738		37702	5767	81627	207712
江　苏 Jiangsu	8114800	2130	439272	26582	303811	119708
浙　江 Zhejiang	1293267		123357	2806	16841	166349
安　徽 Anhui	3505416	64236	238750	22397	235230	68197
福　建 Fujian	4972295	72815	150846	27635	159449	710733
江　西 Jiangxi	2523242	48156	109894	1880	195362	80822
山　东 Shandong	5339687	11614	14020	3000	403746	145761
河　南 Henan	6022695	92655	272186	2554	273470	226832
湖　北 Hubei	6411038	171875	167652	1047	175818	791572
湖　南 Hunan	1755049	9820	16339		74032	500
广　东 Guangdong	10015854	32037	334630	4609	455736	1573883
广　西 Guangxi	6919337	239315	276172	46551	512143	1061460
海　南 Hainan	657982	2152	64221	6734	68699	35692
重　庆 Chongqing	975809		23858		49359	36486
四　川 Sichuan	4546933	288291	314265		310058	1707642
贵　州 Guizhou	1701198	10572	36103	6726	36362	45883
云　南 Yunnan	2325704	606252	24684	1288	159249	134416
西　藏 Tibet	175539	4339	16404		28273	
陕　西 Shaanxi	1994937	17527	29394	6960	110737	79293
甘　肃 Gansu	2859471	972410	66285	299	169676	89769
青　海 Qinghai	463389	52650	84566		14674	17577
宁　夏 Ningxia	414512		38680		4667	22300
新　疆 Xinjiang	2170377	59210	93849	450	78822	16836

成人中专学校校舍情况

Conditions of School Buildings in Specialized Sec. Schools for Adults

单位:平方米

unit: m^2

	学校产权建筑面积 Floor Area of School Building Owned by HEIs				正在施工面积 Floor Area Under Construction	独立使用非学校产权建筑面积 Floor Area of School Building Not Owned by HEIs
	计 Total	其中:危房 of Which: Dilapidated Buildings	其中:当年新增 of Which: Added in Current Year	其中:被外单位借用 of Which: Floor Space Hired by Other Schools or Units		
合 计 Total	**12575099**	**467524**	**205016**	**56340**	**148456**	**2205097**
北 京 Beijing	90688		4163	12840	3106	12826
天 津 Tianjin	54192					17340
河 北 Hebei	611604	12123	21489	3200		170089
山 西 Shanxi	218506	17878	9027			47870
内蒙古 Inner Mongolia	175369	45485	1000	312	420	2041
辽 宁 Liaoning	26093			1665		12150
吉 林 Jilin	352625	27996		3246		31113
黑龙江 Heilongjiang	551454	6854	13082	24	800	96362
上 海 Shanghai	107550			1965		4079
江 苏 Jiangsu	886694				32845	8328
浙 江 Zhejiang	413233		5735	3183		9144
安 徽 Anhui	373178	9864	5341	8855	10365	44997
福 建 Fujian						
江 西 Jiangxi	261139	13835	2100	270		9336
山 东 Shandong	2121762	3529	23035	4200	1874	182067
河 南 Henan	2291753	77459	54836	7937	26807	773468
湖 北 Hubei	388929	2221	3000	1940		12573
湖 南 Hunan	1018969	20186	7155			79361
广 东 Guangdong	296348		3838			52390
广 西 Guangxi						
海 南 Hainan	48164	9208			2250	
重 庆 Chongqing	636295	4175	15303	108	24300	128457
四 川 Sichuan	267199	1371	10028		6000	397364
贵 州 Guizhou	331376	7146	3196	1246		20804
云 南 Yunnan	391434	170921	5749	4849		71869
西 藏 Tibet						
陕 西 Shaanxi	214259	1110	2220			12354
甘 肃 Gansu	150380	23100	3220	500	11951	6180
青 海 Qinghai	30336	10506	640		21738	1558
宁 夏 Ningxia	35967					492
新 疆 Xinjiang	229603	2557	10859		6000	485

职业高中学校校舍情况

Conditions of School Buildings in Vocational High Schools

单位：平方米

unit: m^2

	学校产权建筑面积 Floor Area of School Building Owned by HEIs				正在施工面积 Floor Area Under Construction	独立使用非学校产权建筑面积 Floor Area of School Building Not Owned by HEIs
	计 Total	其中：危房 of Which: Dilapidated Buildings	其中：当年新增 of Which: Added in Current Year	其中：被外单位借用 of Which: Floor Space Hired by Other Schools or Units		
合　计 Total	**76124197**	**3674258**	**3286980**	**192644**	**2615571**	**8502392**
北　京 Beijing	1375225	4211	22423	2130	17000	108506
天　津 Tianjin	526757		4476	3240		284750
河　北 Hebei	4431340	95345	137686	19102	68564	242115
山　西 Shanxi	2391662	213816	204397	2351	65391	325148
内蒙古 Inner Mongolia	1354395	433162	97279		53733	104634
辽　宁 Liaoning	2397317	10942	10990	592	33463	311546
吉　林 Jilin	1262120	101344	59869		31206	489179
黑龙江 Heilongjiang	1317612	53384	63376	3241	23736	104986
上　海 Shanghai	807586		1849	17095	12389	49387
江　苏 Jiangsu	4809930	2700	190895	3991	100660	48835
浙　江 Zhejiang	6632095	11098	227129	20220	375089	606119
安　徽 Anhui	3976293	252706	192286	8383	138217	221242
福　建 Fujian						
江　西 Jiangxi	3883064	176452	153882		93932	568802
山　东 Shandong	8526737	21293	187385	26474	233403	685332
河　南 Henan	6740742	257854	250490	15634	138206	758695
湖　北 Hubei	1651848	48947	55013	1000	11097	101765
湖　南 Hunan	6393518	97683	87578	8089	140865	1304379
广　东 Guangdong	2443731	3281	42337	4842	129272	200395
广　西 Guangxi						
海　南 Hainan	510546	11770	41652	7642	110968	127470
重　庆 Chongqing	2768236	62671	71506		118084	119473
四　川 Sichuan	3683680	511062	716745	10142	296782	243407
贵　州 Guizhou	873668	16009	65617	3000	118485	367850
云　南 Yunnan	1757962	799146	119478	17311	95557	220666
西　藏 Tibet						
陕　西 Shaanxi	3707348	108874	130331	15527	102494	780253
甘　肃 Gansu	745605	359951	22850		37035	91782
青　海 Qinghai	16129	3575				120
宁　夏 Ningxia	268788	2720	15980		5205	
新　疆 Xinjiang	670263	14262	113481	2638	64738	35556

	学校产权 Floor Area of School	
	计 Total	其中:危房 of Which: Dilapidated Buildings
合　计 Total	**6945784**	**76780**
北　京 Beijing	41257	3983
天　津 Tianjin		
河　北 Hebei	601545	
山　西 Shanxi	141113	
内蒙古 Inner Mongolia	3202	1809
辽　宁 Liaoning		
吉　林 Jilin	284747	9048
黑龙江 Heilongjiang		
上　海 Shanghai	33338	
江　苏 Jiangsu	753040	1859
浙　江 Zhejiang	626973	
安　徽 Anhui	504453	13707
福　建 Fujian	60181	
江　西 Jiangxi	139550	
山　东 Shandong	839666	2594
河　南 Henan	387341	4506
湖　北 Hubei	540982	10225
湖　南 Hunan	438470	526
广　东 Guangdong	542603	11445
广　西 Guangxi	44022	
海　南 Hainan		
重　庆 Chongqing	386991	
四　川 Sichuan	207210	13917
贵　州 Guizhou	50508	
云　南 Yunnan	53830	
西　藏 Tibet	36858	
陕　西 Shaanxi	18371	3021
甘　肃 Gansu	8419	140
青　海 Qinghai		
宁　夏 Ningxia	54829	
新　疆 Xinjiang	146285	

校舍情况
in Other Institutions

单位:平方米
unit: m²

建筑面积 Buiding Owned by HEIs		正在施工面积 Floor Area Under Construction	独立使用非学校产权建筑面积 Floor Area of School Building Not Owned by HEIs
其中:当年新增 of Which: Newly Added in Current Year	其中:被外单位借用 of Which: Floor Space Hired by Other Schools or Units		
170415	**13189**	**170258**	**703169**
180	96		
		4660	10480
		13110	71138
100			2430
8987	4367	24803	91772
1654	380	8998	66606
57040		1012	2000
			9750
		91243	47551
16000			15700
			13802
1300			61637
9592			13446
		26432	166667
72062	2153		21703
			17100
3500	5000		76708
			2851
	1193		8314
			2480
			1034

地　区 Region	学校数(所) Schools	教学班(点)(个)External Teaching Sites (Classes)	结业生数 Graduates 计 Total	其中:女 of Which: Female
合　计 Total	**153128**	**570667**	**54305125**	**26000626**
北　京 Beijing	3631	23984	2359639	1203760
天　津 Tianjin	3042	22031	1180021	625156
河　北 Hebei	10714	35664	3115564	1512192
山　西 Shanxi	7713	26760	2054140	814487
内蒙古 Inner Mongolia	2943	6258	547754	231380
辽　宁 Liaoning	5985	39271	2115829	861895
吉　林 Jilin	2691	7236	614707	289063
黑龙江 Heilongjiang	1299	5115	538689	263510
上　海 Shanghai	789	32920	1791880	1030352
江　苏 Jiangsu	7725	57372	5536309	2670624
浙　江 Zhejiang	5794	45315	3886047	1853105
安　徽 Anhui	896	3327	426740	212515
福　建 Fujian	3597	11379	1289831	617614
江　西 Jiangxi	1348	1557	251731	115339
山　东 Shandong	10130	29144	3524016	1681495
河　南 Henan	21260	36613	4830188	2217944
湖　北 Hubei	2465	4928	515647	238476
湖　南 Hunan	270	1729	87074	45802
广　东 Guangdong	2014	24358	1620435	903374
广　西 Guangxi	2895	16580	1143984	517046
海　南 Hainan	647	2562	139076	63438
重　庆 Chongqing	4401	14906	1820660	892640
四　川 Sichuan	6722	19042	2489446	1158519
贵　州 Guizhou	11852	19694	2517318	1170466
云　南 Yunnan	11248	34409	5250637	2642007
西　藏 Tibet				
陕　西 Shaanxi	12528	29591	2018501	969961
甘　肃 Gansu	5065	9754	810911	388932
青　海 Qinghai	1381	1465	399397	178057
宁　夏 Ningxia	308	731	89162	40986
新　疆 Xinjiang	1775	6972	1339792	590491

机构基本情况(总计)

Technical Training Institutions (Total)

单位:人次

unit: person

注册学生数 Enrolment		教职工数 Teachers, Staff & Workers		聘请校外教师 Part-time Teachers
计 Total	其中:女 of Which: Female	计 Total	其中:专任教师 of Which: Full-time Teacher	
50130275	**24139142**	**495885**	**252419**	**351616**
2062194	1058212	37048	14594	21066
945388	493031	15608	7057	10560
2909719	1443708	35406	12761	25057
2075556	820099	24168	10714	13638
606036	270577	6856	3819	2590
2034335	933736	42740	24235	11083
639070	283242	13064	8340	3431
513760	251049	6829	4758	1918
1858022	1048244	13349	5637	17164
4740300	2287843	36595	25652	32828
3586177	1707781	24105	13209	32437
402521	187280	2987	1806	4343
1254499	608247	9633	4410	10310
250182	116417	1875	872	1750
2299256	1065861	37923	25501	17019
4752988	2233533	32795	19462	27480
552793	258567	8665	5942	3721
81645	41273	2261	1358	788
1664637	925088	22087	11247	13508
1185708	539478	10835	5129	5873
61007	40061	786	332	1500
1840812	898233	7191	2881	6381
2142771	1007619	16237	10749	11926
2627205	1224124	28894	5201	15626
3908167	1979850	5196	984	23837
2124713	1012479	32735	14898	19605
841020	409614	15566	8892	9116
424289	189000	782	235	561
76589	36881	491	382	99
1668916	768015	3178	1362	6401

	学校数(所) Schools	教学班(点)(个) External Teaching Sites (Classes)	结业生数 Graduates	
			计 Total	其中:女 of Which: Female
合　计 Total	**3108**	**39263**	**3027947**	**1306286**
北　京 Beijing	213	4887	152430	80262
天　津 Tianjin	25	547	24790	12379
河　北 Hebei	280	1155	47477	19982
山　西 Shanxi	161	11159	801576	225622
内蒙古 Inner Mongolia	31	368	38187	19530
辽　宁 Liaoning	39	382	26903	11459
吉　林 Jilin	65	446	74062	34629
黑龙江 Heilongjiang	110	816	40330	20460
上　海 Shanghai	30	1735	104874	62423
江　苏 Jiangsu	502	6664	401678	195479
浙　江 Zhejiang	297	2902	226052	98176
安　徽 Anhui				
福　建 Fujian	127	1178	139393	77557
江　西 Jiangxi	22	48	9444	5438
山　东 Shandong	67	278	133933	46379
河　南 Henan	359	1297	191289	102441
湖　北 Hubei	73	689	39795	18975
湖　南 Hunan	19	155	6628	3666
广　东 Guangdong	27	397	34350	20975
广　西 Guangxi	10	69	5256	2225
海　南 Hainan	29	178	7561	5158
重　庆 Chongqing	185	554	26036	12661
四　川 Sichuan	182	1387	253344	115096
贵　州 Guizhou	8	10	19142	7006
云　南 Yunnan	6	33	6742	2939
西　藏 Tibet				
陕　西 Shaanxi	126	834	90912	48859
甘　肃 Gansu	68	674	66879	28812
青　海 Qinghai	4	40	2000	1193
宁　夏 Ningxia	19	58	11770	5767
新　疆 Xinjiang	24	323	45114	20738

学校基本情况
Technical Training Schools

单位:人次
unit: person

注册学生数 Enrolment		教职工数 Teachers, Staff & Workers		聘请校外教师 Part-time Teachers
计 Total	其中:女 of Which: Female	计 Total	其中:专任教师 of Which: Full-time Teacher	
2956545	**1302608**	**45879**	**31449**	**18646**
163868	85664	4356	1421	2180
12022	5429	686	615	211
51454	25213	1642	1141	560
804879	231639	3647	2172	1331
39521	21228	870	613	119
30546	13533	1488	1139	125
53524	22000	956	653	133
31226	14609	1143	909	150
107245	63454	1668	1124	582
411649	193393	6564	4948	4798
230625	109814	2843	2054	2341
133067	73986	2273	1792	626
10087	5586	375	336	41
62336	27499	1334	1047	203
199195	108015	2245	1447	1516
48306	25158	1624	1253	405
6274	3397	211	171	36
31982	18752	743	335	397
7644	3444	312	212	19
7021	4808	204	181	17
28130	13863	615	294	688
255824	115950	5344	4156	739
19142	7006	98	62	50
6940	3032	95	67	21
98359	57553	2616	1770	686
61249	25743	1510	1205	362
2600	1183	45	25	26
10005	4902	70	70	
31825	16755	302	237	284

农村成人文化技术

Basic Statistics of Technical

地　区 Region	学校数(所) Schools	教学班(点)(个)External Teaching Sites (Classes)	结业生数 Graduates	
			计 Total	其中:女 of Which: Female
合　计 Total	**129443**	**353285**	**41306680**	**19423116**
北　京 Beijing	1831	8945	775942	397913
天　津 Tianjin	2247	7037	596760	307042
河　北 Hebei	9254	28919	2860971	1374012
山　西 Shanxi	6821	11435	1049763	477295
内蒙古 Inner Mongolia	2707	5031	471645	196270
辽　宁 Liaoning	1970	9433	1357657	473146
吉　林 Jilin	1566	2705	379512	169987
黑龙江 Heilongjiang	687	1304	341331	151644
上　海 Shanghai	114	5266	470726	277458
江　苏 Jiangsu	5521	34101	4005019	1910057
浙　江 Zhejiang	4252	31484	2944864	1382627
安　徽 Anhui	729	2375	337116	169634
福　建 Fujian	3191	8480	985040	446457
江　西 Jiangxi	1287	1388	217140	98234
山　东 Shandong	8192	22471	2476795	1164898
河　南 Henan	20265	33992	4379972	1988545
湖　北 Hubei	2273	3418	435264	199031
湖　南 Hunan	158	672	37328	16990
广　东 Guangdong	643	5078	609523	309035
广　西 Guangxi	2717	14417	1039258	459988
海　南 Hainan	606	2317	129782	57386
重　庆 Chongqing	4010	12326	1735293	849849
四　川 Sichuan	6384	16627	2168254	1011359
贵　州 Guizhou	11736	17970	2434437	1132476
云　南 Yunnan	11179	34079	5152020	2595368
西　藏 Tibet				
陕　西 Shaanxi	11335	17497	1597629	762785
甘　肃 Gansu	4485	6844	616197	296808
青　海 Qinghai	1368	1416	388455	172427
宁　夏 Ningxia	238	384	53907	25155
新　疆 Xinjiang	1677	5874	1259080	549240

培训学校基本情况

Training Schools for Peasants

单位：人次

unit：person

注册学生数 Enrolment		教职工数 Teachers, Staff & Workers		聘请校外教师 Part-time Teachers
计 Total	其中：女 of Which：Female	计 Total	其中：专任教师 of Which：Full-time Teacher	
37239079	**17541448**	**212637**	**96967**	**221131**
749666	389093	2310	871	3032
338772	163212	2728	789	3516
2600653	1273816	11045	5787	14088
1057997	472972	12282	3937	8924
528313	232324	4714	2516	2189
1132635	469555	7197	2703	2699
358927	146298	4548	3159	1669
323502	144616	1322	788	921
442604	256445	803	602	2305
3275018	1546250	10040	6631	18781
2715545	1262350	10203	5167	22175
317749	147139	864	510	3703
958661	442503	3788	798	8328
213621	98721	1358	424	1664
1509238	682522	21693	15072	10554
4324987	1990488	26771	15495	24517
459130	210464	5123	3331	2670
38869	17339	755	427	366
578221	284547	3933	2190	3536
1078170	478020	5886	1546	5150
52082	34261	506	91	1476
1742356	849158	4633	1452	4959
1800430	850475	8700	5252	10465
2520756	1173939	27079	4303	15318
3814308	1936966	4849	866	23384
1625642	752035	17141	6567	11609
621093	300290	9265	4579	6876
412389	183190	716	205	521
44494	20881	241	184	61
1603251	731579	2144	725	5675

	学校数(所) Schools	教学班(点)(个) External Teaching Sites (Classes)	结业生数 Graduates	
			计 Total	其中:女 of Which: Female
合　计 Total	**20577**	**178119**	**9970498**	**5271224**
北　京 Beijing	1587	10152	1431267	725585
天　津 Tianjin	770	14447	558471	305735
河　北 Hebei	1180	5590	207116	118198
山　西 Shanxi	731	4166	202801	111570
内蒙古 Inner Mongolia	205	859	37922	15580
辽　宁 Liaoning	3976	29456	731269	377290
吉　林 Jilin	1060	4085	161133	84447
黑龙江 Heilongjiang	502	2995	157028	91406
上　海 Shanghai	645	25919	1216280	690471
江　苏 Jiangsu	1702	16607	1129612	565088
浙　江 Zhejiang	1245	10929	715131	372302
安　徽 Anhui	167	952	89624	42881
福　建 Fujian	279	1721	165398	93600
江　西 Jiangxi	39	121	25147	11667
山　东 Shandong	1871	6395	913288	470218
河　南 Henan	636	1324	258927	126958
湖　北 Hubei	119	821	40588	20470
湖　南 Hunan	93	902	43118	25146
广　东 Guangdong	1344	18883	976562	573364
广　西 Guangxi	168	2094	99470	54833
海　南 Hainan	12	67	1733	894
重　庆 Chongqing	206	2026	59331	30130
四　川 Sichuan	156	1028	67848	32064
贵　州 Guizhou	108	1714	63739	30984
云　南 Yunnan	63	297	91875	43700
西　藏 Tibet				
陕　西 Shaanxi	1067	11260	329960	158317
甘　肃 Gansu	512	2236	127835	63312
青　海 Qinghai	9	9	8942	4437
宁　夏 Ningxia	51	289	23485	10064
新　疆 Xinjiang	74	775	35598	20513

构基本情况

of Others

单位：人次

unit：person

注册学生数 Enrolment		教职工数 Teachers, Staff & Workers		聘请校外教师 Part-time Teachers
计 Total	其中：女 of Which：Female	计 Total	其中：专任教师 of Which：Full-time Teacher	
9934651	**5295086**	**237369**	**124003**	**111839**
1148660	583455	30382	12302	15854
594594	324390	12194	5653	6833
257612	144679	22719	5833	10409
212680	115488	8239	4605	3383
38202	17025	1272	690	282
871154	450648	34055	20393	8259
226619	114944	7560	4528	1629
159032	91824	4364	3061	847
1308173	728345	10878	3911	14277
1053633	548200	19991	14073	9249
640007	335617	11059	5988	7921
84772	40141	2123	1296	640
162771	91758	3572	1820	1356
26474	12110	142	112	45
727682	355840	14896	9382	6262
228806	135030	3779	2520	1447
45357	22945	1918	1358	646
36502	20537	1295	760	386
1054434	621789	17411	8722	9575
99894	58014	4637	3371	704
1904	992	76	60	7
70326	35212	1943	1135	734
86517	41194	2193	1341	722
87307	43179	1717	836	258
86919	39852	252	51	432
400712	202891	12978	6561	7310
158678	83581	4791	3108	1878
9300	4627	21	5	14
22090	11098	180	128	38
33840	19681	732	400	442

Condition of Fixed Assets and Teaching Resources

地　区 Region	占地面积(平方米) Area of School Sites (m^2)	教学行政用房建筑面积(平方米) Administrative (m^2)	图书藏量(册) Books (Volume)
合　计 Total	**135345987**	**45774280**	**111897435**
北　京 Beijing	4702196	1692044	18849383
天　津 Tianjin	1773555	545706	2232385
河　北 Hebei	8155839	1893491	5144516
山　西 Shanxi	2866318	1223218	3971557
内蒙古 Inner Mongolia	2016741	707366	1189649
辽　宁 Liaoning	10595795	2574657	6721382
吉　林 Jilin	4239231	949193	5000882
黑龙江 Heilongjiang	1080673	315230	920997
上　海 Shanghai	1345261	935312	2804617
江　苏 Jiangsu	11433814	5221354	15536038
浙　江 Zhejiang	7937006	3163845	7282267
安　徽 Anhui	1706891	363729	1244945
福　建 Fujian	884981	640414	1641527
江　西 Jiangxi	568923	140031	798208
山　东 Shandong	10694784	2394538	5439031
河　南 Henan	11503272	2955789	7673347
湖　北 Hubei	24845895	10692064	2062562
湖　南 Hunan	660129	176289	448839
广　东 Guangdong	3811585	1764284	4779513
广　西 Guangxi	1508962	492254	2102941
海　南 Hainan	180993	85392	122411
重　庆 Chongqing	939595	563285	905672
四　川 Sichuan	2511550	1164193	2933337
贵　州 Guizhou	3904760	787154	2147003
云　南 Yunnan	2043521	1418765	1083913
西　藏 Tibet			
陕　西 Shaanxi	4098807	1511261	4719345
甘　肃 Gansu	6041315	907034	1197182
青　海 Qinghai	256029	53824	135662
宁　夏 Ningxia	46139	10646	22700
新　疆 Xinjiang	2991427	431918	2785624

构资产情况
in Vocational-Technical Training Institutions

教学用计算机(台)No. of Computers Used for Instruction	语音实验室座位数(个) No. of Seats in Audio-Labs	多媒体教室座位数(个) No. of Seats in Multi-media Class rooms	固定资产总值(万元) Fixed Assets (10,000 yuan)	
			计 Total	其中:教学、实习仪器设备资产值 of Which: Teaching Equipment & Instruments
726684	**321489**	**985069**	**7175700.47**	**2419363.21**
41852	19583	70750	418544.68	212078.91
26866	4723	17601	35838.08	17326.25
38065	12986	74499	203277.08	68594.81
31045	8999	31922	1155332.95	147431.33
5387	3904	7625	78026.96	6068.69
75321	47116	80785	277363.47	78557.17
9401	8552	15669	72658.58	14694.85
8808	10280	14472	27462.15	8974.82
27500	21204	61482	146409.29	50612.6
123927	14001	84770	856159.79	208998.48
53565	21277	91199	658121.73	167168.78
9785	2333	6758	20561.47	5459.69
13880	5797	29004	60517.97	14129.46
1942	1892	3987	7105.25	1527.45
34107	14339	57237	1038193.94	873092.2
29917	19741	29242	160730.82	41557.51
20658	5461	17946	53966.22	12517.58
3036	3067	5913	12269.99	2418.16
62320	26613	106657	174055.3	47991.57
4253	2263	18106	272695.76	211737.86
252	350	532	2885.72	487.57
7427	5904	12110	32581.06	7809.39
25488	7242	19074	94734.96	21851.14
10238	10623	33526	52731.1	7126.79
2097	2750	6585	23371.24	3097.58
40319	20864	36908	851763.52	118008.28
13334	6224	22664	354625.92	64897.27
511	138	1012	3459.85	650.71
83	141	477	1787.14	431.64
5300	13122	26557	28468.48	4064.67

地　区 Region	占地面积(平方米) Area of School Sites (m^2)	教学行政用房建筑面积(平方米) Administrative (m^2)	图书藏量(册) Books (Volume)
合　计 Total	**15412582**	**5554747**	**14288853**
北　京 Beijing	302905	165323	2024368
天　津 Tianjin	95697	43524	43934
河　北 Hebei	944193	334155	708441
山　西 Shanxi	850822	551359	1499826
内蒙古 Inner Mongolia	714234	211102	276541
辽　宁 Liaoning	509598	122324	447470
吉　林 Jilin	459894	347536	234275
黑龙江 Heilongjiang	168486	51006	201581
上　海 Shanghai	211231	161767	849968
江　苏 Jiangsu	2421180	741226	1751307
浙　江 Zhejiang	1381657	531818	859391
安　徽 Anhui	14600	20154	15605
福　建 Fujian	329688	204443	734976
江　西 Jiangxi	303466	52479	102309
山　东 Shandong	830968	269521	470429
河　南 Henan	1909884	464236	880849
湖　北 Hubei	647998	170595	449997
湖　南 Hunan	37319	12805	31940
广　东 Guangdong	214908	77378	237932
广　西 Guangxi	285217	18234	55900
海　南 Hainan	63046	29702	51250
重　庆 Chongqing	156733	74880	106644
四　川 Sichuan	721387	365530	1072266
贵　州 Guizhou	41832	10320	20195
云　南 Yunnan	72361	17031	54256
西　藏 Tibet			
陕　西 Shaanxi	821868	274967	661866
甘　肃 Gansu	617482	122783	238149
青　海 Qinghai	31826	8916	50500
宁　夏 Ningxia	40	40	1000
新　疆 Xinjiang	252062	99593	155688

校资产情况

Resources in Technical Training Schools

教学用计算机(台)No. of Computers Used for Instruction	语音实验室座位数(个)No. of Seats in Audio-Labs	多媒体教室座位数(个)No. of Seats in Multi-media Class rooms	固定资产总值(万元) Fixed Assets (10,000 yuan)	
			计 Total	其中:教学、实习仪器设备资产值 of Which: Teaching Equipment & Instruments
104168	**31779**	**106485**	**1195391.84**	**166996.29**
3634	1951	4210	14693.02	7326.69
1099	380	340	6205.78	1246.85
7115	1586	2685	38438.4	8404.2
5942	2503	13272	88408.12	13461.46
1591	935	1975	21984.71	3245.55
2523	339	1903	17416.23	6607
1640	389	1201	7973.34	1516.4
1346	1679	1936	3164.4	849.7
4630	1136	7745	49786.53	15799.83
24416	3103	12606	171993.57	35176.65
9994	3641	10276	69217.57	17663.99
163	60	263	929.6	301.6
4045	865	9556	25094.67	5572.07
665	160	575	3065	580
3534	864	2216	33459.85	5853.07
6274	4157	5577	35106.3	13872.3
3497	1588	3588	12473.99	3394.29
608	199	444	906.73	304.15
3230	506	3995	8584.13	2409.8
690	60	642	5028.6	1642.4
188	164	264	945	199
1480	515	1467	10207.8	2836.5
6436	2274	8811	35944.97	8339.11
266	73	153	1262.9	194.94
247	50	330	1182.32	185.9
5262	1181	5633	510205.84	6412.87
2003	1131	2943	14878.42	2275.87
195	45	501	1446.35	570.2
1455	245	1378	5385.7	753.9

农村成人文化技术培

Condition of Fixed Assets and Teaching Resources

地　区 Region	占地面积(平方米) Area of School Sites (m^2)	教学行政用房建筑面积(平方米) Administrative (m^2)	图书藏量(册) Books (Volume)
合　计 Total	**91321300**	**26038557**	**44442893**
北　京 Beijing	1508736	298204	1838099
天　津 Tianjin	657017	120031	416642
河　北 Hebei	5301446	829772	3305621
山　西 Shanxi	1262795	358553	1397177
内蒙古 Inner Mongolia	1164052	429690	736069
辽　宁 Liaoning	7516613	1136987	3527994
吉　林 Jilin	3172353	270342	705205
黑龙江 Heilongjiang	615316	93645	296271
上　海 Shanghai	317912	166139	270174
江　苏 Jiangsu	5044685	1166707	3044935
浙　江 Zhejiang	5139945	1738648	3487109
安　徽 Anhui	1226385	171883	200417
福　建 Fujian	251920	211417	433694
江　西 Jiangxi	186623	68254	661764
山　东 Shandong	6313877	1153844	2602430
河　南 Henan	8778329	2149835	6342482
湖　北 Hubei	23623368	10326942	1316800
湖　南 Hunan	195311	61934	258374
广　东 Guangdong	1519521	430043	1160988
广　西 Guangxi	966192	313148	1163531
海　南 Hainan	113697	53370	61430
重　庆 Chongqing	628962	350641	617488
四　川 Sichuan	921350	438071	1212229
贵　州 Guizhou	3506848	715058	1984794
云　南 Yunnan	1895331	1362049	942826
西　藏 Tibet			
陕　西 Shaanxi	2426254	767187	3141825
甘　肃 Gansu	4403623	523208	674672
青　海 Qinghai	224203	44908	85162
宁　夏 Ningxia	31880	2536	16040
新　疆 Xinjiang	2406756	285511	2540651

训学校资产情况
in Technical Training Schools for Peasants

教学用计算机(台)No. of Computers Used for Instruction	语音实验室座位数(个)No. of Seats in Audio-Labs	多媒体教室座位数(个)No. of Seats in Multimedia Class rooms	固定资产总值(万元) Fixed Assets (10,000 yuan) 计 Total	其中:教学、实习仪器设备资产值 of Which: Teaching Equipment & Instruments
220531	**102249**	**373460**	**1634567.78**	**253034.25**
6251	1059	17023	28167.44	8053.18
2003	290	1402	6020.55	1284.64
10222	7218	60554	39529.44	6520.09
12770	1580	2952	269870.8	5911.06
2008	1584	4737	51300.53	1369.33
14911	1645	8174	89650.82	12692.46
2937	2307	4292	23668.94	3603.08
1959	2883	4101	7908.95	1266.47
4923	2063	7123	29645.64	4317.31
46527	2624	24967	179821.01	27181.45
22598	6873	46407	124198.49	18519.89
514	294	1042	5868.78	477.12
3266	2328	7020	16100.06	2315.09
413	1556	3057	2188.25	374.6
11016	4391	16811	89872.82	20546.01
15086	10717	13735	96692.72	17538.33
8633	1855	6398	26871.06	4263.03
888	1091	2311	3697.98	568.63
15033	8404	29709	58025.76	14078.56
1404	1249	14523	13128.13	2472.64
40	60	196	1783.7	215
2119	4161	7134	11780.31	1985.56
10642	3695	5702	28324.68	6496.08
8611	9636	31145	45161.81	5592.52
1130	2536	5132	20409.4	2085.94
6037	6633	9929	282785.76	77998.63
6094	985	13833	60956.2	3141.5
316	93	511	2013.5	80.51
3	36	46	10.3	1.3
2177	12403	23294	19113.95	2084.24

地　区 Region	占地面积(平方米) Area of School Sites (m^2)	教学行政用房 建筑面积(平方米) Administrative (m^2)	图书藏量(册) Books (Volume)
合　计 Total	**28612105**	**14180976**	**53165689**
北　京 Beijing	2890555	1228517	14986916
天　津 Tianjin	1020841	382151	1771809
河　北 Hebei	1910200	729564	1130454
山　西 Shanxi	752701	313306	1074554
内蒙古 Inner Mongolia	138455	66574	177039
辽　宁 Liaoning	2569584	1315346	2745918
吉　林 Jilin	606984	331315	4061402
黑龙江 Heilongjiang	296871	170579	423145
上　海 Shanghai	816118	607406	1684475
江　苏 Jiangsu	3967949	3313421	10739796
浙　江 Zhejiang	1415404	893379	2935767
安　徽 Anhui	465906	171692	1028923
福　建 Fujian	303373	224554	472857
江　西 Jiangxi	78834	19298	34135
山　东 Shandong	3549939	971173	2366172
河　南 Henan	815059	341718	450016
湖　北 Hubei	574529	194527	295765
湖　南 Hunan	427499	101550	158525
广　东 Guangdong	2077156	1256863	3380593
广　西 Guangxi	257553	160872	883510
海　南 Hainan	4250	2320	9731
重　庆 Chongqing	153900	137764	181540
四　川 Sichuan	868813	360592	648842
贵　州 Guizhou	356080	61776	142014
云　南 Yunnan	75829	39685	86831
西　藏 Tibet			
陕　西 Shaanxi	850685	469107	915654
甘　肃 Gansu	1020210	261043	284361
青　海 Qinghai			
宁　夏 Ningxia	14219	8070	5660
新　疆 Xinjiang	332609	46814	89285

资产情况
Teaching Resources in Others

教学用计算机(台)No. of Computers Used for Instruction	语音实验室座位数(个)No. of Seats in Audio-Labs	多媒体教室座位数(个)No. of Seats in Multimedia Class rooms	固定资产总值(万元) Fixed Assets (10,000 yuan)	
			计 Total	其中:教学、实习仪器设备资产值 of Which: Teaching Equipment & Instruments
401985	**187461**	**505124**	**4345740. 85**	**1999332. 67**
31967	16573	49517	375684. 22	196699. 04
23764	4053	15859	23611. 75	14794. 76
20728	4182	11260	125309. 24	53670. 52
12333	4916	15698	797054. 03	128058. 81
1788	1385	913	4741. 72	1453. 81
57887	45132	70708	170296. 42	59257. 71
4824	5856	10176	41016. 3	9575. 37
5503	5718	8435	16388. 8	6858. 65
17947	18005	46614	66977. 12	30495. 46
52984	8274	47197	504345. 21	146640. 38
20973	10763	34516	464705. 67	130984. 9
9108	1979	5453	13763. 09	4680. 97
6569	2604	12428	19323. 24	6242. 3
864	176	355	1852	572. 85
19557	9084	38210	914861. 27	846693. 12
8557	4867	9930	28931. 8	10146. 88
8528	2018	7760	14619. 17	4860. 26
1540	1777	3158	7665. 28	1545. 38
44057	17703	72953	107445. 41	31503. 21
2159	954	2941	254539. 03	207622. 82
24	126	72	157. 02	73. 57
3828	1228	3509	10592. 95	2987. 33
8410	1273	4561	30465. 31	7015. 95
1361	914	2228	6306. 39	1339. 33
720	164	1123	1779. 52	825. 74
29020	13050	21346	58771. 92	33596. 78
5237	4108	5888	278791. 3	59479. 9
80	105	431	1776. 84	430. 34
1668	474	1885	3968. 83	1226. 53

初中阶段校数、班数(总计)

Number of Junior Secondary Schools and Classes (Regional Aggregates)

	学校数(所) Schools	班数(个) Classes				
		计 Total	一年级 Grade 1	二年级 Grade 2	三年级 Grade 3	四年级 Grade 4
合　计 Total	**56320**	**1011325**	**336986**	**335977**	**325839**	**12523**
北　京 Beijing	342	9404	3098	3123	3156	27
天　津 Tianjin	353	7369	2270	2307	2393	399
河　北 Hebei	2888	46483	14716	15266	16331	170
山　西 Shanxi	2356	32273	10975	10524	10774	
内蒙古 Inner Mongolia	905	17309	5903	5536	4919	951
辽　宁 Liaoning	1686	28237	9324	9333	9184	396
吉　林 Jilin	1238	18151	5867	6119	6042	123
黑龙江 Heilongjiang	1821	28798	8535	8433	8324	3506
上　海 Shanghai	489	11944	3009	3048	2977	2910
江　苏 Jiangsu	2181	51943	16526	17254	18159	4
浙　江 Zhejiang	1771	38022	12335	12904	12733	50
安　徽 Anhui	3091	50881	17463	17284	16109	25
福　建 Fujian	1330	29060	9084	9926	10050	
江　西 Jiangxi	2104	34639	12816	11993	9830	
山　东 Shandong	3118	65546	21428	20758	19742	3618
河　南 Henan	4703	78072	26681	26106	25018	267
湖　北 Hubei	2288	39977	12328	13298	14317	34
湖　南 Hunan	3348	39880	13472	13256	13152	
广　东 Guangdong	3322	86444	30225	29422	26795	2
广　西 Guangxi	2019	35385	12204	11922	11259	
海　南 Hainan	434	7723	2738	2611	2374	
重　庆 Chongqing	1037	23573	7839	8025	7705	4
四　川 Sichuan	4061	62528	20985	21209	20326	8
贵　州 Guizhou	2193	37782	13399	12716	11667	
云　南 Yunnan	1806	36093	12364	12161	11552	16
西　藏 Tibet	94	2694	919	894	881	
陕　西 Shaanxi	1923	32479	10407	11002	11067	3
甘　肃 Gansu	1625	25082	8648	8416	8010	8
青　海 Qinghai	324	4393	1584	1378	1431	
宁　夏 Ningxia	273	5324	1928	1853	1543	
新　疆 Xinjiang	1197	23837	7916	7900	8019	2

普通初中校数、班数(总计)

Number of Junior Schools and Classes (Regional Aggregates)

	学校数(所) Schools			班数(个) Classes				
	合 计 Total	初级中学 Junior Sec. Schools	九年一贯制学校 9-Year Sec. Schools	计 Total	一年级 Grade 1	二年级 Grade 2	三年级 Grade 3	四年级 Grade 4
合 计 Total	**56167**	**43744**	**12423**	**1009882**	**336569**	**335466**	**325330**	**12517**
北 京 Beijing	342	275	67	9404	3098	3123	3156	27
天 津 Tianjin	353	316	37	7369	2270	2307	2393	399
河 北 Hebei	2887	2555	332	46477	14714	15264	16329	170
山 西 Shanxi	2316	1923	393	31974	10893	10410	10671	
内蒙古 Inner Mongolia	890	641	249	17136	5846	5477	4862	951
辽 宁 Liaoning	1686	1070	616	28237	9324	9333	9184	396
吉 林 Jilin	1226	949	277	18003	5821	6066	5993	123
黑龙江 Heilongjiang	1817	1434	383	28767	8530	8419	8318	3500
上 海 Shanghai	489	345	144	11933	3005	3043	2975	2910
江 苏 Jiangsu	2181	1849	332	51943	16526	17254	18159	4
浙 江 Zhejiang	1771	1399	372	38022	12335	12904	12733	50
安 徽 Anhui	3087	2598	489	50821	17441	17262	16093	25
福 建 Fujian	1330	1191	139	29060	9084	9926	10050	
江 西 Jiangxi	2103	1659	444	34626	12813	11990	9823	
山 东 Shandong	3118	2682	436	65546	21428	20758	19742	3618
河 南 Henan	4703	4314	389	78072	26681	26106	25018	267
湖 北 Hubei	2275	1913	362	39882	12305	13264	14279	34
湖 南 Hunan	3348	2464	884	39880	13472	13256	13152	
广 东 Guangdong	3322	2508	814	86444	30225	29422	26795	2
广 西 Guangxi	2019	1821	198	35385	12204	11922	11259	
海 南 Hainan	434	262	172	7723	2738	2611	2374	
重 庆 Chongqing	1037	822	215	23573	7839	8025	7705	4
四 川 Sichuan	4051	2024	2027	62330	20948	21142	20232	8
贵 州 Guizhou	2163	1622	541	37557	13321	12643	11593	
云 南 Yunnan	1791	1619	172	35933	12314	12105	11498	16
西 藏 Tibet	94	91	3	2694	919	894	881	
陕 西 Shaanxi	1923	1557	366	32479	10407	11002	11067	3
甘 肃 Gansu	1618	1083	535	25079	8647	8415	8009	8
青 海 Qinghai	323	113	210	4388	1579	1378	1431	
宁 夏 Ningxia	273	184	89	5308	1926	1845	1537	
新 疆 Xinjiang	1197	461	736	23837	7916	7900	8019	2

普通初中校数、班数(城市)
Number of Junior Schools and Classes (Urban)

	学校数(所) Schools			班数(个) Classes				
	合 计 Total	初级中学 Junior Sec. Schools	九年一贯制学校 9-Year Sec. Schools	计 Total	一年级 Grade 1	二年级 Grade 2	三年级 Grade 3	四年级 Grade 4
合 计 Total	**7336**	**5034**	**2302**	**207657**	**68790**	**67800**	**65467**	**5600**
北 京 Beijing	176	136	40	6716	2235	2226	2228	27
天 津 Tianjin	102	85	17	2694	860	842	887	105
河 北 Hebei	263	194	69	8509	2780	2768	2821	140
山 西 Shanxi	267	194	73	7850	2681	2614	2555	
内蒙古 Inner Mongolia	194	154	40	5404	1874	1811	1276	443
辽 宁 Liaoning	498	413	85	11227	3683	3642	3568	334
吉 林 Jilin	154	126	28	3993	1273	1356	1265	99
黑龙江 Heilongjiang	350	281	69	7459	2109	2080	2050	1220
上 海 Shanghai	249	196	53	6176	1550	1542	1545	1539
江 苏 Jiangsu	400	329	71	13200	4337	4355	4504	4
浙 江 Zhejiang	411	304	107	11908	3981	4022	3855	50
安 徽 Anhui	287	193	94	8072	2747	2716	2607	2
福 建 Fujian	152	115	37	6475	2150	2194	2131	
江 西 Jiangxi	111	60	51	3658	1301	1305	1052	
山 东 Shandong	494	356	138	14832	4588	4492	4335	1417
河 南 Henan	490	400	90	12113	4152	3916	3865	180
湖 北 Hubei	383	279	104	8481	2750	2776	2948	7
湖 南 Hunan	173	107	66	5682	1964	1891	1827	
广 东 Guangdong	826	443	383	22661	7874	7682	7103	2
广 西 Guangxi	186	89	97	3932	1335	1310	1287	
海 南 Hainan	51	14	37	1384	488	462	434	
重 庆 Chongqing	64	40	24	2709	930	913	862	4
四 川 Sichuan	243	116	127	9121	3145	3044	2924	8
贵 州 Guizhou	183	91	92	3661	1287	1226	1148	
云 南 Yunnan	108	54	54	2830	972	962	890	6
西 藏 Tibet	12	10	2	305	102	103	100	
陕 西 Shaanxi	160	99	61	5673	1916	1897	1857	3
甘 肃 Gansu	96	50	46	3297	1107	1103	1079	8
青 海 Qinghai	23	10	13	796	274	263	259	
宁 夏 Ningxia	47	42	5	1473	526	488	459	
新 疆 Xinjiang	183	54	129	5366	1819	1799	1746	2

普通初中校数、班数(县镇)

Number of Junior Schools and Classes (County City & Towns)

	学校数(所) Schools			班数(个) Classes				
	合 计 Total	初级中学 Junior Sec. Schools	九年一贯制学校 9-Year Sec. Schools	计 Total	一年级 Grade 1	二年级 Grade 2	三年级 Grade 3	四年级 Grade 4
合 计 Total	**18653**	**15789**	**2864**	**433002**	**145217**	**144299**	**139579**	**3907**
北 京 Beijing	68	58	10	1268	414	417	437	
天 津 Tianjin	116	106	10	2562	840	852	869	1
河 北 Hebei	1065	935	130	21455	6879	7065	7511	
山 西 Shanxi	547	458	89	10798	3624	3536	3638	
内蒙古 Inner Mongolia	396	313	83	9030	3038	2800	2804	388
辽 宁 Liaoning	124	89	35	2749	922	896	905	26
吉 林 Jilin	465	401	64	8459	2749	2852	2834	24
黑龙江 Heilongjiang	376	328	48	8334	2671	2586	2480	597
上 海 Shanghai	238	147	91	5715	1445	1490	1419	1361
江 苏 Jiangsu	869	754	115	22812	7275	7563	7974	
浙 江 Zhejiang	986	862	124	21697	6935	7377	7385	
安 徽 Anhui	735	640	95	18618	6503	6299	5816	
福 建 Fujian	391	371	20	11769	3715	4044	4010	
江 西 Jiangxi	445	340	105	12633	4628	4341	3664	
山 东 Shandong	1256	1131	125	29118	9574	9250	8860	1434
河 南 Henan	1320	1192	128	27489	9445	9172	8833	39
湖 北 Hubei	622	554	68	13018	4012	4333	4646	27
湖 南 Hunan	1103	884	219	17705	6018	5866	5821	
广 东 Guangdong	1545	1270	275	45387	15779	15474	14134	
广 西 Guangxi	1193	1132	61	24374	8492	8218	7664	
海 南 Hainan	199	154	45	4579	1623	1557	1399	
重 庆 Chongqing	558	493	65	15525	5169	5284	5072	
四 川 Sichuan	1639	1099	540	34814	11687	11812	11315	
贵 州 Guizhou	743	680	63	18550	6526	6252	5772	
云 南 Yunnan	710	667	43	18468	6324	6241	5893	10
西 藏 Tibet	81	80	1	2362	808	782	772	
陕 西 Shaanxi	239	203	36	6465	2094	2169	2202	
甘 肃 Gansu	340	287	53	8802	3070	2937	2795	
青 海 Qinghai	88	42	46	1929	698	639	592	
宁 夏 Ningxia	75	55	20	2193	802	757	634	
新 疆 Xinjiang	121	64	57	4325	1458	1438	1429	

普通初中校数、班数(农村)
Number of Junior Schools and Classes (Rural)

	学校数(所) Schools			班数(个) Classes				
	合 计 Total	初级中学 Junior Sec. Schools	九年一贯制学校 9-Year Sec. Schools	计 Total	一年级 Grade 1	二年级 Grade 2	三年级 Grade 3	四年级 Grade 4
合 计 Total	**30178**	**22921**	**7257**	**369223**	**122562**	**123367**	**120284**	**3010**
北 京 Beijing	98	81	17	1420	449	480	491	
天 津 Tianjin	135	125	10	2113	570	613	637	293
河 北 Hebei	1559	1426	133	16513	5055	5431	5997	30
山 西 Shanxi	1502	1271	231	13326	4588	4260	4478	
内蒙古 Inner Mongolia	300	174	126	2702	934	866	782	120
辽 宁 Liaoning	1064	568	496	14261	4719	4795	4711	36
吉 林 Jilin	607	422	185	5551	1799	1858	1894	
黑龙江 Heilongjiang	1091	825	266	12974	3750	3753	3788	1683
上 海 Shanghai	2	2		42	10	11	11	10
江 苏 Jiangsu	912	766	146	15931	4914	5336	5681	
浙 江 Zhejiang	374	233	141	4417	1419	1505	1493	
安 徽 Anhui	2065	1765	300	24131	8191	8247	7670	23
福 建 Fujian	787	705	82	10816	3219	3688	3909	
江 西 Jiangxi	1547	1259	288	18335	6884	6344	5107	
山 东 Shandong	1368	1195	173	21596	7266	7016	6547	767
河 南 Henan	2893	2722	171	38470	13084	13018	12320	48
湖 北 Hubei	1270	1080	190	18383	5543	6155	6685	
湖 南 Hunan	2072	1473	599	16493	5490	5499	5504	
广 东 Guangdong	951	795	156	18396	6572	6266	5558	
广 西 Guangxi	640	600	40	7079	2377	2394	2308	
海 南 Hainan	184	94	90	1760	627	592	541	
重 庆 Chongqing	415	289	126	5339	1740	1828	1771	
四 川 Sichuan	2169	809	1360	18395	6116	6286	5993	
贵 州 Guizhou	1237	851	386	15346	5508	5165	4673	
云 南 Yunnan	973	898	75	14635	5018	4902	4715	
西 藏 Tibet	1	1		27	9	9	9	
陕 西 Shaanxi	1524	1255	269	20341	6397	6936	7008	
甘 肃 Gansu	1182	746	436	12980	4470	4375	4135	
青 海 Qinghai	212	61	151	1663	607	476	580	
宁 夏 Ningxia	151	87	64	1642	598	600	444	
新 疆 Xinjiang	893	343	550	14146	4639	4663	4844	

职业初中校数、班数(总计)

Number of Schools, Classes Admitted in Vocational Schools (Regional Aggregates)

	学校数(所) Schools	班数(个) Classes				
		计 Total	一年级 Grade 1	二年级 Grade 2	三年级 Grade 3	四年级 Grade 4
合　计 Total	**153**	**1443**	**417**	**511**	**509**	**6**
北　京 Beijing						
天　津 Tianjin						
河　北 Hebei	1	6	2	2	2	
山　西 Shanxi	40	299	82	114	103	
内蒙古 Inner Mongolia	15	173	57	59	57	
辽　宁 Liaoning						
吉　林 Jilin	12	148	46	53	49	
黑龙江 Heilongjiang	4	31	5	14	6	6
上　海 Shanghai		11	4	5	2	
江　苏 Jiangsu						
浙　江 Zhejiang						
安　徽 Anhui	4	60	22	22	16	
福　建 Fujian						
江　西 Jiangxi	1	13	3	3	7	
山　东 Shandong						
河　南 Henan						
湖　北 Hubei	13	95	23	34	38	
湖　南 Hunan						
广　东 Guangdong						
广　西 Guangxi						
海　南 Hainan						
重　庆 Chongqing						
四　川 Sichuan	10	198	37	67	94	
贵　州 Guizhou	30	225	78	73	74	
云　南 Yunnan	15	160	50	56	54	
西　藏 Tibet						
陕　西 Shaanxi						
甘　肃 Gansu	7	3	1	1	1	
青　海 Qinghai	1	5	5			
宁　夏 Ningxia		16	2	8	6	
新　疆 Xinjiang						

职业初中校数、班数(城市)

Number of Schools, Classes Admitted in Vocational Schools (Urban)

	学校数(所) Schools	班数(个) Classes				
		计 Total	一年级 Grade 1	二年级 Grade 2	三年级 Grade 3	四年级 Grade 4
合　计 Total	**11**	**84**	**23**	**32**	**29**	
北　京 Beijing						
天　津 Tianjin						
河　北 Hebei						
山　西 Shanxi	5	55	15	20	20	
内蒙古 Inner Mongolia		3	1	1	1	
辽　宁 Liaoning						
吉　林 Jilin	3	14	3	6	5	
黑龙江 Heilongjiang						
上　海 Shanghai		9	3	4	2	
江　苏 Jiangsu						
浙　江 Zhejiang						
安　徽 Anhui						
福　建 Fujian						
江　西 Jiangxi						
山　东 Shandong						
河　南 Henan						
湖　北 Hubei	2					
湖　南 Hunan						
广　东 Guangdong						
广　西 Guangxi						
海　南 Hainan						
重　庆 Chongqing						
四　川 Sichuan		3	1	1	1	
贵　州 Guizhou						
云　南 Yunnan						
西　藏 Tibet						
陕　西 Shaanxi						
甘　肃 Gansu	1					
青　海 Qinghai						
宁　夏 Ningxia						
新　疆 Xinjiang						

职业初中校数、班数(县镇)

Number of Schools, Classes Admitted in Vocational Schools (County City & Towns)

	学校数 (所) Schools	班数(个) Classes				
		计 Total	一年级 Grade 1	二年级 Grade 2	三年级 Grade 3	四年级 Grade 4
合　计 Total	**56**	**537**	**156**	**177**	**204**	
北　京 Beijing						
天　津 Tianjin						
河　北 Hebei						
山　西 Shanxi	10	64	15	25	24	
内蒙古 Inner Mongolia	7	119	39	41	39	
辽　宁 Liaoning						
吉　林 Jilin	5	84	29	29	26	
黑龙江 Heilongjiang	1	6	2	4		
上　海 Shanghai		2	1	1		
江　苏 Jiangsu						
浙　江 Zhejiang						
安　徽 Anhui	2	44	17	16	11	
福　建 Fujian						
江　西 Jiangxi		1			1	
山　东 Shandong						
河　南 Henan						
湖　北 Hubei	2	3	1	1	1	
湖　南 Hunan						
广　东 Guangdong						
广　西 Guangxi						
海　南 Hainan						
重　庆 Chongqing						
四　川 Sichuan	3	76	11	15	50	
贵　州 Guizhou	11	71	25	21	25	
云　南 Yunnan	9	48	13	15	20	
西　藏 Tibet						
陕　西 Shaanxi						
甘　肃 Gansu	6	3	1	1	1	
青　海 Qinghai						
宁　夏 Ningxia		16	2	8	6	
新　疆 Xinjiang						

职业初中校数、班数(农村)

Number of Schools, Classes Admitted in Vocational Schools (Rural)

	学校数(所) Schools	班数(个) Classes				
		计 Total	一年级 Grade 1	二年级 Grade 2	三年级 Grade 3	四年级 Grade 4
合　计 Total	**86**	**822**	**238**	**302**	**276**	**6**
北　京 Beijing						
天　津 Tianjin						
河　北 Hebei	1	6	2	2	2	
山　西 Shanxi	25	180	52	69	59	
内蒙古 Inner Mongolia	8	51	17	17	17	
辽　宁 Liaoning						
吉　林 Jilin	4	50	14	18	18	
黑龙江 Heilongjiang	3	25	3	10	6	6
上　海 Shanghai						
江　苏 Jiangsu						
浙　江 Zhejiang						
安　徽 Anhui	2	16	5	6	5	
福　建 Fujian						
江　西 Jiangxi	1	12	3	3	6	
山　东 Shandong						
河　南 Henan						
湖　北 Hubei	9	92	22	33	37	
湖　南 Hunan						
广　东 Guangdong						
广　西 Guangxi						
海　南 Hainan						
重　庆 Chongqing						
四　川 Sichuan	7	119	25	51	43	
贵　州 Guizhou	19	154	53	52	49	
云　南 Yunnan	6	112	37	41	34	
西　藏 Tibet						
陕　西 Shaanxi						
甘　肃 Gansu						
青　海 Qinghai	1	5	5			
宁　夏 Ningxia						
新　疆 Xinjiang						

初中阶段学生数(总计)

Number of Students in Junior Schools (Regional Aggregates)

单位:人

unit: person

	毕业生数 Graduates	招生数 Students Admitted	在校学生数 Enrolment 合计 Total	其中:女 of Which: Female	一年级 Grade 1	二年级 Grade 2	三年级 Grade 3	四年级 Grade 4	毕业班学生数 Graduates for Next Year
合 计 Total	**17977008**	**17884523**	**54409415**	**25746310**	**17922815**	**18297617**	**17618317**	**570666**	**17659407**
北 京 Beijing	101811	105930	318874	151874	106141	106429	105457	847	105415
天 津 Tianjin	96873	87053	287031	137904	87099	91261	93767	14904	93990
河 北 Hebei	990836	733651	2418817	1180377	735594	795024	880009	8190	888199
山 西 Shanxi	621268	583374	1742712	850987	586533	576559	579620		579620
内蒙古 Inner Mongolia	292230	279780	839401	406046	280028	274958	240140	44275	271286
辽 宁 Liaoning	475495	427882	1359494	652619	428477	453452	458521	19044	462346
吉 林 Jilin	306188	270899	877336	423216	271141	296251	303688	6256	306348
黑龙江 Heilongjiang	436592	389792	1340060	652955	389794	391393	392761	166112	407332
上 海 Shanghai	99933	109227	426247	203757	109484	110579	105272	100912	100949
江 苏 Jiangsu	962848	777856	2562224	1169554	778055	860085	923932	152	923913
浙 江 Zhejiang	591487	554518	1767195	825483	554635	612768	597895	1897	598111
安 徽 Anhui	1016710	991667	2977719	1391351	992741	1030499	952860	1619	952366
福 建 Fujian	477911	426079	1415209	645279	426404	487789	501016		501016
江 西 Jiangxi	519344	696871	1893019	859119	699018	660089	533912		533852
山 东 Shandong	995664	1102207	3418475	1621920	1102210	1082711	1045566	187988	1030309
河 南 Henan	1631829	1606773	4742528	2257310	1609263	1585814	1532872	14579	1533062
湖 北 Hubei	927759	697572	2368139	1077766	698519	796263	871473	1884	871574
湖 南 Hunan	693293	719961	2143515	1011980	720119	722498	700898		700898
广 东 Guangdong	1481488	1756780	5036732	2370240	1757026	1732177	1547431	98	1547428
广 西 Guangxi	644905	726270	2065476	983414	726417	707634	631425		631425
海 南 Hainan	152741	149394	445840	208444	155466	151468	138906		138906
重 庆 Chongqing	407488	439979	1328175	640596	440923	462489	424582	181	424560
四 川 Sichuan	1124821	1179201	3564259	1707539	1181370	1234733	1147849	307	1147723
贵 州 Guizhou	619950	766337	2124775	1008083	766571	717725	640479		640479
云 南 Yunnan	623935	699670	2046539	968445	708747	690779	646241	772	646602
西 藏 Tibet	42401	50042	143187	67502	50042	46787	46358		46358
陕 西 Shaanxi	663225	545878	1802742	848302	547507	623806	631314	115	631308
甘 肃 Gansu	463387	482333	1411019	675537	484781	478150	447644	444	447597
青 海 Qinghai	65712	78060	215029	101271	78763	68187	68079		68079
宁 夏 Ningxia	93915	108515	299950	145260	108694	104849	86407		86407
新 疆 Xinjiang	354969	340969	1027697	502180	341253	344411	341943	90	341949

普通初中学生数(总计)

Number of Students in Junior Secondary Schools (Regional Aggregates)

单位:人

unit: person

	毕业生数 Graduates	招生数 Students Admitted	在校学生数 Enrolment 合计 Total	其中:女 of Which: Female	一年级 Grade 1	二年级 Grade 2	三年级 Grade 3	四年级 Grade 4	毕业班学生数 Graduates for Next Year
合　计 Total	**17947254**	**17863912**	**54336420**	**25711744**	**17902174**	**18270469**	**17593321**	**570456**	**17634391**
北　京 Beijing	101811	105930	318874	151874	106141	106429	105457	847	105415
天　津 Tianjin	96873	87053	287031	137904	87099	91261	93767	14904	93990
河　北 Hebei	990746	733595	2418637	1180306	735538	794968	879941	8190	888131
山　西 Shanxi	615374	579561	1726832	843295	582690	569594	574548		574548
内蒙古 Inner Mongolia	288700	277382	832216	402596	277630	272445	237866	44275	269012
辽　宁 Liaoning	475495	427882	1359494	652619	428477	453452	458521	19044	462346
吉　林 Jilin	302619	268451	869037	419306	268693	293372	300716	6256	303376
黑龙江 Heilongjiang	436335	389674	1338839	652357	389676	390690	392571	165902	407122
上　海 Shanghai	99884	109184	426081	203699	109441	110493	105235	100912	100912
江　苏 Jiangsu	962848	777856	2562224	1169554	778055	860085	923932	152	923913
浙　江 Zhejiang	591487	554518	1767195	825483	554635	612768	597895	1897	598111
安　徽 Anhui	1015772	990476	2974241	1389657	991550	1029112	951960	1619	951466
福　建 Fujian	477911	426079	1415209	645279	426404	487789	501016		501016
江　西 Jiangxi	519065	696726	1892398	858772	698873	659939	533586		533526
山　东 Shandong	995664	1102207	3418475	1621920	1102210	1082711	1045566	187988	1030309
河　南 Henan	1631829	1606773	4742528	2257310	1609263	1585814	1532872	14579	1533062
湖　北 Hubei	923759	696261	2363351	1075684	697208	794498	869761	1884	869862
湖　南 Hunan	693293	719964	2143515	1011980	720119	722498	700898		700898
广　东 Guangdong	1481488	1756780	5036732	2370240	1757026	1732177	1547431	98	1547428
广　西 Guangxi	644905	726270	2065476	983414	726417	707634	631425		631425
海　南 Hainan	152741	149394	445840	208444	155466	151468	138906		138906
重　庆 Chongqing	407488	439979	1328175	640596	440923	462489	424582	181	424560
四　川 Sichuan	1121999	1177004	3554513	1702895	1179173	1231393	1143640	307	1143514
贵　州 Guizhou	615496	762312	2112917	1002356	762546	713811	636560		636560
云　南 Yunnan	620762	697045	2038185	964683	706122	687925	643366	772	643727
西　藏 Tibet	42401	50042	143187	67502	50042	46787	46358		46358
陕　西 Shaanxi	663225	545878	1802742	848302	547507	623806	631314	115	631308
甘　肃 Gansu	463372	482318	1410974	675515	484766	478130	447634	444	447587
青　海 Qinghai	65712	77914	214883	101229	78617	68187	68079		68079
宁　夏 Ningxia	93231	108435	298922	144793	108614	104333	85975		85975
新　疆 Xinjiang	354969	340969	1027697	502180	341253	344411	341943	90	341949

普通初中学生数(城市)

Number of Students in Junior Secondary Schools (Urban)

单位:人

unit: person

	毕业生数 Graduates	招生数 Students Admitted	在校学生数 Enrolment 合计 Total	其中:女 of Which: Female	一年级 Grade 1	二年级 Grade 2	三年级 Grade 3	四年级 Grade 4	毕业班学生数 Graduates for Next Year
合 计 Total	**3273912**	**3477836**	**10590533**	**4961232**	**3484113**	**3505060**	**3345970**	**255390**	**3377830**
北 京 Beijing	73920	78991	233894	111642	79071	77967	76009	847	75967
天 津 Tianjin	34568	32803	102639	50075	32808	32668	33237	3926	33098
河 北 Hebei	161576	149698	470907	228078	150669	154726	158534	6978	165512
山 西 Shanxi	146776	152754	453277	219692	154835	151116	147326		147326
内蒙古 Inner Mongolia	93169	97780	288868	140123	97912	99178	69036	22742	91141
辽 宁 Liaoning	186081	170362	538588	257004	170397	175742	175879	16570	180088
吉 林 Jilin	67491	67102	214362	103705	67113	73511	68508	5230	71142
黑龙江 Heilongjiang	114971	99599	363002	175864	99599	102974	102183	58246	106485
上 海 Shanghai	50984	54054	212059	102186	54190	53937	52610	51322	51322
江 苏 Jiangsu	205202	196494	607669	279653	196591	200628	210298	152	210279
浙 江 Zhejiang	176118	181624	555437	255930	181680	191508	180352	1897	180568
安 徽 Anhui	142212	151767	457319	207925	151782	156261	149192	84	149189
福 建 Fujian	94619	102990	313986	137848	103022	106639	104325		104325
江 西 Jiangxi	51331	70002	196168	87864	70390	70340	55438		55438
山 东 Shandong	199382	240288	777768	366217	240288	233075	228808	75597	221833
河 南 Henan	217436	236759	687457	320160	237051	223406	217181	9819	217125
湖 北 Hubei	161959	139712	452518	203638	139970	152400	159669	479	159646
湖 南 Hunan	95657	108514	314108	146477	108520	105391	100197		100197
广 东 Guangdong	348122	404160	1163958	528424	404258	398436	361166	98	361163
广 西 Guangxi	61746	68836	201295	90648	68846	67815	64634		64634
海 南 Hainan	22577	25686	77081	33124	26655	26395	24031		24031
重 庆 Chongqing	38533	45614	132514	63447	45616	44886	41831	181	41809
四 川 Sichuan	148551	171027	507340	243055	171046	174375	161612	307	161486
贵 州 Guizhou	56851	73555	206560	99254	73564	69860	63136		63136
云 南 Yunnan	45223	53847	157691	77170	54364	54310	48751	266	48910
西 藏 Tibet	4745	5218	15472	7358	5218	5296	4958		4958
陕 西 Shaanxi	97235	100292	306794	142904	100305	104787	101587	115	101581
甘 肃 Gansu	56427	62858	186960	87884	62858	63297	60361	444	60314
青 海 Qinghai	11779	14720	41622	20025	14761	14014	12847		12847
宁 夏 Ningxia	26641	31798	89781	43343	31799	30168	27814		27814
新 疆 Xinjiang	82030	88932	263439	130515	88935	89954	84460	90	84466

普通初中学生数(县镇)

Number of Students in Junior Secondary Schools (County City & Towns)

单位:人
unit: person

	毕业生数 Graduates	招生数 Students Admitted	在校学生数 Enrolment 合计 Total	其中:女 of Which: Female	一年级 Grade 1	二年级 Grade 2	三年级 Grade 3	四年级 Grade 4	毕业班学生数 Graduates for Next Year
合计 Total	**7905869**	**8075391**	**24400826**	**11522106**	**8092198**	**8244420**	**7887288**	**176920**	**7892050**
北京 Beijing	13763	13635	41902	19995	13723	13942	14237		14237
天津 Tianjin	35956	33486	104949	50786	33493	35524	35923	9	35557
河北 Hebei	459974	358169	1168283	570754	359087	386858	422338		422338
山西 Shanxi	216951	202845	621856	304060	203628	210721	207507		207507
内蒙古 Inner Mongolia	152865	143589	435853	211492	143705	137761	137144	17243	143730
辽宁 Liaoning	50937	47509	148520	71687	47609	49345	50525	1041	50421
吉林 Jilin	148480	130521	427487	206445	130708	145479	150274	1026	150300
黑龙江 Heilongjiang	136477	132652	419245	204040	132653	129173	126467	30952	131450
上海 Shanghai	48434	54752	212463	100734	54873	56163	52221	49206	49206
江苏 Jiangsu	437376	352604	1163414	519684	352645	388378	422391		422391
浙江 Zhejiang	348019	313447	1020069	480338	313498	354242	352329		352329
安徽 Anhui	374261	388916	1148573	525635	389697	395664	363212		363212
福建 Fujian	194418	175479	580755	264378	175619	202390	202746		202746
江西 Jiangxi	183941	259640	718039	312740	260299	249410	208330		208270
山东 Shandong	467193	499083	1547110	730172	499085	492551	482366	73108	478813
河南 Henan	591335	593373	1738340	818687	594290	580978	560648	2424	560587
湖北 Hubei	319137	240542	811217	365515	240763	271891	297158	1405	297282
湖南 Hunan	324181	333747	1000399	470947	333835	338466	328098		328098
广东 Guangdong	810321	955573	2758861	1307404	955716	952051	851094		851094
广西 Guangxi	462273	529712	1488512	712785	529769	510659	448084		448084
海南 Hainan	96681	93833	280869	133491	97895	95378	87596		87596
重庆 Chongqing	274565	300954	906350	436676	301251	315748	289351		289351
四川 Sichuan	648672	676152	2048083	983886	677318	708277	662488		662488
贵州 Guizhou	315108	384273	1073796	507296	384343	363167	326286		326286
云南 Yunnan	321022	366733	1067068	510980	370699	361344	334519	506	334721
西藏 Tibet	37198	44337	126329	59491	44337	41037	40955		40955
陕西 Shaanxi	140435	122668	400484	187904	122941	138675	138868		138868
甘肃 Gansu	170049	178200	517739	247566	179126	175108	163505		163505
青海 Qinghai	28102	36141	98968	46523	36617	32959	29392		29392
宁夏 Ningxia	37048	45487	125463	61197	45571	43667	36225		36225
新疆 Xinjiang	60697	67339	199830	98818	67405	67414	65011		65011

普通初中学生数(农村)

Number of Students in Junior Secondary Schools (Rural)

单位:人

unit: person

	毕业生数 Graduates	招生数 Students Admitted	在校学生数 Enrolment 合计 Total	其中:女 of Which: Female	一年级 Grade 1	二年级 Grade 2	三年级 Grade 3	四年级 Grade 4	毕业班学生数 Graduates for Next Year
合　计 Total	**6767473**	**6310685**	**19345061**	**9228406**	**6325863**	**6520989**	**6360063**	**138146**	**6364511**
北　京 Beijing	14128	13304	43078	20237	13347	14520	15211		15211
天　津 Tianjin	26349	20764	79443	37043	20798	23069	24607	10969	25335
河　北 Hebei	369196	225728	779447	381474	225782	253384	299069	1212	300281
山　西 Shanxi	251647	223962	651699	319543	224227	207757	219715		219715
内蒙古 Inner Mongolia	42666	36013	107495	50981	36013	35506	31686	4290	34141
辽　宁 Liaoning	238477	210011	672386	323928	210471	228365	232117	1433	231837
吉　林 Jilin	86648	70828	227188	109156	70872	74382	81934		81934
黑龙江 Heilongjiang	184887	157423	556592	272453	157424	158543	163921	76704	169187
上　海 Shanghai	466	378	1559	779	378	393	404	384	384
江　苏 Jiangsu	320270	228758	791141	370217	228819	271079	291243		291243
浙　江 Zhejiang	67350	59447	191689	89215	59457	67018	65214		65214
安　徽 Anhui	499299	449793	1368349	656097	450071	477187	439556	1535	439065
福　建 Fujian	188874	147610	520468	243053	147763	178760	193945		193945
江　西 Jiangxi	283793	367084	978191	458168	368184	340189	269818		269818
山　东 Shandong	329089	362836	1093597	525531	362837	357085	334392	39283	329663
河　南 Henan	823058	776641	2316731	1118463	777922	781430	755043	2336	755350
湖　北 Hubei	442663	316007	1099616	506531	316475	370207	412934		412934
湖　南 Hunan	273455	277703	829008	394556	277764	278641	272603		272603
广　东 Guangdong	323045	397047	1113913	534412	397052	381690	335171		335171
广　西 Guangxi	120886	127722	375669	179981	127802	129160	118707		118707
海　南 Hainan	33483	29875	87890	41829	30916	29695	27279		27279
重　庆 Chongqing	94390	93411	289311	140473	94056	101855	93400		93400
四　川 Sichuan	324776	329825	999090	475954	330809	348741	319540		319540
贵　州 Guizhou	243537	304484	832561	395806	304639	280784	247138		247138
云　南 Yunnan	254517	276465	813426	376533	281059	272271	260096		260096
西　藏 Tibet	458	487	1386	653	487	454	445		445
陕　西 Shaanxi	425555	322918	1095464	517494	324261	380344	390859		390859
甘　肃 Gansu	236896	241260	706275	340065	242782	239725	223768		223768
青　海 Qinghai	25831	27053	74293	34681	27239	21214	25840		25840
宁　夏 Ningxia	29542	31150	83678	40253	31244	30498	21936		21936
新　疆 Xinjiang	212242	184698	564428	272847	184913	187043	192472		192472

普通初中女学生数

Number of Female Students in Junior Secondary Schools

单位：人

unit：person

	毕业生数 Graduates	招生数 Students Admitted	在校学生数 Enrolment					毕业班学生数 Graduates for Next Year
			合 计 Total	一年级 Grade 1	二年级 Grade 2	三年级 Grade 3	四年级 Grade 4	
合 计 Total	**8572803**	**8407743**	**25711744**	**8421496**	**8624895**	**8387579**	**277774**	**8332781**
北 京 Beijing	49226	50306	151874	50355	50473	50647	399	50627
天 津 Tianjin	47688	41038	137904	41049	43977	45708	7170	44972
河 北 Hebei	488654	356939	1180306	357846	386448	432014	3998	435845
山 西 Shanxi	301891	283292	843295	284791	276396	282108		280905
内蒙古 Inner Mongolia	139949	133961	402596	134059	130761	115838	21938	130677
辽 宁 Liaoning	231919	203330	652619	203472	217521	222323	9303	224293
吉 林 Jilin	146150	129849	419306	129961	142233	144060	3052	144287
黑龙江 Heilongjiang	213950	188582	652357	188582	190467	192159	81149	197481
上 海 Shanghai	49187	51587	203699	51638	52215	50646	49200	49200
江 苏 Jiangsu	445634	354304	1169554	354359	391150	423971	74	423945
浙 江 Zhejiang	279935	256984	825483	257026	286186	281363	908	278572
安 徽 Anhui	477227	461581	1389657	461808	480141	446927	781	446057
福 建 Fujian	224923	191316	645279	191378	221982	231919		231919
江 西 Jiangxi	233068	317957	858772	318449	299216	241107		228037
山 东 Shandong	469576	522818	1621920	522820	511330	496795	90975	490049
河 南 Henan	783430	760963	2257310	762140	754113	734127	6930	734448
湖 北 Hubei	424720	315827	1075684	316149	362245	396385	905	382978
湖 南 Hunan	328999	339857	1011980	339897	338940	333143		333143
广 东 Guangdong	714345	818776	2370240	818855	813021	738312	52	715703
广 西 Guangxi	313197	337677	983414	337713	336236	309465		309465
海 南 Hainan	71384	69328	208444	71309	71226	65909		65909
重 庆 Chongqing	199600	210571	640596	210922	221661	207914	99	198448
四 川 Sichuan	543793	559297	1702895	559947	589442	553355	151	553285
贵 州 Guizhou	290407	359848	1002356	359927	338916	303513		303513
云 南 Yunnan	294451	329362	964683	332934	324933	306452	364	306520
西 藏 Tibet	19532	23639	67502	23639	22284	21579		21463
陕 西 Shaanxi	316641	254542	848302	255236	292493	300508	65	299416
甘 肃 Gansu	220741	229619	675515	230154	228701	216429	231	209079
青 海 Qinghai	31176	36604	101229	36915	32103	32211		32211
宁 夏 Ningxia	45651	51901	144793	51972	50155	42666		42278
新 疆 Xinjiang	175759	166088	502180	166194	167930	168026	30	168056

职业初中学生数(总计)

Number of Students in Vocational Junior Secondary Schools (Regional Aggregates)

单位:人

unit: person

	毕业生数 Graduates	招生数 Students Admitted	在校学生数 Enrolment						毕业班学生数 Graduates for Next Year
			合计 Total	其中:女 of Which: Female	一年级 Grade 1	二年级 Grade 2	三年级 Grade 3	四年级 Grade 4	
合　计 Total	**29754**	**20611**	**72995**	**34566**	**20641**	**27148**	**24996**	**210**	**25016**
北　京 Beijing									
天　津 Tianjin									
河　北 Hebei	90	56	180	71	56	56	68		68
山　西 Shanxi	5894	3813	15880	7692	3843	6965	5072		5072
内蒙古 Inner Mongolia	3530	2398	7185	3450	2398	2513	2274		2274
辽　宁 Liaoning									
吉　林 Jilin	3569	2448	8299	3910	2448	2879	2972		2972
黑龙江 Heilongjiang	257	118	1221	598	118	703	190	210	210
上　海 Shanghai	49	43	166	58	43	86	37		37
江　苏 Jiangsu									
浙　江 Zhejiang									
安　徽 Anhui	938	1191	3478	1694	1191	1387	900		900
福　建 Fujian									
江　西 Jiangxi	279	145	621	347	145	150	326		326
山　东 Shandong									
河　南 Henan									
湖　北 Hubei	4000	1311	4788	2082	1311	1765	1712		1712
湖　南 Hunan									
广　东 Guangdong									
广　西 Guangxi									
海　南 Hainan									
重　庆 Chongqing									
四　川 Sichuan	2822	2197	9746	4644	2197	3340	4209		4209
贵　州 Guizhou	4454	4025	11858	5727	4025	3914	3919		3919
云　南 Yunnan	3173	2625	8354	3762	2625	2854	2875		2875
西　藏 Tibet									
陕　西 Shaanxi									
甘　肃 Gansu	15	15	45	22	15	20	10		10
青　海 Qinghai		146	146	42	146				
宁　夏 Ningxia	684	80	1028	467	80	516	432		432
新　疆 Xinjiang									

职业初中学生数(城市)

Number of Students in Vocational Junior Secondary Schools (Urban)

单位:人
unit: person

	毕业生数 Graduates	招生数 Students Admitted	在校学生数 Enrolment 合计 Total	其中:女 of Which: Female	一年级 Grade 1	二年级 Grade 2	三年级 Grade 3	四年级 Grade 4	毕业班学生数 Graduates for Next Year
合 计 Total	**986**	**1027**	**3866**	**1893**	**1027**	**1489**	**1350**		**1350**
北 京 Beijing									
天 津 Tianjin									
河 北 Hebei									
山 西 Shanxi	637	859	3141	1604	859	1164	1118		1118
内蒙古 Inner Mongolia	106	44	131	52	44	42	45		45
辽 宁 Liaoning									
吉 林 Jilin	124	84	422	186	84	194	144		144
黑龙江 Heilongjiang									
上 海 Shanghai	49	32	141	51	32	72	37		37
江 苏 Jiangsu									
浙 江 Zhejiang									
安 徽 Anhui									
福 建 Fujian									
江 西 Jiangxi									
山 东 Shandong									
河 南 Henan									
湖 北 Hubei	70								
湖 南 Hunan									
广 东 Guangdong									
广 西 Guangxi									
海 南 Hainan									
重 庆 Chongqing									
四 川 Sichuan		8	31		8	17	6		6
贵 州 Guizhou									
云 南 Yunnan									
西 藏 Tibet									
陕 西 Shaanxi									
甘 肃 Gansu									
青 海 Qinghai									
宁 夏 Ningxia									
新 疆 Xinjiang									

职业初中学生数(县镇)

Number of Students in Vocational Junior Secondary Schools (County City & Towns)

单位:人

unit: person

	毕业生数 Graduates	招生数 Students Admitted	在校学生数 Enrolment 合计 Total	其中:女 of Which: Female	一年级 Grade 1	二年级 Grade 2	三年级 Grade 3	四年级 Grade 4	毕业班学生数 Graduates for Next Year
合 计 Total	**13124**	**7659**	**27518**	**13096**	**7659**	**9810**	**10049**		**10049**
北 京 Beijing									
天 津 Tianjin									
河 北 Hebei									
山 西 Shanxi	1838	636	3268	1684	636	1451	1181		1181
内蒙古 Inner Mongolia	2405	1831	5403	2602	1831	1912	1660		1660
辽 宁 Liaoning									
吉 林 Jilin	2160	1596	5236	2461	1596	1806	1834		1834
黑龙江 Heilongjiang		40	269	144	40	229			
上 海 Shanghai		11	25	7	11	14			
江 苏 Jiangsu									
浙 江 Zhejiang									
安 徽 Anhui	675	926	2578	1253	926	1019	633		633
福 建 Fujian									
江 西 Jiangxi	171		37	15			37		37
山 东 Shandong									
河 南 Henan									
湖 北 Hubei	1214	15	63	3	15	30	18		18
湖 南 Hunan									
广 东 Guangdong									
广 西 Guangxi									
海 南 Hainan									
重 庆 Chongqing									
四 川 Sichuan	860	644	3524	1522	644	968	1912		1912
贵 州 Guizhou	1701	1130	3585	1732	1130	1073	1382		1382
云 南 Yunnan	1401	735	2457	1184	735	772	950		950
西 藏 Tibet									
陕 西 Shaanxi									
甘 肃 Gansu	15	15	45	22	15	20	10		10
青 海 Qinghai									
宁 夏 Ningxia	684	80	1028	467	80	516	432		432
新 疆 Xinjiang									

职业初中学生数(农村)

Number of Students in Vocational Junior Secondary Schools (Rural)

单位:人

unit: person

	毕业生数 Graduates	招生数 Students Admitted	在校学生数 Enrolment						毕业班学生数 Graduates for Next Year
			合计 Total	其中:女 of Which: Female	一年级 Grade 1	二年级 Grade 2	三年级 Grade 3	四年级 Grade 4	
合　计 Total	**15644**	**11925**	**41611**	**19577**	**11955**	**15849**	**13597**	**210**	**13617**
北　京 Beijing									
天　津 Tianjin									
河　北 Hebei	90	56	180	71	56	56	68		68
山　西 Shanxi	3419	2318	9471	4404	2348	4350	2773		2773
内蒙古 Inner Mongolia	1019	523	1651	796	523	559	569		569
辽　宁 Liaoning									
吉　林 Jilin	1285	768	2641	1263	768	879	994		994
黑龙江 Heilongjiang	257	78	952	454	78	474	190	210	210
上　海 Shanghai									
江　苏 Jiangsu									
浙　江 Zhejiang									
安　徽 Anhui	263	265	900	441	265	368	267		267
福　建 Fujian									
江　西 Jiangxi	108	145	584	332	145	150	289		289
山　东 Shandong									
河　南 Henan									
湖　北 Hubei	2716	1296	4725	2079	1296	1735	1694		1694
湖　南 Hunan									
广　东 Guangdong									
广　西 Guangxi									
海　南 Hainan									
重　庆 Chongqing									
四　川 Sichuan	1962	1545	6191	3122	1545	2355	2291		2291
贵　州 Guizhou	2753	2895	8273	3995	2895	2841	2537		2537
云　南 Yunnan	1772	1890	5897	2578	1890	2082	1925		1925
西　藏 Tibet									
陕　西 Shaanxi									
甘　肃 Gansu									
青　海 Qinghai		146	146	42	146				
宁　夏 Ningxia									
新　疆 Xinjiang									

职业初中女学生数

Number of Female Students in Vocational Junior Secondary Schools

单位:人

unit: person

	毕业生数 Graduates	招生数 Students Admitted	在校学生数 Enrolment					毕业班学生数 Graduates for Next Year
			合计 Total	一年级 Grade 1	二年级 Grade 2	三年级 Grade 3	四年级 Grade 4	
合　计 Total	**14215**	**9658**	**34566**	**9680**	**12801**	**11986**	**99**	**11720**
北　京 Beijing								
天　津 Tianjin								
河　北 Hebei	41	20	71	20	28	23		23
山　西 Shanxi	3233	1796	7692	1818	3266	2608		2608
内蒙古 Inner Mongolia	1639	1203	3450	1203	1153	1094		1094
辽　宁 Liaoning								
吉　林 Jilin	1681	1174	3910	1174	1377	1359		1359
黑龙江 Heilongjiang	128	54	598	54	353	92	99	99
上　海 Shanghai	19	12	58	12	33	13		13
江　苏 Jiangsu								
浙　江 Zhejiang								
安　徽 Anhui	473	571	1694	571	688	435		435
福　建 Fujian								
江　西 Jiangxi	139	64	347	64	127	156		156
山　东 Shandong								
河　南 Henan								
湖　北 Hubei	1699	558	2082	558	743	781		566
湖　南 Hunan								
广　东 Guangdong								
广　西 Guangxi								
海　南 Hainan								
重　庆 Chongqing								
四　川 Sichuan	1238	965	4644	965	1667	2012		1954
贵　州 Guizhou	2101	1944	5727	1944	1883	1900		1900
云　南 Yunnan	1451	1202	3762	1202	1241	1319		1319
西　藏 Tibet								
陕　西 Shaanxi								
甘　肃 Gansu	8	8	22	8	8	6		6
青　海 Qinghai		42	42	42				
宁　夏 Ningxia	365	45	467	45	234	188		188
新　疆 Xinjiang								

职业初中教职工数(总计)

Number of Teachers, Staff & Workers in Vocational Schools (Regional Aggregates)

单位:人

unit: person

	教职工数 Teachers, Staff & Workers						代课教师 Substitute Teachers	兼任教师 Part-time Teachers
	合　计 Total	专任教师 Full-time Teachers	行政人员 Adm. Personnel	教辅人员 Supporting Staff	工勤人员 Workers	校办工厂、农(林)场职工 Employees in School-run by Factories & Farms		
合　计 Total	**5198**	**4571**	**224**	**167**	**226**	**10**	**140**	**136**
北　京 Beijing								
天　津 Tianjin								
河　北 Hebei	28	26	2				9	
山　西 Shanxi	1279	1107	44	53	75		99	3
内蒙古 Inner Mongolia	738	593	44	39	54	8	19	3
辽　宁 Liaoning								
吉　林 Jilin	705	610	59	29	7		1	
黑龙江 Heilongjiang	119	106	7	5	1			
上　海 Shanghai	17	17						
江　苏 Jiangsu								
浙　江 Zhejiang								
安　徽 Anhui	197	188	2	1	6			
福　建 Fujian								
江　西 Jiangxi	42	42						
山　东 Shandong								
河　南 Henan								
湖　北 Hubei	449	396	18	14	21			
湖　南 Hunan								
广　东 Guangdong								
广　西 Guangxi								
海　南 Hainan								
重　庆 Chongqing								
四　川 Sichuan	322	296	9	5	12		6	20
贵　州 Guizhou	798	739	28	15	14	2	1	
云　南 Yunnan	444	399	11	6	28		5	110
西　藏 Tibet								
陕　西 Shaanxi								
甘　肃 Gansu	9	7			2			
青　海 Qinghai	13	7			6			
宁　夏 Ningxia	38	38						
新　疆 Xinjiang								

职业初中教职工数(城市)

Number of Teachers, Staff & Workers in Vocational Schools (Urban)

单位:人

unit: person

	教职工数 Teachers, Staff & Workers						代课教师 Substitute Teachers	兼任教师 Part-time Teachers
	合计 Total	专任教师 Full-time Teachers	行政人员 Adm. Personnel	教辅人员 Supporting Staff	工勤人员 Workers	校办工厂、农(林)场职工 Employees in School-run by Factories & Farms		
合 计 Total	**376**	**301**	**25**	**17**	**33**		**22**	
北 京 Beijing								
天 津 Tianjin								
河 北 Hebei								
山 西 Shanxi	265	220	7	10	28		22	
内蒙古 Inner Mongolia								
辽 宁 Liaoning								
吉 林 Jilin	84	55	18	7	4			
黑龙江 Heilongjiang								
上 海 Shanghai	17	17						
江 苏 Jiangsu								
浙 江 Zhejiang								
安 徽 Anhui								
福 建 Fujian								
江 西 Jiangxi								
山 东 Shandong								
河 南 Henan								
湖 北 Hubei	2	1			1			
湖 南 Hunan								
广 东 Guangdong								
广 西 Guangxi								
海 南 Hainan								
重 庆 Chongqing								
四 川 Sichuan	8	8						
贵 州 Guizhou								
云 南 Yunnan								
西 藏 Tibet								
陕 西 Shaanxi								
甘 肃 Gansu								
青 海 Qinghai								
宁 夏 Ningxia								
新 疆 Xinjiang								

职业初中教职工数(县镇)

Number of Teachers, Staff & Workers in Vocational Schools (County City & Towns)

单位:人
unit: person

	教职工数 Teachers, Staff & Workers						代课教师 Substitute Teachers	兼任教师 Part-time Teachers
	合计 Total	专任教师 Full-time Teachers	行政人员 Adm. Personnel	教辅人员 Supporting Staff	工勤人员 Workers	校办工厂、农(林)场职工 Employees in School-run by Factories & Farms		
合　计 Total	**1982**	**1733**	**78**	**68**	**93**	**10**	**23**	**30**
北　京 Beijing								
天　津 Tianjin								
河　北 Hebei								
山　西 Shanxi	325	284	9	16	16		10	3
内蒙古 Inner Mongolia	438	348	28	25	29	8	12	
辽　宁 Liaoning								
吉　林 Jilin	371	342	19	8	2		1	
黑龙江 Heilongjiang	12	12						
上　海 Shanghai								
江　苏 Jiangsu								
浙　江 Zhejiang								
安　徽 Anhui	143	136		1	6			
福　建 Fujian								
江　西 Jiangxi								
山　东 Shandong								
河　南 Henan								
湖　北 Hubei	16	11			5			
湖　南 Hunan								
广　东 Guangdong								
广　西 Guangxi								
海　南 Hainan								
重　庆 Chongqing								
四　川 Sichuan	120	111	1	2	6			20
贵　州 Guizhou	312	273	14	13	10	2		
云　南 Yunnan	198	171	7	3	17			7
西　藏 Tibet								
陕　西 Shaanxi								
甘　肃 Gansu	9	7			2			
青　海 Qinghai								
宁　夏 Ningxia	38	38						
新　疆 Xinjiang								

职业初中教职工数(农村)
Number of Teachers, Staff & Workers in Vocational Schools (Rural)

单位:人
unit: person

	教职工数 Teachers, Staff & Workers						代课教师 Substitute Teachers	兼任教师 Part-time Teachers
	合计 Total	专任教师 Full-time Teachers	行政人员 Adm. Personnel	教辅人员 Supporting Staff	工勤人员 Workers	校办工厂、农(林)场职工 Employees in School-run by Factories & Farms		
合 计 Total	**2840**	**2537**	**121**	**82**	**100**		**95**	**106**
北 京 Beijing								
天 津 Tianjin								
河 北 Hebei	28	26	2				9	
山 西 Shanxi	689	603	28	27	31		67	
内蒙古 Inner Mongolia	300	245	16	14	25		7	3
辽 宁 Liaoning								
吉 林 Jilin	250	213	22	14	1			
黑龙江 Heilongjiang	107	94	7	5	1			
上 海 Shanghai								
江 苏 Jiangsu								
浙 江 Zhejiang								
安 徽 Anhui	54	52	2					
福 建 Fujian								
江 西 Jiangxi	42	42						
山 东 Shandong								
河 南 Henan								
湖 北 Hubei	431	384	18	14	15			
湖 南 Hunan								
广 东 Guangdong								
广 西 Guangxi								
海 南 Hainan								
重 庆 Chongqing								
四 川 Sichuan	194	177	8	3	6		6	
贵 州 Guizhou	486	466	14	2	4		1	
云 南 Yunnan	246	228	4	3	11		5	103
西 藏 Tibet								
陕 西 Shaanxi								
甘 肃 Gansu								
青 海 Qinghai	13	7			6			
宁 夏 Ningxia								
新 疆 Xinjiang								

职业初中女教职工数
Number of Female Teachers, Staff & Workers in Vocational Schools

单位:人
unit: person

	教职工数 Teachers, Staff & Workers						代课教师 Substitute Teachers	兼任教师 Part-time Teachers
	合计 Total	专任教师 Full-time Teachers	行政人员 Adm. Personnel	教辅人员 Supporting Staff	工勤人员 Workers	校办工厂、农(林)场职工 Employees in School-run by Factories & Farms		
合 计 Total	**2025**	**1873**	**29**	**40**	**79**	**4**	**70**	**42**
北 京 Beijing								
天 津 Tianjin								
河 北 Hebei	12	12					7	
山 西 Shanxi	578	526	4	14	34		46	
内蒙古 Inner Mongolia	237	200	8	8	17	4	14	
辽 宁 Liaoning								
吉 林 Jilin	355	336	14	5				
黑龙江 Heilongjiang	41	39		2				
上 海 Shanghai	13	13						
江 苏 Jiangsu								
浙 江 Zhejiang								
安 徽 Anhui	68	63		1	4			
福 建 Fujian								
江 西 Jiangxi	15	15						
山 东 Shandong								
河 南 Henan								
湖 北 Hubei	127	121	1		5			
湖 南 Hunan								
广 东 Guangdong								
广 西 Guangxi								
海 南 Hainan								
重 庆 Chongqing								
四 川 Sichuan	108	105		1	2		2	6
贵 州 Guizhou	279	270		6	3		1	
云 南 Yunnan	172	154	2	3	13			36
西 藏 Tibet								
陕 西 Shaanxi								
甘 肃 Gansu								
青 海 Qinghai	4	3			1			
宁 夏 Ningxia	16	16						
新 疆 Xinjiang								

职业初中教职工总数中民办教职工数

Number of Vocational Junior Secondary Schools Teachers, Staff & Workers Maintained by the Communities

单位:人

unit: person

	教职工数 Teachers, Staff & Workers						代课教师 Substitute Teachers	兼任教师 Part-time Teachers
	合 计 Total	专任教师 Full-time Teachers	行政人员 Adm. Personnel	教辅人员 Supporting Staff	工勤人员 Workers	校办工厂、农(林)场职工 Employees in School-run by Factories & Farms		
合 计 Total	**158**	**113**	**11**	**1**	**33**		**3**	
北 京 Beijing								
天 津 Tianjin								
河 北 Hebei								
山 西 Shanxi	86	70	2		14		3	
内蒙古 Inner Mongolia	59	36	9	1	13			
辽 宁 Liaoning								
吉 林 Jilin								
黑龙江 Heilongjiang								
上 海 Shanghai								
江 苏 Jiangsu								
浙 江 Zhejiang								
安 徽 Anhui								
福 建 Fujian								
江 西 Jiangxi								
山 东 Shandong								
河 南 Henan								
湖 北 Hubei								
湖 南 Hunan								
广 东 Guangdong								
广 西 Guangxi								
海 南 Hainan								
重 庆 Chongqing								
四 川 Sichuan								
贵 州 Guizhou								
云 南 Yunnan								
西 藏 Tibet								
陕 西 Shaanxi								
甘 肃 Gansu								
青 海 Qinghai	13	7			6			
宁 夏 Ningxia								
新 疆 Xinjiang								

普通初中专任教师学

Breakdown of Junior Secondary Schools Full-time Teachers

	合 计 Total	其中:女 of Which: Female	按学历分 By Educational Attainment			
			研究生毕业 Graduate	本科毕业 Under-graduate	专科毕业 Associate Bachelor	高中阶段毕业 High School Graduate
合　计 Total	**3513438**	**1714963**	**17507**	**2070995**	**1364716**	**58910**
北　京 Beijing	30423	22633	1381	26597	2327	110
天　津 Tianjin	26471	17035	522	20986	4380	569
河　北 Hebei	186179	117432	526	113998	69318	2296
山　西 Shanxi	119901	73942	323	61859	55240	2453
内蒙古 Inner Mongolia	64217	39167	273	42377	20683	864
辽　宁 Liaoning	101548	64952	509	59758	39526	1598
吉　林 Jilin	67985	42739	775	48880	17812	509
黑龙江 Heilongjiang	102719	63322	204	65660	35416	1400
上　海 Shanghai	33617	23432	833	30506	2237	37
江　苏 Jiangsu	188255	87655	1244	129676	54849	2454
浙　江 Zhejiang	119638	64490	616	96900	21350	755
安　徽 Anhui	160745	53368	573	87742	70096	2295
福　建 Fujian	99446	42124	521	69409	28340	1149
江　西 Jiangxi	117933	40841	323	57939	56751	2864
山　东 Shandong	259943	124033	1199	172143	83007	3532
河　南 henan	278050	141939	1048	126111	145921	4914
湖　北 Hubei	160662	58588	799	80680	73488	5574
湖　南 Hunan	174179	73804	483	90701	79350	3585
广　东 Guangdong	256571	130772	2227	144607	105589	4094
广　西 Guangxi	118241	54215	349	65952	49480	2430
海　南 Hainan	24760	10240	40	13321	10976	416
重　庆 Chongqing	76451	34075	255	52853	22154	1142
四　川 Sichuan	202326	85156	485	111520	85784	4420
贵　州 guizhou	107889	37744	156	49931	56165	1580
云　南 Yunnan	115487	51551	253	70176	43038	1958
西　藏 Tibet	8777	3982	47	6382	2194	142
陕　西 Shaanxi	117107	61207	998	67408	46415	2226
甘　肃 Gansu	80433	30284	167	40571	37117	2540
青　海 Qinghai	13790	6783	139	8113	5295	242
宁　夏 Ningxia	18255	8353	96	13891	4081	185
新　疆 Xinjiang	81440	49105	143	44348	36337	577

历、职称情况(总计)

by Educational Attainment (Regional Aggregates)

单位:人

unit: person

高中阶段毕业以下 Below High School Graduate	按职称分 By Rank 中学高级 Senior Secondary	中学一级 1st Grade	中学二级 2nd Grade	中学三级 3rd Grade	未评职称 Rank Undecided
1310	**395715**	**1468241**	**1280864**	**131753**	**236865**
8	4950	13115	10896	51	1411
14	7221	12338	6310	93	509
41	16522	84097	71044	4551	9965
26	6825	38425	52616	8967	13068
20	12754	27343	18514	1609	3997
157	33893	42140	18724	2015	4776
9	7712	34120	22422	1310	2421
39	18205	48826	30976	2159	2553
4	3596	18663	9858	67	1433
32	23451	87961	62883	3241	10719
17	14594	55527	39803	1741	7973
39	20371	64372	54079	7797	14126
27	12184	42215	37783	2861	4403
56	20967	44127	40795	4192	7852
62	33633	115619	94681	5320	10690
56	30594	101733	117468	12544	15711
121	20707	89253	42060	4444	4198
60	13265	92938	58403	2533	7040
54	14695	118919	75764	9826	37367
30	6140	54376	47602	5043	5080
7	2309	8564	10041	922	2924
47	6352	28078	33312	3041	5668
117	18524	76788	89096	4887	13031
57	6504	30346	51230	9918	9891
62	11852	40903	45863	7794	9075
12	156	1771	4378	491	1981
60	7437	33722	56128	9678	10142
38	3487	24047	35846	8404	8649
1	2567	6418	3737	177	891
2	3166	6686	5567	307	2529
35	11082	24811	32985	5770	6792

普通初中专任教师学
Breakdown of Junior Secondary Schools Full-time Teachers

	合 计 Total	其中:女 of Which: Female	按学历分 By Educational Attainment			
			研究生毕业 Graduate	本科毕业 Under-graduate	专科毕业 Associate Bachelor	高中阶段毕业 High School Graduate
合　计 Total	**693751**	**447058**	**11353**	**542084**	**136243**	**3930**
北　京 Beijing	20842	16308	1264	17876	1624	70
天　津 Tianjin	9845	7504	389	7981	1379	91
河　北 Hebei	32152	23677	264	25206	6490	183
山　西 Shanxi	28330	20086	241	20395	7415	276
内蒙古 Inner Mongolia	18681	13142	217	13720	4627	117
辽　宁 Liaoning	41334	30962	474	31282	9342	223
吉　林 Jilin	14932	11219	573	12365	1954	40
黑龙江 Heilongjiang	28340	20689	126	22199	5905	107
上　海 Shanghai	16621	12315	415	15165	1034	7
江　苏 Jiangsu	45773	27459	771	37244	7368	374
浙　江 Zhejiang	36989	22938	389	31966	4516	115
安　徽 Anhui	25317	12276	218	17028	7907	159
福　建 Fujian	20357	12341	262	16544	3460	90
江　西 Jiangxi	12854	7223	158	8972	3588	133
山　东 Shandong	52430	33005	609	43867	7747	205
河　南 henan	42133	26648	644	29884	11397	202
湖　北 Hubei	31574	16383	572	23430	7186	361
湖　南 Hunan	19717	11751	251	14900	4489	74
广　东 Guangdong	66399	40392	1661	52737	11746	253
广　西 Guangxi	12332	7788	258	8986	3024	63
海　南 Hainan	4280	2607	29	3459	778	14
重　庆 Chongqing	9688	6289	161	8626	850	45
四　川 Sichuan	29204	16918	266	22521	6135	264
贵　州 guizhou	11048	6569	60	7592	3260	131
云　南 Yunnan	8661	5523	157	6943	1521	39
西　藏 Tibet	1127	600	12	819	275	21
陕　西 Shaanxi	16694	11000	603	12962	3057	71
甘　肃 Gansu	10677	6016	105	7764	2721	85
青　海 Qinghai	2635	1714	29	1918	650	38
宁　夏 Ningxia	4709	2858	58	3931	697	23
新　疆 Xinjiang	18076	12858	117	13802	4101	56

历、职称情况(城市)

by Educational Attainment (Urban)

单位:人

unit: person

高中阶段毕业以下 Below High School Graduate	按职称分 By Rank				
	中学高级 Senior Secondary	中学一级 1st Grade	中学二级 2nd Grade	中学三级 3rd Grade	未评职称 Rank Undecided
141	**145961**	**297085**	**199352**	**10342**	**41011**
8	3971	9036	6780	27	1028
5	3242	4073	2290	18	222
9	6496	14766	8381	744	1765
3	3937	10614	10042	1170	2567
	5461	6915	4631	257	1417
13	13744	17597	7775	367	1851
	3234	6837	4064	148	649
3	7862	12239	7251	344	644
	1875	10060	4100	15	571
16	10159	19736	13818	295	1765
3	7523	16829	10345	171	2121
5	5072	9773	7697	735	2040
1	3978	7922	6793	372	1292
3	3905	4762	3309	225	653
2	10166	22860	16673	513	2218
6	9162	16413	13552	965	2041
25	8896	14748	6726	330	874
3	3906	9931	4802	164	914
2	8916	29731	18668	1467	7617
1	2174	5737	3365	269	787
	686	1549	1617	45	383
6	1757	3949	3360	57	565
18	5196	12424	9512	401	1671
5	2109	4033	3565	323	1018
1	1708	3690	2569	125	569
	78	501	438	10	100
1	2965	6069	6287	390	983
2	1420	4696	3736	136	689
	707	1149	560	25	194
	1322	2123	998	35	231
	4334	6323	5648	199	1572

普通初中专任教师学

Breakdown of Junior Secondary Schools Full-time Teachers

	合 计 Total	其中:女 of Which: Female	按学历分 By Educational Attainment			
			研究生毕业 Graduate	本科毕业 Under-graduate	专科毕业 Associate Bachelor	高中阶段毕业 High School Graduate
合 计 Total	**1498127**	**717254**	**4176**	**878153**	**592367**	**22974**
北 京 Beijing	4631	3172	52	4221	338	20
天 津 Tianjin	8822	5627	106	7046	1445	218
河 北 Hebei	84757	54525	162	51312	32401	865
山 西 Shanxi	39720	24936	46	18960	20003	703
内蒙古 Inner Mongolia	34068	20168	44	22004	11519	489
辽 宁 Liaoning	10115	6622	13	4937	4981	177
吉 林 Jilin	31569	20273	134	22365	8870	196
黑龙江 Heilongjiang	29696	19622	19	18067	11244	360
上 海 Shanghai	16828	11041	415	15204	1176	29
江 苏 Jiangsu	83839	36440	365	57463	24820	1181
浙 江 Zhejiang	68581	34740	205	54364	13519	482
安 徽 Anhui	57636	20015	192	32499	24337	600
福 建 Fujian	41070	17002	212	27967	12369	509
江 西 Jiangxi	39593	15235	85	20605	18270	619
山 东 Shandong	116915	54317	423	74319	40389	1761
河 南 henan	98258	52923	155	44208	52395	1482
湖 北 Hubei	54203	19166	83	25220	27016	1842
湖 南 Hunan	78038	33630	150	40601	36029	1245
广 东 Guangdong	137204	65014	456	69909	64441	2359
广 西 Guangxi	82379	37771	80	44893	35650	1734
海 南 Hainan	14548	5484	10	7408	6904	219
重 庆 Chongqing	49751	21336	85	34578	14325	728
四 川 Sichuan	115210	47916	192	64058	48594	2309
贵 州 guizhou	53769	18313	75	25368	27607	702
云 南 Yunnan	60220	27569	78	38794	20420	902
西 藏 Tibet	7587	3362	35	5518	1901	121
陕 西 Shaanxi	22004	13248	144	13516	8080	260
甘 肃 Gansu	28746	11637	43	14919	13117	659
青 海 Qinghai	5714	3008	74	3317	2245	77
宁 夏 Ningxia	7472	3347	27	5709	1689	45
新 疆 Xinjiang	15184	9795	16	8804	6273	81

历、职称情况(县镇)
by Educational Attainment (County City & Towns)

单位:人
unit: person

高中阶段毕业以下 Below High School Graduate	按职称分 By Rank				
	中学高级 Senior Secondary	中学一级 1st Grade	中学二级 2nd Grade	中学三级 3rd Grade	未评职称 Rank Undecided
457	**147521**	**650030**	**553345**	**51636**	**95595**
	493	1989	1954	10	185
7	2403	4120	2033	36	230
17	6624	39725	31811	2011	4586
8	1824	12826	17740	2906	4424
12	5905	15174	10289	989	1711
7	3508	4228	1681	206	492
4	3267	16320	10420	563	999
6	5276	15169	7826	574	851
4	1716	8499	5703	52	858
10	9469	40494	27826	1557	4493
11	6399	32422	23981	1272	4507
8	7597	23437	18607	2653	5342
13	4719	18171	15206	1204	1770
14	7817	15918	12834	969	2055
23	14973	52013	42490	2589	4850
18	10101	36057	41679	4412	6009
42	6476	30888	13857	1876	1106
13	5542	41544	26910	1309	2733
39	5019	67210	40581	5941	18453
22	3562	38267	33537	3712	3301
7	1264	4844	5960	567	1913
35	3955	18562	22181	1792	3261
57	11076	44686	50943	2561	5944
17	3477	16239	25973	4405	3675
26	7317	23259	23697	2439	3508
12	78	1259	3901	479	1870
4	1557	7098	10679	1281	1389
8	1162	8662	13593	2549	2780
1	1156	2621	1436	76	425
2	1084	2786	2676	132	794
10	2705	5543	5341	514	1081

普通初中专任教师学

Breakdown of Junior Secondary Schools Full-time Teachers

	合计 Total	其中:女 of Which: Female	按学历分 By Educational Attainment			
			研究生毕业 Graduate	本科毕业 Under-graduate	专科毕业 Associate Bachelor	高中阶段毕业 High School Graduate
合　计 Total	**1321560**	**550651**	**1978**	**650758**	**636106**	**32006**
北　京 Beijing	4950	3153	65	4500	365	20
天　津 Tianjin	7804	3904	27	5959	1556	260
河　北 Hebei	69270	39230	100	37480	30427	1248
山　西 Shanxi	51851	28920	36	22504	27822	1474
内蒙古 Inner Mongolia	11468	5857	12	6653	4537	258
辽　宁 Liaoning	50099	27368	22	23539	25203	1198
吉　林 Jilin	21484	11247	68	14150	6988	273
黑龙江 Heilongjiang	44683	23011	59	25394	18267	933
上　海 Shanghai	168	76	3	137	27	1
江　苏 Jiangsu	58643	23756	108	34969	22661	899
浙　江 Zhejiang	14068	6812	22	10570	3315	158
安　徽 Anhui	77792	21077	163	38215	37852	1536
福　建 Fujian	38019	12781	47	24898	12511	550
江　西 Jiangxi	65486	18383	80	28362	34893	2112
山　东 Shandong	90598	36711	167	53957	34871	1566
河　南 henan	137659	62368	249	52019	82129	3230
湖　北 Hubei	74885	23039	144	32030	39286	3371
湖　南 Hunan	76424	28423	82	35200	38832	2266
广　东 Guangdong	52968	25366	110	21961	29402	1482
广　西 Guangxi	23530	8656	11	12073	10806	633
海　南 Hainan	5932	2149	1	2454	3294	183
重　庆 Chongqing	17012	6450	9	9649	6979	369
四　川 Sichuan	57912	20322	27	24941	31055	1847
贵　州 guizhou	43072	12862	21	16971	25298	747
云　南 Yunnan	46606	18459	18	24439	21097	1017
西　藏 Tibet	63	20		45	18	
陕　西 Shaanxi	78409	36959	251	40930	35278	1895
甘　肃 Gansu	41010	12631	19	17888	21279	1796
青　海 Qinghai	5441	2061	36	2878	2400	127
宁　夏 Ningxia	6074	2148	11	4251	1695	117
新　疆 Xinjiang	48180	26452	10	21742	25963	440

历、职称情况（农村）

by Educational Attainment（Rural）

单位：人

unit：person

	按职称分 By Rank				
高中阶段毕业以下 Below High School Graduate	中学高级 Senior Secondary	中学一级 1st Grade	中学二级 2nd Grade	中学三级 3rd Grade	未评职称 Rank Undecided
712	**102233**	**521126**	**528167**	**69775**	**100259**
	486	2090	2162	14	198
2	1576	4145	1987	39	57
15	3402	29606	30852	1796	3614
15	1064	14985	24834	4891	6077
8	1388	5254	3594	363	869
137	16641	20315	9268	1442	2433
5	1211	10963	7938	599	773
30	5067	21418	15899	1241	1058
	5	104	55		4
6	3823	27731	21239	1389	4461
3	672	6276	5477	298	1345
26	7702	31162	27775	4409	6744
13	3487	16122	15784	1285	1341
39	9245	23447	24652	2998	5144
37	8494	40746	35518	2218	3622
32	11331	49263	62237	7167	7661
54	5335	43617	21477	2238	2218
44	3817	41463	26691	1060	3393
13	760	21978	16515	2418	11297
7	404	10372	10700	1062	992
	359	2171	2464	310	628
6	640	5567	7771	1192	1842
42	2252	19678	28641	1925	5416
35	918	10074	21692	5190	5198
35	2827	13954	19597	5230	4998
		11	39	2	11
55	2915	20555	39162	8007	7770
28	905	10689	18517	5719	5180
	704	2648	1741	76	272
	760	1777	1893	140	1504
25	4043	12945	21996	5057	4139

职业初中专任教师学

Breakdown of Vocational Junior Secondary Schools Full-time Teachers

	合 计 Total	其中:女 of Which: Female	按学历分 By Educational Attainment			
			研究生毕业 Graduate	本科毕业 Under-graduate	专科毕业 Associate Bachelor	高中阶段毕业 High School Graduate
合 计 Total	**4571**	**1873**	**4**	**2068**	**2352**	**145**
北 京 Beijing						
天 津 Tianjin						
河 北 Hebei	26	12		17	9	
山 西 Shanxi	1107	526		442	630	35
内蒙古 Inner Mongolia	593	200	3	255	287	48
辽 宁 Liaoning						
吉 林 Jilin	610	336		384	221	5
黑龙江 Heilongjiang	106	39		31	75	
上 海 Shanghai	17	13		12	5	
江 苏 Jiangsu						
浙 江 Zhejiang						
安 徽 Anhui	188	63	1	103	80	3
福 建 Fujian						
江 西 Jiangxi	42	15		27	14	1
山 东 Shandong						
河 南 henan						
湖 北 Hubei	396	121		138	244	14
湖 南 Hunan						
广 东 Guangdong						
广 西 Guangxi						
海 南 Hainan						
重 庆 Chongqing						
四 川 Sichuan	296	105		130	157	9
贵 州 guizhou	739	270		288	438	12
云 南 Yunnan	399	154		201	181	17
西 藏 Tibet						
陕 西 Shaanxi						
甘 肃 Gansu	7			2	4	1
青 海 Qinghai	7	3		3	4	
宁 夏 Ningxia	38	16		35	3	
新 疆 Xinjiang						

历、职称情况(总计)

by Educational Attainment (Regional Aggregates)

单位:人

unit: person

高中阶段毕业以下 Below High School Graduate	按职称分 By Rank				
	中学高级 Senior Secondary	中学一级 1st Grade	中学二级 2nd Grade	中学三级 3rd Grade	未评职称 Rank Undecided
2	**268**	**1644**	**2110**	**298**	**251**
		11	10		5
	20	338	591	101	57
	81	312	122	20	58
	31	242	330	1	3
	6	57	40		3
		8	9		
1	26	79	66	11	6
	3	13	19	7	
	31	183	139	33	10
	10	75	176	2	33
1	15	174	433	82	35
	38	131	155	38	37
	2	4	1		
				3	4
	2	17	19		

职业初中专任教师学

Breakdown of Vocational Junior Secondary Schools Full-time Teachers

	合 计 Total	其中:女 of Which: Female	按学历分 By Educational Attainment			
			研究生毕业 Graduate	本科毕业 Under-graduate	专科毕业 Associate Bachelor	高中阶段毕业 High School Graduate
合 计 Total	**301**	**165**		**183**	**116**	**2**
北 京 Beijing						
天 津 Tianjin						
河 北 Hebei						
山 西 Shanxi	220	111		118	100	2
内蒙古 Inner Mongolia						
辽 宁 Liaoning						
吉 林 Jilin	55	36		46	9	
黑龙江 Heilongjiang						
上 海 Shanghai	17	13		12	5	
江 苏 Jiangsu						
浙 江 Zhejiang						
安 徽 Anhui						
福 建 Fujian						
江 西 Jiangxi						
山 东 Shandong						
河 南 henan						
湖 北 Hubei	1				1	
湖 南 Hunan						
广 东 Guangdong						
广 西 Guangxi						
海 南 Hainan						
重 庆 Chongqing						
四 川 Sichuan	8	5		7	1	
贵 州 guizhou						
云 南 Yunnan						
西 藏 Tibet						
陕 西 Shaanxi						
甘 肃 Gansu						
青 海 Qinghai						
宁 夏 Ningxia						
新 疆 Xinjiang						

历、职称情况(城市)

by Educational Attainment (Urban)

单位:人

unit: person

	按职称分 By Rank				
高中阶段毕业以下 Below High School Graduate	中学高级 Senior Secondary	中学一级 1st Grade	中学二级 2nd Grade	中学三级 3rd Grade	未评职称 Rank Undecided
	24	**120**	**148**	**3**	**6**
	4	89	122	2	3
	19	21	14	1	
		8	9		
		1			
	1	1	3		3

职业初中专任教师学

Breakdown of Vocational Junior Secondary Schools Full-time Teachers

	合 计 Total	其中:女 of Which: Female	按学历分 By Educational Attainment			
			研究生毕业 Graduate	本科毕业 Under-graduate	专科毕业 Associate Bachelor	高中阶段毕业 High School Graduate
合 计 Total	**1733**	**761**	**3**	**907**	**774**	**49**
北 京 Beijing						
天 津 Tianjin						
河 北 Hebei						
山 西 Shanxi	284	169		143	130	11
内蒙古 Inner Mongolia	348	124	2	189	139	18
辽 宁 Liaoning						
吉 林 Jilin	342	175		163	176	3
黑龙江 Heilongjiang	12	5		4	8	
上 海 Shanghai						
江 苏 Jiangsu						
浙 江 Zhejiang						
安 徽 Anhui	136	54	1	86	49	
福 建 Fujian						
江 西 Jiangxi						
山 东 Shandong						
河 南 henan						
湖 北 Hubei	11	5		1	9	1
湖 南 Hunan						
广 东 Guangdong						
广 西 Guangxi						
海 南 Hainan						
重 庆 Chongqing						
四 川 Sichuan	111	36		38	68	5
贵 州 guizhou	273	101		137	132	4
云 南 Yunnan	171	76		109	56	6
西 藏 Tibet						
陕 西 Shaanxi						
甘 肃 Gansu	7			2	4	1
青 海 Qinghai						
宁 夏 Ningxia	38	16		35	3	
新 疆 Xinjiang						

历、职称情况(县镇)

by Educational Attainment (County City & Towns)

单位:人

unit: person

高中阶段毕业以下 Below High School Graduate	按职称分 By Rank				
	中学高级 Senior Secondary	中学一级 1st Grade	中学二级 2nd Grade	中学三级 3rd Grade	未评职称 Rank Undecided
	165	**657**	**778**	**78**	**55**
	10	92	148	22	12
	70	187	55	17	19
	13	116	210		3
	2	5	5		
	20	62	48	5	1
	1	4	4	2	
	5	35	71		
	14	64	165	23	7
	26	71	52	9	13
	2	4	1		
	2	17	19		

职业初中专任教师学

Breakdown of Vocational Junior Secondary Schools Full-time Teachers

	合计 Total	其中：女 of Which: Female	按学历分 By Educational Attainment			
			研究生毕业 Graduate	本科毕业 Under-graduate	专科毕业 Associate Bachelor	高中阶段毕业 High School Graduate
合　计 Total	**2537**	**947**	**1**	**978**	**1462**	**94**
北　京 Beijing						
天　津 Tianjin						
河　北 Hebei	26	12		17	9	
山　西 Shanxi	603	246		181	400	22
内蒙古 Inner Mongolia	245	76	1	66	148	30
辽　宁 Liaoning						
吉　林 Jilin	213	125		175	36	2
黑龙江 Heilongjiang	94	34		27	67	
上　海 Shanghai						
江　苏 Jiangsu						
浙　江 Zhejiang						
安　徽 Anhui	52	9		17	31	3
福　建 Fujian						
江　西 Jiangxi	42	15		27	14	1
山　东 Shandong						
河　南 henan						
湖　北 Hubei	384	116		137	234	13
湖　南 Hunan						
广　东 Guangdong						
广　西 Guangxi						
海　南 Hainan						
重　庆 Chongqing						
四　川 Sichuan	177	64		85	88	4
贵　州 guizhou	466	169		151	306	8
云　南 Yunnan	228	78		92	125	11
西　藏 Tibet						
陕　西 Shaanxi						
甘　肃 Gansu						
青　海 Qinghai	7	3		3	4	
宁　夏 Ningxia						
新　疆 Xinjiang						

历、职称情况（农村）

by Educational Attainment (Rural)

单位：人

unit: person

高中阶段毕业以下 Below High School Graduate	按职称分 By Rank				
	中学高级 Senior Secondary	中学一级 1st Grade	中学二级 2nd Grade	中学三级 3rd Grade	未评职称 Rank Undecided
2	**79**	**867**	**1184**	**217**	**190**
		11	10		5
	6	157	321	77	42
	11	125	67	3	39
	2	105	106		
	4	52	35		3
1	6	17	18	6	5
	3	13	19	7	
	30	178	135	31	10
	4	39	102	2	30
1	1	110	268	59	28
	12	60	103	29	24
				3	4

普通初中办

Condition of School Buildings in Junior Secondary

	学校占地面积 Areas Occupied	校舍建筑面积 Floor Space	教学及辅 Teaching & Assistant			
			计 Total	其中 普通教室 Classroom	实验室 Laboratory	图书室 Library
合　计 Total	**1441755993**	**416530335**	**179515016**	**122535464**	**23131869**	**7936680**
北　京 Beijing	8993199	2975906	1231499	625519	205717	62212
天　津 Tianjin	7774030	2076627	1097563	695773	155173	50909
河　北 Hebei	78637739	19216360	9416207	5962758	1644789	439551
山　西 Shanxi	42996739	12882890	5292873	3651731	536151	238623
内蒙古 Inner Mongolia	37588834	6434264	2979378	2042533	343749	132079
辽　宁 Liaoning	47868044	11976629	6074198	3841402	769071	254916
吉　林 Jilin	32478536	6092582	3191511	1936867	394420	118252
黑龙江 Heilongjiang	48082095	9178349	4995720	3425965	575527	174448
上　海 Shanghai	9956431	5415798	2507109	1326568	459661	180868
江　苏 Jiangsu	82599512	26812309	11860974	7750370	1831789	715866
浙　江 Zhejiang	51815893	20761377	8860001	4851846	1295517	492003
安　徽 Anhui	75831051	16581114	7596686	5657124	804574	290158
福　建 Fujian	30801076	10064617	4258195	2655311	650227	242036
江　西 Jiangxi	50413951	14368174	5765300	4301479	586147	247902
山　东 Shandong	128415542	31489989	13853940	9128104	2036080	598249
河　南 Henan	110149790	32734845	13522044	9926815	1670358	558274
湖　北 Hubei	64990968	22698478	7934348	5704527	989059	362421
湖　南 Hunan	78914707	23934949	9690001	6991789	1035655	400053
广　东 Guangdong	100963901	36895963	15828241	10562706	2051654	780753
广　西 Guangxi	53685746	17174280	5759541	4190464	624390	212930
海　南 Hainan	16403269	2876643	1158024	793457	105695	48296
重　庆 Chongqing	17810408	8380840	3112806	2280922	338322	102574
四　川 Sichuan	57295018	22291385	9665285	7213751	939341	306193
贵　州 Guizhou	35788072	10606066	4843735	3494382	615213	198758
云　南 Yunnan	45776488	12852550	5020254	3676651	681224	178133
西　藏 Tibet	5852076	1752121	546901	418542	61635	17997
陕　西 Shaanxi	35945171	11729642	5306788	3727518	766516	206975
甘　肃 Gansu	28130520	6563390	3432042	2567575	268795	109128
青　海 Qinghai	6043757	1320457	660436	511254	56469	22100
宁　夏 Ningxia	8375929	1976109	973018	650188	164923	49524
新　疆 Xinjiang	41377501	6415632	3080398	1971573	474028	144499

学条件(一)(总计)

Schools (1) (Regional Aggregates)

单位:平方米
unit: m^2

助用房 Buildings		行政办公用房 Administrative		生活用房 Residential and Welfare	其他用房 Rooms for Other Purposes	校舍面积中 of the Floor Space	
of Which							
微机室 PC-room	语音室 Linguistic	计 Total	其中:教师办公室 of Which: for Teachers			危房面积 Floor Space of Dilapidated Buildings	当年新增 Added in Current Year
7591911	**2728445**	**39898691**	**27591379**	**163694697**	**33421931**	**50994510**	**13410411**
56005	12302	407992	218106	627086	709329	5137	39414
45448	22202	315254	213182	291025	372785	19818	86369
404906	209213	2089168	1637465	6414591	1296394	1132474	583643
233045	101662	1598083	1216173	4907831	1084103	1960117	600839
120259	62602	831554	641689	2215562	407770	3862372	186123
272291	137057	1759798	1130598	2445195	1697438	322502	288053
179122	82871	956238	641370	1461400	483433	930595	114457
203316	105413	1322668	962088	1962839	897122	1165422	274614
114165	42338	649777	334788	907232	1351680		214419
510191	134454	2592744	1598907	9799088	2559503		657711
347414	134749	1834771	1117933	7648570	2418035	35850	574474
400376	88478	1524652	1135062	6702673	757103	2331406	477511
160766	48592	784153	427893	4108535	913734	195585	249504
234367	102816	1039060	675671	6776617	787197	3097306	523308
532907	267026	3768554	2431812	11236463	2631032	738390	599892
576634	158030	4059109	3249846	13182623	1971069	4184856	1043255
336606	118326	1685232	1138607	11413276	1665622	4491144	513032
348066	144546	1775230	1301137	10707324	1762394	1520175	539856
536736	261317	2862717	1659642	13675024	4529981	370356	463207
252022	50939	783455	570971	9735244	896040	3709477	514013
55826	16712	140182	93660	1422025	156412	166861	168545
119574	26770	610916	379171	4178438	478680	934760	176253
397036	98505	1505602	1035846	10308518	811980	4957432	1660059
228174	51833	670657	451027	4522406	569268	39754	413342
210834	47980	623586	403845	6888332	320378	7955323	563072
13733	7624	92173	70837	1025319	87728	15931	74287
262104	93618	1716349	1382230	4021906	684599	975221	433915
166683	29322	803878	700832	2285682	41788	5408039	170800
36804	7928	115445	94744	481681	62895	306708	169051
60233	19132	258037	210245	561318	183736	44591	170381
176268	44088	721657	466002	1780874	832703	116908	867012

普通初中办
Condition of School Buildings in Junior

	学校占地面积 Areas Occupied	校舍建筑面积 Floor Space	教学及辅 Teaching & Assistant			
			计 Total	其中		
				普通教室 Classroom	实验室 Laboratory	图书室 Library
合　计 Total	**169658142**	**76620840**	**37186280**	**22674314**	**5121815**	**2009265**
北　京 Beijing	3717634	1662279	693035	354769	100933	37855
天　津 Tianjin	1401266	556482	290406	186302	42792	14811
河　北 Hebei	6696645	2729699	1411160	880475	210913	76164
山　西 Shanxi	4973326	2267007	1139997	652639	128782	54585
内蒙古 Inner Mongolia	5279815	1552377	851674	540167	90163	39458
辽　宁 Liaoning	10371813	4178232	2196093	1280482	266492	105588
吉　林 Jilin	3269045	1525526	873339	480929	80867	26906
黑龙江 Heilongjiang	6965185	2427961	1307619	809630	157920	48954
上　海 Shanghai	3406264	2667786	1234248	660662	199231	98049
江　苏 Jiangsu	13412630	6409186	3055821	1770092	504192	233165
浙　江 Zhejiang	12551132	6277402	2890533	1467529	433665	195882
安　徽 Anhui	6136777	2241875	1249558	834617	166128	51671
福　建 Fujian	3295279	1608324	817854	456481	120595	58617
江　西 Jiangxi	2080133	1043996	503324	364475	51702	27627
山　东 Shandong	16449807	6412835	3061397	1836765	424657	149791
河　南 Henan	11154499	4914966	2367172	1591872	390764	106970
湖　北 Hubei	8119086	3965833	1808036	1199265	265373	86492
湖　南 Hunan	4726947	2002644	912423	635485	115924	46142
广　东 Guangdong	20345999	11398796	5210535	3127780	722672	312664
广　西 Guangxi	3579165	1311145	678644	419662	81192	30252
海　南 Hainan	724277	433365	182571	131108	17583	6591
重　庆 Chongqing	1348806	879720	377800	255637	42846	14516
四　川 Sichuan	4353144	2302282	1142844	810607	128786	43753
贵　州 Guizhou	1851767	865468	435212	303373	60906	22241
云　南 Yunnan	1459192	624485	332264	230226	39817	16517
西　藏 Tibet	572373	164729	63662	32960	5457	5664
陕　西 Shaanxi	2424556	1324827	597622	400654	84029	28948
甘　肃 Gansu	1856881	692036	455037	302488	34879	16171
青　海 Qinghai	631019	184090	100847	68975	12700	4149
宁　夏 Ningxia	1689103	495225	250269	158179	42946	15474
新　疆 Xinjiang	4814577	1500262	695284	430029	96909	33598

学条件(一)(城市)

Secondary Schools (1) (Urban)

单位:平方米
unit: m^2

助用房 Buildings		行政办公用房 Administrative		生活用房 Residential and Welfare	其他用房 Rooms for Other Purposes	校舍面积中 of the Floor Space	
of Which							
微机室 PC-room	语音室 Linguistic	计 Total	其中:教师办公室 of Which: for Teachers			危房面积 Floor Space of Dilapidated Buildings	当年新增 Added in Current Year
1477390	**617790**	**9530807**	**5931368**	**18497349**	**11406404**	**3664836**	**1828555**
29982	6869	228062	124820	296911	444271		22450
13385	5299	80091	54186	50248	135737	3966	10523
54431	24711	371253	262258	687269	260017	72468	52908
37568	22614	357019	226507	544276	225715	239243	27578
31607	15109	260034	183696	316255	124414	839431	49209
90318	39778	658390	382624	556202	767547	29997	39375
44392	19633	262167	157798	237662	152358	131126	4445
48362	27517	403312	261845	279792	437238	139682	46591
55035	23108	334339	174993	378296	720903		66606
128351	27941	731068	441171	1666079	956218		208074
107886	45668	619416	382329	1822752	944701	2658	179041
54039	16762	302441	205610	450096	239780	41170	42068
32459	13830	153013	84476	370754	266703	9771	85902
17044	11223	111639	74829	291746	137287	63215	40538
123234	64259	933490	541373	1572740	845208	33724	115460
89392	35993	729850	548173	1393865	424079	293749	97436
73454	31260	455187	290014	1065340	637270	265666	65926
28377	19998	181669	110786	704939	203613	42140	51079
189471	85776	1091235	565261	2923708	2173318	27314	125127
28054	7510	119950	88479	381927	130624	153941	38894
5694	2728	24147	18269	175649	50998	14189	1426
15019	4296	97073	56899	252898	151949	6589	1813
39741	16707	225138	159332	729050	205250	246228	160699
21722	8269	109436	74240	197632	123188	7390	29827
14447	5123	54471	34952	186305	51445	325657	5172
3881	650	16118	13546	75692	9257	1235	23548
27973	12535	185409	122417	386906	154890	49439	3274
16845	6304	126695	93353	98986	11318	562082	196
6493	2349	31385	22508	27024	24834	26911	15853
13872	5712	71238	52401	92714	81004	9925	70184
34862	8259	206072	122223	283636	315270	25930	147333

普通初中办

Condition of School Buildings in Junior Secondary

	学校占地面积 Areas Occupied	校舍建筑面积 Floor Space	教学及辅 Teaching & Assistant			
			计 Total	其中		
				普通教室 Classroom	实验室 Laboratory	图书室 Library
合　计 Total	**573710879**	**173536640**	**71903136**	**49723691**	**9236886**	**3056008**
北　京 Beijing	2254829	642487	246830	125327	48617	12002
天　津 Tianjin	3091555	901960	451938	262069	61639	22973
河　北 Hebei	34384356	9093868	4243377	2746660	704852	189843
山　西 Shanxi	12398605	4374543	1718767	1223482	162583	73707
内蒙古 Inner Mongolia	19203679	3487761	1514013	1056174	180066	63358
辽　宁 Liaoning	3602278	1111572	569858	357583	79223	22740
吉　林 Jilin	13031702	2653467	1313921	833658	163399	47255
黑龙江 Heilongjiang	10203079	2289948	1320404	943633	147520	40091
上　海 Shanghai	6501043	2731226	1265678	662439	258727	81815
江　苏 Jiangsu	36444769	11738920	5189293	3491941	789179	304034
浙　江 Zhejiang	31583758	11883400	4908879	2750991	724347	248916
安　徽 Anhui	22074446	5405431	2356900	1791694	239099	83764
福　建 Fujian	10380178	3331667	1344991	871761	212229	71105
江　西 Jiangxi	13593447	4343457	1806050	1335154	173517	81227
山　东 Shandong	57508659	13802735	5905776	3926175	885088	237288
河　南 Henan	34527667	11102161	4480227	3345645	509079	169995
湖　北 Hubei	20540353	7166138	2454965	1781673	289401	124238
湖　南 Hunan	34097406	10160247	3989846	2821461	454949	174934
广　东 Guangdong	53943878	17921967	7408541	5157083	937028	333884
广　西 Guangxi	36449366	11807693	3771326	2832671	387713	128215
海　南 Hainan	8506061	1377095	533179	386621	44103	22692
重　庆 Chongqing	11388412	5208461	1915895	1420755	214587	60475
四　川 Sichuan	29507642	11132929	4728612	3444901	479813	150785
贵　州 Guizhou	17469170	5077357	2205952	1605733	275046	82846
云　南 Yunnan	22585570	6596590	2533388	1838031	357515	91681
西　藏 Tibet	5253023	1568947	477385	380964	55854	12117
陕　西 Shaanxi	5275961	2340750	1125488	805371	161860	44133
甘　肃 Gansu	7441606	1940426	1039732	767387	93136	30279
青　海 Qinghai	2123260	486813	245375	190339	18933	7588
宁　夏 Ningxia	3082750	749813	369137	250060	63611	19284
新　疆 Xinjiang	5262371	1106811	467413	316255	64173	22744

学条件(一)(县镇)

Schools (1) (County City & Towns)

单位:平方米

unit: m²

助用房 Buildings		行政办公用房 Administrative		生活用房 Residential and Welfare	其他用房 Rooms for Other Purposes	校舍面积中 of the Floor Space	
of Which							
微机室 PC-room	语音室 Linguistic	计 Total	其中:教师办公室 of Which: for Teachers			危房面积 Floor Space of Dilapidated Buildings	当年新增 Added in Current Year
2864325	**1102275**	**15014292**	**10303231**	**74658542**	**11960670**	**20512830**	**6067485**
12468	2107	85929	46202	161073	148655	5029	4019
19220	9994	138592	84334	151023	160407	10991	62743
177490	88909	889340	712581	3397969	563182	579559	329073
71079	33710	508790	403250	1760567	386419	678438	205795
60302	36513	399546	316562	1378364	195838	2058765	109465
20272	12918	165497	102242	280442	95775	45544	71478
72317	36260	399344	269930	747055	193147	412735	65292
48911	29278	357516	262466	461333	150695	334947	90987
58341	19105	313141	159025	524177	628230		147813
217391	60423	1132932	697291	4410371	1006324		234671
194814	74145	1009647	606445	4743491	1221383	30963	369155
115373	33650	469438	343130	2344340	234753	669128	204792
50321	15108	244236	129889	1464305	278135	66919	92875
66332	37699	342472	219254	1957049	237886	683827	189721
216751	117057	1570398	1013129	5315123	1011438	241998	237403
172583	48139	1322373	1025716	4683019	616542	1196387	369842
96870	39347	507979	344882	3780455	422739	1340708	105777
141738	66804	714758	526951	4752981	702662	636872	276924
244711	128216	1211492	739201	7699379	1602555	155892	212080
161425	33693	499388	368575	6969166	567813	2632530	344789
27809	5654	65709	38354	731632	46575	83855	123952
69682	16322	372063	235725	2683148	237355	587497	114832
191818	52198	758177	511984	5284907	361233	2319704	949902
95438	26028	301565	198971	2313997	255843	15299	182372
102900	25626	343354	226256	3561234	158614	3985660	379166
9468	6662	75461	56697	937630	78471	14696	50739
46929	17575	324040	264000	745990	145232	138685	112207
45924	10388	235388	208423	652656	12650	1462033	87882
10639	2785	37362	30833	187597	16479	105545	80300
22806	8309	107997	87814	218704	53975	8409	64778
22203	7653	110368	73119	359365	169665	10215	196661

普通初中办

Condition of School Buildings in Junior

	学校占地面积 Areas Occupied	校舍建筑面积 Floor Space	教学及辅 Teaching & Assistant			
			计 Total	其中		
				普通教室 Classroom	实验室 Laboratory	图书室 Library
合　计 Total	**698386972**	**166372855**	**70425600**	**50137459**	**8773168**	**2871407**
北　京 Beijing	3020736	671140	291634	145423	56167	12355
天　津 Tianjin	3281209	618185	355219	247402	50742	13125
河　北 Hebei	37556738	7392793	3761670	2335623	729024	173544
山　西 Shanxi	25624808	6241340	2434109	1775610	244786	110331
内蒙古 Inner Mongolia	13105340	1394126	613691	446192	73520	29263
辽　宁 Liaoning	33893953	6686825	3308247	2203337	423356	126588
吉　林 Jilin	16177789	1913589	1004251	622280	150154	44091
黑龙江 Heilongjiang	30913831	4460440	2367697	1672702	270087	85403
上　海 Shanghai	49124	16786	7183	3467	1703	1004
江　苏 Jiangsu	32742113	8664203	3615860	2488337	538418	178667
浙　江 Zhejiang	7681003	2600575	1060589	633326	137505	47205
安　徽 Anhui	47619828	8933808	3990228	3030813	399347	154723
福　建 Fujian	17125619	5124626	2095350	1327069	317403	112314
江　西 Jiangxi	34740371	8980721	3455926	2601850	360928	139048
山　东 Shandong	54457076	11274419	4886767	3365164	726335	211170
河　南 Henan	64467624	16717718	6674645	4989298	770515	281309
湖　北 Hubei	36331529	11566507	3671347	2723589	434285	151691
湖　南 Hunan	40090354	11772058	4787732	3534843	464782	178977
广　东 Guangdong	26674024	7575200	3209165	2277843	391954	134205
广　西 Guangxi	13657215	4055442	1309571	938131	155485	54463
海　南 Hainan	7172931	1066183	442274	275728	44009	19013
重　庆 Chongqing	5073190	2292659	819111	604530	80889	27583
四　川 Sichuan	23434232	8856174	3793829	2958243	330742	111655
贵　州 Guizhou	16467135	4663241	2202571	1585276	279261	93671
云　南 Yunnan	21731726	5631475	2154602	1608394	283892	69935
西　藏 Tibet	26680	18445	5854	4618	324	216
陕　西 Shaanxi	28244654	8064065	3583678	2521493	520627	133894
甘　肃 Gansu	18832033	3930928	1937273	1497700	140780	62678
青　海 Qinghai	3289478	649554	314214	251940	24836	10363
宁　夏 Ningxia	3604076	731071	353612	241949	58366	14766
新　疆 Xinjiang	31300553	3808559	1917701	1225289	312946	88157

学条件(一)(农村)

Secondary Schools (1) (Rural)

单位:平方米

unit: m^2

助用房 Buildings		行政办公用房 Administrative		生活用房 Residential and Welfare	其他用房 Rooms for Other Purposes	校舍面积中 of the Floor Space	
of Which							
微机室 PC-room	语音室 Linguistic	计 Total	其中:教师办公室 of Which: for Teachers			危房面积 Floor Space of Dilapidated Buildings	当年新增 Added in Current Year
3250196	**1008380**	**15353592**	**11356780**	**70538806**	**10054857**	**26816844**	**5514371**
13555	3326	94001	47084	169102	116403	108	12945
12843	6909	96571	74662	89754	76641	4861	13103
172985	95593	828575	662626	2329353	473195	480447	201662
124398	45338	732274	586416	2602988	471969	1042436	367466
28350	10980	171974	141431	520943	87518	964176	27449
161701	84361	935911	645732	1608551	834116	246961	177200
62413	26978	294727	213642	476683	137928	386734	44720
106043	48618	561840	437777	1221714	309189	690793	137036
789	125	2297	770	4759	2547		
164449	46090	728744	460445	3722638	596961		214966
44714	14936	205708	129159	1082327	251951	2229	26278
230964	38066	752773	586322	3908237	282570	1621108	230651
77986	19654	386904	213528	2273476	368896	118895	70727
150991	53894	584949	381588	4527822	412024	2350264	293049
192922	85710	1264666	877310	4348600	774386	462668	247029
314659	73898	2006886	1675957	7105739	930448	2694720	575977
166282	47719	722066	503711	6567481	605613	2884770	341329
177951	57744	878803	663400	5249404	856119	841163	211853
102554	47325	559990	355180	3051937	754108	187150	126000
62543	9736	164117	113917	2384151	197603	923006	130330
22323	8330	50326	37037	514744	58839	68817	43167
34873	6152	141780	86547	1242392	89376	340674	59608
165477	29600	522287	364530	4294561	245497	2391500	549458
111014	17536	259656	177816	2010777	190237	17065	201143
93487	17231	225761	142637	3140793	110319	3644006	178734
384	312	594	594	11997			
187202	63508	1206900	995813	2889010	384477	787097	318434
103914	12630	441795	399056	1534040	17820	3383924	82722
19672	2794	46698	41403	267060	21582	174252	72898
23555	5111	78802	70030	249900	48757	26257	35419
119203	28176	405217	270660	1137873	347768	80763	523018

职业初中办

Condition of School Buildings in Vocational Junior

	学校占地面积 Areas Occupied	校舍建筑面积 Floor Space	教学及辅 Teaching & Assistant			
			计 Total	其中		
				普通教室 Classroom	实验室 Laboratory	图书室 Library
合　计 Total	**3354621**	**593282**	**228711**	**167873**	**26240**	**9258**
北　京 Beijing						
天　津 Tianjin						
河　北 Hebei	6670	1555	1255	690	330	85
山　西 Shanxi	1005705	161533	53021	39035	6564	2848
内蒙古 Inner Mongolia	399525	67856	24824	19682	2941	921
辽　宁 Liaoning						
吉　林 Jilin	228947	43257	20762	13374	3999	1067
黑龙江 Heilongjiang	66200	8817	6381	4846	335	636
上　海 Shanghai						
江　苏 Jiangsu						
浙　江 Zhejiang						
安　徽 Anhui	119608	19315	8645	6905	893	313
福　建 Fujian						
江　西 Jiangxi	6700	2735	1885	1130	160	160
山　东 Shandong						
河　南 Henan						
湖　北 Hubei	251841	67109	20293	15605	1686	597
湖　南 Hunan						
广　东 Guangdong						
广　西 Guangxi						
海　南 Hainan						
重　庆 Chongqing						
四　川 Sichuan	188194	53378	22832	19412	426	339
贵　州 Guizhou	839558	115596	49700	34115	6624	2074
云　南 Yunnan	205717	41588	14379	11467	2282	190
西　藏 Tibet						
陕　西 Shaanxi						
甘　肃 Gansu	12313	2555	1714	1612		28
青　海 Qinghai	23643	7988	3020			
宁　夏 Ningxia						
新　疆 Xinjiang						

学条件(一)(总计)
Secondary Schools (1) (Regional Aggregates)

单位:平方米
unit: m^2

助用房 Buildings		行政办公用房 Administrative		生活用房 Residential and Welfare	其他用房 Rooms for Other Purposes	校舍面积中 of the Floor Space		
of Which		计 Total	其中:教师办公室 of Which: for Teachers			危房面积 Floor Space of Dilapidated Buildings	当年新增 Added in Current Year	实习工厂(农场)面积
微机室 PC-room	语音室 Linguistic							
9119	**2607**	**50062**	**40067**	**281348**	**33161**	**116472**	**27976**	**2142**
75	75	100	60	200				
2459	567	16364	13162	76862	15286	24414	8109	813
973	307	8815	8358	30847	3370	28136	10766	
744	508	7417	6866	13417	1661	5721		
564		1044	1044	1328	64			
380	154	2693	2491	5775	2202		115	550
160	100	120	120	730		2735		
640	214	5015	1971	38937	2864	12104	1185	
354	100	408	354	29226	912	17634		
2322	582	6723	4656	54173	5000	1790	6843	398
440		1266	945	24141	1802	23938	958	381
		97	40	744				
				4968				

职业初中办

Condition of School Buildings in Vocational

	学校占地面积 Areas Occupied	校舍建筑面积 Floor Space	教学及辅 Teaching & Assistant			
			计 Total	其中		
				普通教室 Classroom	实验室 Laboratory	图书室 Library
合　计 Total	**151913**	**43730**	**17299**	**12325**	**3158**	**714**
北　京 Beijing						
天　津 Tianjin						
河　北 Hebei						
山　西 Shanxi	115123	28276	13050	8798	2834	366
内蒙古 Inner Mongolia						
辽　宁 Liaoning						
吉　林 Jilin	35690	14434	3649	2927	324	348
黑龙江 Heilongjiang						
上　海 Shanghai						
江　苏 Jiangsu						
浙　江 Zhejiang						
安　徽 Anhui						
福　建 Fujian						
江　西 Jiangxi						
山　东 Shandong						
河　南 Henan						
湖　北 Hubei	1100	1020	600	600		
湖　南 Hunan						
广　东 Guangdong						
广　西 Guangxi						
海　南 Hainan						
重　庆 Chongqing						
四　川 Sichuan						
贵　州 Guizhou						
云　南 Yunnan						
西　藏 Tibet						
陕　西 Shaanxi						
甘　肃 Gansu						
青　海 Qinghai						
宁　夏 Ningxia						
新　疆 Xinjiang						

学条件(一)(城市)

Junior Secondary Schools (1) (Urban)

单位:平方米

unit: m²

助用房 Buildings of Which		行政办公用房 Administrative		生活用房 Residential and Welfare	其他用房 Rooms for Other Purposes	校舍面积中 of the Floor Space		
微机室 PC-room	语音室 Linguistic	计 Total	其中:教师办公室 of Which: for Teachers			危房面积 Floor Space of Dilapidated Buildings	当年新增 Added in Current Year	实习工厂(农场)面积
893	**209**	**5738**	**4445**	**17657**	**3036**	**459**		**360**
843	209	2742	1533	10845	1639	200		360
50		2576	2492	6812	1397	259		
		420	420					

职业初中办

Condition of School Buildings in Vocational Junior

	学校占地面积 Areas Occupied	校舍建筑面积 Floor Space	教学及辅 Teaching & Assistant			
			计 Total	其中		
				普通教室 Classroom	实验室 Laboratory	图书室 Library
合　计 Total	**1123715**	**208473**	**82114**	**58005**	**10244**	**2689**
北　京 Beijing						
天　津 Tianjin						
河　北 Hebei						
山　西 Shanxi	156562	55661	14829	11311	1354	650
内蒙古 Inner Mongolia	165256	41856	14941	12272	1888	224
辽　宁 Liaoning						
吉　林 Jilin	118324	18450	11142	6604	2572	479
黑龙江 Heilongjiang	3000	700	576	216	120	120
上　海 Shanghai						
江　苏 Jiangsu						
浙　江 Zhejiang						
安　徽 Anhui	69689	13527	6503	5511	595	161
福　建 Fujian						
江　西 Jiangxi						
山　东 Shandong						
河　南 Henan						
湖　北 Hubei	2000	840	440	440		
湖　南 Hunan						
广　东 Guangdong						
广　西 Guangxi						
海　南 Hainan						
重　庆 Chongqing						
四　川 Sichuan	27659	9706	4240	2270	140	54
贵　州 Guizhou	485984	52921	23590	14332	3113	921
云　南 Yunnan	82928	12257	4139	3437	462	52
西　藏 Tibet						
陕　西 Shaanxi						
甘　肃 Gansu	12313	2555	1714	1612		28
青　海 Qinghai						
宁　夏 Ningxia						
新　疆 Xinjiang						

学条件(一)(县镇)

Secondary Schools (1) (County City & Towns)

单位:平方米

unit: m²

助用房 Buildings		行政办公用房 Administrative		生活用房 Residential and Welfare	其他用房 Rooms for Other Purposes	校舍面积中 of the Floor Space		
of Which								
微机室 PC-room	语音室 Linguistic	计 Total	其中:教师办公室 of Which: for Teachers			危房面积 Floor Space of Dilapidated Buildings	当年新增 Added in Current Year	实习工厂(农场)面积
2869	**1171**	**21597**	**18508**	**91919**	**12843**	**31674**	**16283**	
398	218	5381	5011	30358	5093	3370	2650	
428	129	6111	5787	18772	2032	12637	10766	
464	438	3027	2636	4281		2250		
120		124	124					
156	80	2068	2068	2954	2002			
		80	80	320				
54		108	54	5294	64	3114		
1061	306	4226	2579	22423	2682	1790	1909	
188		375	129	6773	970	8513	958	
		97	40	744				

职业初中办

Condition of School Buildings in Vocational

	学校占地面积 Areas Occupied	校舍建筑面积 Floor Space	教学及辅 Teaching & Assistant			
			计 Total	其中		
				普通教室 Classroom	实验室 Laboratory	图书室 Library
合 计 Total	**2078993**	**341079**	**129298**	**97543**	**12838**	**5855**
北 京 Beijing						
天 津 Tianjin						
河 北 Hebei	6670	1555	1255	690	330	85
山 西 Shanxi	734020	77596	25142	18926	2376	1832
内蒙古 Inner Mongolia	234269	26000	9883	7410	1053	697
辽 宁 Liaoning						
吉 林 Jilin	74933	10373	5971	3843	1103	240
黑龙江 Heilongjiang	63200	8117	5805	4630	215	516
上 海 Shanghai						
江 苏 Jiangsu						
浙 江 Zhejiang						
安 徽 Anhui	49919	5788	2142	1394	298	152
福 建 Fujian						
江 西 Jiangxi	6700	2735	1885	1130	160	160
山 东 Shandong						
河 南 Henan						
湖 北 Hubei	248741	65249	19253	14565	1686	597
湖 南 Hunan						
广 东 Guangdong						
广 西 Guangxi						
海 南 Hainan						
重 庆 Chongqing						
四 川 Sichuan	160535	43672	18592	17142	286	285
贵 州 Guizhou	353574	62675	26110	19783	3511	1153
云 南 Yunnan	122789	29331	10240	8030	1820	138
西 藏 Tibet						
陕 西 Shaanxi						
甘 肃 Gansu						
青 海 Qinghai	23643	7988	3020			
宁 夏 Ningxia						
新 疆 Xinjiang						

学条件(一)(农村)

Junior Secondary Schools (1) (Rural)

单位:平方米

unit: m^2

助用房 Buildings		行政办公用房 Administrative		生活用房 Residential and Welfare	其他用房 Rooms for Other Purposes	校舍面积中 of the Floor Space		
of Which								
微机室 PC-room	语音室 Linguistic	计 Total	其中:教师办公室 of Which: for Teachers			危房面积 Floor Space of Dilapidated Buildings	当年新增 Added in Current Year	实习工厂(农场)面积
5357	**1227**	**22727**	**17114**	**171772**	**17282**	**84339**	**11693**	**1782**
75	75	100	60	200				
1218	140	8241	6618	35659	8554	20844	5459	453
545	178	2704	2571	12075	1338	15499		
230	70	1814	1738	2324	264	3212		
444		920	920	1328	64			
224	74	625	423	2821	200		115	550
160	100	120	120	730		2735		
618	214	4515	1471	38617	2864	12104	1185	
300	100	300	300	23932	848	14520		
1261	276	2497	2077	31750	2318		4934	398
252		891	816	17368	832	15425		381
				4968				

普通初中办

Condition of School Buildings in Junior

	体育运动场(馆)面积(平方米) Sports Areas (m^2)	拥有教学用计算机 No. of Computers used for Instruction (Set)	图书藏量(册) Books & Magazines in Libraries (Volume)
合 计 Total	**381643303**	**3165142**	**952246414**
北 京 Beijing	3379984	41587	8571923
天 津 Tianjin	3101858	21081	5584667
河 北 Hebei	25103548	167306	69496298
山 西 Shanxi	11632870	99074	27036512
内蒙古 Inner Mongolia	11531993	41049	15363901
辽 宁 Liaoning	19792564	156163	34288170
吉 林 Jilin	11794628	61564	14993325
黑龙江 Heilongjiang	19843810	84365	17399050
上 海 Shanghai	3310078	99375	15092447
江 苏 Jiangsu	22320968	238014	60497653
浙 江 Zhejiang	15547751	188445	49114567
安 徽 Anhui	16557462	141054	36011378
福 建 Fujian	9115468	70004	23516664
江 西 Jiangxi	11311601	77996	27804028
山 东 Shandong	38113987	257062	69945348
河 南 Henan	25715152	182773	87072798
湖 北 Hubei	15395605	105610	37801146
湖 南 Hunan	15958736	128862	56490140
广 东 Guangdong	24370868	280635	87106923
广 西 Guangxi	9536480	88272	30079925
海 南 Hainan	3004461	18068	4917605
重 庆 Chongqing	4479543	47132	10842941
四 川 Sichuan	14203539	143613	34625112
贵 州 Guizhou	7682601	71728	32322012
云 南 Yunnan	7347607	71916	20366177
西 藏 Tibet	576617	4699	2277443
陕 西 Shaanxi	10097081	110269	35793025
甘 肃 Gansu	7121641	67738	14437016
青 海 Qinghai	1465687	14136	2659219
宁 夏 Ningxia	2372736	22668	4531447
新 疆 Xinjiang	9856379	62884	16207554

学条件(二)(总计)
Secondary Schools (2) (Regional Aggregates)

电子图书藏量(GB) Electronic Books & Magazines in Libraries(GB)	固定资产总值(万元) Total Value of Fixed Asset (10,000 yuan)			
	计 Total	其中:仪器设备总值(万元) of Which: Total Value of Equip & Instru. (10,000 yuan)		
		计 Subtotal	专业实验设备 for Prefession	专业实习设备 for Practice
8878478.55	**31914794.84**	**2947330.34**	**1738445.67**	**301138.68**
47706.27	422611.91	60728.08	22367.67	630.59
20645.41	186117.67	25756.26	13120.46	1794.05
249359.91	1359962.25	152778.56	103263.50	18603.95
45423.70	869823.99	68122.88	45528.02	7074.53
150115.78	615152.14	38796.87	24573.32	3042.26
73579.00	932040.00	110376.00	64676.00	12583.00
93486.63	493193.81	54421.23	31949.22	7634.85
66943.53	719738.86	67966.30	46601.63	6600.29
252409.75	855899.41	167012.06	90804.58	9830.96
1080910.98	2695740.02	237495.02	139181.72	16807.10
368741.33	2215244.14	179160.77	85124.35	
1257618.05	1159164.50	77646.49	45951.36	11560.20
165219.00	678131.00	51699.00	43337.00	8362.00
120221.83	809726.32	52855.50	34916.51	7492.89
204101.67	2498907.29	223806.88	129275.34	7524.73
1697980.56	1894177.12	146409.48	93367.71	27919.11
519071.91	1378791.04	112682.45	71695.51	13573.94
553907.23	1344961.68	122807.31	78256.55	13228.55
133288.15	3546180.55	394450.38	232315.80	65330.32
142338.72	913042.31	74291.01	53205.18	8881.01
226666.40	253554.08	20461.37	14125.22	3020.31
268353.53	519263.70	45306.32	21794.70	4004.84
166491.61	1641283.67	131368.76	62501.98	12100.24
89689.33	666122.19	61761.19	40424.09	5433.05
45121.36	880822.92	42095.72	25145.49	4324.99
	197509.93	6515.28	3050.82	793.45
289073.88	832061.90	91340.44	57872.22	11584.34
230474.38	488173.60	40306.59	24996.33	7538.35
120531.81	117411.52	8933.66	4521.18	260.36
37140.38	162509.32	17534.92	11642.28	1430.79
161866.46	567476.00	62443.56	22859.93	2173.63

	体育运动场(馆)面积(平方米) Sports Areas (m^2)	拥有教学用计算机 No. of Computers used for Instruction (Set)	图书藏量(册) Books & Magazines in Libraries (Volume)
合　计 Total	**52292990**	**775926**	**167774742**
北　京 Beijing	1536067	24039	4640382
天　津 Tianjin	542897	6387	1645581
河　北 Hebei	2121729	29111	7320912
山　西 Shanxi	1515511	17294	4683511
内蒙古 Inner Mongolia	1898984	13068	4115848
辽　宁 Liaoning	4522745	63865	13377154
吉　林 Jilin	1339203	17163	3075265
黑龙江 Heilongjiang	2923163	24778	3748093
上　海 Shanghai	1224792	51440	8151664
江　苏 Jiangsu	3809466	62042	13606806
浙　江 Zhejiang	3502465	61133	12533731
安　徽 Anhui	1580219	21505	4220385
福　建 Fujian	974948	14968	4218187
江　西 Jiangxi	519447	7416	1423754
山　东 Shandong	4908568	72626	13617689
河　南 Henan	3063736	33754	10583547
湖　北 Hubei	2386188	24227	7209675
湖　南 Hunan	976084	13157	3381425
广　东 Guangdong	5741541	117457	24126658
广　西 Guangxi	1035678	11426	2783236
海　南 Hainan	176158	2523	684647
重　庆 Chongqing	380981	6831	1157519
四　川 Sichuan	1111972	17822	3254775
贵　州 Guizhou	547267	8503	2983350
云　南 Yunnan	406946	6211	1207932
西　藏 Tibet	45893	381	143172
陕　西 Shaanxi	789093	12483	3234237
甘　肃 Gansu	596782	7189	1397555
青　海 Qinghai	228697	2314	341462
宁　夏 Ningxia	500453	7062	1180714
新　疆 Xinjiang	1385317	17751	3725876

学条件(二)(城市)

Secondary Schools (2) (Urban)

电子图书藏量(GB) Electronic Books & Magazines in Libraries(GB)	固定资产总值(万元) Total Value of Fixed Asset (10,000 yuan)			
	计 Total	其中:仪器设备总值(万元) of Which: Total Value of Equip & Instru. (10,000 yuan)		
		计 Subtotal	专业实验设备 for Prefession	专业实习设备 for Practice
2002733.05	**8246112.70**	**914583.55**	**524804.90**	**66332.87**
21847.94	233428.16	28725.56	11496.34	523.94
4477.54	39861.32	8886.93	2518.99	246.85
26381.06	205887.61	28484.22	16371.77	2694.44
14950.96	176544.98	19114.05	12296.39	1261.65
64742.91	142740.82	10836.79	6429.00	707.89
23333.00	371775.00	51173.00	30189.00	4090.00
25891.70	172763.26	20065.63	10529.09	3008.41
11192.39	197056.29	22142.57	16840.59	1032.21
132169.61	437726.30	92417.16	48348.49	3673.02
360567.34	856339.37	79184.37	43519.19	3493.72
139171.40	794675.09	60219.31	28157.57	
238876.19	218312.50	19799.58	11806.88	2235.34
33409.00	159062.00	14861.00	12122.00	2739.00
12798.20	106611.68	7875.13	4703.17	345.17
34137.64	742915.69	75564.39	40855.92	1774.97
355944.45	389016.33	32063.77	21702.85	3272.51
38329.14	341662.67	31633.59	22103.23	2492.00
11704.83	217439.25	15549.60	10548.77	1072.59
59005.99	1360953.23	193588.79	112712.18	26190.19
24299.74	95463.34	11065.31	9565.81	259.97
70422.00	51368.07	2785.59	1748.50	223.49
73178.10	102888.44	7591.36	4371.81	385.53
18481.61	258662.59	21646.48	10733.86	1889.60
5570.28	93589.76	9719.03	4799.10	784.57
4084.40	46307.87	4808.32	2790.97	556.46
	18805.66	734.99	685.47	19.97
65002.92	149201.41	14485.78	9670.82	781.41
19552.81	57818.87	6307.56	4732.70	271.18
3527.98	20380.13	1729.47	1231.66	60.00
2513.40	41210.91	5878.73	4353.18	219.02
107168.52	145644.10	15645.49	6869.60	27.77

	体育运动场(馆)面积(平方米) Sports Areas (m^2)	拥有教学用计算机 No. of Computers used for Instruction (Set)	图书藏量(册) Books & Magazines in Libraries (Volume)
合　计 Total	**145590691**	**1178854**	**385856519**
北　京 Beijing	804841	8628	1912223
天　津 Tianjin	1216934	8307	2349209
河　北 Hebei	10714972	74128	30548523
山　西 Shanxi	3181411	29874	8484954
内蒙古 Inner Mongolia	5812408	19724	7931106
辽　宁 Liaoning	1402357	12090	2785661
吉　林 Jilin	4894296	24151	6599644
黑龙江 Heilongjiang	4557570	20031	4165681
上　海 Shanghai	2063812	47675	6890212
江　苏 Jiangsu	9632293	99419	26336018
浙　江 Zhejiang	9454957	104725	29300675
安　徽 Anhui	4792831	42627	11048600
福　建 Fujian	2905496	21150	7321173
江　西 Jiangxi	3119916	22264	8997097
山　东 Shandong	17123108	105136	30879893
河　南 Henan	8151364	58230	30029300
湖　北 Hubei	4610552	32101	11672950
湖　南 Hunan	6639530	49769	23407749
广　东 Guangdong	12463569	111704	45465018
广　西 Guangxi	6414731	54609	20152811
海　南 Hainan	1529413	9012	2500897
重　庆 Chongqing	2753790	27522	6704099
四　川 Sichuan	7309230	67913	17252142
贵　州 Guizhou	3693420	30694	15726533
云　南 Yunnan	3854127	33661	10312606
西　藏 Tibet	529128	4222	2117770
陕　西 Shaanxi	1468851	21101	5966319
甘　肃 Gansu	1816411	17736	4072340
青　海 Qinghai	466120	4533	738871
宁　夏 Ningxia	923549	7349	1568954
新　疆 Xinjiang	1289704	8769	2617491

学条件(二)(县镇)

Secondary Schools (2) (County City & Towns)

电子图书藏量（GB）Electronic Books & Magazines in Libraries (GB)	固定资产总值(万元) Total Value of Fixed Asset (10,000 yuan)			
	计 Total	其中:仪器设备总值(万元) of Which: Total Value of Equip & Instru. (10,000 yuan)		
		计 Subtotal	专业实验设备 for Prefession	专业实习设备 for Practice
2960290.35	**13469867.01**	**1126810.68**	**663698.95**	**122607.34**
5001.76	91514.81	13826.56	6116.50	35.00
3390.23	101119.79	10276.65	6502.44	759.35
102773.10	692681.08	65099.99	43708.27	8135.15
12070.78	320498.01	21329.40	14515.18	2218.22
71752.43	387705.53	20075.05	12731.84	1334.00
4449.00	81863.00	8534.00	5003.00	1067.00
52602.37	191318.90	21076.73	13031.07	2464.87
16811.55	177223.73	16251.44	10262.93	1650.19
119924.14	414501.11	74232.90	42204.09	6047.94
473192.41	1128863.05	95982.32	57280.69	8307.29
169962.36	1203423.02	98524.68	46510.76	
346019.67	425482.65	25046.59	14322.02	4107.43
88843.00	207277.00	14724.00	12456.00	2268.00
35677.83	331316.67	16659.39	12093.32	2273.68
93681.42	1039604.47	89201.24	50095.59	4205.90
407363.74	679912.05	47746.82	29706.43	10345.26
143907.98	493543.17	42007.27	25315.28	5256.31
219561.12	590199.10	53920.37	32991.22	6230.76
61282.06	1495884.44	147216.89	87998.20	28237.98
97931.12	620232.72	45411.09	30513.29	6908.95
61335.70	120328.52	8896.37	6485.05	1497.34
116843.68	297534.86	26886.34	12452.30	2550.04
71545.23	849809.90	63488.23	30442.81	5516.91
38985.29	310044.29	26350.12	17948.94	2558.21
20381.77	478207.40	20617.72	12494.70	2294.79
	176093.69	5440.89	2201.65	708.68
31706.13	194511.36	19007.85	11843.77	2822.75
35652.08	156628.20	10210.91	7089.71	1480.54
40979.70	47254.90	2952.65	1328.59	87.81
13063.70	67630.87	6504.75	4052.74	878.78
3599.00	97658.42	9311.47	4000.57	358.18

普通初中办

Condition of School Buildings in Junior

	体育运动场(馆)面积(平方米) Sports Areas (m^2)	拥有教学用计算机 No. of Computers used for Instruction (Set)	图书藏量(册) Books & Magazines in Libraries (Volume)
合 计 Total	**183759622**	**1210362**	**398615153**
北 京 Beijing	1039076	8920	2019318
天 津 Tianjin	1342027	6387	1589877
河 北 Hebei	12266847	64067	31626863
山 西 Shanxi	6935948	51906	13868047
内蒙古 Inner Mongolia	3820601	8257	3316947
辽 宁 Liaoning	13867462	80208	18125355
吉 林 Jilin	5561129	20250	5318416
黑龙江 Heilongjiang	12363077	39556	9485276
上 海 Shanghai	21474	260	50571
江 苏 Jiangsu	8879209	76553	20554829
浙 江 Zhejiang	2590329	22587	7280161
安 徽 Anhui	10184412	76922	20742393
福 建 Fujian	5235024	33886	11977304
江 西 Jiangxi	7672238	48316	17383177
山 东 Shandong	16082311	79300	25447766
河 南 Henan	14500052	90789	46459951
湖 北 Hubei	8398865	49282	18918521
湖 南 Hunan	8343122	65936	29700966
广 东 Guangdong	6165758	51474	17515247
广 西 Guangxi	2086071	22237	7143878
海 南 Hainan	1298890	6533	1732061
重 庆 Chongqing	1344772	12779	2981323
四 川 Sichuan	5782337	57878	14118195
贵 州 Guizhou	3441914	32531	13612129
云 南 Yunnan	3086534	32044	8845639
西 藏 Tibet	1596	96	16501
陕 西 Shaanxi	7839137	76685	26592469
甘 肃 Gansu	4708448	42813	8967121
青 海 Qinghai	770870	7289	1578886
宁 夏 Ningxia	948734	8257	1781779
新 疆 Xinjiang	7181358	36364	9864187

学条件(二)(农村)
Secondary Schools (2) (Rural)

电子图书藏量(GB) Electronic Books & Magazines in Libraries(GB)	固定资产总值(万元) Total Value of Fixed Asset (10,000 yuan)			
	计 Total	其中:仪器设备总值(万元) of Which: Total Value of Equip & Instru. (10,000 yuan)		
		计 Subtotal	专业实验设备 for Prefession	专业实习设备 for Practice
3915455.15	**10198815.13**	**905936.11**	**549941.82**	**112198.47**
20856.57	97668.94	18175.96	4754.83	71.65
12777.64	45136.56	6592.68	4099.03	787.85
120205.75	461393.56	59194.35	43183.46	7774.36
18401.96	372781.00	27679.43	18716.45	3594.66
13620.44	84705.79	7885.03	5412.48	1000.37
45797.00	478402.00	50669.00	29484.00	7426.00
14992.56	129111.65	13278.87	8389.06	2161.57
38939.59	345458.84	29572.29	19498.11	3917.89
316.00	3672.00	362.00	252.00	110.00
247151.23	710537.60	62328.33	38381.84	5006.09
59607.57	217146.03	20416.78	10456.02	
672722.19	515369.35	32800.32	19822.46	5217.43
42967.00	311792.00	22114.00	18759.00	3355.00
71745.80	371797.97	28320.98	18120.02	4874.04
76282.61	716387.13	59041.25	38323.83	1543.86
934672.37	825248.74	66598.89	41958.43	14301.34
336834.79	543584.90	39041.59	24277.00	5825.60
322641.28	537323.33	53337.34	34716.56	5925.20
13000.10	689342.88	53644.70	31605.42	10902.15
20107.86	197346.25	17814.61	13126.08	1712.09
94908.70	81857.49	8779.41	5891.67	1299.48
78331.75	118840.40	10828.62	4970.59	1069.27
76464.77	532811.18	46234.05	21325.31	4693.73
45133.76	262488.14	25692.04	17676.05	2090.27
20655.19	356307.65	16669.68	9859.82	1473.74
	2610.58	339.40	163.70	64.80
192364.83	488349.13	57846.81	36357.63	7980.18
175269.49	273726.53	23788.12	13173.92	5786.63
76024.13	49776.49	4251.54	1960.93	112.55
21563.28	53667.54	5151.44	3236.36	332.99
51098.94	324173.48	37486.60	11989.76	1787.68

职业初中办

Condition of School Buildings in Vocational Junior

	体育运动场(馆)面 积(平方米) Sports Areas (m^2)	拥有教学用计算机 No. of Computers used for Instruction (Set)	图书藏量(册) Books & Magazines in Libraries (Volume)
合 计 Total	**662591**	**3792**	**1088560**
北 京 Beijing			
天 津 Tianjin			
河 北 Hebei	4250	32	10444
山 西 Shanxi	217672	1324	269890
内蒙古 Inner Mongolia	122798	500	93175
辽 宁 Liaoning			
吉 林 Jilin	86635	301	130344
黑龙江 Heilongjiang	31600	25	38700
上 海 Shanghai			
江 苏 Jiangsu			
浙 江 Zhejiang			
安 徽 Anhui	25810	224	32547
福 建 Fujian			
江 西 Jiangxi	500	33	9000
山 东 Shandong			
河 南 Henan			
湖 北 Hubei	55639	213	98595
湖 南 Hunan			
广 东 Guangdong			
广 西 Guangxi			
海 南 Hainan			
重 庆 Chongqing			
四 川 Sichuan	22671	239	62770
贵 州 Guizhou	61255	768	305805
云 南 Yunnan	19461	133	37290
西 藏 Tibet			
陕 西 Shaanxi			
甘 肃 Gansu	6500		
青 海 Qinghai	7800		
宁 夏 Ningxia			
新 疆 Xinjiang			

电子图书藏量 (GB) Electronic Books & Magazines in Libraries (GB)	固定资产总值(万元) Total Value of Fixed Asset (10,000 yuan)			
	计 Total	其中:仪器设备总值(万元) of Which: Total Value of Equip & Instru. (10,000 yuan)		
		计 Subtotal	专业实验设备 for Prefession	专业实习设备 for Practice
1715.60	**32091.50**	**2884.54**	**1751.40**	**288.26**
	108.70	39.00	28.00	
627.60	10291.83	1056.88	574.74	93.74
120.00	4098.06	165.90	114.70	16.00
50.00	1974.26	361.74	147.40	57.34
	217.20	24.55	9.55	15.00
190.00	843.00	69.90	40.40	3.50
3.00	75.40	1.50	1.50	
73.00	2554.42	145.60	102.30	39.30
	3085.19	86.96	23.50	
637.00	6021.45	843.90	661.75	37.33
15.00	2053.99	88.00	47.00	26.00
	201.00	0.61	0.56	0.05
	567.00			

职业初中办

Condition of School Buildings in Vocational

	体育运动场(馆)面 积(平方米) Sports Areas (m^2)	拥有教学用计算机 No. of Computers used for Instruction (Set)	图书藏量(册) Books & Magazines in Libraries (Volume)
合 计 Total	**51376**	**334**	**70963**
北 京 Beijing			
天 津 Tianjin			
河 北 Hebei			
山 西 Shanxi	31166	285	70295
内蒙古 Inner Mongolia			
辽 宁 Liaoning			
吉 林 Jilin	20210	49	668
黑龙江 Heilongjiang			
上 海 Shanghai			
江 苏 Jiangsu			
浙 江 Zhejiang			
安 徽 Anhui			
福 建 Fujian			
江 西 Jiangxi			
山 东 Shandong			
河 南 Henan			
湖 北 Hubei			
湖 南 Hunan			
广 东 Guangdong			
广 西 Guangxi			
海 南 Hainan			
重 庆 Chongqing			
四 川 Sichuan			
贵 州 Guizhou			
云 南 Yunnan			
西 藏 Tibet			
陕 西 Shaanxi			
甘 肃 Gansu			
青 海 Qinghai			
宁 夏 Ningxia			

学条件(二)(城市)
Junior Secondary Schools (2) (Urban)

电子图书藏量 (GB) Electronic Books & Magazines in Libraries(GB)	固定资产总值(万元) Total Value of Fixed Asset (10,000 yuan)			
	计 Total	其中:仪器设备总值(万元) of Which: Total Value of Equip & Instru. (10,000 yuan)		
		计 Subtotal	专业实验设备 for Prefession	专业实习设备 for Practice
9.30	**1206.55**	**219.57**	**64.79**	**35.58**
9.30	977.51	160.03	64.79	33.24
	229.04	59.54		2.34

	体育运动场(馆)面积(平方米) Sports Areas (m^2)	拥有教学用计算机 No. of Computers used for Instruction (Set)	图书藏量(册) Books & Magazines in Libraries (Volume)
合 计 Total	**206905**	**1439**	**367460**
北 京 Beijing			
天 津 Tianjin			
河 北 Hebei			
山 西 Shanxi	56840	398	58132
内蒙古 Inner Mongolia	52613	309	51070
辽 宁 Liaoning			
吉 林 Jilin	43125	152	76626
黑龙江 Heilongjiang	2000	2	20000
上 海 Shanghai			
江 苏 Jiangsu			
浙 江 Zhejiang			
安 徽 Anhui	10000	140	21500
福 建 Fujian			
江 西 Jiangxi			
山 东 Shandong			
河 南 Henan			
湖 北 Hubei	600	2	
湖 南 Hunan			
广 东 Guangdong			
广 西 Guangxi			
海 南 Hainan			
重 庆 Chongqing			
四 川 Sichuan	2500	30	18800
贵 州 Guizhou	29668	347	108862
云 南 Yunnan	3059	59	12470
西 藏 Tibet			
陕 西 Shaanxi			
甘 肃 Gansu	6500		
青 海 Qinghai			
宁 夏 Ningxia			
新 疆 Xinjiang			

学条件(二)(县镇)
Secondary Schools (2) (County City & Towns)

电子图书藏量 (GB) Electronic Books & Magazines in Libraries (GB)	固定资产总值(万元) Total Value of Fixed Asset (10,000 yuan)			
	计 Total	其中:仪器设备总值(万元) of Which: Total Value of Equip & Instru. (10,000 yuan)		
		计 Subtotal	专业实验设备 for Prefession	专业实习设备 for Practice
552.00	**12580.81**	**1028.34**	**591.39**	**97.85**
105.00	4076.42	334.50	139.00	14.00
120.00	2842.00	80.00	62.00	
	1251.22	151.20	51.40	29.80
	21.00	9.00	6.00	3.00
110.00	521.00	35.00	33.00	2.00
	100.00			
	669.70	5.10	2.50	
202.00	2249.30	362.12	271.12	24.00
15.00	649.17	50.81	25.81	25.00
	201.00	0.61	0.56	0.05

职业初中办
Condition of School Buildings in Vocational

	体育运动场(馆)面积(平方米) Sports Areas (m^2)	拥有教学用计算机 No. of Computers used for Instruction (Set)	图书藏量(册) Books & Magazines in Libraries (Volume)
合 计 Total	**404310**	**2019**	**650137**
北 京 Beijing			
天 津 Tianjin			
河 北 Hebei	4250	32	10444
山 西 Shanxi	129666	641	141463
内蒙古 Inner Mongolia	70185	191	42105
辽 宁 Liaoning			
吉 林 Jilin	23300	100	53050
黑龙江 Heilongjiang	29600	23	18700
上 海 Shanghai			
江 苏 Jiangsu			
浙 江 Zhejiang			
安 徽 Anhui	15810	84	11047
福 建 Fujian			
江 西 Jiangxi	500	33	9000
山 东 Shandong			
河 南 Henan			
湖 北 Hubei	55039	211	98595
湖 南 Hunan			
广 东 Guangdong			
广 西 Guangxi			
海 南 Hainan			
重 庆 Chongqing			
四 川 Sichuan	20171	209	43970
贵 州 Guizhou	31587	421	196943
云 南 Yunnan	16402	74	24820
西 藏 Tibet			
陕 西 Shaanxi			
甘 肃 Gansu			
青 海 Qinghai	7800		
宁 夏 Ningxia			
新 疆 Xinjiang			

学条件(二)(农村)

Junior Secondary Schools (2) (Rural)

电子图书藏量(GB) Electronic Books & Magazines in Libraries(GB)	固定资产总值(万元) Total Value of Fixed Asset (10,000 yuan)			
	计 Total	其中:仪器设备总值(万元) of Which: Total Value of Equip & Instru. (10,000 yuan)		
		计 Subtotal	专业实验设备 for Prefession	专业实习设备 for Practice
1154.30	**18304.14**	**1636.63**	**1095.22**	**154.83**
	108.70	39.00	28.00	
513.30	5237.90	562.35	370.95	46.50
	1256.06	85.90	52.70	16.00
50.00	494.00	151.00	96.00	25.20
	196.20	15.55	3.55	12.00
80.00	322.00	34.90	7.40	1.50
3.00	75.40	1.50	1.50	
73.00	2454.42	145.60	102.30	39.30
	2415.49	81.86	21.00	
435.00	3772.15	481.78	390.63	13.33
	1404.82	37.19	21.19	1.00
	567.00			

小学校数、教

Number of Schools, External Teaching Sites & Classes

	学校数(所) Schools	教学点数(个) External Teaching Sites	班数(个) 计 Total	一年级 Grade 1
合　计 Total	**280184**	**72483**	**2693551**	**479251**
北　京 Beijing	1160		20718	3394
天　津 Tianjin	983		14976	2553
河　北 Hebei	14447	3718	143298	26753
山　西 Shanxi	14722	1236	93329	14403
内蒙古 Inner Mongolia	3139	647	40700	7038
辽　宁 Liaoning	6037	439	66652	10938
吉　林 Jilin	6184	175	51737	8604
黑龙江 Heilongjiang	7202	391	63034	11038
上　海 Shanghai	751	5	18394	3729
江　苏 Jiangsu	5013	1534	94433	16646
浙　江 Zhejiang	4147	660	77723	13251
安　徽 Anhui	14974	3201	129792	24071
福　建 Fujian	7849	2600	71217	13112
江　西 Jiangxi	13021	3745	110547	21863
山　东 Shandong	12858	1053	156168	27422
河　南 Henan	29420	4976	251341	47041
湖　北 Hubei	8544	2159	85098	16135
湖　南 Hunan	13263	3802	111058	21716
广　东 Guangdong	18506	1850	220498	35630
广　西 Guangxi	14290	10281	133102	24637
海　南 Hainan	2520	563	24581	4538
重　庆 Chongqing	7096	608	50897	8770
四　川 Sichuan	12437	7392	145808	25289
贵　州 Guizhou	12862	3974	117242	19986
云　南 Yunnan	15826	10649	131982	23698
西　藏 Tibet	884	819	9263	1947
陕　西 Shaanxi	11583	1419	83388	14083
甘　肃 Gansu	12637	2891	86339	15028
青　海 Qinghai	2047	302	15498	2960
宁　夏 Ningxia	2131	403	17559	3383
新　疆 Xinjiang	3651	991	57179	9595

学点数及班数(总计)

in Primary Schools (Regional Aggregates)

Classes

二年级 Grade 2	三年级 Grade 3	四年级 Grade 4	五年级 Grade 5	六年级 Grade 6	复式班 Multiple-grade Classes
464719	**449560**	**434685**	**422508**	**409388**	**33440**
3554	3528	3545	3351	3346	
2639	2604	2596	2460	2123	1
26345	24511	22745	20914	20416	1614
14457	14620	14439	14757	15005	5648
6947	6701	6614	6627	6569	204
11491	11300	11089	10876	10949	9
8949	8898	8518	8237	8509	22
11319	11064	10984	11011	7353	265
3702	3615	3582	3504	262	
15930	15435	15193	15103	16028	98
13226	13055	12904	12477	12746	64
22028	21115	20391	19983	20169	2035
12286	11852	11388	10791	11032	756
20087	18671	17196	15916	14643	2171
27161	27271	26452	25913	21947	2
44848	42595	40832	38825	36015	1185
14867	14033	13398	12885	13075	705
20980	18964	17376	15582	15056	1384
35026	35745	36757	37809	39186	345
22869	21735	20591	19844	19571	3855
4260	4099	3929	3871	3877	7
8596	8499	8141	8260	8580	51
24979	24398	23831	23165	23259	887
19609	19624	19057	18729	18573	1664
23145	21830	20668	19859	19500	3282
1844	1615	1287	1269	1286	15
13709	13235	13165	12872	13299	3025
14265	13739	13470	13247	13016	3574
2811	2645	2421	2280	2089	292
3086	2902	2801	2721	2506	160
9704	9662	9325	9370	9403	120

小学校数、教

Number of Schools, External Teaching Sites

	学校数(所) Schools	教学点数(个) External Teaching Sites	班数(个)	
			计 Total	一年级 Grade 1
合　计 Total	**16363**	**236**	**374178**	**62976**
北　京 Beijing	661		14956	2478
天　津 Tianjin	244		5481	892
河　北 Hebei	676	5	13443	2170
山　西 Shanxi	618	3	13269	2057
内蒙古 Inner Mongolia	413	3	9605	1603
辽　宁 Liaoning	961	2	19954	3160
吉　林 Jilin	289		6755	1016
黑龙江 Heilongjiang	528	1	9799	1677
上　海 Shanghai	352	2	8239	1596
江　苏 Jiangsu	837	59	23532	3993
浙　江 Zhejiang	820	52	22785	4004
安　徽 Anhui	800	21	13579	2277
福　建 Fujian	535	4	11395	2029
江　西 Jiangxi	241		6473	1118
山　东 Shandong	1018	3	24097	4206
河　南 Henan	986	5	21733	3710
湖　北 Hubei	722	29	14918	2541
湖　南 Hunan	498	13	10549	1852
广　东 Guangdong	1935	3	50115	8337
广　西 Guangxi	404		7977	1380
海　南 Hainan	101	1	2672	458
重　庆 Chongqing	216	12	4930	818
四　川 Sichuan	531	12	15115	2468
贵　州 Guizhou	380	1	6959	1172
云　南 Yunnan	300		6055	1049
西　藏 Tibet	22		559	99
陕　西 Shaanxi	525	4	10053	1647
甘　肃 Gansu	267		5625	909
青　海 Qinghai	69		1590	267
宁　夏 Ningxia	130		2620	442
新　疆 Xinjiang	284	1	9346	1551

学点数及班数(城市)

& Classes in Primary Schools (Urban)

Classes

二年级 Grade 2	三年级 Grade 3	四年级 Grade 4	五年级 Grade 5	六年级 Grade 6	复式班 Multiple-grade Classes
63776	**63887**	**63634**	**61988**	**57877**	**40**
2596	2565	2567	2398	2352	
944	954	967	905	819	
2321	2285	2260	2202	2205	
2209	2216	2216	2266	2302	3
1628	1623	1593	1587	1570	1
3482	3390	3390	3328	3204	
1142	1143	1139	1126	1189	
1818	1824	1822	1816	825	17
1637	1658	1677	1665	6	
3983	3965	3920	3796	3874	1
3973	3866	3784	3607	3548	3
2222	2244	2280	2249	2306	1
1955	1956	1884	1778	1793	
1104	1096	1098	1021	1036	
4355	4338	4271	4131	2796	
3705	3744	3703	3546	3324	1
2490	2480	2479	2435	2490	3
1817	1802	1766	1668	1643	1
8176	8359	8449	8380	8414	
1342	1388	1328	1280	1258	1
450	445	447	438	434	
822	843	833	814	800	
2455	2510	2605	2515	2562	
1155	1174	1174	1141	1143	
1072	1054	997	946	937	
94	91	91	91	93	
1644	1686	1700	1655	1714	7
938	936	938	947	956	1
261	264	265	265	268	
436	430	437	435	440	
1550	1558	1554	1557	1576	

小学校数、教

Number of Schools, External Teaching Sites & Classes

	学校数(所) Schools	教学点数(个) External Teaching Sites	班数(个) 计 Total	一年级 Grade 1
合　计 Total	**29664**	**1293**	**541930**	**89996**
北　京 Beijing	122		2060	330
天　津 Tianjin	347		5465	925
河　北 Hebei	1799	115	26581	4604
山　西 Shanxi	844	6	14212	2183
内蒙古 Inner Mongolia	649	3	13524	2186
辽　宁 Liaoning	180		4048	665
吉　林 Jilin	633	20	12974	2169
黑龙江 Heilongjiang	596	4	11869	2031
上　海 Shanghai	365	3	9777	2059
江　苏 Jiangsu	1111	61	29738	5045
浙　江 Zhejiang	1414	160	32699	5514
安　徽 Anhui	1229	33	19713	3376
福　建 Fujian	825	32	14379	2435
江　西 Jiangxi	1075	59	19894	3425
山　东 Shandong	1770	11	31787	5405
河　南 Henan	1983	68	32526	5373
湖　北 Hubei	847	70	14832	2719
湖　南 Hunan	1948	186	28850	4961
广　东 Guangdong	2579	21	55064	8487
广　西 Guangxi	1537	155	22952	3816
海　南 Hainan	284	1	5460	870
重　庆 Chongqing	885	11	17484	2841
四　川 Sichuan	1933	37	42682	6757
贵　州 Guizhou	1152	15	18852	2969
云　南 Yunnan	1289	75	19117	3128
西　藏 Tibet	108	34	1666	283
陕　西 Shaanxi	539	19	8703	1385
甘　肃 Gansu	1029	61	11790	1856
青　海 Qinghai	172	3	3272	526
宁　夏 Ningxia	167	2	2988	490
新　疆 Xinjiang	253	28	6972	1183

学点数及班数(县镇)

in Primary Schools (County City & Towns)

Classes

二年级 Grade 2	三年级 Grade 3	四年级 Grade 4	五年级 Grade 5	六年级 Grade 6	复式班 Multiple-grade Classes
88513	**89111**	**89520**	**91161**	**93263**	**366**
346	351	350	337	346	
948	939	925	867	861	
4676	4579	4339	4124	4224	35
2245	2315	2374	2482	2583	30
2224	2230	2236	2297	2344	7
673	677	674	666	693	
2276	2226	2123	2045	2134	1
2065	2030	1986	2036	1720	1
1997	1891	1846	1779	205	
4872	4848	4862	4882	5226	3
5528	5500	5445	5255	5446	11
3073	3086	3170	3306	3675	27
2339	2407	2399	2326	2472	1
3293	3212	3177	3229	3541	17
5324	5442	5362	5481	4773	
5344	5354	5355	5402	5679	19
2457	2375	2350	2402	2519	10
4865	4938	4799	4588	4685	14
8285	8583	9035	9916	10756	2
3691	3733	3704	3847	4113	48
816	858	909	964	1043	
2764	2780	2840	3014	3245	
6700	6745	7076	7428	7973	3
2914	3135	3200	3301	3327	6
3110	3132	3131	3224	3389	3
266	257	275	283	302	
1383	1411	1447	1481	1573	23
1838	1857	1915	2022	2197	105
537	561	564	539	545	
482	492	497	507	520	
1182	1167	1155	1131	1154	

	学校数(所) Schools	教学点数(个) External Teaching Sites	班数(个) 计 Total	一年级 Grade 1
合　计 Total	**234157**	**70954**	**1777443**	**326279**
北　京 Beijing	377		3702	586
天　津 Tianjin	392		4030	736
河　北 Hebei	11972	3598	103274	19979
山　西 Shanxi	13260	1227	65848	10163
内蒙古 Inner Mongolia	2077	641	17571	3249
辽　宁 Liaoning	4896	437	42650	7113
吉　林 Jilin	5262	155	32008	5419
黑龙江 Heilongjiang	6078	386	41366	7330
上　海 Shanghai	34		378	74
江　苏 Jiangsu	3065	1414	41163	7608
浙　江 Zhejiang	1913	448	22239	3733
安　徽 Anhui	12945	3147	96500	18418
福　建 Fujian	6489	2564	45443	8648
江　西 Jiangxi	11705	3686	84180	17320
山　东 Shandong	10070	1039	100284	17811
河　南 Henan	26451	4903	197082	37958
湖　北 Hubei	6975	2060	55348	10875
湖　南 Hunan	10817	3603	71659	14903
广　东 Guangdong	13992	1826	115319	18806
广　西 Guangxi	12349	10126	102173	19441
海　南 Hainan	2135	561	16449	3210
重　庆 Chongqing	5995	585	28483	5111
四　川 Sichuan	9973	7343	88011	16064
贵　州 Guizhou	11330	3958	91431	15845
云　南 Yunnan	14237	10574	106810	19521
西　藏 Tibet	754	785	7038	1565
陕　西 Shaanxi	10519	1396	64632	11051
甘　肃 Gansu	11341	2830	68924	12263
青　海 Qinghai	1806	299	10636	2167
宁　夏 Ningxia	1834	401	11951	2451
新　疆 Xinjiang	3114	962	40861	6861

学点数及班数(农村)

& Classes in Primary Schools (Rural)

Classes

二年级 Grade 2	三年级 Grade 3	四年级 Grade 4	五年级 Grade 5	六年级 Grade 6	复式班 Multiple-grade Classes
312430	**296562**	**281531**	**269359**	**258248**	**33034**
612	612	628	616	648	
747	711	704	688	443	1
19348	17647	16146	14588	13987	1579
10003	10089	9849	10009	10120	5615
3095	2848	2785	2743	2655	196
7336	7233	7025	6882	7052	9
5531	5529	5256	5066	5186	21
7436	7210	7176	7159	4808	247
68	66	59	60	51	
7075	6622	6411	6425	6928	94
3725	3689	3675	3615	3752	50
16733	15785	14941	14428	14188	2007
7992	7489	7105	6687	6767	755
15690	14363	12921	11666	10066	2154
17482	17491	16819	16301	14378	2
35799	33497	31774	29877	27012	1165
9920	9178	8569	8048	8066	692
14298	12224	10811	9326	8728	1369
18565	18803	19273	19513	20016	343
17836	16614	15559	14717	14200	3806
2994	2796	2573	2469	2400	7
5010	4876	4468	4432	4535	51
15824	15143	14150	13222	12724	884
15540	15315	14683	14287	14103	1658
18963	17644	16540	15689	15174	3279
1484	1267	921	895	891	15
10682	10138	10018	9736	10012	2995
11489	10946	10617	10278	9863	3468
2013	1820	1592	1476	1276	292
2168	1980	1867	1779	1546	160
6972	6937	6616	6682	6673	120

小学学生

Number of Students in Primary

	毕业生数 Graduates	招生数 Entrants		在校学生数	
		计 Total	其中：受过学前教育 of Which：received the pre-school education	合　计 Total	其中：女 of Which：Female
合　计 Total	**18051997**	**16377978**	**14731156**	**100714661**	**46604874**
北　京 Beijing	110730	102414	99616	647101	299757
天　津 Tianjin	91481	81303	78282	507385	235180
河　北 Hebei	733936	875823	865223	4886544	2298880
山　西 Shanxi	583791	430781	420513	3046931	1451667
内蒙古 Inner Mongolia	279222	228806	217288	1493013	706329
辽　宁 Liaoning	428542	337183	324374	2255977	1056044
吉　林 Jilin	270309	233984	229478	1461099	692596
黑龙江 Heilongjiang	389841	312389	301874	1903733	911006
上　海 Shanghai	113558	138598	134837	671245	306646
江　苏 Jiangsu	772743	660473	655390	3960228	1792972
浙　江 Zhejiang	572363	539051	526878	3251416	1490656
安　徽 Anhui	983747	838578	657456	4868785	2223755
福　建 Fujian	439042	404000	363037	2397594	1086711
江　西 Jiangxi	694818	714886	633784	4227464	1901383
山　东 Shandong	1094727	1017777	982441	6268120	2940231
河　南 Henan	1657467	1845137	1768278	10520259	4849056
湖　北 Hubei	646753	642190	587434	3592629	1618157
湖　南 Hunan	710261	833027	818536	4691470	2161506
广　东 Guangdong	1835297	1274186	1186229	8876522	3965947
广　西 Guangxi	730648	752468	672634	4367767	2017818
海　南 Hainan	169341	108144	82096	834016	363847
重　庆 Chongqing	431041	321333	304713	2081367	979471
四　川 Sichuan	1166577	945131	809961	6170471	2911134
贵　州 Guizhou	784574	698976	475249	4568716	2160956
云　南 Yunnan	733099	694956	524376	4441438	2085401
西　藏 Tibet	50850	53682	9259	305235	146778
陕　西 Shaanxi	555577	409900	391484	2714408	1236209
甘　肃 Gansu	492700	372767	237993	2525962	1187727
青　海 Qinghai	78005	87157	51334	533255	255417
宁　夏 Ningxia	111121	104390	81467	670621	321892
新　疆 Xinjiang	339836	318488	239642	1973890	949745

数(总计)

Schools(Regional Aggregates)

单位:人

unit: person

Enrolment						毕业班学生数 Graduates for Next Year
一年级 Grade 1	二年级 Grade 2	三年级 Grade 3	四年级 Grade 4	五年级 Grade 5	六年级 Grade 6	
16628761	**16568751**	**16935675**	**16822330**	**16828810**	**16930334**	**17388465**
102777	111370	110819	113543	105109	103483	104448
81453	88272	88375	87508	86217	75560	86167
876320	899365	867964	800711	719486	722698	722698
436243	464944	504209	512681	549953	578901	578901
228856	242383	249273	249841	258601	264059	267640
339373	382743	382640	379386	377135	394700	403545
234446	255506	254776	238202	226609	251560	253233
312389	336439	337711	334837	337800	244557	364212
138705	135972	132160	129000	122640	12768	121599
660730	639224	650438	649479	652876	707481	707491
539282	544474	550217	547694	524978	544771	545947
844009	777010	785762	784822	800057	877125	878556
409472	391175	410311	405552	383596	397488	397488
775339	719921	705402	680766	668993	677043	677177
1017785	1044894	1112323	1084076	1075574	933468	1116176
1875741	1839858	1783944	1731949	1683244	1605523	1619753
646765	603158	592827	571216	573791	604872	606710
834865	825764	824260	770336	717717	718528	718528
1274186	1275771	1401394	1524104	1649817	1751250	1751250
762276	719770	735918	710096	718378	721329	721329
142630	128702	137316	138083	140786	146499	146499
323416	325510	331277	338581	363006	399577	399577
969984	974889	1009091	1041561	1064282	1110664	1110664
699285	711293	779884	787534	793511	797209	797209
709341	737110	760859	748892	745358	739878	740217
53708	50542	49810	49869	50465	50841	50841
415407	427964	444077	458685	465204	503071	503071
389504	389678	406232	426380	446623	467545	467799
91564	91088	95678	88825	84912	81188	83026
120020	108911	109984	110783	111140	109783	109783
322890	325051	330744	327338	330952	336915	336931

小学学生

Number of Students in

	毕业生数 Graduates	招生数 Entrants		在校学生数	
		计 Total	其中:受过学前教育 of Which:received the pre-school education	合 计 Total	其中:女 of Which:Female
合 计 Total	**3037241**	**2829995**	**2734946**	**17787684**	**8129986**
北 京 Beijing	80280	78350	75974	488617	225467
天 津 Tianjin	33343	29152	26817	187623	87833
河 北 Hebei	111938	104658	103888	691204	322862
山 西 Shanxi	122929	96033	95827	693360	328089
内蒙古 Inner Mongolia	87007	70380	67830	477166	225384
辽 宁 Liaoning	159586	118892	112915	851667	400241
吉 林 Jilin	57464	41631	40980	302601	142797
黑龙江 Heilongjiang	90234	67186	65286	421788	199448
上 海 Shanghai	51797	50205	49825	261696	122319
江 苏 Jiangsu	172987	165182	163290	1002286	454492
浙 江 Zhejiang	162400	169783	165760	1000165	451646
安 徽 Anhui	124207	104518	102474	664382	299128
福 建 Fujian	89264	97761	91029	558522	246423
江 西 Jiangxi	54928	54249	48446	343459	151660
山 东 Shandong	206376	196255	195061	1177379	549489
河 南 Henan	184407	205594	203031	1229988	556517
湖 北 Hubei	126806	117466	114730	717749	321570
湖 南 Hunan	89814	99549	98849	597623	269975
广 东 Guangdong	409029	375570	350969	2345040	1022125
广 西 Guangxi	57768	66854	64562	387118	173224
海 南 Hainan	24237	19340	18005	139868	58169
重 庆 Chongqing	36735	34695	32514	225215	106195
四 川 Sichuan	140182	116643	111555	798575	377298
贵 州 Guizhou	58778	60118	58383	379037	175978
云 南 Yunnan	46230	54373	53981	325141	153459
西 藏 Tibet	3946	4788	4078	26943	12782
陕 西 Shaanxi	86515	78059	77833	508812	232127
甘 肃 Gansu	52884	45724	44693	305456	141807
青 海 Qinghai	13734	13811	10769	86068	40924
宁 夏 Ningxia	26099	22269	22038	147548	69716
新 疆 Xinjiang	75337	70907	63554	445588	210842

数(城市)

Primary Schools(Urban)

单位:人

unit: person

Enrolment						毕业班学生数 Graduates for Next Year
一年级 Grade 1	二年级 Grade 2	三年级 Grade 3	四年级 Grade 4	五年级 Grade 5	六年级 Grade 6	
2835097	**2978424**	**3058839**	**3075776**	**2988320**	**2851228**	**3046037**
78466	84895	84300	85925	78681	76350	77315
29156	31699	32160	32444	32768	29396	33029
104689	121728	120324	118955	111010	114498	114498
96049	112456	119435	118985	120149	126286	126286
70380	79795	82152	81252	81897	81690	84411
118900	148808	146287	147675	145469	144528	153069
41634	51479	51774	50866	50696	56152	57043
67186	78260	79424	79100	77308	40510	82990
50221	52501	53187	54015	51455	317	51445
165196	167280	169842	168922	163624	167422	167432
169803	172989	170975	168325	159266	158807	159983
104545	106245	109326	112470	112807	118989	119095
97876	95296	98534	94557	86122	86137	86137
54330	56274	58014	60030	57045	57766	57766
196255	209244	213148	212995	206417	139320	213302
205682	209837	213548	212971	200064	187886	196811
117535	117231	118847	121351	119572	123213	123213
99549	100867	104026	102441	96131	94589	94589
375570	370439	391453	400947	401070	405561	405561
66862	65168	68521	64838	61752	59977	59977
22883	22764	23988	24166	23210	22857	22857
34703	36278	37881	39018	39020	38315	38315
117157	121537	133384	142337	139511	144649	144649
60135	60777	65259	66021	63740	63105	63105
54373	58139	57984	54198	50809	49638	49638
4801	4629	4478	4468	4327	4240	4240
78070	82273	85568	88033	85993	88875	88875
45951	49866	51252	52455	53160	52772	53007
13812	14335	14615	14686	14420	14200	14200
22283	23817	24777	25449	25265	25957	25957
71045	71518	74376	75881	75542	77226	77242

	毕业生数 Graduates	招生数 Entrants		在校学生数	
		计 Total	其中:受过学前教育 of Which:received the pre-school education	合　计 Total	其中:女 of Which:Female
合　计 Total	**4836902**	**4127154**	**3930616**	**26371538**	**12008330**
北　京 Beijing	12442	9733	9614	65085	30831
天　津 Tianjin	33695	32131	31575	201951	94131
河　北 Hebei	182259	200985	199653	1185990	548664
山　西 Shanxi	124140	96541	95759	697836	325786
内蒙古 Inner Mongolia	109118	88144	84701	588391	278781
辽　宁 Liaoning	33150	29027	26345	189556	87628
吉　林 Jilin	95596	89419	88065	557560	263330
黑龙江 Heilongjiang	100140	91964	89558	556357	263624
上　海 Shanghai	60276	84867	81580	392518	176702
江　苏 Jiangsu	265519	229979	228148	1401166	624825
浙　江 Zhejiang	256054	238292	233576	1446360	661316
安　徽 Anhui	208851	162650	150927	1024627	449922
福　建 Fujian	118966	105903	96884	647454	286258
江　西 Jiangxi	192620	160629	151974	1020573	438767
山　东 Shandong	268337	235062	229704	1464149	674589
河　南 Henan	303098	273928	273333	1807490	805606
湖　北 Hubei	143354	144972	136790	812990	364274
湖　南 Hunan	252159	249347	246687	1544977	709949
广　东 Guangdong	555103	386605	366976	2654906	1148584
广　西 Guangxi	186463	175412	168685	1067616	477354
海　南 Hainan	57593	27947	24914	272629	112640
重　庆 Chongqing	186756	137920	133599	915220	430039
四　川 Sichuan	470902	336629	311857	2304900	1095019
贵　州 Guizhou	170227	148662	128584	994840	459506
云　南 Yunnan	149759	135274	129552	880878	418328
西　藏 Tibet	11660	11477	2656	70473	34181
陕　西 Shaanxi	88299	68793	67435	468014	211360
甘　肃 Gansu	104635	75996	62650	521300	241125
青　海 Qinghai	21617	24464	11657	156561	75575
宁　夏 Ningxia	25642	25380	23542	159431	75379
新　疆 Xinjiang	48472	49022	43636	299740	144257

数(县镇)

Schools(County City & Towns)

单位:人

unit: person

Enrolment						毕业班学生数
一年级 Grade 1	二年级 Grade 2	三年级 Grade 3	四年级 Grade 4	五年级 Grade 5	六年级 Grade 6	Graduates for Next Year
4170281	**4187318**	**4364253**	**4422296**	**4524950**	**4702440**	**4831399**
9835	10932	10826	11470	11047	10975	10975
32193	35071	35536	34397	32705	32049	32049
201039	210329	209696	197986	177195	189745	189745
97371	107483	114941	116438	129881	131722	131722
88191	92870	97433	99005	104001	106891	107672
29053	31931	32282	31811	31455	33024	33164
89560	97487	97641	91610	87153	94109	94891
91964	97575	97655	94896	92657	81610	100846
84958	80555	76096	72388	68477	10044	67386
230095	224430	231085	231819	232887	250850	250850
238435	240416	244903	243754	233529	245323	245323
163354	152310	160754	168936	176959	202314	202314
107320	104258	110557	110575	104948	109796	109796
165804	162978	163757	165022	171461	191551	191551
235063	236388	253401	250966	257103	231228	278195
281105	294824	301784	303807	302931	323039	324822
145920	133993	132162	128901	131279	140735	142184
249869	250147	268131	261770	233904	261148	261148
386605	378530	410666	443323	496119	539663	539663
175835	168209	175573	173461	181302	193236	193236
40813	38954	42985	46668	49504	53705	53705
138316	140030	143024	150755	163201	179894	179894
339632	344671	364210	389062	415871	451454	451454
148729	146730	167257	173937	178776	179411	179411
138585	142007	147339	147065	150232	155650	155989
11481	10848	10865	11984	12458	12837	12837
69199	73889	77606	79996	81438	85886	85886
78530	78724	82680	86222	93930	101214	101214
25725	25353	26871	27168	25966	25478	25618
26025	25579	26413	26816	27306	27292	27292
49677	49817	50124	50280	49275	50567	50567

小学学生

Number of Students in

	毕业生数 Graduates	招生数 Entrants		在校学生数	
		计 Total	其中:受过学前教育 of Which:received the pre-school education	合 计 Total	其中:女 of Which:Female
合 计 Total	**10177854**	**9420829**	**8065594**	**56555439**	**26466558**
北 京 Beijing	18008	14331	14028	93399	43459
天 津 Tianjin	24443	20020	19890	117811	53216
河 北 Hebei	439739	570180	561682	3009350	1427354
山 西 Shanxi	336722	238207	228927	1655735	797792
内蒙古 Inner Mongolia	83097	70282	64757	427456	202164
辽 宁 Liaoning	235806	189264	185114	1214754	568175
吉 林 Jilin	117249	102934	100433	600938	286469
黑龙江 Heilongjiang	199467	153239	147030	925588	447934
上 海 Shanghai	1485	3526	3432	17031	7625
江 苏 Jiangsu	334237	265312	263952	1556776	713655
浙 江 Zhejiang	153909	130976	127542	804891	377694
安 徽 Anhui	650689	571410	404055	3179776	1474705
福 建 Fujian	230812	200336	175124	1191618	554030
江 西 Jiangxi	447270	500008	433364	2863432	1310956
山 东 Shandong	620014	586460	557676	3626592	1716153
河 南 Henan	1169962	1365615	1291914	7482781	3486933
湖 北 Hubei	376593	379752	335914	2061890	932313
湖 南 Hunan	368288	484131	473000	2548870	1181582
广 东 Guangdong	871165	512011	468284	3876576	1795238
广 西 Guangxi	486417	510202	439387	2913033	1367240
海 南 Hainan	87511	60857	39177	421519	193038
重 庆 Chongqing	207550	148718	138600	940932	443237
四 川 Sichuan	555493	491859	386549	3066996	1438817
贵 州 Guizhou	555569	490196	288282	3194839	1525472
云 南 Yunnan	537110	505309	340843	3235419	1513614
西 藏 Tibet	35244	37417	2525	207819	99815
陕 西 Shaanxi	380763	263048	246216	1737582	792722
甘 肃 Gansu	335181	251047	130650	1699206	804795
青 海 Qinghai	42654	48882	28908	290626	138918
宁 夏 Ningxia	59380	56741	35887	363642	176797
新 疆 Xinjiang	216027	198559	132452	1228562	594646

数(农村)

Primary Schools(Rural)

单位:人

unit: person

Enrolment						毕业班学生数 Graduates for Next Year
一年级 Grade 1	二年级 Grade 2	三年级 Grade 3	四年级 Grade 4	五年级 Grade 5	六年级 Grade 6	
9623383	**9403009**	**9512583**	**9324258**	**9315540**	**9376666**	**9511029**
14476	15543	15693	16148	15381	16158	16158
20104	21502	20679	20667	20744	14115	21089
570592	567308	537944	483770	431281	418455	418455
242823	245005	269833	277258	299923	320893	320893
70285	69718	69688	69584	72703	75478	75557
191420	202004	204071	199900	200211	217148	217312
103252	106540	105361	95726	88760	101299	101299
153239	160604	160632	160841	167835	122437	180376
3526	2916	2877	2597	2708	2407	2768
265439	247514	249511	248738	256365	289209	289209
131044	131069	134339	135615	132183	140641	140641
576110	518455	515682	503416	510291	555822	557147
204276	191621	201220	200420	192526	201555	201555
555205	500669	483631	455714	440487	427726	427860
586467	599262	645774	620115	612054	562920	624679
1388954	1335197	1268612	1215171	1180249	1094598	1098120
383310	351934	341818	320964	322940	340924	341313
485447	474750	452103	406117	367662	362791	362791
512011	526802	599275	679834	752628	806026	806026
519579	486393	491824	471797	475324	468116	468116
78934	66984	70343	67249	68072	69937	69937
150397	149202	150372	148808	160785	181368	181368
513195	508681	511497	510162	508900	514561	514561
490421	503786	547368	547576	550995	554693	554693
516383	536964	555536	547629	544317	534590	534590
37426	35065	34467	33417	33680	33764	33764
268138	271802	280903	290656	297773	328310	328310
265023	261088	272300	287703	299533	313559	313578
52027	51400	54192	46971	44526	41510	43208
71712	59515	58794	58518	58569	56534	56534
202168	203716	206244	201177	206135	209122	209122

五年制小

Number of Students in

	招生数 Entrants			在校学生数
	计 Total	其中:受过学前教育 of Which:received the pre-school education	合　计 Total	其中:女 of Which:Female
合　计 Total	**419139**	**410193**	**2234016**	**1051433**
北　京 Beijing	918	918	5044	2396
天　津 Tianjin	9086	9061	52005	23972
河　北 Hebei				
山　西 Shanxi				
内蒙古 Inner Mongolia	1548	1548	11078	5310
辽　宁 Liaoning	7253	5754	42913	20589
吉　林 Jilin	961	961	8563	3935
黑龙江 Heilongjiang	101204	99621	571004	271348
上　海 Shanghai	119710	116810	580358	267627
江　苏 Jiangsu			63	28
浙　江 Zhejiang	1463	1463	6869	3285
安　徽 Anhui	1279	1072	6097	2625
福　建 Fujian	10	10	23	9
江　西 Jiangxi	7		141	
山　东 Shandong	157228	156806	851199	405132
河　南 Henan	12999	12871	72213	32492
湖　北 Hubei	2041	1955	9525	4469
湖　南 Hunan			26	10
广　东 Guangdong	307	307	1555	805
广　西 Guangxi	26	26	66	31
海　南 Hainan				
重　庆 Chongqing				
四　川 Sichuan				
贵　州 Guizhou				
云　南 Yunnan	376	376	1949	930
西　藏 Tibet				
陕　西 Shaanxi				
甘　肃 Gansu	228	228	1298	578
青　海 Qinghai	2477	388	11927	5814
宁　夏 Ningxia				
新　疆 Xinjiang	18	18	100	48

学学生数

5-year Primary Schools

单位:人
unit: person

Enrolment

一年级 Grade 1	二年级 Grade 2	三年级 Grade 3	四年级 Grade 4	五年级 Grade 5
424829	**448130**	**453387**	**449330**	**458340**
918	1154	1027	980	965
9657	10544	10698	10499	10607
1558	1935	1907	2097	3581
7253	9115	8819	8881	8845
1382	1880	1902	1726	1673
104881	114163	115773	116532	119655
119805	120068	117069	114585	108831
8	13	17	15	10
1902	1708	1070	1013	1176
1329	1166	1051	1226	1325
10	10	3		
7				134
157234	166534	173259	171464	182708
13051	14434	15172	15326	14230
2049	1823	1876	1939	1838
		15	11	
307	299	314	320	315
26	40			
376	431	433	370	339
228	293	258	265	254
2830	2500	2700	2059	1838
18	20	24	22	16

小学女
Number of Female Students

	毕业生数 Graduates	招生数 Entrants		在校学生数
		计 Total	其中:受过学前教育 of Which:received the pre-school education	合 计 Total
合 计 Total	**8441875**	**7545222**	**6729254**	**46604874**
北 京 Beijing	52432	46324	45115	299757
天 津 Tianjin	43072	37005	35355	235180
河 北 Hebei	348230	407325	402457	2298880
山 西 Shanxi	281194	205857	200955	1451667
内蒙古 Inner Mongolia	133247	107275	101266	706329
辽 宁 Liaoning	202106	154857	149915	1056044
吉 林 Jilin	127297	110444	107845	692596
黑龙江 Heilongjiang	186985	147531	141376	911006
上 海 Shanghai	53047	62748	60593	306646
江 苏 Jiangsu	350595	297851	293342	1792972
浙 江 Zhejiang	264744	246570	239025	1490656
安 徽 Anhui	459937	380737	292083	2223755
福 建 Fujian	197228	183566	164073	1086711
江 西 Jiangxi	317189	320037	281071	1901383
山 东 Shandong	515372	475276	455202	2940231
河 南 Henan	776270	849129	807800	4849056
湖 北 Hubei	289515	291744	261422	1618157
湖 南 Hunan	333536	381732	371475	2161506
广 东 Guangdong	852433	563730	517009	3965947
广 西 Guangxi	337012	347581	308979	2017818
海 南 Hainan	73863	49542	35905	363847
重 庆 Chongqing	204599	149830	139992	979471
四 川 Sichuan	554184	446831	382800	2911134
贵 州 Guizhou	375105	323988	218564	2160956
云 南 Yunnan	345489	325105	246033	2085401
西 藏 Tibet	23995	25987	4505	146778
陕 西 Shaanxi	253286	187334	178942	1236209
甘 肃 Gansu	234362	174985	108214	1187727
青 海 Qinghai	36844	42034	24578	255417
宁 夏 Ningxia	53593	49709	38445	321892
新 疆 Xinjiang	165114	152558	114918	949745

学生数
in Primary Schools

单位：人
unit：person

Enrolment						毕业班学生数 Graduates for Next Year
一年级 Grade 1	二年级 Grade 2	三年级 Grade 3	四年级 Grade 4	五年级 Grade 5	六年级 Grade 6	
7649235	**7650510**	**7819455**	**7798125**	**7807913**	**7879636**	**8074692**
46455	51553	50936	53238	49178	48397	48866
37055	40898	41023	40524	40185	35495	39955
407501	422408	406809	377867	341193	343102	343102
208289	221998	240320	243714	260547	276799	276799
107292	114487	118202	118861	122683	124804	126441
155691	180570	179249	178834	176329	185371	189643
110628	121148	120569	113554	107134	119563	120286
147531	161476	161103	159940	163112	117844	174772
62782	61961	60342	59381	56631	5549	56280
297935	290198	294908	294665	295934	319332	318923
246651	249692	251447	251420	240351	251095	251823
383145	354966	357818	357328	366159	404339	404605
185868	177110	185831	185123	173568	179211	179211
345145	322219	315915	307791	303192	307121	296200
475280	490147	522442	509942	504736	437684	524433
861945	845352	816850	799665	779390	745854	752190
293723	272640	266076	256987	257666	271065	271920
382464	378121	378480	356189	332498	333751	333751
563730	563219	619746	680084	741397	797771	797771
351999	331840	340298	328773	331578	333330	333330
62350	55888	59512	59707	61090	65300	65300
150650	152488	155476	159475	171060	190322	183697
456791	458376	476288	490894	502014	526771	526771
324108	332922	367347	374660	379440	382479	382479
331546	345937	357610	352012	350883	347413	347583
25998	24326	23851	23950	24474	24179	24029
189585	195203	201922	209109	211289	229101	229101
181839	182138	190869	200446	210760	221675	219623
44006	43461	46407	42558	40345	38640	39523
57112	51916	52690	53586	53648	52940	52940
154141	155849	159119	157848	159449	163339	163345

小学教职工
Number of Teachers, Staff &Workers in

	教职工数		
	合计 Total	专任教师 Full-time Teachers	行政人员 Adm. Personnel
合 计 Total	**6135536**	**5633447**	**237699**
北 京 Beijing	60428	49257	5621
天 津 Tianjin	44999	37942	4436
河 北 Hebei	344343	321238	12118
山 西 Shanxi	210015	193657	5309
内蒙古 Inner Mongolia	139539	114848	6510
辽 宁 Liaoning	170584	149711	18278
吉 林 Jilin	152641	128301	11917
黑龙江 Heilongjiang	176830	155025	10150
上 海 Shanghai	54841	44278	3903
江 苏 Jiangsu	281600	254665	8852
浙 江 Zhejiang	184495	170102	5925
安 徽 Anhui	258827	248595	5495
福 建 Fujian	166446	156779	5731
江 西 Jiangxi	208702	201461	2641
山 东 Shandong	421057	389962	11277
河 南 Henan	515839	489139	11307
湖 北 Hubei	213347	198188	5406
湖 南 Hunan	266878	250365	5992
广 东 Guangdong	477034	418311	35223
广 西 Guangxi	245745	220832	16563
海 南 Hainan	57299	52368	1449
重 庆 Chongqing	128118	117460	6496
四 川 Sichuan	331434	306528	11427
贵 州 Guizhou	208696	199189	6536
云 南 Yunnan	247201	233811	5195
西 藏 Tibet	19293	18686	224
陕 西 Shaanxi	193530	178320	8237
甘 肃 Gansu	144144	139966	2036
青 海 Qinghai	27814	26794	192
宁 夏 Ningxia	33979	33406	178
新 疆 Xinjiang	149838	134263	3075

数(总计)

Primary Schools (Regional Aggregates)

单位：人

unit: person

Teachers, Staff & Workers				
教辅人员 Teaching Auxiliary	工勤人员 Workers	校办工厂、农场职工 Employees in School-run by Factories & Farms	代课教师 Substitute Teachers	兼任教师 Part-time Teachers
106191	**156216**	**1983**	**234502**	**15542**
3199	2336	15	353	170
1337	1255	29	167	107
5074	5888	25	12535	512
4345	6646	58	19308	1325
7643	10069	469	3399	218
878	1664	53	2248	259
8523	3885	15	1256	316
5610	6033	12	570	344
3341	3235	84	559	99
10498	7368	217	4144	292
3031	5353	84		1083
1384	3350	3	9157	507
1774	2160	2	4197	266
1403	3097	100	10016	481
10752	9009	57	4633	683
5189	10137	67	12260	2706
3888	5781	84	14102	296
3802	6677	42	5469	323
4866	18326	308	39722	795
3459	4841	50	16410	903
595	2845	42	1284	293
911	3225	26	996	249
2879	10563	37	17806	1048
1289	1678	4	8036	113
2414	5775	6	13586	173
47	334	2	416	13
3028	3919	26	6139	440
647	1484	11	12872	403
169	621	38	3404	51
163	231	1	1697	303
4053	8431	16	7761	771

小学教职工

Number of Teachers, Staff &Workers

	教职工数		
	合 计 Total	专任教师 Full-time Teachers	行政人员 Adm. Personnel
合 计 Total	**1049231**	**929281**	**54903**
北 京 Beijing	41445	34692	3758
天 津 Tianjin	18752	15232	2053
河 北 Hebei	40911	36912	1806
山 西 Shanxi	42247	37272	1631
内蒙古 Inner Mongolia	28756	25496	1712
辽 宁 Liaoning	58585	49541	7681
吉 林 Jilin	23348	19842	1716
黑龙江 Heilongjiang	33941	28721	2509
上 海 Shanghai	24741	19784	1811
江 苏 Jiangsu	66046	61221	2098
浙 江 Zhejiang	55072	50235	1537
安 徽 Anhui	35921	33796	965
福 建 Fujian	28931	27039	820
江 西 Jiangxi	16416	15405	483
山 东 Shandong	69924	62770	3165
河 南 Henan	62513	56615	2532
湖 北 Hubei	43738	39274	2046
湖 南 Hunan	30807	27651	974
广 东 Guangdong	129174	109159	7784
广 西 Guangxi	20302	17961	1007
海 南 Hainan	7602	6265	249
重 庆 Chongqing	14123	12605	661
四 川 Sichuan	41929	37520	1647
贵 州 Guizhou	16327	15095	602
云 南 Yunnan	15051	13595	580
西 藏 Tibet	1822	1715	45
陕 西 Shaanxi	27641	24315	1740
甘 肃 Gansu	15815	14805	534
青 海 Qinghai	4174	4031	43
宁 夏 Ningxia	7055	6924	31
新 疆 Xinjiang	26122	23793	683

数(城市)
in Primary Schools (Urban)

单位:人
unit: person

Teachers, Staff & Workers 教辅人员 Teaching Auxiliary	工勤人员 Workers	校办工厂、农场职工 Employees in School-run Factories & Farms	代课教师 Substitute Teachers	兼任教师 Part-time Teachers
24379	**40239**	**429**	**30083**	**3805**
1697	1288	10	309	144
615	844	8	22	97
944	1243	6	1522	87
1259	2065	20	2932	522
786	750	12	1237	74
465	871	27	265	63
1185	603	2	382	121
1342	1362	7	193	245
1959	1144	43	303	23
1539	1147	41	905	24
1095	2166	39		508
317	841	2	1573	139
327	745		917	50
123	405		411	89
2034	1922	33	474	287
1339	2021	6	1954	97
1030	1371	17	1954	71
622	1550	10	1213	100
2601	9575	55	7198	390
432	862	40	499	161
211	861	16	82	14
298	545	14	74	53
601	2154	7	1280	156
179	448	3	360	28
166	710		63	13
2	60			13
432	1154		1223	69
107	366	3	331	45
20	80		469	13
21	79		223	2
631	1007	8	1715	107

小学教职

Number of Teachers, Staff & Workers in

	教职工数		
	合 计 Total	专任教师 Full-time Teachers	行政人员 Adm. Personnel
合 计 Total	**1564486**	**1407342**	**66384**
北 京 Beijing	7209	5322	788
天 津 Tianjin	16021	13679	1394
河 北 Hebei	78972	71480	2908
山 西 Shanxi	41609	37280	1033
内蒙古 Inner Mongolia	49011	40524	2505
辽 宁 Liaoning	12719	11117	1260
吉 林 Jilin	48068	37198	4686
黑龙江 Heilongjiang	40278	34642	2458
上 海 Shanghai	28955	23666	1977
江 苏 Jiangsu	95345	85313	3558
浙 江 Zhejiang	81245	74904	2941
安 徽 Anhui	51159	47874	1566
福 建 Fujian	43609	39917	2336
江 西 Jiangxi	47630	44957	750
山 东 Shandong	98154	89419	3186
河 南 Henan	87474	79224	2571
湖 北 Hubei	44738	41273	997
湖 南 Hunan	86933	80371	2304
广 东 Guangdong	146266	128045	10308
广 西 Guangxi	64375	56569	3779
海 南 Hainan	16808	15016	385
重 庆 Chongqing	51627	46837	2955
四 川 Sichuan	127530	117527	4576
贵 州 Guizhou	47542	44847	1559
云 南 Yunnan	52560	48205	1590
西 藏 Tibet	4988	4776	38
陕 西 Shaanxi	27623	25247	861
甘 肃 Gansu	29552	28215	603
青 海 Qinghai	7894	7524	99
宁 夏 Ningxia	8164	7961	54
新 疆 Xinjiang	20428	18413	359

工数(县镇)

Primary Schools (County City & Towns)

单位:人
unit: person

Teachers, Staff & Workers				
教辅人员 Teaching Auxiliary	工勤人员 Workers	校办工厂、农场职工 Employees in School-run Factories & Farms	代课教师 Substitute Teachers	兼任教师 Part-time Teachers
36906	**53142**	**712**	**30263**	**3131**
750	349		7	4
633	304	11	62	10
1915	2655	14	1603	162
1242	2033	21	3284	150
2701	3177	104	733	38
89	235	18	61	10
4180	1993	11	198	65
1335	1842	1	94	14
1338	1939	35	215	67
3503	2861	110	1681	162
1243	2119	38		230
540	1178	1	1059	30
657	698	1	591	62
714	1206	3	1197	118
2758	2775	16	1247	226
1782	3884	13	3110	484
1016	1407	45	1570	27
1767	2477	14	493	129
1646	6097	170	5872	140
1910	2107	10	996	95
281	1102	24	246	100
447	1379	9	186	54
1263	4146	18	2621	336
542	593	1	262	16
960	1802	3	535	33
21	153		22	
649	846	20	219	42
238	495	1	946	64
60	211		568	20
68	81		140	48
658	998		445	195

小学教职工

Number of Teachers, Staff &

	教职工数		
	合 计 Total	专任教师 Full-time Teachers	行政人员 Adm. Personnel
合 计 Total	**3521819**	**3296824**	**116412**
北 京 Beijing	11774	9243	1075
天 津 Tianjin	10226	9031	989
河 北 Hebei	224460	212846	7404
山 西 Shanxi	126159	119105	2645
内蒙古 Inner Mongolia	61772	48828	2293
辽 宁 Liaoning	99280	89053	9337
吉 林 Jilin	81225	71261	5515
黑龙江 Heilongjiang	102611	91662	5183
上 海 Shanghai	1145	828	115
江 苏 Jiangsu	120209	108131	3196
浙 江 Zhejiang	48178	44963	1447
安 徽 Anhui	171747	166925	2964
福 建 Fujian	93906	89823	2575
江 西 Jiangxi	144656	141099	1408
山 东 Shandong	252979	237773	4926
河 南 Henan	365852	353300	6204
湖 北 Hubei	124871	117641	2363
湖 南 Hunan	149138	142343	2714
广 东 Guangdong	201594	181107	17131
广 西 Guangxi	161068	146302	11777
海 南 Hainan	32889	31087	815
重 庆 Chongqing	62368	58018	2880
四 川 Sichuan	161975	151481	5204
贵 州 Guizhou	144827	139247	4375
云 南 Yunnan	179590	172011	3025
西 藏 Tibet	12483	12195	141
陕 西 Shaanxi	138266	128758	5636
甘 肃 Gansu	98777	96946	899
青 海 Qinghai	15746	15239	50
宁 夏 Ningxia	18760	18521	93
新 疆 Xinjiang	103288	92057	2033

数(农村)
Workers in Primary Schools(Rural)

单位:人
unit: person

Teachers, Staff & Workers			代课教师 Substitute Teachers	兼任教师 Part-time Teachers
教辅人员 Teaching Auxiliary	工勤人员 Workers	校办工厂、农场职工 Employees in School-run Factories & Farms		
44906	**62835**	**842**	**174156**	**8606**
752	699	5	37	22
89	107	10	83	
2215	1990	5	9410	263
1844	2548	17	13092	653
4156	6142	353	1429	106
324	558	8	1922	186
3158	1289	2	676	130
2933	2829	4	283	85
44	152	6	41	9
5456	3360	66	1558	106
693	1068	7		345
527	1331		6525	338
790	717	1	2689	154
566	1486	97	8408	274
5960	4312	8	2912	170
2068	4232	48	7196	2125
1842	3003	22	10578	198
1413	2650	18	3763	94
619	2654	83	26652	265
1117	1872		14915	647
103	882	2	956	179
166	1301	3	736	142
1015	4263	12	13905	556
568	637		7414	69
1288	3263	3	12988	127
24	121	2	394	
1947	1919	6	4697	329
302	623	7	11595	294
89	330	38	2367	18
74	71	1	1334	253
2764	6426	8	5601	469

小学教职工总数中

Number of Primary Schools Teachers, Staff &

	教职工数		
	合 计 Total	专任教师 Full-time Teachers	行政人员 Adm. Personnel
合 计 Total	**300532**	**219684**	**16563**
北 京 Beijing	1970	1326	219
天 津 Tianjin	491	368	36
河 北 Hebei	14930	10391	830
山 西 Shanxi	16113	11419	655
内蒙古 Inner Mongolia	3272	2395	257
辽 宁 Liaoning	1360	1253	75
吉 林 Jilin	2170	1653	125
黑龙江 Heilongjiang	1618	1246	100
上 海 Shanghai	8642	6630	611
江 苏 Jiangsu	15256	12658	437
浙 江 Zhejiang	16191	12085	666
安 徽 Anhui	9251	6542	485
福 建 Fujian	5192	3747	285
江 西 Jiangxi	5763	3851	306
山 东 Shandong	15002	10949	842
河 南 Henan	38858	28641	2040
湖 北 Hubei	5547	3901	284
湖 南 Hunan	8689	5500	408
广 东 Guangdong	78593	57147	4697
广 西 Guangxi	6403	4669	471
海 南 Hainan	5468	3580	292
重 庆 Chongqing	3013	2070	239
四 川 Sichuan	12471	9369	623
贵 州 Guizhou	7161	5922	446
云 南 Yunnan	4999	3928	352
西 藏 Tibet	77	47	9
陕 西 Shaanxi	9168	6267	614
甘 肃 Gansu	582	454	39
青 海 Qinghai	161	100	8
宁 夏 Ningxia	313	226	11
新 疆 Xinjiang	1808	1350	101

民办教职工数

Workers Maintained by Communities

单位：人

unit: person

	Teachers, Staff & Workers				
	教辅人员 Teaching Auxiliary	工勤人员 Workers	校办工厂、农场职工 Employees in School-run Factories & Farms	代课教师 Substitute Teachers	兼任教师 Part-time Teachers
	13186	**50727**	**372**	**16588**	**3262**
	220	205		13	16
	50	37		11	17
	993	2715	1	592	127
	885	3126	28	2393	471
	157	463		205	34
	9	23		17	6
	89	303		152	11
	88	184		4	3
	325	1076		203	54
	633	1525	3	247	97
	912	2520	8		742
	405	1819		655	232
	251	909		622	10
	262	1340	4	65	43
	720	2491		1964	236
	1630	6518	29	4919	578
	336	1026		276	29
	592	2186	3	97	26
	2467	14037	245	2184	157
	259	961	43	291	117
	177	1419		13	20
	171	528	5	19	28
	539	1939	1	1095	115
	223	570		168	9
	153	565	1	31	19
		21			
	505	1781	1	248	47
	14	75		51	18
	3	50		24	
	38	38			
	80	277		29	

小学女教

Number of Female Teachers,

	教职工数		
	合　计 Total	专任教师 Full-time Teachers	行政人员 Adm. Personnel
合　计 Total	**3397461**	**3217059**	**63576**
北　京 Beijing	44959	38719	3161
天　津 Tianjin	30195	26787	2101
河　北 Hebei	231812	223497	3244
山　西 Shanxi	148703	141052	1752
内蒙古 Inner Mongolia	79432	71755	2073
辽　宁 Liaoning	114425	104555	8795
吉　林 Jilin	95041	84895	4458
黑龙江 Heilongjiang	107208	97910	4177
上　海 Shanghai	40700	34738	2248
江　苏 Jiangsu	155991	147773	1982
浙　江 Zhejiang	119439	113420	1333
安　徽 Anhui	108869	105988	698
福　建 Fujian	93528	91006	786
江　西 Jiangxi	97832	95216	553
山　东 Shandong	203876	194791	2659
河　南 Henan	286962	276537	2889
湖　北 Hubei	102372	97108	1426
湖　南 Hunan	137001	131475	1155
广　东 Guangdong	294520	275041	6858
广　西 Guangxi	129297	123458	2296
海　南 Hainan	27455	25100	248
重　庆 Chongqing	64652	62080	1180
四　川 Sichuan	163099	155871	2368
贵　州 Guizhou	91110	88954	912
云　南 Yunnan	115104	110325	817
西　藏 Tibet	9482	9318	30
陕　西 Shaanxi	111565	106267	1891
甘　肃 Gansu	61798	60613	309
青　海 Qinghai	14344	13839	52
宁　夏 Ningxia	17086	16893	25
新　疆 Xinjiang	99604	92078	1100

职工数

Staff &Workers in Primary Schools

单位:人

unit: person

Teachers, Staff & Workers			代课教师 Substitute Teachers	兼任教师 Part-time Teachers
教辅人员 Teaching Auxiliary	工勤人员 Workers	校办工厂、农场职工 Employees in School-run Factories & Farms		
48745	**67357**	**724**	**158110**	**8522**
2061	1009	9	282	127
813	488	6	152	71
2553	2513	5	10599	315
2313	3545	41	16055	897
2793	2683	128	2471	101
555	502	18	1890	144
4370	1315	3	929	200
2824	2292	5	395	231
2251	1432	31	357	62
3503	2695	38	3145	104
1738	2929	19		698
550	1633		6221	319
712	1024		3444	119
544	1480	39	6984	299
3603	2810	13	3365	459
2696	4801	39	8990	1068
1730	2061	47	7119	119
1567	2794	10	3982	179
3048	9414	159	30874	497
1152	2368	23	10352	588
320	1751	36	599	64
423	961	8	650	135
1179	3670	11	10014	486
408	834	2	3080	46
831	3130	1	6963	65
11	123		122	11
1554	1847	6	4104	245
197	676	3	6045	216
90	345	18	2062	28
70	98		1124	159
2286	4134	6	5741	470

小学专任教师学历、

Breakdown of Primary Schools Full-time Teachers

按学历分

	合 计 Total	其中:女 of Which: Female	研究生毕业 Graduate	本科毕业 Under-graduate	专科毕业 Associate Bachelor	高中阶段毕业 High School Graduate
合 计 Total	**5633447**	**3217059**	**4684**	**1110503**	**3100558**	**1384082**
北 京 Beijing	49257	38719	288	33563	12169	3185
天 津 Tianjin	37942	26787	55	16210	14923	6589
河 北 Hebei	321238	223497	129	65280	190139	65074
山 西 Shanxi	193657	141052	49	34902	116001	42085
内蒙古 Inner Mongolia	114848	71755	65	34297	60707	19357
辽 宁 Liaoning	149711	104555	225	28733	82100	38142
吉 林 Jilin	128301	84895	383	43081	63169	21123
黑龙江 Heilongjiang	155025	97910	35	33858	88826	31719
上 海 Shanghai	44278	34738	228	22912	17531	3454
江 苏 Jiangsu	254665	147773	250	79750	127301	46742
浙 江 Zhejiang	170102	113420	165	70034	73467	25935
安 徽 Anhui	248595	105988	80	32572	133784	81882
福 建 Fujian	156779	91006	49	21188	88886	45807
江 西 Jiangxi	201461	95216	70	28539	95356	75177
山 东 Shandong	389962	194791	349	107259	176699	104871
河 南 henan	489139	276537	380	65184	286034	135474
湖 北 Hubei	198188	97108	190	34616	104527	57314
湖 南 Hunan	250365	131475	135	36008	140064	73112
广 东 Guangdong	418311	275041	561	85421	255127	75892
广 西 Guangxi	220832	123458	78	24522	129193	65294
海 南 Hainan	52368	25100	30	3803	32219	16076
重 庆 Chongqing	117460	62080	76	22559	68046	25733
四 川 Sichuan	306528	155871	150	41588	184434	78550
贵 州 guizhou	199189	88954	28	14902	121926	57511
云 南 Yunnan	233811	110325	93	32016	138987	58207
西 藏 Tibet	18686	9318	5	1677	13322	3308
陕 西 Shaanxi	178320	106267	224	34369	103457	38996
甘 肃 Gansu	139966	60613	182	21974	71318	44496
青 海 Qinghai	26794	13839	58	6408	16334	3881
宁 夏 Ningxia	33406	16893	11	7530	17107	8567
新 疆 Xinjiang	134263	92078	63	25748	77405	30529

职称情况(总计)
by Educational Attainment (Regional Aggregates)

单位:人
unit: person

By Educational Attainment	按职称分 By Rank					
高中阶段毕业以下 Below High School Graduate	中学高级 Senior Secondary	小学高级 Senior Primary	小学一级 1st Grade Primary	小学二级 2nd Grade Primary	小学三级 3rd Grade Primary	未评职称 Rank Undecided
33620	**52443**	**2881048**	**2099266**	**240237**	**19297**	**341156**
52	265	27524	18423	261	43	2741
165	635	29448	6782	104	11	962
616	1469	162208	135242	7041	756	14522
620	525	69808	92707	13071	1367	16179
422	9657	64670	30920	2252	138	7211
511	3582	109251	27963	3017	172	5726
545	1033	70628	50695	2831	244	2870
587	5204	84431	59209	2601	363	3217
153	615	24702	13658	414	88	4801
622	3373	152204	81650	4224	335	12879
501	2249	87793	62490	2808	331	14431
277	702	148300	79135	7382	245	12831
849	766	87806	57626	5406	183	4992
2319	1125	98123	73072	13038	1379	14724
784	7522	214405	139193	8813	857	19172
2067	3536	211533	221948	23287	1803	27032
1541	2561	134300	54078	3465	325	3159
1046	1407	163967	71754	3850	375	9012
1310	1159	245548	97321	16922	4525	52836
1745	387	110314	87976	13051	886	8218
240	103	21509	21305	6016	205	3230
1046	297	46568	56758	5598	140	8099
1806	1479	138203	141775	7482	133	17456
4822	173	71854	86256	22228	1996	16682
4508	167	104745	95378	17181	1110	15230
374	81	3525	8355	2602	43	4080
1274	414	57814	91651	16555	499	11387
1996	425	52409	57933	15341	317	13541
113	484	16486	7229	914	37	1644
191	236	17669	13059	611	30	1801
518	812	53303	57725	11871	361	10191

小学专任教师学历、

Breakdown of Primary Schools Full-time Teachers

	合计 Total	其中:女 of Which: Female	按学历分 研究生毕业 Graduate	本科毕业 Under-graduate	专科毕业 Associate Bachelor	高中阶段毕业 High School Graduate
合　计 Total	**929281**	**737724**	**3305**	**401891**	**436615**	**86384**
北　京 Beijing	34692	29067	263	24907	7693	1813
天　津 Tianjin	15232	12605	45	6798	6345	1981
河　北 Hebei	36912	31667	59	14737	18646	3444
山　西 Shanxi	37272	32197	24	12835	20544	3843
内蒙古 Inner Mongolia	25496	20545	52	12533	10854	2028
辽　宁 Liaoning	49541	41448	208	17648	26233	5390
吉　林 Jilin	19842	17009	275	11648	6595	1314
黑龙江 Heilongjiang	28721	23481	28	12793	13357	2512
上　海 Shanghai	19784	17320	88	11192	7430	1070
江　苏 Jiangsu	61221	46340	199	28101	26784	6058
浙　江 Zhejiang	50235	38806	123	27225	18694	4158
安　徽 Anhui	33796	23400	44	10024	18281	5415
福　建 Fujian	27039	21484	42	8940	14802	3217
江　西 Jiangxi	15405	12092	26	5653	7713	1976
山　东 Shandong	62770	47850	195	34821	23160	4540
河　南 henan	56615	46332	278	20041	32048	4216
湖　北 Hubei	39274	29539	164	16267	18179	4584
湖　南 Hunan	27651	22236	72	11187	13744	2624
广　东 Guangdong	109159	84092	516	48347	53443	6818
广　西 Guangxi	17961	14674	48	5822	9819	2238
海　南 Hainan	6265	4522	30	1766	3959	501
重　庆 Chongqing	12605	9807	46	6781	4794	948
四　川 Sichuan	37520	28255	100	13888	19758	3727
贵　州 guizhou	15095	11880	14	3571	8952	2470
云　南 Yunnan	13595	10367	49	5542	6194	1784
西　藏 Tibet	1715	1146	3	338	1145	219
陕　西 Shaanxi	24315	19816	143	10118	11982	2056
甘　肃 Gansu	14805	11210	98	4807	8175	1672
青　海 Qinghai	4031	3104	16	1518	1918	561
宁　夏 Ningxia	6924	5435	4	3018	3060	835
新　疆 Xinjiang	23793	19998	53	9025	12314	2372

职称情况(城市)
by Educational Attainment (Urban)

单位:人
unit: person

By Educational Attainment	按职称分 By Rank					
高中阶段毕业以下 Below High School Graduate	中学高级 Senior Secondary	小学高级 Senior Primary	小学一级 1st Grade Primary	小学二级 2nd Grade Primary	小学三级 3rd Grade Primary	未评职称 Rank Undecided
1086	**16418**	**518004**	**297136**	**26556**	**4043**	**67124**
16	225	19526	12900	155	20	1866
63	227	12049	2466	72	5	413
26	345	22068	10993	1108	138	2260
26	129	15365	15653	2520	270	3335
29	2734	12782	7133	614	58	2175
62	1023	35617	10207	638	43	2013
10	337	10970	7484	447	23	581
31	1868	16770	9206	317	16	544
4	283	12380	6405	93	1	622
79	1501	37247	18774	586	39	3074
35	1316	25635	17560	618	53	5053
32	228	21455	9639	764	49	1661
38	304	14657	9114	1081	58	1825
37	233	7525	5503	812	35	1297
54	1673	31879	23341	1441	154	4282
32	751	28418	21074	2114	255	4003
80	906	26309	10349	503	46	1161
24	385	18491	7139	416	58	1162
35	587	58834	26879	5965	1812	15082
34	95	10630	4270	886	274	1806
9	66	2414	2585	682		518
36	120	5724	5654	357	16	734
47	434	19142	15367	598	51	1928
88	22	6593	5242	868	173	2197
26	27	6623	4185	710	218	1832
10	20	726	815	17		137
16	147	10947	10527	1016	53	1625
53	125	7669	5543	361	33	1074
18	47	2556	996	95		337
7	58	4193	2246	149	3	275
29	202	12810	7887	553	89	2252

小学专任教师学历、
Breakdown of Primary Schools Full-time Teachers

	合 计 Total	其中:女 of Which: Female	按学历分 研究生毕业 Graduate	本科毕业 Under-graduate	专科毕业 Associate Bachelor	高中阶段毕业 High School Graduate
合 计 Total	**1407342**	**959304**	**693**	**311883**	**844385**	**246976**
北 京 Beijing	5322	3804	11	3241	1654	410
天 津 Tianjin	13679	9616	6	6064	5114	2456
河 北 Hebei	71480	57301	21	17550	43670	10188
山 西 Shanxi	37280	32053	12	7664	24670	4895
内蒙古 Inner Mongolia	40524	28485	5	12020	22779	5628
辽 宁 Liaoning	11117	8608	13	1543	6919	2620
吉 林 Jilin	37198	28705	68	14780	17486	4787
黑龙江 Heilongjiang	34642	27185	1	7701	22278	4623
上 海 Shanghai	23666	16923	138	11553	9580	2260
江 苏 Jiangsu	85313	53831	32	29901	43238	12050
浙 江 Zhejiang	74904	49681	39	29135	33906	11559
安 徽 Anhui	47874	28354	23	7127	30201	10506
福 建 Fujian	39917	26846	4	4940	26155	8747
江 西 Jiangxi	44957	29896	20	9204	25714	9903
山 东 Shandong	89419	55451	47	29635	43172	16467
河 南 henan	79224	61227	18	12514	53846	12769
湖 北 Hubei	41273	25940	17	7942	24909	8255
湖 南 Hunan	80371	51385	21	11110	51720	17347
广 东 Guangdong	128045	91084	29	21876	87002	18869
广 西 Guangxi	56569	41631	13	8241	37950	10260
海 南 Hainan	15016	8452		1032	10336	3627
重 庆 Chongqing	46837	28595	27	9897	29399	7381
四 川 Sichuan	117527	67999	34	16215	74741	26209
贵 州 guizhou	44847	28221	3	3170	30695	10673
云 南 Yunnan	48205	32168	24	9112	29751	9033
西 藏 Tibet	4776	2767	1	449	3363	886
陕 西 Shaanxi	25247	20683	28	5345	16866	2917
甘 肃 Gansu	28215	17387	21	5073	16453	6484
青 海 Qinghai	7524	4908	13	1867	4911	722
宁 夏 Ningxia	7961	5307	2	2133	4520	1294
新 疆 Xinjiang	18413	14811	2	3849	11387	3151

职称情况(县镇)

by Educational Attainment（County City & Towns）

单位:人

unit: person

By Educational Attainment	按职称分 By Rank					
高中阶段毕业以下 Below High School Graduate	中学高级 Senior Secondary	小学高级 Senior Primary	小学一级 1st Grade Primary	小学二级 2nd Grade Primary	小学三级 3rd Grade Primary	未评职称 Rank Undecided
3405	**16770**	**761384**	**502006**	**43945**	**4603**	**78634**
6	24	2935	1962	35	4	362
39	253	10306	2637	19	4	460
51	382	38291	26752	1639	233	4183
39	67	13312	17550	2127	305	3919
92	3852	22440	11451	911	52	1818
22	445	7945	2129	253	17	328
77	351	20753	14619	638	70	767
39	1560	19663	11732	590	80	1017
135	307	12139	7125	254	72	3769
92	1322	51506	26413	1464	102	4506
265	821	39969	27506	1198	231	5179
17	194	29141	14691	1133	56	2659
71	275	24820	12625	1143	26	1028
116	431	23657	16830	1850	228	1961
98	2177	45003	34252	2687	240	5060
77	643	32478	35218	4401	369	6115
150	879	28122	10565	1008	124	575
173	536	51868	24137	1185	160	2485
269	279	78403	27730	4835	1435	15363
105	173	34258	18260	1944	184	1750
21	24	6949	5452	1569	22	1000
133	147	20681	23369	919	41	1680
328	783	57471	53464	1730	18	4061
306	50	21839	18225	2707	277	1749
285	67	28210	16854	1555	62	1457
77	55	1452	1978	501	5	785
91	59	8536	13465	1904	90	1193
184	121	11017	12683	2732	71	1591
11	248	4952	1691	227	12	394
12	74	4104	3315	113	3	352
24	171	9164	7326	674	10	1068

小学专任教师学历、
Breakdown of Primary Schools Full-time Teachers

	合 计 Total	其中:女 of Which: Female	按学历分			
			研究生毕业 Graduate	本科毕业 Under-graduate	专科毕业 Associate Bachelor	高中阶段毕业 High School Graduate
合 计 Total	**3296824**	**1520031**	**686**	**396729**	**1819558**	**1050722**
北 京 Beijing	9243	5848	14	5415	2822	962
天 津 Tianjin	9031	4566	4	3348	3464	2152
河 北 Hebei	212846	134529	49	32993	127823	51442
山 西 Shanxi	119105	76802	13	14403	70787	33347
内蒙古 Inner Mongolia	48828	22725	8	9744	27074	11701
辽 宁 Liaoning	89053	54499	4	9542	48948	30132
吉 林 Jilin	71261	39181	40	16653	39088	15022
黑龙江 Heilongjiang	91662	47244	6	13364	53191	24584
上 海 Shanghai	828	495	2	167	521	124
江 苏 Jiangsu	108131	47602	19	21748	57279	28634
浙 江 Zhejiang	44963	24933	3	13674	20867	10218
安 徽 Anhui	166925	54234	13	15421	85302	65961
福 建 Fujian	89823	42676	3	7308	47929	33843
江 西 Jiangxi	141099	53228	24	13682	61929	63298
山 东 Shandong	237773	91490	107	42803	110367	83864
河 南 henan	353300	168978	84	32629	200140	118489
湖 北 Hubei	117641	41629	9	10407	61439	44475
湖 南 Hunan	142343	57854	42	13711	74600	53141
广 东 Guangdong	181107	99865	16	15198	114682	50205
广 西 Guangxi	146302	67153	17	10459	81424	52796
海 南 Hainan	31087	12126		1005	17924	11948
重 庆 Chongqing	58018	23678	3	5881	33853	17404
四 川 Sichuan	151481	59617	16	11485	89935	48614
贵 州 guizhou	139247	48853	11	8161	82279	44368
云 南 Yunnan	172011	67790	20	17362	103042	47390
西 藏 Tibet	12195	5405	1	890	8814	2203
陕 西 Shaanxi	128758	65768	53	18906	74609	34023
甘 肃 Gansu	96946	32016	63	12094	46690	36340
青 海 Qinghai	15239	5827	29	3023	9505	2598
宁 夏 Ningxia	18521	6151	5	2379	9527	6438
新 疆 Xinjiang	92057	57269	8	12874	53704	25006

职称情况（农村）
by Educational Attainment（Rural）

单位：人
unit: person

By Educational Attainment	按职称分 By Rank					
高中阶段毕业以下 Below High School Graduate	中学高级 Senior Secondary	小学高级 Senior Primary	小学一级 1st Grade Primary	小学二级 2nd Grade Primary	小学三级 3rd Grade Primary	未评职称 Rank Undecided
29129	**19255**	**1601660**	**1300124**	**169736**	**10651**	**195398**
30	16	5063	3561	71	19	513
63	155	7093	1679	13	2	89
539	742	101849	97497	4294	385	8079
555	329	41131	59504	8424	792	8925
301	3071	29448	12336	727	28	3218
427	2114	65689	15627	2126	112	3385
458	345	38905	28592	1746	151	1522
517	1776	47998	38271	1694	267	1656
14	25	183	128	67	15	410
451	550	63451	36463	2174	194	5299
201	112	22189	17424	992	47	4199
228	280	97704	54805	5485	140	8511
740	187	48329	35887	3182	99	2139
2166	461	66941	50739	10376	1116	11466
632	3672	137523	81600	4685	463	9830
1958	2142	150637	165656	16772	1179	16914
1311	776	79869	33164	1954	155	1723
849	486	93608	40478	2249	157	5365
1006	293	108311	42712	6122	1278	22391
1606	119	65426	65446	10221	428	4662
210	13	12146	13268	3765	183	1712
877	30	20163	27735	4322	83	5685
1431	262	61590	72944	5154	64	11467
4428	101	43422	62789	18653	1546	12736
4197	73	69912	74339	14916	830	11941
287	6	1347	5562	2084	38	3158
1167	208	38331	67659	13635	356	8569
1759	179	33723	39707	12248	213	10876
84	189	8978	4542	592	25	913
172	104	9372	7498	349	24	1174
465	439	31329	42512	10644	262	6871

	学校占地面积 Areas Occupied	校舍建筑面积 Floor Space	教学及辅 Teaching & Assistant			
			计 Total	其中 普通教室 Classroom	实验室 Laboratory	图书室 Library
合　计 Total	**2402676431**	**580397976**	**339798740**	**274774447**	**13981965**	**12715758**
北　京 Beijing	14440792	5639856	2613834	1814479	143090	114360
天　津 Tianjin	12346203	3534877	1948659	1446158	77260	72521
河　北 Hebei	144919302	27901323	17949256	13582577	1101272	889197
山　西 Shanxi	72021533	18137371	9921797	8147053	397055	430568
内蒙古 Inner Mongolia	67822363	8945371	4810746	3706798	243384	201375
辽　宁 Liaoning	60971522	11474861	7067302	5087005	417983	320712
吉　林 Jilin	70847212	8623294	5534563	4164376	289431	205057
黑龙江 Heilongjiang	89657852	11383836	7416441	5787837	418608	277120
上　海 Shanghai	8276323	4544715	2226125	1316309	198793	126158
江　苏 Jiangsu	108119451	27783670	16308214	12436928	720993	704017
浙　江 Zhejiang	58512028	22690272	11552188	7729856	577533	462611
安　徽 Anhui	119361213	23391885	15356999	13411477	297333	523433
福　建 Fujian	54229211	20009998	11381780	8847793	487606	519252
江　西 Jiangxi	76890168	22022794	13636560	11839047	427672	413979
山　东 Shandong	160465911	31153892	19155087	14716474	1081226	814161
河　南 Henan	196698445	47697525	29939802	25263972	1103087	1230648
湖　北 Hubei	101051951	26487398	13534817	11137237	728051	561135
湖　南 Hunan	101227929	30867506	17128053	14228223	655587	539641
广　东 Guangdong	178709273	59810121	32822573	25445979	1256753	1215549
广　西 Guangxi	106021769	28096594	16737209	14698107	418609	524827
海　南 Hainan	40732302	5079506	2690254	2307330	78574	113126
重　庆 Chongqing	39652914	15190421	8646787	7230567	267685	211594
四　川 Sichuan	83553374	28858436	16871253	14241444	557660	441550
贵　州 Guizhou	61942747	17206939	11752027	9909325	525459	468641
云　南 Yunnan	91652411	25573629	14582348	12877004	516528	375008
西　藏 Tibet	14462210	2357769	803298	703326	19128	33511
陕　西 Shaanxi	70376773	17733234	10230418	8529729	393240	329204
甘　肃 Gansu	73035440	12650531	8126153	7100120	111370	186911
青　海 Qinghai	15711784	2721509	1547854	1342829	23836	48826
宁　夏 Ningxia	19680607	3052755	1897899	1566903	77350	81780
新　疆 Xinjiang	89285418	9776088	5608444	4158185	369809	279286

条件(一)(总计)
Primary Schools (1) (Regional Aggregates)

单位:平方米

unit: m^2

助用房 Buildings		行政办公用房 Administrative		生活用房 Residential and Welfare	其他用房 Rooms for Other Purposes	校舍面积中 of the Floor Space	
of Which							
微机室 PC-room	语音室 Linguistic	计 Total	其中:教师办公室 of Which: for Teachers			危房面积 Floor Space of Dilapidated Buildings	当年新增 Added in Current Year
10242478	**2795538**	**57979464**	**44137898**	**127360130**	**55259642**	**94977014**	**19857762**
118028	20353	671771	388513	906034	1448217	6309	173935
83594	38758	470467	347453	390864	724887	4323	75781
785069	280825	3106054	2555832	4141144	2704869	2125590	2292057
358301	104545	2561837	2131542	3784153	1869584	3332595	2065504
168499	74245	1282647	1036267	2244936	607042	5415153	182389
315559	87755	1449054	953223	1105354	1853151	547440	128154
239264	73568	1244361	876200	1040043	804327	1679113	113101
260579	82638	1460645	1116826	1399176	1107574	1861833	315947
98426	33165	548675	302957	653371	1116544		143126
656220	125093	2859367	1789297	4950077	3666012		707779
431773	144185	2061188	1306542	5550506	3526390	40858	513394
467522	72542	2447069	2035550	4276549	1311268	3718960	391234
340045	78126	1453482	986018	4827052	2347684	424286	433643
265957	92294	1716223	1290716	5243408	1426603	6174830	522402
740274	236163	3900591	2869246	4717300	3380914	864186	1083025
944617	147627	6794493	5803565	7868976	3094254	7760112	960315
432919	97272	2043773	1505042	8921529	1987279	7091774	636756
339987	97311	2666806	2130093	8307362	2765285	2574243	455406
691788	395658	4737225	3239668	12937277	9313046	1021842	642361
267830	49169	1698202	1431150	7260536	2400647	7280855	587271
66401	18807	322541	238970	1725339	341372	351282	89436
209758	44328	1224340	823582	4256482	1062812	1929653	476449
416755	106066	2106008	1548951	8443058	1438117	7638438	2986700
329804	46019	1379345	1050835	3034489	1041078	104045	500755
251604	54910	1220297	889842	8990277	780707	18719568	1048226
18319	5497	160915	127210	1301578	91978	160785	70162
346178	80201	2879726	2470650	3516609	1106481	1682175	572207
211157	28549	1742073	1576326	2716398	65907	11161928	244725
60744	13930	221584	188850	764868	187203	935016	194343
91301	19161	392366	330561	481215	281275	91394	184383
234206	46778	1156339	796421	1604170	1407135	278428	1066796

小学办学条
Condition of School Buildings in

	学校占地面积 Areas Occupied	校舍建筑面积 Floor Space	教学及辅 Teaching & Assistant			
			计 Total	其中		
				普通教室 Classroom	实验室 Laboratory	图书室 Library
合　计 Total	**198242160**	**95585725**	**53274646**	**37652444**	**2440673**	**2051438**
北　京 Beijing	7301016	4099336	1861048	1286617	95675	83999
天　津 Tianjin	2281273	1272428	629141	451671	21522	21203
河　北 Hebei	7993234	3270501	1959701	1384497	85365	80522
山　西 Shanxi	6750002	2930540	1657289	1297763	58180	55654
内蒙古 Inner Mongolia	6602741	2215692	1296494	954357	46319	44787
辽　宁 Liaoning	11070787	4530098	2682588	1786334	117470	102978
吉　林 Jilin	3187976	1692578	1029354	687325	31958	32547
黑龙江 Heilongjiang	6571137	2465932	1487545	1053551	59988	44147
上　海 Shanghai	3039488	2216778	1075335	583973	94418	61388
江　苏 Jiangsu	14491207	7235673	4228862	3006853	191986	183445
浙　江 Zhejiang	13443641	6727020	3486684	2148433	178788	157245
安　徽 Anhui	8124004	3068021	1914197	1493169	63429	73452
福　建 Fujian	5269723	3006287	1687612	1121284	64603	80251
江　西 Jiangxi	2384752	1317952	739439	568267	29467	25249
山　东 Shandong	14024489	5859505	3411654	2357184	152384	116231
河　南 Henan	11271152	5579987	3074233	2460029	106629	95912
湖　北 Hubei	8537058	4004771	2225864	1761766	112329	78679
湖　南 Hunan	6001895	2935361	1628712	1238521	74830	54397
广　东 Guangdong	24819243	14581831	7556503	4907151	464241	315250
广　西 Guangxi	4138171	1860271	992804	736428	38103	39279
海　南 Hainan	1123489	602867	292790	243149	10188	13852
重　庆 Chongqing	2341374	1590118	865485	638913	37674	30641
四　川 Sichuan	5929044	3482527	2117540	1578094	93961	76589
贵　州 Guizhou	2365914	1238098	735673	541555	33968	26121
云　南 Yunnan	2122046	1254518	800126	595180	32770	25532
西　藏 Tibet	499818	161963	77909	68735	1118	1579
陕　西 Shaanxi	4769627	2273826	1316097	980039	52938	43643
甘　肃 Gansu	2427881	1109348	794686	558099	14656	20115
青　海 Qinghai	986340	355035	187754	135761	6301	6448
宁　夏 Ningxia	2264301	653683	389535	307719	15340	15436
新　疆 Xinjiang	6109337	1993180	1071992	720027	54075	44867

件(一)(城市)

Primary Schools (1) (Urban)

单位:平方米
unit: m^2

助用房 Buildings		行政办公用房 Administrative		生活用房 Residential and Welfare	其他用房 Rooms for Other Purposes	校舍面积中 of the Floor Space	
of Which							
微机室 PC-room	语音室 Linguistic	计 Total	其中:教师办公室 of Which: for Teachers			危房面积 Floor Space of Dilapidated Buildings	当年新增 Added in Current Year
2009781	**720204**	**10863986**	**7074145**	**14744921**	**16702172**	**5082995**	**2793011**
79920	14862	468236	275944	611528	1158524	5634	108906
26124	9486	163565	114661	156351	323371	216	3651
69842	37953	451899	310518	394909	463992	75913	219427
55998	24122	434113	316235	392722	446416	402136	188506
45230	22287	364685	261531	357730	196783	1026451	44094
107307	41723	624209	361246	373472	849829	30079	50248
51785	18822	239915	140413	196658	226651	182611	33325
51185	26030	371574	249247	213663	393150	138266	22083
47551	15045	261937	143291	293347	586159		47066
164543	31049	761383	443780	958057	1287371		217083
127684	45426	662932	411342	1339994	1237410	5712	159787
88513	20530	402854	294258	347361	403609	76997	36904
68684	23502	258867	166137	436786	623022	28718	94278
27908	16662	130934	94187	204931	242648	58488	54399
109020	55015	792133	495217	802383	853335	16818	156099
104922	33529	778155	544380	1038827	688772	304880	143648
76206	20440	417689	289232	783996	577222	315009	11052
49587	22477	248982	177175	607411	450256	71967	48713
276061	110883	1078320	650520	2495157	3451851	64569	191317
45438	14686	172425	123156	431290	263752	212059	42430
12600	4360	47870	30232	182956	79251	22844	6720
31477	10224	173880	113075	305083	245670	22956	39886
74961	27206	369395	261864	638564	357028	335548	344605
28646	6793	125585	83705	196470	180370	970	76694
28896	11495	117156	76595	218552	118684	688851	63865
1969	1064	27034	17685	39705	17315	2191	3659
48544	18360	306620	211593	342237	308872	58016	82968
28643	9576	182508	129991	116770	15384	853383	5522
10874	5764	49878	34495	42946	74457	58878	25058
19728	7630	104500	77986	41441	118207	3405	58889
49935	13203	274753	174454	183624	462811	19430	182129

小学办学条

Condition of School Buildings in

	学校占地面积 Areas Occupied	校舍建筑面积 Floor Space	教学及辅 Teaching & Assistant			
			计 Total	其中		
				普通教室 Classroom	实验室 Laboratory	图书室 Library
合　计 Total	**424177362**	**133594697**	**74609264**	**58955337**	**3008592**	**2563578**
北　京 Beijing	2028212	535494	264336	184209	14553	9052
天　津 Tianjin	4907529	1348990	739901	536581	29138	26600
河　北 Hebei	24028566	5605240	3408090	2599827	184314	143088
山　西 Shanxi	8695365	2969036	1564405	1278334	61373	58723
内蒙古 Inner Mongolia	16384540	2979059	1612749	1250752	68274	58833
辽　宁 Liaoning	2547908	770253	478182	349609	17583	14315
吉　林 Jilin	10479616	2394405	1462180	1086744	60558	50049
黑龙江 Heilongjiang	10068994	2383251	1547373	1233734	57224	42447
上　海 Shanghai	5006341	2248290	1106651	701575	102078	62165
江　苏 Jiangsu	28672957	9119147	5165510	3861348	228443	211996
浙　江 Zhejiang	25522434	9578970	4956377	3326476	241959	189093
安　徽 Anhui	14996206	4008588	2498951	2142260	67071	77955
福　建 Fujian	9281986	4061144	2160231	1675549	87447	96060
江　西 Jiangxi	13276684	4316593	2681830	2244880	86983	72497
山　东 Shandong	30893751	7068762	3988881	3039097	204488	152400
河　南 Henan	20408826	7074594	4077315	3427745	138615	135486
湖　北 Hubei	14327607	4693189	2356533	1974939	111078	83435
湖　南 Hunan	25529690	8315249	4432697	3587774	184751	148104
广　东 Guangdong	43670781	16893511	8915528	6670623	336946	309989
广　西 Guangxi	18325599	5982142	3168541	2709749	98743	98570
海　南 Hainan	6538210	1363787	638137	542346	19566	22554
重　庆 Chongqing	11655578	5335529	3026146	2495604	90589	71851
四　川 Sichuan	24267488	9303537	5253245	4407561	178653	148419
贵　州 Guizhou	10747148	3502514	2229919	1871178	97768	77087
云　南 Yunnan	12716149	4446207	2578147	2205835	100800	75879
西　藏 Tibet	2868026	569938	194830	173333	4110	5934
陕　西 Shaanxi	4618900	1892654	1133462	926727	46268	33791
甘　肃 Gansu	8751353	2103769	1386569	1187186	24375	31800
青　海 Qinghai	3569828	702413	406712	354470	7532	12335
宁　夏 Ningxia	2818565	636318	404300	331137	18032	13581
新　疆 Xinjiang	6572525	1392124	771536	578155	39280	29490

件(一)(县镇)

Primary Schools (1) (County City & Towns)

单位:平方米

unit: m^2

助用房 Buildings of Which: 微机室 PC-room	语音室 Linguistic	行政办公用房 Administrative: 计 Total	其中:教师办公室 of Which: for Teachers	生活用房 Residential and Welfare	其他用房 Rooms for Other Purposes	校舍面积中 of the Floor Space: 危房面积 Floor Space of Dilapidated Buildings	当年新增 Added in Current Year
2490723	**921116**	**13601237**	**9653203**	**31732545**	**13651651**	**16674245**	**5510520**
11586	2172	73954	38659	96930	100274		13478
30752	16608	184453	133251	162302	262334	1172	45204
144651	62677	635839	506326	1012553	548758	391042	465911
57875	25990	438151	353543	639149	327331	475655	413397
58853	29395	413352	333171	755916	197042	1728378	65910
17309	7464	103143	70357	82196	106732	42487	23158
69394	32762	374744	253664	311629	245852	391920	26563
55599	26018	338530	250974	271396	225952	376370	88575
48868	17705	278317	155533	346536	516786		93503
200214	46105	996700	582219	1802075	1154862		302657
185206	67049	894285	556724	2275315	1452993	22851	241150
96844	21807	441824	332164	827802	240011	622511	95873
73455	19194	355088	210676	1080114	465711	100239	99096
70998	37580	378517	269980	958212	298034	872334	122562
158497	70704	889336	621267	1295878	894667	116084	276386
128424	35215	944792	775372	1631921	420566	661264	181673
66080	23483	366751	269051	1663077	306828	988187	110171
114537	38010	686604	531022	2530216	665732	545874	187902
243696	159819	1336311	852534	3961188	2680484	180232	199083
87664	15807	404751	323142	1852939	555911	1453573	174265
22941	8404	89126	57911	558936	77588	89500	36438
81517	21915	481341	320054	1412287	415755	496947	196105
162638	44964	749337	528218	2793461	507494	2019068	1169695
76835	24049	338738	227398	667527	266330	16077	109948
70655	22254	386204	267717	1283098	198758	2906015	247886
4864	1816	45568	32851	309486	20054	32941	23718
40993	12322	327347	274423	311035	120810	130250	103326
40647	8572	321620	278159	371148	24432	1783172	57936
15604	5232	61052	51892	192886	41763	203287	111128
19805	6062	98056	80885	77040	56922	8222	36842
33722	9962	167406	114066	198297	254885	18293	190981

	学校占地面积 Areas Occupied	校舍建筑面积 Floor Space	教学及辅 Teaching & Assistant			
			计 Total	其中		
				普通教室 Classroom	实验室 Laboratory	图书室 Library
合　计 Total	**1780256909**	**351217554**	**211914830**	**178166666**	**8532700**	**8100742**
北　京 Beijing	5111564	1005026	488450	343653	32862	21309
天　津 Tianjin	5157401	913459	579617	457906	26600	24718
河　北 Hebei	112897502	19025582	12581465	9598253	831593	665587
山　西 Shanxi	56576166	12237795	6700103	5570956	277502	316191
内蒙古 Inner Mongolia	44835082	3750620	1901503	1501689	128791	97755
辽　宁 Liaoning	47352827	6174510	3906532	2951062	282930	203419
吉　林 Jilin	57179620	4536311	3043029	2390307	196915	122461
黑龙江 Heilongjiang	73017721	6534653	4381523	3500552	301396	190526
上　海 Shanghai	230494	79647	44139	30761	2297	2605
江　苏 Jiangsu	64955287	11428850	6913842	5568727	300564	308576
浙　江 Zhejiang	19545953	6384282	3109127	2254947	156786	116273
安　徽 Anhui	96241003	16315276	10943851	9776048	166833	372026
福　建 Fujian	39677502	12942567	7533937	6050960	335556	342941
江　西 Jiangxi	61228732	16388249	10215291	9025900	311222	316233
山　东 Shandong	115547671	18225625	11754552	9320193	724354	545530
河　南 Henan	165018467	35042944	22788254	19376198	857843	999250
湖　北 Hubei	78187286	17789438	8952420	7400532	504644	399021
湖　南 Hunan	69696344	19616896	11066644	9401928	396006	337140
广　东 Guangdong	110219249	28334779	16350542	13868205	455566	590310
广　西 Guangxi	83557999	20254181	12575864	11251930	281763	386978
海　南 Hainan	33070603	3112852	1759327	1521835	48820	76720
重　庆 Chongqing	25655962	8264774	4755156	4096050	139422	109102
四　川 Sichuan	53356842	16072372	9500468	8255789	285046	216542
贵　州 Guizhou	48829685	12466327	8786435	7496592	393723	365433
云　南 Yunnan	76814216	19872904	11204075	10075989	382958	273597
西　藏 Tibet	11094366	1625868	530559	461258	13900	25998
陕　西 Shaanxi	60988246	13566754	7780859	6622963	294034	251770
甘　肃 Gansu	61856206	9437414	5944898	5354835	72339	134996
青　海 Qinghai	11155616	1664061	953388	852598	10003	30043
宁　夏 Ningxia	14597741	1762754	1104064	928047	43978	52763
新　疆 Xinjiang	76603556	6390784	3764916	2860003	276454	204929

件(一)(农村)
Primary Schools (1) (Rural)

单位:平方米
unit: m^2

助用房 Buildings		行政办公用房 Administrative		生活用房 Residential and Welfare	其他用房 Rooms for Other Purposes	校舍面积中 of the Floor Space	
of Which							
微机室 PC-room	语音室 Linguistic	计 Total	其中:教师办公室 of Which: for Teachers			危房面积 Floor Space of Dilapidated Buildings	当年新增 Added in Current Year
5741974	**1154218**	**33514241**	**27410550**	**80882664**	**24905819**	**73219774**	**11554231**
26522	3319	129581	73910	197576	189419	675	51551
26718	12664	122449	99541	72211	139182	2935	26926
570576	180195	2018316	1738988	2733682	1692119	1658635	1606719
244428	54433	1689573	1461764	2752282	1095837	2454804	1463601
64416	22563	504610	441565	1131290	213217	2660324	72385
190943	38568	721702	521620	649686	896590	474874	54748
118085	21984	629702	482123	531756	331824	1104582	53213
153795	30590	750541	616605	914117	488472	1347197	205289
2007	415	8421	4133	13488	13599		2557
291463	47939	1101284	763298	2189945	1223779		188039
118883	31710	503971	338476	1935197	835987	12295	112457
282165	30205	1602391	1409128	3101386	667648	3019452	258457
197906	35430	839527	609205	3310152	1258951	295329	240269
167051	38052	1206772	926549	4080265	885921	5244008	345441
472757	110444	2219122	1752762	2619039	1632912	731284	650540
711271	78883	5071546	4483813	5198228	1984916	6793968	634994
290633	53349	1259333	946759	6474456	1103229	5788278	485533
175863	36824	1731220	1421896	5169735	1649297	1956402	218791
172031	124956	2322594	1736614	6480932	3180711	777041	251961
134728	18676	1121026	984852	4976307	1580984	5615223	370576
30860	6043	185545	150827	983447	184533	238938	46278
96764	12189	569119	390453	2539112	401387	1409750	240458
179156	33896	987276	758869	5011033	573595	5283822	1472400
224323	15177	915022	739732	2170492	594378	86998	314113
152053	21161	716937	545530	7488627	463265	15124702	736475
11486	2617	88313	76674	952387	54609	125653	42785
256641	49519	2245759	1984634	2863337	676799	1493909	385913
141867	10401	1237945	1168176	2228480	26091	8525373	181267
34266	2934	110654	102463	529036	70983	672851	58157
51768	5469	189810	171690	362734	106146	79767	88652
150549	23613	714180	507901	1222249	689439	240705	693686

小学办学条

Condition of School Buildings in

	体育运动场(馆)面 积(平方米) Sports Areas (m^2)	拥有教学用计算机 No. of Computers used for Instruction (Set)	图书藏量(册) Books & Magazines in Libraries (Volume)
合 计 Total	**702358899**	**3849568**	**1469710523**
北 京 Beijing	5760409	110846	23602408
天 津 Tianjin	4718579	43309	9499087
河 北 Hebei	49705430	261647	105073229
山 西 Shanxi	21266520	119581	44009730
内蒙古 Inner Mongolia	21122468	55847	21513816
辽 宁 Liaoning	30688047	174470	39209733
吉 林 Jilin	29767730	74843	25140984
黑龙江 Heilongjiang	44229005	96367	23839596
上 海 Shanghai	2831297	100136	16578622
江 苏 Jiangsu	30638586	335242	83671102
浙 江 Zhejiang	20613986	257040	72211411
安 徽 Anhui	30158810	113050	55055114
福 建 Fujian	20266264	162242	49029032
江 西 Jiangxi	24606537	79055	44935870
山 东 Shandong	55449182	317752	87065200
河 南 Henan	45157836	153132	133543906
湖 北 Hubei	27437342	89544	47993032
湖 南 Hunan	23384881	122090	74874916
广 东 Guangdong	50195568	420325	162191000
广 西 Guangxi	21782794	62230	48390512
海 南 Hainan	7879636	21508	9586102
重 庆 Chongqing	11889314	77634	24492382
四 川 Sichuan	23146584	147749	56407495
贵 州 Guizhou	16051912	60834	42846219
云 南 Yunnan	13805572	63417	43059835
西 藏 Tibet	1401907	10221	4077466
陕 西 Shaanxi	21287871	123263	54083157
甘 肃 Gansu	18988872	66944	28850859
青 海 Qinghai	2979430	21069	5783371
宁 夏 Ningxia	5130160	32866	8966812
新 疆 Xinjiang	20016370	75315	24128525

件(二)(总计)
Primary Schools (2) (Regional Aggregates)

电子图书藏量（GB） Electronic Books & Magazines in Libraries(GB)	固定资产总值(万元) Total Value of Fixed Asset (10,000 yuan)			
	计 Total	其中:仪器设备总值(万元) of Which: Total Value of Equip & Instru. (10,000 yuan)		
		计 Subtotal	专业实验设备 for Prefession	专业实习设备 for Practice
15444150. 25	**42885239. 23**	**3614568. 86**	**1849453. 17**	**290136. 08**
65753. 04	804799. 87	124816. 29	40802. 29	1497. 75
128584. 22	315578. 48	41536. 10	18527. 87	2108. 12
327470. 51	1739351. 89	172286. 47	116196. 04	20618. 30
39163. 83	1183401. 91	83196. 76	54741. 05	7920. 28
490028. 20	616795. 75	48594. 99	29523. 86	2956. 21
133446. 00	800498. 00	99200. 00	57018. 00	8727. 00
188588. 20	572989. 55	59648. 63	32812. 37	5432. 45
124989. 70	749247. 63	68864. 51	41260. 35	6452. 95
168886. 61	735482. 26	146513. 29	70332. 69	5954. 00
1157643. 39	2778680. 72	299644. 39	134712. 87	18669. 61
462033. 90	2236208. 72	219588. 88	88306. 80	
1245725. 74	1326067. 97	72903. 34	35255. 65	1747. 06
352970. 00	1282046. 00	96033. 00	81004. 00	15029. 00
339244. 09	1385771. 97	63229. 51	36422. 88	6346. 02
234579. 46	2444687. 20	217676. 87	106009. 67	
4189071. 88	2406071. 50	163555. 66	92896. 98	27201. 69
515402. 57	1327746. 50	107071. 88	61270. 04	8630. 55
975077. 17	1551736. 04	113693. 47	67037. 64	10891. 93
216870. 00	5659219. 00	645330. 00	312232. 00	74570. 00
455655. 35	1281205. 90	81742. 99	50839. 01	6976. 82
46671. 58	535801. 11	26802. 33	15440. 46	3528. 61
603775. 71	1021789. 55	113590. 36	53581. 20	12022. 87
186281. 39	2126697. 14	146650. 60	66356. 17	11280. 05
301670. 96	915944. 11	68139. 62	39954. 13	5246. 26
237354. 63	1466662. 15	66920. 46	31836. 75	5337. 83
	253026. 56	9191. 13	3221. 93	1026. 03
607457. 78	1105127. 63	101980. 62	53454. 99	7958. 88
1241822. 58	717563. 22	51253. 76	28926. 80	6090. 46
180232. 32	203924. 03	12845. 43	5439. 15	630. 07
102948. 11	220079. 00	21229. 55	10514. 17	2365. 87
124751. 33	3121037. 87	70837. 97	13525. 36	2919. 41

	体育运动场(馆)面 积(平方米) Sports Areas (m^2)	拥有教学用计算机 No. of Computers used for Instruction (Set)	图书藏量(册) Books & Magazines in Libraries (Volume)
合　计 Total	**66997503**	**1244115**	**305917086**
北　京 Beijing	2746274	80623	16820855
天　津 Tianjin	785226	15807	3336567
河　北 Hebei	2716471	41837	14017907
山　西 Shanxi	2102561	30015	9292488
内蒙古 Inner Mongolia	2641589	20307	7238236
辽　宁 Liaoning	5593903	89920	20311766
吉　林 Jilin	1483077	21816	5600190
黑龙江 Heilongjiang	3062110	32481	5684280
上　海 Shanghai	985310	53330	8790931
江　苏 Jiangsu	4594628	103666	21520859
浙　江 Zhejiang	4311670	84309	19698411
安　徽 Anhui	2379452	38520	8793205
福　建 Fujian	1971221	42648	11090921
江　西 Jiangxi	775213	14246	3429946
山　东 Shandong	4922757	84941	17482249
河　南 Henan	3108646	40783	16564646
湖　北 Hubei	2668479	35272	10248485
湖　南 Hunan	1547823	26810	9837017
广　东 Guangdong	8012538	194982	46872837
广　西 Guangxi	1270052	19713	5433209
海　南 Hainan	297196	4905	1564125
重　庆 Chongqing	681676	18240	2935620
四　川 Sichuan	1704777	35127	7246051
贵　州 Guizhou	806668	12586	4886529
云　南 Yunnan	658861	14896	4105630
西　藏 Tibet	79663	1595	382390
陕　西 Shaanxi	1524381	29268	9082766
甘　肃 Gansu	878283	13759	3524652
青　海 Qinghai	304342	6094	1184085
宁　夏 Ningxia	700398	10764	2193967
新　疆 Xinjiang	1682258	24855	6746266

件(二)(城市)
in Primary Schools (2) (Urban)

电子图书藏量(GB) Electronic Books & Magazines in Libraries(GB)	固定资产总值(万元) Total Value of Fixed Asset (10,000 yuan)			
	计 Total	其中:仪器设备总值(万元) of Which: Total Value of Equip & Instru. (10,000 yuan)		
		计 Subtotal	专业实验设备 for Prefession	专业实习设备 for Practice
4182106. 87	**12983502. 64**	**1333641. 19**	**632678. 34**	**84978. 65**
56915. 20	600127. 68	87022. 06	34232. 10	979. 47
84798. 47	80824. 81	17522. 43	4672. 10	513. 63
54274. 38	258756. 48	29520. 13	17948. 40	2219. 48
5800. 71	213949. 61	24939. 61	15687. 57	1862. 70
261040. 12	176089. 10	14840. 96	7354. 22	428. 38
47930. 00	381915. 00	52031. 00	29420. 00	3158. 00
53575. 50	170389. 19	21047. 26	10430. 48	1037. 70
10964. 69	203961. 91	23834. 92	14478. 71	1357. 80
74951. 96	355126. 89	83717. 30	33919. 29	855. 07
366762. 65	967380. 06	112918. 82	47630. 69	5554. 27
204280. 08	787515. 36	78214. 88	34301. 65	
246528. 70	260001. 94	23888. 89	12751. 87	785. 13
107750. 00	350787. 00	30166. 00	23680. 00	6486. 00
131519. 52	111345. 42	12463. 22	5885. 21	669. 96
39820. 03	735634. 68	82118. 38	30345. 02	
1018383. 10	440558. 30	38628. 63	20651. 96	4798. 96
169645. 63	354511. 96	40372. 22	20207. 39	1962. 10
483832. 71	343243. 15	29314. 95	17509. 61	3604. 77
100526. 00	1980674. 00	320128. 00	144766. 00	31157. 00
61647. 20	129254. 25	17420. 85	11604. 60	461. 44
10127. 50	63727. 51	7823. 45	4114. 65	362. 42
198289. 34	308142. 87	52700. 92	31761. 34	8064. 82
34514. 04	468534. 23	33846. 61	17128. 84	2397. 43
10288. 91	117498. 95	12917. 50	5971. 83	810. 31
9363. 66	133736. 69	16266. 51	6408. 33	1923. 07
	19423. 05	1942. 49	839. 74	155. 00
52849. 04	222484. 20	30567. 51	14083. 35	1476. 16
165143. 47	101424. 85	10584. 39	5891. 91	886. 96
50635. 40	37548. 48	4316. 05	2679. 24	537. 00
18680. 62	61008. 46	6822. 44	3648. 93	319. 59
51268. 24	2547926. 56	15742. 81	2673. 31	154. 03

	体育运动场(馆)面积(平方米) Sports Areas (m^2)	拥有教学用计算机 No. of Computers used for Instruction (Set)	图书藏量(册) Books & Magazines in Libraries (Volume)
合　计 Total	**124983650**	**1101300**	**382902568**
北　京 Beijing	806886	10029	2138518
天　津 Tianjin	1929731	16458	4180134
河　北 Hebei	8048157	57875	22666513
山　西 Shanxi	2552133	24065	8167522
内蒙古 Inner Mongolia	5541446	18721	7453948
辽　宁 Liaoning	1140176	11727	2854103
吉　林 Jilin	4545173	26104	7998252
黑龙江 Heilongjiang	4913543	25255	5551940
上　海 Shanghai	1747550	45595	7491183
江　苏 Jiangsu	8183437	105573	27816262
浙　江 Zhejiang	8874163	109835	33138196
安　徽 Anhui	3962395	34173	11947056
福　建 Fujian	3492683	35778	13178401
江　西 Jiangxi	3934259	27736	11358697
山　东 Shandong	10438550	79710	20804313
河　南 Henan	4831941	39037	21976272
湖　北 Hubei	3935040	21449	9384518
湖　南 Hunan	5916950	40900	23415099
广　东 Guangdong	12114389	134653	49101085
广　西 Guangxi	4146132	24501	14077850
海　南 Hainan	1299350	8721	2973149
重　庆 Chongqing	3498623	32860	9834887
四　川 Sichuan	6674651	60941	22105523
贵　州 Guizhou	2916747	19734	11331330
云　南 Yunnan	2301263	21938	10239766
西　藏 Tibet	309804	2964	1018495
陕　西 Shaanxi	1482670	20724	7193595
甘　肃 Gansu	2426639	16672	5880557
青　海 Qinghai	627893	5752	1364836
宁　夏 Ningxia	840757	8839	1715812
新　疆 Xinjiang	1550519	12981	4544756

条件(二)(县镇)

Primary Schools (2) (County City & Towns)

电子图书藏量(GB) Electronic Books & Magazines in Libraries(GB)	固定资产总值(万元) Total Value of Fixed Asset (10,000 yuan)			
	计 Total	其中:仪器设备总值(万元) of Which: Total Value of Equip & Instru. (10,000 yuan)		
		计 Subtotal	专业实验设备 for Prefession	专业实习设备 for Practice
3488455.50	**11216012.24**	**1023601.31**	**533486.32**	**92888.29**
2994.79	78406.25	13414.20	2413.14	148.86
29305.35	163681.36	14803.57	8773.68	601.18
65757.45	415551.24	39409.56	26688.52	4364.79
5654.98	254804.82	16358.16	9699.74	1885.02
99710.72	237528.10	17141.20	11704.35	1214.66
4990.00	65114.00	8282.00	4318.00	934.00
83454.47	180594.29	21224.11	11128.38	2111.06
21528.80	184407.01	17535.21	9782.77	2141.85
92348.45	370142.88	61943.90	35864.40	5028.93
513015.96	1012382.77	103822.13	49376.05	6756.84
180460.10	988423.31	96208.89	35707.05	
221705.98	293550.70	19018.36	8777.74	394.97
65852.00	270596.00	25393.00	22222.00	3171.00
75684.93	572087.33	23083.01	13320.95	2543.65
53459.89	611736.20	56265.20	30034.59	
580022.76	453729.47	30406.01	16641.01	6328.86
110191.48	274283.11	21646.05	12926.56	1951.67
360180.12	469331.39	36465.35	20921.01	3250.14
73774.00	1670771.00	196027.00	106046.00	30421.00
145928.90	328322.59	25649.30	15630.46	3184.32
11596.00	101191.21	8441.17	5356.32	1524.97
254061.02	384481.29	35046.87	10937.84	2335.27
64577.77	729393.69	59339.86	27065.71	4700.59
56236.45	206586.38	16777.26	9900.23	1670.50
35586.43	318264.93	16625.22	8074.57	1507.41
	73970.91	2344.86	819.24	203.43
75828.40	157510.54	13489.46	8161.12	1443.30
146803.98	134150.23	10593.78	6007.91	1865.45
25146.57	55035.76	3159.11	1009.63	3.70
24064.75	55972.47	4572.23	2421.12	1043.00
8533.00	104011.01	9115.28	1756.23	157.87

小学办学条
Condition of School Buildings in

	体育运动场(馆)面 积(平方米) Sports Areas (m^2)	拥有教学用计算机 No. of Computers used for Instruction (Set)	图书藏量(册) Books & Magazines in Libraries (Volume)
合 计 Total	**510377746**	**1504153**	**780890869**
北 京 Beijing	2207249	20194	4643035
天 津 Tianjin	2003622	11044	1982386
河 北 Hebei	38940802	161935	68388809
山 西 Shanxi	16611826	65501	26549720
内蒙古 Inner Mongolia	12939433	16819	6821632
辽 宁 Liaoning	23953968	72823	16043864
吉 林 Jilin	23739480	26923	11542542
黑龙江 Heilongjiang	36253352	38631	12603376
上 海 Shanghai	98437	1211	296508
江 苏 Jiangsu	17860521	126003	34333981
浙 江 Zhejiang	7428153	62896	19374804
安 徽 Anhui	23816963	40357	34314853
福 建 Fujian	14802360	83816	24759710
江 西 Jiangxi	19897065	37073	30147227
山 东 Shandong	40087875	153101	48778638
河 南 Henan	37217249	73312	95002988
湖 北 Hubei	20833823	32823	28360029
湖 南 Hunan	15920108	54380	41622800
广 东 Guangdong	30068641	90690	66217078
广 西 Guangxi	16366610	18016	28879453
海 南 Hainan	6283090	7882	5048828
重 庆 Chongqing	7709015	26534	11721875
四 川 Sichuan	14767156	51681	27055921
贵 州 Guizhou	12328497	28514	26628360
云 南 Yunnan	10845448	26583	28714439
西 藏 Tibet	1012440	5662	2676581
陕 西 Shaanxi	18280820	73271	37806796
甘 肃 Gansu	15683950	36513	19445650
青 海 Qinghai	2047195	9223	3234450
宁 夏 Ningxia	3589005	13263	5057033
新 疆 Xinjiang	16783593	37479	12837503

件(二)(农村)
Primary Schools (2) (Rural)

电子图书藏量 (GB) Electronic Books & Magazines in Libraries (GB)	固定资产总值(万元) Total Value of Fixed Asset (10,000 yuan)			
	计 Total	其中:仪器设备总值(万元) of Which: Total Value of Equip & Instru. (10,000 yuan)		
		计 Subtotal	专业实验设备 for Prefession	专业实习设备 for Practice
7773587.88	**18685724.35**	**1257326.36**	**683288.51**	**112269.14**
5843.05	126265.94	24380.03	4157.05	369.42
14480.40	71072.31	9210.10	5082.09	993.31
207438.68	1065044.17	103356.78	71559.12	14034.03
27708.14	714647.48	41898.99	29353.74	4172.56
129277.36	203178.55	16612.83	10465.29	1313.17
80526.00	353469.00	38887.00	23280.00	4635.00
51558.23	222006.07	17377.26	11253.51	2283.69
92496.21	360878.71	27494.38	16998.87	2953.30
1586.20	10212.49	852.09	549.00	70.00
277864.78	798917.89	82903.44	37706.13	6358.50
77293.72	460270.05	45165.11	18298.10	
777491.06	772515.33	29996.09	13726.04	566.96
179368.00	660663.00	40474.00	35102.00	5372.00
132039.64	702339.22	27683.28	17216.72	3132.41
141299.54	1097316.32	79293.29	45630.06	
2590666.02	1511783.73	94521.02	55604.01	16073.87
235565.46	698951.43	45053.61	28136.09	4716.78
131064.34	739161.50	47913.17	28607.02	4037.02
42570.00	2007774.00	129175.00	61420.00	12992.00
248079.25	823629.06	38672.84	23603.95	3331.06
24948.08	370882.39	10537.71	5969.49	1641.22
151425.35	329165.39	25842.57	10882.02	1622.78
87189.58	928769.22	53464.13	22161.62	4182.03
235145.60	591858.78	38444.86	24082.07	2765.45
192404.54	1014660.53	34028.73	17353.85	1907.35
	159632.60	4903.78	1562.95	667.60
478780.34	725132.89	57923.65	31210.52	5039.42
929875.13	481988.14	30075.59	17026.98	3338.05
104450.35	111339.79	5370.27	1750.28	89.37
60202.74	103098.07	9834.88	4444.12	1003.28
64950.09	469100.30	45979.88	9095.82	2607.51

工读学校
Basic Statistics of Correctional

	学校数(所) Schools	班数(个) Classes	离校人数 School Leavers
合　计 Total	**72**	**430**	**4511**
北　京 Beijing	6	41	330
天　津 Tianjin	3		
河　北 Hebei			
山　西 Shanxi	2	9	45
内蒙古 Inner Mongolia			
辽　宁 Liaoning	10	97	830
吉　林 Jilin	4	15	112
黑龙江 Heilongjiang	1	4	16
上　海 Shanghai	13	143	1188
江　苏 Jiangsu	1	10	133
浙　江 Zhejiang	1	10	70
安　徽 Anhui	3	3	3
福　建 Fujian			
江　西 Jiangxi	1		
山　东 Shandong			
河　南 Henan	3	12	70
湖　北 Hubei	2	8	218
湖　南 Hunan	1	6	40
广　东 Guangdong	2	11	158
广　西 Guangxi	3	5	26
海　南 Hainan			
重　庆 Chongqing	5	11	103
四　川 Sichuan	5	22	160
贵　州 Guizhou	4	12	930
云　南 Yunnan	1	7	50
西　藏 Tibet			
陕　西 Shaanxi	1	4	29
甘　肃 Gansu			
青　海 Qinghai			
宁　夏 Ningxia			
新　疆 Xinjiang			

基本情况
Work-study Schools

单位：人
unit：person

入校人数 No. of persons Entered	在校生数 Enrolment	教职工数 Teachers, Staff & Workers 计 Total	 其中：专任教师 of Which：Full-time Teachers
3919	**9213**	**2669**	**1745**
287	744	363	221
		131	58
82	287	85	64
821	2109	353	243
257	471	131	107
13	72	26	20
1020	3206	567	399
30	110	59	46
60	140	47	36
2	15	74	33
		4	
64	300	66	53
272	161	50	38
105	216	58	44
114	235	224	57
29	34	38	26
74	114	76	53
378	529	138	95
253	271	84	75
48	128	49	40
10	71	46	37

特殊教育基本

Basic Statistics of Special Education

	学校数(所) Schools	班数(个) Classes	毕业生数 Graduates	招生数 Entrants	在校学生数			
					合计 Total	小学阶段		
						一年级 Grade 1	二年级 Grade 2	三年级 Grade 3
合　计 Total	**1672**	**15737**	**57423**	**64018**	**428125**	**48529**	**49192**	**51774**
北　京 Beijing	24	301	1734	861	7921	396	583	718
天　津 Tianjin	20	160	330	244	2520	239	222	329
河　北 Hebei	144	983	1052	2221	12742	2178	1953	1687
山　西 Shanxi	45	486	607	1257	8809	1151	1085	1201
内蒙古 Inner Mongolia	29	310	387	550	4122	537	532	449
辽　宁 Liaoning	75	720	889	846	8776	1079	879	970
吉　林 Jilin	45	437	861	925	6797	606	658	711
黑龙江 Heilongjiang	72	764	1629	1511	9706	992	957	889
上　海 Shanghai	29	468	1912	1203	9032	400	470	687
江　苏 Jiangsu	113	1337	5343	4524	30976	3011	3129	3286
浙　江 Zhejiang	64	622	1751	1649	12268	1175	1368	1327
安　徽 Anhui	61	536	1629	2435	15144	1857	1778	1832
福　建 Fujian	73	743	6609	5010	34097	3199	3576	4062
江　西 Jiangxi	69	435	2189	3808	22979	3265	3185	3244
山　东 Shandong	144	1530	2020	2803	20585	2515	2395	2434
河　南 Henan	121	1001	2057	3076	21069	3455	2952	2836
湖　北 Hubei	76	714	1675	2167	13959	2095	1686	1748
湖　南 Hunan	51	479	1606	2246	13996	2061	1971	1887
广　东 Guangdong	69	756	3448	3591	26158	2586	2775	3149
广　西 Guangxi	57	440	1556	2442	16213	2515	2428	2392
海　南 Hainan	4	50	524	559	2971	340	352	344
重　庆 Chongqing	36	309	2186	1971	13189	1133	1445	1353
四　川 Sichuan	95	740	5933	6483	41767	3765	4853	5368
贵　州 Guizhou	49	349	1799	2616	16507	1638	1805	2321
云　南 Yunnan	25	279	2880	4188	23697	2212	2631	2839
西　藏 Tibet	1	14	4	11	200	33	16	16
陕　西 Shaanxi	39	315	1492	1335	8010	911	917	919
甘　肃 Gansu	16	177	1965	1954	13687	2024	1344	1490
青　海 Qinghai	10	86	231	466	2761	426	392	392
宁　夏 Ningxia	6	68	190	197	1476	207	168	193
新　疆 Xinjiang	10	128	935	869	5991	528	687	701

情况(总计)
(Regional Aggregates)

单位：人
unit: person

Enrolment

Primary			初中阶段 Junior				高中阶段 Senior		
四年级 Grade 4	五年级 Grade 5	六年级 Grade 6	一年级 Grade 1	二年级 Grade 2	三年级 Grade 3	四年级 Grade 4	一年级 Grade 1	二年级 Grade 2	三年级及以上 Over Grade 3
52329	**52817**	**49321**	**36883**	**38358**	**37121**	**3135**	**3378**	**2726**	**2562**
893	1037	1230	672	925	1018	46	114	140	149
362	367	405	153	165	201	54	23		
1580	1679	1167	787	707	719	21	87	97	80
1139	1159	1067	572	551	598	15	133	91	47
457	499	414	370	306	337	66	43	46	66
933	875	938	788	761	742	162	286	150	213
694	718	816	685	789	856		147	68	49
918	1007	773	1141	1019	1104	585	136	110	75
896	1141	5	1033	1262	1229	1406	253	106	144
3422	3619	3830	3061	3171	3282	131	345	345	344
1563	1430	1635	1143	1212	1109		125	123	58
1946	1959	1941	1203	1110	1065	30	160	114	149
4332	4329	4723	2890	3224	3217	34	205	178	128
3161	2979	2236	1816	1605	1251	6	65	132	34
2267	2393	1893	1735	1759	1812	415	358	261	348
2695	2573	2068	1492	1373	1292	22	135	98	78
1600	1606	1606	1226	1114	1099	56	59	39	25
1605	1369	1321	1096	1223	1129	1	166	88	79
3454	3557	3624	2175	2133	2113	30	207	198	157
2259	2269	1889	893	825	670		42	20	11
334	333	312	284	348	279		18	19	8
1597	1521	1639	1367	1534	1495		29	21	55
5223	5174	5199	3872	4182	3977		51	77	26
2310	2198	2073	1306	1653	1090		59	19	35
2858	3194	2880	2348	2448	2205	4	23	35	20
20	17	22	14	20	35		7		
971	971	901	782	780	823		11	24	
1520	1481	1403	1236	1456	1628	51	16	38	
352	319	293	196	142	126		57	44	22
178	201	184	105	94	103		7	18	18
790	843	834	442	467	517		11	27	144

特殊教育基本
Basic Statistics of Special Education

	学校数(所) Schools	班数(个) Classes	毕业生数 Graduates	招生数 Entrants	在校学生数 合计 Total	小学阶段 一年级 Grade 1	二年级 Grade 2	三年级 Grade 3
合　计 Total	**746**	**8611**	**15970**	**17483**	**126639**	**15242**	**13063**	**13331**
北　京 Beijing	19	271	1283	647	6136	337	472	549
天　津 Tianjin	11	107	139	124	1288	144	98	124
河　北 Hebei	39	408	458	767	4455	746	569	453
山　西 Shanxi	22	306	338	615	4962	538	587	667
内蒙古 Inner Mongolia	16	206	173	285	2124	323	243	236
辽　宁 Liaoning	50	522	698	630	6378	738	595	696
吉　林 Jilin	20	216	321	301	2503	218	236	216
黑龙江 Heilongjiang	25	309	438	438	3366	391	334	311
上　海 Shanghai	21	338	1122	796	5579	261	298	390
江　苏 Jiangsu	56	649	1253	1111	8658	940	807	868
浙　江 Zhejiang	44	459	724	834	6471	763	736	667
安　徽 Anhui	21	285	422	597	4327	515	393	467
福　建 Fujian	35	402	1215	891	6295	632	629	754
江　西 Jiangxi	16	160	335	525	2798	318	307	277
山　东 Shandong	77	837	1006	1236	9522	1140	1009	987
河　南 Henan	54	504	704	869	6451	970	800	709
湖　北 Hubei	34	304	488	714	4382	677	496	536
湖　南 Hunan	18	250	354	660	3884	580	490	467
广　东 Guangdong	32	577	1478	1465	10370	1063	976	1128
广　西 Guangxi	16	175	257	365	2647	457	385	321
海　南 Hainan	2	39	126	156	695	78	88	74
重　庆 Chongqing	6	69	264	200	1252	118	150	160
四　川 Sichuan	35	275	764	1121	6613	649	754	664
贵　州 Guizhou	16	153	225	466	2398	355	188	246
云　南 Yunnan	15	227	494	604	4020	567	493	504
西　藏 Tibet	1	14		10	177	29	13	13
陕　西 Shaanxi	18	184	259	339	2436	345	275	253
甘　肃 Gansu	9	133	222	298	3176	954	260	255
青　海 Qinghai	2	39	59	80	686	77	83	73
宁　夏 Ningxia	6	68	89	86	806	127	57	93
新　疆 Xinjiang	10	125	262	253	1784	192	242	173

情况(城市)
(Urban)

单位:人
unit: person

Enrolment

Primary			初中阶段 Junior				高中阶段 Senior		
四年级 Grade 4	五年级 Grade 5	六年级 Grade 6	一年级 Grade 1	二年级 Grade 2	三年级 Grade 3	四年级 Grade 4	一年级 Grade 1	二年级 Grade 2	三年级及以上 Over Grade 3
13609	**14160**	**13049**	**11517**	**11485**	**11533**	**1846**	**2975**	**2435**	**2394**
650	770	892	474	712	831	46	114	140	149
140	147	163	112	123	162	52	23		
450	476	366	375	386	361	16	83	94	80
651	638	532	387	355	321	15	133	91	47
204	239	186	184	191	160	39	33	46	40
676	634	701	569	547	506	95	258	150	213
262	247	295	185	295	341		120	39	49
343	407	297	328	290	308	73	113	103	68
492	594		602	740	764	947	241	106	144
868	880	965	774	708	832	113	291	291	321
757	715	751	624	623	529		125	123	58
475	481	454	417	404	342		136	94	149
738	715	802	517	509	515	34	187	140	123
336	340	305	272	208	204		65	132	34
1026	1116	795	844	831	847	315	218	150	244
762	745	579	580	505	468	22	135	98	78
430	522	513	384	327	321	53	59	39	25
405	322	313	346	341	308		154	82	76
1101	1190	1251	1041	1005	1082		178	198	157
300	334	338	127	178	134		42	20	11
66	73	77	73	69	52		18	19	8
117	126	197	90	90	99		29	21	55
660	682	683	910	812	677		42	54	26
238	287	237	291	266	177		59	19	35
458	456	410	353	338	359	4	23	35	20
15	16	17	14	20	33		7		
341	353	303	193	174	164		11	24	
276	272	279	205	204	395	22	16	38	
56	70	74	54	51	38		44	44	22
99	92	93	61	67	74		7	18	18
217	221	181	131	116	129		11	27	144

特殊教育基本
Basic Statistics of Special Education

	学校数(所) Schools	班数(个) Classes	毕业生数 Graduates	招生数 Entrants	在校学生数			
					合 计 Total	小学阶段		
						一年级 Grade 1	二年级 Grade 2	三年级 Grade 3
合 计 Total	**839**	**6407**	**21116**	**23509**	**141000**	**15670**	**15726**	**15627**
北 京 Beijing	3	24	196	101	840	31	46	77
天 津 Tianjin	9	53	161	102	1006	73	93	157
河 北 Hebei	89	490	392	860	5086	928	932	679
山 西 Shanxi	20	149	111	303	1810	395	264	257
内蒙古 Inner Mongolia	13	104	145	195	1446	169	221	151
辽 宁 Liaoning	22	161	126	143	1487	228	173	119
吉 林 Jilin	25	221	409	483	3177	282	318	379
黑龙江 Heilongjiang	47	455	1043	1008	5656	559	546	470
上 海 Shanghai	8	130	757	387	3377	129	167	291
江 苏 Jiangsu	48	586	1875	1679	12188	1278	1331	1339
浙 江 Zhejiang	16	146	730	607	3936	274	409	424
安 徽 Anhui	36	220	429	731	3783	572	470	417
福 建 Fujian	31	252	2018	1879	10724	999	1029	1109
江 西 Jiangxi	53	275	612	975	5557	874	787	791
山 东 Shandong	64	634	582	1003	7785	1013	971	946
河 南 Henan	62	457	660	1055	6631	1243	929	855
湖 北 Hubei	37	372	530	771	4775	752	617	577
湖 南 Hunan	29	199	578	651	4129	635	596	586
广 东 Guangdong	36	169	1049	1292	7340	738	812	793
广 西 Guangxi	40	249	597	957	5123	725	642	677
海 南 Hainan	2	11	251	220	1024	71	51	61
重 庆 Chongqing	29	227	1123	1139	7027	616	737	608
四 川 Sichuan	56	435	3116	2993	18146	1489	1871	2132
贵 州 Guizhou	31	182	902	1060	5263	511	482	518
云 南 Yunnan	6	44	925	1533	6247	348	430	497
西 藏 Tibet			4		11	2	1	2
陕 西 Shaanxi	15	95	538	259	1488	150	178	154
甘 肃 Gansu	5	26	858	672	3411	210	265	225
青 海 Qinghai	7	38	86	187	960	184	127	130
宁 夏 Ningxia			77	64	250	26	22	24
新 疆 Xinjiang		3	236	200	1317	166	209	182

情况(县镇)
(County City & Towns)

单位:人
unit: person

Enrolment

			初中阶段				高中阶段		
四年级 Grade 4	五年级 Grade 5	六年级 Grade 6	一年级 Grade 1	二年级 Grade 2	三年级 Grade 3	四年级 Grade 4	一年级 Grade 1	二年级 Grade 2	三年级及以上 Over Grade 3
15374	**15658**	**14801**	**15128**	**15958**	**15131**	**1186**	**363**	**230**	**148**
108	112	136	102	126	102				
175	176	218	41	36	37				
622	753	464	289	198	209	5	4	3	
194	207	235	76	77	105				
162	182	153	149	86	111	26	10		26
145	122	135	138	155	193	51	28		
310	344	399	351	345	393		27	29	
481	481	399	782	669	726	506	23	7	7
398	535	3	423	513	456	450	12		
1410	1481	1615	1161	1201	1223	18	54	54	23
491	396	528	436	490	488				
435	397	432	404	342	314				
1228	1185	1300	1187	1362	1293		18	9	5
692	692	506	455	445	309	6			
792	833	781	655	710	715	62	124	99	84
703	711	658	520	521	491				
512	460	494	509	432	419	3			
440	380	381	326	401	363		12	6	3
835	911	862	780	810	740	30	29		
629	617	480	536	451	366				
74	77	62	185	250	193				
770	708	734	900	998	956				
1999	2176	2097	1971	2187	2192		9	23	
459	443	433	696	1039	682				
566	560	535	1206	1150	955				
2		2			2				
182	137	148	175	159	205				
229	247	246	518	672	770	29			
112	107	104	74	55	54		13		
20	37	33	40	23	25				
199	191	228	43	55	44				

	学校数(所) Schools	班数(个) Classes	毕业生数 Graduates	招生数 Entrants	在校学生数 合计 Total	小学阶段 一年级 Grade 1	二年级 Grade 2	三年级 Grade 3
合计 Total	**87**	**719**	**20337**	**23026**	**160486**	**17617**	**20403**	**22816**
北京 Beijing	2	6	255	113	945	28	65	92
天津 Tianjin			30	18	226	22	31	48
河北 Hebei	16	85	202	594	3201	504	452	555
山西 Shanxi	3	31	158	339	2037	218	234	277
内蒙古 Inner Mongolia			69	70	552	45	68	62
辽宁 Liaoning	3	37	65	73	911	113	111	155
吉林 Jilin			131	141	1117	106	104	116
黑龙江 Heilongjiang			148	65	684	42	77	108
上海 Shanghai			33	20	76	10	5	6
江苏 Jiangsu	9	102	2215	1734	10130	793	991	1079
浙江 Zhejiang	4	17	297	208	1861	138	223	236
安徽 Anhui	4	31	778	1107	7034	770	915	948
福建 Fujian	7	89	3376	2240	17078	1568	1918	2199
江西 Jiangxi			1242	2308	14624	2073	2091	2176
山东 Shandong	3	59	432	564	3278	362	415	501
河南 Henan	5	40	693	1152	7987	1242	1223	1272
湖北 Hubei	5	38	657	682	4802	666	573	635
湖南 Hunan	4	30	674	935	5983	846	885	834
广东 Guangdong	1	10	921	834	8448	785	987	1228
广西 Guangxi	1	16	702	1120	8443	1333	1401	1394
海南 Hainan			147	183	1252	191	213	209
重庆 Chongqing	1	13	799	632	4910	399	558	585
四川 Sichuan	4	30	2053	2369	17008	1627	2228	2572
贵州 Guizhou	2	14	672	1090	8846	772	1135	1557
云南 Yunnan	4	8	1461	2051	13430	1297	1708	1838
西藏 Tibet				1	12	2	2	1
陕西 Shaanxi	6	36	695	737	4086	416	464	512
甘肃 Gansu	2	18	885	984	7100	860	819	1010
青海 Qinghai	1	9	86	199	1115	165	182	189
宁夏 Ningxia			24	47	420	54	89	76
新疆 Xinjiang			437	416	2890	170	236	346

情况（农村）
(Rural)

单位：人
unit: person

Enrolment

			初中阶段				高中阶段		
四年级 Grade 4	五年级 Grade 5	六年级 Grade 6	一年级 Grade 1	二年级 Grade 2	三年级 Grade 3	四年级 Grade 4	一年级 Grade 1	二年级 Grade 2	三年级及以上 Over Grade 3
23346	**22999**	**21471**	**10238**	**10915**	**10457**	**103**	**40**	**61**	**20**
135	155	202	96	87	85				
47	44	24		6	2	2			
508	450	337	123	123	149				
294	314	300	109	119	172				
91	78	75	37	29	66	1			
112	119	102	81	59	43	16			
122	127	122	149	149	122				
94	119	77	31	60	70	6			
6	12	2	8	9	9	9			
1144	1258	1250	1126	1262	1227				
315	319	356	83	99	92				
1036	1081	1055	382	364	409	30	24	20	
2366	2429	2621	1186	1353	1409			29	
2133	1947	1425	1089	952	738				
449	444	317	236	218	250	38	16	12	20
1230	1117	831	392	347	333				
658	624	599	333	355	359				
760	667	627	424	481	458	1			
1518	1456	1511	354	318	291				
1330	1318	1071	230	196	170				
194	183	173	26	29	34				
710	687	708	377	446	440				
2564	2316	2419	991	1183	1108				
1613	1468	1403	319	348	231				
1834	2178	1935	789	960	891				
3	1	3							
448	481	450	414	447	454				
1015	962	878	513	580	463				
184	142	115	68	36	34				
59	72	58	4	4	4				
374	431	425	268	296	344				

Number of Female Students

	毕业生数 Graduates	招生数 Entrants	在校学生数				
			合 计 Total	小学阶段			
				一年级 Grade 1	二年级 Grade 2	三年级 Grade 3	四年级 Grade 4
合 计 Total	**20209**	**22289**	**147636**	**16309**	**16884**	**17330**	**17665**
北 京 Beijing	649	321	2927	132	207	259	352
天 津 Tianjin	110	85	899	87	69	129	132
河 北 Hebei	366	827	4699	793	742	623	610
山 西 Shanxi	221	448	3383	456	423	451	422
内蒙古 Inner Mongolia	145	202	1430	183	185	178	146
辽 宁 Liaoning	341	274	3262	383	325	337	323
吉 林 Jilin	416	364	2695	219	268	263	255
黑龙江 Heilongjiang	386	400	3049	380	380	318	363
上 海 Shanghai	678	455	3324	133	171	236	294
江 苏 Jiangsu	1987	1704	11043	1043	1098	1138	1178
浙 江 Zhejiang	681	602	4571	411	485	460	572
安 徽 Anhui	521	854	5273	654	627	622	663
福 建 Fujian	2277	1670	11277	1078	1136	1329	1443
江 西 Jiangxi	668	1214	6849	966	951	968	943
山 东 Shandong	776	975	7464	908	851	856	791
河 南 Henan	657	1017	6849	1154	948	879	838
湖 北 Hubei	565	699	4588	695	555	595	484
湖 南 Hunan	519	733	4540	666	666	610	462
广 东 Guangdong	1180	1169	8214	775	854	943	1078
广 西 Guangxi	454	785	5027	783	756	756	711
海 南 Hainan	194	201	956	113	102	104	90
重 庆 Chongqing	838	762	5042	430	568	495	577
四 川 Sichuan	2039	2225	14259	1281	1655	1685	1779
贵 州 Guizhou	739	1005	6417	582	700	873	816
云 南 Yunnan	991	1470	8288	766	921	960	982
西 藏 Tibet	1	2	95	16	7	10	6
陕 西 Shaanxi	523	452	2797	309	307	308	338
甘 肃 Gansu	759	737	4336	418	426	469	486
青 海 Qinghai	93	189	1070	171	156	153	135
宁 夏 Ningxia	66	71	595	80	67	67	80
新 疆 Xinjiang	369	377	2418	244	278	256	316

女学生数
in Special Education

单位:人
unit: person

Enrolment

		初中阶段				高中阶段		
五年级 Grade 5	六年级 Grade 6	一年级 Grade 1	二年级 Grade 2	三年级 Grade 3	四年级 Grade 4	一年级 Grade 1	二年级 Grade 2	三年级及以上 Over Grade 3
17787	**16883**	**13347**	**13628**	**13265**	**1115**	**1314**	**1081**	**1028**
375	468	257	326	352	20	47	64	68
112	147	48	51	92	23	9		
619	391	303	263	255	8	36	27	29
417	385	248	209	246	5	53	48	20
158	134	153	103	124	23	13	14	16
303	343	324	325	291	70	106	65	67
257	325	291	327	384		59	31	16
387	275	280	205	260	75	42	53	31
424	2	369	464	462	567	85	48	69
1254	1265	1116	1137	1275	58	153	160	168
535	621	457	482	426		49	52	21
692	696	421	366	367	5	63	41	56
1441	1585	937	1064	1044	20	82	67	51
879	658	570	471	365	3	27	37	11
845	714	652	656	676	184	131	73	127
796	663	493	486	460	8	52	36	36
480	520	425	385	360	30	20	21	18
400	421	390	402	392		66	35	30
1073	1124	742	718	670	15	86	77	59
702	568	253	242	217		20	10	9
83	99	112	129	100		10	9	5
551	583	568	624	619		6	6	15
1682	1790	1401	1498	1425		26	31	6
836	791	565	751	461		21	6	15
1128	1025	872	838	760	1	12	19	4
10	12	5	11	15		3		
340	287	296	275	329		5	3	
453	461	489	553	566		4	11	
125	104	76	47	57		21	19	6
69	83	48	47	37		1	8	8
361	343	186	173	178		6	10	67

特殊教育学校教职工数(总计)

Number of Teachers, Staff and Workers in Special Education Schools (Regional Aggregates)

单位:人

unit: person

	教职工数 Teachers, Staff & Workers					代课教师 Substitute Teachers	兼任教师 Part-time Teachers
	合 计 Total	专任教师 Full-time Teachers	行政人员 Adm. Personnel	教辅人员 Teaching Auxiliary	工勤人员 Workers		
合 计 Total	**47466**	**37945**	**3432**	**2283**	**3806**	**1024**	**329**
北 京 Beijing	1160	844	156	74	86	2	1
天 津 Tianjin	612	460	83	30	39		
河 北 Hebei	3191	2551	259	133	248	35	4
山 西 Shanxi	1427	1163	77	57	130	241	28
内蒙古 Inner Mongolia	997	840	63	54	40	19	5
辽 宁 Liaoning	2658	2095	306	97	160	22	
吉 林 Jilin	1794	1335	225	121	113	4	
黑龙江 Heilongjiang	2285	1868	175	84	158	1	12
上 海 Shanghai	1594	1121	167	134	172	2	
江 苏 Jiangsu	3818	2985	204	233	396	60	20
浙 江 Zhejiang	1605	1351	76	46	132	39	16
安 徽 Anhui	1288	1069	73	50	96	23	7
福 建 Fujian	1753	1533	73	32	115	102	10
江 西 Jiangxi	894	764	56	18	56	6	14
山 东 Shandong	5661	4401	385	373	502	54	35
河 南 Henan	3404	2872	178	155	199	33	
湖 北 Hubei	1708	1444	84	66	114	89	10
湖 南 Hunan	1397	1074	134	95	94	22	
广 东 Guangdong	2444	1858	161	210	215	104	13
广 西 Guangxi	1072	825	68	48	131	2	90
海 南 Hainan	144	105	12	17	10	6	
重 庆 Chongqing	837	699	71	20	47	13	11
四 川 Sichuan	1854	1572	112	41	129	42	27
贵 州 Guizhou	867	740	56	24	47	24	12
云 南 Yunnan	792	631	29	14	118		11
西 藏 Tibet	38	33	2	1	2	2	
陕 西 Shaanxi	922	714	87	20	101	12	
甘 肃 Gansu	477	380	20	12	65	36	3
青 海 Qinghai	158	130	5	5	18	4	
宁 夏 Ningxia	186	169	9	1	7	8	
新 疆 Xinjiang	429	319	26	18	66	17	

特殊教育学校女教职工数

Number of Female Teachers, Staff and Workers in Special Education Schools

单位:人
unit: person

	教职工数 Teachers, Staff & Workers					代课教师 Substitute Teachers	兼任教师 Part-time Teachers
	合计 Total	专任教师 Full-time Teachers	行政人员 Adm. Personnel	教辅人员 Teaching Auxiliary	工勤人员 Workers		
合计 Total	**32101**	**27437**	**1637**	**1370**	**1657**	**693**	**216**
北京 Beijing	840	666	99	46	29	1	1
天津 Tianjin	421	341	50	18	12		
河北 Hebei	2380	2063	118	85	114	25	3
山西 Shanxi	1042	896	42	39	65	181	10
内蒙古 Inner Mongolia	645	582	22	29	12	15	2
辽宁 Liaoning	1947	1645	200	56	46	11	
吉林 Jilin	1234	1025	116	63	30	3	
黑龙江 Heilongjiang	1447	1298	80	39	30	1	9
上海 Shanghai	1178	909	107	83	79	2	
江苏 Jiangsu	2424	2060	75	135	154	46	19
浙江 Zhejiang	1129	993	30	32	74	19	14
安徽 Anhui	794	699	22	25	48	12	2
福建 Fujian	1290	1149	32	26	83	64	10
江西 Jiangxi	639	565	25	15	34	5	8
山东 Shandong	3323	2837	132	197	157	32	8
河南 Henan	2400	2130	82	95	93	17	
湖北 Hubei	1036	924	37	26	49	49	9
湖南 Hunan	876	729	43	61	43	10	
广东 Guangdong	1760	1387	94	159	120	80	8
广西 Guangxi	811	651	41	27	92	2	72
海南 Hainan	94	68	6	14	6	6	
重庆 Chongqing	556	506	24	9	17	12	7
四川 Sichuan	1211	1077	55	28	51	36	17
贵州 Guizhou	608	547	23	15	23	9	8
云南 Yunnan	549	447	16	11	75		7
西藏 Tibet	22	20	1	1		1	
陕西 Shaanxi	608	510	39	12	47	7	
甘肃 Gansu	294	251	4	6	33	23	2
青海 Qinghai	103	89	1	4	9	4	
宁夏 Ningxia	127	125	2			7	
新疆 Xinjiang	313	248	19	14	32	13	

特殊教育学校专任教师
Full-time Teachers in Special Education

	合 计 Total	其中:女 of Which: Female	按学历分 Brokendown by Educational			
			研究生毕业 Graduate	本科毕业 Under-graduate	专科毕业 Associate Bachelor	高中阶段毕业 High School Graduate
合 计 Total	**37945**	**27437**	**270**	**15160**	**17697**	**4661**
北 京 Beijing	844	666	32	562	174	75
天 津 Tianjin	460	341	2	217	184	50
河 北 Hebei	2551	2063	8	1065	1252	218
山 西 Shanxi	1163	896		410	582	171
内蒙古 Inner Mongolia	840	582	7	359	345	123
辽 宁 Liaoning	2095	1645	7	996	913	178
吉 林 Jilin	1335	1025	7	645	511	171
黑龙江 Heilongjiang	1868	1298	4	622	973	262
上 海 Shanghai	1121	909	37	664	329	91
江 苏 Jiangsu	2985	2060	12	1077	1479	406
浙 江 Zhejiang	1351	993	8	622	521	184
安 徽 Anhui	1069	699	3	408	554	104
福 建 Fujian	1533	1149	5	362	878	282
江 西 Jiangxi	764	565	3	234	409	117
山 东 Shandong	4401	2837	19	2317	1604	431
河 南 Henan	2872	2130	3	855	1628	382
湖 北 Hubei	1444	924	3	536	682	204
湖 南 Hunan	1074	729	4	328	608	133
广 东 Guangdong	1858	1387	78	858	722	195
广 西 Guangxi	825	651	4	206	492	120
海 南 Hainan	105	68		42	50	13
重 庆 Chongqing	699	506	2	236	364	95
四 川 Sichuan	1572	1077	5	433	894	235
贵 州 Guizhou	740	547		139	461	131
云 南 Yunnan	631	447	2	305	266	57
西 藏 Tibet	33	20	2	7	21	3
陕 西 Shaanxi	714	510	9	238	361	104
甘 肃 Gansu	380	251	1	136	173	61
青 海 Qinghai	130	89		56	62	11
宁 夏 Ningxia	169	125		80	73	16
新 疆 Xinjiang	319	248	3	145	132	38

学历、职称情况

Schools Broken Down by Rank and Age

单位：人

unit：person

Attainment	按职称分 Brokendown by Rank					
高中阶段毕业以下 Below High School Graduate	中学高级 Senior Secondary	小学高级 Senior Primary	小学一级 1st Grade Primary	小学二级 2nd Grade Primary	小学三级 3rd Grade Primary	未评职称 Rank Undecided
157	**2308**	**19463**	**12236**	**1429**	**52**	**2457**
1	40	401	310	9		84
7	34	355	55	1		15
8	118	1401	871	56		105
	17	475	408	104	6	153
6	100	371	250	32	3	84
1	171	1409	405	45	6	59
1	109	755	408	47	2	14
7	189	1046	569	22	1	41
	22	616	393	36		54
11	139	1652	938	61	1	194
16	90	610	408	54	3	186
	46	560	345	43		75
6	39	839	463	130		62
1	56	310	245	62		91
30	406	2130	1392	174	11	288
4	228	1332	1056	98	2	156
19	88	867	415	40		34
1	87	591	303	23	4	66
5	49	872	584	64	11	278
3	10	428	294	37		56
	5	40	40	18		2
2	13	370	264	24		28
5	60	758	659	28		67
9	31	287	308	75	1	38
1	25	268	247	52		39
	1	7	21			4
2	63	253	257	50		91
9	12	165	144	19		40
1	19	72	26	5	1	7
	1	98	53	14		3
1	40	125	105	6		43

特殊教育学

Condition of School Buildings in

	学校占地面积 Areas Occupied	校舍建筑面积 Floor Space	教学及辅助用房 Teaching & Assistant Buildings					
			计 Total	其中 of Which				
				普通教室 Classroom	实验室 Laboratory	图书室 Library	微机室 PC-room	专用教室
合　计 Total	**11621701**	**4876181**	**2150240**	**1278967**	**81540**	**86079**	**85103**	**424586**
北　京 Beijing	176671	104439	44456	25415	1478	1351	2008	9689
天　津 Tianjin	196823	69336	29970	17500	640	1612	1351	5070
河　北 Hebei	773672	280931	139452	75775	7739	7106	8236	28725
山　西 Shanxi	263812	118761	38466	26029	940	1938	1893	6966
内蒙古 Inner Mongolia	284312	94736	42035	27390	1197	1550	1385	8172
辽　宁 Liaoning	493800	193084	92220	42391	4114	4121	4650	24971
吉　林 Jilin	494950	127480	59893	37373	2579	2161	1965	7086
黑龙江 Heilongjiang	474675	158503	77691	43111	2771	3756	3424	19530
上　海 Shanghai	227885	148687	62987	25881	1517	3159	2435	27520
江　苏 Jiangsu	1018528	444849	188861	97769	9084	7517	7315	55027
浙　江 Zhejiang	452150	226706	100415	55189	4214	3983	3938	18539
安　徽 Anhui	528340	207714	103764	57047	2469	3632	4406	28045
福　建 Fujian	442445	221492	98100	70447	2830	4020	2858	17945
江　西 Jiangxi	296223	122908	54888	32172	2774	3149	2801	8723
山　东 Shandong	1560612	526893	225968	116020	12588	8699	8175	44692
河　南 Henan	651245	264466	114995	80613	3023	4584	3859	18545
湖　北 Hubei	500407	235308	98419	71730	3339	3550	2867	7426
湖　南 Hunan	423955	182891	63753	39662	1884	2599	2617	13279
广　东 Guangdong	513936	295743	125966	80654	2921	4570	5145	24507
广　西 Guangxi	239083	108140	52050	36171	2305	1688	1908	7419
海　南 Hainan	53594	16286	5246	3336		298	326	632
重　庆 Chongqing	202608	90792	49843	29048	1408	1317	1733	7068
四　川 Sichuan	349455	204083	86170	54618	2533	3200	3677	12245
贵　州 Guizhou	191884	95984	44547	31946	1702	1856	1694	4601
云　南 Yunnan	211305	112939	53117	35551	1494	1431	1036	5176
西　藏 Tibet	19904	3218	850	512		64		
陕　西 Shaanxi	187702	80875	37975	26096	1780	1605	1431	5845
甘　肃 Gansu	118122	50548	27690	17123	1601	711	926	1603
青　海 Qinghai	65420	18301	7943	6122		130	186	1502
宁　夏 Ningxia	68487	20580	5330	3915	353	214	326	522
新　疆 Xinjiang	139696	49508	17180	12361	263	508	532	3516

校办学条件
Special Education Schools

单位:平方米

unit: m^2

行政办公用房 Administrative		生活用房 Residential and Welfare	其他用房 Rooms for Other Purposes	校舍面积中 of the Floor Space		图书(册) Books & Magazines in Libraries (Volume)	教学用录像录音带(盘) Tapes for Teaching
计 Total	其中:教师办公室 of Which: for Teachers			危房面积 Floor Space of Dilapidated Buildings	当年新增 Added in Current Year		
567265	**354270**	**1409455**	**749221**	**360313**	**175659**	**4889553**	**98722**
9511	4638	27437	23035			193810	4277
11535	7303	15287	12544		4308	38695	762
36539	23419	62177	42763	14633	9200	275368	4298
18025	11525	39606	22664	12584	325	77036	4466
8269	6320	31129	13303	39514	2041	41259	801
25291	16986	36219	39354	6718	525	299502	7598
18574	12451	32074	16939	29077	8307	72442	1080
26275	17026	39402	15135	14110	4846	58109	1335
18033	9589	26321	41346		2531	220314	5768
46993	27367	128083	80912	2610	17381	766445	10865
20783	13481	73564	31944		10699	165722	5103
21229	13068	62920	19801	12920	5486	172431	1994
22587	14076	70905	29900	1710	3211	233612	2244
13088	6690	40154	14778	12152	18418	70305	1580
72308	38630	150486	78131	11251	7041	480567	12640
40730	28583	73076	35665	19114	8906	236430	3980
22188	15700	82223	32178	49819	10986	115063	1348
20363	16423	54098	44677	10609	2871	428671	3509
26480	15057	79080	64217	2119	6044	214497	13326
6934	5427	36902	12254	7501	4840	136283	2342
2018	747	6337	2685			15370	155
8688	5773	26130	6131	1116	580	44655	617
17024	12401	76512	24377	19646	21692	150396	2658
9109	7338	30661	11667	716	4429	115813	1055
10264	4912	37616	11942	53602	3641	122015	1497
148	127	2070	150			5450	376
15527	9130	19839	7534	768	4923	61986	1265
8334	3309	13399	1125	35376	3589	46650	945
1785	1516	7092	1481	1854	1881	5360	
3757	2689	9396	2097	100	3519	5795	244
4576	2569	19260	8492	694	3439	19502	594

幼儿园基本
Basic Statistics of Kindergartens

	园数(所) Kindergartens		班数(个) Classes	
	计 Total	其中:少数民族幼儿园 of Which: Minorities	计 Total	其中:学前班 of Which: Pre-primary
合　计 Total	**138209**	**1601**	**867894**	**246121**
北　京 Beijing	1253	10	9036	540
天　津 Tianjin	1621	4	6941	400
河　北 Hebei	6434	9	52181	17474
山　西 Shanxi	4354		24847	4190
内蒙古 Inner Mongolia	1911	130	12678	4617
辽　宁 Liaoning	7374	101	31440	9470
吉　林 Jilin	2577	46	13525	5329
黑龙江 Heilongjiang	4092	14	17142	6591
上　海 Shanghai	1111	2	12086	
江　苏 Jiangsu	4110	2	52497	4826
浙　江 Zhejiang	10067		56560	
安　徽 Anhui	3611	4	28879	12096
福　建 Fujian	7137	13	35926	5282
江　西 Jiangxi	8326	9	37765	12332
山　东 Shandong	15368	22	62142	
河　南 Henan	6355	24	53238	21941
湖　北 Hubei	2995	6	24087	8531
湖　南 Hunan	6453	93	38660	15901
广　东 Guangdong	11018	3	82268	21806
广　西 Guangxi	5053	52	37276	18603
海　南 Hainan	785	8	4818	1791
重　庆 Chongqing	3700	4	18274	6223
四　川 Sichuan	8562	45	49172	16492
贵　州 Guizhou	2063	13	19766	11571
云　南 Yunnan	3381	9	29541	14486
西　藏 Tibet	88		485	174
陕　西 Shaanxi	2902	2	20399	9010
甘　肃 Gansu	2452	9	13977	5430
青　海 Qinghai	466	70	3833	2123
宁　夏 Ningxia	334	24	3691	1861
新　疆 Xinjiang	2256	873	14764	7031

情况(总计)
(Regional Aggregates)

入园(班)人数(人) Enrolment		在园(班)人数(人) Retained		离园(班)人数(人) Leavers	
计 Total	其中:学前班 of Which: Pre-primary	计 Total	其中:学前班 of Which: Pre-primary	计 Total	其中:学前班 of Which: Pre-primary
15468596	**6455854**	**26578141**	**7679301**	**10406353**	**5450741**
89761	7653	247778	15820	65684	12596
85103	9502	206447	13122	72408	8800
1024154	478776	1512922	486792	518119	254247
365416	90626	642881	90626	210767	40658
203440	86797	338049	113178	145713	99549
340807	154978	779370	250503	270357	167512
225084	110378	325966	136021	158210	97421
288730	141405	424717	177064	301343	243613
121781		353810		98529	
772551	88266	1932168	174527	607618	122710
585604		1670567		536421	98
585567	299214	938241	359823	417400	257541
473200	73799	1077218	130453	383198	97556
728337	311172	1123138	396037	363758	208251
899212		1809475		655616	
1141144	673284	1716461	755810	730722	532683
537579	248831	831399	307606	256737	166591
878680	435052	1207899	523391	495974	370470
1263992	518353	2494689	664829	978931	496394
841561	549594	1128170	606857	536115	437441
82761	39943	142920	56217	48145	36460
412453	171607	632170	238509	233671	158200
1119209	493029	1707263	585877	841483	563308
623660	449308	747351	449308	334120	266388
699478	437422	921745	437422	474927	338308
7627	2782	16068	5833	4557	3470
367764	184141	573573	235448	229019	179378
214315	98854	358748	117407	140262	69416
66756	41278	101425	50801	61720	49784
82754	52410	124903	61026	54940	39351
340116	207400	490610	238994	179889	132547

幼儿园基本

Basic Statistics of

	园数(所) Kindergartens		班数(个) Classes	
	计 Total	其中:少数民族幼儿园 of Which: Minorities	计 Total	其中:学前班 of Which: Pre-primary
合　计 Total	**33496**	**116**	**227516**	**23108**
北　京 Beijing	798	8	7091	313
天　津 Tianjin	296	2	2265	68
河　北 Hebei	927	5	7250	670
山　西 Shanxi	787		5933	322
内蒙古 Inner Mongolia	616	19	3917	585
辽　宁 Liaoning	3160	23	14928	2149
吉　林 Jilin	776	3	3779	785
黑龙江 Heilongjiang	1358	5	5564	1058
上　海 Shanghai	613	2	6156	
江　苏 Jiangsu	1231	1	14432	509
浙　江 Zhejiang	2394		18162	
安　徽 Anhui	913	1	6501	911
福　建 Fujian	1406		9046	119
江　西 Jiangxi	722		4125	425
山　东 Shandong	2277	6	14938	
河　南 Henan	1573	10	12193	1366
湖　北 Hubei	1081	1	7907	1200
湖　南 Hunan	1652	1	8724	1555
广　东 Guangdong	4294		31054	2632
广　西 Guangxi	822		5645	1299
海　南 Hainan	203		1227	295
重　庆 Chongqing	673		3414	733
四　川 Sichuan	1556		9921	1638
贵　州 Guizhou	565		3619	650
云　南 Yunnan	551	1	4239	532
西　藏 Tibet	31		267	103
陕　西 Shaanxi	792	2	5790	1316
甘　肃 Gansu	513	7	3263	428
青　海 Qinghai	162	1	994	270
宁　夏 Ningxia	169	4	1163	281
新　疆 Xinjiang	585	14	4009	896

情况(城市)
Kindergartens (Urban)

入园(班)人数(人) Enrolment		在园(班)人数(人) Retained		离园(班)人数(人) Leavers	
计 Total	其中:学前班 of Which: Pre-primary	计 Total	其中:学前班 of Which: Pre-primary	计 Total	其中:学前班 of Which: Pre-primary
2816575	**503088**	**6693227**	**786935**	**2102678**	**625763**
69439	4508	197231	10015	48883	7951
24140	2028	66107	2658	17441	2068
112182	24715	224122	25990	58469	13425
93656	11156	177090	11156	47599	3374
49277	10742	110048	16649	34617	14596
105572	23568	340300	55575	93293	40170
49054	14943	79868	21182	34798	19425
59726	15412	122647	27092	70442	50030
54548		170326		46052	
174072	5751	477257	18154	146018	15278
178316		522465		154728	8
91007	19791	206349	31700	73357	24303
107326	1818	278565	4685	87575	3299
50484	4942	120363	14306	35204	10627
191518		440242		133635	
153227	29565	352605	46670	104818	35631
128483	35637	256358	17691	75232	27143
130378	33581	250889	53828	86598	46233
300655	29865	900960	77590	286567	70720
82490	38212	172738	48739	54551	32397
15943	4233	34224	9156	8741	5456
54645	16595	99096	25960	29341	16739
161815	46772	327297	65120	123006	61637
73735	28801	125696	28801	35486	17621
74361	22478	144968	22478	47116	16133
3814	1583	9724	3873	3433	2843
85827	25110	178956	45625	58034	35794
43800	9316	105905	16007	34507	10910
14965	5499	31106	10583	12133	9026
20954	9172	42217	11179	12681	6198
61166	27295	127508	34470	48323	26728

幼儿园基本

Basic Statistics of Kindergartens

	园数(所) Kindergartens		班数(个) Classes	
	计 Total	其中:少数民族幼儿园 of Which: Minorities	计 Total	其中:学前班 of Which: Pre-primary
合　计 Total	**38347**	**291**	**251079**	**51200**
北　京 Beijing	145	2	937	82
天　津 Tianjin	819	2	3165	125
河　北 Hebei	1235	2	10487	2805
山　西 Shanxi	638		5144	783
内蒙古 Inner Mongolia	812	63	4775	1569
辽　宁 Liaoning	862	6	3687	1272
吉　林 Jilin	1224	36	5735	1949
黑龙江 Heilongjiang	1440	3	5015	1830
上　海 Shanghai	492		5867	
江　苏 Jiangsu	1298		19304	1514
浙　江 Zhejiang	3105		21988	
安　徽 Anhui	1209	2	7591	1704
福　建 Fujian	1547	2	8683	633
江　西 Jiangxi	2452	6	12936	2516
山　东 Shandong	2322	3	12683	
河　南 Henan	1609	6	12121	3324
湖　北 Hubei	786	1	6122	1764
湖　南 Hunan	2328	64	13388	4454
广　东 Guangdong	3622	2	25241	5649
广　西 Guangxi	2195	5	12834	3764
海　南 Hainan	363	6	2032	609
重　庆 Chongqing	1465		8341	2313
四　川 Sichuan	2655	33	17772	4871
贵　州 Guizhou	973	6	5879	2172
云　南 Yunnan	1249	1	8462	1905
西　藏 Tibet	56		204	59
陕　西 Shaanxi	497		3615	1230
甘　肃 Gansu	459	1	3008	747
青　海 Qinghai	123	9	832	307
宁　夏 Ningxia	106	10	1036	368
新　疆 Xinjiang	261	20	2195	882

情况(县镇)
(County City & Towns)

入园(班)人数(人) Enrolment		在园(班)人数(人) Retained		离园(班)人数(人) Leavers	
计 Total	其中:学前班 of Which: Pre-primary	计 Total	其中:学前班 of Which: Pre-primary	计 Total	其中:学前班 of Which: Pre-primary
4866068	**1598892**	**8624934**	**2027505**	**3234139**	**1528372**
10770	1003	27199	2420	8629	2142
41117	2923	97103	4658	38673	2393
233224	96260	344946	97267	114115	53633
96575	25570	171663	25570	55423	11633
91932	37189	143676	49463	64938	45427
44236	22010	100309	37625	34190	23342
106391	47372	158503	59958	74995	38767
104925	53523	144563	64356	106044	86078
66184		181350		51850	
306202	29744	755209	60468	227701	44677
238572		681362		226676	
165481	49643	286314	67975	116301	52428
121526	9553	290163	21646	100448	19248
230065	58591	394362	86416	108639	47522
189995		416021		140608	
248929	103691	422924	132770	154886	92234
145941	54756	234602	77924	74737	51249
338586	140747	464338	176672	188846	136771
444109	158755	842197	221352	322074	162122
296953	144647	434912	167405	175181	121706
35370	14848	66790	23464	22370	16607
204926	74434	320630	108070	114300	73358
458426	181280	699288	221366	334344	220932
198907	107295	251286	107295	99080	64330
191811	73098	298895	73098	120991	56685
3710	1096	6176	1857	1090	627
87589	38199	130358	48754	51718	39684
64353	21273	106546	27262	36528	15598
16551	8541	28911	11598	17569	12449
25737	12261	41358	16225	19846	11851
56975	30590	82980	34571	31349	24879

幼儿园基本
Basic Statistics of

	园数(所) Kindergartens		班数(个) Classes	
	计 Total	其中:少数民族幼儿园 of Which: Minorities	计 Total	其中:学前班 of Which: Pre-primary
合　计 Total	**66366**	**1194**	**389299**	**171813**
北　京 Beijing	310		1008	145
天　津 Tianjin	506		1511	207
河　北 Hebei	4272	2	34444	13999
山　西 Shanxi	2929		13770	3085
内蒙古 Inner Mongolia	483	48	3986	2463
辽　宁 Liaoning	3352	72	12825	6049
吉　林 Jilin	577	7	4011	2595
黑龙江 Heilongjiang	1294	6	6563	3703
上　海 Shanghai	6		63	
江　苏 Jiangsu	1581	1	18761	2803
浙　江 Zhejiang	4568		16410	
安　徽 Anhui	1489	1	14787	9481
福　建 Fujian	4184	11	18197	4530
江　西 Jiangxi	5152	3	20704	9391
山　东 Shandong	10769	13	34521	
河　南 Henan	3173	8	28924	17251
湖　北 Hubei	1128	4	10058	5567
湖　南 Hunan	2473	28	16548	9892
广　东 Guangdong	3102	1	25973	13525
广　西 Guangxi	2036	47	18797	13540
海　南 Hainan	219	2	1559	887
重　庆 Chongqing	1562	4	6519	3177
四　川 Sichuan	4351	12	21479	9983
贵　州 Guizhou	525	7	10268	8749
云　南 Yunnan	1581	7	16840	12049
西　藏 Tibet	1		14	12
陕　西 Shaanxi	1613		10994	6464
甘　肃 Gansu	1480	1	7706	4255
青　海 Qinghai	181	60	2007	1546
宁　夏 Ningxia	59	10	1492	1212
新　疆 Xinjiang	1410	839	8560	5253

情况(农村)
Kindergartens (Rural)

入园(班)人数(人) Enrolment		在园(班)人数(人) Retained		离园(班)人数(人) Leavers	
计 Total	其中:学前班 of Which: Pre-primary	计 Total	其中:学前班 of Which: Pre-primary	计 Total	其中:学前班 of Which: Pre-primary
7785953	**4353874**	**11259980**	**4864861**	**5069536**	**3296606**
9552	2142	23348	3385	8172	2503
19846	4551	43237	5806	16294	4339
678748	357801	943854	363535	345535	187189
175185	53900	294128	53900	107745	25651
62231	38866	84325	47066	46158	39526
190999	109400	338761	157303	142874	104000
69639	48063	87595	54881	48417	39229
124079	72470	157507	85616	124857	107505
1049		2134		627	
292277	52771	699702	95905	233899	62755
168716		466740		155017	90
329079	229780	445578	260148	227742	180810
244348	62428	508490	104122	195175	75009
447788	247639	608413	295315	219915	150102
517699		953212		381373	
738988	540028	940932	576370	471018	404818
263155	158438	340439	181988	106768	88199
409716	260724	492672	292891	220530	187466
519228	329733	751532	365887	370290	263552
462118	366735	520520	390713	306383	283338
31448	20862	41906	23597	17034	14397
152882	80578	212444	104479	90030	68103
498968	264977	680678	299391	384133	280739
351018	313212	370369	313212	199554	184437
433306	341846	477882	341846	306820	265490
103	103	168	103	34	
194348	120832	264259	141069	119267	103900
106162	68265	146297	74138	69227	42908
35240	27238	41408	28620	32018	28309
36063	30977	41328	33622	22413	21302
221975	149515	280122	169953	100217	80940

幼儿教育中女儿童数
Number of Female Children in Kindergartens

	入园(班)人数(人) Enrolment		在园(班)人数(人) Retained		离园(班)人数(人) Leavers	
	计 Total	其中:学前班 of Which: Pre-primary	计 Total	其中:学前班 of Which: Pre-primary	计 Total	其中:学前班 of Which: Pre-primary
合　计 Total	**6948872**	**2901509**	**11981269**	**3440160**	**4652650**	**2453767**
北　京 Beijing	41702	3472	115522	7198	29568	5855
天　津 Tianjin	39924	4500	95406	6202	33372	4062
河　北 Hebei	467706	219314	689355	222940	234405	116093
山　西 Shanxi	170026	41624	293336	41624	96311	18304
内蒙古 Inner Mongolia	94527	40342	156579	52142	66626	45770
辽　宁 Liaoning	148963	68174	330996	108200	119313	73972
吉　林 Jilin	101798	49635	146892	60963	71036	43127
黑龙江 Heilongjiang	132375	66470	192669	82841	142167	115570
上　海 Shanghai	55695		166209		44434	
江　苏 Jiangsu	342079	39950	865861	78608	267297	53485
浙　江 Zhejiang	269636		773218		240243	44
安　徽 Anhui	251716	129296	403849	155168	178369	111452
福　建 Fujian	211680	33288	485872	59289	169049	43958
江　西 Jiangxi	313393	132301	486424	169197	153942	89741
山　东 Shandong	412243		837650		296712	
河　南 Henan	504188	298706	760477	333858	319438	234824
湖　北 Hubei	229574	106042	361391	130624	109149	71439
湖　南 Hunan	391503	193964	538940	233595	219904	165536
广　东 Guangdong	564761	232712	1120789	296720	435989	221432
广　西 Guangxi	374361	246655	500736	271398	238800	196640
海　南 Hainan	34459	16805	59909	23506	20011	15231
重　庆 Chongqing	185483	76049	287542	106010	103028	70104
四　川 Sichuan	513886	227530	789732	270079	392739	263799
贵　州 Guizhou	280046	202361	335672	202361	150004	120396
云　南 Yunnan	324624	202493	424571	202493	218057	157043
西　藏 Tibet	3648	1320	7575	2589	2180	1667
陕　西 Shaanxi	162434	81950	256490	104657	100290	79013
甘　肃 Gansu	95489	44336	160419	52144	61898	31077
青　海 Qinghai	30683	19015	46862	23471	28422	23183
宁　夏 Ningxia	38058	24274	57166	28229	25392	18570
新　疆 Xinjiang	162212	98931	233160	114054	84505	62380

幼儿园教职工数(总计)

Number of Teachers,Staff & Workers in Kindergarten

(Regional Aggregates)

单位:人

unit: person

	教职工数 Teachers, Staff & Workers					代课教师 Substitute Teachers	兼任教师 Part-time Teachers
	合计 Total	园长 Kindergarten Heads	专任教师 Full-time Teachers	保健员 Health Nurses	其他 Other		
合计 Total	**1570756**	**141909**	**985889**	**123764**	**319194**	**105004**	**14837**
北京 Beijing	34973	1679	19752	1603	11939	755	311
天津 Tianjin	15654	1260	10069	699	3626	1898	133
河北 Hebei	66922	6193	46859	4866	9004	5760	815
山西 Shanxi	39470	3331	26119	2280	7740	7760	730
内蒙古 Inner Mongolia	24163	2230	15585	1715	4633	2446	329
辽宁 Liaoning	59595	7377	35901	3760	12557	1382	477
吉林 Jilin	23100	2738	14862	2133	3367	773	197
黑龙江 Heilongjiang	28883	4196	16768	2751	5168	527	209
上海 Shanghai	35985	1603	23632	1785	8965	1017	97
江苏 Jiangsu	105106	6695	71610	6477	20324	14776	1174
浙江 Zhejiang	139977	9559	87271	7048	36099		413
安徽 Anhui	38029	3996	25004	3465	5564	3412	548
福建 Fujian	57873	4868	36750	3296	12959	12845	307
江西 Jiangxi	60102	8261	39541	5382	6918	1390	478
山东 Shandong	114406	12626	81069	5260	15451	10582	682
河南 Henan	89211	7627	58312	8413	14859	7251	911
湖北 Hubei	46867	4081	27440	5311	10035	3056	356
湖南 Hunan	69731	7370	37316	12426	12619	1939	747
广东 Guangdong	210313	14710	122470	16261	56872	5644	955
广西 Guangxi	44730	5403	26333	4310	8684	2376	616
海南 Hainan	10305	1032	5677	1290	2306	78	78
重庆 Chongqing	27656	3226	16579	2946	4905	1982	797
四川 Sichuan	74257	8283	45136	8270	12568	2567	1041
贵州 Guizhou	21829	2132	13105	2272	4320	1796	181
云南 Yunnan	40322	3519	25339	3485	7979	1795	357
西藏 Tibet	1281	116	850	122	193	56	14
陕西 Shaanxi	39079	3478	24538	2859	8204	3482	738
甘肃 Gansu	18156	1762	12365	1073	2956	2535	620
青海 Qinghai	5356	485	3143	373	1355	379	52
宁夏 Ningxia	6191	466	4172	406	1147	410	28
新疆 Xinjiang	21234	1607	12322	1427	5878	4335	446

幼儿园教职工数(城市)
Number of Teachers, Staff & Workers in Kindergarten(Urban)

单位:人
unit: person

	教职工数 Teachers, Staff & Workers					代课教师 Substitute Teachers	兼任教师 Part-time Teachers
	合计 Total	园长 Kindergarten Heads	专任教师 Full-time Teachers	保健员 Health Nurses	其他 Other		
合计 Total	**701669**	**48811**	**411110**	**52196**	**189552**	**24921**	**5274**
北京 Beijing	29827	1323	16505	1385	10614	559	278
天津 Tianjin	8493	542	4967	329	2655	171	32
河北 Hebei	23507	1513	14855	1921	5218	1331	175
山西 Shanxi	19298	1208	11612	1114	5364	1423	387
内蒙古 Inner Mongolia	11581	915	6983	911	2772	1334	180
辽宁 Liaoning	38763	3812	22133	2495	10323	617	306
吉林 Jilin	9836	1011	5845	1092	1888	339	112
黑龙江 Heilongjiang	14877	1629	8062	1409	3777	343	72
上海 Shanghai	18844	917	11639	1023	5265	546	52
江苏 Jiangsu	44547	2504	27592	2530	11921	1475	455
浙江 Zhejiang	54968	2800	32869	2563	16736		125
安徽 Anhui	16654	1367	10624	1324	3339	1509	188
福建 Fujian	23535	1716	13829	1217	6773	3052	79
江西 Jiangxi	11536	1110	7086	1123	2217	205	86
山东 Shandong	44616	3330	28835	2467	9984	1409	232
河南 Henan	37790	2494	23648	3084	8564	2456	234
湖北 Hubei	24447	1861	13886	2114	6586	1149	151
湖南 Hunan	27683	2382	13655	5124	6522	263	426
广东 Guangdong	114461	6712	63769	8625	35355	2146	320
广西 Guangxi	13692	1131	7776	1092	3693	764	66
海南 Hainan	3713	314	2037	386	976	34	48
重庆 Chongqing	10326	913	5540	968	2905	69	327
四川 Sichuan	28319	2285	15770	2834	7430	524	180
贵州 Guizhou	10039	779	5446	1082	2732	263	62
云南 Yunnan	12908	846	7855	1038	3169	213	55
西藏 Tibet	683	70	349	112	152	36	12
陕西 Shaanxi	18254	1207	10954	1063	5030	1308	213
甘肃 Gansu	9676	748	6110	589	2229	538	314
青海 Qinghai	2834	230	1599	215	790	141	32
宁夏 Ningxia	3528	275	2266	206	781	151	15
新疆 Xinjiang	12434	867	7014	761	3792	553	60

幼儿园教职工数(县镇)
Number of Teachers, Staff & Workers in Kindergarten (County City & Towns)

单位:人
unit: person

	教职工数 Teachers, Staff & Workers					代课教师 Substitute Teachers	兼任教师 Part-time Teachers
	合计 Total	园长 Kindergarten Heads	专任教师 Full-time Teachers	保健员 Health Nurses	其他 Other		
合 计 Total	**514985**	**44386**	**342346**	**42895**	**85358**	**36279**	**4860**
北 京 Beijing	2837	172	1846	123	696	189	26
天 津 Tianjin	6016	596	4127	338	955	1072	44
河 北 Hebei	19369	1473	13899	1490	2507	1445	182
山 西 Shanxi	10897	744	8002	643	1508	2221	172
内蒙古 Inner Mongolia	10039	955	6967	610	1507	886	107
辽 宁 Liaoning	6386	956	4174	467	789	147	19
吉 林 Jilin	10357	1313	6903	858	1283	372	56
黑龙江 Heilongjiang	8921	1424	5663	897	937	90	69
上 海 Shanghai	16989	677	11891	753	3668	470	45
江 苏 Jiangsu	35906	2255	26355	2105	5191	5691	412
浙 江 Zhejiang	54271	3400	34850	2773	13248		175
安 徽 Anhui	13015	1355	9164	1150	1346	1097	143
福 建 Fujian	17049	1463	11486	840	3260	3314	91
江 西 Jiangxi	26284	3027	17811	2588	2858	534	177
山 东 Shandong	26194	2598	19405	1327	2864	2390	165
河 南 Henan	25625	2052	18003	2337	3233	3160	276
湖 北 Hubei	12411	1077	7728	1671	1935	1112	110
湖 南 Hunan	25830	2571	14822	4531	3906	928	200
广 东 Guangdong	65676	4811	40062	5523	15280	2442	414
广 西 Guangxi	22795	2509	14041	2297	3948	1146	388
海 南 Hainan	4824	484	2747	608	985	36	23
重 庆 Chongqing	13006	1535	8245	1587	1639	1252	343
四 川 Sichuan	28467	2951	18680	3276	3560	1630	498
贵 州 Guizhou	9322	953	6207	945	1217	1102	84
云 南 Yunnan	19416	1332	12789	1561	3734	701	190
西 藏 Tibet	596	46	499	10	41	20	2
陕 西 Shaanxi	9060	668	6496	706	1190	857	287
甘 肃 Gansu	5063	408	4063	251	341	972	82
青 海 Qinghai	1701	137	1054	110	400	79	13
宁 夏 Ningxia	2290	148	1674	151	317	232	11
新 疆 Xinjiang	4373	296	2693	369	1015	692	56

幼儿园教职工数(农村)
Number of Teachers, Staff & Workers in Kindergarten (Rural)

单位:人
unit: person

	教职工数 Teachers, Staff & Workers					代课教师 Substitute Teachers	兼任教师 Part-time Teachers
	合计 Total	园长 Kindergarten Heads	专任教师 Full-time Teachers	保健员 Health Nurses	其他 Other		
合计 Total	**354102**	**48712**	**232433**	**28673**	**44284**	**43804**	**4703**
北京 Beijing	2309	184	1401	95	629	7	7
天津 Tianjin	1145	122	975	32	16	655	57
河北 Hebei	24046	3207	18105	1455	1279	2984	458
山西 Shanxi	9275	1379	6505	523	868	4116	171
内蒙古 Inner Mongolia	2543	360	1635	194	354	226	42
辽宁 Liaoning	14446	2609	9594	798	1445	618	152
吉林 Jilin	2907	414	2114	183	196	62	29
黑龙江 Heilongjiang	5085	1143	3043	445	454	94	68
上海 Shanghai	152	9	102	9	32	1	
江苏 Jiangsu	24653	1936	17663	1842	3212	7610	307
浙江 Zhejiang	30738	3359	19552	1712	6115		113
安徽 Anhui	8360	1274	5216	991	879	806	217
福建 Fujian	17289	1689	11435	1239	2926	6479	137
江西 Jiangxi	22282	4124	14644	1671	1843	651	215
山东 Shandong	43596	6698	32829	1466	2603	6783	285
河南 Henan	25796	3081	16661	2992	3062	1635	401
湖北 Hubei	10009	1143	5826	1526	1514	795	95
湖南 Hunan	16218	2417	8839	2771	2191	748	121
广东 Guangdong	30176	3187	18639	2113	6237	1056	221
广西 Guangxi	8243	1763	4516	921	1043	466	162
海南 Hainan	1768	234	893	296	345	8	7
重庆 Chongqing	4324	778	2794	391	361	661	127
四川 Sichuan	17471	3047	10686	2160	1578	413	363
贵州 Guizhou	2468	400	1452	245	371	431	35
云南 Yunnan	7998	1341	4695	886	1076	881	112
西藏 Tibet	2		2				
陕西 Shaanxi	11765	1603	7088	1090	1984	1317	238
甘肃 Gansu	3417	606	2192	233	386	1025	224
青海 Qinghai	821	118	490	48	165	159	7
宁夏 Ningxia	373	43	232	49	49	27	2
新疆 Xinjiang	4427	444	2615	297	1071	3090	330

幼儿园女教职工数

Number of Female Teachers, Staff & Workers in Kindergarten

单位：人

unit：person

	教职工数 Teachers，Staff & Workers					代课教师 Substitute Teachers	兼任教师 Part-time Teachers
	合计 Total	园长 Kindergarten Heads	专任教师 Full-time Teachers	保健员 Health Nurses	其他 Other		
合计 Total	**1455808**	**130456**	**967353**	**116584**	**241415**	**96338**	**11591**
北京 Beijing	32141	1598	19327	1563	9653	647	248
天津 Tianjin	14206	1120	9494	662	2930	1821	105
河北 Hebei	60141	4702	44547	4437	6455	5386	629
山西 Shanxi	36964	3036	25800	2135	5993	7007	615
内蒙古 Inner Mongolia	21899	2017	14986	1565	3331	2231	263
辽宁 Liaoning	55062	6729	35051	3444	9838	1224	341
吉林 Jilin	21438	2548	14454	2038	2398	658	159
黑龙江 Heilongjiang	26761	3886	16256	2535	4084	451	153
上海 Shanghai	34372	1590	23396	1771	7615	960	72
江苏 Jiangsu	100625	6438	70771	6281	17135	14276	1038
浙江 Zhejiang	132322	9194	86673	6608	29847		351
安徽 Anhui	35319	3672	24468	3201	3978	3071	360
福建 Fujian	55364	4818	36404	3208	10934	12558	244
江西 Jiangxi	56051	7700	38652	5007	4692	1216	378
山东 Shandong	106865	11407	79485	4907	11066	9621	549
河南 Henan	80673	6505	57070	7684	9414	6456	735
湖北 Hubei	42745	3726	26988	5039	6992	2669	239
湖南 Hunan	62899	6754	36544	11764	7837	1695	486
广东 Guangdong	192944	14123	120876	15624	42321	4715	697
广西 Guangxi	42054	5154	26004	4089	6807	2211	540
海南 Hainan	9510	1001	5634	1266	1609	48	46
重庆 Chongqing	25605	2968	16305	2770	3562	1858	648
四川 Sichuan	68728	7794	44361	7724	8849	2448	861
贵州 Guizhou	20352	1948	12895	2195	3314	1503	115
云南 Yunnan	37080	3166	24640	3211	6063	1583	264
西藏 Tibet	1096	95	764	119	118	41	12
陕西 Shaanxi	35759	3022	24228	2599	5910	3080	559
甘肃 Gansu	16782	1443	12007	1029	2303	2343	540
青海 Qinghai	4760	403	3064	342	951	305	42
宁夏 Ningxia	5660	406	4089	390	775	324	11
新疆 Xinjiang	19631	1493	12120	1377	4641	3932	291

幼儿园园长、专任教师

Breakdown of Kindergarten Heads and Teachers by

	合 计 Total	按学历分 Brokendown by Educational Attainment				
		研究生毕业 Graduate	本科毕业 Under-graduate	专科毕业 Associate Bachelor	高中阶段毕业 High School Graduate	高中阶段以下毕业 Below High School Graduate
合 计 Total	**1127798**	**2053**	**132539**	**538528**	**418418**	**36260**
北 京 Beijing	21431	202	5591	10681	4787	170
天 津 Tianjin	11329	43	3163	4915	2850	358
河 北 Hebei	53052	86	7472	29448	15236	810
山 西 Shanxi	29450	23	4279	15496	8870	782
内蒙古 Inner Mongolia	17815	27	3975	9433	4146	234
辽 宁 Liaoning	43278	275	5009	22601	13784	1609
吉 林 Jilin	17600	117	3978	8891	4235	379
黑龙江 Heilongjiang	20964	19	2717	10995	6690	543
上 海 Shanghai	25235	113	10798	12796	1471	57
江 苏 Jiangsu	78305	91	12480	42144	22086	1504
浙 江 Zhejiang	96830	59	9633	43216	42266	1656
安 徽 Anhui	29000	50	2652	16774	8796	728
福 建 Fujian	41618	13	3844	16501	19588	1672
江 西 Jiangxi	47802	49	2863	16402	24269	4219
山 东 Shandong	93695	150	10073	37536	42969	2967
河 南 Henan	65939	117	6042	33986	23732	2062
湖 北 Hubei	31521	64	3551	14652	12429	825
湖 南 Hunan	44686	77	3255	22590	17834	930
广 东 Guangdong	137180	218	8204	58200	63086	7472
广 西 Guangxi	31736	30	2237	14797	13372	1300
海 南 Hainan	6709	2	389	2962	3105	251
重 庆 Chongqing	19805	22	2351	9155	7711	566
四 川 Sichuan	53419	48	3854	24101	23576	1840
贵 州 Guizhou	15237	8	1427	8209	5058	535
云 南 Yunnan	28858	21	4027	13613	9940	1257
西 藏 Tibet	966		75	409	426	56
陕 西 Shaanxi	28016	68	3280	16430	7637	601
甘 肃 Gansu	14127	20	2127	7724	3852	404
青 海 Qinghai	3628	7	448	1890	1114	169
宁 夏 Ningxia	4638	7	742	2827	996	66
新 疆 Xinjiang	13929	27	2003	9154	2507	238

学历、职称情况(总计)
Educational Attainment and Rank (Regional Aggregates)

单位:人
unit: person

按职称分 Brokendown by Rank					
中学高级 Senior Secondary	小学高级 Senior Primary	小学一级 1st Grade Primary	小学二级 2nd Grade Primary	小学三级 3rd Grade Primary	未评职称 Rank Undecided
7359	**169976**	**184736**	**62087**	**11987**	**691653**
167	4854	5039	1821	190	9360
174	5218	1648	138	61	4090
142	15237	15142	2195	363	19973
41	4960	6892	2252	403	14902
712	4483	3602	746	95	8177
757	7234	5300	1582	370	28035
245	4627	3597	794	315	8022
401	3834	3323	852	346	12208
309	8879	7962	2061	139	5885
634	13838	17150	5004	463	41216
371	7074	15964	6409	690	66322
90	5831	4047	1378	238	17416
206	7275	5934	1787	203	26213
357	3546	3727	1602	741	37829
644	10664	13897	3551	712	64227
506	8112	10836	4259	967	41259
281	6146	5509	2334	521	16730
224	3731	3132	2471	513	32615
461	10621	12926	8933	2495	101744
76	4077	3859	2444	582	20698
9	604	816	580	87	4613
81	2322	2926	808	172	13496
128	7161	8206	1889	478	35557
22	2691	3299	680	53	8492
23	6278	5226	1553	115	15663
3	153	186	152	20	452
73	3066	4950	1845	316	17766
49	2989	3611	978	131	6369
48	723	423	124	24	2286
26	1006	837	181	11	2577
99	2742	2770	684	173	7461

幼儿园园长、专任教师
Breakdown of Kindergarten Heads and Teachers

	合 计 Total	按学历分 Brokendown by Educational Attainment				
		研究生毕业 Graduate	本科毕业 Under-graduate	专科毕业 Associate Bachelor	高中阶段毕业 High School Graduate	高中阶段以下毕业 Below High School Graduate
合 计 Total	**459921**	**1627**	**74056**	**252181**	**125977**	**6080**
北 京 Beijing	17828	199	4497	9427	3635	70
天 津 Tianjin	5509	37	1982	2862	606	22
河 北 Hebei	16368	78	3048	9751	3374	117
山 西 Shanxi	12820	16	2298	7423	2961	122
内蒙古 Inner Mongolia	7898	16	2005	4510	1307	60
辽 宁 Liaoning	25945	249	3968	14970	6497	261
吉 林 Jilin	6856	82	1798	3690	1204	82
黑龙江 Heilongjiang	9691	15	1813	5424	2346	93
上 海 Shanghai	12556	71	4746	6893	834	12
江 苏 Jiangsu	30096	73	6392	18735	4665	231
浙 江 Zhejiang	35669	45	5525	18423	11499	177
安 徽 Anhui	11991	35	1561	7714	2544	137
福 建 Fujian	15545	6	2131	7339	5826	243
江 西 Jiangxi	8196	14	1134	4073	2831	144
山 东 Shandong	32165	128	5388	16702	9759	188
河 南 Henan	26142	87	3406	14994	7295	360
湖 北 Hubei	15747	53	2463	8339	4690	202
湖 南 Hunan	16037	56	1993	9552	4292	144
广 东 Guangdong	70481	169	6041	34304	27944	2023
广 西 Guangxi	8907	20	1002	4983	2719	183
海 南 Hainan	2351	1	210	1023	1087	30
重 庆 Chongqing	6453	13	1182	3459	1696	103
四 川 Sichuan	18055	41	1955	10002	5842	215
贵 州 Guizhou	6225	6	733	3454	1861	171
云 南 Yunnan	8701	14	1742	4500	2235	210
西 藏 Tibet	419		33	207	130	49
陕 西 Shaanxi	12161	55	1922	7522	2536	126
甘 肃 Gansu	6858	13	1266	3938	1520	121
青 海 Qinghai	1829	3	211	976	586	53
宁 夏 Ningxia	2541	6	410	1568	526	31
新 疆 Xinjiang	7881	26	1201	5424	1130	100

学历、职称情况（城市）
by Educational Attainment and Rank（Urban）

单位：人
unit：person

按职称分 Brokendown by Rank					
中学高级 Senior Secondary	小学高级 Senior Primary	小学一级 1st Grade Primary	小学二级 2nd Grade Primary	小学三级 3rd Grade Primary	未评职称 Rank Undecided
4172	**77774**	**80365**	**32196**	**6172**	**259242**
156	3879	4255	1650	182	7706
111	3006	1115	117	59	1101
62	3555	3227	786	240	8498
32	2271	2663	1247	216	6391
362	1712	1460	288	21	4055
459	4428	3565	1107	210	16176
123	1320	1127	420	149	3717
227	2190	1558	504	170	5042
175	5244	3766	742	48	2581
314	6458	8226	1938	174	12986
267	4125	7818	2257	324	20878
54	2634	1719	959	191	6434
122	2783	2208	1154	133	9145
96	1071	1206	645	102	5076
362	4716	4412	1560	266	20849
291	4038	4028	2255	453	15077
170	3495	3075	1537	234	7236
143	1443	2248	1209	238	10756
266	6118	8850	6056	1703	47488
50	1515	1406	931	238	4767
2	204	256	199	17	1673
44	755	781	429	79	4365
67	2700	3323	958	237	10770
18	916	1006	332	30	3923
10	2009	1537	665	51	4429
	73	70	7		269
43	1457	2064	1179	133	7285
35	1431	1451	439	106	3396
15	217	218	86	20	1273
22	464	293	102	10	1650
74	1547	1434	438	138	4250

幼儿园园长、专任教师
Breakdown of Kindergarten Heads and Teachers by

	合计 Total	按学历分 Brokendown by Educational Attainment				
		研究生毕业 Graduate	本科毕业 Under-graduate	专科毕业 Associate Bachelor	高中阶段毕业 High School Graduate	高中阶段以下毕业 Below High School Graduate
合　计 Total	**386732**	**354**	**44495**	**185238**	**145154**	**11491**
北　京 Beijing	2018	3	659	752	556	48
天　津 Tianjin	4723	6	1001	1775	1676	265
河　北 Hebei	15372	5	2473	8441	4209	244
山　西 Shanxi	8746	7	1533	5014	2077	115
内蒙古 Inner Mongolia	7922	10	1762	3969	2069	112
辽　宁 Liaoning	5130	17	475	2645	1815	178
吉　林 Jilin	8216	33	1694	3917	2345	227
黑龙江 Heilongjiang	7087	3	660	3783	2419	222
上　海 Shanghai	12568	38	6016	5860	612	42
江　苏 Jiangsu	28610	16	4429	13979	9402	784
浙　江 Zhejiang	38250	11	3267	17082	17273	617
安　徽 Anhui	10519	12	779	6095	3431	202
福　建 Fujian	12949	6	1328	5358	5837	420
江　西 Jiangxi	20838	17	1335	8115	10292	1079
山　东 Shandong	22003	20	2735	9209	9546	493
河　南 Henan	20055	25	1862	10945	6725	498
湖　北 Hubei	8805	11	780	3993	3802	219
湖　南 Hunan	17393	12	935	8849	7225	372
广　东 Guangdong	44873	47	1772	18512	21550	2992
广　西 Guangxi	16550	10	1065	8081	6841	553
海　南 Hainan	3231	1	143	1541	1399	147
重　庆 Chongqing	9780	9	1031	4676	3847	217
四　川 Sichuan	21631	7	1604	10651	8869	500
贵　州 Guizhou	7160	1	559	3922	2423	255
云　南 Yunnan	14121	6	2036	7165	4505	409
西　藏 Tibet	545		42	200	296	7
陕　西 Shaanxi	7164	12	921	4326	1798	107
甘　肃 Gansu	4471	5	666	2589	1112	99
青　海 Qinghai	1191	3	201	679	281	27
宁　夏 Ningxia	1822	1	310	1147	353	11
新　疆 Xinjiang	2989		422	1968	569	30

学历、职称情况(县镇)
Educational Attainment and Rank (County City & Towns)

单位:人

unit: person

按职称分 Brokendown by Rank					
中学高级 Senior Secondary	小学高级 Senior Primary	小学一级 1st Grade Primary	小学二级 2nd Grade Primary	小学三级 3rd Grade Primary	未评职称 Rank Undecided
2349	**65678**	**68751**	**19724**	**3616**	**226614**
7	580	452	122	5	852
45	1489	440	20	2	2727
53	4507	4128	597	46	6041
8	2108	2826	635	53	3116
296	2162	1798	373	57	3236
152	1067	424	100	70	3317
77	2258	1933	265	149	3534
134	1061	1115	209	97	4471
133	3614	4174	1308	91	3248
277	5225	5829	2282	223	14774
98	2427	5869	2670	223	26963
31	2458	1528	240	35	6227
77	3210	2355	303	19	6985
86	1790	1788	655	454	16065
174	3191	4453	944	158	13083
152	3085	4254	1232	209	11123
96	1839	1482	563	246	4579
71	1706	1934	786	143	12753
171	3948	3125	2001	567	35061
21	2430	2103	1051	248	10697
4	364	457	285	39	2082
37	1286	1642	325	85	6405
57	4039	4028	604	171	12732
3	1571	1862	254	11	3459
13	3866	3157	693	48	6344
3	79	115	145	20	183
22	1314	2348	394	107	2979
8	1160	1679	439	22	1163
31	459	193	35		473
4	511	503	73		731
8	874	757	121	18	1211

幼儿园园长、专任教师学历、
Breakdown of Kindergarten Heads and Teachers by

	合 计 Total	按学历分 Brokendown by Educational Attainment				
		研究生毕业 Graduate	本科毕业 Under-graduate	专科毕业 Associate Bachelor	高中阶段毕业 High School Graduate	高中阶段以下毕业 Below High School Graduate
合 计 Total	**281145**	**72**	**13988**	**101109**	**147287**	**18689**
北 京 Beijing	1585		435	502	596	52
天 津 Tianjin	1097		180	278	568	71
河 北 Hebei	21312	3	1951	11256	7653	449
山 西 Shanxi	7884		448	3059	3832	545
内蒙古 Inner Mongolia	1995	1	208	954	770	62
辽 宁 Liaoning	12203	9	566	4986	5472	1170
吉 林 Jilin	2528	2	486	1284	686	70
黑龙江 Heilongjiang	4186	1	244	1788	1925	228
上 海 Shanghai	111	4	36	43	25	3
江 苏 Jiangsu	19599	2	1659	9430	8019	489
浙 江 Zhejiang	22911	3	841	7711	13494	862
安 徽 Anhui	6490	3	312	2965	2821	389
福 建 Fujian	13124	1	385	3804	7925	1009
江 西 Jiangxi	18768	18	394	4214	11146	2996
山 东 Shandong	39527	2	1950	11625	23664	2286
河 南 Henan	19742	5	774	8047	9712	1204
湖 北 Hubei	6969		308	2320	3937	404
湖 南 Hunan	11256	9	327	4189	6317	414
广 东 Guangdong	21826	2	391	5384	13592	2457
广 西 Guangxi	6279		170	1733	3812	564
海 南 Hainan	1127		36	398	619	74
重 庆 Chongqing	3572		138	1020	2168	246
四 川 Sichuan	13733		295	3448	8865	1125
贵 州 Guizhou	1852	1	135	833	774	109
云 南 Yunnan	6036	1	249	1948	3200	638
西 藏 Tibet	2			2		
陕 西 Shaanxi	8691	1	437	4582	3303	368
甘 肃 Gansu	2798	2	195	1197	1220	184
青 海 Qinghai	608	1	36	235	247	89
宁 夏 Ningxia	275		22	112	117	24
新 疆 Xinjiang	3059	1	380	1762	808	108

职称情况(农村)

Educational Attainment and Rank (Rural)

单位:人

unit: person

按职称分 Brokendown by Rank					
中学高级 Senior Secondary	小学高级 Senior Primary	小学一级 1st Grade Primary	小学二级 2nd Grade Primary	小学三级 3rd Grade Primary	未评职称 Rank Undecided
838	**26524**	**35620**	**10167**	**2199**	**205797**
4	395	332	49	3	802
18	723	93	1		262
27	7175	7787	812	77	5434
1	581	1403	370	134	5395
54	609	344	85	17	886
146	1739	1311	375	90	8542
45	1049	537	109	17	771
40	583	650	139	79	2695
1	21	22	11		56
43	2155	3095	784	66	13456
6	522	2277	1482	143	18481
5	739	800	179	12	4755
7	1282	1371	330	51	10083
175	685	733	302	185	16688
108	2757	5032	1047	288	30295
63	989	2554	772	305	15059
15	812	952	234	41	4915
10	582	950	476	132	9106
24	555	951	876	225	19195
5	132	350	462	96	5234
3	36	103	96	31	858
	281	503	54	8	2726
4	422	855	327	70	12055
1	204	431	94	12	1110
	403	532	195	16	4890
	1	1			
8	295	538	272	76	7502
6	398	481	100	3	1810
2	47	12	3	4	540
	31	41	6	1	196
17	321	579	125	17	2000

幼儿园校舍及

Statistics of Kindergarten Buildings

	学校占地面积 Areas Occupied	校舍建筑面积 Floor Space	教学及辅助用房 Teaching & Assistant Buildings				
			计 Total	其中 of Which			
				活动室 Recreational	睡眠室 Bedroom	保健室 Health Care Room	图书室 Picture Books
合　计 Total	**222573834**	**116932393**	**77481622**	**44869611**	**20655647**	**2688876**	**2853780**
北　京 Beijing	4007080	2375580	1323122	704215	448147	33413	39171
天　津 Tianjin	1953365	989026	629898	394815	163908	20100	17839
河　北 Hebei	14105645	4557191	3027898	1807843	736208	142998	138846
山　西 Shanxi	6529591	2958327	1894695	1189221	402831	72639	85117
内蒙古 Inner Mongolia	4717817	1641959	1040493	567935	286500	31926	34839
辽　宁 Liaoning	7309909	3447541	2406445	1305924	685380	109633	105604
吉　林 Jilin	2574994	1187430	828856	437355	256188	32138	30924
黑龙江 Heilongjiang	4009655	1781988	1179852	633448	354937	57498	51844
上　海 Shanghai	5907569	3859702	2104397	1333183	451327	49717	48151
江　苏 Jiangsu	19710276	10140967	6693137	3973366	1600763	162404	214587
浙　江 Zhejiang	15288644	9993537	6481877	3804827	1954546	159652	192938
安　徽 Anhui	5196824	2517124	1761952	1058827	396530	67094	69836
福　建 Fujian	7098367	4789082	3217032	2083456	727511	81931	80297
江　西 Jiangxi	6632994	4170578	3033824	1652608	813235	136556	126262
山　东 Shandong	26399292	8963429	5982234	3810933	1292554	192828	241313
河　南 Henan	12479006	5749614	4029655	2272595	1072314	159920	166305
湖　北 Hubei	5790236	3403644	2315759	1264714	702538	94307	84990
湖　南 Hunan	8843918	5375419	3709229	1854439	1149918	207650	177994
广　东 Guangdong	21400482	16556430	10605863	6362031	2837247	313348	409264
广　西 Guangxi	4822421	3316616	2267089	1259205	709197	90060	79697
海　南 Hainan	1200469	678145	420019	222913	113914	17307	18877
重　庆 Chongqing	3557951	2199843	1559810	812525	391506	61613	60483
四　川 Sichuan	8747528	5198508	3627539	1944521	946280	137793	126773
贵　州 Guizhou	2373042	1420125	985514	533018	301627	38091	37171
云　南 Yunnan	5167030	3016879	1989169	1102275	597559	70270	65892
西　藏 Tibet	301275	120882	69214	34214	18130	3716	1764
陕　西 Shaanxi	4186394	2326719	1576698	886270	454174	59572	66197
甘　肃 Gansu	3346709	1353497	897600	568961	194607	29438	31819
青　海 Qinghai	1188411	370586	228389	129595	63648	6080	6078
宁　夏 Ningxia	940987	419695	271070	160680	86162	9175	7805
新　疆 Xinjiang	6785953	2052330	1323293	703699	446261	40009	35103

其他情况(总计)

and Others(Regional Aggregates)

单位:平方米

unit: m^2

行政办公用房 Administrative				校舍面积中 of Floor Space:				
计 Total	其中:教师办公室 of Which: Office	生活用房 Residential and Welfare	其他用房 for other Purposes	危房面积 Floor Space of Dilapidated Buildings	当年新增 Added in Current Year	幼儿园中户外活动场 Areas for Out-door Activities	图书(册) Picture Books	教学用录像录音带(盘) Tapes for Teaching
9287502	**5702972**	**12870232**	**17293037**	**1618047**	**2966744**	**86190520**	**98891938**	**13821609**
218884	92396	312486	521088	1665	62279	1633965	2314954	317704
84556	48896	110878	163694	30	20459	916318	713038	104696
465591	334061	409984	653718	49687	211335	5677387	5723659	531343
353569	247816	314332	395731	42155	132060	2727643	3112162	419021
156728	100626	201624	243114	78073	47334	1602039	917742	157122
258141	140929	347160	435795	28425	14559	3422770	3019582	464335
86494	55204	128018	144062	8639	23905	1057653	813969	127287
149970	86964	204851	247315	13904	19120	1597492	1124682	209342
304723	130673	513061	937521		238931	1753317	1857106	138174
733724	409503	952407	1761699	2422	436930	7992717	11597226	943968
725724	423565	1105575	1680361	570	237631	6654884	10035918	1318968
225229	145328	265654	264289	40887	39179	1872701	1978075	336864
345514	218667	489921	736615	7344	71399	3001297	2085943	449728
292658	201363	426731	417365	22019	51982	2119270	1997153	420198
868137	609687	806600	1306458	28182	148659	11993306	8090653	1036650
567107	369940	511422	641430	16540	66812	4341063	4423006	730710
246472	144982	432483	408930	118249	36359	2065678	2059503	346326
453565	288120	613808	598817	23610	79736	2684859	4238760	649709
972734	563280	1905189	3072644	5807	117248	8554374	13787835	2359725
204014	128272	448997	396516	21723	105674	1825292	1715555	365209
50808	26790	109077	98241	20202	9252	439491	446273	83378
168201	98061	223592	248240	25533	18726	1308181	1801626	253210
365663	225161	628962	576344	143809	311099	3158698	5183412	691819
110382	68592	159099	165130	10863	33534	788119	1237940	154243
227186	126834	482953	317571	652114	152087	1622825	2756809	398438
10109	7523	18482	23077		865	51829	42548	6701
258742	165720	245351	245928	16020	33452	1531212	2755459	372199
142837	104947	155059	158001	169778	26604	1052163	1557900	197864
30607	17481	61719	49871	32398	8553	330914	212679	29336
48352	28455	39183	61090	3701	9608	384740	327577	36639
161081	93136	245574	322382	33698	201373	2028323	963194	170503

幼儿园校舍及

Statistics of Kindergarten

	学校占地面积 Areas Occupied	校舍建筑面积 Floor Space	教学及辅助用房 Teaching & Assistant Buildings				
			计 Total	其中 of Which			
				活动室 Recreational	睡眠室 Bedroom	保健室 Health Care Room	图书室 Picture Books
合 计 Total	**71593614**	**48434131**	**31367445**	**18142949**	**9397637**	**819521**	**986025**
北 京 Beijing	2999279	1974713	1111811	581614	388194	27433	32757
天 津 Tianjin	760282	511046	302759	181072	92195	6744	7893
河 北 Hebei	2647087	1440647	946474	525333	316261	25022	28853
山 西 Shanxi	2000089	1234589	773977	425074	243620	22795	25373
内蒙古 Inner Mongolia	1416594	776569	485324	260191	153227	13659	15017
辽 宁 Liaoning	3733913	2178706	1465281	801933	433197	56247	53161
吉 林 Jilin	893209	527353	357287	189774	120493	13092	12916
黑龙江 Heilongjiang	1707460	938447	582941	315016	189350	28246	23455
上 海 Shanghai	2668168	1820082	999375	638000	199280	24506	23095
江 苏 Jiangsu	5333371	3700800	2392996	1423775	658439	43672	66008
浙 江 Zhejiang	4891785	3802941	2429344	1450899	740417	46505	63436
安 徽 Anhui	1815901	1152966	791263	459135	232876	22490	27690
福 建 Fujian	2287597	1818204	1220196	776758	324026	23867	26557
江 西 Jiangxi	1055531	809089	550650	297810	183321	16513	18675
山 东 Shandong	5995197	3137807	2062597	1214306	596611	54237	75620
河 南 Henan	4064227	2453767	1698043	956128	556960	44805	52878
湖 北 Hubei	2307338	1665252	1127925	651651	356564	30106	35192
湖 南 Hunan	2732142	1908952	1328741	679210	451462	55150	54705
广 东 Guangdong	9665967	8280195	5206160	3256793	1379298	116116	172974
广 西 Guangxi	1367989	982313	629326	357880	194817	14518	16907
海 南 Hainan	402050	252939	151333	84302	48264	5028	6313
重 庆 Chongqing	847591	628998	428029	229289	143534	11932	14906
四 川 Sichuan	2708524	1876044	1298552	696933	406962	36206	39299
贵 州 Guizhou	860737	610862	424017	227639	143591	11943	14841
云 南 Yunnan	1267744	907031	580710	336586	185340	13309	16150
西 藏 Tibet	119579	60640	32724	18005	9783	1008	604
陕 西 Shaanxi	1615542	1073440	757454	428013	245843	18831	22109
甘 肃 Gansu	1068707	644869	426032	240862	131253	12372	13818
青 海 Qinghai	306295	168603	110233	62154	35637	3431	3167
宁 夏 Ningxia	374081	212674	138319	82345	43249	4880	3583
新 疆 Xinjiang	1679638	883593	557572	294469	193573	14858	18073

其他情况(城市)
Buildings and Others(Urban)

单位:平方米
unit: m^2

行政办公用房 Administrative		生活用房 Residential and Welfare	其他用房 for other Purposes	校舍面积中 of Floor Space:		幼儿园中户外活动场 Areas for Out-door Activities	图书(册) Picture Books	教学用录像录音带(盘) Tapes for Teaching
计 Total	其中:教师办公室 of Which: Office			危房面积 Floor Space of Dilapidated Buildings	当年新增 Added in Current Year			
3589334	**1816972**	**5251742**	**8225610**	**319886**	**787775**	**28917770**	**42538583**	**6444553**
178895	70967	263790	420217	1366	38261	1210505	1958823	283220
43808	18329	66161	98318	30	340	334472	294144	56700
126576	72719	130005	237592	4718	49138	1020072	1584348	192969
116081	60855	147692	196839	3996	41972	785422	1050576	171931
73952	39671	98131	119162	21629	15566	594506	520458	91920
164258	77526	235197	313970	902	9060	1656236	1833169	310715
36333	20943	54962	78771	668	9282	353435	343895	50666
76143	36395	110632	168731	90	7771	703475	485871	107977
144444	63373	238557	437706		73955	843989	739038	72945
249899	119823	366273	691632	273	77262	2347261	4086129	423048
268344	145341	403937	701316		60646	2075486	3790001	489382
96073	50867	118153	147477	9144	7121	682483	930751	148118
123856	67736	164054	310098	1802	23375	1000820	961119	221350
47640	24181	69248	141551	1082	9207	420616	443673	92710
270273	147164	289500	515437	2471	42921	2460772	3118001	425463
213309	110746	198566	343849	5421	18418	1526109	2029268	321275
122422	61071	189846	225059	36212	19349	947627	1063945	188232
141410	76420	179897	258904	2651	28731	954774	1844616	269758
478781	241841	919088	1676166	1321	44096	4231319	7090807	1407377
58907	28848	145251	148829	5046	47242	581738	621906	117483
17044	8261	41162	43400	365	1130	146998	241263	36849
43701	21269	58678	98590	350	2529	312209	430770	78284
131899	64600	206535	239058	28220	81504	1017414	1935684	264009
45704	24049	63273	77868	1055	11473	321103	669558	72852
63136	31485	164488	98697	153697	29116	407911	1083311	156957
3302	2183	6996	17618		661	22420	30982	6031
90963	47217	109134	115889	5169	7707	619450	1697630	159177
51664	31113	75856	91317	23032	14452	412726	784481	94578
15561	6185	17391	25418		994	88838	141284	15508
24017	11543	20883	29455	2215	4753	167274	155487	20912
70939	34251	98406	156676	6961	9743	670310	577595	96157

幼儿园校舍及

Statistics of Kindergarten Buildings

	学校占地面积 Areas Occupied	校舍建筑面积 Floor Space	教学及辅助用房 Teaching & Assistant Buildings				
			计 Total	其中 of Which			
				活动室 Recreational	睡眠室 Bedroom	保健室 Health Care Room	图书室 Picture Books
合　计 Total	**70337785**	**39437846**	**26386309**	**15099463**	**7007751**	**923077**	**950301**
北　京 Beijing	539238	241985	128477	76350	38159	3418	4035
天　津 Tianjin	860432	384849	260850	163030	67001	9831	7190
河　北 Hebei	2962205	1222175	822631	467008	231829	31500	34351
山　西 Shanxi	1380120	755182	481740	331709	85730	16640	18630
内蒙古 Inner Mongolia	1839087	661329	422569	239347	108668	12799	14361
辽　宁 Liaoning	676223	328632	251161	136458	74229	12143	11417
吉　林 Jilin	1141501	520349	368894	192890	104186	13618	13787
黑龙江 Heilongjiang	1085876	518014	367109	195699	107345	17262	15047
上　海 Shanghai	3206544	2020756	1097420	690679	249820	24930	24791
江　苏 Jiangsu	7515191	3738553	2496162	1403296	562823	60932	76149
浙　江 Zhejiang	6025985	3833830	2476893	1442584	746069	62459	75154
安　徽 Anhui	1740442	810630	584187	372292	102314	22115	23527
福　建 Fujian	1954648	1340038	888669	589306	178608	23092	21281
江　西 Jiangxi	2504364	1738156	1287438	697902	371625	54913	52954
山　东 Shandong	5752982	2021619	1335389	846507	312592	46229	51945
河　南 Henan	3659804	1673825	1204234	696936	285595	49554	53660
湖　北 Hubei	1676062	994089	679030	363005	209425	29449	24829
湖　南 Hunan	3183451	2031530	1430061	721348	441301	80269	66026
广　东 Guangdong	7516870	5735515	3703806	2111624	1045514	124515	151674
广　西 Guangxi	2304460	1696535	1184252	655731	374318	47678	42886
海　南 Hainan	551942	308137	197583	101921	47021	8016	8669
重　庆 Chongqing	1781269	1150153	833096	433228	206716	32684	31225
四　川 Sichuan	3479229	2090112	1456160	774602	357373	57809	49295
贵　州 Guizhou	1039898	612380	433073	234634	127515	20218	16711
云　南 Yunnan	2326504	1409004	952243	527772	297392	28128	25260
西　藏 Tibet	180731	59532	36164	15883	8347	2708	1160
陕　西 Shaanxi	875355	541201	351863	203379	97528	12840	14500
甘　肃 Gansu	796069	349908	236570	169654	33787	6882	8560
青　海 Qinghai	316818	117253	69116	43528	18412	1462	1547
宁　夏 Ningxia	376723	164978	111072	65354	37281	2759	3291
新　疆 Xinjiang	1087762	367597	238397	135807	79228	6225	6389

其他情况(县镇)
and Others (County City & Towns)

单位:平方米
unit: m²

行政办公用房 Administrative		生活用房 Residential and Welfare	其他用房 for other Purposes	校舍面积中 of Floor Space:		幼儿园中户外活动场 Areas for Out-door Activities	图书(册) Picture Books	教学用录像录音带(盘) Tapes for Teaching
计 Total	其中:教师办公室 of Which: Office			危房面积 Floor Space of Dilapidated Buildings	当年新增 Added in Current Year			
3020092	**1921736**	**4449796**	**5581649**	**849768**	**1141458**	**26306109**	**32315237**	**4213606**
24359	12382	29857	59292		3215	238235	232046	21173
31470	22093	38277	54252		10637	395241	287400	36238
120406	78865	115511	163627	15722	69907	1191229	1429917	160256
98301	69710	79264	95877	16469	40706	609477	817897	99573
60973	43418	74996	102791	41092	22281	698770	304241	51115
23265	13578	27154	27052	3962	1107	339168	263425	45305
38621	26075	59845	52989	6610	6345	464087	353070	58816
49367	32597	55924	45614	11298	3535	434105	413206	66143
158833	66424	271462	493041		158824	897626	1112753	64311
266931	151813	327006	648454	605	158800	2865387	4292628	307511
277117	165803	419111	660709	430	117352	2650547	3983594	502758
74221	53163	79942	72280	19182	20432	622684	618215	114605
95434	62629	144245	211690	3230	14143	857598	583708	112277
119484	81680	173618	157616	17516	27955	812316	893000	175013
179371	132188	193682	313177	11245	42352	2602810	1912608	232700
165535	119097	152673	151383	6134	18386	1231473	1243757	197683
69207	45905	136924	108928	48307	3309	541303	609216	91013
168823	109316	237095	195551	12441	32446	968109	1458296	241371
325713	204893	709382	996614	3636	41280	2720109	4551109	644134
102326	67332	220306	189651	14375	35768	868665	865385	182070
21970	12292	50723	37861	17895	7877	199070	146585	35926
87582	48163	115702	113773	17621	12638	639087	844009	129215
139761	90780	265507	228684	86323	139087	1217983	2138489	253276
45787	30793	69008	64512	7956	18101	327794	449344	65041
105090	56712	212272	139399	364468	70099	719338	1191877	157798
6715	5248	11222	5431		204	29409	11566	670
65917	49161	62806	60615	9657	7982	305866	507928	74181
40251	32280	38219	34868	101938	9103	237463	438258	46648
8321	5280	21415	18401	7635	6587	129644	48859	9249
19310	13118	14625	19971		4439	149747	154924	13432
29631	18948	42023	57546	4021	36561	341769	157927	24105

幼儿园校舍及

Statistics of Kindergarten

	学校占地面积 Areas Occupied	校舍建筑面积 Floor Space	教学及辅助用房 Teaching & Assistant Buildings				
			计 Total	其中 of Which			
				活动室 Recreational	睡眠室 Bedroom	保健室 Health Care Room	图书室 Picture Books
合　计 Total	**80642435**	**29060416**	**19727868**	**11627199**	**4250259**	**946278**	**917454**
北　京 Beijing	468563	158882	82834	46251	21794	2562	2379
天　津 Tianjin	332651	93131	66289	50713	4712	3525	2756
河　北 Hebei	8496353	1894369	1258793	815502	188118	86476	75642
山　西 Shanxi	3149382	968556	638978	432438	73481	33204	41114
内蒙古 Inner Mongolia	1462136	204061	132600	68397	24605	5468	5461
辽　宁 Liaoning	2899773	940203	690003	367533	177954	41243	41026
吉　林 Jilin	540284	139728	102675	54691	31509	5428	4221
黑龙江 Heilongjiang	1216319	325527	229802	122733	58242	11990	13342
上　海 Shanghai	32857	18864	7602	4504	2227	281	265
江　苏 Jiangsu	6861714	2701614	1803979	1146295	379501	57800	72430
浙　江 Zhejiang	4370874	2356766	1575640	911344	468060	50688	54348
安　徽 Anhui	1640481	553528	386502	227400	61340	22489	18619
福　建 Fujian	2856122	1630840	1108167	717392	224877	34972	32459
江　西 Jiangxi	3073099	1623333	1195736	656896	258289	65130	54633
山　东 Shandong	14651113	3804003	2584248	1750120	383351	92362	113748
河　南 Henan	4754975	1622022	1127378	619531	229759	65561	59767
湖　北 Hubei	1806836	744303	508804	250058	136549	34752	24969
湖　南 Hunan	2928325	1434937	950427	453881	257155	72231	57263
广　东 Guangdong	4217645	2540720	1695897	993614	412435	72717	84616
广　西 Guangxi	1149972	637768	453511	245594	140062	27864	19904
海　南 Hainan	246477	117069	71103	36690	18629	4263	3895
重　庆 Chongqing	929091	420692	298685	150008	41256	16997	14352
四　川 Sichuan	2559775	1232352	872827	472986	181945	43778	38179
贵　州 Guizhou	472407	196883	128424	70745	30521	5930	5619
云　南 Yunnan	1572782	700844	456216	237917	114827	28833	24482
西　藏 Tibet	965	710	326	326			
陕　西 Shaanxi	1695497	712078	467381	254878	110803	27901	29588
甘　肃 Gansu	1481933	358720	234998	158445	29567	10184	9441
青　海 Qinghai	565298	84730	49040	23913	9599	1187	1364
宁　夏 Ningxia	190183	42043	21679	12981	5632	1536	931
新　疆 Xinjiang	4018553	801140	527324	273423	173460	18926	10641

其他情况(农村)
Buildings and Others (Rural)

单位:平方米
unit: m^2

行政办公用房 Administrative		生活用房 Residential and Welfare	其他用房 for other Purposes	校舍面积中 of Floor Space:		幼儿园中户外活动场 Areas for Out-door Activities	图书(册) Picture Books	教学用录像录音带(盒) Tapes for Teaching
计 Total	其中:教师办公室 of Which: Office			危房面积 Floor Space of Dilapidated Buildings	当年新增 Added in Current Year			
2678076	**1964264**	**3168694**	**3485778**	**448393**	**1037511**	**30966641**	**24038118**	**3163450**
15630	9047	18839	41579	299	20803	185225	124085	13311
9278	8474	6440	11124		9482	186605	131494	11758
218609	182477	164468	252499	29247	92290	3466086	2709394	178118
139187	117251	87376	103015	21690	49382	1332744	1243689	147517
21803	17537	28497	21161	15352	9487	308763	93043	14087
70618	49825	84809	94773	23561	4392	1427366	922988	108315
11540	8186	13211	12302	1361	8278	240131	117004	17805
24460	17972	38295	32970	2516	7814	459912	225605	35222
1446	876	3042	6774		6152	11702	5315	918
216894	137867	259128	421613	1544	200868	2780069	3218469	213409
180263	112421	282527	318336	140	59633	1928851	2262323	326828
54935	41298	67559	44532	12561	11626	567534	429109	74141
126224	88302	181622	214827	2312	33881	1142879	541116	116101
125534	95502	183865	118198	3421	14820	886338	660480	152475
418493	330335	323418	477844	14466	63386	6929724	3060044	378487
188263	140097	160183	146198	4985	30008	1583481	1149981	211752
54843	38006	105713	74943	33730	13701	576748	386342	67281
143332	102384	196816	144362	8518	18559	761976	935848	138580
168240	116546	276719	399864	850	31872	1602946	2145919	308214
42781	32092	83440	58036	2302	22664	374889	228264	65656
11794	6237	17192	16980	1942	245	93423	58425	10603
36918	28629	49212	35877	7562	3559	356885	526847	45711
94003	69781	156920	108602	29266	90508	923301	1109239	174534
18891	13750	26818	22750	1852	3960	139222	119038	16350
58960	38637	106193	79475	133949	52872	495576	481621	83683
92	92	264	28					
101862	69342	73411	69424	1194	17763	605896	549901	138841
50922	41554	40984	31816	44808	3049	401974	335161	56638
6725	6016	22913	6052	24763	972	112432	22536	4579
5025	3794	3675	11664	1486	416	67719	17166	2295
60511	39937	105145	108160	22716	155069	1016244	227672	50241

第二部分
Part Ⅱ

办 学 条 件
PHYSICAL FACILITIES

一、教育经费
Public Expenditure on Education

全国教育经费来源和支出情况

Sources of Educational Funds and Expenditure for Education

单位：万元

unit：10,000 yuan

年份 Year	合计 Total	国家财政性教育经费 Government Appropriation for Education	#预算内教育经费 Budgetary Educational Funds	民办学校办学经费 School funding for private Schools	社会捐资经费 Donor funding for the community	事业收入 Income from Teaching Research and Other Auxiliary Activity	学杂费 Tuition	其他教育经费 Other Educational Funds
1992	8670490.5	7287505.8	5387381.7		696285.2		439319.3	
1993	10599374.4	8677618.3	6443914.0	33322.7	701856.1		871476.9	
1994	14887812.6	11747395.6	8839794.7	107795.2	974487.1		1469228.1	
1995	18779501.1	14115233.3	10283930.0	203671.5	1628414.0		2012422.5	
1996	22623393.5	16717045.5	12119133.6	261998.9	1884189.5		2610361.2	
1997	25317325.7	18625416.3	13577262.1	301746.4	1706587.6		3260792.0	
1998	29490592.0	20324526.0	15655917.0	480314.0	1418537.0	6091514.9	3697474.0	1175699.9
1999	33490416.4	22871756.1	18157597.3	628957.1	1258694.2	7497173.7	4636107.9	1233835.3
2000	38490805.8	25626055.7	20856792.0	858537.2	1139556.9	9382716.7	5948304.3	1483939.3
2001	46376626.2	30570099.5	25823761.9	1280895.2	1128851.8	11575137.1	7456013.5	1821642.6
2002	54800277.6	34914047.5	31142383.3	1725548.7	1272791.0	14609168.8	9227791.7	2278721.6
2003	62082653.0	38506236.6	34538582.6	2590147.8	1045926.9	17218399.1	11214984.7	2721942.6
2004	72425989.2	44658574.8	40278158.0	3478528.8	934203.8	20114268.0	13465517.3	3240413.8
2005	84188390.5	51610759.3	46656939.0	4522185.0	931612.9	23399990.9	15530544.6	3723842.4
2006	98153086.5	63483647.5	57956138.0	5490583.0	899077.6	24073042.2	15523301.0	4206736.2
2007	121480663.0	82802142.1	76549081.9	809337.4	930583.9	31772357.3	21309082.2	5166242.3
2008	145007374.2	104496295.6	96855601.9	698479.3	1026663.3	33670710.7	23492982.8	5115225.3

注：2007 年对部分教育经费统计指标进行了修订，表中 1992－2006 年“民办学校办学经费”是指社会团体和公民个人办学总经费，2007－2008 年的是指民办学校中举办者投入。

各地区教育经费来
Sources of Educational Fund and Expenditure

地区 Region	合　计 Total	国家财政性教育经费 Government Appropriation for Education	#预算内教育经费 Budgetary Educational Funds
中 央 Central Government	15690032.4	9816067.8	9626220.9
地 方 Local Government	129317341.8	94680227.8	87229381.0
北 京 Beijing	4690165.9	3833067.8	3518412.9
天 津 Tianjin	2060842.6	1493682.3	1371558.7
河 北 Hebei	5584913.9	4171281.2	3829876.7
山 西 Shanxi	3328404.4	2568475.7	2299361.1
内蒙古 Inner Mongolia	2625527.0	2185264.4	2039943.1
辽 宁 Liaoning	4792311.1	3674924.8	3370673.2
吉 林 Jilin	2714194.5	2111975.1	2005780.1
黑龙江 Heilongjiang	3386550.7	2649171.2	2476992.7
上 海 Shanghai	4823025.8	3674054.6	3198434.5
江 苏 Jiangsu	9964272.2	6484817.6	5700220.1
浙 江 Zhejiang	7972833.8	5172415.0	4306161.6
安 徽 Anhui	4383731.6	3175812.9	2982954.3
福 建 Fujian	3898540.9	2763596.9	2558583.9
江 西 Jiangxi	3333171.2	2217897.2	2129145.5
山 东 Shandong	7749147.5	5747057.6	5103148.5
河 南 Henan	6561522.8	4976899.7	4738248.4
湖 北 Hubei	4519592.5	2805034.6	2594086.6
湖 南 Hunan	5066050.1	3436066.3	3246051.4
广 东 Guangdong	11661553.6	8013743.5	7526041.2
广 西 Guangxi	3476223.2	2650049.6	2509308.5
海 南 Hainan	928981.1	686993.2	600001.2
重 庆 Chongqing	2662580.3	1813613.8	1714121.4
四 川 Sichuan	6578338.4	4894706.9	4598997.8
贵 州 Guizhou	2709138.1	2300187.7	2158371.9
云 南 Yunnan	3422932.3	2823329.4	2688968.9
西 藏 Tibet	494122.3	478393.5	475482.1
陕 西 Shaanxi	3806168.3	2659057.6	2516850.3
甘 肃 Gansu	2310200.0	1960155.1	1894402.3
青 海 Qinghai	608033.6	547864.2	532405.9
宁 夏 Ningxia	702611.5	575667.1	542082.6
新 疆 Xinjiang	2501660.6	2134971.3	2002713.6

注:2007 年对部分教育经费统计指标进行了修订,表中 1992 - 2006 年"民办学校办学经费"是指社会团体和公民个人办学总经费,

源和支出情况(2008 年)
for Education by Region(2008)

单位：万元
unit：10,000 yuan

民办学校办学经费 School funding for private Schools	社会捐资经费 Donor funding for the community	事业收入 Income from Teaching Research and Other Auxiliary Activity	学杂费 Tuition	其他教育经费 Other Educational Funds
0.0	138558.3	4784689.5	2356897.3	950716.8
698479.3	888105.0	28886021.2	21136085.5	4164508.5
13447.0	42640.3	677724.4	474316.8	123286.4
3093.8	11329.1	486470.4	353328.0	66267.0
10605.5	4971.3	1196773.3	959853.9	201282.6
25208.3	7934.5	697024.5	489347.6	29761.4
11435.9	4359.4	386118.1	306594.6	38349.2
25736.8	2544.0	1011818.6	822526.9	77286.9
6694.3	4434.9	564681.7	413862.2	26408.5
11413.4	1303.2	703262.3	581224.9	21400.6
4816.2	12761.7	835426.5	688203.4	295966.8
31551.1	147410.4	2650610.3	1701434.3	649882.8
20620.3	177645.5	2035377.9	1456349.8	566775.1
59818.5	24493.3	1039294.4	769030.0	84312.5
51116.8	35438.9	956422.3	675808.8	91966.0
14119.2	11370.0	947035.5	759221.2	142749.3
23057.2	24127.8	1801349.5	1309904.0	153555.4
39888.9	3850.4	1424592.0	1117058.7	116291.8
38819.6	13436.5	1409746.8	1053592.2	252555.0
35151.5	20763.7	1376082.0	1036896.8	197986.6
119169.5	89064.4	3088448.2	2272900.4	351128.0
34687.1	10847.1	719822.3	536922.4	60817.1
6586.6	24976.0	182684.8	126289.1	27740.5
13241.5	54097.6	612314.6	416073.2	169312.8
61106.1	75537.3	1437697.9	824237.8	109290.2
8404.7	7624.7	359475.3	242810.5	33445.7
4831.1	22611.4	500736.5	384068.9	71423.9
107.4	336.5	15183.2	9995.0	101.7
18998.7	11497.9	1012481.6	812640.3	104132.5
1244.6	10922.0	320148.8	250266.5	17729.5
571.5	1071.0	48622.7	33391.7	9904.2
2060.5	23401.4	82662.7	58631.9	18819.8
875.7	5302.8	305932.1	199303.7	54578.7

2007 年的是指民办学校中举办者投入。

各类学校教育经费

Sources of Educational Fund and Expenditure

学校类别 Type of Schools	合计 Total	国家财政性教育经费 Government Appropriation for Education	#预算内教育经费 Budgetary Educational Funds
全国总计 National Total	**145007374.2**	**104496295.6**	**96855601.9**
中央 Central Government	15690032.4	9816067.8	9626220.9
地方 Local Government	129317341.8	94680227.8	87229381.0
按学校类别分组 Grouped by Type of Schools			
高等学校 Institutions of Higher Education	43468779.5	20624560.4	19986368.5
普通高等学校 Regular Institutions of Higher Education	42102369.3	20035115.8	19446803.7
成人高等学校 Adult Institutions of Higher Education	1366410.2	589444.6	539564.8
中等职业学校 Specialized Secondary Schools	10492435.1	6822714.4	5855492.1
中等专业学校	4378242.8	2658848.3	2385191.9
职业高中	4342575.4	3089551.3	2494304.3
技工学校 Technical Schools	1148414.6	640771.4	570951.5
成人中专学校 Adult Specialized Secondary Schools	623202.3	433543.4	405044.4
中学 Secondary Schools	41291005.6	32146828.1	29285707.6
普通中学 Regular Secondary Schools	41239914.3	32120255.7	29263302.7
普通高中 Regular Senior Secondary Schools	16022355.8	9612420.0	8378922.4
普通初中 Regular Junior Secondary Schools	25217558.5	22507835.7	20884380.3
#农村 Rural	14282394.8	13572233.7	12837203.5
成人中学 Adult Secondary Schools	51091.3	26572.4	22404.9
小学 Primary Schools	35512328.0	32984118.0	31129001.6
普通小学 Regular Primary Schools	35507036.5	32978951.7	31123861.9
#农村 Rural	22981914.8	22236241.0	21363735.3
成人小学 Adult Primary Schools	5291.5	5166.3	5139.7
特殊教育学校 Schools of Special Education	410125.1	382492.0	333761.3
幼儿园 Kindergartens	1988415.7	1329444.0	1227864.5
教育行政单位	2659506.7	2358725.0	1976316.9
教育事业单位	5698155.6	4669139.7	3897287.1
其它 Others	3486622.9	3178274.0	3163802.3

来源和支出情况（2008 年）

Education in Various School(2008)

单位：万元

unit：10,000 yuan

民办学校办学经费 School funding for private Schools	社会捐资经费 Donor funding for the community	事业收入 Income from Teaching Research and Other Auxiliary Activity	学杂费 Tuition	其他教育经费 Other Educational Funds
698479.3	**1026663.3**	**33670710.7**	**23492982.8**	**5115225.3**
0.0	138558.3	4784689.5	2356897.3	950716.8
698479.3	888105.0	28886021.2	21136085.5	4164508.5
301686.5	290000.0	19328769.5	14742862.2	2923763.1
301686.5	286343.0	18644141.7	14181276.7	2835082.3
0.0	3657.0	684627.8	561585.5	88680.8
94753.5	30597.8	3224120.8	2623644.4	320248.6
37435.8	16353.5	1515101.4	1269790.6	150503.8
51797.1	12715.1	1078745.5	884991.1	109766.4
3538.4	799.5	465315.1	375069.7	37990.2
1982.2	729.7	164958.8	93793.0	21988.2
196998.4	368121.0	7665882.9	4789156.5	913175.2
196993.4	368078.9	7643671.6	4782959.3	908914.7
87645.2	155033.9	5696493.4	3926918.9	470763.3
109348.2	213045.0	1949178.2	856040.4	438151.4
21037.0	82296.8	441222.8	117344.9	165604.5
5.0	42.1	20211.3	6197.2	4260.5
104856.5	269479.3	1687494.2	767625.7	466380.0
104856.5	269479.3	1687376.5	767625.7	466372.5
21073.1	123320.6	405861.9	107332.1	195418.2
0.0	0.0	117.7	0.0	7.5
184.4	4302.2	13068.1	107.2	10078.4
0.0	14505.1	602944.8	489216.5	41521.8
0.0	22947.7	176070.9	0.0	101763.1
0.0	25108.3	720273.6	0.0	283634.0
0.0	1601.9	252085.9	80370.3	54661.1

二、教育基本建设投资
Capital Construction Investment in the Educational Sector

学校类别 Type of School	投资合计 Total Investment Completed in the Curent year (10 Thousand Yuan)	本年完成投资按 Investment by source of			
		国家预算内 Budgetary Allocation			
		计 Sub-total	中　央 Central	省级 Local	计 Sub-total
总　计 Total	**23698942**	**13059903**	**3524696**	**9535207**	**9731791**
普通高等学校 Regular Institutions of Higher Education	8954822	1688124	144283	1543842	7028601
中等师范学校 Teacher Teaining Schools	1913191	1305882	260555	1045327	500056
普通中学 Regular Secondary Schools	7737840	6088003	1973929	4114075	1328573
职业中学 Vocational Schools	18565	13436	9238	4199	4868
小学 primary Schools	4128414	3324123	978382	2345741	583336
幼儿园 Kindergartens	116660	93512	35039	58474	20545
特殊教育学校 Special Education Schools	413945	243574	79201	164373	158856
其他 Other	415506	303248	44071	259177	106955

投资完成情况(总计)

Investment in the Educational Sector(Regional Aggregates)

资金来源分(万元) Fund (10 Thousand Yuan)			本年竣工建筑面积(平方米) Building Floor Area Completed (m^2)			
自筹资金及其他 Self-raised Fund And Others Sources						
其中 of Which:						
学校自筹 Raised by School	个人捐资 Individual Donations	其　他 Other Sources	合　计 Total	教学及辅助用房 Teaching & Administrative	行政办公用房 Adm. Building Rooms for other purposes	其他用房 Others
9398587	**333203**	**907249**	**121923839**	**70126551**	**4578928**	**47218360**
6777935	250666	238096	31178868	15667867	1046675	14464326
490856	9199	107253	10731304	6860545	422820	3447939
1289175	39398	321264	48383189	24727258	1748697	21907234
4868	0	261	105294	81479	2993	20822
557047	26289	220955	27264299	19354934	1195539	6713826
20383	163	2602	609622	456173	25844	127605
154599	4257	11515	1895401	1614700	55274	225427
103725	3230	5303	1755862	1363595	81086	311181

地方所属各级学校
Data on the Completion of Capital Construction

学校类别 Type of School	投资合计(万元) Total Investment Completed in the Curent year (10 Thousand Yuan)	本年完成投资按 Investment by source of			
		国家预算内 Budgetary Allocation			
		计 Sub-total	中 央 Central	省级 Local	计 Sub-total
合 计 Total	**23698942**	**13059903**	**3524696**	**9535207**	**9731791**
北 京 Beijing	167570	145842	0	145842	20697
天 津 Tianjin	188560	14119	780	13339	144276
河 北 Hebei	759860	413925	100366	313558	327790
山 西 Shanxi	260697	158193	38575	119618	80919
内蒙古 Inner Mongolia	599874	262865	38208	224658	280574
辽 宁 Liaoning	545096	304794	12255	292539	206883
大 连 Dalian	60254	46567	0	46567	259
吉 林 Jilin	386201	182550	36803	145747	195216
黑龙江 Heilongjiang	1466717	151689	32336	119354	1304724
上 海 Shanghai	546681	248787	0	248787	297894
江 苏 Jiangsu	1965567	995265	3910	991355	867986
浙 江 Zhejiang	996199	699924	5640	694284	273511
宁 波 Ningbo	171238	142385	470	141915	28853
安 徽 Anhui	740888	361689	97028	264662	334766
福 建 Fujian	419158	106859	16127	90732	258403
厦 门 Xiamen	99569	69287	0	69287	27467
江 西 Jiangxi	430369	212471	80983	131488	191327
山 东 Shandong	1017492	449818	12712	437106	437531
青 岛 Qingdao	121244	113780	0	113780	500
河 南 henan	795476	316612	106192	210419	448514
湖 北 Hubei	684193	266266	69355	196911	401554
湖 南 Hunan	506494	212245	57712	154533	268904
广 东 Guangdong	1689701	1076674	6629	1070045	542984
深 圳 Shenzhen	317731	317731	0	317731	0
广 西 Guangxi	720619	393289	130045	263244	324268
海 南 Hainan	161762	101061	26686	74375	56262
重 庆 Chongqing	488766	217268	63505	153764	257397
四 川 Sichuan	2632169	1803721	1187098	616624	773963
贵 州 guizhou	387952	318575	90559	228016	68419
云 南 Yunnan	1340827	823778	184290	639488	457942
西 藏 Tibet	152043	145163	133357	11806	5992
陕 西 Shaanxi	831176	448975	152016	296959	358421
甘 肃 Gansu	956014	689006	556102	132903	253055
青 海 Qinghai	131037	108227	51612	56615	22691
宁 夏 Ningxia	253631	145979	60342	85637	107140
新 疆 Xinjiang	643730	556532	140264	416268	80316
新疆生产建设兵团 Xinjiang Construction Corps	62388	37993	32739	5254	24395

投资完成情况
Investment in the Educational Sector

资金来源分(万元) Fund (10 Thousand Yuan) 自筹资金及其他 Self-raised Fund And Others Sources 其中 of Which: 学校自筹 Raised by School	个人捐资 Individual Donations	其他 Other Sources	本年竣工建筑面积(平方米) Building Floor Area Completed (m^2) 合计 Total	教学及辅助用房 Teaching & Administrative	行政办公用房 Adm. Building Rooms for other purposes	其他用房 Others
9398587	**333203**	**907249**	**121923839**	**70126551**	**4578928**	**47218360**
20697	0	1031	397851	276449	22060	99342
144176	100	30165	273096	123453	39056	110587
321345	6445	18145	4422419	2524990	154695	1742734
73205	7713	21586	2003296	1453035	36077	514184
275074	5500	56434	3631317	1698896	132449	1799972
204372	2511	33419	3013536	2049380	58828	905328
259	0	13428	393824	372813	12126	8885
180381	14835	8435	1412036	729657	84178	598201
1302286	2438	10304	1663248	1020020	88819	554409
297894	0	0	1076274	1076274	0	0
861467	6519	102317	8696857	5095304	494394	3107159
273481	30	22763	3961672	2443414	235414	1282844
28853	0	0	733454	418788	53066	261600
330521	4245	44433	5143566	3008146	207279	1928141
258403	0	53896	2936360	1580804	114828	1240728
27467	0	2815	655787	462639	21410	171738
188526	2801	26571	3359418	1873391	131899	1354128
409396	28135	130144	5559895	3669016	263622	1627257
500	0	6964	434150	315681	25126	93343
402139	46375	30351	6291294	2836588	222462	3232244
392572	8981	16374	3979876	2027968	126915	1824993
263947	4957	25345	4447917	2370119	65465	2012333
489451	53533	70043	6349835	3648158	346244	2355433
0	0	0	445962	351103	35295	59564
310305	13963	3062	5591415	2708455	91241	2791719
54697	1565	4438	849281	412035	3744	433502
244137	13260	14101	2481940	1184351	90908	1206681
731947	42015	54485	12926657	7461311	544102	4921244
68349	70	959	2798623	1845830	59646	893147
448448	9494	59108	7378326	4095576	201377	3081373
5992	0	888	887260	391558	17658	478044
317868	40554	23780	4371988	2016275	156128	2199585
252755	300	13953	5872746	3597552	186398	2088796
22161	530	119	663120	372621	13121	277378
107020	120	512	890204	505410	47834	336960
66960	13356	6882	5521574	3960928	192018	1368628
21537	2858	0	407765	148563	3046	256156

第三部分
Part Ⅲ

科学研究活动及其他
Scientific Research Activites & Other

一、自然科学与技术
Natural Science and Technology

	教学与科研人员 Personnel Engaged in S&T Activities		研究与发展人员 R & D Personnel	
	计 Total	其中:科学家和工程师 of Which: Scientists & Engineers	计 Total	其中:科学家和工程师 of Which: Scientists & Engineers
合　计: Total	**796327**	**761292**	**315755**	**307235**
按学校规格分 Breakdown by category of HEIs				
"211"及省部共建高等学校 Key HEIs	281677	267077	148913	143550
其他本科院校 Ordinary Degree Level HEIs	443229	426068	157446	154392
高等专科学校 Short-cycle HEIs	71421	68147	9396	9293
按学校隶属分 Breakdown by Control				
部委院校 HEIs under Other Central Ministries	30282	28970	16852	16362
教育部直属院校 HEIs Under Ministry of Education	201493	190797	108073	103851
地方院校 HEIs Under Local Govermments	564552	541525	190830	187022
按学校类型分 Breakdown by Type of HEIs				
综合大学 Comprehensive Universities	240434	228174	105772	101754
工科院校 Engineering	260455	251447	108563	106776
农林院校 Agriculture	45988	43449	18914	18309
医药院校 Medicine & Pharmacy	181145	172053	55533	53922
师范院校 Teachers Training	55152	53517	22521	22052
其他院校 Others	13153	12652	4452	4422

科技人力情况
in Regular HEIs

单位:人
unit: person

研究与发展全时人员 R & D FTEs (Full-time Equivalents)		R&D 成果应用及科技服务人员 R & D Personnel		R&D 成果应用及科技服务全时人员 R & D FTEs(Full-time Equivalents)	
计 Total	其中:科学家和工程师 of Which: Scientists & Engineers	计 Total	其中:科学家和工程师 of Which: Scientists & Engineers	计 Total	其中:科学家和工程师 of Which: Scientists & Engineers
189413	**184301**	**45711**	**44328**	**27427**	**26589**
89339	86121	23560	22551	14136	13529
94454	92621	21306	20949	12783	12561
5620	5559	845	828	508	499
10110	9816	2764	2639	1658	1583
64836	62304	16837	16117	10100	9669
114467	112181	26110	25572	15669	15337
63450	61039	18163	17381	10893	10419
65129	64060	19963	19619	11981	11767
11343	10980	3361	3242	2018	1947
33316	32348	1582	1538	951	927
13507	13224	2029	1935	1217	1162
2668	2650	613	613	367	367

	拨 入 Revenues			
	合 计 Total	政府资金 Government Funds	企事业单位委托 Contract Research Fund	其 他 Others
合 计 Total	**72773500**	**40296145**	**27548395**	**4928960**
按学校规格分 Breakdown by category of HEIs				
"211"及省部共建高等学校 Key HEIs	50861523	29462700	19053604	2345219
其他本科院校 Ordinary Degree Level HEIs	21398184	10538609	8369643	2489932
高等专科学校 Short - cycle HEIs	513793	294836	125148	93809
按学校隶属分 Breakdown by Control				
部委院校 HEIs under Other Central Ministries	8257641	5337622	2652329	267690
教育部直属院校 HEIs Under Ministry of Education	38344993	21643570	14911782	1789641
地方院校 HEIs Under Local Govermments	26170866	13314953	9984284	2871629
按学校类型分 Breakdown by Type of HEIs				
综合大学 Comprehensive Universities	23198005	14106281	7792904	1298820
工科院校 Engineering	37917099	17391870	18325429	2199800
农林院校 Agriculture	5092260	4143352	597654	351254
医药院校 Medicine & Pharmacy	3221263	2554255	175536	491472
师范院校 Teachers Training	2879178	1813767	572257	493154
其他院校 Others	465695	286620	84615	94460

科技经费情况
Regular HEIs

单位:千元
unit: 1,000 yuan

支　出 Expenditures				
合　计 Total	劳务费 Personnel Costs	业务费 Non-Personnel Expenses	转拨外单位经费 Expenses on Extermal Services	其　他 Others
65738631	**1615776**	**1958205**	**5660314**	**54685081**
45498828	1293102	1423443	4385600	37191405
19774399	320443	528363	1263423	17078628
465404	2231	6399	11291	415048
7589088	70278	140446	632691	6104704
33996952	1144927	1250417	3552889	27551145
24152591	400571	567342	1474734	21029232
20712864	634219	243155	1578603	17432056
34517380	629443	1547741	3108970	28285152
4374947	215818	105020	599306	3534191
2887020	101032	37846	240955	2481247
2816467	33373	22846	126948	2547371
429953	1891	1597	5532	405064

普通高等学校研究与
Statistics of R & D Projects and

	科技课题 R&D Projects			出版科技专著（部）No. of Mono-graphs Published
	课题数(项) No. of projects	投入人数 No. of Input of S&T Manpower	实际支出 Actual Exp.	
合　计 Total	**334371**	**45345908**	**58361114**	**13898**
按学校规格分 Breakdown by category of HEIs				
"211"及省部共建高等学校 Key HEIs	171199	31943352	41867285	3606
其他本科院校 Ordinary Degree Level HEIs	156441	13187420	16211798	7406
高等专科学校 Short – cycle HEIs	6731	215136	282031	2886
按学校隶属分 Breakdown by Control				
部委院校 HEIs under Other Central Ministries	20099	4788683	6541962	529
教育部直属院校 HEIs Under Ministry of Education	127373	24461650	32056512	2459
地方院校 HEIs Under Local Govermments	186899	16095575	19762640	10910
按学校类型分 Breakdown by Type of HEIs				
综合大学 Comprehensive Universities	102847	14683154	18957552	2791
工科院校 Engineering	139827	24358463	31191267	5690
农林院校 Agriculture	24920	3228760	4244578	1354
医药院校 Medicine & Pharmacy	37538	1412252	1918848	2797
师范院校 Teachers Training	25080	1508058	1829488	976
其他院校 Others	4159	155221	219381	290

发展课题、成果情况

Achievements in Regular HEIs

单位：千元

unit：1,000 yuan

发表学术论文（篇） No. of Papers Published	成果获奖 Achieverments Awards		技术转让 Technological Transfer		知识产权授权数 No. of Awarded	专利出售 Income from License Arrangements	
	合计 Total	其中：国家奖 of Which: National Awards	合同数 No. of Contracts	收入 Actual Revenues		项数 No. of Items	实现金额 Income
703538	**4876**	**307**	**8770**	**2152646**	**24708**	**1571**	**762182**
338303	2446	211	5373	1250730	15246	866	333754
334884	2303	96	3344	838754	8914	685	424157
30351	127	0	53	63162	548	20	4271
42717	281	26	393	349090	2125	70	289359
250214	1854	172	4375	1049835	11725	697	278059
410607	2741	109	4002	733721	10858	804	194764
222188	1462	93	3402	916848	8311	479	423387
277023	1999	159	3969	967978	13869	865	264707
45550	415	33	805	176819	996	96	17080
95143	765	15	151	46518	507	28	34240
53155	185	7	242	33186	833	61	18083
10479	50	0	201	11297	192	42	4685

二、社会科学
Social Science

普通高等学校人文、

Professional Manpower in Regular HEIs in the

		学校数（所）No. of HEIs	社科活动人员（人）Personnel Engaged in Social Science Research (Person)				
			合计 Total	高级 Senior	中级 Middle	初级 Junior	其他人员 Others
	合计：Total	951	425939	157305	174668	88118	5848
按学校隶属关系分 Breakdown by Control	教育部直属院校 HEIs Under Ministry of Education	73	60104	30683	22742	6138	541
	其他部委院校 HEIs under Other Central Ministries	30	13681	5798	5404	2185	294
	地方院校 HEIs Under Local Govermments	848	352154	120824	146522	79795	5013
按学校规格分 Breakdown by category of HEIs	本科院校 Regular HEIs	717	385090	146067	158848	75278	4897
	专科院校 Short-cycle HEIs	234	40849	11238	15820	12840	951
按学校类型分 Breakdown by Type of HEIs	综合大学 Comprehensive Universities	186	119242	47154	46690	23642	1756
	理工农医院校 HEIs Science and Technology, Agriculture and Medicine	405	124145	41466	54645	26223	1811
	师范院校 Teachers Training	158	89502	32710	35974	19756	1062
	语文院校 Languages	18	10395	3895	4566	1854	80
	财经院校 Finance and Economics	82	45096	17420	18272	8925	479
	政法院校 Political Science & Law	38	12527	5168	5086	2107	166
	体育院校 Physical Culture	18	5975	2340	2283	1235	117
	艺术院校 Art	33	11597	4146	4382	2781	288
	民族院校 Minorities	13	7460	3006	2770	1595	89

社会科学人力情况

Fields of the Humanities and Social Science

研究与发展人员(人) R & D Personnel (Person)					研究与发展全时人员(人年) R & D FTEs (Man/Year)				
合 计 Total	高 级 Senior	中 级 Middle	初 级 Junior	其他人员 Others	合 计 Total	高 级 Senior	中 级 Middle	初 级 Junior	其他人员 Others
193572	99015	69550	23185	1822	55801	31128	18675	5548	450
34015	22296	9562	1653	504	12162	8372	3147	485	158
5851	3297	2023	428	103	1811	1094	573	111	32
153706	73422	57965	21104	1215	41828	21662	14955	4952	260
180351	93274	64513	20873	1691	52661	29604	17541	5090	426
13221	5741	5037	2312	131	3140	1524	1134	458	24
57878	31517	19395	6201	765	17749	10516	5488	1533	212
52777	24973	20862	6605	337	14031	7180	5249	1531	71
42429	21077	15209	5798	345	12658	6808	4294	1472	84
4837	2602	1719	488	28	1395	854	436	100	5
21013	10880	7576	2422	135	5754	3247	1960	520	27
6016	3420	1930	559	107	1732	1066	506	133	27
2514	1344	887	259	24	748	451	225	66	6
3054	1498	925	574	57	951	524	280	133	14
3054	1704	1047	279	24	783	482	237	60	4

		学校数（所）No. of HEIs	拨入 Revenues						
			合计 Total	政府项目经费 Research Funds Provided by Government	科技活动人员工资 Personnel Costs	科研基建费 Capital Constr-uction Funds for R&D	企事业单位委托项目经费 Contract Research Funds Provided by Ent. & Inst.	金融机构贷款 Loans Provided by Financial Inst.	自筹经费 Self-raised Fubds
	合计：Total	951	60777487.26	23478314.99	10628788.6	766629.23	15285163.16	6969	7359385.76
按学校规格分 Breakdown by category of HEIs	教育部直属院校 HEIs Under Ministry of Education	73	27090982.8	11376581.89	2536722.46	0	8797970.08	0	2159790.04
	其他部委院校 HEIs under Other Central Ministries	30	2165389.08	903507.34	387940.4	124000	396374.91	0	208325.41
	地方院校 HEIs Under Local Govermments	848	31521115.38	11198225.76	7704125.74	642629.23	6090818.17	6969	4991270.31
按学校规格分 Breakdown by category of HEIs	本科院校 Regular HEIs	717	59500432.74	23169708.43	10113356.34	760259.23	15242161.08	4769	6982865.19
	专科院校 Short-cycle HEIs	234	1277054.52	308606.56	515432.26	6370	43002.08	2200	376520.57
按学校类型分 Breakdown by Type of HEIs	综合大学 Comprehensive Universities	186	21835063.35	8209066.12	3474983.03	24530	6669093.85	2969	2223875.02
	理工农医院校 HEIs Science and Technology, Agriculture and Medicine	405	14114062.32	5320099.74	2531568.52	35915	4543965.34	0	925595.15
	师范院校 Teachers Training	158	10811808.91	3877893.3	2464843.51	39993	1824656.35	4000	1845457.99
	语文院校 Languages	18	1700596.57	568956.34	265735.37	1239.5	157955.26	0	614747.1
	财经院校 Finance and Economics	82	6320622.34	2742733.7	1069989.52	81628	1302379.36	0	989266.24
	政法院校 Political Science & Law	38	1646062.1	581955.02	300703.56	38295	151712.32	0	396817.46
	体育院校 Physical Culture	18	1013075.69	602355.01	165029.98	139830	51350	0	31429.7
	艺术院校 Art	33	2608966.48	1263677.76	175821.31	404198.73	523084.68	0	200662
	民族院校 Minorities	13	727229.5	311578	180113.8	1000	60966	0	131535.1

学研究与发展经费情况

Expenditure in Regular HEIs

单位:百元
unit: 100 yuan

国外资金 Foreign Funds	其他收入 Others Revenues	支出 Expenditures 合计 Total	内部支出 Intramural Expenditures 小计 Subtotal	科研人员费 Personnel Costs	业务费 Non-Personnel Expenses	科研基建费 Capital Construction Funds for R&D	仪器设备费 Instruments and Equipment	图书资料费 Books and Information	管理费 Management	其他 Others	转拨给外单位经费 Extramural Exp.
1290644.53	1961591.99	54626966.82	53913888.23	13779171.59	23390975.61	758432.21	4632840.15	5713207.19	1621917.24	4017344.24	713078.59
990508.61	1229409.72	24192981.1	23742777.37	3735778.75	12603801.56	28320	1898228	2597391.36	881371.66	1997886.04	450203.73
72388.67	72852.35	2046875.25	2001920.74	437398.51	949318.93	124000	117072.8	210369.23	60559.39	103201.88	44954.51
227747.25	659329.92	28387110.47	28169190.12	9605994.33	9837855.12	606112.21	2617539.35	2905446.6	679986.19	1916256.32	217920.35
1287019.5	1940293.97	53440340.48	52733834.91	13161427.58	23158884.76	745996.61	4487329.02	5612358.77	1599383.11	3968455.06	706505.57
3625.03	21298.02	1186626.34	1180053.32	617744.01	232090.85	12435.6	145511.13	100848.42	22534.13	48889.18	6573.02
404051.25	826495.08	19708447.14	19503035.12	4772196.11	8714344.77	71540	1431867.16	2249251.29	628077.74	1635758.05	205412.02
478291.45	278627.12	12467494.7	12174891.06	3178902.43	5657064.5	47841.6	858975.7	1066195.31	547158.3	818753.22	292603.64
203193.41	551771.35	9794368.41	9679959.91	2861361.17	3676044.24	36948	1095426.76	1220290.35	202082.93	587806.46	114408.5
34830	57133	1406749.74	1406549.74	376760.95	578817.99	20	182617.83	192171.91	17100.1	59060.96	200
35116.66	99508.86	5671757	5622923.8	1590381.93	2253604.55	31606	468430.13	592378.68	124827.18	561695.33	48833.2
95816.16	80762.58	1715956.96	1674174.38	375018.59	767114.09	38295	247492.1	132129.35	24565.63	89559.62	41782.58
4291	18790	981621.88	975126.88	183063.48	364997.79	157010	111657.78	65860.25	17327.87	75209.71	6495
3048	38474	2143643.62	2143413.62	234715.13	1045618.25	351171.61	199749.69	118580.55	41236.69	152341.7	230
32006.6	10030	736927.37	733813.72	206771.8	333369.43	24000	36623	76349.5	19540.8	37159.19	3113.65

		课题数（项）No. of Projects	当年投入人数（人年）Input of Man-year	其中：研究生 of Which: Graduate Students	当年拨入经费（百元）Revenues（100 Yuan）	当年支出经费（百元）Expenditures（100 Yuan）
	合计：Total	193383	64342.6	8955	35777444.11	29315739.74
按学校规格分 Breakdown by category of HEIs	教育部直属院校 HEIs Under Ministry of Education	53498	16692	4602.9	19549749.68	16301136.51
	其他部委院校 HEIs under Other Central Ministries	7032	2162.9	368.7	1470478.71	1233721.1
	地方院校 HEIs Under Local Govermments	132853	45487.7	3983.4	14757215.72	11780882.13
按学校规格分 Breakdown by category of HEIs	本科院校 Regular HEIs	185873	61191.5	8913.9	35436710.95	29058901.33
	专科院校 Short-cycle HEIs	7510	3151.1	41.1	340733.16	256838.41
按学校类型分 Breakdown by Type of HEIs	综合大学 Comprehensive Universities	65236	21332.2	3709	14000844.22	11918667.47
	理工农医院校 HEIs Science and Technology, Agriculture and Medicine	48509	16359.4	2370.2	10386261.54	8509750.82
	师范院校 Teachers Training	40696	14224.1	1717.6	5123638.61	4261607.36
	语文院校 Languages	4313	1559.1	180.1	578557.33	414048.3
	财经院校 Finance and Economics	20156	6246.5	549.7	3115982.59	2213564.09
	政法院校 Political Science & Law	5871	1866.7	148.8	745898.8	517245.95
	体育院校 Physical Culture	2450	831	86.3	485153	431887.04
	艺术院校 Art	3066	1033.6	84.3	982281.32	713956.11
	民族院校 Minorities	3086	890	109	358826.7	335012.6

究与发展课题、成果情况
R & D and Achievements in Regular HEIs

出版专著（部） Monographs Published (Titles)	发表论文（篇） No. of Papers Published					应用成果（项） No. of Application-oriented Results (Items)	
	合 计 Total	国内学术刊物 In Domestic Journals		国外学术刊物 In Foreign Journals	港澳台刊物	提交有关部门数 No. of Results Submitted to Relevant Agencies	鉴定成果数 No. of Results Appraised
		国内外公开发行 Published and Distributed at Home and Abroad	国内公开发行 Openly Distributed at Home				
11092	312807	241977	64894	5208	728	5679	3347
3997	71234	52903	15561	2493	277	2691	1661
482	11113	8223	2504	328	58	204	62
6613	230460	180851	46829	2387	393	2784	1624
10832	293308	226431	61023	5136	718	5490	3208
260	19499	15546	3871	72	10	189	139
3984	96615	73018	21475	1850	272	2510	1663
1904	79329	60649	16843	1737	100	1293	777
2545	71572	59381	11397	620	174	817	523
305	7484	4942	2333	181	28	54	53
1139	34606	26026	7940	549	91	713	267
520	10669	7959	2543	125	42	148	33
50	3070	2409	576	72	13	66	6
334	4142	3053	1060	24	5	10	8
311	5320	4540	727	50	3	68	17

地　区 Region	报名总数 Total	性　别 Gender 男 Male	 女 Female	政治面貌 Political Party 中共党员 Member of C. P. C	 共青团员 Member of C. Y. L	25周岁以上 Over 25 years of age
合　计 Total	10226347	5272391	4953956	25112	9613376	6602
北　京 Beijing	104434	50323	54111	482	93920	147
天　津 Tianjin	89087	42563	46524	63	84867	60
河　北 Hebei	558922	255690	303232	1711	518594	270
山　西 Shanxi	418237	207228	211009	737	382650	224
内蒙古 Inner Mongolia	246046	116198	129848	678	237761	106
辽　宁 Liaoning	278101	137296	140805	698	272101	207
吉　林 Jilin	199509	95312	104197	133	196403	115
黑龙江 Heilongjiang	236230	111852	124378	457	233325	300
上　海 Shanghai	96956	47307	49649	128	85441	55
江　苏 Jiangsu	576077	315333	260744	336	554357	69
浙　江 Zhejiang	349196	175291	173905	955	331670	25
安　徽 Anhui	604396	330986	273410	1018	564895	332
福　建 Fujian	305256	157056	148200	96	284785	78
江　西 Jiangxi	350062	208327	141735	125	307446	95
山　东 Shandong	709299	369793	339506	881	693522	548
河　南 Henan	926172	471844	454328	2167	894184	688
湖　北 Hubei	521433	287302	234131	1223	494835	567
湖　南 Hunan	506875	260191	246684	1955	482843	320
广　东 Guangdong	644807	339669	305138	1650	588386	118
广　西 Guangxi	301761	150179	151582	1099	276197	266
海　南 Hainan	57874	33483	24391	1105	49701	30
重　庆 Chongqing	195753	97919	97834	519	182900	68
四　川 Sichuan	520617	264640	255977	1594	498324	144
贵　州 Guizhou	234675	131813	102862	1140	193562	931
云　南 Yunnan	223147	110495	112652	878	207450	104
西　藏 Tibet	17505	8181	9324	364	16611	57
陕　西 Shaanxi	405033	208502	196531	1202	381572	267
甘　肃 Gansu	286670	165292	121378	967	260798	172
青　海 Qinghai	39309	19406	19903	147	34951	97
宁　夏 Ningxia	58247	29022	29225	278	53119	20
新　疆 Xinjiang	164661	73898	90763	326	156206	122

招生报名情况
Higher Educational Institutions

单位：人
unit：person

考试类型 Examinations Participated by Applicants

全国统考 National Exam.	保送生 For Recommended Students	小语种 Non-English Foreign Languages	二学位 Second Beachelor Degree	实践青年 Practising Younth	职教师资 Teachers in the Vocational School	民族体育运动训练 Nation Sport Training	高职班 Class in Tertiary Vocational Education	其他 Others
9623753	5282	2438	1895	1077	57984	22851	364604	146463
89420	98	347	317	21	64	457	10317	3393
88253	148	17	51	0	149	247	0	222
510298	2	181	0	0	295	1642	38875	7629
370871	209	173	0	0	41908	1630	0	3446
232276	51	12	478	454	146	453	12123	53
257760	147	184	195	234	67	2455	12279	4780
190633	266	69	0	0	5700	631	2139	71
223891	77	150	461	0	146	771	10156	578
74141	254	167	76	0	0	137	9478	12703
543875	340	250	9	0	330	747	15822	14704
323871	197	144	0	0	111	334	24518	21
572414	103	31	20	0	262	1268	12188	18110
293325	233	0	0	0	0	23	11675	0
340704	248	66	0	8	91	235	8523	187
662363	1040	0	0	360	13	2495	0	43028
869093	418	114	0	0	391	5434	34264	16458
497794	274	198	244	0	48	733	22014	128
476127	174	84	0	0	56	883	26764	2787
608482	390	42	14	0	19	932	33922	1006
295679	33	20	0	0	24	234	5672	99
57447	20	0	0	0	11	50	346	0
175284	127	52	30	0	591	160	19508	1
493687	234	74	0	0	1254	372	23598	1398
225692	23	2	0	0	0	50	7619	1289
208247	15	8	0	0	0	0	14793	84
15958	0	0	0	0	0	0	0	1547
394232	77	50	0	0	208	314	10	10142
280569	0	0	0	0	6100	0	0	1
36896	15	0	0	0	0	22	2368	8
56058	22	0	0	0	0	17	0	2150
158413	47	3	0	0	0	125	5633	440

地 区 Region	考生类别 Categories of Applicants						英语 English	俄语 Russian
	城市应届 Urban Sec. Schools Graduates in Current Year		农村应届 Rural Sec. Schools Graduates in Current Year		城市往届 Urban Sec. Schools Graduates	农村往届 Rural Sec. Schools Graduates		
	小 计 Total	其中：普通高中应届毕业生 of which: General Senion Sec. Schools Graduates	小 计 Total	其中：普通高中应届毕业生 of which: General Senion Sec. Schools Graduates				
合 计 Total	3259603	2978079	4880370	4520473	761402	1324972	10152737	13174
北 京 Beijing	64268	54312	25112	23075	10693	4361	104194	1
天 津 Tianjin	48484	43116	31780	27956	6083	2740	88975	0
河 北 Hebei	119374	106417	313597	283581	35372	90579	558469	167
山 西 Shanxi	121498	91727	167424	142204	51906	77409	418188	4
内蒙古 Inner Mongolia	87155	79572	104866	95200	20188	33837	242118	674
辽 宁 Liaoning	138655	127121	115138	109371	13583	10725	276047	269
吉 林 Jilin	109229	103579	52017	49260	25479	12784	198347	19
黑龙江 Heilongjiang	125900	117873	77586	73649	18705	14039	230934	4285
上 海 Shanghai	77397	61714	11639	10628	6661	1259	96741	1
江 苏 Jiangsu	204375	196283	318737	295697	20848	32117	575389	130
浙 江 Zhejiang	102716	95184	230744	203558	5457	10279	348860	0
安 徽 Anhui	231589	210070	231843	213549	74128	66836	604103	282
福 建 Fujian	95680	86329	170167	154634	10975	28434	305155	0
江 西 Jiangxi	136219	131980	127638	122925	50226	35979	350028	0
山 东 Shandong	152216	140332	407578	375005	38545	110960	701723	6442
河 南 Henan	194120	160258	435804	381203	86683	209565	925432	151
湖 北 Hubei	153744	144147	278755	265215	28671	60263	521296	10
湖 南 Hunan	115799	108620	296668	279177	25096	69312	506083	347
广 东 Guangdong	279723	262091	292839	281581	29743	42502	644697	0
广 西 Guangxi	69201	65078	167010	162197	19486	46064	301742	1
海 南 Hainan	40757	40530	10794	10527	4883	1440	57874	0
重 庆 Chongqing	58264	52736	100855	94320	13608	23026	195599	69
四 川 Sichuan	137632	126250	273507	260562	31670	77808	520423	153
贵 州 Guizhou	63001	58473	95234	91054	24906	51534	234473	161
云 南 Yunnan	46011	42258	120773	110057	14119	42244	223139	0
西 藏 Tibet	5534	5288	7472	5884	2439	2060	17505	0
陕 西 Shaanxi	113683	107347	197667	189959	34829	58854	400994	2
甘 肃 Gansu	51772	49638	130986	125808	25685	78227	285883	0
青 海 Qinghai	14672	13632	17085	16215	2825	4727	39309	0
宁 夏 Ningxia	18965	18433	23617	22174	5963	9702	58164	0
新 疆 Xinjiang	81970	77691	45438	44248	21947	15306	120853	6

招生报名情况(续)

Higher Educational Institutions (Continue)

单位:人
unit: person

应试外语语种 Foreign Languages to be Tested					民族 Nationalities					
日语 Japanese	德语 German	法语 France	西班牙语 Spanish	不应试 Non-tested	汉族 Han	蒙古族 Mongol	维吾尔族 Uygur	朝鲜族 Korean	藏族 Tibetan	其他民族 Others
8285	87	265	33	51766	9470667	78932	42020	15404	32120	587204
173	1	20	13	32	96330	581	286	148	306	6783
94	9	9	0	0	85321	248	67	88	148	3215
286	0	0	0	0	525728	2360	25	132	8	30669
33	6	6	0	0	416758	85	1	19	63	1311
775	0	0	0	2479	178115	56111	3	265	25	11527
1785	0	0	0	0	222958	8359	105	2087	48	44544
1127	0	8	8	0	172661	2514	63	9175	3	15093
1010	0	0	0	1	222163	1654	60	2934	1	9418
171	13	7	2	21	95823	84	3	53	1	992
458	18	65	0	17	573225	61	354	26	147	2264
332	3	1	0	0	346434	41	184	18	24	2495
11	0	0	0	0	598966	0	0	0	0	5430
101	0	0	0	0	299807	73	22	6	23	5325
31	0	0	0	0	318557	11	0	1	29	1131
1106	0	28	0	0	703189	343	482	196	35	5054
63	1	0	0	525	911767	1187	43	29	36	13110
54	16	57	0	0	496924	137	70	23	58	24221
445	0	0	0	0	458652	42	72	7	167	47935
37	0	63	10	0	641167	113	317	58	22	3130
18	0	0	0	0	189388	25	0	8	3	112337
0	0	0	0	0	51506	10	0	7	1	6350
85	0	0	0	0	179670	541	99	13	153	15277
23	18	0	0	0	504039	235	2	17	5846	10478
39	1	1	0	0	141788	427	1	5	8	92446
7	0	0	0	1	158411	221	1	12	782	63720
0	0	0	0	0	3259	5	0	0	13958	283
16	1	0	0	4020	402971	77	0	16	21	1948
2	0	0	0	785	273245	138	6	14	3625	9642
0	0	0	0	0	24886	1016	1	7	6471	6928
0	0	0	0	83	44026	156	4	8	4	14049
0	0	0	0	43802	102933	2047	39749	29	104	19799

普通高等学校

Applicants of Student for Regular

地 区 Region	统考科类 Categories of Major Fields									
	文理综合 Compre-hensive	文史 Literature and History	外语（文） Foreign Languages	艺术（文） Arts	体育（文） Physical Education	理工 Science and Engineering	外语（理） Foreign Languages	艺术（理） Arts	体育（理） Physical Education	单独考试 Others
合 计 Total	569179	2993359	156341	444202	82596	5010745	269892	105467	75227	519339
北 京 Beijing	159	29227	0	4	0	59134	0	0	0	15910
天 津 Tianjin	0	20505	0	3042	368	63554	0	701	579	338
河 北 Hebei	0	152752	0	50038	5551	291664	0	10540	8344	40033
山 西 Shanxi	0	112551	0	36959	7133	199363	0	11892	7957	42382
内蒙古 Inner Mongolia	0	74393	0	16838	3023	133551	0	4305	1240	12696
辽 宁 Liaoning	0	61410	0	19395	1818	168242	0	4120	3565	19551
吉 林 Jilin	0	52988	0	7276	520	134036	0	1207	1343	2139
黑龙江 Heilongjiang	0	62523	0	17505	2932	135712	0	3331	3380	10847
上 海 Shanghai	633	41981	0	0	0	54342	0	0	0	0
江 苏 Jiangsu	546391	0	0	0	0	0	0	0	0	29686
浙 江 Zhejiang	0	101183	0	24182	2442	185291	0	8756	2396	24946
安 徽 Anhui	0	229478	0	39430	11703	278396	0	6285	6375	32729
福 建 Fujian	0	88518	0	13486	3169	173279	0	4181	4871	17752
江 西 Jiangxi	0	148734	0	0	0	192413	0	0	0	8915
山 东 Shandong	0	196816	0	65016	9486	377339	0	15090	16	45536
河 南 Henan	0	357892	0	0	0	511709	0	0	0	56571
湖 北 Hubei	21996	190522	14	0	0	308599	0	0	0	302
湖 南 Hunan	0	213568	0	0	0	266462	0	0	0	26845
广 东 Guangdong	0	222772	0	36465	10753	335198	0	446	2551	36622
广 西 Guangxi	0	104200	0	16143	0	165029	0	4540	6432	5417
海 南 Hainan	0	19320	0	886	0	36167	0	0	1155	346
重 庆 Chongqing	0	60075	0	7476	1445	106499	0	1787	791	17680
四 川 Sichuan	0	5034	156327	32243	9310	4894	269892	11980	4869	26068
贵 州 Guizhou	0	82605	0	12589	4947	118354	0	3306	3981	8893
云 南 Yunnan	0	78850	0	7261	3190	114802	0	1965	2285	14794
西 藏 Tibet	0	8900	0	0	0	7058	0	0	0	1547
陕 西 Shaanxi	0	107045	0	18245	0	254574	0	7067	7641	10461
甘 肃 Gansu	0	89171	0	13971	2608	175846	0	2075	2913	86
青 海 Qinghai	0	14980	0	0	0	21949	0	0	0	2380
宁 夏 Ningxia	0	17709	0	1546	368	35386	0	276	814	2148
新 疆 Xinjiang	0	47657	0	4206	1830	101903	0	1617	1729	5719

招生报名情况(续)

Higher Educational Institutions (Continue)

单位:人
unit: person

高中 General Senior Sec. School Graduates	中等师范 Teachers Training School Graduates	其他中专 Specialized Sec. School Graduates	职业高中 Vacational Senior Sec. School Graduates	技工学校 Skilled Worker School Graduates	其他中等学历教育 Others	专科学历 Short-cycle Courses Graduates	本科以上学历 Normal Courses and above Graduates
			毕业类别 Categories of Graduates				
9466861	16269	213329	366492	26667	130756	4003	1970
90648	93	3186	4131	388	151	3317	318
79035	14	7398	2060	307	222	0	51
510562	545	14555	30163	679	2418	0	0
357483	2632	18733	36226	1310	1818	31	4
227938	255	4798	11704	367	984	0	0
255883	2549	10123	5445	1080	2779	37	205
189858	1249	3146	4575	229	452	0	0
222325	116	3158	9534	239	397	0	461
78882	44	6103	10142	505	715	10	555
544602	50	6167	24487	571	191	0	9
313543	23	3158	31434	522	477	24	15
561141	48	591	17706	11162	13545	183	20
277900	2442	9368	3465	766	11315	0	0
339694	317	2504	7101	266	158	17	5
661965	38	25856	16282	4253	845	55	5
780110	571	21757	36892	1271	85267	280	24
497288	143	9567	13961	146	66	13	249
480359	37	9103	16339	538	499	0	0
614291	614	8882	20183	596	241	0	0
292098	433	5208	3522	160	340	0	0
57260	138	20	370	86	0	0	0
177020	592	7951	6840	450	2863	5	32
493120	1715	10476	15130	11	138	21	6
224534	452	4228	4560	96	805	0	0
207367	228	2538	12780	87	126	10	11
14685	9	1	1158	40	1612	0	0
389165	153	5207	9841	191	476	0	0
277910	675	910	6049	102	1024	0	0
37025	0	697	821	14	752	0	0
55977	0	0	2270	0	0	0	0
157193	92	5940	1321	35	80	0	0

附　　表

Appendixes

（摘自国家统计局《2009 年中国统计年鉴》）

Data from “2009 China Statisical Yearbook”

国内生产总值

Gross Domestic Product

本表按当年价格计算 单位:亿元

The data in Value terms in this table are calculated at current prices unit: 100 million yuan

年 份 Year	国民生产总值 Gross National Product	国内生产总值 Gross Domestic Product								人均国内生产总值(元) Per Capita GDP (Yuan)
		合 计 Total	第一产业 Primary Industry	第二产业 Secondary Industry			第三产业 Tertiary Industry			
				小 计 Subtotal	工 业 Industry	建筑业 Construction	小 计 Subtotal	交通运输仓储邮电通信业 Transportation, Post and Telecommunications	批发和零售贸易餐饮业 Wholesale, Retail & Catering Trade	
1952	679.0	679.0	342.9	141.8	119.8	22.0	194.3	29.0	80.3	119
1953	824.0	824.0	378.0	192.5	163.5	29.0	253.5	35.0	115.5	142
1954	859.0	859.0	392.0	211.7	184.7	27.0	255.3	38.0	120.3	144
1955	910.0	910.0	421.0	222.2	191.2	31.0	266.8	39.0	119.8	150
1956	1028.0	1028.0	443.9	280.7	224.7	56.0	303.4	46.0	131.4	165
1957	1068.0	1068.0	430.0	317.0	271.0	46.0	321.0	49.0	133.0	168
1958	1307.0	1307.0	445.9	483.5	414.5	69.0	377.6	71.0	136.6	200
1959	1439.0	1439.0	383.8	615.5	538.5	77.0	439.7	94.0	145.7	216
1960	1457.0	1457.0	340.7	648.2	568.2	80.0	468.1	104.0	133.1	218
1961	1220.0	1220.0	441.1	388.9	362.1	26.8	390.0	69.2	110.8	185
1962	1149.3	1149.3	453.1	359.3	325.4	33.9	336.9	57.4	80.5	173
1963	1233.3	1233.3	497.5	407.6	365.6	42.0	328.2	55.0	76.1	181
1964	1454.0	1454.0	559.0	513.5	161.1	52.4	381.5	58.4	94.0	208
1965	1716.1	1716.1	651.1	602.2	546.5	55.7	462.8	77.4	118.3	240
1966	1868.0	1868.0	702.2	709.5	648.6	60.9	456.3	85.1	148.1	254
1967	1773.9	1773.9	714.2	602.8	544.9	57.9	456.9	72.3	153.5	235
1968	1723.1	1723.1	726.3	537.3	190.3	47.0	459.5	70.5	138.9	222
1969	1937.9	1937.9	736.2	689.1	626.1	63.0	512.6	84.9	163.6	243
1970	2252.7	2252.7	793.3	912.2	828.1	84.1	547.2	100.2	178.1	275
1971	2426.4	2426.4	826.3	1022.8	926.6	96.2	577.3	108.4	178.3	288
1972	2518.1	2518.1	827.4	1084.2	989.9	94.3	606.5	118.0	194.3	292
1973	2720.9	2720.9	907.5	1173.0	1072.5	100.5	640.4	125.5	211.0	309
1974	2789.9	2789.9	945.2	1192.0	1083.6	108.4	652.7	126.1	206.6	310
1975	2997.3	2997.3	971.1	1370.5	1244.9	125.6	655.7	141.6	175.8	327
1976	2943.7	2943.7	967.0	1337.2	1204.6	132.6	639.5	139.6	147.2	316
1977	3201.9	3201.9	942.1	1509.1	1372.4	136.7	750.7	156.9	213.8	339
1978	3645.2	3645.2	1027.5	1745.2	1607.0	138.2	872.5	182.0	242.3	381
1979	4062.6	4062.6	1270.2	1913.5	1769.7	143.8	878.9	193.7	200.9	419
1980	4545.6	4545.6	1371.6	2192.0	1996.5	195.5	982.0	213.4	193.8	463
1981	4889.5	4891.6	1559.5	2255.5	2048.4	207.1	1076.6	220.7	231.1	492
1982	5330.5	5323.4	1777.4	2383.0	2162.3	220.7	1163.0	246.9	171.4	528
1983	5985.6	5962.7	1978.4	2646.2	2375.6	270.6	1338.1	274.9	198.7	583
1984	7243.8	7208.1	2316.1	3105.7	2789.0	316.7	1786.3	338.5	363.5	695
1985	9040.7	9016.0	2564.4	3866.6	3448.7	417.9	2585.0	421.7	802.4	858
1986	10274.4	10275.2	2788.7	4492.7	3967.0	525.7	2993.8	498.8	852.6	963
1987	12050.6	12058.6	3233.0	5251.6	4585.8	665.8	3574.0	568.3	1059.6	1112
1988	15036.8	15042.8	3865.4	6587.2	5777.2	810.0	4590.3	685.7	1483.4	1366
1989	17000.9	16992.3	4265.9	7278.0	6484.0	794.0	5448.4	812.7	1536.2	1519
1990	18718.3	18667.8	5062.0	7717.4	6858.0	859.4	5888.4	1167.0	1268.9	1644
1991	21826.2	21781.5	5342.2	9102.2	8087.1	1015.1	7337.1	1420.3	1834.6	1893
1992	26937.3	26923.5	5866.6	11699.5	10284.5	1415.0	9357.4	1689.0	2405.0	2311
1993	35260.0	35333.9	6963.8	16454.4	14188.0	2266.5	11915.7	2174.0	2816.6	2998
1994	48108.5	48197.9	9572.7	22445.4	19480.7	2964.7	16179.8	2787.9	3773.4	4044
1995	59810.5	60793.7	12135.8	28679.5	24950.6	3728.8	19978.5	3244.3	4778.6	5046
1996	70142.5	71176.6	14015.4	33835.0	29447.6	4387.4	23326.2	3782.2	5599.7	5846
1997	78060.8	78973.0	14441.9	37543.0	32921.4	4621.6	26988.1	4148.6	6327.4	6420
1998	83024.3	84402.3	14817.6	39004.2	34018.4	4985.8	30580.5	4660.9	6913.2	6796
1999	88479.2	89677.1	14770.0	41033.6	35861.5	5172.1	33873.4	5175.2	7491.1	7159
2000	98000.5	99214.6	14944.7	45555.9	40033.6	5522.3	38714.0	6161.0	8158.6	7858
2001	108068.2	109655.2	15781.3	49512.3	43580.6	5931.7	44361.6	6870.3	9119.4	8622
2002	119095.7	120332.7	16537.0	53896.8	47431.3	6465.5	49898.9	7492.9	9995.4	9398
2003	135174.0	135822.8	17381.7	62436.3	54945.5	7490.8	56004.7	7913.2	11169.5	10542
2004	159586.7	159878.3	21412.7	73904.3	65210.0	8694.3	64561.3	9304.4	12453.8	12336
2005	184088.6	183217.4	22420.0	87364.6	77230.8	10133.8	73432.9	10835.7	13534.5	14053
2006	213131.7	211923.5	24040.0	103162.0	91310.9	11851.1	84721.4	12481.1	15471.1	16165
2007	251483.2	249529.9	28095.0	121381.3	107367.2	14014.1	100053.5	14604.1	18169.5	18934
2008	302853.4	300670.0	34000.0	146183.4	129112.0	17071.4	120486.6	16589.8	23100.7	22698

数据来源:摘自国家统计局《2009 中国统计年鉴》。

各地区国内生产总值(2008年)

Gross Domestic Product by Region (2008)

本表绝对数按当年价格计算,指数按可比价格计算

Absolute figures in this table are calculated at current prices while indices are calculated at comparable prices.

单位:亿元

unit: 100 million yuan

地 区 Region	国内生产总值 Gross Domestic Product						人均国内生产总值(元) Per Capita GDP (Yuan)
	合 计 Total	第一产业 Primary Industry	第二产业 Secondary Industry			第三产业 Tertiary Industry	
			小 计 Subtotal	工 业 Industry	建筑业 Construction		
北 京 Beijing	10488.03	112.81	2693.15	2198.49	494.66	7682.07	63029
天 津 Tianjin	6354.38	122.58	3821.07	3533.86	287.21	2410.73	55473
河 北 Hebei	16188.61	2034.60	8777.42	7967.62	809.80	5376.59	23239
山 西 Shanxi	6938.73	302.48	4265.77	3919.80	345.97	2370.48	20398
内蒙古 Inner Mongolia	7761.80	906.98	4271.03	3798.60	472.43	2583.79	32214
辽 宁 Liaoning	13461.57	1302.00	7512.11	6735.74	776.37	4647.46	31259
吉 林 Jilin	6424.06	916.70	3064.63	2686.98	377.65	2442.73	23514
黑龙江 Heilongjiang	8310.00	1089.10	4365.90	3927.58	438.32	2855.00	21727
上 海 Shanghai	13698.15	111.80	6235.92	5784.99	450.93	7350.43	73124
江 苏 Jiangsu	30312.61	2100.00	16663.81	15068.98	1594.83	11548.80	39622
浙 江 Zhejiang	21486.92	1095.43	11580.33	10359.77	1220.56	8811.17	42214
安 徽 Anhui	8874.17	1418.08	4137.35	3487.53	649.82	3318.74	14485
福 建 Fujian	10823.11	1157.75	5415.77	4755.45	660.32	4249.59	30123
江 西 Jiangxi	6480.33	1060.38	3414.88	2766.93	647.95	2005.07	14781
山 东 Shandong	31072.06	3002.65	17702.17	16102.19	1599.98	10367.23	33083
河 南 Henan	18407.78	2658.80	10477.92	9546.08	931.84	5271.06	19593
湖 北 Hubei	11330.38	1780.00	4963.61	4330.20	633.41	4586.77	19860
湖 南 Hunan	11156.64	2007.40	4933.08	4280.16	652.92	4216.16	17521
广 东 Guangdong	35696.46	1970.23	18402.64	17254.04	1148.60	15323.59	37589
广 西 Guangxi	7171.58	1453.90	3037.74	2627.39	410.35	2679.94	14966
海 南 Hainan	1459.23	437.61	434.40	321.18	113.22	587.22	17175
重 庆 Chongqing	5096.66	575.40	2433.27	2036.40	396.87	2087.99	18025
四 川 Sichuan	12506.25	2366.15	5790.10	4922.84	867.26	4350.00	15378
贵 州 Guizhou	3333.40	547.85	1408.71	1242.56	166.15	1376.84	8824
云 南 Yunnan	5700.10	1020.94	2451.09	2056.95	394.14	2228.07	12587
西 藏 Tibet	395.91	60.51	115.76	29.68	86.08	219.64	13861
陕 西 Shaanxi	6851.32	753.72	3842.08	3293.95	548.13	2255.52	18246
甘 肃 Gansu	3176.11	463.00	1471.43	1221.66	249.77	1241.68	12110
青 海 Qinghai	961.53	105.58	529.40	442.85	86.55	326.55	17389
宁 夏 Ningxia	1098.51	120.00	581.24	490.14	91.10	397.27	17892
新 疆 Xinjiang	4203.41	691.10	2086.74	1790.70	296.04	1425.57	19893

数据来源:摘自国家统计局《2009 中国统计年鉴》。

国家财政收支总额及增长速度

Total Government Revenue and Expenditures and Their Increase Rate

年　份 Year	财政收入 (亿元) Total Revenue (100 million Yuan)	财政支出 (亿元) Total Expenditures (100 million Yuan)	收支差额 (亿元) Balance (100 million Yuan)	增长速度 Increase Rate (%) 财政收入 Total Revenue	增长速度 Increase Rate (%) 财政支出 Total Expenditures
1970	662.90	649.41	13.49	25.8	23.5
1971 - 1975	3919.71	3917.94	1.77	4.2	4.8
1971	744.73	732.17	12.56	12.3	12.7
1972	766.56	765.86	0.70	2.9	4.6
1973	809.67	808.78	0.89	5.6	5.6
1974	783.14	790.25	-7.11	-3.3	-2.3
1975	815.61	820.88	-5.27	4.1	3.8
1976 - 1980	5089.61	5282.44	-192.83	7.3	8.4
1976	776.58	806.20	-29.62	-4.8	-1.8
1977	874.46	843.53	30.93	12.6	4.6
1978	1132.26	1122.09	10.17	29.5	33.0
1979	1146.38	1281.79	-135.41	1.2	14.2
1980	1159.93	1228.83	-68.90	1.2	-4.1
1981 - 1985	7402.75	7483.18	-80.43	11.6	10.3
1981	1175.79	1138.41	37.38	1.4	-7.5
1982	1212.33	1229.98	-17.65	3.1	8.0
1983	1366.95	1409.52	-42.57	12.8	14.6
1984	1642.86	1701.02	-58.16	20.2	20.7
1985	2004.82	2004.25	0.57	22.0	17.8
1986 - 1990	12280.60	12865.67	-585.07	7.9	9.0
1986	2122.01	2204.91	-82.90	5.8	10.0
1987	2199.35	2262.18	-62.83	3.6	2.6
1988	2357.24	2491.21	-133.97	7.2	10.1
1989	2664.90	2823.78	-158.88	13.1	13.3
1990	2937.10	3083.59	-146.49	10.2	9.2
1991 - 1995	22442.10	24387.46	-1945.36	16.3	17.2
1991	3149.48	3386.62	-237.14	7.2	9.8
1992	3483.37	3742.20	-258.83	10.6	10.5
1993	4348.95	4642.30	-293.35	24.8	24.1
1994	5218.10	5792.62	-574.52	20.0	24.8
1995	6242.20	6823.72	-581.52	19.6	17.8
1996	7407.99	7937.55	-529.56	18.7	16.3
1997	8651.14	9233.56	-582.42	16.8	16.3
1998	9875.95	10798.18	-922.23	14.2	16.9
1999	11444.08	13187.67	-1743.59	15.9	22.1
2000	13395.23	15886.50	-2491.27	17.0	20.5
2001	16386.04	18902.58	-2516.54	22.3	19.0
2002	18903.64	22053.15	-3149.51	15.4	16.7
2003	21715.25	24649.95	-2934.70	14.9	11.8
2004	26396.47	28486.89	-2090.42	21.6	15.6
2005	31649.29	33930.28	-2280.99	19.9	19.1
2006	38760.20	40422.73	-2162.53	22.5	19.1
2007	51321.78	49781.35	1540.43	32.4	23.2
2008	61330.35	62592.66	-1262.31	19.5	25.7

数据来源：摘自国家统计局《2009 中国统计年鉴》。

中央财政和地方财政收支总额

Total Revenue and Expenditures of Central and Local Governments

单位:亿元

unit: 100 million yuan

年 份 Year	财政收入 Total Revenue			财政支出 Total Expenditures		
	合 计 Total	中 央 Central Government	地 方 Local Government	合 计 Total	中 央 Central Government	地 方 Local Government
1970	662.90	182.95	479.95	649.41	382.37	267.04
1971－1975	3919.71	576.43	3343.28	3919.44	2125.14	1794.30
1975	815.61	96.63	718.98	820.88	409.40	411.48
1976－1980	5089.61	904.32	4185.29	5282.44	2625.34	2657.10
1976	776.58	98.91	677.67	806.20	377.63	428.57
1977	874.46	113.85	760.61	843.53	393.70	449.83
1978	1132.26	175.77	956.49	1122.09	532.12	589.97
1979	1146.38	231.34	915.04	1281.79	655.08	626.71
1980	1159.93	284.45	875.48	1228.83	666.81	562.02
1981－1985	7402.75	2583.02	4819.73	7483.18	3725.64	3757.54
1981	1175.79	311.07	864.72	1138.41	625.65	512.76
1982	1212.33	346.84	865.49	1229.98	651.81	578.17
1983	1366.95	490.01	876.94	1409.52	759.60	649.92
1984	1642.86	665.47	977.39	1701.02	893.33	807.69
1985	2004.82	769.63	1235.19	2004.25	795.25	1209.00
1986－1990	12280.60	4104.41	8176.19	12865.67	4420.27	8445.40
1986	2122.01	778.42	1343.59	2204.91	836.36	1368.55
1987	2199.35	736.29	1463.06	2262.18	845.63	1416.55
1988	2357.24	774.76	1582.48	2491.21	845.04	1646.17
1989	2664.90	822.52	1842.38	2823.78	888.77	1935.01
1990	2937.10	992.42	1944.68	3083.59	1004.47	2079.12
1991－1995	22442.10	9038.39	13403.71	24387.46	7323.13	17064.33
1991	3149.48	938.25	2211.23	3386.62	1090.81	2295.81
1992	3483.37	979.51	2503.86	3742.20	1170.44	2571.76
1993	4348.95	957.51	3391.44	4642.30	1312.06	3330.24
1994	5218.10	2906.50	2311.60	5792.62	1754.43	4038.19
1995	6242.20	3256.62	2985.58	6823.72	1995.39	4828.33
1996	7407.99	3661.07	3746.92	7937.55	2151.27	5786.28
1997	8651.14	4226.92	4424.22	9233.56	2532.50	7672.58
1998	9875.95	4892.00	4983.95	10798.18	3125.60	7672.58
1999	11444.08	5849.21	5594.87	13187.67	4152.33	9035.34
2000	13395.23	6989.17	6406.06	15886.50	5519.85	10366.65
2001	16386.04	8582.74	7803.30	18902.58	5768.02	13134.56
2002	18903.64	10388.64	8515.00	22053.15	6771.70	15281.45
2003	21715.25	11865.27	9849.98	24649.95	7420.10	17229.85
2004	26396.47	14503.10	11893.37	28486.89	7894.08	20592.81
2005	31649.29	16548.53	15100.76	33930.28	8775.97	25154.31
2006	38760.20	20456.62	18303.58	40422.73	9991.40	30431.33
2007	51321.78	27749.16	23572.62	49781.35	11442.06	38339.29
2008	61330.35	32680.56	28649.79	62592.66	13344.17	49248.49

数据来源:摘自国家统计局《2009 中国统计年鉴》。

人口数及构成

Population and Its Composition

单位：万人

unit: 10 thousand persons

年 份 Year	年底总人口 Total Population (year-end)	按性别分 By Sex				按城乡分 By Residence			
		男 Male		女 Female		城镇总人口 Urban		农村总人口 Rural	
		人口数 Population	比重(%) Proportion	人口数 Population	比重(%) Proportion	人口数 Population	比重(%) Proportion	人口数 Population	比重(%) Proportion
1978	96259	49567	51.49	46692	48.51	17245	17.92	79014	82.08
1979	97542	50192	51.46	47350	48.54	18495	18.96	79047	81.04
1980	98705	50785	51.45	47920	48.55	19140	19.39	79565	80.61
1981	100072	51519	51.48	48553	48.52	20171	20.16	79901	79.84
1982	101654	52352	51.50	49302	48.50	21480	21.13	80174	78.87
1983	103008	53152	51.60	49856	48.40	22274	21.62	80734	78.38
1984	104357	53848	51.60	50509	48.40	24017	23.01	80340	76.99
1985	105851	54725	51.70	51126	48.30	25094	23.71	80757	76.29
1986	107507	55581	51.70	51926	48.30	26366	24.52	81141	75.48
1987	109300	56290	51.50	53010	48.50	27674	25.32	81626	74.68
1988	111026	57201	51.52	53825	48.48	28661	25.81	82365	74.19
1989	112704	58099	51.55	54605	48.45	29540	26.21	83164	73.79
1990	114333	58904	51.52	55429	48.48	30191	26.41	84142	73.59
1991	115823	59466	51.34	56357	48.66	30543	26.37	85280	73.63
1992	117171	59811	51.05	57360	48.95	32372	27.63	84799	72.37
1993	118517	60472	51.02	58045	48.98	33351	28.14	85166	71.86
1994	119850	61246	51.10	58604	48.90	34301	28.62	85549	71.38
1995	121121	61808	51.03	59313	48.97	35174	29.04	85947	70.96
1996	122389	62200	50.82	60189	49.18	35950	29.37	86439	70.63
1997	123626	63131	51.07	60495	48.93	36989	29.92	86637	70.08
1998	124810	63629	50.98	61181	49.02	37942	30.40	86868	69.60
1999	125909	64189	50.98	61720	49.02	38892	30.89	87017	69.11
2000	126583	65355	51.63	61228	48.37	45844	36.22	80739	63.78
2001	127627	65672	51.46	61955	48.54	48064	37.66	79563	62.34
2002	128453	66115	51.47	62338	48.53	50212	39.09	78241	60.91
2003	129227	66556	51.50	62671	48.50	52376	40.53	76851	59.47
2004	129988	66976	51.52	63012	48.48	54283	41.76	75705	58.24
2005	130756	67375	51.53	63381	48.47	56212	42.99	74544	57.01
2006	131448	67728	51.52	63720	48.48	57706	43.90	73742	56.10
2007	132129	68048	51.50	64081	48.50	59379	44.94	72750	55.06
2008	132802	68357	51.47	64445	48.53	60667	45.68	72135	54.32

注：总人口和城镇人口中包括中国人民解放军现役军人。

Urban Population include the military personnel of Chinese People's Liberation Army.

各地区分性别的15岁及15岁以上文盲半文盲人口

Illterate and Semi-Literate Population Aged 15 and Over by Sex and Region

本表是2008年全国人口变动情况抽样调查样本数据，抽样比为0.887‰。

单位：人，%（person，%）

地区 Region	15岁及15岁以上人口 Population Aged 15 & Over			文盲、半文盲人口 Illiterate and Semi-literate			文盲半文盲占15岁及以上人口比例 Percentage to total Population Aged 15 & Over（%）		
	合计 Total	男 Male	女 Female	合计 Total	男 Male	女 Female	合计 Total	男 Male	女 Female
合　计 Total	**974433**	**487113**	**487319**	**75731**	**19596**	**56135**	**7.77**	**4.02**	**11.52**
北　京 Beijing	13375	6767	6608	416	79	337	3.11	1.16	5.10
天　津 Tianjin	9028	4418	4610	318	72	246	3.52	1.63	5.33
河　北 Hebei	52866	26656	26210	2556	646	1910	4.83	2.42	7.29
山　西 Shanxi	25177	12662	12515	1068	299	769	4.24	2.36	6.14
内蒙古 Inner Mongolia	18565	9484	9081	1512	440	1072	8.14	4.64	11.80
辽　宁 Liaoning	34259	17052	17207	1193	278	915	3.48	1.63	5.32
吉　林 Jilin	21735	10946	10790	964	286	678	4.44	2.62	6.28
黑龙江 Heilongjiang	30280	15236	15044	1259	332	927	4.16	2.18	6.16
上　海 Shanghai	15522	7705	7817	616	116	500	3.97	1.50	6.40
江　苏 Jiangsu	59653	28266	31387	4802	987	3815	8.05	3.49	12.15
浙　江 Zhejiang	39465	19964	19501	3703	918	2784	9.38	4.60	14.28
安　徽 Anhui	44335	22090	22244	6424	1762	4663	14.49	7.97	20.96
福　建 Fujian	26720	13250	13470	2773	464	2309	10.38	3.50	17.14
江　西 Jiangxi	30628	15114	15515	1987	438	1548	6.49	2.90	9.98
山　东 Shandong	71724	35377	36347	5707	1349	4358	7.96	3.81	11.99
河　南 Henan	68058	33399	34659	5008	1435	3573	7.36	4.30	10.31
湖　北 Hubei	44106	22058	22047	3391	924	2467	7.69	4.19	11.19
湖　南 Hunan	48037	24496	23541	2819	726	2093	5.87	2.96	8.89
广　东 Guangdong	69879	35265	34614	2812	490	2322	4.02	1.39	6.71
广　西 Guangxi	33798	17402	16396	1896	438	1458	5.61	2.52	8.89
海　南 Hainan	6015	3092	2922	520	113	407	8.65	3.66	13.94
重　庆 Chongqing	20687	10272	10416	1614	468	1146	7.80	4.55	11.00
四　川 Sichuan	60928	30601	30327	6239	1778	4462	10.24	5.81	14.71
贵　州 Guizhou	25238	12865	12373	3680	925	2755	14.58	7.19	22.27
云　南 Yunnan	31885	16450	15435	4239	1262	2977	13.29	7.67	19.29
西　藏 Tibet	2011	963	1048	759	269	491	37.77	27.94	46.80
陕　西 Shaanxi	28407	14153	14254	2326	690	1637	8.19	4.87	11.48
甘　肃 Gansu	18840	9368	9472	3349	1022	2327	17.77	10.91	24.56
青　海 Qinghai	3919	1963	1956	654	191	463	16.68	9.71	23.67
宁　夏 Ningxia	4267	2154	2113	430	123	308	10.09	5.69	14.56
新　疆 Xinjiang	15026	7626	7400	698	277	421	4.64	3.63	5.69

注：本表"文盲、半文盲人口"指15岁及15岁以上不识字及识字很少人口。

Illiterate and semi-illiterate population in this table refers to the population aged 15 and over, who are unable or very difficult to read.

各地区按性别和受

Population by Sex, Educational

本表是 2008 年全国人口变动情况抽样调查样本数据,抽样比为 0.887‰。

地　区 Region	6 岁及 6 岁以上人口 Population Aged 6 and Over			不识字或识字很少 Illterate		
	合　计 Total	男 Male	女 Fernale	合　计 Total	男 Male	女 Fernale
全　国 National Total	**1106434**	**558582**	**547852**	**82987**	**22947**	**60039**
北　京 Beijing	14174	7197	6977	472	95	377
天　津 Tianjin	9710	4778	4932	424	120	304
河　北 Hebei	58608	29736	28872	2939	796	2143
山　西 Shanxi	29058	14675	14383	1193	350	843
内蒙古 Inner Mongolia	20742	10616	10126	1631	496	1135
辽　宁 Liaoning	37511	18801	18711	1481	404	1077
吉　林 Jilin	23694	11942	11752	1094	340	754
黑龙江 Heilongjiang	33148	16751	16397	1433	408	1025
上　海 Shanghai	16358	8165	8193	675	133	542
江　苏 Jiangsu	65610	31692	33918	5081	1105	3976
浙　江 Zhejiang	43524	22093	21431	3928	1029	2899
安　徽 Anhui	51447	25994	25453	6726	1937	4789
福　建 Fujian	30264	15140	15124	2990	555	2435
江　西 Jiangxi	36120	18194	17926	2226	562	1664
山　东 Shandong	79888	39721	40167	6200	1573	4627
河　南 Henan	78498	39220	39279	5552	1690	3862
湖　北 Hubei	49099	24812	24287	3727	1068	2658
湖　南 Hunan	54063	27830	26234	3140	877	2264
广　东 Guangdong	80550	41035	39515	3268	696	2571
广　西 Guangxi	39706	20684	19022	2206	584	1623
海　南 Hainan	7049	3666	3383	550	130	420
重　庆 Chongqing	24010	12061	11948	1740	543	1198
四　川 Sichuan	69797	35253	34544	6792	2005	4788
贵　州 Guizhou	31612	16325	15287	4014	1108	2906
云　南 Yunnan	38031	19739	18292	4632	1452	3179
西　藏 Tibet	2385	1159	1226	818	302	516
陕　西 Shaanxi	32268	16286	15981	2513	774	1739
甘　肃 Gansu	22262	11200	11062	3530	1116	2414
青　海 Qinghai	4643	2335	2308	704	213	491
宁　夏 Ningxia	5095	2585	2510	458	137	322
新　疆 Xinjiang	17510	8897	8612	849	350	499

注:本表数据摘自《2009 中国统计年鉴》

教育程度分的人口

Level and Region

单位：人

unit: person

小学 Primary School			初中 Junior Secondary School			高中 Senior Secondary School			大专以上 College and Higher Level		
合计 Total	男 Male	女 Female	合计 Total	男 Male	女 Female	合计 Total	男 Male	女 Female	合计 Total	男 Male	女 Female
344870	**164139**	**180731**	**452929**	**244026**	**208903**	**151474**	**85912**	**65562**	**74175**	**41558**	**32619**
1898	891	1006	4499	2428	2070	3319	1720	1600	3986	2062	1923
1794	828	966	3587	1855	1731	2404	1196	1208	1501	779	722
17335	8070	9266	28487	15319	13168	7030	4004	3026	2818	1548	1270
7429	3427	4002	14052	7444	6608	4292	2416	1876	2092	1037	1055
5945	2820	3125	8741	4854	3887	2886	1599	1287	1539	847	692
9538	4477	5061	17035	8958	8078	5329	2805	2524	4128	2157	1970
5988	2812	3176	10600	5604	4996	4219	2215	2004	1793	971	821
8835	4094	4741	15695	8309	7387	5206	2872	2335	1980	1070	910
2299	1010	1289	5576	2842	2735	4101	2145	1956	3707	2036	1670
18053	8041	10012	27524	14066	13458	10331	5817	4514	4621	2664	1959
14405	7072	7333	15581	8530	7052	5461	3100	2361	4148	2362	1786
16690	8062	8628	20657	11575	9082	5310	3151	2159	2063	1270	795
11161	5193	5968	10414	5971	4443	3925	2353	1572	1774	1067	706
13056	5998	7059	13147	7150	5997	5382	3132	2250	2309	1353	957
22367	9899	12468	35484	18932	16552	11468	6786	4682	4369	2532	1837
19928	9268	10661	38750	20225	18525	10565	6049	4515	3703	1988	1715
14376	6779	7597	19150	10377	8773	7882	4454	3427	3965	2134	1832
17181	8322	8859	22059	11818	10240	8165	4615	3550	3519	2198	1320
23203	10639	12564	34729	18368	16361	13684	8108	5576	5667	3224	2442
14055	6759	7296	17974	10046	7928	4163	2540	1623	1308	756	552
1867	897	969	3196	1719	1477	1029	646	383	407	273	134
9424	4628	4796	9261	4931	4330	2564	1437	1126	1019	522	498
28278	14259	14019	24676	13347	11329	7012	3938	3074	3038	1704	1335
13495	6916	6579	10642	6246	4396	2354	1393	960	1108	661	446
18386	9373	9014	11108	6574	4534	2571	1428	1143	1334	912	422
1131	614	517	315	186	129	80	38	42	41	19	22
9264	4321	4943	12665	6848	5818	5023	2796	2227	2802	1547	1254
7901	3946	3955	7283	4061	3221	2550	1502	1048	999	575	424
1877	942	935	1231	724	507	483	261	222	347	195	152
1673	798	875	1918	1069	849	656	363	293	390	218	171
6039	2985	3054	6894	3652	3242	2029	1032	997	1699	878	821